20世纪外国文化名人传记　**主编　周宪**

沿着公路直行
鲍勃·迪伦传

[英]霍华德·桑恩斯 著
余淼 译

Down the Highway
The Life of Bob Dylan

Howard Sounes

南京大学出版社

目 录

作者序 …………………………………… 1
序　章　昨日已逝,过往犹存 ………………… 1
第一章　北方乡村的孩童时期 ………………… 16
第二章　奔向荣耀 ……………………………… 57
第三章　梦想中的城市 ………………………… 95
第四章　崇　拜 ………………………………… 162
第五章　全速前进 ……………………………… 228
第六章　乡间小路 ……………………………… 280
第七章　再次上路 ……………………………… 324
第八章　忠　诚 ………………………………… 385
第九章　闪　现 ………………………………… 438
第十章　并非黑暗 ……………………………… 492

作者序

鲍勃·迪伦是现代流行音乐浪潮中一位无比重要的艺术家。他是一位伟大的歌星,一位非凡的现场表演家,一位流行文化的标志形象,同时最为重要的是,他是他那个时代中最为杰出的歌曲创作人。

他所获得的声望,并非仰仗于商业上的成功。在鲍勃40年演艺生涯中,他的唱片在全球的销售量超过了5 600万张,其中包括在美国本土售出的2 300万张。但如果考虑到同时代的"甲壳虫"乐队全球唱片销量超过了6亿张——其中包括在美国本土售出的1.09亿张,那么尽管鲍勃的唱片数字看起来也很巨大,但却难以留下深刻的印象。在1979年之后鲍勃少有单曲推出,他的歌曲在美国就从未占据过榜首位置,而且也没有在前四十名榜单中占据一席之地[①]。鲍勃更多的是被视为一位唱片艺术家。然而截至2000年9月,鲍勃在美国唱片协会统计的终生唱片销售量表单中位列第56位,远远落后于略比他年轻些的艺术家——例如麦当娜和"王子",同时也逊色于奥兹·奥斯伯恩[②]和卡朋特演唱组的销

[①] 《公告牌》百强单曲榜。——原注
[②] 奥兹·奥斯伯恩(John Michael "Ozzy" Osbourne, 1948—),英国著名重金属歌手,歌曲创作人。——译注

售量。但是鲍勃那些伟大的唱片——例如《无数金发女郎》和《痕迹上的血》——是流行文化的试金石，这些富有深度和质量的作品将鲍勃置于演艺界的前列。

迪伦坚持不懈地在世界各地举办巡演，在音乐界他是最艰苦的现场表演艺术家之一。站在舞台上，鲍勃充满了活力，散发出可与埃尔维斯·普雷斯利、弗兰克·辛纳特拉相媲美的显而易见的魅力。但他之所以在这些艺术家中卓尔不群是因为——除了普雷斯利有部分的合作歌曲之外——他们无法写出属于他们自己的音乐。鲍勃不但是一名演艺人士，同时他还创作了超过450首的原创歌曲，其中包括《随风而逝》、《时代在改变》、《生如滚石》、《永远年轻》、《敲开天堂之门》以及《缠绕忧郁中》等经典流行歌曲。这些歌曲主题各异，丰富的意象使之如同一首首重要的诗歌作品或一部部小说作品。大多数作品都是轻而易举地创作完成的。迪伦始终觉得他只是传达神灵感召的一个途径，他自称那些歌词就如同潮水般流淌过他的身体。这种很长一段时间内不必去捕捉灵感却能创作出优秀作品的能力是鲍勃所具天赋的标志特征。

鲍勃将诗化歌词引入流行音乐，从而改变了20世纪60年代的音乐风格。他并不惧怕通过一种态度并不严肃的媒质来宣讲严肃的话题，他以自身的灵巧、才智和活力激发其他人追随。时代相近的每一位歌手兼歌曲创作人几乎都对他有所借鉴，其中包括约翰·列侬和保罗·麦卡特尼。迪伦对"甲壳虫"乐队的影响巨大，他不但比"甲壳虫"乐队早一步成为巨星，而且从事演艺活动的时间也要比"甲壳虫"乐队更为长久。的确，能够长期处于流行音乐的最前沿是鲍勃与其他艺人相区别的又一项成就。

列侬和麦卡特尼是一个歌曲创作的团队，就像格里·格芬和卡罗尔·金、米克·贾格尔和凯斯·理查德、莱伯和斯托勒一样。

合作在歌曲创作中可以说是司空见惯的,因为只有极少数的艺术家同时具备编曲与作词两方面的能力。然而鲍勃的大部分作品都是他自己完成的,就和他所创建起来的个人现场音乐表演秀一样。本质上他就是一个独立的人。"他独自一人走出来。演出结束后他独自一人回去。他独自一人创作那些歌曲。他独立自主。他傲然挺立。他不需要其他人做什么。"鲍勃的前女友卡罗尔·切尔斯说,"他富有天赋,才能超群。"

正是因为作品所具有的力量使得鲍勃远远不只是一名演艺人员。他是一位歌手导师,他倾听他们最深处的思想和情绪,并且通过他的歌曲传达出来;他是一位艺术家,却同时被视作勇于创新的思想家;他的作品充满智慧。鲍勃的歌词已经成为修辞。"随风而逝"也许可以算作最好的例证。其他的还包括"金钱不是万能的,但没有钱却是万万不能的"、"活在没有法律的世界,就必须诚实"。鲍勃的连珠妙语被收入那些引用语清单中,其中包括1966年他对《花花公子》杂志提出的问题(即他是否知道他的歌曲描述了什么?)的回答:"哦,有些歌曲长度大约是四分钟,有些大约是五分钟,还有些信不信由你,大约有十一或十二分钟长。"这再一次使鲍勃成为一个非同寻常的演艺人员,然而却极少有人认为伟大的埃尔维斯·普雷斯利是智慧和学识的源泉。作为一名民谣歌手,迪伦在年轻的时候,与社会变革运动紧密地联系在一起,他和马丁·路德·金及约翰·F.肯尼迪一起成为20世纪60年代早期的偶像人物。20世纪60年代中期,鲍勃将他那种诗化的歌词配以摇滚乐喧嚣的音效,以此反叛音乐的归类。在他事业的成熟期,鲍勃通过歌曲富有表现力地描绘出爱情、信仰、婚姻、父母亲情以及愤怒。

值得注意的是,鲍勃最优秀的作品并不是仅出于某一个阶段。在20世纪60年代的辉煌岁月之后,1975年鲍勃以杰出的作品

《痕迹上的血》回归乐坛,这张作品可以与他之前的任何一张唱片媲美,同时也被一些人视为他最优秀的作品。20世纪80年代中期鲍勃那些像是《盲人威利·麦克泰尔》(1983年录制,但直到1991年才发行)之类的重要新创歌曲再次在乐坛一鸣惊人。在沉寂许久之后,当一些评论家宣称鲍勃已经退出乐坛时,鲍勃于1997年以一曲赢得格莱美三项大奖的《很久以前》再次重返人们的视野。而在此期间,鲍勃举办了一系列令人难以忘怀的巡回演唱会,例如1975—1976年著名的"滚雷喜剧"巡演。很少有重要的艺术家能够在如此长的时间跨度中创作出如此多的一流音乐作品,举办如此多场次引人注目的演唱会。一个不争的事实是,鲍勃的确也有令人失望的作品——混乱的演唱会场面和黯淡平凡的唱片,但这却不能因此而轻视他强势回归的能力。一代又一代成长起来的人欣赏他的作品,每年在他所举办的百场演唱会上都能够看到十几岁的孩子和他们的父母,甚至祖父母一同前来。在古巴导弹危机时创作完成的《暴雨将至》仍与生态关怀以及闪电战争紧密相连;《沿着瞭望塔》听起来仍旧激动人心;《躺下,女士,躺下》的浪漫仍旧在弥漫扩散;近期创作的《相思病》可以与过去的经典歌曲媲美。

  作为一个活生生的人,鲍勃一直是矛盾而善变的。他是西方世界声名最为显赫的人之一,但当他不在舞台上时,却是一个低调离群的人。同时鲍勃还是一个特别诡秘的人。考虑到成年后他便被全世界的新闻界仔细地盘查,那么鲍勃大部分人生经历仍被迷雾所笼罩这一点就非常让人值得注意了。在本书中,很多的迷雾将被拂去。举个例子,虽然大家都知道鲍勃与前妻、模特萨拉·劳恩茨于1965年结婚,于1977年离婚,但实际上鲍勃于1986年与伴唱歌手卡罗琳·丹尼斯再次结婚,组建了第二个家庭,这些都是瞒着新闻界和公众的。关于这一阶段针对鲍勃的生活有着大量的推测——包括推测他生了几个孩子,又是和谁生了这些孩子——但大多数写出来的东西都是错误的。本书所记载的整段经历,以可证明的事实以及来自亲密的朋友和家庭的第一手资料为基础,这些均是首次展现在公众面前。

长期以来鲍勃一直被视为反主流文化的领军人物。然而矛盾的是,他对于政治或者社会事务少有或者根本没有兴趣,甚至公然抨击政治是"魔鬼的工具"。他的精力都用在了其他方面——《圣经》和美国民谣音乐遗产中的语言和古代伦理道德。他是一个非常严肃认真的人,拒绝对着摄像机微笑,拒绝在电视秀上发言。同时,他还以幽默感而闻名,他令人惊讶地说幼稚的笑话,还玩扑克戏法,并且在心理游戏中汲取恶作剧般的乐趣。他非常富有,但却选择像一个吉卜赛人那样生活,在巡演车上所度过的时间要超出在他那分布在世界各地17处产业中任何一处所待的时间。怪癖更增添了弥漫在他身上的传奇色彩。这也是一种天赋,这也是一种古怪的天赋。

如此说来,有关鲍勃·迪伦的报道要远多于几乎任何一个流行乐艺术家也就没什么可奇怪的了,如果他没有被广泛地研究,那反倒是一种错误。在过去的40年中出版了多部书籍,其中包括画册、歌词鉴赏以及四本著名的传记——安东尼·斯卡杜托的《鲍勃·迪伦:个人传记》(格洛赛特与邓拉普出版公司,1971年)、罗伯特·谢尔顿的《迷途之家:鲍勃·迪伦的生活与音乐》(新英语图书馆出版公司,1986年)、鲍勃·斯匹兹的《迪伦:传记》(麦克格劳出版公司,1989年)、克林顿·海林的《迪伦:隐于影后》(后修订为《鲍勃·迪伦:隐于影后——第二版》,维京出版公司,2000年)。虽然已有优秀作品完成,但创作一部重要的传记以传达鲍勃·迪伦艺术成就的恢弘，同时揭秘这位充满魅力、难以理解的人士，这一挑战依旧存在。

本书以艰辛获取的新的研究成果为基础。我获得了有关鲍勃·迪伦演艺生涯以及家庭生活的大量此前未曾公开的证明材料，并以此作为本书的坚实基础。这些文字材料包括出生证明、婚姻证明、死亡证明、诉讼案件档案以及房产、财产完税证明。这些证明材料在很多情况下让我能够无误地确定那些广为流传且往往得出错误推论的内容的细节。我与鲍勃生活中几乎每一个重要的人物都建立了联系，并对其中的大部分人进行了新的专访。此前从未接受过访问的人们与我分享了他们的经历，披露出来的新资料数量惊人，从而清晰地描绘出鲍勃人生的每一个方面。这其中包括——但并不仅限于——鲍勃家庭生活的全貌（例如他五个孩子的全名以及出生日期直至今日仍只是个大概而已）。同时还包括鲍勃在伍德斯托克度过的隐秘岁月中的内幕新闻，在制作《无数金发女郎》等唱片过程中所发生的故事，在巡演途中的生活经历，他的第二次秘密婚姻，他的健康情况，他的法律纠纷，他那些出乎意料的财产收益，以及那些疯狂的歌迷持续多年的强迫性行为使得他是多么地为自己的安全担忧。

在鲍伯·迪伦本人选择对创作本书不提供任何支持的情况下，直接引用内容的唯一来源便是之前的公开访谈，有些人因为离世，而有些人则因为其他的原因无法接受采访。在创作这本传记的过程中，超过250人为我提供了帮助，其中大多数都接受了正式的采访，有些则是通过信函或者电子邮件的方式回答我所提出的问题，其余人则是进行了一般性的讨论。资料来源包括鲍勃·迪伦的亲属、童年时代的朋友和老师、女友、邻居、教友、之前的雇员、乐队成员、诗人、电影制作人、画家以及其他的音乐人。关键的资料来源包括鲍勃家庭人员以及他最为亲密的男性、女性朋友。这些人中的一部分——包括长期女友卡罗尔·切尔斯,伍德斯托克的邻居布鲁斯·多夫曼,艾伯特·格罗斯曼的遗孀萨利以及相交时间最长的朋友拉里·凯甘,这些人在此前的传记中都未曾提及。鲍勃的女友埃克·哈尔斯多姆和邦妮·比彻多年来第一次接受采访。一些与鲍勃·迪伦有着紧密联系的著名音乐人均对本书的创作提供了帮助,其中包括"邦德"乐队的里克·丹柯、列弗·海姆、加思·哈德森和罗比·罗伯森,蒂姆·德鲁蒙德、"流浪者"杰克·埃利奥特、阿洛·格斯、里奇·哈文斯、约翰·李·胡克、吉姆·凯尔特纳、艾·库普、马克·诺夫勒、罗杰·麦吉恩、玛丽亚·马尔道、汤姆·帕克斯顿、皮特·西格、米克·泰勒、"感恩而死"乐队的鲍比·维尔、"彼得、保罗和玛丽"演唱组的彼得·亚罗与诺埃尔·保罗·斯托克。一些关键性的人物,其中包括迪伦的家庭成员,是以不透露他们的名字为条件提供帮助的。其余少量的人要求不要对他们的话进行直接引用。

序　章

昨日已逝，过往犹存

　　这个男人走起路来带着一种古怪的轻快，就像是一个由隐形的长线牵引着的木偶。他的头部按照自己的韵律摆动着。他的着装很不合体，让他似乎与曼哈顿时尚街区的氛围毫不相称，反而有些像是无家可归的人。然而如果有人近距离地端详他，就会发现他的衣服看起来似乎还是新的。如果更近些观察这张气色不佳、胡子拉碴的面庞时，就会发现这个身材瘦弱、中年的男人似乎很面熟。帽子遮盖下的脸上长着与众不同的鹰钩鼻，优雅的面孔四周是一缕缕的胡须。当他触摸自己的鼻子时，就能看到他的手指甲又长又脏。他抬眼望着街对面，一双眼睛呈深湖蓝色，比知更鸟的蛋还要蓝。

　　"你是鲍勃·迪伦！"

　　人们往往会认出他来，兴奋地叫喊起来与他打着招呼，他们完全无法相信在街上就能亲眼看到这位传奇人物。鲍勃非常厌恶人们注意到他，但他的内心还是一个优雅的中西部人，因此他并不介意互致问候。当他说话时——也许只是说，"嘿，你还好吗？[①]"——他的声音是那样的与众不同，词语从胸腔里冲出，经过外形可笑的

[①] 原文为"Hey, man, how are ya doin'？"——译注

鼻子挤出来，也就只有鲍勃·迪伦能够将句子中的错词重读，而将其他的单词简短轻快地读出。

鲍勃来到五十七号街与列克星敦大街的拐角处，进入一家规模较小的俱乐部，这是由汤姆·麦克姆[①]开设的爱尔兰亭俱乐部。汤姆·麦克姆是鲍勃的老朋友，20世纪60年代早期鲍勃初涉娱乐界尚处于学习阶段时两人便结识了，他是一个说话温和的人，当时正和"克兰西兄弟"[②]演唱组在纽约格林威治村的俱乐部中演唱传统的民谣歌曲。麦克姆很多年没有见到过博比了——这是两人初识时的称呼。"没有人跟着他，没有司机，没有同伴，什么都没有。他只是独自一人。"他回想起来说。

麦克姆将鲍勃安排在一张安静的桌子旁，鲍勃坐在那里不会被其他的顾客注意到。随后麦克姆取出班卓琴，登上舞台开始演出。他演唱鲍勃所喜欢的民谣歌曲，有精神饱满的歌曲《荒原上的布伦南》，有充满渴望的歌曲《如果你走，姑娘，你走》。在第二幕开始之前有一段间隔，麦克姆走向正在吃东西的鲍勃。"如果你想要唱首歌，那么就告诉我。"麦克姆说。但鲍勃宁愿独自一人安静地坐着。他非常的享受。爱尔兰亭俱乐部让他回忆起自己在纽约度过的早期岁月以及所遇到的那些人，像约翰·李·胡克[③]、西斯

[①] 汤姆·麦克姆（Tommy Makem, 1932—2007），著名的爱尔兰民谣音乐家，艺术家，诗人和作家，曾经与克兰西兄弟一同组成了"克兰西兄弟与汤姆·麦克姆"合唱组。——译注

[②] 克兰西兄弟（The Clancy Brothers），美国爱尔兰民谣演唱团体，20世纪60年代是他们的鼎盛时期，成员有帕特里克·克兰西、汤姆·克兰西、博比·克兰西和利亚姆·克兰西。——译注

[③] 约翰·李·胡克（John Lee Hooker, 1917—2001），美国"二战"后影响巨大的非裔布鲁斯歌手，吉他手和词曲作家。2000年获得格莱美终身成就奖。——译注

科·休斯顿①以及"大块头"乔·威廉姆斯②。这些人在他的记忆中成为不朽,他们在鲍勃的事业中无处不在,并产生着影响。

听众离去后,麦克姆拖过一张椅子,当他和鲍勃交谈时店员们就在座位周围来来往往,打扫卫生。鲍勃想要谈论的都是些过去的事——那些来自历史悠久的俱乐部的老友、30年未见的人们以及陈旧的记忆——也是如同今天这样的夜晚,鲍勃因为创作出了一首歌曲而兴奋异常地跑到位于第六大街的爱尔兰亭俱乐部。"上帝,那应该已经是早晨的2:30或者3点了。"麦克姆说,"他为我演唱了一首谋杀民谣,是按照他从利亚姆·克兰西那里听到的歌曲曲调创作的。歌曲约有二十节,他从头到尾完完整整地给我唱了一遍。我想,上帝,这小伙子写的真是一首有趣的歌。"

1992年春季,就在鲍勃出人意料地走进爱尔兰亭俱乐部之后数周,汤姆·麦克姆收到了一封寄自索尼唱片公司的信函,鲍勃就属于这家公司。麦克姆受邀在为庆祝鲍勃三十年唱片艺术家历程而举办(尽管实际上鲍勃制作唱片已经有三十一年了)的演唱会上演出。两人碰面时鲍勃对此只字未提,但这是他的特点,他从来就不是一个健谈的人。最初麦克姆无法确定他将出席的演唱会是何种类型的。出于低调的行事方式鲍勃独自一人在城市里步行闲逛,穿着就像一个流浪汉,人们也许会认为他作为巨星的岁月已经结束了,而此时他将与少数老友一同在一个

---

① 西斯科·休斯顿(Cisco Houston, 1918—1961),美国民谣歌手,与伍迪·格斯联系紧密,两人曾共同录制唱片。——译注

② "大块头"乔·威廉姆斯(Big Joe Williams, 1903—1982),美国著名爵士乐歌手,以高超的吉他演奏而闻名。——译注

规模适度的剧场内举行一场庆祝职业生涯的演唱会。"庆祝演唱会非常迷人,要比我了解的任何一场盛会都规模宏大。"麦克姆说,"真是非常的恢弘。"

鲍勃"三十周年演唱会庆典"的举办地是在麦迪逊广场花园,这里是曼哈顿一处巨大的运动场馆。举办方宣称鲍勃将会携音乐界一些最为知名的人士出现在演唱会上,于是在一小时之内售出了一万八千张坐票。事实上主办方将一张座位的票价定在了50—150美元之间,这在同类演唱会中是创纪录的票价。当麦克姆抵达音乐家入住的丽嘉皇家酒店时,他发现客人名单中不仅有年长的民谣歌手,同时还有像埃里克·克莱普顿[①]和乔治·哈里森这类鲍勃·迪伦的忠实朋友。在演唱会开始之前的十天里,为了进行演唱会之前的彩排,豪华轿车运送艺术家们来往于酒店和考夫曼·阿斯托里亚工作室之间。鲍勃穿着便装参加彩排,他的运动衫的帽子罩在头上,他嘟囔着说,他并不认为举办这场演唱会是个好主意,因为"这就像是参加我自己的葬礼"。

然而1992年10月16日周五的晚会仍让人感到异常兴奋,在广场花园灯光的映照下一个形如墨西哥庄园的巨大舞台显露出来。"房子"乐队、"Booker T. & the M. G.'s"乐队[②]以鲍勃颂扬基督教信仰的歌曲之一《听命于人》揭开了演唱会的序幕。在随后三个多小时里,一连串的明星陆续演出,充分显现出鲍勃·迪伦广泛

---

① 埃里克·克莱普顿(Eric Patrick Clapton,1945—),英国吉他手,歌手,作曲家。20世纪最成功的音乐家之一。2003年在《滚石》杂志评选的百位吉他手中位列第四,百大摇滚艺术家中位列第五十三。——译注

② "Booker T. & the M. G.'s"乐队是美国的一支摇滚乐队,深受灵歌影响。创建时期的成员有布克·T. 琼斯、史蒂夫·库普、利维·斯坦伯格、小艾·杰克逊。小艾·杰克逊于1975年被杀害后,成员有所变动。——译注

的影响力,从民谣歌手到乡村音乐艺术家,像威利·尼尔森①和约翰尼·卡什②、史蒂夫·旺德、欧杰斯等非裔美籍歌星翻唱了鲍勃的歌曲,而年轻的摇滚歌手中包括艾迪·维德和参加鲍勃20世纪80年代巡演的汤姆·佩蒂以及"伤心人"乐队,所有人演唱的都是鲍勃·迪伦的歌曲。

此次演唱会偶尔会让人们回想起鲍勃·迪伦以及同时代艺术家那久远的鼎盛时期。卡罗琳·赫斯特③——民谣复兴时期的美女之一——已经是白发的祖母了。与鲍勃·迪伦共同参加1965—1966年巡演和"七四年巡演"的"邦德"乐队曾经是一群蓄着深色胡须的年轻硬汉。然而在过去的这些年中,吉他手罗比·罗伯森④已经与乐队疏远,钢琴艺术家理查德·曼纽尔⑤自杀身亡。当剩下的三名成员走上舞台演唱歌曲《当我画我的杰作》时,他们的容颜已经发生了变化。鼓手列弗·海姆⑥和键盘手加思·

---

① 威利·尼尔森(Willie Nelson,1933—),美国乡村歌手,歌曲创作人,作家,诗人,演员。在20世纪70年代达到事业的巅峰,成为美国流行文化的标志性人物。——译注

② 约翰尼·卡什(Johnny Cash,1932—2003),美国著名音乐家,唯一获得乡村音乐名人堂、摇滚名人堂两项殊荣的音乐人,一生录制了1500多首歌曲,获得12座格莱美奖杯。——译注

③ 卡罗琳·赫斯特(Carolyn Hester,1937—),美国著名民谣歌手,歌曲创作人,在20世纪60年代的民谣复兴运动中起过重要的推动作用。——译注

④ 罗比·罗伯森(Robbie Robertson,1943—),加拿大歌手,歌曲创作人,"满匙爱"乐队成员。《滚石》杂志所评选出的一百位伟大吉他手中将他列在第七十八位。——译注

⑤ 理查德·曼纽尔(Richard Manuel,1943—1986),加拿大歌手,作曲家。——译注

⑥ 列弗·海姆(Levon Helm,1940—),美国摇滚音乐人。以深情、乡村风格的嗓音以及充满力度的鼓声而闻名。《滚石》杂志所评选出的一百位伟大歌手中将他列在第九十一位。——译注

哈德森①的须发已经变得雪白,海姆看起来显得尤为虚弱。曾经是瘦骨嶙峋的低音吉他手里克·丹柯②在经历多年的滥用药物之后已经变得浑身浮肿。"这真让人感到震惊。"在鲍勃和"邦德"乐队处于全盛期时曾经为其工作的约尔·伯恩斯坦说,"当灯光亮起来时你能听到人们发出'噢'的惊叹声。"

相比较而言,多年前与"邦德"乐队一同出席最初的伍德斯托克音乐节的里奇·哈文斯③容颜变化反倒很少。他带给台下听众一首精彩的翻唱歌曲《就像一个女人》。"我非常高兴受邀出席此次演唱会,并且能够在台上演唱一首歌曲。"他说,"鲍勃是我的精神导师之一——他是一个非常害羞的人,只有站在舞台上时大多数人才能感受到他的不可思议。"

鲍勃一如既往地躲在他的化妆间里,通过闭路电视观看演出。众多的名人在后台走来走去,其中包括约翰·麦肯罗、马丁·斯科塞斯④、卡莉·西蒙,他们伸着脖子注视着这个世界上为数不多的比他们名气更盛的人之一。"滚石"乐队中的罗德·伍德传递着一瓶180度的伏特加。利亚姆·克兰西喝了一大口。他和兄弟们从爱尔兰飞过来,与汤姆·麦克姆一同演唱歌曲《当船只入港》。"天啊,如果我们再多喝些伏特加的话,那么我们今晚就唱不出来了。"他说。

---

① 加思·哈德森(Garth Hudson,1937—),加拿大音乐家,键盘手。在风琴与钢琴方面造诣深厚,曾经与多位知名艺术家合作录制唱片。——译注

② 里克·丹柯(Rick Danko,1942—1999),加拿大音乐家,歌手。——译注

③ 里奇·哈文斯(Richie Havens,1941—),美国民谣歌手,吉他演奏家。——译注

④ 马丁·斯科塞斯(Martin Scorsese,1942—),美国著名导演,代表作品有《无间道风云》、《愤怒的公牛》等。——译注

如果是某个他们并不喜欢的歌手登上舞台，那么外面观众席中的听众就会非常直接地表达自己的情绪。歌手索菲·B. 霍金斯就受到了冷遇。索尼唱片公司的主席也遭到了嘘声。克里斯·克里斯托弗森紧张地介绍一位艺术家，他说这位艺术家的名字可以说是勇气的同义词。身形单薄、剃着光头的爱尔兰歌手希尼德·奥康纳走向麦克风。近期她因为在一次电视演出中抨击罗马教皇而身处争议的漩涡之中。台下嘘声四起。"Booker T. & the M. G.' s"乐队反复弹奏歌曲《我相信你》的开始部分，虽然之前排练过这首歌，但她却出乎意料地卡住了。

"滚下台去！"人们喊叫起来。

奥康纳用手臂做出下切的动作，示意放大麦克风，接着开始唱起歌曲《战争》。这是一种表示抗议的真实举动，仅仅几分钟她便使得那些情绪激烈的质问者平静下来。随后听众渐渐意识到她所演唱的根本就不是鲍勃·迪伦的歌曲。《战争》是鲍勃·马利创作的。她被赶下了舞台，因最终不得不放弃而感到非常烦躁。艺术家们惊讶地看到她蒙受羞辱。"这真是令人感到吃惊。"布鲁斯艺术家，鲍勃第一张唱片制作人的儿子小约翰·哈蒙德[①]说，"我无法相信纽约的听众对她的观点会如此无法接纳。"

在希尼德·奥康纳的噩梦之后登上舞台的是尼尔·杨，他看起来有些紧张不安。但听众都很爱戴他，特别是当他以吉米·亨德里克斯[②]的炽热风格演唱歌曲《沿着瞭望塔》时。吉米·亨德里

[①] 小约翰·哈蒙德（John Hammond Jr. ,1942—　），美国布鲁斯音乐歌手,吉他演奏家。——译注

[②] 吉米·亨德里克斯（Jimi Hendrix, 1942—1970），美国吉他演奏家，歌手,歌曲创作人。他被广泛认为是摇滚音乐领域最伟大的电子吉他演奏家。在欧洲音乐界取得初步成功之后，他在1967年的蒙特里杰流行音乐节上的演出也受到极大好评,并在此后大红大紫。——译注

克斯在1968年曾凭借此曲风靡一时(奇怪的是,对于大多数听众而言,鲍勃的很多歌曲反倒是翻唱版本要比原始录音版本更为熟悉)。"这首歌是献给你的,鲍勃。"杨大声喊起来,"感谢鲍勃节的到来。""伯德兹"乐队[1]的罗杰·麦吉恩[2]在演唱歌曲《手鼓先生》时同样得到了热烈的回应。1965年的夏季,"伯德兹"乐队凭借这首歌曲占据了排行榜第一名的位置,麦吉恩那把十二弦吉他的独特声响以及他那震颤、略显宽广的嗓音唤起了一种悠长深远的怀旧之情。他的歌声一如往昔。"真是让人高兴。"他说,"我是在唱给上帝听。"

舞台被清理干净之后,乔治·哈里森发表了一段长时间的发言。"你们中的一些人可能称呼他为博比。你们中的一些人可能称呼他为齐米。我则是称呼他为幸运。"他用他的利物浦口音回忆了当年两人短时间组建起来名为"维尔贝瑞旅行者"的现场演出乐队的情况,然后他说:"女士们先生们,现在请欢迎鲍勃·迪伦!"

听众们发出尖叫声和口哨声,全神贯注地望着这位传奇人物。一个身形瘦小的人一路小跑着进入紫色的聚光灯当中,他的出现让一些人对他那矮而消瘦的身材颇感惊讶。呼喊声变得愈发的响亮。鲍勃穿着黑色丝绸套装,白色的衬衫看起来有些紧,就像是一个穿着凌乱的侍者。他没有刮胡子,或者也可能是已经几天没有睡觉了。他的皮肤苍白,脸上满是皱纹。他那一头曾经繁茂的鬈发现在平直地贴在满是汗水的前额上。他走向麦克风,开始漫不

---

[1] "伯德兹"乐队(The Byrds),1964年创建于洛杉矶的一支美国摇滚乐队。这支乐队以演唱鲍勃·迪伦的作品而著称。1973年乐队解散。——译注
[2] 罗杰·麦吉恩(Roger McGuinn,1942—),美国著名歌手,创作人,吉他演奏家。作为"伯德兹"乐队的主唱而广受欢迎,并因此成为摇滚名人堂成员。——译注

经心地用细长的、因抽烟而变黄的指甲弹起原声吉他。这可能是一场收益达到五百万的演唱会,但他却打算独唱,就像他数十年前在咖啡馆里做的那样。他所弹奏的曲调是按部就班的,并没有试着去迎合他的听众,除了很随意地说了声"谢谢每一个人"。然而当他开始演唱时,八万名听众的注意力都集中在这个特立独行、魔力超群的人身上。前排特别嘉宾席——近视的演唱者能看得清清楚楚——之外是一片人山人海,在人山人海中点缀着快速闪动的相机闪光灯。

他开始演唱歌曲《写给伍迪的歌》,这是他创作的第一首重要歌曲。这是他献给心目中的英雄,美国民谣音乐之父伍迪·格斯①的颂词。鲍勃创作这首歌时还只有19岁,歌曲有着超越他年龄的、感人的厌世情绪。而到52岁时,他那沧桑的面容以及疲倦的嗓音刻画出一个行进在非常旅程中的人。伍迪的女儿诺瑞尔此时正坐在前排。当鲍勃开始演唱关于她父亲的歌曲时诺瑞尔开始抽泣起来,伍迪·格斯饱受亨廷顿舞蹈症②的折磨,最终于1967年去世。"父亲就如同身处一条河流之中,那河有很多的溪流、河口或汇入,或流出这条河。而他所身处的就是一条非常大的河流。"她解释说,"鲍勃汇入这条河流,随后他成为同一条河上的船长。我的父亲已经凋谢了,鲍勃继承了他的衣钵,我总觉得他一直都是一个可爱的、真性情的船长。"

---

① 伍迪·格斯(Woodrow Wilson "Woody" Guthrie,1912—1967),美国著名歌手,创作人和民谣音乐家,留下了数百首政治、儿童等方面的歌曲。其影响深远,对美国音乐的发展起到了巨大的推动作用。——译注

② 亨廷顿舞蹈症(Huntington's Chorea),一种遗传神经退化疾病,主要病因是患者第四号染色体上的亨廷顿基因发生变异,产生变异蛋白质并在细胞内逐渐聚集,形成大的分子团。患者通常在中年发病,逐渐丧失说话、行动、思考和吞咽的能力,大约持续时间在15—20年直到死亡。——译注

演唱完《写给伍迪的歌》之后，鲍勃转而唱起了歌曲《没事儿，妈妈（我不过是在流血）》，他双膝前弯，一边猛烈地拨动着吉他琴弦，一边扭动着。嘉宾艺术家们拥在舞台周围望着他。罗尼·伍德[①]和鼓手安东·菲戈从鼓后面探头出来偷看他。"他非常激动。"菲戈说。

罗杰·麦吉恩、汤姆·佩蒂、埃里克·克莱普顿、尼尔·杨和乔治·哈里森与鲍勃站到了一起，共同演唱了一首《昔日的我》。随后所有人一起登台演唱了《敲开天堂之门》，这首歌近期因"枪炮玫瑰"乐队[②]的演绎而红极一时。演唱会行将结束时，鲍勃站在舞台的中央，享受着不仅仅是观众们奉上的，同时也是周围簇拥着的巨星们奉上的喝彩和欢呼。罗杰·麦吉恩和乔治·哈里森演唱了歌曲《他是一个有趣的好伙伴》。鲍勃笨拙地站在那里，似乎有些手足无措，不知道该说些什么。卡罗琳·赫斯特拿起扔到舞台上的一小束花，在尼尔·杨的鼓动下献给鲍勃，她快速地拥抱了鲍勃，并亲吻了他的脸颊。尽管两人是多年的老友，但她还是害怕鲍勃不喜欢这样。"我想，我会因此而被扔出去，但没有任何人将我扔出去。我非常高兴。而且他也笑了起来。他微微一笑。每个人都疯狂了。"这是整个夜晚鲍勃第一次微笑。

显然在纪念活动的计划中必定安排有演唱会后的聚会，以便索尼公司可以款待鲍勃·迪伦、庆祝嘉宾以及音乐界的业内人士。

[①] 罗尼·伍德（Ronnie Wood，1947— ），英国摇滚吉他手，曾经担任过"滚石"乐队的成员。——译注

[②] "枪炮玫瑰"乐队（Guns N' Roses），1985年在美国加利福尼亚州洛杉矶好莱坞创建的著名摇滚乐队，初创者是埃克塞尔·罗斯，属于硬摇滚乐队。——译注

华道夫阿斯多利亚酒店本有可能接待这批贵宾。但鲍勃随后说，"我不想去那里。我想去汤姆·麦克姆的俱乐部。"因此索尼方面更改了安排计划，将小民谣俱乐部整晚包了下来。俱乐部只能容纳150人，优先获准进入的是鲍勃的朋友以及著名的嘉宾明星。歌迷和媒体看着他们抵达聚会现场。接着是乐队乐手们以及他们的妻子和女友。留给想要进入会场的唱片公司行政人员以及剩下的嘉宾的空间已经很小了。事实上，已经没有办法再容纳其他人。"除非你有票，否则就不能进入。"当汤姆·麦克姆从演唱会回到他自己的俱乐部后被告知。

"这家俱乐部是我的。"麦克姆告诉保安，但他要想进入还是得找出票来。

在俱乐部里面，鲍勃就像吉卜赛国王一样安坐在一角的一张长方桌旁，面前摆着一杯白葡萄酒。在他周围略小些的桌子旁，坐着他的朝臣们——也就是他的那些密友，其中包括正在喝茶的乔治·哈里森、罗尼·伍德、正在学着吹奏爱尔兰锡笛的埃里克·克莱普顿。其他人则一个接一个走到鲍勃的长方桌前，来表达他们的敬意。"鲍勃·迪伦，摇滚之王，如果那晚继续那样。"卡罗琳·赫斯特说，"他就会召见我们每一个人。"

当利亚姆·克兰西走上前为克兰西兄弟受邀现场演出而表示感谢时，鲍勃请他多坐一会儿。克兰西说他和他的兄弟们想要按照传统爱尔兰民谣风格制作一张鲍勃歌曲的唱片。这将成为以歌曲回馈他的一种方式。"伙计，你要这么做？你要？"鲍勃问道。

"你是在拒绝？"

"利亚姆，你没有认识到，你要做吗，伙计？"异常松弛的鲍勃问道。他交替喝着白葡萄酒和吉尼斯黑啤酒，而且喝得不急不缓。"伙计，你是我他妈的英雄。"鲍勃为受尊敬的民谣艺术家们所接受是在他第一次为了实现终生梦想从明尼苏达来到纽约时。他对着这个魁伟的、56岁的爱尔兰人微笑着。"他不再作为一个明星,而是我第一次所知晓的那个不安分的小男孩。"克兰西说,"他在寻求一种肯定,这些年他仍旧在关注,关注演艺界,关注喝彩声,关注每件事……我想这非常可爱,在他人生的舞台,他能够认同这一点。"

克兰西告诉鲍勃他在舞台上看起来不太舒服。他听到长期以来传播不断的谣言,说是鲍勃受到毒品问题的困扰。最近几年鲍勃奇怪的行为——演出时穿着有兜帽的运动衫,戴着遮挡住脸部的帽子,演唱的方式让人几乎无法听出歌曲来——似乎验证了他在某些方面出现了问题。但他的回答却让人感到惊讶。"嘿,伙计,我忍受着幽闭恐惧症。"他说,"我只是想要摆脱这一切。我无法忍受在屋内待更久些。"

"你冒出的都是冷汗。"

"我再也不想待在那种情形之中,但我必须得那么做。"

克兰西随后鼓起勇气询问一个困扰他多年的问题。年轻时他们曾经一同待在格林威治村,这个爱尔兰人有个名叫凯茜的女友。他猜想凯茜和鲍勃之间有过一段恋情,而鲍勃正是一个积习难改、沉迷于女色的人。"博比,你和凯茜做过爱吗?"他问道。

鲍勃注视着他,克兰西知道他将知晓最终的真相。"伙计,她爱你。"他回答道,显然不是在说谎,"但她是那么的孤独。我得到了许可,伙计,我安慰了她。"

克兰西受到了伤害。一想起当时克兰西与兄弟们在外出演出途中收到凯茜寄来的情书就让人感到痛苦,因为这些情书是在凯茜身在纽约与娃娃脸的鲍勃·迪伦相偎依时写的。但他们现在都老得无法争斗了。取而代之的是克兰西拾起一把吉他,递给鲍勃,以唤醒鲍勃重新回想起往昔,当时在狮首酒馆或是白马酒馆,在晚上演出的末段他们总是这样传递一把吉他。"快点,这儿有把吉他。给我唱首歌。"

"我不能再唱了,伙计。"

"你是不是因为是他妈的明星就不做这个了?别和我说废话,博比。现在就他妈的唱首歌,因为我们一直都是如此的。"

鲍勃勉勉强强地接过吉他开始演唱《罗迪·麦考林①》这首他从克兰西兄弟那里学来的传统歌曲。但当轮到他的朋友演唱一段歌词时,他却唱不出来了。"耶稣,你能相信,我因为喝酒过度而无法记得歌词了吗?"长桌的另外一端,罗尼·伍德唱了起来:

走近狭小的街道
微笑,自豪,年轻

吉他传到了乔治·哈里森的手中,由他演唱下一段歌词。1984年和鲍勃一同参加巡演的键盘手伊恩·麦克拉甘猛然间被唤醒了,他献上一首下流小曲,小曲是他和"面孔"乐队②史蒂夫·马里奥特在伦敦的酒馆演出时从史蒂夫那里学来的。

我爱我的妻子
我深深地爱着她
我爱她小便通过的孔穴

---

① 罗迪·麦考林(Roddy McCorley),1798年爱尔兰叛乱的参与者,1800年2月28日去世。——译注

② "面孔"乐队(The Faces),英国摇滚乐队,创建于1969年,主唱为罗德·斯图尔特(Rod Stewart)。至1975年为止共发行四张唱片,并举行巡演。2010年宣布计划重组。——译注

不久之后，每个人都在欢笑，唱歌，背诵诗句，互相拍打着背部。"饮酒是伟大的平等主义者，我们所有人彼此勾肩搭背，挤成一团，就像我们年轻时一样。"克兰西说，"当晚末尾阶段我们几乎变成了一支橄榄球队。"他们一直喝到晨光从窗户透进室内。早晨七点，汤姆·麦克姆的儿子们宣布他们全部都该回家上床休息了。歌迷和媒体离开了。豪华轿车以及司机几小时之前便被打发回家了，因此他们只得坐出租车离去。

穿着满是褶皱、闻起来一股啤酒和雪茄气味的定制的舞台服，鲍勃看起来非常放松，显得要比站在麦迪逊广场花园的尴尬角色愉快些。出租车开过来时，他拥抱他的朋友们，为他们的到来而致谢，并且被引导上一辆汽车。当他乘车汇入清晨的车流中时，他的笑容开朗明亮。

他将一直安睡到午后。当他醒来时，在已经错过的一天的暮色黄昏中，他必须将精力重新投入到巡演当中去，也就是一年约有百余场的、号称"永无止境"的巡演活动。在两三天内他应该在特拉华州大学举办一场演唱会。在那之后，预定的演唱会场次一直排到了圣诞节。演唱会大多都是在小剧场举办，前往观看的人们很可能并不会购买他的新唱片。现在人们参加演唱会，就如同参观博物馆，是为了体验历史。他的个人生活就如同一片废墟。他第二次离婚，而这段婚姻是他竭力想要掩盖住的。他为秘密诞生下来的女儿的未来以及第二任妻子感到担忧，同时关注着他必须交出去的一大笔用于分割的财富。在麦迪逊广场花园举办的演唱会对他有所帮助，但是开销巨大，他无法确定CD和录像带这些附属产品的销售状况如何。从他近期唱片销售的表现来看，它们可能会沉寂无声。如果他能够谈论有关自身的难题，这种变相的宣传也许会有所帮助，但他是一个内向的人，没有什么知己。纵观成名后的整个人生,他都觉得只有自己才值得信赖。

鲍勃·迪伦承受着罕见的压力。然而有一天夜晚他曾经再次成为博比,那个从中西部走出来、跑到纽约赚钱的无忧无虑的男孩,这个男孩曾经和汤姆·麦克姆、利姆·克兰西、卡罗琳·赫斯特一起在格林威治村里游荡。当时他非常快乐,就像他曾经有过的那样快乐。"一个非常孤独的人。"他的老友之一克兰西说,"因此我猜测,这个世上很少有人他能够与之交谈的。"

第一章

北方乡村的孩童时期

德卢斯①是位于明尼苏达州北部的一座铁矿船运城市,就建立在苏必利尔湖②东岸的悬崖之上。鲍勃·迪伦出生于1941年5月,原名罗伯特·艾伦·齐默尔曼。1998年埃维斯·科斯特洛曾在一份杂志上撰文提出过疑问:"……在德卢斯居住的那段时期内罗伯特·艾伦·齐默尔曼究竟做了些什么?这本就是一段故事。他的家族就如同民谣歌曲中所吟唱的那样,是从别处迁居到这里来的。"

鲍勃的父亲亚伯·齐默尔曼是东欧犹太移民齐格曼·齐默尔曼和安娜·齐默尔曼的儿子。1875年齐格曼出生在黑海港口城市敖德萨③,在那令人绝望的时期长大成人。当时敖德萨正处于沙皇尼古拉二世④的强权统治之下,沙皇责备犹太人不断攻击俄

---

① 德卢斯(Duluth),明尼苏达州的港口城市,位于苏必利尔湖畔,同时也是圣路易斯县的县治。——译注
② 苏必利尔湖(Lake Superior),世界第四大湖,世界最大淡水湖。1622年为法国探险家所发现。现为美国与加拿大共有,湖岸线长3 000公里,近200条河流注入湖中。——译注
③ 敖德萨(Odessa),乌克兰南部城市,是黑海沿岸最大的港口城市和工业、科学、文化及旅游中心。——译注
④ 尼古拉二世(1868—1918),全名尼古拉二世·亚历山德罗维奇·罗曼诺夫,俄罗斯帝国皇帝,在位时间为1894—1917年。——译注

罗斯帝国,这一言论直接导致暴徒杀害数千民众。1905年1月,反犹风潮波及敖德萨。15 000名俄罗斯帝国拥护者上街游行,口中高喊"打倒犹太人",用枪杀、绞索等手段残害了一千名犹太人。正是因为这场大屠杀,鲍勃的祖父被迫逃离家园。在离开前他告诉妻儿,一旦自己找到栖身之所就会接他们过去。

齐格曼·齐默尔曼搭乘一艘驶往美国的船只来到德卢斯,该城位于由明尼阿波利斯和圣保罗市构成的双子城①以北151英里处。齐格曼与大批移民一同来到此地,德卢斯的环境与他的出生地非常相似,这深深地吸引了他。德卢斯和敖德萨一样,城市规模虽小但却非常繁忙,气候也与俄罗斯相近,夏季短暂而冬季漫长难捱。德卢斯是渔业港口,但主要销售的是来自梅萨比矿区②的铁矿石,矿区由西北部连成一线的采矿城市组成。铁矿石用火车运抵德卢斯,然后再用船运至芝加哥和匹兹堡的钢铁企业。齐默尔曼初到美国时只是以在街头做小贩、修鞋为生。定居之后,齐默尔曼将他的俄罗斯妻子安娜接了过来。随她而来的还有三个孩子:马里昂、莫里斯和保罗。杰克、艾布拉姆(也就是亚伯)和马克斯这三个孩子则是夫妻俩在美国重逢后出生的。

亚伯·齐默尔曼生于1911年。7岁时他就开始做些卖报、擦鞋的杂工赚钱贴补家用。尽管亚伯个子不高,而且还戴着一副眼镜,但他却是一个喜欢运动的孩子。除此之外,亚伯还是一名音乐爱好者。齐默尔曼家的孩子们组建了一支小型乐队。"亚伯和我

---

① 双子城,美国明尼苏达州最大的城市明尼阿波利斯和明尼苏达州首府圣保罗城的合称。——译注
② 梅萨比矿区(Mesabi Iron Range),美国明尼苏达州的知名铁矿。该矿于1866年被发现,随即成为美国的主要矿区。该矿主要分布在艾塔斯卡县与圣路易斯县区域内。20世纪70年代开采量呈下降趋势,但2005年开始反弹。——译注

拉小提琴，马里昂弹钢琴。"亚伯的兄弟杰克说，"我们每个人都拥有音乐方面的天赋，经常会在一些中学同台演出。"1929年亚伯中学毕业，之后开始为美孚石油公司工作，但仅数月之后华尔街股票市场便发生了崩盘。

鲍勃·迪伦的母亲比阿特丽斯·斯通出生在梅萨比矿区希宾①城一个地位显赫的犹太人家庭，大家通常称呼她为比蒂，发音为比-蒂，第二个音节重读。比蒂的祖父母本杰明·埃德尔斯坦和莉芭·埃德尔斯坦原本是住在立陶宛的犹太人，1902年带着孩子迁移到美国，两年后又辗转至希宾城。她的祖父——B. H. 埃德尔斯坦——经营多家电影院。B. H. 埃德尔斯坦的大女儿佛罗伦萨出生在立陶宛，她与同在立陶宛出生的本·斯通结婚，随后在希宾城开了一家服装店，主要为矿工家庭提供服务，而顾客也多是移民。比蒂出生于1915年，在本和佛罗伦萨的四个孩子中排行老二。与齐默尔曼家一样，斯通家也称得上是一个音乐爱好者之家，比蒂本人就会演奏钢琴。

尽管希宾是梅萨比矿区最大的一座城市，但居民也仅有一万人左右，犹太社区的面积则更小。"与同族人交往对我们而言很是困难，因为此地的犹太年轻人并不多。"比蒂的姑妈埃塞尔·克莉斯朵与她年纪相仿，两人形同姐妹，"所以我们习惯去德卢斯走亲访友。"在德卢斯逗留期间，两人出席了一场新年聚会，其间克莉斯朵将比蒂介绍给了亚伯·齐默尔曼。"亚伯是美男子。"克莉斯朵说，"每个人都很喜欢他。"亚伯是一个安静得近乎腼腆的年轻人，比蒂则性格活泼，但两人之间的性格差异恰好形成互补。

---

① 希宾（Hibbing），属美国明尼苏达州圣路易斯县下属城市，该地区以铁矿开采为主要经济来源。——译注

1934年6月10日,也就是在比蒂19岁生日后第三天,她在母亲家中与亚伯成婚。当时亚伯还只有22岁。整个美国仍笼罩在大萧条①的气氛中。中西部的佃农正在向加利福尼亚迁徙。报纸上报道了暴徒们所犯下的恶行,其中包括邦妮和克莱德②3月间在圣保罗所引发的枪战。亚伯和比蒂在芝加哥度过蜜月后数周,约翰·迪林杰③在这座城市被枪决。这是一段前所未有的困难时期,六年后两人方才自立门户。在此之前他们与亚伯的母亲一同住在德卢斯。

第二次世界大战的爆发以及富兰克林·D. 罗斯福新政④的实施将美国从大萧条的泥潭中拽了出来。1941年亚伯进入了美孚石油公司的主管层,他和比蒂有了足够的资金购买属于自己的居所。两人搬入德卢斯东三大街北519号一栋建在小山上的隔板房内,房子的屋顶坡度陡峭,带有阳台。当时比蒂正怀着身孕。他们租下两间顶层公寓套房。1941年5月24日9点05分,比蒂在附近的圣玛丽医院产下一名男婴。男婴出生时体重为7磅1盎司。四天后在办理过登记手续及割礼仪式之后,这个男孩有了自己的名字。事实上男孩有两个名字。希伯来语的名字是沙泰伊·西塞

---

① 大萧条(Great Depression),指的是1929年至1933年之间全球性的经济大衰退。——译注
② 邦妮·帕克(Bonnie Parker)和克莱德·巴若(Clyde Barrow)是美国20世纪30年代一对雌雄大盗,在得克萨斯州等地持枪抢劫银行,最后被警方击毙。——译注
③ 约翰·迪林杰(John Dillinger,1903—1934)是美国20世纪30年代知名的劫匪,于1934年7月伏法。——译注
④ 富兰克林·D. 罗斯福新政,美国总统罗斯福在经济大萧条时期针对当时的实情,大刀阔斧地实施了一系列旨在克服危机的政策措施,历史上称之为"新政"。新政主要内容可用"三R"概括,即复兴(Recover)、救济(Relief)、改革(Reform)。——译注

尔·本·亚伯拉罕,而俗世的名字则是罗伯特·艾伦·齐默尔曼。当时罗伯特可以算得上是男孩中最为常见的名字了。几乎也就是从这时起,人们开始叫他鲍勃,或是博比。鲍勃的母亲说,他小时候长得太漂亮了,就像个女孩子。

在中心山腹区居住的主要是犹太人和波兰人,街道的一头建有一座犹太教堂。斜坡上有一家普通的商店、一家欧式面包房、一家罗塞尔贩酒店以及一家西尔斯·罗克巴零售公司。辽阔而幽深的苏必利尔湖终年冰冷,这也相应地决定了当地的气候。即便是在仲夏,德卢斯仍被阴冷的雾气所笼罩。这里能闻到海洋的清新气息,听到海鸥的鸣叫。当船只靠近陆标阿瑞尔桥时就会拉响汽笛,而守桥人也会予以回应。整个二次世界大战期间,这些景象和声响伴随着鲍勃成长。

大战结束后的第一年,也就是1946年,鲍勃进入了离家两个街区远的内特尔顿小学。正是在这一年,鲍勃首次在家庭聚会上表演。当时大人们出于娱乐的目的,鼓励孩子们表演节目。轮到鲍勃表演时,4岁的他神情专注地跺了跺脚。"如果在场的每个人都能保持安静的话,"鲍勃说,"我就为祖母献唱一首,歌名叫'某些周日的清晨'。"鲍勃的表演非常成功,下面的听众纷纷要求他再唱一首。点唱的歌曲是《性感之声》,这是当时收音机里经常播放的流行歌曲。为此而深感骄傲的比蒂说:"人们不断打电话来表示祝贺,我们家里的电话响个不停。"

不久,鲍勃又获得了第二次表演的机会,这次是在比蒂妹妹艾琳的婚礼上。亲友们希望鲍勃能再次献歌。尽管一位伯父当场表示愿为此付钱给鲍勃,他仍显得很是勉强,但最终父亲说服了他。在表演前鲍勃再次向兴奋的亲友们加以说明:"如果现场安静,那么我就会演唱。"这又是一次成功的表演。大家欢呼鼓掌,那位伯父更是直接把钱塞进鲍勃手里。拥有表演天赋的鲍勃转向母亲说:"妈妈,我要把这些钱还回去。"表演赢得了雷鸣般的掌声。"听到他的歌声时人们都会快乐地笑起来。我可以说,他是一个非常可爱、非常与众不同的孩子。"亚伯回忆道。"我想,我们是少数几个不认为他有朝一日会成为著名人士的人……当同龄的孩子们还在唱《玛丽有只小羊羔》时,他已经在演唱《性感之声》了,而人们也因此而认为他富有才华。"正如比蒂所说,令人惊讶的是她儿子并没有被太多的关注而宠坏。

1946年2月,鲍勃的弟弟大卫·本杰明出生了。几乎与此同时,亚伯染上了脊髓灰质炎①,这在当时算得上流行病。在医院治疗了一周之后,亚伯回家爬上台阶时的样子按他自己的描述"看上去就像一只猿猴"。亚伯在家中休养了六个月之久,还因此丢掉了美孚石油公司的工作。尽管亚伯勇敢地承受住了这一不幸的打击,但疾病仍对他产生了影响。在此之前亚伯是一个活跃的,甚至运动型的年轻人。而现在他必须重新学习行走。"从那之后我父亲无法正常行走,他终身饱受病痛的折磨。"鲍勃说,"我一直到很久之后才了解这些,这对父亲而言一定非常痛苦。"没有工作,缺少金钱,需要周围的亲戚接济,齐默尔曼一家不得不迁居希宾。比蒂家就住在希宾城,同时亚伯的两个兄弟也在这座城市经商。

希宾位于德卢斯西北七十五英里处,连绵数百英里的森林和湖泊区将它与加拿大隔离开来。第二次世界大战期间,对钢铁的需求使得希宾获得巨大的发展,人口增至18 000人,在霍华德大街和第

---

① 脊髓灰质炎是一种急性病毒性传染病,部分病毒可侵入神经系统。患者多为1—6岁的儿童,主要症状是发热、全身不适,严重时肢体疼痛,发生瘫痪。俗称小儿麻痹症。成人也会得此病症,但几率较低。——译注

一大街周围形成了热闹的街区。采矿是这座城市的支柱产业。赫尔-儒斯特-马赫宁矿坑是地球上的一道裂痕，3英里长，超过500英尺深，当地人称之为"北方人工开凿的大峡谷"。他们绝对有理由善待这一矿区，因为希宾城的繁荣与奥利夫矿业公司的命运息息相关。在战时及战后对矿石需求很高的时期，希宾城的生活水平升至平均线以上，所有人都有工作。据说当时每个能喘气的人都得到了一份工作。矿坑位于城市北面1.5英里处，但铁矿石却随处可见。城市周围环绕着红土覆盖的小山，面积较大的山顶上都已经盖上了房屋，运输车从铁矿区驶向近处的建筑物。在明尼苏达州有种说法，人们在去过希宾城之后就必须洗洗耳朵里的矿尘。

希宾是一座典型的小城市，每逢独立日建筑物上都会升起美国国旗，这里的每个人都相互认识，甚至都了解彼此的双亲。居民们都不喜欢显得很突出或者很特殊。邻里之间的融洽相处是非常重要的。他们的情况非常相近：或在费尔德曼百货商店工作，或在希宾中学教书，而大家平时都会坐在萨米披萨餐馆的餐桌旁用餐。在这里群体的感觉要比其他地方更强烈些，因为希宾城的地理位置非常偏僻，比其他任何一个美国主要城市都更为接近加拿大。在松树林中可以寻觅到熊的踪迹。透过荒凉的地平线可以看到北极光在闪动。隆冬时节，人们必须铲去积在汽车上的厚重积雪。"冬天每个人都显得很安静，没有人会来回走动。"鲍勃曾回忆道，"这大约要持续八个月之久……除了从窗户向外张望外无事可做，你甚至会萌生出一些令人惊讶的幻觉体验。"

这座城市最初建在更北的位置上，但当1912年奥利夫矿业公司决定进行扩建之后，大家不得不随之迁移，房屋被抬起来架在轮子上沿着大路行进。他们留下了一座名叫北希宾城的幽灵般的城市。作为对这座城市所遭受剧变的补偿，矿业公司投资建设了城市的主体建筑,其中包括一个新的商业区、安德罗伊旅店以及市政厅。这些建筑物的规模让人对希宾城萌生一种富裕之感。城中很多人在抵达美国时都是半文盲的移民,他们希望能给予孩子们更好的生活条件,所以作为重建工程的一部分,奥利夫公司修建了一所设施良好的中学及一座按约定建起来的奢华礼堂,礼堂是仿照纽约市的首都剧院修建的。

齐默尔曼家搬到这座城市时北希宾的迁徙工作仍在进行当中。有段时期出现了暂时性的住房短缺,所以他们一开始和比蒂的母亲佛罗伦萨·斯通住在一起。佛罗伦萨·斯通1945年便成了寡妇。她就像是鲍勃和大卫的第二个母亲。亚伯与他两个熟悉电学的兄弟莫里斯和保罗一同入股位于第五号大街上的米克卡电气公司。公司的经营范围包括家用电器销售、线路铺设和电力设施维修。

1948年,亚伯举家迁至第七大街2425号,这里成为鲍勃孩童时期的居所。第七大街2425号是一栋独立的两层小楼,距鲍勃和大卫入学的希宾高中两个街区远,到亚伯工作的市区需步行十分钟。进入屋内,一条走廊直接通到起居室。经过中央双向楼梯通往二楼的三间卧室。这栋房子连通了城市供暖系统,热蒸气被抽取出来,从地下运送至临近市区的房屋,所以住户就无须采用火炉供暖。亚伯将地下室改成了娱乐室,墙壁用松木镶板装饰。鲍勃在挂壁式电话上刻下了名字的首写字母 B. Z.。他和大卫共享位于房屋后部的一间设计有两扇窗户的卧室。一扇窗户能望见第七大街的南面,一扇窗户能望见第二十五大街的西面。窗户下方是一间平顶车库。齐默尔曼家还拥有另一间车库,他们将属于自己的车库租给面包房用于存储物品。当运送面包的卡车在傍晚时分开来时,孩子们就会围上来捡拾掉下来的小圆面包。

在小楼附近住着几个与鲍勃同龄的男孩儿,迁到希宾后比蒂通过组织充满乐趣的家庭聚会来帮助鲍勃结识新伙伴。孩子们被请到家中做客,或是结伴去侧湖①散步。鲍勃就这样与弗隆兄弟、比尔·马里内克和卢克·德威兹结成了好友,比尔·马里内克后来在鲍勃上中学时组建的乐队中担任贝斯手。孩子们一起在中学旁边的操场上游戏,长大些后又跑到班尼特公园骑自行车,或去假山游玩,在红土覆盖的坡上滑行滚动。夏天他们结伴钓鱼游泳,冬天则溜冰、打曲棍球。有时孩子们还会骑车到矿坑旁,饶有兴致地从高高的山崖上俯视矿坑底部那些看上去如同玩具一般大小的卡车。

1949年9月,矿区原本日夜运作的蒸汽机车陷入一片沉寂,喇叭的轰鸣声和爆破声也消失了。北部各州的矿工们为了向美国钢铁业的老板们争取养老金和保险金而举行集体罢工。罢工持续了两个月之久。1952年,矿工们再次举行罢工。希宾的罢工运动进行得很艰难,但却培养起了团结精神。矿区商店的店主们知道店铺的繁荣有赖于矿工们的消费,在居民们的帮助下,矿工得到了他们想要获得的东西。对于鲍勃而言,这是他在人们齐心合力求得公正方面获得的最早体验。

罢工获胜之后,希宾这座小城再次繁荣起来。新的消费热潮降临,用于摩天大楼、汽车和家庭用具上的钢铁大部分都是来自希宾市城外的矿场。城内的富人很少,但穷人也不多,大多数居民的生活都要比国家平均水平高些。米克卡电器公司的经营获得了成功,齐默尔曼一家人也过得相当舒适。不久亚伯和比蒂便在各类

---

① 侧湖(Side Lake),位于美国明尼苏达州圣路易斯县法国镇区,是一片未予承认的自治区域。附近有麦卡锡海滩国家公园。——译注

社团组织中脱颖而出。住宅内摆放着优质的家具和定做的地毯。他们品尝着价格昂贵的中国菜,收藏水晶玻璃器皿和纯银餐具,餐桌上方还悬挂着一盏小型树枝状的吊灯。

鲍勃就是在这样一个生活稳定的家庭中成长起来的,他提出的请求几乎都能得到满足,但他并未受到过分的溺爱。尤为幸运的是他拥有一位可爱的母亲。比蒂是一个普通人,她部分时间会在希宾城内的费尔德曼百货商店工作。"我想他之所以能拥有美好的童年,原因之一就是因为比蒂的存在。"少年时的朋友约翰·巴克伦说,"比蒂是一个好妈妈,一位非常可爱的妇人。"鲍勃在10岁生日前后的母亲节写了一首诗,诗作明确地表达了他对母亲的热爱。在诗中鲍勃表示自己希望母亲永远不会变老。这首诗带着一种情节剧的格调,鲍勃在诗中补充说,如果没有母亲的爱,他就会死去并被掩埋。这首诗让比蒂深感喜悦,她将诗作拿给朋友们欣赏,并把这首诗与鲍勃、大卫写给她的其他诗歌一齐收藏在脚凳的盒子内,凳子面就是用铰链连接的盒盖。

一年后的父亲节鲍勃又写了一首诗。写这首诗就略显困难了。鲍勃与父亲的关系并不像与母亲那般亲密。鲍勃生性沉默寡言,安静,有主见,别人很难了解他在想些什么。不含偏见地说,他吐词清晰,言语诙谐,但他通常说话的声音很小,在客人面前尤其显得羞涩。与其和他人交谈,鲍勃更愿意坐在那里玩《纽约时报》的填字游戏。在鲍勃校友们的记忆中,比蒂每次出现在人们面前时都容光焕发,而亚伯看起来则有些神情倨傲。在鲍勃写于父亲节的诗中,他表达了对父亲的敬意,同时也表明自己愿竭尽全力取悦父亲的心愿。鲍勃所说的话大概让他的父亲有些难以置信。有很多次亚伯都几乎"真的发疯"了。每到此时,鲍勃发现最好的办法是保持安静,以避免父亲更为恼火。

正是在这一时期,鲍勃开始尝试音乐活动,而家中也早就购置了一架古柏森牌的立式钢琴。比蒂年轻时曾弹过这架钢琴,而亚伯则懂得如何调音,但购买钢琴的最大目的是希望培养起孩子们对音乐的兴趣。一位名叫哈丽特·鲁斯坦的表姐为鲍勃和他6岁的弟弟进行最初的音乐辅导。"大卫是一个非常非常聪明的孩子,听得很认真……他要比鲍勃弹得好。"鲍勃的舅舅刘易斯·斯通说,"他很有音乐天赋。"鲍勃变得情绪低落,拒绝表姐的帮助,宣称"我将按照自己所想的方式来弹奏钢琴"。他随后开始自学,甚至从未学会如何识读乐谱。大人们同时也鼓励孩子们尝试学习其他乐器。鲍勃最后选定了吉他,而在学习《尼克·曼诺鲁夫基础西班牙吉他手册》之前,他还曾经吹过号和萨克斯风。

1952年,齐默尔曼家也加入希宾城首批购买电视机的群体中。鲍勃和大卫在电视上欣赏到了多部戏剧和西部电影。但在偏远的明尼苏达州北部地区,电视接收效果很差,每天仅播放短时间的儿童节目,所以还是有大量时间可用来独处和思考,况且鲍勃天生就是一个喜欢单独沉思的孩子。他有一个弟弟,但在朋友们的记忆中鲍勃和大卫并不是特别亲近。事实上,每当鲍勃邀请朋友到家中做客时他都会把大卫轰走,以免碍事。鲍勃喜欢读冒险故事,喜欢自己绘画然后将图画编成故事。有时他会坐在铁轨旁望着装满铁矿石的车厢咯哒哒哒地驶向德卢斯。他会害羞地朝着火车司机挥手,数着车厢的节数,倾听车轮渐远的声响。鲍勃后来回忆说,当他做这些事时,他会茫然地拔起大片的杂草或者朝着对面的铁轨投掷石块。鲍勃也在米克卡电器公司里做些轻松的工作,有时还会乘坐卡车和伯父一起外出配线,或者打扫店面,以此来换取零花钱。但他并不喜欢这种工作,似乎是家人与欠债者之间做买卖时的活跃方式破坏了他的情绪。尽管如此,鲍勃还是会得到很多零花钱,足够去买些香烟——他很早就学会了吸烟——还能在市区供应便餐的餐馆里购买可乐和馅饼。

希宾市区带着一种欧式风情。这座城市是由被吸引到明尼苏达州北部的林区居民和矿工们建造的,他们来自欧洲各地,特别是东欧和斯堪的纳维亚。事实上,希宾城中每一个孩子身上都或多或少有些欧洲血统,多数年长者说话带有口音。元音通常会按照德语方式发音,最显而易见的是人们说"yeah"时会发出"yar"的音来。当他们表示非常同意时,他们会发出"Yaarrr"的感叹声。周六清晨,带有"-yarr"口音的顾客纷纷来到日落面包房,购买坡提卡蛋糕和其他欧式风格的精致糕点,另外一处出售此类食物的商店在瑞恩兰德。尽管都是移民,但居民中还是潜藏着一定程度的反犹暗流。希宾城的犹太人并非正统的东正教徒,包括亚伯在内的这些人都是剃掉胡子的,而且即便是在安息日里也都照常工作。尽管如此,犹太人还是不被获准加入麦萨巴乡村俱乐部①。对某些孩子来说鲍勃叫做齐姆博,尽管没有迹象表明他曾受到恐吓或捉弄,但有着犹太血统这一事实仍使鲍勃与孩子们疏远开来。

希宾城的犹太社团非常小,所以并没有拉比②。当鲍勃到了需要学习戒律的年龄时,一位拉比从纽约乘公车来到希宾城。这位拉比是一位年事已高的长者,身穿黑色长袍,胡子雪白,像是从《旧约全书》中走出来的人物。犹太社团为他找了一间位于市区的住所,每天放学后鲍勃就去那里向他学习戒律。1954 年 5 月鲍勃

---

① 麦萨巴乡村俱乐部(Mesaba Country Club),希宾城的一家高尔夫球俱乐部。——译注
② 拉比,犹太人中的一个特殊阶层,主要为有学问的学者,是老师,也是智者的象征。犹太人中的拉比社会功能广泛,尤其在宗教中扮演重要角色,担任许多犹太教仪式中的主持,同时也担任犹太儿童的宗教教义启蒙老师。——译注

完成了犹太成人礼,并在安乔伊饭店举行了一场聚会,款待来自德卢斯及其他地方的亲属。在此之后,当地的犹太人便不想再让拉比继续留在希宾城里了,这位老者的外貌与1954年正处于发展中的希宾城相比显得过时了,于是他返回了纽约。

虽然鲍勃并不是在正统的犹太教家庭成长起来的,但还是接受了《圣经》的基础教育,在鲍勃20世纪70年代改信基督教之前,这一宗教典籍是他很长一段时间创作抒情歌曲的重要源泉,而父亲在这个孩子身上留下了难以磨灭的印记。鲍勃后来回忆说,亚伯曾经告诉他,如果"品行变得污浊",那么父母就会遗弃他。"如果那种情况发生了,尽自己的能力信仰上帝以修正成长之路。"尽管在外界看来,鲍勃后来的生活可能显得虚伪,以自我为中心,无道德限制,特别是在获得成功后的最初几年,他赢得了大量的恭维和财富,但他仍保留了一些传承自父亲身上的美国中西部价值观。鲍勃长大成人后很少发誓赌咒,也从不与警察冲突,他和父母的关系亲密,能长期保持对朋友的忠诚。鲍勃在很多方面都可以称得上一个恪守道德原则的人。同时他在音乐方面坚持奋斗,这也愈加使得音乐成为他的毕生事业。

鲍勃对音乐的兴趣越来越浓厚,他所钟爱的艺术家都喜欢创作和演唱题材严肃的歌曲,而且在演唱的过程中表现出这样一种倾向:他们所演绎的都是重要主题。鲍勃最初是从收音机上接触流行音乐的。多年后鲍勃结识了他早年就曾听闻过的歌手约翰尼·雷[1]。雷是20世纪50年代早期的大明星,他将泪水作为舞台表演的组成部分。"雷大受欢迎,我们都知道这位歌手……他精

---

[1] 约翰尼·雷(Johnnie Ray,1927—1990),美国著名摇滚乐歌手,幼年时因一次事故而丧失了部分听力。演唱风格狂野而绚丽。代表歌曲有"Cry"、"The Little White Cloud That Cried"等。——译注

力充沛,与众不同,而且在演出中的确全情投入。"鲍勃说,"他是不同寻常的人,与佩里·科摩①、帕蒂·佩奇②旗鼓相当。我记得自己当时认为他的歌声真的能打动人心。"除此之外还有汉克·威廉姆斯③,他创作并演唱了一些朴实而迷人的歌曲,他的嗓音既不优美也不独特,但却饱含一种信念。威廉姆斯的父母是生活在南阿拉巴马州未开垦地区的穷人,而他本人则是一个既不健康,也不快乐的酒鬼。他的很多歌曲都是描写与不忠女子相恋后的悲伤情绪的,看起来就像是在表现自己的婚姻状况。在威廉姆斯短暂人生的尾声阶段,他成为"大奥普里"④群星中的一员,这是每周六在田纳西州首府纳什维尔播出的一场演出。鲍勃在"大奥普里"节目中听到了威廉姆斯的歌声,他被称为"大奥普里害相思病的忧郁男孩",那些忧伤的歌曲深深打动了鲍勃的心。对鲍勃而言,威廉姆斯始终都能算得上是美国最伟大的歌曲创作人。

夜深人静时,鲍勃摸索着收听不同频率的电台节目,其范围从阿肯色州的小石城、伊利诺伊州的芝加哥一直南下到路易斯安那州的什里夫波特。这些地区播放的大多是布鲁斯音乐,最为特别的是电台音乐节目主持人弗兰克主持的"兄弟话匣子"专栏现场秀

---

① 佩里·科摩(Penny Como,1912—2001),美国二战后的著名流行歌手,当过理发师、电台主持等,1945年发行单曲"Till the End of Time"后走红。——译注

② 帕蒂·佩奇(Patti Page,1927—),是美国50年代唱片销量最大的女歌手,代表作品有"The Tennessee waltz"、"I Went to Your Wedding"、"That Doggie in the Window"、"All My Love"、"Cross Over the Bridge"等歌曲。——译注

③ 汉克·威廉姆斯(Hank Williams,1923—1953),美国著名歌手。其歌曲风格抑郁而坚定,被认为是20世纪最有影响力的音乐人之一。1953年他在事业刚刚进入巅峰期时去世,年仅29岁。代表作品有"Lovesick Blues"、"There Will Be No Teardrops Tonight"、"Your Cheatin'Heart"、"You Win Again"等。

④ 美国历史最悠久、专门播放乡村音乐与节目的娱乐机构。——译注

《无名摇摆乐》。"深夜我经常从什里夫波特电台听到穆迪·沃特斯①、约翰·李·胡克、吉米·里德②和'嚎叫野狼'③的歌声。"鲍勃说,"我一直听到凌晨两三点钟都不睡觉。听了那些歌之后我便努力去领会它们。我开始自己尝试着演唱。"当时摇滚乐风潮尚未爆发,鲍勃就已在查克·贝里④、小理查德⑤或埃尔维斯·普雷斯利⑥之前偶然发现了美国流行音乐的形态。汉克·威廉姆斯那山地人的歌曲和悲伤的歌词促使鲍勃去思考。吉米·里德和"嚎叫野狼"流畅的即兴反复演唱激发起鲍勃表演的欲望。歌词和歌声的完美结合让他感到异常兴奋。"我之所以能坚持专注于自己的音乐,是因为从早年起音乐便以一种强有力的方式影响着我,感染着我,它就是感动我的一切。对我而言音乐始终留给我最真实的东西。"鲍勃说,"我很高兴当时有这些独特的音乐影响着我,坦白地说,如果没有它们的影响,我不知道自己将会成为怎样的人。"

鲍勃怀着对音乐的热情,特别是对布鲁斯音乐的激情记录下那些收音机里播出的唱片名称。位于什里夫波特斯坦的摇滚唱片

---

① 穆迪·沃特斯(Muddy Waters,1913—1983),芝加哥电布鲁斯流派的开山鼻祖,将电声乐器引入布鲁斯演奏,完全改变了布鲁斯的发展方向。——译注
② 吉米·里德(Jimmy Reed,1925—1976),美国著名的布鲁斯音乐家。——译注
③ "嚎叫野狼"(Howlin' Wolf,1910—1976),布鲁斯爵士的重量级人物,本名切斯特·亚瑟·伯内特。早年在周日做礼拜时唱福音歌,后接受"三角洲布鲁斯"的传奇大师切利·帕通的指导。1951年发行首张唱片之后成为布鲁斯音乐的著名歌手。——译注
④ 查克·贝里(Chuck Berry,1926—),美国著名的音乐家,正是在他的引导下,摇滚乐吸收了多种音乐元素,发展成为自成一体的音乐流派。——译注
⑤ 小理查德(Little Richard,1932—),美国20世纪50年代著名的音乐家,对摇滚乐的发展起到了巨大的推动作用。——译注
⑥ 埃尔维斯·普雷斯利(Elvis Presley,1935—1977),又名猫王,美国著名的摇滚乐音乐家,其影响力持久不衰。——译注

店就销售电台里"兄弟话匣子"专栏节目介绍的唱片,六张唱片的捆绑销售特价为 3.49 美元。而在希宾城,根本没办法买到这种所谓的种族音乐①,市区克里帕唱片店的店员从未听说过鲍勃喜欢的那些艺术家。

鲍勃坚持不懈地练习钢琴和原声吉他,而且不断地谈论音乐。他在城里结识了为数不多的几个有着共同爱好的孩子,约翰·巴克伦就是其中之一。鲍勃此前就曾在希宾城内听说过他,但并没有怎么交谈。一天,当两人和伙伴们走在街上时,不约而同地谈起音乐这个话题来。巴克伦对鲍勃所钟爱的歌曲知之甚详,而且他也同样喜欢这些作品。鲍勃问:"你会唱这些歌吗?"

"会。"

"好,那就随便唱点什么吧。"

巴克伦知道鲍勃是让自己当场唱几句,于是便开口唱了起来。"噢,真不错,伙计!"鲍勃学着他在收音机中听到的腔调说。巴克伦尽管害羞,但仍继续唱下去。"嗨,你们听到这家伙的歌声了吗?"鲍勃掉转脸冲着朋友们喊道,"这家伙的嗓音真不错。再唱点别的吧。"突然之间,鲍勃就如同拂晓的旭日一般出现在巴克伦的生活中。

约翰·巴克伦很快就成为鲍勃在希宾城中的密友。他比鲍勃小六个月,在学校里低一个年级。巴克伦的父亲虽然是一位伤残的矿工,但也是多才多艺的音乐爱好者,喜欢各种风格的音乐。巴

---

① 种族音乐(Race Music),20 世纪上半叶对各类非洲美国音乐的总称,例如爵士乐、布鲁斯乐等。1942 年至 1945 年美国《公告牌》将此类唱片称为"黑人区热歌检阅",1949 年改称"种族唱片"。1948 年"RCA 胜利者"唱片公司将此类唱片归为"节奏布鲁斯"音乐,但直到 1958 年"节奏布鲁斯"这一名称才在《公告牌》上取代"种族音乐"的称呼。——译注

克伦的妹妹鲁思有一台电唱机。亚伯也许并不赞同这段友谊,他似乎在面对鲍勃大多数朋友时都会眉头紧锁,巴克伦对此印象深刻,但两个孩子还是开始长时间地在彼此的家中打发空闲时光。

就在与巴克伦聚会不断的这段时期,鲍勃将他从流行音乐中所获取的点滴心得与自己的歌曲理念融合起来。鲍勃创作的第一首歌是关于女演员碧姬·巴铎①的。鲍勃弹奏父母的白色小型钢琴,而巴克伦则以吉他伴奏。巴克伦用卡式录音机记录下了整个演唱过程,其中夹杂着幼稚的幽默以及少量的时髦俚语,就像在进行专场的电台演出。两人对这种游戏感到厌倦时就会跑到克里帕唱片店,在那里他们能随意选听货架上摆放的唱片。到德卢斯和双子城探望亲戚时,鲍勃就能去逛逛规模更大些的唱片店,那里陈列着鲍勃所喜欢的种族音乐。

在到齐默尔曼家做客时巴克伦注意到鲍勃与弟弟大卫之间很少进行交流。"我不记得他与大卫之间曾有过热烈而友好的讨论。大卫对他而言只是小弟弟。"巴克伦说,"而且大卫在个性上与鲍勃完全不同。他可能是任何父母都喜欢的那种类型的孩子——学习刻苦,并且根本不会在外面疯。"尽管鲍勃从外表上看起来并不显得很疯,但十几岁后他就已经是一个有主见、独立的孩子了,他比较倾心于反叛的青少年文化,这种文化的特征就是沙哑的音乐、摩托车以及不为其父亲认可的女友。他始终维系着一个令人惊讶的朋友圈,这个圈子由各种类型的孩子组成。在希宾城,鲍勃是"贫民区男孩"保龄球队的活跃成员,这一球队曾在 1955—1956 年度青少年保龄球联赛中获胜。但与此同时,鲍勃又被人们认为是一

---

① 碧姬·巴铎(Brigitte Bardot,1934—),著名演员,主演过《此恨绵绵》、《诺曼底苹果酒客栈》等影片,于 1965 年退出影坛。——译注

个粗野的孩子——就像他的朋友拉罗·豪克卡拉一样,鲍勃的头发按时尚的风格向后梳得光滑油亮,穿着马龙·白兰度①在《飞车党》中所着的那套皮夹克、牛仔裤和司机靴。在威斯康辛州韦伯斯特哈泽露营地举办的犹太人夏令营中鲍勃结交了一些朋友,那是男女均可参加的夏令营。起初鲍勃并不想参加夏令营,但母亲却鼓励他去。鲍勃在夏令营中结识的朋友霍华德·儒特曼说:"比蒂希望鲍勃能在那里结识一些犹太孩子,兴许还能遇到犹太女孩儿。"从那以后,鲍勃每到8月都会参加三周的夏令营。鲍勃和另外七个男孩儿住在一间屋里,游泳,划独木舟,此外还能经常看到他在小屋里弹奏钢琴。

1954年8月,鲍勃第二次参加夏令营。当他正弹奏钢琴时,12岁的拉里·凯甘走进小屋。"你知道这首歌?"凯甘问道,他听出这是收音机里曾播过的一首布鲁斯音乐。

"嗯,深夜里我接收北方的信号时就能找到这个台。"鲍勃说。

"哦,我一直都在听你听的东西。"

尽管凯甘比鲍勃小一岁,但是对音乐的共同爱好使得两人建立起了亲密的友谊。凯甘是一位多才多艺的歌手,家在圣保罗市。他组建了一个中学嘟-呜风格②的乐队。鲍勃前往圣保罗时凯甘将乐队中的三个非洲裔美国黑人男孩介绍给他认识。这让鲍勃感

---

① 马龙·白兰度(Marlon Brando,1924—2004),美国著名演员,演艺生涯持续半个多世纪。以出演《欲望号街车》而获得观众注意,并首度获得奥斯卡最佳男演员奖提名。之后凭借《码头风云》和《教父》两次摘得奥斯卡最佳男演员奖。——译注

② 嘟-呜风格(doo-wop),源自非洲裔美国黑人的一种和声曲风,由多个声部的人声组成和声,不需要或仅需要少量乐器。演唱时以主唱者为中心,其他和声部分配合以简单的三和弦或重复和声旋律,也可以单音节声音或器乐模拟来配合主唱者。——译注

到非常新鲜，事实上在铁矿区并没有黑人（鲍勃和约翰·巴克伦稍后曾想与流行音乐节目主持人吉姆·丹迪合作，吉姆·丹迪在明尼苏达州的维吉尼亚主持一档音乐节目）。从一开始鲍勃就很尊敬非洲裔美国人，其中部分原因是因为他们创作了很多鲍勃所喜欢的那种类型的音乐作品，毫无疑问，拉里·凯甘与这一群体的联系也增强了鲍勃的这种情感。

鲍勃知道凯甘所提及的每一张唱片中收录的每一首歌。两人在夏令营里举行双人合演，鲍勃弹奏钢琴，男孩子们则演唱。女孩儿们很快就围拢过来，鲍勃和朱蒂·鲁宾建立起了友情，几年中两人分分合合。与此同时，鲍勃还喜欢哈里特·奇松。但在夏令营中所结识的密友对鲍勃而言则更为重要。除了拉里·凯甘和霍华德·儒特曼之外，路易斯·坎普也成为鲍勃的终身好友。

鲍勃到圣保罗时就暂住在新朋友的父母家中。霍华德·儒特曼家的地下室里摆着一架钢琴。"鲍勃在钢琴上敲击出轰鸣的声响。"儒特曼说，"他会爬上去跳可恶的舞蹈……哦，上帝，他简直要把它毁掉……"两人驾车外出，随后将车子停在房前，一直聊到深夜，打发他们喜爱的音乐节目《洛克瑞蒂亚狼人》开播之前的那段空闲时光。儒特曼说："我们是真正紧密联系在一起的群体。"他回忆说，当时讨论的都是诸如战争和人们之间不人道行径一类的重要主题。然而即便如此，鲍勃多数时间仍喜欢独处。"鲍勃之所以为自己留出大量的空间，是因为他是一个非常非常内向的人。"儒特曼说，"他一直都是如此。"鲍勃表达感触的首选方式就是音乐。现实生活中的鲍勃每天都是安静的孩子，但当他开始演唱和弹奏音乐时，就会完全变成另一个人，一个非常外向的人。除此之外，鲍勃看电影时也非常投入。

很多时候鲍勃都会泡在希宾城的电影院里看电影，影院中包括归其亲戚所有的、以他的外曾祖母莉芭·埃德尔斯命名的莉芭电影院。鲍勃喜欢的电影包括《黑板丛林》①，主题曲是比尔·哈雷②演唱的《昼夜摇滚》。他还喜欢碧姬·芭铎和马龙·白兰度出演的每一部影片。但在他的视野中，一位影星的光芒遮挡住了其他影星的身影。

在1955年9月30日因撞车事故去世之前，詹姆斯·迪安③唯一得以上映的影片是《伊甸之东》。正是詹姆斯·迪安悲剧性的死亡使其在鲍勃和其他十几岁的青少年眼中显得尤为特殊。致命的事故发生后第四天《天生叛逆》④公演，并于当年冬季在莉芭电影院放映。鲍勃和约翰认为吉米·迪安是一个强有力的人物，所以他们用迪安在影片中饰演的人物吉姆·斯塔克来称呼他。吉姆·斯塔克是一个因父母争吵不断而痛苦不堪的十几岁孩子，他需要证明自己。和鲍勃一样，斯塔克同样口齿不清，但却非常热心。"他话虽不多，但当他说话时你就知道那意味着什么。"萨尔·

---

① 《黑板丛林》(*Blackboard Jungle*)，1955年出品的美国电影，导演为理查德·布鲁克斯，主题为师生对立，主题曲为比尔·哈雷的《昼夜摇滚》。《昼夜摇滚》在1955年7月攀升至流行歌曲榜的第一位，标志着摇滚时代的到来。——译注

② 比尔·哈雷(Bill Haley，1925—1981)，美国20世纪中叶著名音乐家，被尊称为"摇滚之父"，其作品《昼夜摇滚》被认为是第一首打上摇滚烙印的音乐作品。——译注

③ 詹姆斯·迪安(James Byron Dean，1931—1955)，美国电影演员，以其电影《天生叛逆》中的形象而被视为一个文化标志性人物。他是第一个去世后获得奥斯卡奖最佳男演员提名的演员。1999年，美国电影协会将他评入"美国电影协会百年百大巨星"，列在第18位。——译注

④ 《天生叛逆》(*Rebel Without a Cause*)，由尼古拉斯·雷执导的一部影片，描述由詹姆斯·迪安扮演的十几岁男孩的叛逆故事。这个男孩来到一座城市，与一个女孩相遇，对他的父母始终抱着反叛的态度，同时仇视学校里欺凌弱小之人。影片揭示了当时美国年轻人生活中的腐朽，批评父母的教子方法，同时也暴露了代沟的严重性。影片于1955年10月27日公映，也就是约在詹姆斯·迪安因交通事故去世后一个月。——译注

米涅奥所扮演的角色在影片中评论斯塔克时说,"他是真诚的。"从这段描述中鲍勃可以看到自己的影子,同时还觉察出了更深层的相似之处。鲍勃的家庭环境舒适,属于中产阶级,这与斯塔克家很相似。斯塔克的父亲曾问道:"有什么你想要的东西是我买不到的?"亚伯可能也这样问过鲍勃同样的问题。当斯塔克面临勇气测试的挑战,即将参加"小鸡快跑"的比赛,和另一个男孩分别开着车驶向悬崖,在最后时刻跳离车厢时,他希望父亲能给自己提供一些建议。作为回答,斯塔克听到了一番动听但却毫无意义的警告:身处青春期的他看待事物是存在差异的。"青春期?"斯塔克苦恼地反问,"我现在只想得到一个答案。我需要一个答案。"鲍勃和约翰·巴克伦记住了《天生叛逆》中的很多台词,但尤其喜欢"我并不想在青春期得出一个答案"这句台词。他们在城里闲逛,彼此说着:"我现在想有一个答案。"鲍勃与住在希宾城的朋友们每天都会跑到史蒂芬糖果店里翻阅电影杂志,查找有关迪安的消息。鲍勃买了一件詹姆斯·迪安穿过的红色摩托车手夹克。尽管詹姆斯·迪安只是扮演了影片角色的演员,但在鲍勃和伙伴的心目中他就是吉姆·斯塔克。

另一个让鲍勃感兴趣的人是埃尔维斯·普雷斯利。"当我第一次听到埃尔维斯的歌声时就知道自己不会为任何人工作,同时也没有人能成为我的老板。"鲍勃说,"第一次听到他的演唱就如同冲破了囚笼。"鲍勃喜欢 1954—1955 年间田纳西州孟斐斯太阳唱片公司①制作的埃尔维斯·普雷斯利的唱片。1954 年 7 月《肯塔

---

① 太阳唱片公司(Sun Records),1952 年 3 月 27 日在美国田纳西州孟菲斯市成立,创建人是萨姆·菲利普斯。该公司发掘了一批著名歌手,其中包括埃尔维斯·普雷斯利、卡尔·帕金斯、约翰尼·卡什等,他们职业生涯的第一份合约均是与太阳唱片公司所签订。——译注

基的蓝月亮》发布不久鲍勃就很快学会了这首歌,1999年演唱会上他还曾经演唱过这首歌。太阳唱片公司早期录制的这些让人感到振奋的原始歌声成为贯穿鲍勃人生的完美旋律。巴克伦说:"但当埃尔维斯日渐流行时,我们却开始对他失去了兴趣。"小理查德随即成了他们的新宠。小理查德在电视上广受欢迎,其音乐作品让人异常激动。他是一个最完美的新教徒,所拥有的品质强烈地吸引着鲍勃。鲍勃还学着去模仿小理查德的钢琴即兴演奏,他站着弹奏父母的小型钢琴。鲍勃开始蓄起长发,并且学着小理查德梳起了后背头。

鲍勃组建的第一支乐队是由在夏令营结识的伙伴拉里·凯甘、霍华德·儒特曼以及在圣保罗结识的朋友组成的卡贝拉[①]演唱组。他们将乐队命名为"玩笑者",只要所待的地方摆着钢琴,他们就会进行表演,其中也包括在中学舞会上演出。男孩儿们演唱流行音乐时,女孩儿们就会围在四周。鲍勃注意到音乐赋予他吸引并迷惑住人们的力量。而这对于凯甘而言则是要逐渐熟悉的一项技巧。"他对我说,如果你懂得唱歌或是表演,那么就几乎能获得你想要的所有东西。"凯甘说,"一顿饭,一个落脚的地方,一辆车,或是一个女朋友。"孩子的母亲们为他们编织了红色、灰色的无袖羊毛开衫,在前胸处缝上了"玩笑者"这个名字。男孩儿们随即就以这身装扮在双子城九频道的业余歌手演唱会上演出。霍华德·儒特曼说:"我们雄心勃勃,的的确确确想要做出一番事业来。"1956年夏,鲍勃、儒特曼和凯甘花5美元录制了一张78转[②]

[①] 卡贝拉(Cappella),一种不依赖乐器的人声音乐,广义上说是仅运用人声所创造出的音乐。——译注

[②] 唱片转数是唱片一分钟转动的次数,78转是早期黑胶唱片的标准。——译注

的唱片。鲍勃弹奏钢琴，与朋友用和声的方式演唱了多首歌曲，灌录在那张唱片里，其中包括《Be-Bop-a-Lula》[①]和《地球天使》两首歌曲。这是鲍勃录制的首张唱片，而此时他的嗓音就已经显得与众不同了。

直到1958年春季，鲍勃都作为"玩笑者"乐队的成员四处演出。就在这一年的3月，凯甘与父母一同前往佛罗里达州旅游。他在与朋友一同戏水时不慎被防波堤激起的海浪卷走，并随着潮水漂向大海。在这一过程中，凯甘由浪尖跌落至浅水区内，头部不幸先着地。这一事故导致凯甘脊椎受损，最终全身瘫痪，他的余生也就只能在轮椅上度过。即便如此，凯甘仍继续坚持演唱，他与鲍勃的友情一直延续到成年。鲍勃亲眼看见一个同龄人，一个与他同样对音乐抱有雄心的健康男孩的生活因一场意外的事故而变得阴冷，这也给鲍勃上了冷静的一课。多年之后，鲍勃写信告知凯甘这场事故对他所造成的影响："我无言以对。"

鲍勃只有在参加夏令营或到双子城度周末时，才有闲暇与拉里·凯甘合作写歌。他在希宾城与孩童时期结识的朋友所组建的乐队最初带有开玩笑、做游戏的味道。其他人的父母也像亚伯和比蒂一样，鼓励孩子们掌握演奏乐器的技巧。比尔·马瑞纳克学会了弹奏贝斯。拉里·法博瑞对吉他充满兴趣。而另一个朋友恰克·纳热则负责打鼓。鲍勃弹奏钢琴。于是几个人组建了"阴暗爆破工"乐队。鲍勃对音乐的热情最高，不久便开始负责乐队的整体运作，训练男孩们演奏小理查德森以及鲍勃新迷上的吉恩·文

[①]《Be-Bop-a-Lula》，由吉恩·文森特于1956年创作的一首摇滚歌曲。——译注

森特①风格的乐曲。1957年,"阴暗爆破工"乐队在希宾中学礼堂举办演出。当乐队上台演出时,男孩儿们穿着桃色衬衫,戴着墨镜,头发竖立着。鲍勃站着演奏钢琴,滑稽地模仿着小理查德森演唱了两首曲目。学生们大笑不止,而老师们则摇头叹气。鲍勃勇气十足地继续着自己的演出,不久孩子们受邀前往专科学校的"校园喜剧"回顾中再次进行表演。这又是一场儿童演出,虽然"阴暗爆破工"乐队最后一个出场,但学生们却开始对鲍勃有了新的认识。

鲍勃和约翰·巴克伦对音乐的热情有增无减,他们开始在第一大街的一家音像店内打发时间,并且认识了有着芬兰血统的店员豪特拉。孩子们眼中的豪特拉嘴里总叼着一根仅存3英寸的雪茄尾巴。豪特拉很少说英语,他耐心地向孩子们展示自己能订购到的吉他目录册。鲍勃刚用零花钱从西尔斯·罗巴克公司购买了一把便宜的电吉他,货款付清之前他一直对父母保守着这个秘密。鲍勃对一把表面缀着金色旭日装饰图案的硬壳斯普诺电吉他充满兴趣。这种电吉他每把售价95美元,鲍勃和约翰·巴克伦讨价还价后以低廉的价格一次买了两把。从此之后鲍勃便开始在晚会上用这把斯普诺电吉他,演奏出他从唱片中听到的那些和弦变化。每天放学后,鲍勃和约翰·巴克伦会聚在一起,插上鲍勃的扩音器,演练新的指法变化。鲍勃开始向巴克伦谈起成为"音乐明星"的理想。他的一些朋友也有着相同的梦想,但鲍勃的态度却是极其认真的。"他仔细地考虑成为明星的所有途径。"巴克伦说,"就

---

① 吉恩·文森特(Gene Vincent,1935—1971),美国摇滚乐形成初期具有重要影响力的音乐人,被视为摇滚乐和乡村摇滚乐的先驱。1956年他推出的歌曲《Be-Bop-a-Lula》被认为是乡村摇滚乐的经典范例。他入选摇滚名人堂。——译注

连每个细节都考虑到了。他考虑着如何去实施这些步骤以及怎样才能成为一个明星。"

很快一切都变得明朗起来,如果鲍勃认为说假话能帮助他成为一个明星,那他就愿意撒谎。早期的一个事例发生在某个周末,鲍勃和巴克伦驾驶着亚伯·齐默尔曼的1956年产别克轿车前往双子城。轿车南行途中,鲍勃告诉巴克伦自己在圣保罗城结识了一些黑人朋友。这段话给巴克伦留下了奇怪的印象,他不知是否应该相信鲍勃。他的朋友总试着愚弄他。两人想出了一种名叫"格里森多夫"的智力游戏,他们说出疯狂的事情,随后看对方作何反应。"你说吧。"鲍勃会说。而无论巴克伦做何答复,鲍勃都会回击:"错,我赢了。"

他们的对话还可能是这样的:"因为下雨而取消吗?"

"不。"

"哦,那就好。"

这就是格里森多夫智力游戏。如果遗漏了两人对话中的只言片语,就会让另一个人感到疑惑。某个人会因此变得非常生气。两人越是生气,越是觉得这个游戏有趣。

可是鲍勃所说的话毕竟不只是一场格里森多夫智力游戏。鲍勃的确认识圣保罗城内的黑人。他们是拉里·凯甘嘟-呜风格乐队中的成员。在向巴克伦道出那段生活经历之前,鲍勃所说的一段话表明,他总是极力操控人或事以达成他的目标,他说:"在这里我们无论遇到谁,都要告诉他,我们要录制唱片,而你就是我的贝斯手。"

尽管在多数情况下鲍勃都显得态度从容,但从鲍勃告诉他人约翰·巴克伦是贝斯手这件事上,可以看出他性格中的浮夸因素。这种浮夸,有人会称之为大胆的表现,它展现了鲍勃性格的某些方面,这是从他那位喜欢社交、性格外向的母亲那里继承来的,在他长大之后这一点表现得尤为明显。1957年鲍勃度过了16岁生日,性格保守的父亲在确信鲍勃能冷静处理突发事情的情况下,送给他一辆装点门面用的粉红色福特敞篷车。现在鲍勃能和其他十几岁的孩子一起在周六夜晚到霍华德大街游荡了。在得到一辆汽车之后,鲍勃多次央求父亲,最后父亲又帮他买了一辆哈利·戴维森摩托车。

然而不幸的是,鲍勃的性格既冲动又紧张,此前他在驾驶摩托车时曾发生过事故,撞上了一个冲到马路上的小男孩。救护车将小男孩送到医院,幸运的是他康复了。还有一次鲍勃与拉罗·豪克卡拉及其他朋友一同开着哈利摩托车外出,来到希宾与临近的布鲁克林之间的铁路交叉口。正巧一列货运火车驶过,骑手们只得耐心地等候。但鲍勃的发动机仍运转着,急切地想飞驰出去。豪克卡拉说:"鲍勃不喜欢等待任何事或任何人。"几分钟后守车刚刚通过,鲍勃就如同子弹一般飞了出去。就在鲍勃冲出的那一瞬间,突然发现平行的另一条铁路线上第二列火车正在驶过。鲍勃在两股铁路线之间紧贴着地面摔倒,列车在他的身旁轰然驶过。"他几乎就被撞死了。"鲍勃是一个非常骄傲的人,他意识到当时的表现会让人觉察到自己被突然发生的事情吓倒了。"列车驶过后鲍勃扶起摩托车,一句话都没说继续前行,离开了那地方。"

拉罗·豪克卡拉、约翰·巴克伦和鲍勃都认为自己是希宾城的局外人。他们的性格并不外露,也不是很直爽,而他们甚至觉得自己与主流社会中那些沉迷于篮球赛的十几岁少年格格不入。"尽管你认为我们中的每个人都有好朋友,都有着相同爱好,但我们仍是不合群的人。"豪克卡拉说,"我们只是在做自己的事。"

鲍勃第一个真正意义上的女友埃克·斯达·哈尔斯多姆也是

一个因不能适应希宾城氛围而心烦意乱的年轻人。她是马特和玛撒·哈尔斯多姆夫妇的幼女。马特和玛撒·哈尔斯多姆的父母均来自芬兰。这使得哈尔斯多姆在当地成了芬兰人的代名词。他们一家人住在枫林山的林区中。埃克·斯达之所以取了这么一个充满诗意的名字,是因为她比最小的姐姐降生得晚了一小会儿——"我的母亲说我就像是轻微的回声①"——还因为她出生那天医院的窗户上因霜冻的缘故而显露出了星辰的图案。她是一个引人注意、充满魅力的女孩子,留着淡黄色的头发。埃克之所以从很小时便被列入圈外人的名单,部分原因是因为哈尔斯多姆一家住在林区的缘故。虽然从林区到城里仅有3英里远,夏季散步时可心情愉悦地走完这段路程,但却足以让埃克自认为是乡下人,让希宾城的女孩子自认为是"都市女孩"了。埃克的装扮看起来就像是一个叛逆者,穿着皮夹克和牛仔裤,而大多数年轻女孩穿的却是毛裙。正像鲍勃的朋友卢克·德威兹所说的那样:"她有着野性的外表。"埃克也许外表看起来充满野性,但实际上却是一个热心肠、敏感、乐观的人。她并不喜欢影片《天生叛逆》,因为它"让人感到压抑",而且也没有必要让整个生活都"变得充满愤怒"。

周末,埃克常会和朋友迪·迪·洛克哈特乘车进城。1957年一个暴雪之夜,正当埃克和迪·迪穿过霍华德大街前往"L&B"咖啡馆时,她们看到鲍勃站在街角上弹着吉他唱歌。埃克认识鲍勃,似乎此前曾经和这个"怪人"交谈过。鲍勃看上去不像是在卖唱乞讨,因为他的面前没有摆放盛钱的杯子,也没有人驻足聆听。似乎鲍勃站在雪中唱歌纯粹只是出于自娱自乐的目的。埃克心里想,

---

① 埃克·斯达·哈尔斯多姆(Echo Star Helstrom)名字中的"埃克"(Echo)为回声的意思,"斯达"(Star)为星辰的意思。——译注

这的确是一个怪人。

　　女孩们在货摊前停下来,埃克要了一杯特制的可乐饮品——可口可乐和橘子汁或者可口可乐和樱桃汁混起来的饮品。"这种饮品有多种调法。"鲍勃和约翰·巴克伦走过来。尽管在埃克看来鲍勃多少有些自作聪明,但他们还是开始攀谈起来,随后鲍勃了解到埃克同样是午夜电台节目《无名摇摆乐》的爱好者,而且她也喜欢布鲁斯音乐。埃克的确有时整晚都收听电台节目,特别是在夏季信号强烈、接收清晰的夜晚。埃克对布鲁斯音乐的喜爱使得她与男孩们的关系立刻变得亲密起来。埃克说:"我的朋友们并不了解我对那些音乐喜爱的强烈程度。"鲍勃想弹奏钢琴,于是他们跑到慕斯旅店的隔壁。埃克用小刀撬开门锁,鲍勃演奏布吉-呜吉音乐①给埃克听。"他弹得真不错!"埃克说,"弹起钢琴来就和年长的布鲁斯演奏家一样。"两人交换了电话号码,并且约定第二天见面。鲍勃希望她能去自己家欣赏他搜集到的唱片。

　　埃克、鲍勃和巴克伦整整一个月都聚在一起。埃克过去曾与男孩子接触过,而现在鲍勃和巴克伦则成为她的音乐伙伴。之后的某个夜晚,三人正在巴克伦家里议论电影,鲍勃出人意料地吻了埃克,这让她感到震惊。"我当时大吃一惊。因为我认为我们三个只是亲密的朋友。我没想到鲍勃会对我感兴趣,把我当成女朋友。"当晚剩余时间内,鲍勃和埃克互相增进了解,而巴克伦不得不溜走。鲍勃与女孩子的成功交往常让巴克伦感到惊讶。在夏令营中鲍勃认识了朱蒂·鲁宾,每当鲍勃到圣保罗时总会去看望她;他和同校学生芭比·海威特约会了一段时间;现在他又开始和称得

---

　　① 布吉-呜吉音乐(boogie-woogie),一种与爵士乐相似的音乐,注重旋律的华丽。——译注

上是学校最好看的女孩之一的埃克交往。"我记得当时对这种事还不是很了解。我的意思是,他有时和女孩子交往得非常成功。你知道,他是一个娃娃脸的小孩。"巴克伦想知道女孩们是怎样看待鲍勃的,于是就问自己的妹妹,"你对这个男孩子有什么看法?"

"哦,他有一双漂亮的蓝眼睛。"鲁思·巴克伦回答道。

鲍勃的确是令人感到心情舒畅的伙伴。巴克伦说:"当你和鲍勃在一起时不会感到丝毫的厌烦。"两人不玩音乐时,充满活力的鲍勃就会不断地抖动着腿,用香烟吧哒吧哒地敲打着烟灰缸。鲍勃编出很多奇异的故事讲给他们听,让人觉得他说的是绝对真实的事。有一次鲍勃告诉埃克,他离开埃克回家途中发现有一条蛇盘踞在树上。他讲故事时的语气是那么得有说服力,对树上盘踞的蛇的描述是那么得逼真,埃克一时间竟就相信了他。"之后我想,上帝,他这是在编故事。明尼苏达州的树丛中根本就没有蛇。"这只是鲍勃所编造的那些夸张故事中的一例。埃克认为这些故事非常愚蠢和毫无意义,但她稍后就意识到这对他们而言是毫无害处的。鲍勃是喜欢幻想的人,但并无恶意,这也是他富有魅力的一个方面。

鲍勃多数时间都和埃克待在她家中,他很喜欢和埃克的小外甥们玩游戏。的确,终其一生鲍勃始终都对孩子们表现出浓厚的兴趣,而且有一种天生与孩子们友好相处的能力。但埃克却和约翰·巴克伦一样注意到,鲍勃并不喜欢花时间与弟弟大卫相处。希宾高中距离鲍勃家只有两个街区,埃克经常去他那里吃午饭,鲍勃很不喜欢和大卫共处一室,这一点给她留下了深刻印象。"有时候大卫回来想和鲍勃说说话,鲍勃就会露出'现在不行'的表情。他之所以会这么生气,是因为两人一直是共处一室。我想,如果你整天都和某人在一起,你总会希望能分开一会儿的。"

在埃克到费尔德曼百货商店做兼职之前,比蒂·齐默尔曼总会为埃克和鲍勃准备午饭。吃完饭后鲍勃会在小型钢琴上为埃克弹奏布吉-呜吉风格的乐曲。鲍勃的祖母也和他们住在一起,就睡在第三间卧室里。有一次祖母意想不到地出现在家里。鲍勃一边叫着"快,快上楼!",一边拉着埃克冲进卧室。"五分钟后我希望你出现在阳台门廊那里。"他说,"我会告诉祖母我去图书馆了。"离家时鲍勃上演了一场大戏。他高声喊道:"我要去图书馆了!"随后跑到屋后去接埃克,埃克先从卧室的窗户爬出来,接着又从车库阳台顶上跳进鲍勃张开的双臂中。埃克说:"那一幕显得非常愚蠢。"鲍勃的父母知道她是来吃午饭的,祖母斯通一定也清楚这一点。"他所做的事毫无必要,只是一场游戏而已。永远只是游戏。鲍勃喜欢做游戏,把事情搞得很有气氛,而实际上根本没有必要。"

鲍勃告诉埃克,她是自己的"初恋",而且送给她款式相同的手镯以表明两人的感情牢不可破。"我们坠入了爱河。"埃克说,"你有可能也正值十六七岁,恰好处于热恋之中。我们之间并不是少男少女的短暂爱情。"同时他们也是情人,这对于十来岁的年轻人来说是不寻常的关系,而且这还是发生在避孕药物面世之前。但是埃克与鲍勃生命中的大多数人一样,对他的整个经历毫不知情。二十年后鲍勃才告诉埃克,尽管她是他的初恋,但并不能算第一个情人。鲍勃说他取走了埃克朋友的处子之身。"他是非常顽皮的男孩。"埃克善良地说,"但他是那么温柔。他不是足球运动员,不是那种匈牙利式的男孩子。他没有高大的体格。对我而言他非常可爱,我喜欢他身上所具有的个性。他是非常富有吸引力的人……非常非常有吸引力。"在埃克看来,两人之间充满不可思议的美好情感。

即便是正和埃克沉浸在爱河中时,鲍勃仍渴望着拥有一支真正的乐队。鲍勃的车友拉罗·豪克卡拉学会了如何敲出爵士乐风格的鼓声，另一位朋友蒙迪·埃德森正逐渐成为优秀的吉他手。鲍勃建议共同组建乐队。不久，这支三重唱乐队便在鲍勃家屋后车库里开始了轰鸣的演奏。就这样，鲍勃高中阶段最重要的乐队——"金色和弦"乐队组建起来了。虽然埃德森是一位多才多艺的音乐爱好者，但仍由鲍勃决定乐队演奏什么曲目和如何进行演绎，就连鼓声部分的处理也由他最终做出决定。鲍勃的管理没有引发任何异议。"鲍勃清楚地知道要做些什么。"豪克卡拉说，"他信心十足。"正像豪克卡拉说的那样，鲍勃总能坚持自我，他发展出了属于自己的表演风格，属于自己的嗓音以及措辞，例如"嗨，稍后就赶上你"，而其他人则不大会这样做。鲍勃即兴弹奏吉他、钢琴的表演方式也给男孩们留下了深刻的印象。乐队之所以取名"金色和弦"，部分原因就是因为他的和弦。"金色"这一词的灵感来自豪克卡拉金色的套鼓，而"和弦"毫无疑问是来自鲍勃的演奏。正像他自己说的那样："嗨，我是一个和弦男孩。"

希宾高中定期举办活动，校长肯尼斯·派特森对孩子们参与的演出活动冠以奇特的名词——"集会"。1958年2月6日，学校礼堂里坐满了观看返校节皇后加冕的学生，他们同时也是在庆祝校运会的胜利举办。这是一场年度的短衫狂欢节。娱乐节目包括魔术表演、歌曲以及"金色和弦"乐队的演出。豪克卡拉在金光闪闪的鼓上敲击出节拍。蒙迪·埃德森的电吉他通过扩音器吼叫起来。演出进行到中段时，鲍勃·齐默尔曼在钢琴上弹出小理查德森风格的悠扬起伏的琴声。他头发向后梳，双脚叉开，竭尽全力大声唱起《摇滚乐在此》这首歌。鲍勃表演结束后学生们笑着高声喝彩。派特森校长对此感到非常震惊。"鲍勃和乐队成员在舞台上的举动非常可怕，局面已经失去了控制。"派特森校长说,"对此我无法容忍。"他拔掉鲍勃的麦克风插头,当鲍勃继续吼叫时他甚至把幕布也拉了起来。派特森之所以这样做并不是因为鲍勃的歌声,而是因为他所表现出来的行为方式。"他变得异常疯狂。"

当晚鲍勃再次登台演出,这次没有乐队相伴,埃克就坐在观众席上。当看到鲍勃时,埃克因为感到困窘而蜷缩在椅子里。看着鲍勃在台上愚弄自己是一件很难堪的事。埃克的朋友迪·迪坚持要她坐起来好好听。鲍勃装出小理查德森的腔调大声喊叫,说他心中已有了一个可爱的女孩,这个女孩就叫埃克。"噢,上帝,他是在为我演唱!"工作人员再次切断了麦克风。但鲍勃却显得得意扬扬。"你怎么想?"鲍勃在外面遇到埃克时问,"你怎么想?"埃克觉得这事非常浪漫。

数周后"金色和弦"乐队参加了一场比赛,这场比赛是商会冬季欢庆活动的组成部分。比赛在纪念馆内举行,多用途市政厅的舞台形状就像是航天器的修理库。"金色和弦"乐队是在一系列的沉闷表演——其中包括一场踢踏舞表演——之后出场的。"孩子们开始尖叫和呼喊。他们的确喜欢这支乐队。"豪克卡拉说,"我们登上舞台,带给他们一些有感觉的音乐。这些音乐的不同之处在于它们都是能让孩子们很快融入其中的作品。"当一等奖颁给一位哑剧表演者时,乐队觉得受到了愚弄。

1958年3月1日星期六,"金色和弦"乐队在希宾城国民警卫队军械库举办了至今为止最大规模的一场互动演出。这是一场有专职DJ打碟的舞会,"金色和弦"乐队的表演穿插其间。同时这也是鲍勃首次有偿演出,他的名字出现在当地报纸的广告中:

摇滚乐
舞曲
专为青少年所备
你的最爱
100 张顶级唱片
加上
其间的娱乐节目
由希宾城市民表演

金色和弦
主要演员：
蒙迪·埃德森
拉罗·豪克卡拉
博比·齐默尔曼

豪克卡拉说："那次演出吸引了众多年轻人前来。我们有充足的时间进行表演，而年轻人也确实都很喜欢我们的演出。"

此后不久，乐队又参加了德卢斯的一档电视节目，也就是由切米莱维斯基兄弟主持的《波尔卡[①]时刻》节目。波尔卡乐曲在北明尼苏达州大受欢迎。矿工们拿到薪水后就会跑到酒馆点播波尔卡乐曲。但电视出镜并未给乐队开启方便之门，埃德森和豪克卡拉想在演出中添加更多灵活、新颖、埃尔维斯·普雷斯利风格的表演元素。鲍勃富有热情和天赋，但他并不是埃尔维斯风格的表演者。

[①] 波尔卡（Polka），捷克民间舞蹈，起源于波希米亚地区的一种快速活泼的二拍了舞曲。这种舞蹈的舞曲也被称为波尔卡。——译注

他的长相不是传统意义上的英俊,而从常规上来看,他也并非一位优秀的歌手,人们取笑他那滑稽的舞台动作。"这只是原因之一。"豪克卡拉说,"这并非是乐队破裂的原因所在,而是因为从一开始彼此间的关系就不紧密。这是在浪费时间。"埃德森、豪克卡拉与另外两个男孩新组了一个名为"火箭"的乐队。鲍勃则暂时与德卢斯的一对堂兄妹合作,组成"柔滑音质"乐队,稍后他们被请回来与"火箭"乐队同台演出。也正是从此时开始,鲍勃意识到了摇滚的局限性。"对我而言,摇滚所包含的东西毕竟是不够的。"他说,"《蜜糖》和《蓝色山羊鞋》这两首歌曲遣词造句准确,音乐节奏控制自如,从中你的活力能达到最高点,但它们所表现出的态度不够严肃,或者说不能以一种现实主义的方式来反映生活。"

随着鲍勃对待音乐的态度日趋严肃,他需要取艺名这一点也变得紧迫起来。鲍勃钟爱的多数表演者都会选用一个便于记忆的名字,而齐默尔曼这个姓却不便于记忆。经过深思熟虑后,鲍勃·齐默尔曼改成了鲍勃·迪伦。对于艺名一事鲍勃曾给出几个让人感到困惑的解释,但他的朋友们并未记住那些夸张的说法。鲍勃给出的最为清楚的答案是,他最初想要仿照一位叔父取狄龙这个名字。事实上,鲍勃家中并没有叫做狄龙的人。可无论怎样,狄龙这个名字和鲍勃最为接近。詹姆斯·狄龙是希宾城最早一批定居者中的一员,在狄龙街上有一个拥有农庄的住户就用的这个姓。博比·狄龙[①]则是明尼苏达州最著名的橄榄球运动员之一。当时

---

① 博比·狄龙(Bobby Dan Dillon, 1930—   ),美国著名橄榄球运动员,1952—1957年效力于绿湾包装工队。——译注

广受欢迎的电视节目《荒野大镖客》①中的一个角色名字就叫做马特·狄龙。这或多或少都会让鲍勃注意到狄龙这一名字。尽管如此，鲍勃还是选择了这一名字的不同拼写方式。

1958年春，正当埃克家周围的积雪融化、嫩草生长时，鲍勃开着福特敞篷车跑来了。埃克在院子里碰到他，他看上去非常高兴。"我想了个合适的名字。"鲍勃说，"我知道应该取什么样的名字了。"

鲍勃把最终结果告诉埃克，埃克问道："你的意思是，D-i-l-l-o-n，就像马特·狄龙一样？"

"不，不，不，是像这样，D-y-l-a-n。"鲍勃拿出胳膊里夹着的一本书给她看。那是威尔士诗人迪伦·托马斯②的一本诗集。

迪伦·托马斯在鲍勃·迪伦所处的时代声名传到了遥远的美国。20世纪50年代初，诗人举办了一系列的读者见面会，1953年他因酒精中毒而在纽约去世，终年39岁。由于诗人去世时还很年轻，且身处完全陌生的国度，因此鲍勃发现他充满魅力后便将他视为悲剧偶像伟人祠中的一员——就和詹姆斯·迪安、汉克·威廉姆斯一样。鲍勃喜欢迪伦·托马斯的诗歌。事实上，鲍勃在文学方面有着令人惊讶的成熟品位，并且长于阅读。这部分是因为他在希宾高中遇到过一位英语老师，这位老师对文学的喜爱之心和理解的能力几乎影响了他曾教过的每个孩子。伯尼菲斯·J.诺夫森将自己全身心地奉献给了教育工作。"我还记得他教我品读莎

---

① 《荒野大镖客》(Gunsmoke)，由导演诺曼·麦克唐纳、作家约翰·麦斯敦合作的一部电台、电视系列剧。电台系列从1952年开始，一直播放到1961年；而电视系列从1955年开始，一直播放到1975年。——译注

② 迪伦·托马斯(Dylan Thomas, 1914—1953)，威尔士诗人，作家。出版诗集有《诗18首》、《诗25首》、《爱情的地图》、《死亡与出路》、《诗集》等。——译注

士比亚的作品。"约翰·巴克伦说,"他是一位优秀的文学教师,因为你能觉察出他确实喜爱和了解文学。"老师在上英语课时要求学生们写一篇有关最喜爱的作家的文章,鲍勃选择了约翰·斯坦贝克[①],并且流露出对小说《愤怒的葡萄》的喜爱。他这篇长达 15 页的评论得了个 A。"约翰·斯坦贝克非常伟大。"鲍勃热情地向埃克描述,他的兴趣如此强烈,以至带着埃克将所能找到的斯坦贝克的作品都读了个遍。埃克记得鲍勃胳臂里经常会夹着本书,书的内容通常都是诗歌。比蒂说,鲍勃从未停止过诗歌创作。"我猜他最后会成为一个诗人!"她说,"在我看来,诗人就意味着失业。"比蒂和亚伯对这一点非常关心,这直接导致鲍勃长大成人后与他们关系渐趋紧张。

鲍勃最后一学年中的大部分时光是在德卢斯城和双子城度过的,这多多少少是因为"金色和弦"乐队解散了的缘故。闲暇时他就和朋友以及那对堂兄妹待在一起。埃克察觉到鲍勃在那里追求其他的女孩子。她询问约翰·巴克伦自己的猜想是否属实,巴克伦说他认为是真的。埃克同时也觉察到鲍勃正在追求她的朋友迪·迪。鲍勃对他与埃克的关系感到厌烦了。他开始独自夜晚外出,而让埃克待在家中等候。埃克对此感到心烦意乱,于是便跑到市区闲逛。"你在这里做什么?"当鲍勃看到埃克时问道。

"我和我的朋友一同进城。"

鲍勃让埃克坐上后座带回家。埃克原本想如此一来两人就能

[①] 约翰·斯坦贝克(John Steinbeck,1902—1968),美国著名作家。共创作了 27 部作品,其中包括 16 部小说、6 部散文集和 4 部短篇小说集。其中代表作品《愤怒的葡萄》获得普利策奖。他本人于 1962 年获得诺贝尔文学奖。——译注

共度夜晚了。"他竟然就将我一个人留下了!"埃克厌恶地大声喊道,"而且可以预想到的是,一旦我回到家里,父母就不会再让我外出。这预示着我们的结局。"

埃克在希宾高中的走廊上遇到鲍勃,将他赠送的手镯退还给他。"你想要干什么?"鲍勃问她,他的蓝色眼睛因为感到吃惊而睁得大大的,"不要在走廊上做这样的事。"但埃克下定决心结束两人之间的关系。"这件事让我心碎。"埃克说,"但如果一个人的举动让你蒙羞,你就不能再去相信他了。"她和鲍勃之间的关系仍旧友好,成年后继续保持联系。但她从未忘记鲍勃的不忠:"我对他非常忠诚,而且从未想要离开他,一直到我再也无法忍受。"

约翰·巴克伦相信这次分手并未带给鲍勃太多的烦恼。"我可以说,埃克非常爱鲍勃,但他却没有觉察到这一点。她希望得到的是永恒的爱情。她爱他。但这段恋情对他而言却并非是永恒的。"巴克伦对埃克萌生爱意成为这幕悲剧的感伤结尾。"这真是不幸。情况难以挽回。我的意思是,我们都曾像朋友一样互相关爱。而对我而言那就是爱情。但对她而言却仅仅是友情。"

这件事的发生并没有危及鲍勃和巴克伦之间的友情。1959年1月9日,希宾高中再次举行年度短衫狂欢节。"火箭"乐队举办了演出。鲍勃组建了一支乐队参加此次活动,巴克伦担任吉他手,比尔·马瑞纳克负责低音提琴,其他三个女孩子演唱嘟-呜风格的和声。鲍勃为这个仅出演一次的不寻常团体取了个"埃尔斯敦·耿和摇滚乐迷"的名字。在后来的职业生涯中,鲍勃经过简单排练或根本不排练就进行即兴演出的行为在音乐界非常出名。这种不寻常的、差不多是爵士风格的表演方式,让表演者鲍勃始终保持着新颖和充满活力的个人风格,但这有时也会让他的团员们精神涣散。尚在高中阶段,鲍勃就对排练表现得不是很热心。巴克伦回忆道,"埃尔斯敦·耿和摇滚乐迷"乐队从未针对演出做过排练。鲍勃在台上非常放松,甚至会跑下台去看发生了什么事情。

高中音乐会后三周,鲍勃前往德卢斯观看一场职业流行音乐演唱会,这一经历在他的脑海中存留多年,成为他年轻岁月中最为鲜活的体验。1月31日,巴迪·霍利[1]与林克·沃瑞[2]、里奇·瓦伦斯[3]、"爵士乐大师"理查德森[4]一同在德卢斯的国民警卫队军械库演出。鲍勃站在舞台的正前方。在那不可思议的时刻,巴迪·霍利望着台下的观众,眼神与这个17岁的年轻人交汇在一起。鲍勃永远不会忘记这一幕,因为仅仅两天后霍利便死于空难,所以这一眼神的交流更是变得特殊和难以忘怀。

这一难忘的夜晚过去五个月之后,也就是1959年的6月5日,鲍勃从希宾高中毕业,开始考虑自己的音乐事业。首先,鲍勃必须忍受父母为他举办的毕业晚会,亲戚、邻居以及好友都被邀请来分享这一时刻。鲍勃好斗地说他不想参加,于是亚伯告诫他,希望他能老老实实地出席。鲍勃颇为勉强地出席了聚会,比亚伯和比蒂希望他待的时间更长,表现得彬彬有礼,充满了羞涩的魅力。"他一直都是一位绅士。"比蒂说,"有时鲍勃会略显叛逆,但他对人

---

[1] 巴迪·霍利(Buddy Holly,1936—1959),本名 Charles Hardin Holley,出生于1936年9月7日,于1959年2月3日因飞机失事去世。他虽然仅仅活了23年,但却因为在音乐方面做出的突出贡献而被人们称为"最具影响力的早期摇滚歌手"。——译注

[2] 林克·沃瑞(Link Wray,1929—2005),著名音乐人,吉他演奏家。他所发明的吉他强力和弦深刻影响了日后的重金属音乐和朋克音乐,其代表作品为《轰鸣》("Rumble")。——译注

[3] 里奇·瓦伦斯(Ritchie Valens,1941—1959),早期著名摇滚歌手,对摇滚乐的发展产生过重要影响,作品尤以拉丁摇滚为主。1959年与巴迪·霍利同机遇难。——译注

[4] "爵士乐大师"理查德森("The Big Bopper" Richardson, 1930—1959),美国歌手,作曲家。1959年与巴迪·霍利同机遇难。——译注

却始终很和蔼。"母亲尚在清理宴会的残羹冷炙,鲍勃便已经提前数小时离开会场回家了。回到家中的鲍勃收到了一份让他感到吃惊的礼物。一个叔叔送给鲍勃一堆休迪·莱德贝特①每分钟78转的唱片。休迪·莱德贝特通常又被称为莱德贝利,他是一位民谣和布鲁斯歌手,在被音乐家艾伦②和约翰·洛马克斯③发现之前,他曾因凶杀罪而入狱,1934年出狱。他所演唱的著名歌曲包括那首富有感染力的《岩石岛》,音乐充满力度,歌词所表达的含义也要比《蜜糖》丰富得多。从第二天起,鲍勃就开始探究这些歌曲的内涵,希望了解创作的方法。自此他对民谣萌生了兴趣。

在1959年希宾高中的年鉴上,照片中的鲍勃留着与小理查德略为相似的发型。照片下方写着罗伯特·齐默尔曼的人生理想——"加入'小理查德'乐队"。这一愿望某种程度上是很荒谬的。但这个少年脸上所显露的自信表情却似乎预示着他将会获得非凡的成就,而事实上他也的确很快便创造出了不同寻常的事业。

毕业后不久鲍勃便搭上一辆前往法戈④的汽车,穿越北达科他州的边界,在红苹果咖啡馆找到了工作。这是鲍勃人生中唯一一次试图用音乐之外的方式谋生。当地正好有一位名叫博比·维⑤的音乐人领着他的"阴影"乐队打算闯出一片天地来。巴迪·

---

① 休迪·莱德贝特(Huddie Ledbetter,1885—1949),美国著名布鲁斯音乐大师,以浑厚的嗓音以及对吉他的出众鉴赏力而闻名。——译注
② 艾伦·洛马克斯(Alan Lomax,1915—2002),美国民俗学者,人种音乐学家。他是20世纪致力于收集民谣音乐的人士之一,收集了美国、英国、爱尔兰、加勒比海地区、意大利以及西班牙数以千计的民谣歌曲。——译注
③ 约翰·洛马克斯(John Lomax,1867—1948),美国教师,艾伦·洛马克斯之父,民谣音乐的先驱者,致力于美国民谣歌曲的抢救工作。——译注
④ 法戈(Fargo),北达科他州最大的城市。——译注
⑤ 博比·维(Bobby Vee,1943—),美国流行音乐家。按照《公告牌》的统计,他有38首歌曲闯入百首榜单,10首歌曲闯入前二十首榜单。——译注

霍利悲惨去世后,博比·维和"阴影"乐队便顶替他的位置继续演出。这一机遇让鲍勃开始了他的音乐生涯,并且创作出了歌曲《照顾好我的宝贝》。博比·维听说红苹果咖啡馆有个小工埃尔斯顿·耿(鲍勃·迪伦当时使用了假名),便让他试着担任"阴影"乐队的钢琴手。

鲍勃向博比·维展示了他有限的钢琴技巧,大多数都是C大调的曲子,而且还撒谎说他曾经和康维·崔提[①]一同演出。博比·维决定考验考验他。鲍勃得到了一件特殊的衬衫,穿起来与乐队其他成员毫无两样。他们在当地一系列的爵士乐演奏会中演出。"他是一个不修边幅的小家伙,但他确实全身心地投入到音乐之中。"博比·维说,"他喜欢摇滚乐,但所能演奏的曲目有限。在演奏C调的乐曲时他充满激情。他喜欢像吉恩·文森特那样鼓掌……他上台后会走向麦克风,偶尔做出这个动作,然后轻快地跑到钢琴旁。"他们最后决定不将鲍勃吸纳为乐队的成员。"你知道,他是一个糊涂的小孩子,我只是想略微了解一下他所做的事情而已。"

此后不久鲍勃便返回希宾城,他告诉巴克伦及其他朋友,自己在名为"苏西宝宝"的新唱片中担任演奏,而这张唱片正是由博比·维和"阴影"乐队制作的。这使得某些人甚至产生了这样的印象:鲍勃·齐默尔曼和博比·维是同一个人。这是很典型的事例,它说明在早期数年中鲍勃的生活历程是模糊不清的,从而使鲍勃给人一种老成世故之感。正像埃克所指出的那样,确切地说这在

[①] 康维·崔提(Conway Twitty,1933—1993),美国著名音乐家。50年代他作为流行歌手出现,七八十年代成为民谣音乐领域的主流明星。他以深情、洪亮而淳朴热情的歌声成为在流行音乐时代工作在纳什维尔歌手中最煽情的一位。——译注

某种程度上是一种无聊的举动。但就鲍勃而言,却表现出了他那超越一切的单纯雄心,此时鲍勃已经认识到自己的人生目标是成为音乐巨星。

鲍勃从未想过要平凡而稳定地度过一生。鲍勃认为无论人们喜欢或厌恶自己,他都是一名音乐家,音乐对他而言就是生命。父母处世的态度当然会有所不同。他们开始关注鲍勃表现出的那种任性的雄心,并且决定将他暂时送往宾夕法尼亚州德文市一家由德弗罗基金会运作的私人学校学习。这个基金会由教育家海伦娜·T. 德弗罗[①]于1912年建立,主要处理年轻人的情感、行为和发展问题。但是如果此事真的曾发生过,那么只能说整件事的保密工作做得非常好,因为鲍勃的密友竟然无一人知晓,而想不让他们知道却又是那么的难以做到。[②]

亚伯和比蒂采取常见的方式来解决鲍勃的问题,在他有能力将音乐作为谋生手段之前,他至少要先接受大学教育。希宾城的大多数中产阶级家庭都尽己所能地将孩子送入大学,如果鲍勃拒绝这一提议,那么就会让父母非常失望。无论如何他都没有理由拒绝,因为他没有任何收入,也没法获得稳定的工作。

1959年夏末,鲍勃在双子城的明尼苏达州立大学注册登记入学。亚伯希望鲍勃顺利毕业,之后接手家族生意,或者另外谋求一份体面的工作。母亲则恳切地要求鲍勃无论如何做到一点:"别再继续写诗了,请不要再继续。"她对日后成为美国最伟大歌词创作者的年轻人说,"到学校做些积极向上的事……拿个学位。"

---

① 海伦娜·T. 德弗罗(Helena Devereux,1885—1975),创立德弗罗基金会以治疗残疾儿童的精神和情感创伤。——译注
② 约翰·巴克伦、埃克·哈尔斯多姆和拉里·凯甘完全不知道发生过这件事。——原注

第二章

奔向荣耀

位于希宾城南面191英里处双子城由明尼阿波利斯城和圣保罗城组成,是明尼苏达州境内最大的城市群,面对着密西西比河上游的交汇处。1959年秋,鲍勃"走出荒凉之地"——他如此评价这片地区——随即进入明尼苏达州立大学学习。明尼苏达州立大学位于密西西比河东岸,就坐落于双子城之间。

鲍勃选了一门与音乐相关的文科课程作为主修专业。最初鲍勃住在大学街道东南属于犹太兄弟会①的房产内。在鲍勃入学之前,他有多位兄弟从这里走出去,其中至少有一位表兄弟入伍当兵,而且犹太兄弟会也是校内外四个犹太兄弟会中最好的一个。在对加入兄弟会的人员成分进行分析后可以看出,鲍勃来自一个人脉颇好的家庭。亚伯·齐默尔曼替鲍勃支付了租金和膳食费用,同时还给他生活费,这样一来鲍勃即便不工作也能充分享受新生活。但鲍勃并不喜欢兄弟会的生活,情趣也与同伴们截然不同。的确,大学生活总体而言对鲍勃来说是一种折

---

① 犹太兄弟会,即 SAM,Sigma Alpha Mu 的简称,1909年创建于纽约大学城的学校互助会。最初仅限于犹太人,直到1953年才广泛接受各界人士。创建时总部设立在纽约,之后搬至印第安纳州的印第安纳波利斯。现在该组织在美国和加拿大拥有69个分支机构。——译注

磨。鲍勃想以通过考试的方式来取悦父母,一有机会他就会跑回家去看望他们。不过鲍勃在明尼苏达州立大学短暂的学习经历对他而言却非常重要,因为他在学校附近名为"狄克町①"的波希米亚风格的社区内结识了一帮人,同时也发现了一种音乐风格。

狄克町位于明尼阿波利斯市区,其中心地点是在东南第四大街与东南第十四大街交汇处。这里有多家店铺,其中包括迈尔文·麦考士激进书店、格雷药店、布里奇曼冰激凌店、大学影院以及德特杂货店。1958年,位于第十四大街上的"十点学者"咖啡馆开张,它位于第四大街与第五大街之间。在那一段时期内,美国国内不断涌现与"十点学者"咖啡馆风格相近的娱乐场所。带有规整店面窗的陈旧店铺被清理得干干净净,辟出长条状的空间,摆放着木质的桌凳和长椅。后面则是一个咖啡吧。学生常会跑到"十点学者"咖啡馆泡上整整一天,喝上几杯咖啡或茶,抽抽烟,下下象棋,看看书,或者欣赏欣赏做音乐的朋友在前窗小舞台上的表演。在"十点学者"咖啡馆内能见到学校周边那些有趣的人。出现在这里的有穿着怪诞的黑色服装、充满魅力的长发女孩;有像"红色"纳尔逊②那样在浴缸里养殖鳄鱼的野蛮男人;有嬉皮士诗人戴夫·莫顿;有在布鲁斯音乐方面表现出非凡才能的两个白人男孩"蜘

---

① 狄克町(Dinkytown),位于明尼苏达州明尼阿波利斯城,设有多家酒吧、宾馆、餐厅等服务设施。标志性建筑包括狄克圆顶屋(原为神学院)、维斯塞奥意大利餐馆(20世纪50年代开业)等。——译注

② "红色"纳尔逊("Red" Nelson,1886—1956),美国棒球运动员。——译注

蛛"约翰·柯纳①和戴夫·雷②。鲍勃被这座波希米亚风格的小镇,尤其是小镇上的居民迷住了。他认为这些年龄略大些的人与众不同,他甚至将他们视为圣徒。对鲍勃而言,狄克町就像是魔法世界,正像他曾说过的那样,在那里每天都像星期天。

鲍勃在双子城继续着自己的学业,他仍对摇滚乐保持着强烈的喜爱,仍穿着绣花马甲,头发向后梳。但摇滚乐在狄克町并不流行,鲍勃沉迷于校园亚文化之中。杰克·凯鲁亚克③的作品《在路上》成为全国畅销书后的两年间,学生们都在阅读"垮掉派"作家的文学作品,政治上倾向左翼激进主义,在"十点学者"咖啡馆以及其他场所人们演奏和聆听到的都是民谣乐曲。

美国民谣音乐早在19世纪80年代就有所记载,大萧条时期之前在乡间非常流行,工业的萧条导致乡村居民因生活穷困而无力购买唱片,最终使得民谣音乐败落。20世纪40年代民谣音乐开始复兴,1950年一支由皮特·西格④任主唱的激进演唱团体"织工"重新翻录了莱德贝利的《艾瑞尼,晚安》,取得了意想不到的成

---

① "蜘蛛"约翰·柯纳("Spider"John Koerner,1938—),生于纽约,美国著名吉他艺术家,歌手,歌曲创作人,其贡献在布鲁斯音乐方面尤为突出,对早期的鲍勃·迪伦有所影响。——译注

② 戴夫·雷(Dave Ray,1943—2002),美国布鲁斯音乐歌手和吉他艺术家,与约翰·柯纳、托尼·格拉夫组成著名的"柯纳、雷和格拉夫"演唱组合。——译注

③ 杰克·凯鲁亚克(Jack Kerouac,1922—1969),美国著名作家,"垮掉派"代表作家之一,同时也被视为嬉皮士运动的标志性人物。创作了18部小说,多带有自传性质,其中有12部被称为"杜鲁士传奇",描述了作者从童年到去世之前的大致情况,《在路上》即为其中的一部,充分反映了二战之后一部分被称为"垮掉的一代"的美国青年的生活方式与生存状态,因此凯鲁亚克被公认为是"垮掉的一代"的代言人。——译注

④ 皮特·西格(Pete Seeger,1919—),美国民谣音乐的巨匠,民谣复兴运动的重要人物。他将音乐视为一种载体,服务于个人乃至社会的自由,希求通过音乐来与社会的不公进行抗争。——译注

功。这首歌成为这一年最流行的歌曲。20世纪50年代末,作为对当时缓解情绪的流行音乐加以某种意义上的纠正,陶瑞斯·达依①等一批艺术家身体力行,民谣音乐由此开始了伟大的民谣复兴运动。1960年的贿赂丑闻表明音乐公司常以行贿手段迫使电台播放流行乐唱片,而这也出乎意料地推进了民谣音乐的发展。与流行音乐相比,民谣音乐能让人精神振作,毫无污浊之感。

公众音乐品位发生重要变化的一个标志是1958年秋"金斯顿三重唱"②推出了一首打榜的标准民谣歌曲《汤姆·杜雷》,"金斯顿三重唱"由三个年轻人组成,歌声清亮干净。当时电台音乐时间里放的都是《汤姆·杜雷》、"花栗鼠"乐队③泡泡糖摇滚舞曲腔调的《花栗鼠之歌》、"泰迪熊"乐队④的《了解他就是爱他》。尽管"金斯顿三重唱"唱的是民谣歌曲,但他们的风格对于出入"十点学者"咖啡馆以及类似场所的大学生来说还是显得谨慎了些。学生们的音乐英雄是莱德贝利、皮特·西格和伍迪·格斯一类性格更坚毅

---

① 陶瑞斯·达依(Doris Day,1922—),美国女演员,歌手,动物权利保护者。1945年推出了首张唱片《感伤之旅》,1948年拍摄第一部影片《公海罗曼史》。一生共拍摄39部电影,录制了超过650首歌曲,获得过一次奥斯卡奖提名,赢得一尊金球奖和一项格莱美奖。1989年获得金球奖终身成就奖。——译注

② 金斯顿三重唱(The Kingston Trio),美国60年代著名民谣组合,是民谣复兴运动的重要领导者。——译注

③ "花栗鼠"乐队(The Chipmunks),1958年建立的一个风格欢快的音乐演唱团体。——译注

④ "泰迪熊"乐队(Teddy Bears),美国60年代知名乐队,成员包括菲尔·斯派克特、马绍尔·雷比、哈维·古德斯特、卡罗尔·考尼斯(领唱女歌手)、桑迪·纳尔逊。斯派克特所创作的歌曲《了解他就是爱他》为这支队的经典歌曲,在美国音乐《公告牌》上停留了23周,其中有11周位列前十,占据首位长达3周。——译注

的民谣与布鲁斯艺术家。另外一个幸运儿是奥德塔[①],奥德塔是一位有着古典主义传统的非洲裔美国歌手,舞台风格热烈而感人,以近乎歌剧女低音的嗓音演唱《杰克·奥德蒙兹》、《骡贩子布鲁斯》一类传统歌曲。奥德塔对早期的鲍勃产生了一定的影响。"让我转而演唱民谣音乐的第一位歌手就是奥德塔。"鲍勃说,"当时我在唱片店里听到了她的一张唱片……我立刻冲出去卖掉电吉他,换回了一把原声吉他。"

这些均可以被理解为或者确认为民谣复兴运动的组成部分,这种难以琢磨的特质在音乐领域中处于非常重要的位置,它也许可以归结为"真实性"。在民谣界受推崇的音乐人以一种遵循原作的真实风格来演唱传统歌曲,同时在演绎上也做到切合自身特点。而民谣复兴运动的起点就是去探寻和理解歌曲最早、最纯正的状态。这其中包含着一定程度上的音乐考古。包含明尼阿波利斯民俗协会在内的民谣协会进入国会图书馆寻找山地人音乐家、罪犯、农场工人和牛仔所录制的唱片。部分唱片已由约翰·洛马克斯和他的儿子艾伦制作完成,音乐学者艾伦于20世纪30年代在路易斯安那监狱中发现了莱德贝利。哈佛大学教授弗朗西斯·切尔德[②]则将一些由罪犯、牛仔和乡下工人们演唱的、年代较为久远的歌曲编写成了《切尔德民歌》,这些歌曲源于不列颠岛,来到新大陆的移民后裔仍在传唱,特别是在那些被阿巴拉契亚山脉隔离开来的地区更是广为流传。这些歌曲流传了数个世纪,文化与地理的

[①] 奥德塔(Odetta Holmes,1930—2008),美国著名女歌手,演员,吉他演奏家,歌曲创作人以及人权活动家,被认为是"民权运动之声"。所涉足的音乐类型广泛,包括美国民谣、布鲁斯、爵士以及灵乐。在民谣复兴运动中对众多歌手产生了巨大的影响。——译注

[②] 弗朗西斯·切尔德(Francis James Child,1825—1896),美国学者,教育家,民谣音乐家。收集并编写了《切尔德民歌》。——译注

差异在这些歌曲中汇聚，以诗情与事实兼顾的方式被记录了下来，所展现的正是信仰、爱情和暴力行为这些最初的生活体验。鲍勃在狄克町"十点学者"咖啡馆内常听到这些老歌，看到喜爱音乐的大学生登上舞台弹着原声吉他进行演唱。

鲍勃第一次逛"十点学者"咖啡馆是他到双子城旅行的时候，当时他还是希宾城的高中生。在进行大学登记前他便已经结识了一位女友。

邦妮·吉恩·比彻是鲍勃年轻时第二位重要女友。邦妮1941年在明尼阿波利斯出生，比鲍勃大一个月，她的父母属于中上阶层，经营着一处夏季旅游胜地。邦妮考入明尼苏达州立大学高中部，在升入高年级后她开始频繁出入"十点学者"咖啡馆。1959年春，生日将至的邦妮在"十点学者"咖啡馆遇到了鲍勃。鲍勃与朋友哈维·艾布拉姆斯在一起弹奏吉他，演唱布鲁斯歌曲。邦妮喜欢布鲁斯音乐。她经常会前往纽约，在曼哈顿萨姆·古迪唱片店内购买"老猫"艾恩[①]、理查德（"兔子"）·布朗[②]一类身份隐秘的艺术家的唱片。邦妮听了鲍勃的演唱后便与两个男孩攀谈起来。"哈维·艾布拉姆斯冲着我这个自认对民谣音乐有所了解的17岁小女孩发表了一番枯燥的评论。"她回忆说，但鲍勃却很高

[①] "老猫"艾恩，1958年民谣音乐家弗雷德里克·拉姆齐在密西西比纳齐兹录制了一张被称为"'老猫'艾恩"的歌手的唱片。拉姆齐在写到发现"老猫"艾恩的过程时用了一段充满诗意的描写，但却未曾讲明这位歌手的背景。1958年的《民俗目录》中提到了这位歌手，只是说他"演唱布鲁斯音乐和灵歌"。——译注

[②] 理查德（"兔子"）·布朗（Richard"Rabbit"Brown，1880—1937），美国布鲁斯音乐吉他演奏家，作曲家。他的音乐覆盖了布鲁斯音乐、流行歌曲以及传统的民谣歌曲。——译注

兴,"鲍勃可不那么枯燥乏味,他问我怎么会知道这首歌的。"邦妮说起自己去纽约的旅行,并且告诉鲍勃自己收集的唱片。"我认为他风趣,富有魅力,有个性,而且可能了解真实的'垮掉的一代'。"1959年秋邦妮注册成为明尼苏达州立大学的学生,开始学习戏剧艺术。她与鲍勃一同修习了天文学和戏剧史两门课,两人成为情侣。

邦妮是一位非常漂亮、优雅的长发女孩。她很聪明,喜欢阅读,文化修养高,对于布鲁斯音乐的了解与鲍勃旗鼓相当。因为邦妮所学的专业是表演,所以她算得上是一位"演员女孩",后来鲍勃在诗作《我被窃走的生命时刻》中这样写到她,他为之深深倾倒的女孩子富有勇气地向他表白。鲍勃最为著名的情歌《来自北国的女孩》[①]也许描写的就是邦妮。鲍勃对邦妮的感情很深,这一点正如他在诗中所表达的那样,但她并非鲍勃在双子城的唯一女友。鲍勃在短暂的大学时光里公然而富有激情地同时存在着复杂的恋情。让人感到吃惊的是,他的女友似乎对他追逐女性这一点毫不在意。

鲍勃常去圣保罗城探望在夏令营里结识的女友朱蒂·鲁宾。鲍勃在与大学朋友布鲁斯·鲁宾斯坦旅行时声称自己是在给朱蒂上"音乐课"。他还与邦妮的朋友洛纳·苏利文约会。而且他所约会的女友彼此都互相知晓。他最重要的女友是埃伦·贝克,埃伦的父亲迈克在明尼阿波利斯民俗学会任职。这一关系之所以重要一部分原因是这为鲍勃日后学习音乐打开了通道。鲍勃出席在贝克家中举办的民谣音乐晚会,或是现场演唱,或是弹奏吉他,或

[①] 歌曲又名"北国女孩"。——原注

是听迈克·贝克收集到的各种社会习俗唱片公司①的唱片②。埃伦的母亲马乔里像母亲一样关心鲍勃。鲍勃受邀品尝家庭烹饪的犹太教餐食,而且如果他不想回兄弟会的话,贝克一家也欢迎他留下过夜。马乔里非常关心鲍勃的健康,注意到他的牙齿发黑,便上街买了牙刷,在鲍勃做客时赠送给他。

鲍勃另一位女伴是从前的女友埃克·哈尔斯多姆。1959年秋,埃克迁到明尼阿波利斯,在唱片发行公司——哈罗德和雷伯曼公司——找到了一份工作。鲍勃和埃克结伴到"十点学者"咖啡馆闲逛,他还邀请埃克前往兄弟会驻地,并且让她"穿得怪异一些"以打动兄弟会会员们。鲍勃试了下,但并不成功,于是便带她外出打发夜晚时光。"我们是自愿走到了一起的。"埃克说,"但我再不想倾心于他了。"埃克清楚地意识到两人之间的关系已经结束。1959年的12月2日,她和男友丹尼·切乌斯结婚,随后便随丈夫回希宾城居住了。

虽然埃克已返回希宾诚,但还是有很多朋友陪着鲍勃。鲍勃的好友拉里·凯甘在经历了海堤事故后来到明尼苏达州立大学医院接受治疗。鲍勃几乎每天课间都会到医院探望凯甘。凯甘注意到鲍勃探望他时手中常拿着一本诗集,有时就是迪伦·托马斯的诗集。

凯甘无法坐立起来,每当鲍勃来探视时护理员就会将他从床上挪到轮椅上。鲍勃推着轮椅来到娱乐室的钢琴旁,把凯甘扶到

---

① 社会习俗唱片公司(Folkways Records),由摩西·阿什和玛丽亚·迪斯特拉于1948年在纽约建立。从1948年到1986年阿什去世,社会习俗唱片公司共发行了各种音乐流派、各种语言的唱片2168套。——译注
② 社会习俗唱片公司所有者摩西·阿什推出了数千张民谣音乐家的唱片,其中包括伍迪·格斯、皮特·西格和莱德贝利的作品。——原注

靠近钢琴键盘的位置。接着鲍勃便开始演唱他们经常练习的歌曲,凯甘则试着保持睡姿与他一同演唱。两人之间的友情深厚,鲍勃的探视对凯甘而言意味着很多东西,但是鲍勃并未与他人谈及探视好友的事情。鲍勃之所以会这样做,部分原因是出于他的神秘个性,这一个性将鲍勃的生活划分开来,让鲍勃感到光荣的是,他从未向朋友们炫耀过对凯甘的忠诚。

鲍勃在狄克町结交了一些新朋友。最先遇到的一批音乐人中有一位名叫约翰·柯纳,因为他四肢瘦长,所以又被称作"蜘蛛"约翰。来自纽约州北部的柯纳是一个态度和蔼的年轻人,他在明尼苏达州立大学攻读航空学专业时开始演奏吉他。柯纳认为自己能像旅行音乐家那样生活,于是就在入学一年半后离开了学校。柯纳来到加利福尼亚州后又萌生了第二个念头,加入了海军陆战队,不久柯纳遭遇了一场车祸。在柯纳静养恢复期间,他在《花花公子》杂志上看到了一篇讲述咖啡馆舞台以及音乐人如何在这些场所表演民谣音乐的文章。柯纳光荣退伍后便回到了明尼阿波利斯,他开始出没于"十点学者"咖啡馆,遇到了长着满头稻草般头发、始终关注莱德贝利的戴夫·雷。他们拉来了口琴演奏家托尼·格拉夫①,组建了著名的"柯纳、雷和格拉夫"乐队。鲍勃和柯纳同属一个朋友圈,这些朋友聚在大学化学楼后的码头上一同演奏音乐,在演奏的间歇互相传递酒瓶狂欢畅饮。正如柯纳所说的那样:"我们一同努力学习着。"

生活在狄克町的学生们组成了范围广泛的波希米亚风格的社团,而这些音乐人也是其中的组成部分。社团中有一位名为托

---

① 托尼·格拉夫(Tony "Little Sun" Glover,1939—),美国口琴演奏家,歌手。在60年代美国民谣复兴运动中脱颖而出。——译注

瓦·哈摩门的成员,派头十足的犹太成员哈摩门是"垮掉的一代"的信徒,她与男友林恩·卡斯特纳一同住在亨内平大街的一栋房屋内。狄克町的音乐人经常会跑到哈摩门的住所讨论、演奏音乐,而鲍勃也常会随其他人一道前往,享用免费饭菜,有时还会留宿。聚会时哈摩门喜欢议论政治,尽管鲍勃听得很仔细,却并不参与讨论。哈摩门说:"他就如同海绵,将所有讯息都吸收起来。"哈摩门同时注意到鲍勃在她的朋友圈子里过得并不舒服,"因为我对他而言过于犹太化了"。住在双子城的那段时间里,鲍勃显然不愿结识有着共同信仰的人,也不愿引起他人注意。这并不是说他为自己是犹太人感到害羞,似乎更大程度上是因为他不想被人们简单界定为犹太人。

职业音乐人罗尔夫·卡恩①途经双子城时曾在托瓦·哈摩门的住所逗留,托瓦·哈摩门安排罗尔夫·卡恩给鲍勃和柯纳上了一堂吉他演奏课。"我一生中只教过一堂吉他课。"柯纳说,"我认为直到那时为止,迪伦可能只上过一或两次课。"他们按顺序走进房间,接受卡恩一个半小时的传授。卡恩演示弹奏技巧时两人紧盯着他手指的动作。单纯从技巧上来看,鲍勃的确不能算是出色的吉他手,而且他并不具有悦耳的嗓音,但他身上表现出来的其他特质却让柯纳印象深刻。"这种特质也许并不是信心,但它却能起到与信心相同的效果。你知道,那种特质就是'我正在做这件事','这是我的事'。虽然周围有很多有趣的人,但他的确是最引人注意的人之一。"

与柯纳在一起的还有戴夫·莫顿,他是狄克町的重要人物之

---

① 罗尔夫·卡恩(Rolf Cahn, 1924—1994),民谣音乐家,作家,社会活动家,犹太人。出生在德国,1937年因阿道夫·希特勒的迫害而迁居美国。——译注

一,是一位诗人和民谣音乐人。高个子的莫顿神情憔悴,脸上满是胡须,虽然实际上他才上了两年大学,但看起来却要比鲍勃年岁大些。"我是唯一留着长发、穿着滑稽服装的人。"莫顿说,"这颓废的装扮看上去就像是该死的弗兰克·辛纳特拉[①]。他们不留长发和胡须,而我只不过野性些。"莫顿热衷于欣赏民谣和布鲁斯音乐,并且以1948年曾随母亲参加过莱德贝利的演唱会为自豪,这使莫顿成为狄克町圈子中唯一一个在莱德贝利去世前曾亲眼见过他演出的人。同时莫顿还是圈子里第一个在"十点学者"咖啡馆演唱民谣音乐的成员。

通常情况下,当顾客们在台下彼此交谈时,初出茅庐的音乐家们就会在"十点学者"咖啡馆窗前的小舞台上开始演出。更换布景时会有一段休息时间,表演者能得到一杯免费咖啡,或者用报酬换点食物吃,也可以跑到咖啡馆后面畅饮葡萄酒("十点学者"咖啡馆没有销售酒精饮品的许可证)。莫顿和大多数音乐人一样,会唱几首诸如《吉卜赛人戴维》之类的民谣经典歌曲。但与其他音乐人略显不同的是莫顿自己也写歌。有些歌曲的内容是关于人道主义和民权之类时事问题的。当时南部的种族之争正逐渐演变成为血腥事件。1960年2月,阿肯色州一所种族学校发生炸弹爆炸事件。两个月后,10名非洲裔美国人在密西西比州的骚乱中被枪杀。莫顿运用民谣音乐的旋律,添加上自己的抒情元素,以这些事件为基础表达自己的政治见解。伍迪·格斯曾经运用过这种创作手法,而鲍勃后来也学会了这种手法。

虽然鲍勃和莫顿成为朋友,但莫顿无论从音乐人的角度还是

[①] 弗兰克·辛纳特拉(Frank Sinatra,1915—1998),美国歌手,演员。最初与哈瑞·詹姆斯、托尼·道森一同演出,在20世纪40年代早期开始成功单飞。1954年获得奥斯卡最佳男配角奖。——译注

从朋友的角度都对鲍勃感到不满意。正如托瓦·哈摩门所注意到的,尽管戴夫·莫顿与其他人竭力向鲍勃灌输美国社会存在着不公的思想,但鲍勃对此类知识的获取并不积极,对政治也毫无兴趣。同时莫顿也认同托瓦·哈摩门的看法,鲍勃对于自己是一个犹太人有着奇怪的不安感。"他不喜欢(狄克町的)犹太男孩。他总是装出一副自己不是犹太人的样子。"莫顿说,尽管住在犹太兄弟会可以算作是一种馈赠,"他很和蔼?我不这样认为。他很亲切?我也不这样认为……某种程度上他是性格内向的人,尽管他努力摆脱这一点……他专注于做自己想做的事情,在这一点上他表现得很好。他想要变得富有且声名显赫。"

如果说鲍勃不喜欢与犹太男孩相处,那么似乎犹太男孩也并不喜欢他。就在那一年冬季,会员们要求鲍勃搬离犹太兄弟会。鲍勃告诉邦妮·比彻,父亲拒绝付给兄弟会房租,这也正是他被踢出来的原因。那段时间鲍勃和父亲之间的关系变得紧张起来。"鲍勃父亲的态度很强硬……非常专断。"拉里·凯甘说,"他认为鲍勃在音乐方面的发展简直是在浪费时间。"然而亚伯生性慷慨,因此他不会拒绝鲍勃的任何要求。事实上只不过是犹太兄弟会不喜欢鲍勃而已。鲍勃显得个性古怪,不喜欢参加他们的活动或是共同分享趣事,而他天生的内向性格也使得他看起来很冷淡。不管怎么说,鲍勃离开兄弟会之后就再没回去过。他告诉邦妮,兄弟会会员"不认同"他。

离开犹太兄弟会后鲍勃的生活状态变得复杂起来,几乎每周都会有所变动。有时他拥有属于自己的住所,比如他在狄克町的格雷药店租了一间顶楼。而有时他也会在朋友公寓的地板上过夜。有段时间鲍勃与莫顿、哈维·艾布拉姆斯同住在东南区15号大街。鲍勃还与其他朋友共处过,比如休·布朗。布鲁斯·鲁宾斯坦帮鲍勃搬到布朗家。"鲍勃把一些药丸掉到了地上。药丸到处滚动,他开玩笑说这些小而圆的药丸就是麻醉品。"鲁宾斯坦说,"但实际上这只是维他命 E,鲍勃希望吃了这些药手指甲能变得硬些。"

如今鲍勃走进了现实世界,他经常身无分文,生活变得拮据,不得不将吉他当掉。邦妮担心他没法按时吃饭,便偷偷从女学生联谊会食品室内拿些食物送到鲍勃的住处。鲍勃之所以食不果腹,部分原因是他正全力争取能获准在咖啡馆演唱,从未看到他如此努力地去谋求获得一份稳定的工作。鲍勃通过在"十点学者"咖啡馆演出来赚取少量报酬,但当他要求店主提高薪水时却被解雇了。邦妮带着鲍勃满城试唱,有时他会对工作感到异常绝望,他只希望能打工换取一份食物。即便如此,鲍勃仍很难找到演出场所。"我认为这家伙确实非常优秀。"邦妮说,"为什么这些店主就不能让他用演唱来换取三明治呢?"鲍勃最终在圣保罗的"紫色洋葱"披萨店找到了一份稳定的工作,每晚可以领五美元的薪水,如果无处可去他还可以在地板上过夜。除此之外,鲍勃还在"城堡"咖啡厅获准演出。

1960 年鲍勃在舞台上的演出风格与后来他那种居高临下的舞台演出风格完全不同。他的外表看起来未满 19 岁,柔弱的嗓音尚未发育完全,但听起来却很甜美。尽管在鲍勃居住的狄克町传统歌曲占据着主导地位,但某些人却不这样认为。与鲍勃同时代的多数人都被一种冷淡的情绪所笼罩着,更喜欢欣赏那些虚伪而做作的表演。鲍勃不怕犯错,也不怕做出滑稽可笑的样子,因为某些老歌的确含有诙谐的成分。鲍勃在演唱严肃题材的歌曲时要做的就是忘记自己是正在演唱布鲁斯音乐的白人大学生。柯纳在鲍勃身上发现的那种天生自信使得听众对鲍勃不再心存疑虑。这些早期的迹象表明,作为表演者的鲍勃具有非同寻常的能力,同时也预示着他有着非凡的前途。

鲍勃大学期间遇到的另一个重要人物是戴夫·惠特克。惠特克在进入明尼苏达大学高中部后便和戴夫·莫顿结为好友。同时两人还是激进组织一神论青年会成员。惠特克身形瘦小,体重仅有九十磅多一点,但他很聪明,为人慷慨,喜欢阅读。他既能引用"垮掉派"诗歌,也能活用亨利·沃兹渥斯·朗费罗①的诗句,同时在政治和社会历史领域也是知识渊博。"他是我们熟知的富有智慧的人。"邦妮·比彻说,"他读了很多重量级的作品:传记、历史材料、政治著述。我们都以能得到莫顿和惠特克的评价而感到高兴。"

惠特克自认是"彻头彻尾的怪人,一个受右脑支配却身处被左脑支配的世界里的人",他最初的愿望是成为流浪汉。"我记得母亲说过,'哦,你想成为吉卜赛人?好,那可就全完了。'但事实证明她错了。"惠特克发现了带有波希米亚风格的亚文化群体,这一群体就暗藏在亨利·米勒②和20世纪50年代"垮掉派"作家的文学作品中,他成为环游世界的"垮掉派"奥德赛。惠特克在以色列的集体农庄住过,在巴黎与作家威廉·巴洛斯③会面,在伦敦试着现

---

① 亨利·沃兹渥斯·朗费罗(Henry Wadsworth Longfellow, 1807—1882),美国著名诗人,代表作品有《海华沙之歌》、《夜吟》、《基督》等。——译注

② 亨利·米勒(Henry Miller, 1891—1980),美国著名作家,同时也是极具争议的文学大师和业余画家。代表作品有《北回归线》、《性爱之旅》、《情欲之网》、《春梦之结》等。——译注

③ 威廉·巴洛斯(Willam Seward Burroughs, 1914—1997),美国小说家,随笔作家,社会评论家,画家。他的大部分作品都带有自传性质,是"垮掉派"作家群中的一员。——译注

场演奏噪音爵士乐,而且他还曾前往纽约格林威治村,遇到了戴夫·范·容克①等有前途的民谣艺术家。逗留旧金山期间,惠特克开始与诗人艾伦·金斯堡②、劳伦斯·佛林格迪③交往,并且与杰克·凯鲁亚克把酒言欢。1960年3月,回到明尼阿波利斯的惠特克与鲍勃相遇并成为密友。"鲍勃像是等着并希望被注满的容器。"惠特克说,"是我第一次让他向外界敞开,因为我已经走了出来。这些民谣音乐人未曾走出去过,他们和旧金山的'垮掉派'一样。看,我对鲍勃最大的影响就是告诉他外面的生活,那种远离此地、可加以选择的生活。在外面有他的一个容身之所。"

在这段友情成熟之前,鲍勃和戴夫·惠特克还曾因与栗色头发的可爱女生格丽塔尔·霍夫曼的感情纠葛而成为对手。格丽塔尔的父母激进而聪明,她本人则是明尼苏达州立大学高中部的校友。升入佛蒙特州本宁顿大学三年级时格丽塔尔喜欢上了民谣音乐。有段时期她专注于学习现代舞,但之后又改变了念头回到明尼阿波利斯。格丽塔尔在确定人生目标后,登记进入明尼阿波利斯大学学习。她在"十点学者"咖啡馆与鲍勃偶遇,尽管当时鲍勃

---

① 戴夫·范·容克(Dave Van Ronk, 1936—2002),美国民谣歌手,绰号"麦克道格大街的市长"。在20世纪60年代的民谣复兴运动中表现活跃,但其作品跨越了民谣、摇滚、爵士乐、摇摆乐等多个领域。2002年因为癌症术后心肺功能衰竭而在纽约医院去世。——译注

② 艾伦·金斯堡(Allen Ginsberg, 1926—1997),美国著名诗人,文学运动领袖,"垮掉派"的代表人物。其代表作品《嚎叫》被与艾略特的《荒原》相提并论,成为划时代的丰碑,他被尊为"垮掉的一代之父"。1973年成为美国文学艺术院成员,继而又获得全国图书奖,代表着他的成就已经获得了世人的认可。——译注

③ 劳伦斯·佛林格迪(Lawrence Ferlinghetti, 1919—),美国著名诗人,画家,文学运动领袖,同时也是城市之光出版社的创建人之一。创作领域覆盖诗歌、翻译、随笔、戏剧、电影剧本等。代表作品有《心灵的科尼岛》、《往事如画》、《自旧金山出发》等。——译注

还在与邦妮·比彻约会,但两人还是建立起了亲密关系。

按格丽塔尔的解释,她与鲍勃大部分时间都在不切实际地谈论着"体验的特性以及人们为什么会互相伤害。现在回想起来这种举动是非常幼稚的"。格丽塔尔弹着吉他教鲍勃如何演唱那些在本宁顿大学学到的民谣歌曲。鲍勃试着写了一首有关他和格丽塔尔的歌,但格丽塔尔读了这首歌后却心生警觉。"鲍勃在歌中写到自己已年满19岁,不想再活到21岁。某种程度上他深深地感到悲观厌世。"鲍勃对于自己是犹太人这点感到特别不舒服,而当一个以色列演唱团体途经明尼阿波利斯城时他又感到很轻松。同样是犹太人的格丽塔尔与鲍勃一同参加了非同寻常的晚会。"晚会上演奏的正是那种充满激情的音乐。音乐非常活泼。听到乐声我们感到很兴奋。"格丽塔尔说,"在激情的涌动下我们相拥着跳起舞来……仅仅是相拥而已。"尽管格丽塔尔当时并未完全搞懂其中的意思,但鲍勃却已深陷爱河。格丽塔尔并没有将两人的感情想得非常浪漫,这部分是因为通常对女孩子表现得非常大胆的鲍勃这次却没有将感受清楚直接地表露出来。"鲍勃和我变得非常亲密,经常在一起待上很久,我觉察到彼此之间的感情可能已有所转变。"她说,"我认为鲍勃是一个很奇特的人。我喜欢和他交谈,喜欢听他说话。"

就在两人之间的恋情持续数月之后,1960年的3月20日格丽塔尔在参加一个晚会时遇到了戴夫·惠特克。"他轻而易举地打动了我的心。"她说,"我从未见过这么特别的人。"5月8日两人私奔到爱荷华州,在那里他们无需获得父母的准许就可结婚。婚后格丽塔尔和惠特克回到狄克町,租了一套公寓住下。时隔不久,新婚的格丽塔尔·惠特克夫人在"十点学者"咖啡馆外遇到了正在闲逛的鲍勃。格丽塔尔"嗨"了一声,希望鲍勃能报以充满友情的答复。但出乎意料的是鲍勃几乎是冲着她叫喊起来:"记住,你离婚时别忘了通知我。"

"我仍记得这突如其来的打击。"格丽塔尔说,"记得当时我站在那里望着他远去,心里想道,哦,上帝!"也正是从此时起,鲍勃对待格丽塔尔·惠特克的态度变得冷淡起来。但他去拜访戴夫·惠特克时仍表现得足够礼貌。

惠特克家中几乎每晚都举行聚会,有桶装啤酒、民谣音乐以及大麻烟供来宾享用。也就是在这里鲍勃第一次接触到了药物。戴夫·惠特克环球旅行时曾吸食过大麻,虽然在大学校园大麻十分罕见,但他每次都能轻而易举地获得成包廉价的墨西哥大麻叶。前来参加聚会的朋友受邀分享墨西哥大麻叶,虽然里面满是种子颗粒,但却非常强劲。某些人用烟叶卷成大麻烟吸食,而其他人则用烟斗吸食。"每个人都飘飘欲仙。"惠特克说,"我们习惯围坐在一起吸食,我当时想,我们来自明尼苏达州立大学的三四万学生当中,但却是第一群真正意义上的吸食大麻者。"

这个狄克町的小群体聚会时热衷于讨论政治问题。古巴革命如火如荼地展开时,戴夫·惠特克成为古巴公平条件委员会地区分支机构的重要成员,他与格丽塔尔一同多次主持亲卡斯特罗集会。在很多从斯大林主义中醒悟过来的最左倾的年轻人心目中,菲德尔·卡斯特罗[①]是一位充满浪漫色彩的英雄。惠特克同时还是托洛茨基[②]性质团体——社会主义基金会的成员。惠特克说:"这些聚会都是在我家的客厅里举办的,迪伦当时都在场。"为了让

[①] 菲德尔·卡斯特罗(Fidel Alejandro Castro Ruz,1926—),古巴政治家,古巴革命的主要领导者之一,古巴政府的领导者。——译注

[②] 列夫·达维多维奇·托洛茨基(Lev Davidovich Bronschtine,1879—1940),苏联政治家,领导人,20世纪国际共产主义运动左翼领袖。——译注

鲍勃对他们争论的话题有所了解，惠特克领着鲍勃去看了一部支持参议员麦卡锡①和非美活动调查委员会②的宣传电影《废奴运动》。"他们口中的恶人就是我们心目中的英雄。"惠特克说，"当他们说'共产主义是糟粕'时，我要说'滚你的！我是一个美国人'。"尽管鲍勃陪着惠特克观看了电影，听了惠特克和莫顿激进的政治论调，但他仍坚定而令人泄气地继续保持着对政治毫无兴趣的状态。正像格丽塔尔·惠特克指出的那样，鲍勃从未写过一首亲卡斯特罗的歌曲。

鲍勃·迪伦这个艺名在私人朋友圈子内已逐渐为大家所接受。众人都知道鲍勃的真实姓名以及他来自何处，不少同样来自铁矿区的学生将他的经历散布开来，但这些都无关紧要。希宾城对鲍勃的约束力在这里已有所减轻。当鲍勃混迹于狄克町的波希米亚文化圈时，他对学业的兴趣明显减弱了。惠特克说："鲍勃不再去学校上课，因为这影响到他在音乐方面的发展。"就在一场必须参加的期末音乐考试前夜，鲍勃放弃了考前准备，转而参加惠特克家举行的聚会，而且还喝得酩酊大醉。第二天仍残留着醉意的鲍勃参加了考试，结果得了一个"C"。这件事显而易见地表现出他对学习的态度。

鲍勃很少往家里打电话。有一天，惠特克接到鲍勃的母亲打来的电话。比蒂用她最为动听的声音询问鲍勃过得如何，"我（惠特克）仍记得那口音显得很有教养，她就像是一位知识分子"。"比

---

① 麦卡锡（Joseph Raymond McCarthy，1908—1957），1947年至1957年担任威斯康辛州共和党参议员。从20世纪50年代开始，他便成为冷战时期控制共产主义思想扩散的最著名的政治人物之一。——译注

② 非美活动调查委员会（The House Un-American Activities Committee），1938—1969年美国国会众议院设置的机构，宣称调查法西斯主义、共产主义及其他组织违反美国利益的非美国的活动。——译注

蒂因为有一段时间没有听到任何有关儿子的消息,所以非常担心。但鲍勃却逃离兄弟会,跑到我们这里来了……我说他过得很好,一切都很顺利。"

鲍勃似乎从来就没有多少积蓄,而他也并未竭力去寻找稳定的工作,唯一还能算是"工作"的,也许就是他偶尔会在"紫色洋葱"和"城堡"这些地方娱乐场所演出而已。但如论收入如何,鲍勃的开销并不算多。朋友们总会帮他填饱肚子或是留他过夜。有些人很赏识鲍勃,愿意帮助他,而有些同学则看不起鲍勃。他整日衣衫不整,外表肮脏,与不熟识的人交往时表现得很笨拙,有时话都难得说上几句,有时却又让人觉得是在吹牛皮。鲍勃之所以显得笨拙很大程度是因为他太年轻,没有经验,性格腼腆。"他非常羞涩,而且容易紧张。"惠特克说,"他过去常常会处于悸动的状态中,但他手里一直都拿着把吉他,而且十分幽默……他感觉到命运之手就放在他的肩上,但他却并不是真的了解该怎样做,或者是为什么这样去做。"

乔恩·佩恩卡克是一位对传统美国音乐有着浓厚兴趣的大学生。1959年,他观看了皮特·西格在爱荷华州举行的音乐会,突发奇想地收集了"织工"演唱组的多张唱片,其中录有伍迪·格斯的多首畅销歌曲。乔恩和他的朋友保罗·尼尔森还收集到了哈瑞·史密斯限量发行的特制六碟装《美国民间音乐歌曲集》[1]。《歌曲集》收录的情歌、谋杀歌谣[2]以及宗教音乐让两人感到兴奋

---

[1] 《美国民间音乐歌曲集》,1952年由民俗协会发行的六碟套装唱片,收录了84首美国民谣、布鲁斯和乡村音乐,歌曲均来自电影导演哈瑞·史密斯个人收藏的唱片,对美国民谣音乐复兴运动起到了推动作用。——译注

[2] 谋杀歌谣(Murder Ballads),传统歌谣的分支,歌词以叙述的结构来表达一个故事。故事或为虚构,或为真实,内容包括谁是凶手、为何行凶、行凶的过程、凶手被逮捕或者逃脱等,结尾多是凶手入狱或者是即将走上绞刑架。——译注

和喜悦,他们随即创办了一本名为《小桑迪评论》的民谣爱好者油印杂志。

佩恩卡克住于东南区第六大街1401号,这里成为狄克町的聚会地点之一。鲍勃常去那儿与佩恩卡克一道演奏音乐。佩恩卡克说:"他对我弹奏的班卓琴①感到很好奇。"有一次佩恩卡克外出数周,他的住所没有上锁,鲍勃跑进去未经允许拿走了约二十张唱片,其中以伍迪·格斯的朋友和巡演伙伴"流浪者"杰克·埃利奥特②的唱片最为珍贵。杰克·埃利奥特,教名为埃利奥特·阿德诺佩兹,父亲是来自布鲁克林的犹太医生。埃利奥特本人也差点成为医生,但"对医学的恶劣态度"却促使他离家出走,加入了一个牛仔竞技表演队。被西部浪漫主义冲晕了头脑的杰克·埃利奥特将自己塑造成了流浪牛仔歌手"流浪者"杰克。作为格斯的信徒,他模仿起格斯来既自然又惟妙惟肖。截至1960年,埃利奥特为英国主题唱片公司③推出了六张格斯风格的民谣歌曲集。鲍勃对这些唱片非常痴迷,唱片拿回家后他坚持让邦妮·比彻用心欣赏。"我聆听了所有的唱片。"比彻说,"不夸张地说,你会一直待在房内直到将所有唱片都听完并理解为止。"

乔恩·佩恩卡克确信鲍勃从他的住所拿走了《美国民间音乐歌曲集》。"这完全有可能是被盗唱片中的一套,因为我不认为在

---

① 班卓琴,又称五弦琴,由圆形的琴身、长长的琴颈以及五条琴弦构成。面板实际上是一张绷紧的鼓膜,背面则有木制音梁。可用手指或者拨片演奏。经常出现于传统的爵士乐演奏中。——译注
② "流浪者"杰克·埃利奥特(Ramblin' Jack Elliott, 1931—),美国著名民谣歌手。出生在犹太家庭的埃利奥特从小痴迷于西部风情,立志成为一名牛仔。成年后曾在美国各地游荡,受到民谣音乐的熏陶,后成为民谣复兴运动的重要人物之一。——译注
③ 主题唱片公司(Topic Records),在民谣复兴运动中扮演重要角色。1939年作为工人音乐协会的分支机构创建起来。——译注

明尼阿波利斯会有这张唱片的多张拷贝流行。"如果鲍勃确实拿走了唱片,同时佩恩卡克记得也不是十分确切的话,那么这应该是鲍勃第一次有机会聆听《美国民间音乐歌曲集》,这些唱片成为他日后音乐事业的基石之一。在鲍勃的作品中随处可见《歌曲集》所收录的民谣的影子,20世纪90年代鲍勃开始重新挖掘《歌曲集》,并以此录制了两张原声唱片——《如我一般好好待你》和《错误世界》——收录了《歌曲集》中的三首歌①。鲍勃1997年发行的唱片《很久以前》部分段落就脱胎于《歌曲集》。

《美国民间音乐歌曲集》是性情古怪的人种音乐学家哈瑞·史密斯的作品。哈瑞·史密斯1923年出生在俄勒冈州的波特兰市,他的母亲自称是俄国沙皇的皇后。驼背的史密斯因为身有残疾而被他所谓的"正常"社会所排斥。史密斯喜欢编造生活经历,他声称自己是犯案累累的凶手。因为当时尚未有许可权与版权的限制,所以史密斯在人生的最后二十年内收集了20世纪20年代至30年代布鲁斯歌手和山地音乐家传唱的民谣、灵乐、布鲁斯音乐以及乐器演奏,录制成老式的78转唱片。史密斯从收集到的歌曲中精选出八十四首,分为民谣、社交音乐和一般音乐三类。1952年民俗协会将这些唱片灌制成时间超长的六张唱片。唱片每两张为一组,每组均饰有铜版画,画面上是被史密斯称为"天国单弦琴"的神话乐器。唱片还附有一本印制粗劣的小册子,上面记有史密斯对每张唱片歌词与主题的介绍,介绍短小简洁,如同电报摘要一般。

---

① 迪伦的《情人亨利》对歌谣《亨利·李》进行了变调,原曲收录在《歌曲集》中,由迪克·加斯提克演唱;《搭建庇护所》改编自弗兰克·哈切森演唱的《搭建庇护所》(两首歌曲都收录在1993年推出的唱片《错误世界》中)。1992年迪伦推出的唱片《如我一般好好待你》收录了流行且广为翻唱的歌曲《弗兰基 & 阿尔伯特》,这首歌同样收录在《歌曲集》中,由约翰·哈特演唱,歌曲名为"弗兰基"。——原注

这些歌曲听起来像是来自不为人知的世界,有些则可能是流传于世界大战时期。然而事实上《美国民间音乐歌曲集》所收录曲目的部分作者仍活在世上,重新获得发现的他们被视为民谣复兴运动的凝聚力量。也有一部分歌曲是已传承数代的英国儿歌,其中仍保留着古代的词汇和奇异的比喻,它们就像超越了时空禁锢一般呈现在人们面前。阿巴拉契亚山区将发出"布谷布谷"叫声的鸟称为布谷鸟,这种鸟并不是美国本土所有。除了此类特例外,歌曲中所表达的都是生活的基本元素,很容易就能听懂。有些歌曲描写的是爱情中的不谐之音。在《糖果宝贝》这首歌中,山地歌手"码头"博戈斯[1]的歌声听起来就像是一个走向地狱的男人正在抱怨,自己的"糖果宝贝"离开后他还能为孩子做些什么。歌中唱到"糖果宝贝"的离开,或许是"糖果宝贝"主动离开了他,或许是他杀了"糖果宝贝"。这让人觉得博戈斯似乎也正想以同样的方式来对待孩子。还有些歌曲则记载了灾难性的事件,或是火车事故,或是矿山灾难,或是泰坦尼克号的沉没。这些歌曲勾勒出了美国社会的演变过程。像是歌曲《钉子和钻子》就是描写机器制造业是如何将手工制鞋产业摧毁掉的。史密斯的《美国民间音乐歌曲集》是美国音乐中最引人注目的唱片之一,也是非常重要的社会历史载体,附带说上一句,它还是一部诗歌作品集。"民谣音乐的价值就存在于那些特别的唱片之中。"鲍勃说,"……每一首都是诗歌。"这些歌曲所用的语言与流行音乐是不同的。词语和比喻运用得奇异而出人意料,它们或取材于《圣经》,或产生于实际生活经历,或出自异乡流传的民间传说。

---

[1] "码头"博戈斯(Moran lee "Dock" Boggs, 1898—1971),美国具有相当影响力的歌手,歌曲创作人,班卓琴演奏家。他边演奏班卓琴边演唱的表演方式在民谣音乐和非洲裔美国布鲁斯音乐领域独树一帜。——译注

乔恩·佩恩卡克旅行结束返回家中后,发现收集的唱片已被偷走了。"当时很多临街的门都是不上锁的。"他解释说,"我从未丢过财物,也从未受到侵害。那是第一次。"佩恩卡克很快就发现是鲍勃拿走了唱片。于是他晚上带了两个朋友一起去和鲍勃面谈。"他否认所有的指责。"佩恩卡克说,"我逼着他站到墙边,告诉他我确定是他拿走了唱片。"鲍勃最终承认了自己的偷窃行为,佩恩卡克狠狠地揍了他一顿。鲍勃随即将部分唱片还给佩恩卡克,并且答应早晨将其余唱片也交给他。

佩恩卡克回想起这段怪异而不体面的插曲时,并不认为鲍勃偷唱片是为了拿去卖钱,尽管这些唱片能卖到 100 美元。事实上鲍勃也许并未将这一举动视为偷窃。正像佩恩卡克所说的那样,鲍勃"对音乐有着一种渴望"。他轻而易举地就忽视掉了征求主人许可这一常见礼仪,而这也并不是他唯一一次不加询问便率性地拿走他人的物品。

1960 年夏,鲍勃搭乘便车西行前往科罗拉多州的丹佛。这段旅程长达 900 多英里,是鲍勃年轻时经历的最大一次冒险。杰克·凯鲁亚克在小说《在路上》中对这段旅程有所描写,不断在国内各地旅行游荡的嬉皮士英雄迪安·莫里亚蒂①经常会在丹佛停留。鲍勃读过这本书,富有个性的莫里亚蒂让他非常着迷。但鲍勃前往丹佛主要是因为该城是一座富有激情的音乐城市,有数家充满活力的俱乐部,其中包括"讽刺文学"俱乐部和"出埃及记"俱乐部。

一位熟识的女孩建议鲍勃向沃尔特·康利毛遂自荐,沃尔

---

① 迪安·莫里亚蒂(Dean Moriarty),小说《在路上》的主人公。——译注

特·康利是一位歌手,不但管理着"讽刺文学"俱乐部,同时也在里面演出。沃尔特·康利旗下的主要艺人是迪克·斯姆斯与汤姆·斯姆斯。身穿套装、系着领带的斯姆斯兄弟①为主流听众表演民谣音乐。正如康利所说的那样,斯姆斯兄弟的演唱为民谣音乐"增光添彩",与之相反,鲍勃演唱的民谣音乐却是在尘世中游荡。鲍勃演唱山地人的民谣时穿着破旧的棉质劳动布外套,看起来就像是从《愤怒的葡萄》中走出来的人物,因为不注重个人卫生,他身上的气味并不清新。但无论怎样,康利还是安排鲍勃在斯姆斯兄弟出场前的短暂时间内唱上几首歌。

沃尔特·康利住在位于俱乐部沿街下行的一套双卧室结构住宅内,途经小城的音乐人均可在此住宿。鲍勃走进这一住所时,迪克·斯姆斯夫妇正在客房睡觉,汤米·斯姆斯则躺在睡椅上。"鲍勃没地方住。"康利说,"他问我是否可以睡在地上,我回答说可以。我原以为他只是在地上睡上一晚,然后就会在城里找地方住。"鲍勃在"出埃及记"俱乐部遇到了64岁的耶西·富勒②,富勒创作了《圣弗朗西斯科海湾布鲁斯》这首歌。介于奥德塔与伍迪·格斯之间出现在鲍勃生命中的富勒对鲍勃的早期音乐有所影响,就在此时,格斯也即将如宗教启示一般出现在鲍勃的面前。富勒当时正在"出埃及记"俱乐部的地下室演出。富勒组建了富有新意的"一

---

① 斯姆斯兄弟(Smoothers Brothers),美国的一个音乐与喜剧表演团体,由迪克·斯姆斯和汤姆·斯姆斯兄弟组成。该团体在20世纪60年代红极一时,不但在电视上频频露面,同时也发行了数张畅销唱片,并且他们所主持的《斯姆斯兄弟喜剧时间》也成为越战期间影响力最大、最具争议的电视节目。——译注

② 耶西·富勒(Jesse Fuller, 1896—1976),美国音乐家,他最为著名的歌曲为《圣弗朗西斯科海湾布鲁斯》,同时他也是知名的"一人"乐队音乐家,即采取一人演奏多种乐器的表演形式演出。——译注

人"乐队,这就意味着他在演唱布鲁斯歌曲的同时还要弹奏吉他、吹奏口琴,并且用脚敲打贝斯。不幸的是,布鲁斯音乐当时对于处于主导地位的白人听众来说不具有太大的吸引力,因此富勒也没有赚到什么钱。"想想看今天布鲁斯音乐意味着什么吧!"康利大声叫喊,"但在当时人们根本就不会去买布鲁斯音乐的唱片。他们也同样不买鲍勃·迪伦的账!"

斯姆斯兄弟很直接地表明他们不喜欢鲍勃这个邋遢而虚伪的流浪汉,鲍勃也很快就失去了午后在"讽刺文学"俱乐部演出的机会。"鲍勃开始在丹佛城内游荡,想看看能做些什么,试着找个地方演出,但没有一个地方愿意接纳他。"康利说,"我关注他今日所达到的高度,思考他是怎样的一个人。但当时人们都躲着他。"

鲍勃没在丹佛待太长时间,因为康利接到了索菲娅·St. 约翰打来的电话。索菲娅·St. 约翰在中心城[①]——淘金热时期建立的城市——附近开了一家西部风格的酒吧,酒吧将重现狂野西部的景观与氛围作为卖点。旅行者可以在这里淘金。酒吧和旅馆看起来像是出自西部电影,一个领取薪水的演员端着固定在托盘上的啤酒杯,沿着主街摇晃着走来走去。索菲娅·St. 约翰的俱乐部取了一个响亮的名字——"镀金吊袜带",尽管正像鲍勃后来宣称的那样这并不是脱衣舞俱乐部,但却难免让人心生怀疑。

"我需要一名歌手来提升这里的人气。"索菲娅·St. 约翰打电话给沃尔特,"我已经请了一个名叫朱蒂·柯林斯[②]的女孩子,她干得很好。"21 岁的朱蒂·柯林斯刚开始步入歌坛,不久之后便

[①] 中心城(Central City),位于科罗拉多州,面积为 4.9 平方公里。该城于 1859 年——也就是派克峰淘金热期间——建立起来。——译注

[②] 朱蒂·柯林斯(Judith Marjorie Collins,1939—),美国民谣歌手,歌曲创作人,社会活动家。——译注

成为民谣复兴运动中璀璨的明星,"但如果你还知道有什么人,就请把他推荐给我。"

"我这儿有个叫鲍勃·迪伦的小伙子。"康利回答道,"现在他失业了,很碍事,我们正希望他离开这里。"

"镀金吊袜带"俱乐部并不适于鲍勃演出。这个地方非常嘈杂,旅行者对于酒和食物的兴趣远胜于音乐。鲍勃试着弹奏钢琴、演唱歌曲取悦听众,但却没有获得成功,不久他只得又回到丹佛,住在紧靠"出埃及记"俱乐部的廉价旅店里。斯姆斯兄弟此时已离开丹佛,康利和班卓琴演奏家戴夫·汉密尔合住在一起。工作之余两人或是演奏音乐,或是玩牌,以此来打发夜晚时光。一天晚上,他们决定用欣赏唱片的方式安静地度过闲暇时光。当康利准备晚餐时,汉密尔开始挑选合适的唱片。他很快就发现有几部唱片集消失了,其中包括民谣唱片以及歌曲唱片《我的金发女郎》。汉密尔很快便得出了结论:"是鲍勃·迪伦偷了那些该死的唱片。"鲍勃知道当天住所没有上锁,而他此时恰好缺钱用。多数丢失的唱片集都与鲍勃的喜好不符,所以汉密尔推断他是将唱片偷去卖掉了。康利是那种喜欢过闲散生活的人,他并不想让偷窃事件过多地影响到自己的生活,但汉密尔却直奔鲍勃的住所。

凌晨三点半,康利的电话响了起来。"找到鲍勃了,我发现确实是他拿了那些唱片。"汉密尔说,"他把我锁在门外,我正在给警察打电话。"

"干得好。"

"我希望你也到这儿来。"汉密尔说,"这很重要,因为你要确认一下唱片。"

康利极不情愿地开着车来到旅馆。"旅馆外停着警车,戴夫·汉密尔正站在人行道上,身边是两个警官以及迪伦。"鲍勃注意到警察开着车跑来,便将唱片从三楼窗户抛到旅馆后面的小巷内。警察帮汉密尔找回了唱片,接着又开始询问鲍勃,他此时正因心烦意乱而哭个不停。汉密尔强硬地要求警察对鲍勃提起控诉,但康利却并不想出庭做证,而且还劝说汉密尔忘记这件事。之后不久鲍勃便搭便车返回东部。"我被踢出了丹佛。"后来他说,"我因为抢占了猫的住所而被迫离开了丹佛。"沃尔特·康利表示他对鲍勃是遗憾大于气愤,但四年后他却觉得有些怨恨,因为当他在纽约再次遇到著名的鲍勃·迪伦时,鲍勃装作根本就不记得他了。

在由丹佛返校的途中,鲍勃回到希宾探望家人,随后便卷入了另外一起古怪的事件中。1960年8月31日,鲍勃前女友埃克·切乌斯在希宾综合医院产下了一个名叫达娜妮的女孩。埃克回家与丈夫丹尼团聚之前在医院休养了两天,鲍勃跑到医院坚称他才是孩子的父亲。"我当时笑了起来。"埃克说,"这事真是非常可笑,因为这根本就不是真的。"她说鲍勃根本就不可能是孩子的父亲。"我和他分手后虽然曾经结伴外出,但却从未与他发生过关系。"埃克相信鲍勃说自己是孩子的父亲并不带有恶意,即使这件事相当特殊,但也只是鲍勃的又一个把戏而已。"他刚好萌生了疯狂的想法。"

尽管某种程度上这可以算作一个玩笑,但鲍勃的确想要一个属于自己的孩子。鲍勃夏末返回狄克町时便希望与邦妮·比彻再次复合,他很认真地告诉比彻自己想要结婚,想一起开始居家生活。"我对结婚生子根本没兴趣。"邦妮说,"但他非常感兴趣,这主要是因为他对孩子很有兴趣,想结婚不久就能有个孩子。"然而鲍勃即便忙于与邦妮商定建立令人惊讶的家庭期间,也还在留心其他的女孩子。"他并不忠诚。"邦妮补充说,"这甚至根本无需特别在意。男孩子都不会很忠诚。"鲍勃的性格事实上非常复杂,这一特质将始终伴随着他直到他长大成人。

狄克町的文学氛围与音乐氛围一样浓厚。莫顿和惠特克贪婪地读着含有激进政治观点的范围广泛的书籍。"垮掉派"的作品对于每个人而言都非常流行。鲍勃和多数朋友都曾读过《在路上》，也读过艾伦·金斯堡的《嚎叫》、劳伦斯·佛林格迪的《心灵的科尼岛》。菲林迪的《我在等待》一类的诗作在这些人最初的文化转变过程中留下了印记。

一个名叫亨利·韦伯的同学曾送给鲍勃一本伍迪·格斯回忆录《奔向荣耀》的抄本，这本充满浪漫色彩的作品记载了这位出生在俄克拉荷马州的音乐人的早期生活经历。韦伯是一位民谣音乐人，对鲍勃略带嫉妒。"他非常富有感染力。"韦伯回忆道，"当你参加聚会时，鲍勃会直接把椅子搬到房间的中央位置，然后开始演唱，如果你不想听，就得离开房间躲避他那地狱般的折磨，我痛恨这一切。"韦伯保存着一本多下来的硬皮《奔向荣耀》，尽管两人的关系并不稳固，他还是把书借给了鲍勃，因为他知道鲍勃很喜欢这本书。这是未曾删减的首印本，由于未经过后期加工，有些书页还连在一起。狄克町的人们传说，鲍勃就坐在"十点学者"咖啡馆一边裁开书页一边阅读，直到整本书全部读完。但他也有可能是过了很长时间后才读完这本书的。戴夫·莫顿认为精力充沛的鲍勃是不会安静地坐着花很长时间读一本书的，因为他就"像猫一样强健……有使不完的劲"。尽管在希宾城时鲍勃曾将大量时间花在阅读上，但在狄克町却很少这样。不过即便鲍勃只是浏览了书的最初部分，却还是从中发现了不少有趣的东西。

《奔向荣耀》开篇叙述了流浪汉们坐在货车车厢内穿过明尼苏达州，在德卢斯城跳下火车，而鲍勃恰好就是出生在这座城市，他也曾亲眼看到过同样的火车隆隆地穿过希宾城。这部作品很简洁,只是在部分章节上笔触活泼大胆。在描写明尼苏达州的一场暴风雨时,格斯这样写道:"明亮的闪电伴随着轰鸣声。"书中类似的段落很多,鲍勃均将其转为自己所有。在第二章"新兴城市"中出现了一个名叫大吉姆的人物,他在鲍勃1974年创作的歌曲《莉莉、罗斯玛丽和杰克之心》中也曾出现过。在另一段落中,作者列出了一份人物清单:"……小偷、商人、人行道上的推销员……"鲍勃1965年创作的歌曲《隐秘的思乡布鲁斯》中也有对应的段落。尤为重要的是鲍勃模仿了书中流浪汉们的语言表达风格。在书中流浪汉采用双重否定和快速简短的吐词方式,像是没有太多时间交谈。例如在《奔向荣耀》前半部分,一个人物说:"你反对卑微的生活而争取令人尊敬的生活……"鲍勃开始模仿书中人物的说话方式,就像是从未接受过伯尼菲斯·J.诺夫森的文法教育。鲍勃此后的语言表达方式就采用了嬉皮士的表达模式,其中混杂着对非常用词汇雀舌般的运用。同时这也成为他在歌曲中自我表达的方式。鲍勃故意用蹩脚的文法来传情达意,最典型的例证就是歌曲《逃犯布鲁斯》中的歌词"不要问我任何事"以及歌曲《你无处可去》的标题和歌词。值得注意的是,《奔向荣耀》中的用词"燃烧"包含了"燃烧殆尽"的意思,当然也就和《随风而逝》的寓意相同了。

鲍勃与戴夫·惠特克再次重逢,两人就像只分开了一天似的,鲍勃把伍迪·格斯的长篇民歌《汤姆·乔德》从头到尾演唱了一遍。他对伍迪·格斯关注已久。当然,首先是关注伍迪·格斯的音乐,这才是最重要的,这些歌曲是美国民谣音乐中最写实的作品,其中包括了《这片国土是你的土地》、《辽阔的草原》和《被放逐者》。而格斯丰富多彩的回忆录则有助于充实鲍勃模仿的英雄形象。鲍勃喝醉时,或是抽吸戴夫·惠特克的大麻烟时,常常会戴上

"如果国会图书馆某天来向你索取这些歌曲的话,"鲍勃严肃地对邦妮说,"我希望你以两百美元的价格卖给他们。我希望你现在就答应这一要求。"

邦妮听得目瞪口呆。"我当时想他是一个多么让人难以容忍的自负家伙啊!竟然会想到国会图书馆跑来向邦妮·比彻索取鲍勃·迪伦的磁带!"但鲍勃还是让她做出了承诺。

"好的,我保证。"邦妮笑够之后答应了他的请求。

1960年冬鲍勃生病了,咳嗽得非常厉害。邦妮陪他去学校医院进行门诊检查,但病情却没有任何改善,咳嗽随后转成了支气管炎,这使得鲍勃的嗓音发生了变化。他的嗓音变粗了,接近于他那为众人熟知的嗓音。后来尽管鲍勃康复了,但邦妮还是担心这次生病已对他的嗓音造成了永久性的伤害。1969年当邦妮在唱片《纳什维尔地平线》中听到鲍勃成熟的歌声时,她又想起了之前鲍勃患支气管炎时的嗓音。"那正是他年轻时的嗓音。"

鲍勃病愈后不久奥德塔来到这座城市。当时奥德塔是旧金山和芝加哥民谣舞台上璀璨的明星,在声望很高的"角门"俱乐部[①]演出。奥德塔在狄克町当地认识几个人,其中包括格丽塔尔·惠特克和托瓦·哈摩门。哈摩门想到了一件趣事,她想让奥德塔来判断鲍勃是否有机会成为专业音乐家。鲍勃适时地为奥德塔做了表演,而奥德塔则非常坚决地给出了肯定的回答,鲍勃这人能够成为专业音乐家。"哦,这真是太好了!这可是明尼阿波利斯的大新

[①] "角门"俱乐部(Gate of Horn),20世纪50年代至60年代在芝加哥北部赖斯旅馆地下室开设的一间民谣音乐俱乐部,拥有100张座位。这家俱乐部于1956年由艾伯特·格罗斯曼开设,奥德塔、罗杰·麦基恩、鲍勃·吉布森等知名艺术家均在这里演出过。——译注

闻。"邦妮·比彻笑起来,现在她悬着的心终于放下了,得过支气管炎之后的嗓音并未毁掉鲍勃音乐生涯中的机遇。

拜会奥德塔之后,鲍勃必须返回希宾城与父母讨论未来发展的问题。鲍勃决定先理个发,于是就请邦妮帮他修剪了一下。朋友赶过来时都被眼前的一幕逗乐了。鲍勃埋怨邦妮把头发剪得太短了。"因此他写了一首歌,'邦妮,你剪了我的头发/因此我出不了门了'。"邦妮说,"可我一直想说,'是你让我这样做的!'"

1960年12月中旬,鲍勃乘坐灰狗巴士返回希宾城,告诉父母自己想放弃学业去追求成为音乐明星的理想。鲍勃想去纽约,他认为在那里能有机会录制唱片。主要的唱片公司几乎都设在纽约,在与戴夫·惠特克等人的交流中,鲍勃了解到格林威治村有着充满活力的咖啡馆表演舞台。亚伯、比蒂与鲍勃之间达成了协议。"他想要成为民谣歌手、演艺人员。我们难以看到他所展望的目标,但我们感觉他能获得这样的机会。这毕竟是他自己的生活,我们不想去挡他的道。"亚伯·齐默尔曼说,"所以我们之间达成了协议,他有一年时间去做喜欢的事,一年期限到了之后,如果我们对他的发展状况不满意的话,他就必须再回到学校去。"

鲍勃并没有等着与家人共度假期,而是很快就返回了双子城,到处拜访朋友们,告诉他们自己要去纽约发展。他去医院探视了拉里·凯甘,同时也拜访了霍华德·儒特曼。鲍勃告诉他们,他们会听到自己成为明星的消息的。两人对他所说的话半信半疑。儒特曼反倒觉得鲍勃放弃学业才是犯了一个错误。"我颇有些希望他能在明尼苏达大学再多待些日子。我不知道这对他而言是否值得一试。他非常想离开。"鲍勃与约翰·巴克伦、卢克·德威兹告别,他们两人现在都在双子城。"你为什么不和我一起去纽约?"鲍勃问巴克伦,"我能在那里见到伍迪·格斯。"在鲍勃大多数朋友的想象中纽约是一个难以企及的地方。"人们无法理解。"德威兹说,"每个人都有自己的梦想。我猜鲍勃的梦想比多数人的梦想更为远大。"

在踏上伟大旅程之前,鲍勃希望能与邦妮及其明尼阿波利斯的家人共度圣诞节。但邦妮的父母却不允许女儿把鲍勃带回家。"我记得当时自己与父母大吵大闹起来。"邦妮说,"我几乎要说'如果他不来,我就不来',因为鲍勃圣诞节的确无处可去。"最终邦妮只得通知鲍勃他不能来家里共度圣诞。"我还记得当时鲍勃是多么的烦躁,而我又是多么的气愤,我希望成年后的生活能始终坚持自己的立场。"邦妮的母亲在去世前最后一年为不让鲍勃来家里做客的事向邦妮道歉。"这是我们之间爆发的一场大战。"邦妮说,"我始终觉得自己确实伤害了鲍勃。"

雪终于落下来。鲍勃发现自己处于一年中最孤独的时期,独自一人住在学校附近一处寒冷、凋敝的公寓内。正如他后来回忆的那样,某个早晨鲍勃睡醒后便离开了这座城市。"我已经花了很多时间去考虑这件事,我不能再去想它了。无论是否下雪,都是时候离开这里了。"鲍勃说,"我到明尼阿波利斯城时,它看上去就像是一座大城市或大城镇,而当我离开时它则像你乘坐飞驰而过的火车时所看到的某些乡下的边区村落。"

或许还有某个缺乏浪漫色彩的原因促使鲍勃匆忙离开这座城市。他走后不久的一个冬季午夜,两个陌生人走进惠特克夫妇的住所寻找鲍勃。"当时我独自一人在家,房门没有上锁,我起来时就看到两个人站在我的床边。"格丽塔尔·惠特克当时怀第一个孩子已经有段时间了,"那是让你无法忘怀、心跳几乎停止的情景。"

"迪伦在哪里?"他们问。

"他不在这儿。"惠特克回答。事实上鲍勃并未在他们那儿待太长时间。这两人说,他们会找到鲍勃好好给他上一课的。"他们看起来就像是暴徒,让人感到恐慌。"这两个人并非是惠特克所熟识的狄克町当地人。问完话后两人便离开了。谁也不知道他们究竟想要做些什么,也没有人知道他们最终是否找到了鲍勃。

鲍勃收拾出一个手提箱,随后拎着吉他踏上了旅途。他站在路边竖着拇指想搭上顺风车,照他后来的说法是当时他深信"世界是仁慈的"。(拉里·凯甘对于鲍勃急匆匆离开此地的举动颇感诧异。"通常他都会先让一个人顺路带他一程。")第一位靠边停车的司机长相酷似惊悚片演员贝拉·鲁高西[1]。鲍勃钻进破车,驶入了白色的冰雪世界。

鲍勃首先来到了伊利诺伊州的芝加哥。他在芝加哥大学校园遇到了年轻的民谣歌手凯文·克诺恩,夏天鲍勃曾在科罗拉多州帮过他。之后鲍勃在此地逗留数周。一个女孩暂时收留了鲍勃,他就在女生宿舍里给一帮女学生弹奏钢琴。

鲍勃离开芝加哥后向北行进,来到了威斯康辛州的麦迪逊。威斯康辛州大学的美国历史学系非常出名,吸引了众多来自激进家庭的学生,而对这些学生产生部分吸引力的就是校内活跃着的民谣表演舞台。马歇尔·布里克曼[2]和埃里克·维斯伯格[3]位于克莱姆区的住所成为众人的聚会场所。布里克曼和维斯伯格不久便组建了一个名为"逗留者"的民谣演唱团体。布里克曼后来成为

---

[1] 贝拉·鲁高西(Bela Lugosi,1882—1956),匈牙利裔美国人,著名电影演员和戏剧演员。——译注
[2] 马歇尔·布里克曼(Marshall Brickman,1941—),曾经获得奥斯卡最佳编剧奖,在20世纪60年代是与埃里克·维斯伯格齐名的著名班卓琴演奏家。——译注
[3] 埃里克·维斯伯格(Eric Weissberg,1939—),美国著名班卓琴演奏家。——译注

知名编剧,与伍迪·艾伦①合作的《安妮·霍尔》获得奥斯卡最佳编剧奖。维斯伯格则为电影《判决》演奏了主题曲《决斗班卓琴曲》。"我们的住所是非官方的校园民谣中心。凡是去过那里的人都会不由自主地精神振奋,演奏乐器,演唱歌曲,通报姓名,交换联系方式,打开冰箱喝软饮料。"布里克曼说,"我还记得当时有个名叫齐默尔曼的家伙短暂出现过,他显得很有教养,略有些腼腆,身形细瘦,年纪尚轻,但我不能确定他是否在那里过夜。当时他正赶往纽约谋求远大发展。"鲍勃身穿古怪的褐色套装,打着小领带,为了表示对新朋友的谢意,他现场用钢琴演奏了简单的布鲁斯音乐。但却没有什么人对此留有印象。

鲍勃逗留麦迪逊期间与名叫安·朗德比彻的女孩子暂住在一起。他在参加皮特·西格的演唱会时认识了这位重量级的音乐伙伴。高个子的西格是著名的民谣歌手和激进歌曲创作人,当时他刚刚40岁,是美国民谣领域最重要的人物之一。西格创建了第一支城市民谣团体"年鉴乐团"②,随后又建立了"织工"。两支民谣团体表演的曲目均包括了密友和旅伴伍迪·格斯所创作的歌曲。西格和格斯一样,始终都与美国的社会变革息息相关。他是一位重要的歌曲创作人,创作过《如果我有一把榔头》之类的经典歌曲,同时也是一位令人敬佩的现场表演艺术家,他弹着五弦琴,用一种如同师长般透彻的嗓音演唱着。对于西格而言,歌词是至关重要

---

① 伍迪·艾伦(Woody Allen,1935—),美国著名电影导演,演员,作家,音乐家和剧作家。曾经数度捧得奥斯卡奖,1977年凭《安妮·霍尔》获得首度奥斯卡最佳编剧奖。——译注

② 年鉴乐团(The Almanac Singers),美国著名民谣演唱团体,1940年或1941年由李·休斯、皮特·西格、伍迪·格斯以及米勒德·兰姆派尔等人组建而成。他们将所租住的住所命名为"年鉴之屋",这里成为左翼人士与民谣歌手们聚集的中心之一。——译注

的,正是它们将民谣音乐与收音机播放的大多数流行音乐区分开来。

1951年,"织工"乐队无疑已被加入麦卡锡黑名单中,该乐队因持激进的左翼政治观点而不得不终止演出活动。第二年西格索性全年休息。1953年,一名学生写信给西格,邀请他进入学校演出。表演虽然没有酬金,但学生们举行了募捐活动,所得款项足以支付路费。西格接受邀请,不久便往来于各地大学之间。现在回想起来,这种小型校园音乐会对于民谣复兴运动起到了相当大的推动作用,正是通过这一途径民谣歌曲才得以真正走近了正在成长的年轻人。琼·贝兹[1]和汤姆·帕克斯顿[2]当时分别在加利福尼亚和俄克拉荷马两地出席了西格的表演。在威斯康辛的麦迪逊,鲍勃可能是受西格影响最大的一位年轻艺术家了。"我想一生中也从没有做过那么重要的事,约从1953年开始,我不是在酒吧里,而是由一所学校到另一所学校,在学校和夏令营里演唱。"西格说,"我不仅演唱那些年代久远的民谣歌曲,而且还演唱伍迪·格斯、莱德贝利以及那些被历史尘封的歌曲。有很多动听的歌曲学生们从未在收音机上听到过。琼·贝兹正是在1958年举办的此类音乐会上听到了我的演唱。我想当时是在威斯康辛大学音乐会

---

[1] 琼·贝兹(Joan Baez,1941—),美国著名民谣歌手,创作人。最初几张专辑以传统歌曲为主,后受到鲍勃·迪伦以及时政歌曲运动的影响,于20世纪50年代开始歌曲创作。她所创作的多首歌曲成了广为传唱的经典歌曲。——译注

[2] 汤姆·帕克斯顿(Tom Paxton,1937—),美国著名民谣歌手,创作人。所创作的歌曲被皮特·西格、琼·贝兹、鲍勃·迪伦等人演唱过,同时还在澳大利亚、新西兰、日本、加拿大等国举办过上千场演唱会。2009年,获得格莱美终身成就奖。——译注

演出,鲍勃也在那里。我记得当时美国退伍军人协会①在场外设置了警戒线,他们称我是危险的共产主义者。鲍勃告诉我,他刚好出席了那场音乐会。"

鲍勃亲眼看到皮特·西格,亲耳聆听了西格谈论伍迪·格斯、演唱伍迪·格斯的歌曲——这些已成为西格在演唱会上恒久不变的主题,而这些主题使鲍勃的内心充满了去拜会格斯本人的渴望。现在返回双子城是不可能的了。1961年1月中旬,鲍勃与威斯康辛大学的学生佛瑞德·昂德希尔偶遇,昂德希尔正打算与朋友大卫·伯杰一同前往纽约。他们想再找一个人同行,鲍勃加入其中。1月24日,三人经过长途旅行后终于发现已进入纽约郊区,正朝着纽约城的方向前行,其间鲍勃因为伯杰不断演唱伍迪·格斯的歌曲而感到非常恼火。突然鲍勃看到地平线上出现了曼哈顿的模糊轮廓。他的脑海中充斥着百老汇、《爱德·沙利文秀》②(20世纪五六十年代美国最有名的电视综艺节目)和纽约扬基棒球队。鲍勃背井离乡千余里,终于抵达了他梦想中的城市。

---

① 美国退伍军人协会(The American Legion),美国获得国会特许建立起来的军方互助组织。1919年由从欧洲战场返回的一战士兵建立起来,总部设立在印第安纳州的印第安纳波利斯,同时在华盛顿特区设有办公地点。——译注
② 《爱德·沙利文秀》(*The ED Sullivan Show*),这是一档哥伦比亚广播公司1948年6月20日创立的电视节目,一直播放到1971年6月6日,由纽约娱乐专栏作家爱德·沙利文(Ed Sullivan)主持。——译注

第三章

梦想中的城市

1961年1月寒冷的冬季,鲍勃来到纽约。在随后的两年中,他的生活发生了翻天覆地的变化。一切都在鲍勃踏入这座城市那一刻起便顷刻间铺展开来,他遇到了一些知名人士,这些人成为他事业发展进程中的关键人物,而他自己也很快成为一位艺术家。在这些人的记忆中,鲍勃始终处于忙碌的状态,日程安排很混乱,想要仔细梳理出精确的日程表是很困难的事。每件事似乎都是突如其来地发生了。格林威治村中一些朋友因觉得鲍勃是在利用自己而感到痛苦,鲍勃这样做的目的是为了实现远大的目标,当这些朋友毫无用处时他就不会再与之交往。这些痛苦有时似乎也含有着嫉妒的成分,这位来自明尼苏达州的年轻人貌不惊人,但却是当时聚集在这座城市富有才华的音乐人中的一员,他享誉国际,赢得了长期的称赞。

来到纽约想要赚取财富的鲍勃看上去并不完全是可爱而单纯的。身处这座城市的第一年,鲍勃本能地利用他那天真的娃娃脸外表以及相当重要的个人魅力,去结识能在不同方面给予他帮助的朋友,例如能为他提供居住场所的朋友,或是能分给他几美元零花钱的朋友。但当财政状况有所改善后,他便终止了与部分朋友的往来。鲍勃在其他方面也的确存在着利用他人的情况——他模仿自己钦佩的艺术家,借用他们的曲调和歌词。他尽可能地从年长、经验丰富的艺术家身上学习各种东西,掌握他们的特质以及舞台技巧。与此同时,鲍勃虚构了自己的经历,这些经历使鲍勃有时看起来是那么的不诚实和愚蠢。总体而言,此时为达到目标而寻求捷径的鲍勃与人们理想化的鲍勃完全不同,一般人都认为他是理想主义的浪漫年轻人,戴着破旧的灯芯绒帽子,穿着羊皮夹克,演唱着自己创作的作品,以此来获取名声和财富。

当然,鲍勃对世界有着敏锐的洞察力,如果没有如此强烈的洞察力,他也就创作不出那些优秀的歌曲。鲍勃头脑中那些混乱的想法,恰好反映了他来到这座城市后最初数月内身心处于紧张不安的状态中,他几乎到处乱窜,一旦坐下来就会双脚摇晃,不停地抽烟。他偶尔会结识一些女友。尽管鲍勃尚未开始创作出一流的作品,但他的歌声往往会真实地袒露心声。这段时期鲍勃每天都会极力掩饰自己的敏感。在与朋友们的交谈中——尤其是在与那些男性朋友——鲍勃难得会说出多少真实想法,通常他都会以开玩笑的方式来转移那些刨根问底的问题。这就让旁人觉得他有些难以理解。也许这只是鲍勃长时间用来保护自己的伎俩,以便能顺利完成要做的事情。人们应该记得,鲍勃初到纽约时还是一个天真的、受到溺爱的中产阶级家庭的男孩,年纪尚未到20岁。他来自中西部的小城市,在州立大学受过教育,而现在则必须在美国竞争最激烈、环境最世故的城市里打拼,努力地成为演艺人士。鲍勃必须运用身上每一分可爱、智慧和雄心去使得美梦成真。

鲍勃最初几个月主要待在纽约的格林威治村。第十五大街的终点南面华盛顿广场,其周围狭窄的街巷租金一直很低廉,吸引到了数代的音乐人、艺术家和作家住在这里。到了晚上,他们频繁出入布里克街和麦克道格街上的咖啡馆和俱乐部。比波普爵士乐①在20世纪40年代至50年代风靡一时。"垮掉派"作家跟随音乐家来到此处,而当"垮掉的一代"成为时尚时,观光客们也开始跑到咖啡馆里,盼着能在这里见到那些知名的作家。但当鲍勃1961年来到纽约时,观光客们却发现"垮掉的一代"已经过时了,取而代之的是一批狂热而年轻的民谣音乐家。正是民谣音乐严肃而诚实的特点吸引着观光客涌进格林威治村,这其中的部分原因是民谣音乐似乎顺应了美国社会的变化趋势。约翰·F.肯尼迪②刚刚宣誓就任总统,在南部各州存在着严重的种族问题,人们对于冷战升级为世界大战抱有恐惧的心理。正是在这样的社会背景下,民谣音乐变得非常流行。

在多数情况下,咖啡馆老板只是在利用人们对民谣音乐的狂热以及像鲍勃这样来到格林威治村演出的年轻音乐家。这些音乐家即便演出不获取报酬也心甘情愿,他们只在演出结束后拿着面包篮讨点微薄的小费,然而观光客们还是蜂拥着跑到酒吧和咖啡馆里来,只是为了听他们唱歌。这是娱乐场所保证良好收益的好方法。一旦俱乐部老板注意到有顾客进门,就会尽可能地将顾客们鼓动起来。常见的伎俩是关掉空调让顾客感到炎热口渴,不得不购买更多的饮品。咖啡馆不能提供酒类饮料,但是顾客却会花大把大把的钱购买软饮料——例如朗姆酒口味的可乐——尽管这些饮品通常价格都很高。然而老板也并不能完全按自己的意图去

---

① 比波普爵士乐(Bebop Jazz),是一种旋律统一、节奏欢快、重视即兴创作的爵士乐类型。初创于20世纪40年代早期和中期。——译注
② 约翰·F.肯尼迪(John Fitzgerald "Jack" Kennedy,1917—1963),出生于美国著名政治家族肯尼迪家族。美国第35任总统,任期从1961年至1963年。1963年被暗杀。——译注

做。复杂的许可证法律规定,对咖啡馆各种舞台娱乐表演的限制,都意味着老板们要经常躲避执法者的检查。"事实上警察之所以开始搜查咖啡馆,是为禁止未经许可便私自举行的娱乐表演,而这些公共场所恰好聚集了大量的人。"曼尼·德沃门在17大街经营一家名为"菲尼恩"的咖啡馆,警察检查时他就会亮起红灯,"警方允许演奏弦乐,但却不能唱歌和击鼓。因此红灯亮起时鼓手就会跳下舞台跑掉"。但人们却喜欢这种刺激的生活。每逢周末,华盛顿广场周围的人行道上人流如潮,警察甚至不得不中断交通。观光客成群结队地去欣赏卡罗琳·赫斯特、佛瑞德·尼尔[1]、菲尔·奥克斯[2]和汤姆·帕克斯顿这些艺术家的演出,当时他们还不为人所知,怀着明星梦从美国各地跑到这里来。"你首先要在纽约有所成就。"奥斯卡·布兰德[3]说,他是一位经验老到的民谣歌手和电台播音员,"四面八方的人都汇聚于此。"

约在1961年1月24日左右,鲍勃走进位于麦克道格街上的"哇?"咖啡馆[4]。那天正在举行民谣合唱会[5]之夜,每个人都可以

---

[1] 佛瑞德·尼尔(Fred Neil,1936—2001),美国布鲁斯和民谣音乐歌手,歌曲创作人。——译注

[2] 菲尔·奥克斯(Phil Ochs,1940—1976),美国著名歌手,歌曲创作人,以富有讽刺意味的歌曲而著称。民谣运动中知名的音乐人,富有才华,其作品多评论时政。在20世纪60年代创作了数以百计的歌曲,发行了八张唱片。后因为陷入创作低谷,酗酒身亡。——译注

[3] 奥斯卡·布兰德(Oscar Brand,1920—),民谣歌手,歌曲创作人,作家。在六十多年的音乐生涯中共创作了三百多首歌曲,发行了近百张唱片。——译注

[4] "哇?"咖啡馆,即Cafe Wha?,位于纽约曼哈顿格林威治村麦克道格街115号。此地曾经聚集了一大批的音乐家和演员,其中包括鲍勃·迪伦、布鲁斯·斯普林斯廷等。——译注

[5] 民谣合唱会,英语为"Hootenanny",是"晚会"的旧称,现在通常指民谣音乐会。——译注

拿起麦克风唱上一曲。"我在这个国家四处游荡。"鲍勃冲着人们喊道,"追随着伍迪·格斯的脚步。""民谣合唱会"对于多数人而言是一个陌生的词汇,它是由格斯创造并加以普及的行业术语。鲍勃想在事业起步前先去拜会心目中的英雄。数日后,鲍勃尚未找到过夜的地点,便先行前往格斯位于皇后区霍华德海滩八十五大街的家中拜访,此前他只是在公园里或者躺椅上随便过夜。

伍迪·格斯的孩子都是他的第二任妻子马乔里所生,鲍勃前往拜访时他们恰好都待在家里:13岁的阿洛,12岁的朱迪,11岁的诺瑞尔。圣约瑟学校的16岁学生安妮塔正在照看他们,因为格斯夫人要从位于布鲁克林的舞蹈学校开车回家,所以安妮塔要一直忙到晚上七点才能离开。敲门声响起时,阿洛正在练习吉他,而朱迪和诺瑞尔则在观看迪克·克拉克①主持的《美国音乐台》。诺瑞尔每天都从学校跑回来看这档节目,她缓缓地站起身,依依不舍离开电视跑去开门。她立刻就认出了门口站着的这个男孩。尽管伍迪·格斯是美国中西部英国人的后裔,但他第二任妻子则来自敖德萨的俄罗斯裔犹太人家庭。站在门口的男孩儿与诺瑞尔以及她的兄弟们一样,长着黑色卷曲的头发,而他的面容也让她想到身边那些纽约犹太家庭的孩子。只是这位来访者要比那些孩子穿着更为破旧,让人感到惊异的是,他穿着和格斯同款式、军方出售的卡其布外套,脚上穿着相同的套装靴子,格斯因为自己无法系起鞋带而不得不穿这种款式的靴子。无论这个男孩是谁,至少从外表上看他和诺瑞尔的父亲像极了。"他看上去和我那患了亨廷顿舞蹈症的父亲一模一样。"诺瑞尔说,"都是外表灰蒙蒙的家伙。"

---

① 迪克·克拉克(Richard Wagstaff "Dicki" Clark, 1929—2012),美国商人,电台电视媒体名人。他因长期主持《美国音乐台》等节目而闻名。——译注

"我想找伍迪·格斯。"鲍勃说。

"哦,他不在家。"诺瑞尔说完后便关上了门。

诺瑞尔觉得自己没必要解释那些已是众所周知的情况。她的父亲整日待在医院里,这种情形已经持续多年(鲍勃可能也知道这一点,毕竟他曾从明尼苏达州打电话到医院,但他也许认为没有先拜会格斯的家人,就不便去拜访格斯)。马乔里·格斯在伍迪·格斯患上亨廷顿舞蹈症后便与他离婚了,按照一条切实可行的法规规定,格斯在新泽西退伍兵协会医院可以享受公费治疗。马乔里再婚后伍迪允许孩子们称呼她的新任丈夫为"爸爸",称呼自己为"伍迪"。想说清这一状况太费口舌,总而言之,诺瑞尔就是想尽快跑回去继续看《美国音乐台》。于是当鲍勃再次敲门时诺瑞尔就感到非常厌烦了。

"我想找伍迪·格斯。我是从……"

"我很抱歉,伍迪·格斯不在这儿。我的母亲正在上班,所以我不便让陌生人进门。"

鲍勃再一次敲门时诺瑞尔干脆让保姆开门去了。"外面站着一个发疯的家伙,他只想见到伍迪。"安妮塔向鲍勃解释说,伍迪先生并不住在这里,而格斯太太此时也不在家。如果鲍勃想要留个话告知能在哪里找到他,她保证会向格斯太太转达。

"我没地方去。"

阿洛最后决定让鲍勃先进来。"我觉得他有点儿酷。"阿洛说,"我从他的靴子上可以辨认出他不是来卖东西的小贩。"安妮塔因来访者的到来而感到异常紧张,她点上一支烟,接着又点了一支,随后她打电话给格斯太太问这事该如何处理。通话期间鲍勃和阿洛玩起了音乐。阿洛有把口琴,鲍勃向他演示吸气、吹气两个步骤如何同时完成,一个人要怎么做才能吹出两个调子。之后的半个小时里,安妮塔坚持要让鲍勃以后再来,他最后只得悻悻地离开了。

数日后,也就是1月29日,星期天,鲍勃终于在西德塞·格里森的家中成功地拜会了伍迪·格斯。西德塞·格里森是伍迪·格斯的好友,住在新泽西的东奥兰治,因为他家距医院要比马乔里的家近,因此格里森夫妇每个周末都会将伍迪·格斯接到家中,朋友和家人就在这里探望伍迪·格斯。鲍勃到格里森家后意识到在与伍迪·格斯会面前,他必须先与马乔里有所交流。尽管格斯夫妇已经离婚,但马乔里对前夫还是关怀备至。当获知人们对伍迪·格斯的作品非常了解时,马乔里总会显得非常高兴。马乔里与多数女人一样,很快觉察到鲍勃特有的魅力。诺瑞尔说:"他是一个和善的小伙子。我想正是他身上那部分犹太人的特质让母亲有所触动。她觉得这很招人喜欢。"

伍迪·格斯将周日格里森家举办的聚会视为一周中最重要的日子。西德塞·格里森又被称为西德,来自蒙大拿州,伍迪·格斯很喜欢吃她做的西部风味的丰盛食物(尽管在经历过大萧条时期终日以番茄酱、三明治为食的日子后,伍迪·格斯对食物从不挑剔)。老朋友都跑来问候伍迪·格斯,其中包括演员维尔·吉尔[①]、格斯的经纪人哈罗德·莱文塞尔[②]以及皮特·西格,除此之外还有很多年轻的崇拜者。鲍勃并非第一位关注伍迪·格斯的年轻人。早在十年前,"流浪者"杰克·埃利奥特已成为格斯最先

[①] 维尔·吉尔(Will Geer,1902—1978),美国演员,社会活动家。他最为人所称道的成就,是在20世纪70年代电视系列片《沃尔顿一家》中扮演爷爷泽伦·泰勒·沃尔顿。——译注

[②] 哈罗德·莱文塞尔(Harold Leventhal,1919—2005),美国音乐经纪人。曾经担任过伍迪·格斯、"彼得、保罗和玛丽"演唱组和琼·贝兹的经纪人。——译注

同时也可能是最虔诚的助手。在不同的时期内,约翰·科恩①、艾瑞克·达林②、彼得·拉·法格③、菲尔·奥克斯以及其他的年轻音乐人都曾追随过他。诺瑞尔笑呵呵地看着那些年轻人,他们围坐在虚弱地躺在格里森夫妇沙发上的父亲周围,唱着格斯的那些老歌,甚至与格斯同样抽着骆驼牌香烟。"父亲无法相信自己的歌曲已传给了下一代。"诺瑞尔说,"年轻人来时他显得很高兴,就像身处糖果店的小孩,咯咯地傻笑着,眼睛闪动着光芒,笑容和笑声都是真情的流露。因此他在与鲍勃这样能将父亲创作的每首歌都唱出来的人相处时,就会感到非常愉快。"

在鲍勃拜访伍迪·格斯后不久,双子城的戴夫·惠特克和格丽塔尔·惠特克收到了他寄自纽约的明信片,信中真实地流露出他与偶像见面后的激动之情。鲍勃写道:"我与他相识,与他会面,亲眼看到了他,并且还唱歌给他听。我了解伍迪——他受到了诅咒。"这令人难忘的短暂会面达成了鲍勃来纽约前所树立的重要目标,而与伍迪·格斯建立起来的友好关系在随后的岁月中也给予他极大的鼓舞。有时鲍勃参加聚会时,就会拿出一张格斯写过字的卡片,上面写着"我仍未死去"。对鲍勃而言它就像是护身符。

鲍勃在格林威治村结识新朋友时已将格斯的卡片藏在衣兜里好多天了。凯文·克诺恩此时正好也在纽约,鲍勃旅行时曾在科罗拉多和伊利诺伊遇到过他。凯文·克诺恩将鲍勃介绍给年轻的

---

① 约翰·科恩(John Cohen, 1932—),美国音乐学者,摄影师,电影导演。——译注
② 艾瑞克·达林(Erik Darling, 1933—2008),美国歌曲创作人,民谣艺术家。20世纪50年代以及60年代早期在民谣界发挥过重要作用。——译注
③ 彼得·拉·法格(Peter La Farge, 1931—1965),美国民谣歌手,歌曲创作人。在20世纪50年代和60年代的民谣复兴运动中起过重要作用。——译注

民谣歌手马克·斯波尔斯特拉①。斯波尔斯特拉和鲍勃在格林威治村的一家咖啡馆碰了面。当时街头小贩正在油炸意大利香肠和洋葱,香味飘过他们所在的咖啡馆。尽管两人饥肠辘辘,但却都没钱买吃的。斯波尔斯特拉和鲍勃一样怀揣着成为音乐明星的梦想来到东部。已经抵达纽约数月之久的斯波尔斯特拉出生在加利福尼亚一个教友派信徒②家庭。斯波尔斯特拉来后不久便开始与经验丰富的民谣布鲁斯二重唱组合桑尼·特里③、布朗尼·麦基④合作,下午他则在"平民"咖啡馆和"哇?"咖啡馆这类被称为"篮屋"的娱乐场所演出,这些场所之所以获此称号,是因为人们习惯在这里用篮子讨要小费。虽然斯波尔斯特拉做的事并不算太多,但对周围环境的了解却要比鲍勃多多了。凯文·克诺恩认为斯波尔斯特拉会对鲍勃有所帮助。两人之间很快便建立起了友情,结伴外出寻找工作,而与找工作同样重要的就是寻找食物。斯波尔斯特拉说:"最初数月我们都没吃到什么好东西。"

　　两个男孩在舞台上相互支持,轮流唱歌。他们所演唱的曲目大多是伍迪·格斯的歌曲以及布鲁斯音乐,而唱得最好的则是传统歌曲《骡夫布鲁斯》。他们觉得自己演绎得要比任何人都好。斯波尔斯特拉说:"鲍勃喜欢演出,他很有吸引力和说服力,有时甚至

---

　　① 马克·斯波尔斯特拉(Mark Spoelstra, 1940—2007),美国歌曲创作人,民谣与布鲁斯音乐吉他演奏家。——译注
　　② 教友派信徒(Quakers),宗教教友会(The Religious Society of Friends)的信徒。该运动源于17世纪英国非国教教徒,但随后因为分歧和发展而演变出不同的名称、信仰。——译注
　　③ 桑尼·特里(Sonny Terry, 1911—1986),美国盲人布鲁斯音乐家。尤其为人所称道的是,他在布鲁斯音乐演唱中融入了充满激情的口琴表演。——译注
　　④ 布朗尼·麦基(Brownie McGhee, 1915—1996),美国布鲁斯歌手,吉他演奏家。他与桑尼·特里的合作在20世纪五六十年代备受推崇。——译注

能让我也笑起来。"日子一天天慢慢过去,越来越多的人走进"哇?"咖啡馆。"人们将这种娱乐场所视为新生事物,同时这里也的确能让每个人都感到兴奋刺激,因此女孩们开始跑进来,男孩们则跟在她们的后面。你知道,这地方很快便座无虚席了。"但这并不意味着两人能赚到很多钱。最初的几个月两个男孩只能依靠客人的小费度日,偶尔能从俱乐部老板那里拿到点儿钱,除此之外只能靠朋友们的接济了。鲍勃的父母有可能从家里给他寄点钱。他没有试着去找上一份正规的工作。从学校毕业后鲍勃曾在法戈担任餐厅侍者助手,那段短暂的节衣缩食的生活经历留存在他的记忆中,成为正规工作留给他唯一同时也是终身的体验。

鲍勃是一个英俊而可爱的人,咖啡馆里的演艺人员对他都很友善。例如"新世界"的歌手们偶尔会在晚间演出即将结束时把舞台让出来,向听众引荐鲍勃,随即他便开始了独唱演出。"我们只是认为他拥有巨大的才华。"乐队成员哈皮·特拉姆[①]说,"但听众们就不这么想了,因为鲍勃的演出粗糙而生疏……但却充满生气。他非常有趣。"鲍勃对允许自己在休息间隙演出深为感激,于是便向特拉姆透露了自己过往的一些生活经历。但他所说的既不是发生在希宾,也不是发生在狄克町,取而代之的是编造出来的在新墨西哥盖洛普的冒险故事。鲍勃宣称自己曾在那里当过狂欢节雇员以及巡回表演的布鲁斯歌手。"我们听完整段荒诞的虚构故事。"特拉姆笑着说,"鲍勃只是街上的顽童,骑在货车上搭着顺风车满国家转悠。他将这些都填充进充满浪漫色彩的神话中,而这段神话正是来自我们都有所闻的伍迪·格斯身上的。"

---

① 哈皮·特拉姆(Happy Traum,1938—),美国民谣音乐家,从 20 世纪 50 年代便活跃在民谣界。——译注

因为当时很少有音乐人吹奏口琴,所以鲍勃偶尔会接到邀请,与马克一同或独自一人协助他人演出。这些艺术家中就包括佛瑞德·尼尔,这个长着淡黄色细碎头发的小伙子来自佛罗里达,有着男中音的嗓音。不同寻常的是,尼尔自己创作歌曲,后来他因为《午夜牛仔》创作主题曲《每个人的言语》而出了名。尼尔付钱给鲍勃和斯波尔斯特拉,雇他们在台上伴奏。斯波尔斯特拉声称尼尔在后台遇到他们时会用手指戳他们的屁股。当斯波尔斯特拉说要予以反击时,鲍勃却只是笑了笑。"他与每个人相处时都很放得开。"斯波尔斯特拉说,"他能容忍不同类型的人。"

这是鲍勃真实的性格特征。鲍勃一生中有几个好朋友就是同性恋,其中最引人注意的是诗人艾伦·金斯堡,但鲍勃并未对此显露出丝毫的成见或不安。鲍勃最初在纽约度过的一段日子里,几乎每晚都是在格林威治村的市区酒吧和俱乐部里闲逛,他和斯波尔斯特拉遇到各种各样的人物。1966年在接受一次采访时,鲍勃曾暗示自己曾被同性恋者挑逗过,甚至宣称他第一次到纽约时,他和一位朋友还曾在时代广场周围充当皮条客。"我们两人在酒吧周围游荡,一晚上能赚到150或250美元。男人们会和我们接触,女孩们也会与我们接触。"斯波尔斯特拉认为这话的可信度并不高,鲍勃只是在说大话,并且驳斥了鲍勃也许曾是同性恋的推断。"我们都必须去'拉皮条',因为我们担心无处可以安睡,但我从没有为了达到这一目的而出卖身体。"斯波尔斯特拉说,"鲍勃从未建议我去做这种事,我也从未见过他和什么男人做过这样的事。但这并不是说我们没有争着去泡女孩子。在那大半年的疯狂时期内,我们两个都没有单身太久。"

鲍勃在纽约度过的"疯狂半年",其实就是依靠好心女人们给予的施舍捱过来的。一开始鲍勃与格斯的新泽西朋友格里森夫妇相处了一段时光。西德塞·格里森考虑到鲍勃在格林威治村要维系交际圈,所以会给他一些零花钱。鲍勃谎称自己在孤儿家庭长大成人,并且以这一背景为幌子打动他人。不久鲍勃便喊西德塞"妈妈",而西德塞也将他视为家中一员。尽管西德塞对鲍勃很是关爱,但她也仅是随后数月以此种方式给予鲍勃帮助的数位女性中的一位而已。鲍勃不会在一个地方待上太久,他只是在利用格里森夫妇这类人好客的性格,但这种情况毕竟只是偶然存在而已,所以他不会一直待到盛情变得淡漠时。

正是鲍勃身上显而易见的特点,才使得西德塞·格里森这类人对他有所钟爱。但鲍勃内心所具备的韧性也能让他在这座城市中活得很好。1961年早春,邦妮·比彻和剧团一同来到纽约,她急切地把鲍勃找了出来,但却发现他要比自己想象中保养得好。当然,鲍勃如同火山爆发一般地向比彻描述了令人兴奋的新生活。比彻说:"鲍勃其实只是想让我做一件事,那就是回去告诉朋友们他的确认识伍迪·格斯。这可是一桩大事。"鲍勃为了证明自己的确认识格斯,便将比彻带到新泽西退伍兵协会医院,鲍勃和格斯之间亲密的关系给比彻留下了深刻的印象。而当迪伦获得成功时,关于格斯选择鲍勃作为后继者的故事也就不可避免地流传开来。例如,格斯据说曾讲过这样一句话:"皮特·西格是一位民谣演唱者,并非一位民谣歌手。哦,上帝,而他[①]则是一位民谣歌手。"但格斯的经纪人哈罗德·莱文塞尔对这一说法并不认同。"伍迪从未透露过任何人拜访他的情形。"莱文塞尔说,"在这点上可以毫不夸张地说,他甚至就连一次谈话都未曾提及。他是不会那样做的。"实际上,两人的会面比较而言对鲍勃的意义更为重要,因为格

---

① 此处指鲍勃。——译注

斯当时非常虚弱。鲍勃唱歌给格斯听时格斯也许真的面带笑容，眼睛里闪动着光芒，就像诺瑞尔所说的那样，但这并不意味着他赏识这个年轻人。"鲍勃只不过是又一位来访者而已。"莱文塞尔说，"我不认为伍迪对他有什么特殊的想法。"皮特·西格同意莱文塞尔的观点。"伍迪只是坐在躺椅上，我们无法确信他是否还能认出人来。"他说，"他已病入膏肓了。"如果格斯连相处二十多年的老友都辨别不出，那么他与短暂相识的鲍勃建立起来的亲密关系也就难免让人心生疑问了，何况当时格斯的健康状况还很糟糕。

然而对于这位年轻的音乐家而言，与格斯的会面无论如何都是相当重要的。正像莱文塞尔说的那样，"鲍勃亲眼见到了自己的导师"。拜访格斯之后的某个周日夜晚，鲍勃创作完成了歌曲《写给伍迪的歌》。这是鲍勃第一首重要作品，是奉献给偶像的一份精美祭品，也是一份献给同行者西斯科·休斯顿、桑尼·特里以及莱德贝利的答礼，这样他也将自己归入了这一崇高的行列之中。诺瑞尔·格斯认为这首歌部分源于公众对格斯经久不衰的浓厚兴趣。"总会有一小群人喜爱父亲的作品，像是皮特·西格和艾伦·洛马克斯。但鲍勃却是媒体发展成为大众传播媒介时期的第一位歌手。"

《写给伍迪的歌》旋律改编自伍迪·格斯名为《1913大屠杀》的歌曲。鲍勃的这一举动并不能算是道德缺失，因为格斯自己就以借用他人的旋律而闻名。歌词也似曾相识。最引人注意并且充满诗意的词句之一，也就是第四节的最后一行，改编自格斯的歌曲《广袤的牧场》中的句子"我们挟尘而来，我们随风而逝"。

格斯唱歌时的发音方式与他的旋律、歌词处于同等重要的位置，鲍勃充满敬意地模仿这种发音方式。格斯说话、唱歌时都是用的俄克拉荷马方言，但与皮特·西格在一起时他却为自己的吐词清晰感到骄傲。在伍迪·格斯和皮特·西格看来,演唱时的吐词是非常重要的。鲍勃结识格斯时,格斯的语音已因亨廷顿舞蹈症的影响而变得含混不清。此时他的呼吸声已经重于吐词声。格斯的唱词不再像以前那么清晰可辨,例如在唱到"我到处游荡"时就会出现吐词漏气的现象,唱成了"呼呼—我—呼呼—到处游荡"。马乔里·格斯后来创建了亨廷顿舞蹈症协会,并且成为该领域的专家,她认为鲍勃和其他来访的年轻音乐人一样,误以为这古怪的嗓音就是格斯的真实声音,并且错误地加以模仿。马乔里的女儿诺瑞尔说:"她确信这些年轻人模仿的是亨廷顿舞蹈症的早期症状……抓着一张纸币略微晃动,这正表明了控制力的丧失。而这却成了迪伦的风格,同时也成了迪伦的起点。"

在鲍勃成为明星后,马乔里·格斯某次曾走进演唱会后台,她告诉鲍勃,尽管她很喜欢鲍勃,但还是无法听懂歌词。"你应该吐词清晰一些。"她说,"伍迪从未像这样唱过歌。"

格林威治村最重要的民谣音乐演出场所是在西四街"杰德民谣城"[①],鲍勃很希望自己能在那里演出。这间俱乐部白天只是一家传统的意大利餐馆,贴着红色羊绒墙纸,摆着装有弗兰克·辛纳特拉唱片的自动点唱机。到了晚上,在老板迈克·波克——他说起英语来就像是奇科·马克斯[②]——的主持下,这里成了纽约众所周知的最好的民谣俱乐部。主要的演出活动直接按最低的协会

[①] 杰德民谣城(Gerde's Folk City),纽约的一家咖啡馆,1952 年由迈克·波克创办,最初位于西四街,1970 年移至西三街,1987 年关闭。鲍勃·迪伦 1961 年 4 月 11 日在此首演。而他在 1961 年 9 月 26 日的演出受到《纽约时报》的采访。——译注

[②] 奇科·马克斯(Chico Marx,1887—1961),美国演员,在扮演角色时说话总是带有意大利口音。——译注

价格先预订两周,一晚要在狭小的舞台上演出三场。就在这段时期,"杰德民谣城"曾出现过一些富有才华、积极进取,但却尚未被发现的艺术家,其中包括克兰西兄弟、汤姆·帕克斯顿和戴夫·范·容克。

与多数格林威治村中的娱乐场所一样,"杰德民谣城"周一晚间安排的大多是民谣合唱会或"开唱之夜"演出。鲍勃周一整晚都在俱乐部之间奔忙着,希望能够获得演出机会,但他的外表太过稚嫩,以致他第一次要求表演时波克竟想看看他的年龄证明。不过最终年轻的迪伦还是登上了舞台,"杰德民谣城"的听众们享受着伍迪·格斯晦涩的经典歌曲。汤姆·帕克斯顿和戴夫·范·容克坐在听众席上喝着啤酒。这两位仪表堂堂的年轻人比鲍勃更富有表演经验。帕克斯顿退伍后来到了格林威治村,一开始人们因他的身材和短发而认定他是隐姓埋名的警员。戴夫·范·容克也是一个身形高大的人,他曾是商业船队的水手,蓬乱的胡须让他看上去远不止 25 岁。嗓音粗犷的容克发表了像是《朝阳之屋》一类的一流作品,而且已经为习俗协会录制完成了一张唱片。"鲍勃给我和大卫留下了深刻的印象。"帕克斯顿说,"几乎从第一天开始,鲍勃就是人们关注的焦点。"

来到纽约的最初几个月里,戴夫·范·容克成为鲍勃重要的朋友和老师,他允许鲍勃在自己位于十五大街住所中的沙发上过夜。"他有时会连着住上两晚,但很少待更长时间。鲍勃是一个非常多才多艺的行乞者[①],这是个犹太术语,意思就是靠流浪求生计的行乞者。而且聪明的行乞者不会让自己受欢迎的程度有任何的

[①] 此处原文为 schnorer,为意第绪语,源自乞丐用乐器行乞时所发出的声响,后指代乞丐。——译注

弱化。鲍勃在我们这里待了一段时间。接着他经过全面观察后便与结识的新泽西人结伴生活了。"这种到处游走的生活似乎并没有让鲍勃感到困窘。相反，他在这种生活状态下过得非常好，即便是他变得富有、拥有多处产业时，鲍勃还是常会选择在朋友家的躺椅上睡觉，原因很简单——只是他喜欢而已。

范·容克的妻子特妮曾短期充当鲍勃的非正式经纪人，但要想给鲍勃找到一份工作并不容易。一些俱乐部老板只对那些渴望成为金斯顿三重唱的艺术家感兴趣。"没有人愿意雇用鲍勃，因为他还太稚嫩。"范·容克说，曼尼·德沃门甚至不同意鲍勃免费在"菲尼恩"咖啡馆演出。"鲍勃的音乐还不足以让我为之疯狂。"他解释说，"对我而言，他看起来就像是伪装成饱经风霜的民谣歌手的年轻小孩。"这种态度势必会引起鲍勃的注意，但他始终担心失败，而且现在放弃回家也显得过早——他到纽约差不多仅有一个月而已。

鲍勃与戴夫·范·容克之间的关系类似于他在狄克町与戴夫·莫顿、戴夫·惠特克之间建立的关系。容克也是比鲍勃略大些，在音乐、文学和哲学方面知识渊博，完全可以充当老师。鲍勃向他学习，但却装出一副并没有掌握的样子。"他真是不可救药！"范·容克说，他尽力向鲍勃演示吉他的技法，"他必须彻底地改变指法。有人试着向他演示弹奏吉他的指法，但他却不为所动。鲍勃必须自己摸索出来，而最终他也的确做到这点了。他的指法运用得非常好。但我对此并不认同。可以说他如果不采用偷学的手段，就难以获得任何东西。也就是说，他会装出一副看看而已的样子，但如果你试着向他解释，他就会立刻装出一副毫无兴趣的样子。"

鲍勃不想听取他人意见的原因之一，是因为不想在尖酸的范·容克或者其他格林威治村的朋友面前显得太过愚笨。这些人大多比鲍勃年长,而且更富有表演经验,因此鲍勃在倾听教诲时就显得很聪明。范·容克说:"鲍勃有一个优点,他知道何时应该闭嘴,可能是因为一旦嘴张开,他就会有种将脚塞进去的冲动。"然而鲍勃一旦喝过了酒这种控制力就随之烟消云散了,他会说起过去生活中那些可笑而不真实的故事。最夸张的故事莫过于说他并不是东欧犹太人的后裔,而是美国土著人。鲍勃声称他就是土著人,事实上还有着印第安苏人①的血统。"没有人就此来反驳他。"范·容克吃吃笑着说,"改造自身本就是娱乐产业中的组成部分。但编造的故事却将他逼入困境。我记得他神情严肃地向我们演示印第安手语作为佐证。很明显他是想求得认同。"

然而如果人们考虑到鲍勃当时所处的境地,那么他的举动也就易于理解了,当他在新朋友面前谈起并不值得夸耀的背景经历时,他就会觉得迫切需要重新塑造自己的形象。毕竟他只是来自明尼苏达州一个毫不起眼的小城,正竭力维持着纽约城的生活。他也许并没有考虑到诚实的问题,反倒宁肯让拙劣的人生履历改变自己在这座充满生机的城市中的形象。人们应该记得他当时还只有19岁,身上还带着十几岁男孩的笨拙以及期待在世上有所作为的愿望。

尽管鲍勃有些笨拙,但他仍继续扩大着纽约城的朋友圈,拜会那些有影响的人物,这些人或在"杰德民谣城"演出,或经由朋友介绍而结识。例如1961年2月,伍迪·格斯的密友西斯科·休斯顿就曾在"杰德民谣城"举办过一系列的告别演出。身怀癌症的休斯顿行将离世,不得不告别舞台。演出首晚举办了一场非常感人的

---

① 印第安苏人(Sioux Indian),美国土著人,北美洲最初的居住者。北美大平原印第安民族或民族同盟。目前主要散居在美国达科他州、内布拉斯加州、明尼苏达州、蒙大拿州以及加拿大的马尼托巴湖周边、南萨斯喀彻温省。——译注

晚会，老朋友们均前来探望他。马乔里·格斯和孩子们、格斯家的朋友伊夫和迈克·麦克肯兹夫妇坐在听众席上。马乔里·格斯将伊夫·麦克肯兹和麦克·麦克肯兹夫妇介绍给鲍勃，并且告诉这对夫妇他是来自新墨西哥的歌手，鲍勃随后便到处宣扬这段经历。当时他蜷缩在一件特大号的外套里，不断抽着香烟，神经质地抖动着。伊夫·麦克肯兹觉得鲍勃看上去就像是从查理斯·狄更斯①的小说中跳出来的营养不良的顽童。于是她递给鲍勃一盘食物。"不必付钱。"她对鲍勃说，"你就吃了吧！"

麦克肯兹一家成为鲍勃的好友，经由他们介绍鲍勃结识了在纽约的第一位女朋友艾薇儿，她是来自加利福尼亚州的舞女。两人暂住在艾薇儿位于东四号街的工作室内，有时他们会一起到麦克肯兹位于东二十三号街的住所用餐。但是有一天艾薇儿独自来到麦克肯兹家中，她看上去显得有些悲伤。"他走了！"艾薇儿说，"他把东西收拾好之后就离开了。"鲍勃显然是暂时返回明尼苏达州。然而在鲍勃离开的那段时间里，艾薇儿也回到了圣佛朗西斯海湾的家中，这就意味着两人之间的关系宣告结束。随后鲍勃又结识了黑发女孩琳达。两人之间的恋情持续的时间非常短，并不比艾薇儿的恋情长久。1961年春季的某天，鲍勃出现在麦克肯兹家中，随身带着吉他和包裹，正想找个地方落脚。

"好，我就住这儿了！"他大声叫喊着。

鲍勃随后便在麦克肯兹家中住了下来，一直待到1961年夏季。就像住在格里森家时一样，鲍勃也成为麦克肯兹家中的一员。他的生活日程是这样安排的：中午起床，吃一份由伊夫准备的、刚

---

① 查理斯·狄更斯（Charies Dickens，1812—1870），英国著名作家。代表作品有《匹克威克外传》、《雾都孤儿》、《双城记》、《远大前程》、《大卫·科波菲尔》、《老古玩店》等。——译注

做好的早餐，其中包括鸡蛋、咖啡和橘子汁，伊夫担心鲍勃喝酒喝得太多，但食物却吃得不够。鲍勃为正在创作中的歌曲胡乱地填上歌词，大部分歌曲灵感都源于布鲁斯音乐。之后伊夫会给鲍勃一些零花钱，口袋里有了钱的鲍勃会跑出去与马克·斯波尔斯特拉碰面。他们通常沿着格林威治村的小路漫步。鲍勃虽然身材略为矮小，但走起路来却精神勃勃，斯波尔斯特拉几乎要一路小跑才能跟上。"如果你和鲍勃一起走路，那还不如去坐公车来得轻松。"斯波尔斯特拉说，"不过，和他一起步行，就能抢在公共汽车之前穿过市区。"有时斯波尔斯特拉甚至会搁下提着的吉他，生气地问："你这人干吗要这么急匆匆的？"鲍勃始终处于加速状态下，做什么事情都很快，甚至连下棋时也是快得吓人。鲍勃抓紧时间是对的，但也太快了，短短几分钟内就要催上斯波尔斯特拉三次。

"流浪者"杰克·埃利奥特是鲍勃在此阶段遇到的最重要的民谣艺术家之一，鲍勃自从在狄克町乔恩·佩恩卡克家中听过"流浪者"杰克·埃利奥特的歌声后，便一直很欣赏这些唱片。1960年至1961年冬季，埃利奥特乘船从英国回来，前往新泽西退伍军人协会医院探望伍迪·格斯，他刚好在病床旁见到了鲍勃。鲍勃乘车返回曼哈顿的途中告诉埃利奥特，他听过埃利奥特的所有唱片。埃利奥特觉得鲍勃是一个迷人而又富有魅力的青年。"鲍勃那时候才刚刚长出胡须，些许粉红色的胡须，甚至都还没开始刮胡子。"之后鲍勃便开始跟在"流浪者"杰克身边，"就像一只幼犬"，埃利奥特对此感到厌烦，他还记得自己当时甚至试图摆脱鲍勃的纠缠。

埃利奥特住在华盛顿广场的厄尔饭店，鲍勃也在紧邻的客房住了一段时间。朋友们都说，鲍勃正在模仿"流浪者"杰克的表演风格，就连他的怪癖也不放过，甚至埃利奥特习惯将吉他置于胸上部的方式鲍勃也学了过来。但是埃利奥特对此毫不在意。"我也曾经历过相同的阶段,我模仿伍迪的时间要比鲍勃模仿我的时间还要长。"埃利奥特说,"人们都认为我只是在假扮伍迪。其实我是在寻找一种演唱风格,但只略知一二,因此才会去模仿他。这样做对我而言很简单——我是天生的模仿者。因此当鲍勃模仿我时,我甚至都不会加以关注。我认为,他之所以这样做,是因为他也是伍迪的歌迷。与此同时,在那些恶意的批评者面前我还会为鲍勃加以辩护,这些批评者对鲍勃的行为感到愤怒,很多人都站在我这一边。可以想见,他们会说,'杰克,他抢了你的风头!你怎么能让他这样做呢?'你知道,他们说的都是这样的废话。我认为,鲍勃的行为是对的,模仿就是最真诚的恭维……于是我说,'他只是试着让自己的歌声听起来像伍迪和西斯科'。我又说,'这个男孩儿和外出工作的人没有什么两样。他们正处于艰难时期,在国内四处游荡。因此他只是自然而然地跟随着伍迪和西斯科的脚步,以他们的风格演唱'。这也正是我试着去做的。"

在最初数月内,另一个对鲍勃非常重要的音乐团体是爱尔兰民谣团体"克兰西兄弟"。1961年的头几个月,帕迪、汤姆和利亚姆三兄弟在"杰德民谣城"里举行了两次演出,他们的朋友汤姆·麦克姆也一直跟着。"克兰西兄弟"来自爱尔兰迪博雷利,他们在美国取得了巨大的成功,拥有属于自己的小型唱片公司——"传统"唱片公司,这是由长兄帕迪设在克里斯多夫街上的一间事务所发展起来的。到1961年为止,"克兰西兄弟"已经录制完成了三张唱片,而且他们是首批与哥伦比亚唱片公司签约的民谣复兴运动歌手,这家公司属于大哥伦比亚广播体系(CBS)。

"克兰西兄弟"演出时穿着绞花编织毛线衫,头戴渔夫帽,看起来让人觉得是在怀念故土,但他们演唱的火热歌曲反映的却是爱尔兰的血腥历史。帕迪·克兰西早就已经是爱尔兰共和军①的成员,而像《罗迪·麦考林》这类的传统歌曲所纪念的正是共和军的英雄们。"克兰西兄弟"创作的歌曲充满了使人精神亢奋的激情,但同时他们也会演唱伤感柔弱的歌曲,例如《艾琳·阿隆》。这些爱尔兰传统歌曲的语言风格让鲍勃着迷,而充满激情的表演也深深打动了他。尽管这些歌曲来自不同的时空,但其中所描写的人物还是让鲍勃想起了心中那些美国民间英雄。《荒原上的布伦南》中所提到的劫匪非常像那些西部的不法之徒。"鲍勃之所以喜欢我们演唱的歌曲的原因之一,是因为这些歌曲属于反叛音乐。"麦克姆说。那种由匪徒形象演绎出的浪漫后来成了鲍勃歌曲创作的主题之一。

"克兰西兄弟"中较为年轻的利亚姆是一个非常有天赋的歌手,甚至可以算作鲍勃听过的最伟大的民谣歌手。健谈的利亚姆是一个讨女人欢心的小伙子,同时也是一个酒徒,家人和朋友们通常叫他威利。这个爱尔兰人在格林威治村酒吧里寻欢作乐时,鲍勃总会跟在他的左右。利亚姆带着鲍勃去"狮首"或者"白马"酒店,与鲍勃同名的迪伦·托马斯曾流连于此,成为此地的常客。附近的人声称他们仍还记得迪伦·托马斯最后创作的诗作,其中甚至还包括一名妓女,她含混地说,迪伦·托马斯是一个"恶心的人",这话让他们哄笑起来。当两人一道泡酒吧时,来自明尼苏达州的男孩和来自迪博雷利郡的男孩发现彼此间存在着某种共有的东西,这种东西已经超越了文化和出生地的限制。鲍勃和利亚姆

---

① 爱尔兰共和军(The Rish Republican Army),爱尔兰地区的民族主义秘密武装组织,曾为爱尔兰独立,现为统一北爱尔兰而斗争。因为长时间通过暴力活动实现政治诉求而被很多国家视为恐怖组织。2005年经过国际社会长期斡旋调和,该组织正式下令终止武装斗争。——译注

离开出生地,在一个完全陌生、有时甚至敌对的城市里为闯出自己的道路而努力奋斗着,正是这一相同的经历使得两人走到了一起。"我们都是暴风雪中的孤儿。"克兰西说,"我们是那种不知艺术精神含义的艺术家,因为在我们的出生地艺术精神是被摒弃的,像我来自爱尔兰的一座小城,而迪伦则来自希宾。你知道,我们周围每个人都是从这样一个备受压抑的背景中逃离出来的,我们在各自的群体中都不能获得巨大的快乐。我们之间有着一个共同的纽带,那就是为了我们各自特殊的幻境而奋斗。那是一种同志之情。"鲍勃的头脑中始终都存有同志之情。虽然多年后鲍勃与格林威治村的大多数老友都是许久未曾联络,但在遇到利亚姆·克兰西时他总是表现得很高兴。

几个朋友开始督促迈克·波克尽快给鲍勃在"杰德民谣城"里谋份报酬合适的工作,利亚姆·克兰西便是其中之一。"杰德民谣城"的常客迈尔和莉莲·贝利就像格里森夫妇、麦克肯兹夫妇一样友好地善待鲍勃,为这个年轻人不停说好话。而戴夫·范·容克以及《纽约时报》音乐评论家罗伯特·谢尔顿[①]也是如此,罗伯特·谢尔顿后来还成了鲍勃的重要朋友。"告诉我,你愿意在这里演出几周吗?"1961年3月末,波克终于询问鲍勃的意见。

"和谁同台演出呢?"鲍勃反问道,他知道,他会被指派去和一名艺员共同表演。

"和约翰·李·胡克一起。"

"哦,好的。"鲍勃兴奋地喊道。鲍勃经常在收音机里聆听约翰·李·胡克这位著名的布鲁斯艺术家的演唱。

---

① 罗伯特·谢尔顿(Robert Shelton,1926—1995),著名音乐和电影评论家。最为人所称道的,便是他在20世纪60年代对年仅20岁、默默无闻的鲍勃·迪伦的帮助。——译注

在这之后首先要做的就是鲍勃必须加入美国音乐家协会①。4月初,波克领着鲍勃去面见当地音乐家协会的代表。因为鲍勃尚未年满20岁,协会代表希望鲍勃在母亲的陪同下前来履行相关手续。根据波克的回忆,鲍勃当时直接对协会代表说:"我没有母亲。"

"那好,那就和你的父亲一起来。"

"我也没有父亲。"

音乐协会代表私下对波克低声问道:"他是什么人?私生子?"最后,波克充当了鲍勃的监护人,并谎称鲍勃是离家出走的。波克事先付给鲍勃46美元的订金,除此之外还有波克家孩子穿的衣服和理发的钱。然而鲍勃却对自己的头发有着独特的想法。"第一次理发后我就得了重病,从那以后我对理发师非常迷信。我不愿让理发师碰我的头发。"鲍勃神情严肃地对波克说。但这话却难免让人心生怀疑,这一故事与鲍勃冲动地编造出的众多稀奇古怪的故事如出一辙。"头发越多,脑子越不会混乱。全都剪掉最糟糕……我之所以让头发长得长些,是因为我能更聪明,考虑问题更为自由。"即便这话带有开玩笑的意思,但他还是宁愿让女友帮忙修剪头发,而不愿去理发店理发,甚至在他变得富有之后也仍是如此。

1961年4月11日,鲍勃站到了"杰德民谣城"的舞台上,然而那件借来的不合身的外套却让他看上去有些滑稽。这一阶段中的

---

① 美国音乐家协会(The American Federation of Musicians),美国和加拿大职业音乐家协会。建立于1896年,其基础是一个年代更为久远、形式更为松散的地区性音乐人协会——音乐家国家联盟。最具影响力的行动是该组织在1942—1944年针对所有商业唱片制定的禁令,旨在对唱片公司施压,以便向唱片作者支付更为合理的版税。——译注

鲍勃坐在凳子上吹着口琴,在舞台上拙劣地表演着。他的随口科白之一,就是在吉他上弹奏出大段的乐曲,然后开玩笑说吉他也需要理个发。有些人认为,不合身的演出服使得鲍勃的表演看起来更像是卓别林的喜剧。但鲍勃在演唱抄袭自戴夫·范·容克的歌曲《写给伍迪的歌》、《朝阳之屋》时却表现得相当严肃。鲍勃的演出在一部分听众的脑海中并没有留下什么深刻的印象,这其中也包括奥斯卡·布兰德。鲍勃的表演风格显然是从格斯那里借鉴来的,而布兰德对格斯非常了解,因此他并不需要这样一个模仿者。即便如此,这个男孩身上的某些特质还是给人们留下了印象。"他并不是在从事医生或者律师职业之前仅仅唱上一小会儿。"布兰德说,"歌唱就是他的全部,就是他即将从事的职业,任何东西都无法阻止他,即便是演出只能以美分为单位计算报酬。"

鲍勃感到有些惊慌失措,因为《纽约时报》的记者罗伯特·谢尔顿并没有专心聆听他的演唱,反而与约翰·李·胡克聊得兴高采烈。倒是约翰·李·胡克这位布鲁斯歌手因结识了鲍勃这位朋友而感到非常高兴。"鲍勃演唱的是布鲁斯音乐,但那只是民谣布鲁斯音乐。"胡克说,"他很喜欢我的风格,因此愿意与我同台演出,我们自始至终都在一起。"胡克当时住在五大街百老汇中心饭店一个可俯视街道的客房内。演出结束后,鲍勃就会拎着吉他和葡萄酒到胡克的客房去。在胡克的记忆中,与鲍勃在一起时难得有睡觉的机会,他这位年轻朋友不停地喝酒、开玩笑,一直聊到凌晨。"我们是密友。"胡克说,"鲍勃是一个非常好的人。"鲍勃与胡克同台演出每周可以获得 90 美元的收入,其实这笔钱并不多,因为有些人还记得他们当时每周六晚上都要登台演出。胡克说鲍勃对钱不感兴趣。"他并不是为了钱才和我演出的,他这样做纯粹出于兴趣。"

5月,鲍勃和马克·斯波尔斯特拉获得了在康涅狄格州勃兰德举办的"印第安收割节民谣音乐节"上的演出机会,并且还能领到微薄的报酬。正是在这一音乐节上,鲍勃第一次遇到了艺校学生博比·纽沃斯,几年后他成为鲍勃的一个重要朋友。音乐节闭幕后鲍勃回到了明尼苏达州,想花些时间好好旅行一番。这的确是绝佳的机会,鲍勃能实现他一直谈论但却始终未能成行的令人兴奋的旅程,事实上这一计划一直未曾实施。"我并不打算留在纽约。"鲍勃说,"总之我想春季离开纽约,并不打算再回到纽约去。"他想向狄克町的朋友们讲述很多事情:拜会了伍迪·格斯,和约翰·李·胡克同台演出,与"流浪者"杰克以及利亚姆·克兰西同行。虽然鲍勃只在纽约待了四个月,但却得到了他人难以期盼的成功。当时邦妮·比彻为鲍勃录制了一张唱片,里面收录了鲍勃演唱的歌曲。其中曲风滑稽的《为什么你剪了我的头发?》是唯一一首原创作品,它的灵感就来自之前一年邦妮将鲍勃剪成短发的趣事。其余的歌曲则是《哀伤不断的人》一类的传统歌曲以及部分伍迪·格斯的歌曲。这张唱片并没有收录太多的原创歌曲,但鲍勃的演唱却表现得比以往更有信心了。

鲍勃希望能和邦妮待在一起,但就在他离开的这段日子里,比彻却已与另一个年轻人走到了一起。"我和鲍勃面对面地交谈。"邦妮说,"我还记得当时和他说话时的情景,他竭力想搞清楚我是否愿意做他的女友。"

当邦妮并未如他所愿地做出回答时,鲍勃只说了一句:"好的,我知道了。"这就是他后来在诗作《我已逝岁月中的生活》所表现出来的"鼓足勇气"。"我想,正是出于这个原因,鲍勃才会再次动身前往纽约,并且留在那里。"邦妮说,"我深深地伤害了他。"尽管两人之间发生了这件事,但在随后多年中仍保持着朋友关系。"我们两人的关系延续多年。我们之间真的非常亲密。当我们想找个人较长时间陪伴，或是想偶尔有人陪伴时，我们就会想到对方，接着短期内就会聚在一起。"然而眼前的被拒却明显影响到了鲍勃的快乐情绪，他原本是有可能外出旅行的，但结果却直接返回纽约。

鲍勃回到格林威治村后，频繁出入的另一个重要民谣音乐演出场所是"煤气灯"俱乐部，这个俱乐部位于麦克道格大街一栋建筑物的地下室内，正处于"哇?"咖啡馆的对角处，与以色列("伊西")·杨音乐商店、民俗中心也就隔着几个门牌而已，这里是民谣音乐人聚集的重要场所。"煤气灯"俱乐部是一处狭小幽闭、声音嘈杂的娱乐场所，内部的蒸汽水管不断传来敲击声。著名诗人、独角滑稽秀演员休·罗姆尼[1]担任俱乐部的娱乐总监，他又名威维·格雷，曾经参加过"开心玩笑者"[2]这一团体，甚至就连著名的本与杰瑞冰激凌公司也专门推出了一款威维·格雷口味的冰激凌。威维·格雷声称自己将鲍勃推荐给了"煤气灯"俱乐部，尽管他承认，自己所说的每件事并不都是可靠的，例如鲍勃演出的事情，就的确存留着一些模糊的痕迹。"我还记得鲍勃第一次来到'煤气灯'俱乐部时的情形。我想，当时他穿的正是伍迪·格斯的衬衣。鲍勃刚刚去医院探望过格斯，不知何故拿了一件衬衣。"威维·格雷坚持说。

1961年春季的某天，鲍勃在"煤气灯"俱乐部第一次遇到威

---

[1] 休·罗姆尼(Hugh Romney, 1936—)，也就是威维·格雷，著名演艺人员，社会活动家，以嬉皮士的外表和个性而著称。——译注
[2] 开心玩笑者(The Merry Prankster)，由美国租价肯·凯赛所创办的一个团体，其核心是通过吸食迷幻类药物，来取得音乐、美术、写作等领域的创作灵感。参与这一团体的名人包括艾伦·金斯堡、威维·格雷等人。——译注

维·格雷,他询问格雷自己是否有机会在民谣合唱会之夜演唱歌曲。格雷答应介绍他加入。"就是这小子,这将成为他生命中的一段传奇。"格雷宣称,随后他转身低声问鲍勃:"小子,你叫什么名字?"

1961年,鲍勃与格雷共处了一段时间,他们就待在格雷位于"煤气灯"俱乐部内的狭小住所里,或围坐在烧木柴的火炉旁,或静坐在横贯街道的地下室内,地下室是朋友们用来保存照明与音箱器材的场所。"我们抽了很多大麻烟。我有一台雷明顿打字机,鲍勃喜欢砰砰地敲击键盘。"威维·格雷认识格林威治村的那些聪明人,其中有爵士乐钢琴演奏家赛隆尼斯·孟克[①]、诗人艾伦·金斯堡以及喜剧演员莱尼·布鲁斯[②]。或许格雷曾向莱尼·布鲁斯介绍过鲍勃,而且也可能曾向眼球凸起的喜剧演员罗德·巴克尔[③]推荐鲍勃参与他的录制工作,罗德·巴克尔在演出时总是戴着木髓太阳帽。这年年末,鲍勃的演唱曲目中就新增了巴克尔的讽刺说唱歌曲《黑色十字架》。与格雷相处的这段时光对于鲍勃而言相当重要,他甚至在1963年录制的歌曲《鲍勃·迪伦的梦想》中真挚地描述了两人的友情。在这首歌曲中,鲍勃描写了与格雷围炉而坐的场景,并且说如果能再坐在一起他宁愿付10 000美元。

"煤气灯"俱乐部的节目主持人、独角滑稽戏演员诺埃尔·斯

[①] 赛隆尼斯·孟克(Thelonius Monk,1917—1982),美国著名爵士乐钢琴演奏家,作曲家,独特的即兴表演风格让他在众多艺术家中独树一帜。——译注
[②] 莱尼·布鲁斯(Lenny Bruce,1925—1966),美国独角滑稽戏演员,作家,社会评论家和讽刺作家。1964年,他因猥亵罪而受审,这在纽约司法历史中是第一例。——译注
[③] 罗德·巴克尔(Lord Buckley,1906—1960),美国演员,诗人,录音大师。——译注

托克①与鲍勃的友情也日渐加深。诺埃尔·斯托克在《洗手间清洁工》中扮演的冲洗洗手间的清洁工角色给一些人留下了深刻印象。虽然最初斯托克对鲍勃的评价并不高,但在鲍勃演唱了关于毛兽诱捕者的传统民谣歌曲之后,斯托克的评价发生了改变,鲍勃将这首歌改写成描写新泽西一家俱乐部的滑稽歌曲。"这个年轻人在民谣音乐领域浸染多年,了解美国民谣格局的发展历程,同时还会运用民谣来反映当时的社会现实状况。"斯托克说,"当时我大吃一惊。"斯托克随后在《纽约先驱论坛报》上读到了一段故事,所描写的是一户人家自哈德森河驾船前往熊山国家公园旅游的经历。然而在船被卖掉之后,这次旅行也就转变成了争吵。"要知道,鲍勃,你能写这个主题。"他给鲍勃提出建议,"人们处于充满贪欲的自然状态往往存在着真正的幽默。"三天后,鲍勃带着早期所创作的佳作之一回到"煤气灯"俱乐部,这首滑稽歌曲就是《熊山野餐屠杀布鲁斯》。

那段时期鲍勃还写了另外一首优秀的说唱布鲁斯歌曲——《说说纽约》,这首歌是鲍勃对初至纽约岁月的幽默总结。1961年夏鲍勃创作了几首曲风滑稽的歌曲。他在和汤姆·帕克斯顿回家的路上,即兴模仿"年鉴乐团"的《饶舌联盟》创作歌曲,他和帕克斯顿将这首歌叫做"中心公园泽鳄布鲁斯"。除此之外,鲍勃还创作了讽刺中产阶级的歌曲《在美丽的人们中》。除了著名歌曲《写给伍迪的歌》,鲍勃到纽约后最初数月创作的歌曲都包含着轻快、讽刺的元素。尤为重要的是,鲍勃创作的歌曲数量不断增加。同时他还不断从其他艺术家那里学习各种歌曲,所学到的歌曲与鲍勃

---

① 诺埃尔·斯托克(Noel Paul Stooky,1937—),即诺埃尔·保罗·斯托克,美国著名歌手,歌曲创作人,著名的"彼得、保罗和玛丽"演唱组成员。演唱组解散之后,他仍旧作为歌手和社会活动家活跃在世界各地。——译注

创作的说唱布鲁斯歌曲共同组成了他的演唱曲目。其中最重要的歌曲之一就是从马萨诸塞州剑桥歌手埃里克·冯·施密特[1]那里学来的歌曲《宝贝,让我跟你走》。鲍勃细腻而巧妙地演唱这首歌,使其转而成为自己的作品。

进入6月,鲍勃已成长为合格的演艺人员,他可以与戴夫·范·容克共享为期一周的"煤气灯"俱乐部的住房了。同处的一群人中有一个叫做罗伊·斯尔沃的人,他当时正担任前途无量的喜剧演员比尔·克斯比[2]的经纪人。"在格林威治村我遇到鲍勃,对他说,如果他保持冷静且对我言听计从,那么我就愿意担任他的经纪人。"斯尔沃说,他最初并没有意识到这件事的重要性,"鲍勃还太年轻,很多东西自己无法掌控……他还只是个孩子。"两人签下了为期五年的"管理协议",斯尔沃收取20%的佣金。"管理协议"并未理所当然地被视作一项重要的发展规划。鲍勃只是简单地将斯尔沃看做是一个能让他获得更多演出预约的经纪人,而不是他事业上的引路人,何况斯尔沃在演出预约上的帮助也微乎其微,而且报酬也很低。

1961年的整个夏季鲍勃都在按自己的行事方式拓展纽约俱乐部圈子中的事业,这时他遇到了苏珊("苏希")·罗图洛,她是鲍勃人生中第三位重要的女友。苏希当时还是体形娇小的十几岁褐发女孩,她总把自己的名字念成"苏士—伊"。苏希生于1943年11月,是一户双亲为意大利裔美国人的蓝领家庭中的幼女。年仅14

---

[1] 埃里克·冯·施密特(Eric Von Schmidt,1931—2007),美国歌手,创作人,格莱美奖获得者。是20世纪60年代民谣复兴运动中活跃的音乐家。——译注
[2] 比尔·克斯比(William Henry "Bill" Cosby,1937—),美国戏剧表演艺术家,演员,作家,电视制品人,教育家,音乐家,社会活动家。最初是在各地的俱乐部演出,并在20世纪60年代的电视节目《我侦查》中出演角色。之后开始自己制作节目,同时在多部电影中出演。——译注

岁时苏希当工人的父亲便去世了，留下她和母亲玛丽、姐姐卡拉。罗图洛家的女性在政治上都倾向于左派，均是有文化的、练达老成之人。苏希是一位艺术家，她大量阅读亚瑟·兰波①和拜伦勋爵②的著作，并且专注于研究伯特·布莱希特③的戏剧作品。卡拉是著名的音乐学者艾伦·洛马克斯的秘书。鲍勃经常出入于艾伦·洛马克斯位于西三街的住所，艾伦的女儿安娜当时还只有16岁，她回忆起鲍勃对他们收藏的哈瑞·史密斯的《美国民间音乐歌曲集》特别感兴趣（也许鲍勃在双子城时就曾注意过这些作品，但他这次仍没能控制住自己的情绪）。"鲍勃经常外出闲逛。"安娜说，"艾伦对鲍勃说，'你应该多听听这种类型的音乐。如果你真想了解美国民谣音乐，就应该用心聆听和理解这些音乐'。"

苏希是反对使用核武器组织"SANE"④的成员，她曾向伍尔沃斯商店提出抗议，因为在美国南方这家商店的午餐柜台是将白人与黑人分离开来的。每逢夏季的周末假期，苏希会跑到华盛顿广场公园喷泉，聆听音乐人演奏民谣、布鲁斯和山地音乐。同时她也开始参加"杰德民谣城"以及其他地方举办的民谣合唱会，并且第一次看到鲍勃和马克·斯波尔斯特拉同台表演。苏希立刻就被斯

---

① 亚瑟·兰波（Jean Nicolas Arthure Rimbaud, 1854—1891），法国诗人。作为颓废派文学流派的一员，他对现代文学、音乐以及艺术影响巨大。他最著名的作品都是在他人生最后十年创作完成的，雨果称其为"幼年的莎士比亚"。——译注

② 拜伦勋爵（George Gordon Byron, 1788—1824），英国浪漫主义的领军人物，著名诗人。代表作品有《唐·璜》、《恰尔德·哈罗德游记》、《东方故事集》等。——译注

③ 伯特·布莱希特（Bertolt Brecht, 1898—1956），德国著名戏剧家，诗人。倡导歌剧改革，在理论和实践上实行史诗剧实验，逐渐形成独特的表演方式，并提出了间离效果理论。——译注

④ SANE，一个全球性的和平组织，由SANE核政策委员会与核武器运动合并而成，该组织主要关注核武器的研发以及销售。——译注

波尔斯特拉深深地吸引住了,但鲍勃的音乐才华和动人的舞台外表也让她心动不已。7月间,在上曼哈顿区河岸教堂举办了一场马拉松式的民谣演唱会,鲍勃和苏希经长时间接触后开始交往。当时苏希还只有17岁,是一名高中学生,年龄低于法律规定的发生性关系的年龄。某天,鲍勃领着苏希前去探望斯波尔斯特拉。鲍勃把斯波尔斯特拉拽到一旁,低声说:"你怎么想?"

"你为什么问我?"

"她确实太小了。"

斯波尔斯特拉告诉鲍勃,这么漂亮的年轻姑娘喜欢他他应该感到幸运。苏希的确非常崇拜鲍勃,她亲密地管鲍勃叫"猪"或"拉兹",这两个都是根据鲍勃最初的教名取的绰号。鲍勃也觉得有些迷糊了。与当初和比彻交往时一样,鲍勃刚开始交往不久就谈到了婚嫁。正像鲍勃后来在歌曲《十一块清晰碑文》中描写的那样,苏希是他的"林中小鹿"。苏希与母亲同住在第一谢尔丹广场上的一所住宅内。有"民谣之母"称号的麦基·伊萨阿科森也住在这里,她之所以获此称号,是因为她喜欢照顾格林威治村中那些游荡的流浪歌手。鲍勃有时也会在伊萨阿科森家中过夜,就睡在长沙发松软的床垫上。他说自己只有在苏希从她母亲的房间下来向他道过晚安后才能安然入睡。

有时形如夫妇的鲍勃和苏希会与戴夫·范·容克夫妻结伴而行,或者是和蓝草音乐[①]家约翰·赫拉德[②]及其女友珍妮特·雷诺

[①] 蓝草音乐(Bluegrass Music),乡村音乐分支,以 Bluegrass Boys 乐队来命名,其标准风格就是硬而快的节奏,高而密集的和声,并且强调乐器的作用。最初仅作为一种乡村音乐,后来发展成为一种具有自身风格与特点的流派。——译注

[②] 约翰·赫拉德(John Herald,1939—2005),美国民谣和蓝草音乐创作人。——译注

一同外出,珍妮特·雷诺也是苏希的朋友。但赫拉德说自己和鲍勃都很注意一点,那就是在社交场合通常都不带女友,不需要平等地对待她们。"曾几何时我们都是绝对的大男子主义者。男人和女人的世界是完全不同的。"赫拉德说,"即使是在彼此间的私人问题上,我们也做出一副随心所欲的样子,女友只能待在家里,或许只适合为我们做饭。"

鲍勃和约翰·赫拉德前往哈里姆区的阿波罗剧院观看福音歌曲演唱会。到了夏天,他们只需掏出一枚硬币便可摆渡前往斯坦顿岛,然后再乘坐公车抵达海滩。鲍勃是游泳好手,非常热衷于这项运动,他常潜入水中恶作剧般"戏耍"赫拉德。尽管两人相处的时间很长,但鲍勃却很少谈到有关自己的严肃话题。通常鲍勃只在演出时才允许自己表现得敏感柔弱。"和他谈论个人生活是很困难的事,无论是关于女友还是其他的事,都尽是些玩笑话。"赫拉德说,"但如果你不想对他私人有所了解,而只是想与人相伴外出闲逛,一同演奏音乐的话,那他就是恰当的人选了。他就是喜欢开玩笑。"

鲍勃看电影时也不会感到拘束,他像是回到了在希宾城专注于詹姆士·迪安的那段日子。而现在引起他注意的已经变成了国外影片。他对佛朗索瓦·特吕弗[1]的影片《枪击钢琴师》特别着迷,在这部影片中法国歌手查尔斯·阿兹纳伍尔[2]扮演有着神秘过去的酒吧间钢琴师。在电影的结尾部分,查尔斯·阿兹纳伍尔扮演的神秘角色在城中一栋被风雪围困的房屋内卷进了一场枪

---

[1] 佛朗索瓦·特吕弗(François Truffaut,1932—1984),法国著名导演,新浪潮运动的发起人之一,同时也是剧作家,制片人,演员。——译注

[2] 查尔斯·阿兹纳伍尔(Charles Aznavour,1924—),美国—法国歌手,歌曲创作人,演员,社会活动家,外交家。他是世界著名的歌唱家,其独特的男高音清澈而富有力度,备受推崇。曾出演过60余部影片,演唱并创作了约1 000首歌曲,唱片销量超过十亿张。——译注

战。雪景让鲍勃猛然回想起了他在明尼苏达州的童年时光。阿兹纳伍尔扮演的角色在很多方面都与鲍勃相似,也是一个害羞、谦逊、有着巨大才华、为音乐而生活的小人物,同时也是女人们钟爱的情人。鲍勃一遍又一遍地观看这部影片。"我对这部电影中每一点都很认同。"鲍勃说。当阿兹纳伍尔来纽约演出时,鲍勃得到了一张戏票。鲍勃后来自己制作影片时,就力求能够达到《枪击钢琴师》的艺术高度。

虽然琼·贝兹只比鲍勃大6个月,但当时她已是美国娱乐界的重要明星了,在全国各地大型剧院举办过多场个人演唱会。站在舞台上的贝兹赤着脚,看上去就像是一个淳朴的乡村女孩,她用维吉尼亚女高音的声调演唱着传统民谣歌曲,但实际上贝兹却是一个性格活泼、富有个性、聪明伶俐的年轻女孩儿,她尚未遇到心仪的男孩子。贝兹第一次是在"杰德民谣城"遇到鲍勃的,当时鲍勃和斯波尔斯特拉正在台上演出。让人意想不到的是,早在1956年斯波尔斯特拉就曾在加利福尼亚州与贝兹短期交往过,当时两人还都只有十几岁。"乔安娜拥有着一种吸引男性关注的能力,就像16岁时她曾让我有所触动那样。她能俘获她想要获取的任何人的心,并且能获得这个人的真爱。她能够控制男孩子们。她妈妈曾对我说过,'我对乔安娜与男人们之间的关系并不了解,她只是将他们嚼烂然后吐出去'。"在贝兹那本备受关注的回忆录《用一种声音歌唱》中,她描述了她与鲍勃初次见面时留下的不祥印象,他将成为她深爱并且终身为之纠结的男人,而事实上两人的浪漫爱情是很短暂的。"他看起来像是身处都市的山地人,延至耳侧的短发,发尾则是卷曲的。鲍勃在演唱时双脚交替打着节拍,站在吉他旁边的他显得很瘦小。身上穿着陈旧的皮夹克,两款号数都太小了。鲍勃的面颊仍很柔软,还略有些婴儿肥,这让他看起来显得并不很严肃。但他的嘴却相当迷人:柔软,美丽,孩子气,神经质,沉默寡言。他唱着自己创作的那些歌曲……而除了歌词本身的寓意之外,他还表现出一种可笑的、新颖而邋遢的味道。"

尽管鲍勃外表邋遢,贝兹还是想要去更多地了解他。然而不久之后两人再次相遇时,鲍勃却表现得对贝兹15岁的妹妹米米更有兴趣,这让贝兹有些恼怒。琼和米米的父亲艾伯特生于墨西哥,姐妹都是暗色皮肤、黑色长发。米米要比琼身材苗条些,可以想见她似乎也更可爱。米米与鲍勃相逢的那晚穿着一套简单的白色女装,显得尤为动人。米米说:"我觉得鲍勃很有吸引力。虽然他并非当晚众人瞩目的焦点,尽管如此他仍充满了魅力。"虽然鲍勃约的是贝兹,但他却与米米调笑攀谈,并且邀请米米同去参加一个聚会。琼提醒小妹妹次日要早起,最好快些回家。

浪漫的爱情此时尚未降临到鲍勃与琼·贝兹之间。这颇与鲍勃录制唱片的过程相似,在他签订最终的唱片合同之前,也曾经遇到过胎死腹中的情况。民俗中心的伊西·杨[1]领着鲍勃来到社会习俗唱片公司,但老板摩西·莫·阿什对他并不感兴趣。"他们将鲍勃赶了出来。"杨说,"也许是因为他穿着不得体,也许是因为其他原因。"鲍勃曾前往埃里克拉特唱片公司[2],公司主管杰克·哈尔兹曼对他的印象并不深刻。鲍勃还曾与先锋唱片公司的曼尼·所罗门商谈过出唱片的相关事宜,而这家公司正是贝兹所属的公

---

[1] 伊西·杨(Izzy Young,1928—),民谣音乐界的著名人士。是纽约格林威治村民俗中心的前所有者,在瑞典的斯德哥尔摩同样开设了一所民俗中心。——译注

[2] 埃里克拉特唱片公司(Elektra Records),属于华纳集团的一家美国唱片公司。2004年,该公司并入华纳大西洋唱片集团。经过五年的沉寂之后,这一唱片公司在2009年重新复兴。——译注

司。表面上所罗门似乎有些兴趣,但却始终未有动作。鲍勃和马克·斯波尔斯特拉甚至试过与另外一家公司出一张两人合唱唱片。斯波尔斯特拉所演唱的歌曲包括《凯特妹妹》、《干枯之地布鲁斯》,而鲍勃则吹奏口琴伴奏。当两人离开录音室时鲍勃显得很沮丧。"我做得糟透了。"他抱怨说,"确实很可怕。"

"什么?你做得很出色。"

"不。我吹得根本就不好。感觉就是不好。"显然他的感觉是正确的,这次录音没有任何结果。

无论如何,到了1961年10月,在纽约度过十个月的鲍勃不间断的交际以及锻炼终于结出了硕果,A&R唱片公司经理约翰·哈蒙德[1]给予鲍勃大力支持。他介绍鲍勃与美国最大的唱片公司哥伦比亚唱片公司签订了合约。哈蒙德当时可算得上是纽约唱片界声名最为显赫的经理了。哈蒙德出身于上流社会,父亲是银行家,母亲是范德比尔特家族[2]中的一员,他本人则是在耶鲁大学接受的教育,而且还曾在朱丽叶音乐学院学习音乐。哈蒙德毕业后成了一位音乐记者、剧团经理,还在一家唱片公司担任经理,这家唱片公司因为发现了比利·好利黛[3]、邦尼·高德曼[4]而大获成

---

[1] 约翰·哈蒙德(John Hammond,1910—1987),唱片制作人,音乐家,音乐评论家。在音乐人才发掘方面具有独到的眼光,成为众多明星的发现者,在20世纪美国流行音乐领域具有重要影响力。——译注

[2] 范德比尔特家族(The Vanderbilt Family),荷兰血统的国际性家族,家族的创办者科尼利厄斯·范德比尔特在19世纪创建了铁路和船运帝国,其家族成员随即成为上流社会的领袖人物。但到20世纪中期,该家族渐趋衰败。——译注

[3] 比利·好利黛(Billie Holiday,1915—1959),美国著名爵士乐歌手,歌曲创作人。她以个性的演唱广受喜爱,音乐评论家约翰·布什称她"引发美国流行音乐界前所未有的变化"。——译注

[4] 邦尼·高德曼(Benny Goodman,1909—1986),美国爵士乐音乐家,木箫演奏家,乐队指挥。在20世纪30年代,他所率领的乐队成为美国乐坛中最受欢迎的乐队。——译注

功。年过五旬的哈蒙德是一位身材高大、外表高贵的绅士，始终穿着套装，系着领带，负责为哥伦比亚唱片公司与民谣复兴运动中涌现的歌手签约。他只想找到最好的歌手，于是就在格林威治村附近寻觅，聆听每一场演出，并对帕迪·克兰西之类的音乐人所提出的宝贵建议加以考虑。而在他家中也有人可以充当他的顾问。让哈蒙德感到非常不快的是，他18岁的儿子小约翰·哈蒙德此时已经开始成长为一位布鲁斯音乐家。哈蒙德说："约翰在成为布鲁斯音乐家或是成为某种类型音乐家这一点上与我存在着分歧，这大概是因为他知道从事这一职业充满了不公，而且这种生活也是相当艰辛的。"父子之间的关系一直很紧张。但只要有机会，小约翰·哈蒙德就会向父亲提起他在格林威治村结识的一些富有才华的年轻音乐人，这其中就包括鲍勃。

哈蒙德为哥伦比亚唱片公司签下的第一位民谣复兴运动艺术家是来自得克萨斯州的歌手卡罗琳·赫斯特，她是鲍勃的朋友。他们年初在"杰德民谣城"结识，当时她刚演唱完巴迪·霍利的歌曲《寂寞的眼泪》。鲍勃原本就对巴迪·霍利的作品钟爱有加，何况赫斯特还是一位美女，于是便与她攀谈起来。之后数月中，赫斯特和她的丈夫理查德·法里纳与鲍勃、苏希相处了一段时间。1961年8月，鲍勃加入了卡罗琳·赫斯特的演出团队，在马萨诸塞州的"剑桥47"俱乐部演出。首次为哥伦比亚公司录制唱片的赫斯特在准备备选歌曲时，向约翰·哈蒙德推荐由鲍勃来吹奏口琴。哈蒙德私下与帕迪·克兰西交换了意见，后者希望能给鲍勃一次机会。于是大家便在格林威治村一间公寓内进行彩排。"我们都围坐在厨房的桌子旁，约翰下手坐的就是鲍勃。"赫斯特说，"鲍勃开始吹起口琴来，约翰侧着头望着他，无法将注意力从这个伟大的表演者身上移开。"接着哈蒙德又注意到鲍勃也创作歌曲，便表示愿意听听他的演唱。

鲍勃幸运地在"杰德民谣城"获得了两周重要演出安排,与约翰·赫拉德的蓝草音乐演唱团队同台表演两个节目。当时罗伯特·谢尔顿已决定在《纽约时报》上对此次演出进行报道,这部分是因为受到了鲍勃经纪人、好友罗伊·斯尔沃的鼓动,一些鲍勃的支持者参加了首场演出,并对他抱以热情的欢迎,鲍勃也的确要比"绿石南男孩"演唱组①更有演出经验。表演结束后鲍勃走进厨房,举行他人生中第一场"新闻发布会"。鲍勃对《纽约时报》夸大其词,宣称他弹奏吉他的技法部分是从新墨西哥偶遇的一位名叫维格福特的布鲁斯音乐家那里学来的,而且还说他曾与吉恩·文森特一同录制过唱片。谢尔顿明智地去掉了这些废话,只是说鲍勃"往事和出生地不明,但他的前景要比过往更为重要,而这似乎更为真实些"。这篇文章刊登在 1961 年 9 月 29 日周五的《纽约时报》上,同时还配上鲍勃一张形似哈利贝克·费恩②的照片,在大字标题下写着:"鲍勃·迪伦,一个与众不同的民谣歌曲创作者"。这份美国最具影响力的报纸对一个不为人知的民谣歌手作出了前所未有的推荐,而鲍勃的父亲喜欢阅读的恰好也是这份报纸。

第二天,鲍勃在参加卡罗琳·赫斯特的录音时到处分发《纽约时报》,好像生怕朋友们没看到这篇报道。尽管如此,他并没有泄

---

① "绿石南男孩"演唱组(Greenbriar Boys),是一支蓝草音乐风格的乐队,他们最初是在纽约的华盛顿广场公园聚会,所创作的歌曲广受欢迎,影响巨大。1961 年,他们受邀参与录制琼·贝兹第二张唱片的录制工作。随后又于 1962 年发行了他们自己的首张唱片。20 世纪 60 年代末演唱组解散,其后偶有重组。——译注

② 哈利贝克·费恩(Huckleberry Finn),马克·吐温小说《哈利贝克·费恩历险记》中的主人公。——译注

露一条真正令人感到兴奋的消息,那就是哈蒙德先生已经向他提供了一份与哥伦比亚公司的唱片合同。这一合同尚未形成文字,而且罗伊·斯尔沃也并未参与其中,所有的一切还只是鲍勃与哈蒙德之间的口头协议。"迪伦认为我发疯了。"哈蒙德后来说,"当时民俗唱片公司以及其他的唱片制作公司都拒绝了他。但我想他还是有些本事的。"鲍勃参加完卡罗琳·赫斯特的录音工作后沿着第七大街漫步,经过一家唱片销售店,他驻足观看橱窗内陈列的弗兰克·辛纳特拉和其他艺术家的新唱片集。鲍勃简直无法相信自己不久也会有一张唱片陈列在店面橱窗内。"这是我人生中最为震撼的时刻之一。"鲍勃说,"我想就这样穿得破破烂烂地走进去,对店主说,'你现在还不知道我是谁,但你很快就会知道了'。"

"新迷失城市漫游者"乐队①的约翰·科恩当时正穿过市中心的西53号大街,他对偶遇鲍勃感到很是惊讶。科恩问鲍勃:"你离开格林威治村后都在忙些什么?"

"你又在忙什么?"鲍勃反问道。

"我正要去现代艺术中心。你和我一起去吧。"两人走进展览馆,欣赏让·杜布菲特②的油画展。"这家伙和你有点儿像——老练,但却粗糙!"科恩俏皮地说。鲍勃显得似乎有些心烦意乱。"我还有事要做。"过了一会儿鲍勃说,随后便匆匆忙忙地离开了。科恩后来才知道鲍勃是在赶往哥伦比亚广播公司所在的大楼,这一建筑被称为"黑石",地处第六大街附近。鲍勃可能是要在签约前

---

① "新迷失城市漫游者"乐队(The New Lost City Ramblers),美国民谣音乐复兴运动时期的一支乐队,1958年创建于纽约。其中包括了迈克·西格、约翰·科恩以及汤姆·佩雷等知名音乐人。——译注

② 让·杜布菲特(Jean Dubuffet,1901—1985),20世纪后半叶法国著名的画家、雕刻家之一。——译注

参加一场正式试音。

与哥伦比亚唱片公司签约的时间定在 10 月 25 日,也就是在"杰德民谣城"举办演出后一个月。合同期限为五年,鲍勃可从唱片销售中获取 4% 的小额收益。哥伦比亚唱片公司会先为鲍勃发行一张唱片,随后再决定是否发售第二张唱片。从鲍勃的角度来看这项合同自己并不占优,但他并没有为附属协议而浪费时间。鲍勃事后承认:"能够录制唱片我就已经感到非常高兴了,我甚至都没有仔细阅读合同。"鲍勃收到邮件的当天便签署了合同,随后在格林威治村里跑来跑去,告诉每个人他即将录制唱片。鲍勃虽然心花怒放,但还是小心翼翼以避免伤害到朋友们。"嘿,兄弟,我从哥伦比亚公司那里得到了一份合同!"他告诉利亚姆·克兰西,随后圆滑地说,"我无法和你那些大名鼎鼎的朋友相提并论,但我也签了合同。"

鲍勃与哥伦比亚唱片公司签约后不久,便受到了一个仪表堂堂的芝加哥商人的关注,这个商人正在格林威治村附近寻找有才华的演艺人士,希望充当他们的经纪人。艾伯特·B. 格罗斯曼[①]遇到鲍勃时年仅 35 岁,但看起来却似乎有 45 岁左右。格罗斯曼留给苏希·罗图洛的第一印象是"他是一位年长者"。格罗斯曼是一个深思、缄默的人,穿着商务风格的服装和领带,过早灰白的头发总是梳理得整洁清爽。他行动迟缓,身躯像熊一样肥胖壮实。人们也确实都称呼他为"熊",而他也就以这个绰号命名了一家芝加哥俱乐部,他在其中拥有部分股份。格罗斯曼长得很像忧郁的熊猫,苍白的面色,灰白相间的头发,有色眼镜上是拱形的浓黑眉毛。

[①] 艾伯特·B. 格罗斯曼(Albert B. Grossman,1926—1986),美国民谣音乐领域的著名经纪人。他在 1962—1970 年间担任鲍勃的经纪人。——译注

格罗斯曼1926年出生在芝加哥俄罗斯犹太移民家庭,后在罗斯福大学获得经济学学位。他先在芝加哥房屋委员会工作,后因处理不当而被开除,不得不离开,随后在50年代开始涉足俱乐部产业的运营。1957年,格罗斯曼开办了"角门"俱乐部,这家俱乐部成为国内一流民谣俱乐部。随后他又开办了"熊"俱乐部。在通向成功的道路上格罗斯曼树敌甚多。"蠢货们坐在椅子上,人们购买饮品,收银机里存放着钱,而这就是艾伯特所知晓的一切。"受到格罗斯曼控制的芝加哥音乐人尼克·格瑞温提斯①说,"在这些花里胡哨的东西中他根本就不可能对音乐的内涵有所了解。但他却知道收银机。他确实很了解这个。"格瑞温提斯认为格罗斯曼之所以会涉足俱乐部产业,是因为他从热狗的特许经营权中获取收益,"他竭尽全力想出一种让消费者走进俱乐部的方式,这样就能向他们销售热狗了。"正是通过这种运营方式,格罗斯曼建立起自己的事业,并逐步积累财富。"他告诉我在最终产业做大之前,曾有两次几乎濒临破产。"

选择格罗斯曼担任经纪人的第一位民谣音乐家是经常在"角门"俱乐部演出的鲍勃·吉布森②。格罗斯曼为吉布森制订了雄心勃勃的计划,让他与博比·坎普③(后来叫汉密尔顿)配对演出,希望能组建成一个流行民谣二重唱。后来格罗斯曼又决定由吉布

---

① 尼克·格瑞温提斯(Nick Gravenites,1938—),美国布鲁斯音乐、摇滚乐和民谣音乐歌手,创作人。20世纪六七十年代是他的事业巅峰期。——译注
② 鲍勃·吉布森(Bob Gibson,1931—1996),美国民谣歌手,以演奏班卓琴和十二弦吉他而闻名。后因吸毒而在事业上走向低谷。1978年曾东山再起,但因其音乐风格已难为当时的年轻人所接受,一直处于不温不火的状态之下。1993年被诊断患进行性核上性麻痹,三年之后去世。——译注
③ 博比·坎普(Bobby Camp,1934—2005),即汉密尔顿·坎普,英国出生的美国歌手,歌曲创作人,演员。——译注

森、坎普及一位女性歌手组成一支三人合唱组。这一构想的初衷是建立一个类似于金斯顿三人合唱团的演唱组合,但附加条件是其中必须有一位女性组员。虽然琼·贝兹是由"角门"俱乐部步入歌坛的,而格罗斯曼也竭力想与她签约,但贝兹却拒绝了他。随后格罗斯曼签下了奥德塔。奥德塔凭借自身能力成为大明星,而她也正是格罗斯曼迈向成功的第一步。"我无休止地工作。格罗斯曼安排我在不同的地点演出,而这些演出场所也会为此付给他一定的报酬。"奥德塔说,"艾伯特正是靠我开始做起生意的。"

1959年,格罗斯曼在罗德岛的纽波特协助举办了第一届纽波特民谣音乐节[1],之后他便成为东海岸民谣界众人皆知的人物。格罗斯曼一直都在寻找一个能被主流听众接受并能给他带来财富的民谣音乐家。即便格罗斯曼找不到这样的音乐家,他自己最终也会创造出来一个。格罗斯曼敏锐的商业判断力是与民谣复兴运动的理想相背离的,民谣复兴运动的理想带有潜在的左翼政治色彩以及对现实的关怀。像伍迪·格斯就是一位处于风暴中心的诗人,他在退伍兵协会医院去世,从为人诅咒的音乐产业中获取了巨额的财富,同时自己也成了声名显赫的艺术家。某些演艺界人士并不喜欢格罗斯曼。戴夫·范·容克声称格罗斯曼的乐趣来自诱使年轻艺术家逐渐堕落的过程中。他还指出,格罗斯曼最喜欢的文学作品就是特里·萨仁[2]所著的一本名为"不可思议的基督"的

---

[1] 纽波特民谣音乐节(The Newport Folk Festival),美国著名的综合性艺术节。在音乐上,对于布鲁斯、摇滚等音乐的发展起到巨大的推动作用。——译注

[2] 特里·萨仁(Terry Southern,1924—1995),一位具有广泛影响力的美国作家,剧作家,小品作家,学者,其独特的讽刺风格在文坛独树一帜,对20世纪50年代巴黎战后文学运动有所影响,同时也被视为"垮掉派"的作家之一。——译注

黑色幽默小说,这部小说的主题就是每个人都有一个标价。道德崇高的皮特·西格很少轻视他人,甚至就连他也说:"我为那些与格罗斯曼共事的人感到悲哀。"

甚少获得成功的罗伊·斯尔沃从格罗斯曼那里获得了职位。这更像是飞虫冲进了蜘蛛的罗网,这件事发生在斯尔沃与格罗斯曼共事之前不久,这也就给了格罗斯曼与鲍勃·迪伦接触的机会。尽管两人的关系有段时间岌岌可危,但格罗斯曼的确成为鲍勃人生中最重要的人物之一。

格罗斯曼最初只是非正式地劝说鲍勃,同时强烈要求格林威治村民谣群体中的其他成员能给年轻的歌手一次机会。格罗斯曼的做法就是让其他人承担资金上的风险,而他则静观其变。在格罗斯曼的鼓动下,伊西·杨为鲍勃筹办了他的第一场个人纽约演唱会。态度和蔼的杨是狂热的民谣爱好者,有时会协助他所喜爱的艺术家举办演唱会,而根本不去考虑是否赚钱。他租下了非常有影响力的、位于住宅区的卡内基牧师会礼堂,这一建筑就靠近卡内基音乐厅。演出时间安排在11月4日,星期六。演出开始之前,杨与鲍勃就演唱会的计划碰了面。两人目光坦诚地对视着,鲍勃告诉杨自己出生在德卢斯,在希宾(它被鲍勃视为"毫无特色的城市"而加以忽视)上的高中。鲍勃编造出一段混乱不堪的自传,说是自己穿越了新墨西哥州、爱荷华州、堪萨斯州和达科他州。他还宣称自己参加过摩托车赛,做过农场工人,而且从14岁开始就在狂欢节上演唱。这只是鲍勃编造出来的最为夸夸其谈的谎言中的一部分,而后半生他则选择忘却这些谎言。

鲍勃继续向伊西·杨描述自己的经历,说是来到纽约之前他并不知道民谣音乐是什么样子,谈话间鲍勃流露出他对所遇到的演员们持一种轻蔑的态度,这表现出了他的野心。鲍勃甚至认为自己的导师之一"流浪者"杰克·埃利奥特显然是错过了发展的机遇。话题转到琼·贝兹身上时,鲍勃认为"她的声音穿透了我",但随即又补充说她的声音太过甜美。鲍勃宣称自己在加利福尼亚州遇到了格斯——然而事实上鲍勃根本未曾去过该州——并且说格斯随身携带的纸上就记着《写给伍迪的歌》的歌词。

鲍勃获得在演唱会上公开露面的机会之后,杨又让他前往纽约公共广播电台,杨的朋友奥斯卡·布兰德自从1945年起就在周日晚间档现场音乐演出节目《民谣歌曲音乐节》担任主持人。纽约公共广播电台位于市政大楼24楼,而市政大楼这栋高层建筑位于曼哈顿最南端,这里正好就暴露在强风中。跟随着格斯、皮特·西格以及其他多年来出现在这档节目中的知名演艺人员的足迹,鲍勃乘坐电梯升至建筑物的顶端,风急速穿过窗缝,发出阵阵尖厉的哨声。布兰德听从了杨的嘱托,答应在节目中尽量多照顾鲍勃,但鲍勃却不愿遵守电台直播节目的规定,当布兰德向听众介绍他时鲍勃烦躁地胡乱拨弄吉他。"我必须承认,当时自己是有些目瞪口呆。"布兰德说,"鲍勃根本不遵循任何规则。这种做法对他自身发展而言是好的,能使他成为巨星,但对我而言却会心生沮丧。"

布兰德犹豫不决地开始了直播节目。"今天是11月4日星期六,鲍勃·迪伦将在卡内基牧师会礼堂演出……"他稍稍停顿了一下,像是想让鲍勃保持安静,然而鲍勃仍自顾自地摆弄吉他,"这将是……嗯……一个非常重要的机会。"讽刺并未取得效果,于是布兰德加快了语速:"鲍勃出生在明尼苏达州的德卢斯。但是,啊,鲍勃,你并不是在德卢斯长大的,是不是?"

"啊,我是在……啊……新墨西哥的……盖洛普……"鲍勃屏住呼吸,就像患上亨廷顿舞蹈症的格斯那样。

"你是在那里收集到一些歌曲?"

"我在那里采集到很多牛仔歌曲。印第安歌曲……狂欢节歌曲。还有些歌舞杂耍表演素材。"

"你是从哪里收集到狂欢节歌曲的?"

"啊……唔,当然是从参加狂欢节的人们那里。"鲍勃说道,就像是在回答一个极其愚蠢的问题。

"你是否跟着狂欢节车队到处旅行?或者你是否亲眼看到过狂欢节?"

"我大约13岁大时就跟着狂欢节车队旅行了。"

"大概有多长时间?"

"啊……直到我19岁。"鲍勃随手弹出了一组和弦,"每年我都会参加,只是断断续续的。我参加不同的狂欢节。"

"好的,我想听听你唱的歌。我知道你一直表现得很好。"说话间鲍勃仍在不断发出声响,"你就要在卡内基牧师会礼堂举办演唱会了。你是否已对演出曲目有所筛选?"

"哦,我选出了一首学来的……应该是我创作的……狂欢节歌曲。想听听这首歌吗,嗯?"布兰德尚未回答,面前这个令人恼怒的家伙就已经唱起了《萨利·盖尔》。

很明显,鲍勃是在编造自己的经历,但布兰德并未受到他的影响。事实上大多数鲍勃的熟人都对这段编造出的经历持谅解态度,毕竟部分是出于演艺发展的需要,而且这一举动又不会伤害到其他人。"他创作了一首憧憬生活的诗篇。"布兰德说,"他给自己分配了角色,为自己进行创作,同时也由自己来扮演……正是这使得他获得了成功。"

尽管鲍勃获得了做客电台的机会,而且谢尔顿也在《纽约时报》上刊登了对他在"杰德民谣城"演出情况的报道,但演唱会举办当晚卡内基牧师会礼堂仍有四分之三的空位。伊西·杨与鲍勃之间订下了协议,门票收入由两人均分。然而只有 52 名观众出席演唱会(格罗斯曼并未出席,大概他已经猜出演唱会必将失败),杨在金钱上的损失是显而易见的了,他从自己的腰包里掏些钱出来付给鲍勃。在接受施舍时鲍勃似乎有些窘迫,但他并未对听众极少这一情况发表任何评论。鲍勃面对失败时总是很坚强,终其一生都是如此。杨对此加以评价道:"他非常坦然地接受了事实。"

而此时鲍勃也还有更为重要的事需要处理。两周后,也就是 1961 年感恩节前,鲍勃走进位于曼哈顿的哥伦比亚唱片公司"A"号录音间,录制一张以自己的名字命名的唱片。约翰·哈蒙德主持录制工作,预估费用是 402 美元。他的儿子小约翰·哈蒙德与苏希一同出现在录音室,给予鲍勃精神上的支持。鲍勃演唱圣歌《我离世的时刻》时苏希把唇膏递给他,以便他拨动吉他琴弦。唱片中有 13 首歌曲属于早期传统的乡村布鲁斯音乐,只是经过了更为活泼新颖的编排。耶西·富勒的《你并不好》和"盲人"雷蒙·杰斐逊①的《看我的墓穴仍清洁如初》都被印在封套上。鲍勃为《宝贝,让我跟你走》这首歌写了简介,讲述他是如何与埃里克·冯·施密特在哈佛大学的绿色草坪上相遇,又是如何学会这首歌曲的。接下去是歌曲《旭日之屋》,鲍勃直接从戴夫·范·容克那里拿过来演唱,这一举动让容克颇感不快,因为容克原本想自己来录制这首歌的(而且容克认为鲍勃的演绎糟蹋了这首歌,尽管鲍勃所录制的版本最终成为权威版本)。这些歌都非常动听,充满了激情。但这张唱片中最为耀眼的作品莫过于《写给伍迪的歌》,它让人们隐约看到一位伟大的新生代歌曲创作人诞生了。

---

① "盲人"雷蒙·杰斐逊(Blind Lemon Jefferson, 1893—1929),美国著名布鲁斯歌手,吉他演奏家。他是 20 世纪 20 年代最为著名的布鲁斯歌手之一,被称为"得克萨斯布鲁斯音乐之父"。——译注

距离唱片发行尚有四个月,这在业内看来并不算太久,但对鲍勃而言却如同隔世一般漫长。鲍勃在这期间收藏了唱片的一套母带。唱片发行之前,艾伯特·格罗斯曼先行欣赏了这些唱片,这引发了他的兴趣。

当汉密尔顿·坎普从芝加哥回来时,格罗斯曼对他说:"这正是你期待的歌手。"

"呀,我愿意和他同台演出。"坎普回答道,天真地认为格罗斯曼是想要将两人打造成二人合唱组。

"不是让你和鲍勃合唱。"格罗斯曼反驳道,让坎普别异想天开,"这家伙前途无量。"

当晚鲍勃出席了格罗斯曼在曼哈顿家中举行的聚会,坎普也收到了邀请。格罗斯曼对于如何款待客人一窍不通,他仅邀请到了五个人,其中还包括格罗斯曼本人。聚会上没有准备任何饮料,唯一的食物是一把炸土豆片。聚会的气氛挺好,而且鲍勃也准时出现在现场。当两人互作介绍时,鲍勃对坎普说:"嘿,老兄,我听说你和我一样都很出色。"格罗斯曼拿着母带站在鲍勃身旁,随后便将唱片放进唱机,音乐响起时鲍勃随之前后摇摆。"格罗斯曼不做任何事,只是在欣赏唱片。他的注意力都集中在这位天才身上。"坎普说,"因为格罗斯曼知道鲍勃的价值!"

格罗斯曼开始说服鲍勃,告诉鲍勃与斯尔沃相比,自己能在事业上给予他更多的帮助。他能帮助鲍勃在旧金山的"饥渴目光"、纽约的"蓝天使"和"考柏卡巴那"这类知名俱乐部举办演出(直到后来鲍勃悲惨地陷入与格罗斯曼的法律纠纷时,他也还未曾在上述场所演出过)。当时斯尔沃正忙于商谈鲍勃前往格林威治村二流俱乐部演出的事宜,同时也在谋求前往外地演出的机会。与之相比,格罗斯曼的承诺显然更具诱惑力。格罗斯曼的举动让鲍勃逐渐失去了对斯尔沃的尊敬。"艾伯特的做法即便是在今天看起来也是让人侧目的。"斯尔沃说,"我意识到鲍勃将会离我而去,因为艾伯特对他施加了压力。"

虽然已与哥伦比亚公司签了合同,而且艾伯特·格罗斯曼也对他爱护有加,但鲍勃事实上仍很窘迫。12月鲍勃返回双子城探亲访友时,他就睡在大卫和格丽塔尔·惠特克住所走廊末端临时搭起的床上。圣诞节前三天,鲍勃、邦妮·比彻以及其他的朋友欢聚一堂,他们一同演唱了部分歌曲,比彻录下这些歌曲以留存后世。除了常见的民谣歌曲和伍迪·格斯的歌曲之外,鲍勃还演唱了即将发行的唱片中的曲目,还有一首则是未收入唱片的原创歌曲《纽约城的艰难岁月》。这首手法新颖、带有讽刺意味的歌曲表明鲍勃对于纽约的严肃话题并非视而不见。他在歌曲中描述道,就在约翰·D. 洛克菲勒①过着如同帝王般的生活时,城里的穷人们却生活艰难。鲍勃的歌曲反映了城市中的污秽、拥挤和不平等。但在歌曲结尾处鲍勃却向这座城市发起了挑战:它可以折磨和打击他,但当他离开时却发出誓言——"我终将站立起来"。这首歌流露出的藐视态度表明鲍勃在纽约度过的第一年中始终充满自信。他并不惧怕假期结束之后返回纽约。

回到双子城后鲍勃打电话给埃克·哈尔斯多姆,与她约定在市区折扣店碰面。鲍勃想要告诉埃克自己即将推出唱片。埃克已从此前的婚姻悲剧中恢复过来。她年少时幻想成为模特的梦想已经荡然无存。两人坐在"L&B"咖啡馆内闲聊,鲍勃说自己已经达

---

① 约翰·D. 洛克菲勒(John Davison Rockefeller,1839—1937),美国石油业巨头。他彻底改变了石油产业。1870年他创立了美孚公司,直至1897年一直以富有侵略性的市场政策而著称。他成为世界上最为富有的人,并且是美国第一位财富超过十亿美元的富豪。——译注

到了目标,这让埃克感到十分痛苦。"我们此前有过约定。约翰·巴克伦、鲍勃和我约定,无论谁先富有或是闯出名声来,都要去帮助其他人。"埃克说,"但是鲍勃一边说着感谢的话,一边把我们像吃得只剩半袋的午餐一样抛在路旁。"然而鲍勃还是按照自己的方式伸出援手,邀请埃克与他一同前往纽约。

"我去纽约做什么?"埃克伤感地问鲍勃,"我已经有了一个孩子。"两人最终分手了,鲍勃独自回到东部,但鲍勃仍设法保持与埃克的联系,就如同他与邦妮的友谊保持多年一样。

事实上,如果埃克真想和鲍勃一同返回纽约的话,那情况将会变得相当棘手,因为苏希正翘首企盼鲍勃的归来。新年过后,也就是1962年年初,鲍勃和苏希搬到了一起,就住在西四大街161号一间月租80美元的工作室内。罗图洛夫人并不同意他们的做法,担心会变成一桩不相配的婚姻。她说:"我不相信鲍勃,也不喜欢他,我确实不想让他和我的女儿住在同一屋檐下。"罗图洛夫人觉得鲍勃不修边幅,经济拮据,而且"他的态度让人很是不满"。简而言之,鲍勃不能算作一个母亲梦想中的乘龙快婿。她提到鲍勃时都称他为"蠢货"。苏希的姐姐卡拉对鲍勃而言也是个麻烦。她对自己被称为"姻亲卡拉"慨叹不已,这让鲍勃感到非常生气。

鲍勃之所以会有如此反应,部分原因是他觉得自己在事业上已经取得了一定的成功。

就在鲍勃即将于卡内基牧师会大厅举办演唱会之前,马克·斯波尔斯特拉曾前往波多黎各,但却因为患病返回纽约休养。"你真的是错过了好机会,迈克。"鲍勃告诉他,"你不应该离开纽约。机会就出现在我的面前,同样它也将会出现在你的面前。"

"我并不特别想成为一名巨星。看看在你身上都发生了些什么。"斯波尔斯特拉反驳道。他觉得鲍勃轻视他。既然鲍勃的勃勃雄心已经让他远离了旧友们的视野，那么从根本上来说，两人之间的友情也就宣告结束了，留给斯波尔斯特拉的只有痛苦。

伊西·杨留在民俗中心的记录中存有与鲍勃讨论问题时的备忘录。在其中一份备忘录中，杨记下了鲍勃非常傲慢的话语："我有点儿脱离了民谣界"，鲍勃说自己厌烦了在咖啡馆为那些猎奇的游客们表演节目。这些话让杨感到困惑。"这对我的打击非常大……他为什么说那些话？民谣音乐并没有任何的过错。"

在一份真实性确定无疑的备忘录中，杨写到鲍勃刚刚创作完成了一首意义重大的原创民谣歌曲《埃米特·希尔之歌》（这首歌也就是后来的《埃米特·希尔之死》）。这首歌以密西西比州 14 岁非洲裔美国男孩的真实故事为基础创作而成，男孩因调戏一名白人女店员而被杀害。"我喜欢在他们的地盘上遇到这些黑鬼。"被控犯有谋杀罪的 J. W. 米拉姆说，他是两个凶手之一："我知道该如何去修理这些家伙。"当两个凶手均被判无罪时，有识之士开始大声疾呼。这首歌曲也许是鲍勃创作的第一首可称得上是反抗歌曲的作品———一首针对社会不公而大声疾呼的歌曲。

正因为鲍勃创作了《埃米特·希尔之歌》等一批原创歌曲，约翰·哈蒙德与"女公爵"音乐公司签订了出版协议。鲍勃从这家公司获得了 1 000 美元预付款，公司则获准为其他歌手推荐鲍勃的歌曲作品，同时鲍勃也从中获取佣金。鲍勃为这笔交易的成功而感到兴奋，这主要是因为"女公爵"音乐公司提议：当他创作的歌曲达到一定数量时将为他出版歌集。在新动力的驱使下鲍勃随即开始着手创作，作品汩汩而出。

鲍勃的作品中有一首名为"荒原上的布伦南"的新歌，这是为克兰西兄弟演唱组创作的。歌曲完成后的某天晚上，利亚姆·克兰西与汤姆·麦克姆正打算去地铁站，鲍勃跑上来说想要为两人唱唱创作的新歌。新歌的名字叫做"流浪赌徒威利"。

"鲍勃,歌词一共有几节?"克兰西问道,他知道歌中的威利就是鲍勃本人。

"只有10或12节。"

"为什么不删减到6节左右呢?风格自然的诗作是应该简练的。你获得了奇异的灵感,创作出一首奇异的诗篇,但要知道萃取精华。"

"先生,我还做不到这一点。"鲍勃说,言语中流露出创作的疯狂热情,而这还仅仅是拉开了他作为伟大而多产的创作人生涯的序幕,"歌曲源源不断地从我的脑海中倾泻而出。"

鲍勃开始变得痴狂起来,朋友们惊讶地怀疑他是否服用了药物。有时候鲍勃的确是服用了药物培奥特[①]。据马克·斯波尔斯特拉回忆,鲍勃曾说过自己用过迷幻药物。但鲍勃似乎只是在做个实验而已。相比较而言,大麻更符合鲍勃的口味。有一次,约翰·赫拉德到鲍勃位于西四大街的住所做客,后者刚巧收到一袋装有大麻的马尼拉纸质信封。"你尝过这些东西吗?"赫拉德问鲍勃。赫拉德从未抽过大麻。鲍勃将他带进卧室的盥洗室,两人神情庄重地抽起了大麻烟。一听到有人上楼他们就停下来。因为怕有人敲门,鲍勃像个疯子一样赶忙把大麻烟扔进马桶,冲入下水道,然后不断挥手以驱散烟雾。但并没有人进来。约翰就像块石头一样昏昏沉沉地躺在沙发上进入了梦乡。"大约过了一个半小时或者是一个小时二十分钟之后,我清醒过来,鲍勃正在弹吉他,我觉得他的歌声有些像是在胡言乱语,还带有几分意识流的味道。

---

① 培奥特(Peyote),墨西哥北部与美国西南部生长的一种仙人掌,名字来自印第安的那瓦特人。它之所以受到广泛关注,是因为可生产出精神类生物碱,特别是酶斯卡灵(一种致幻药)。——译注

每当他唱完一段歌词时,都会俯下身子。他备有小便笺簿,随时在上面记点东西。我经常会感到惊讶,你知道,如果他就是按照那种方式进行创作的话,我想那就是意识流的创作方式。"

事实上,鲍勃因为开始创作优秀而具有独创性的歌曲在民谣音乐界内变得与众不同,各种关于他的消息在圈子里传播开来。那段时间皮特·西格曾遇到过鲍勃:"这个不知来自何处的天才似乎每天都会写出一首新歌,这歌可不是粗制滥造,而是出色的佳作,是顶级的好歌。每个人都在谈论他。"机敏的皮特·西格注意到,鲍勃不但有着讽刺的幽默感,有着狡猾的露齿笑容,同时也有着一种与生俱来的严肃,这一特征也就使得他的歌曲要比大多数朋友作品中的那种轻率玩笑来得更有深度。西格也觉察到鲍勃并不像有些人定义的那样仅仅是伍迪·格斯的简单模仿者。"他并非要将自己塑造成伍迪·格斯。鲍勃的确受到了伍迪·格斯的影响,但他同时也受到其他人的影响。他一直都是很坚持自我的。"

西格与之前的"年鉴乐团"的艾格尼斯·西斯·坎宁安[①]共同印制了一份油印杂志《船舷》,用以传播民谣歌曲。1962年2月,鲍勃受邀前往坎宁安的住所参加一场聚会,同时也要看看是否有适用的歌曲。一同参加聚会的还有极具前途的歌手、歌曲创作人菲尔·奥克斯。菲尔·奥克斯出生于犹太人家庭,仅五个月大时家庭便破裂了。鲍勃与奥克斯之间有许多相似之处。两人年轻时都曾经崇拜过詹姆士·迪安,都是在大学城的咖啡馆里迷恋上了民谣音乐,都被吸引到纽约城来了,而且也都是在那里开始创作歌

---

① 艾格尼斯·西斯·坎宁安(Agnes Sis Cunningham, 1909—2004),美国著名音乐家。她不但是一位充满才华的演出者,而且也是一位富有眼光的民谣音乐出版商,她在家人及朋友的协助下创办了著名的音乐出版物《船舷》。——译注

曲的。就奥克斯而言，他所有的歌曲素材几乎都来自每天报纸上刊登的故事。出席聚会的音乐人在为坎宁安和西格演唱时表现出强烈的奉献精神，以至于西格激动地认为自己在一个下午的时间里就听到了这个时代所有最优秀的新歌。

第一期《船舷》杂志介绍了鲍勃的歌曲《谈妄想症患者约翰·伯奇①布鲁斯》。这是一首讽刺右翼组织约翰·伯奇协会的歌曲，明显带有共产主义思潮的印记。鲍勃在歌中写道，一位协会成员不仅翻看红色人士的床下藏有什么，而且还查看了灯罩、汽车仪表盘上的小柜子以及洗手间。当他到处寻找仍找不到共产主义者时，他便开始调查起自己来。在最后一段歌词中，鲍勃呼喊道："我希望自己一无所获……全能的上帝！"

鲍勃在这段时期内创作的另外一首佳作是《让我在游走中死去》。鲍勃曾在伊西·杨的店里唱过这首歌，后来被收入《船舷》出版的一张民谣歌曲集中。这首可以称得上是对修筑辐射防尘掩体、实行防空演习的冷战所萌生困惑的一种回答。"鲍勃抓住了时代的脉搏。"汤姆·帕克斯顿对此反应强烈。他之所以会有如此反应，是因为他的一位朋友就因抵制空袭演习而被判刑入狱30天。

鲍勃通过《埃米特·希尔之死》、《谈妄想症患者约翰·伯奇布鲁斯》、《让我在游走中死去》这些歌曲将千百万年轻人的心声传达了出来。美国南部地区的种族不平等让人感到可耻，对于共产主义渗透的偏执想法是滑稽可笑的，而为了防范一场核战争花费上千万美元修建辐射微尘防护掩体的政策则显得非常愚蠢，这只会

---

① 约翰·伯奇（John Birch，1918—1945），美国官员，浸信会传教士。一些美国保守派政治组织将他视为冷战的受害者和殉教者。他去世后十三年，组建了以他的名字命名的约翰·伯奇协会，他的父母成为协会的终身会员，该组织的宗旨是反对社会主义、反对共产主义、反对极权主义。——译注

使世界更难以生存。苏希竭力强化鲍勃的社会意识。鲍勃在政治或社会事业方面从未表现出太大的兴趣,而苏希却活跃在多个反核武器以及民权组织中,这其中就包括争取种族平等大会[1],鲍勃也随之参与到她的事业中去。2月,鲍勃为争取种族平等大会举办了一场公益演唱会。他一生中很少参与政治事件,而这就是其中的一次。

在当时存在的社会问题中,除去可能存在着对女性的不平等待遇现象之外,歧视非洲裔美国人可以算得上是最重要和最明显的社会不平等现象了。就鲍勃个人而言,他似乎对种族之间的区别毫不在意。"你知道,对鲍勃而言根本就不存在有色人种这个概念。"歌手维多利亚·丝柏维[2]说,"每个人都是人,不能凭肤色加以区分。"丝柏维是最早进入主流音乐界的众多非洲裔美国人歌手中的一位,她的主要作品是《黑蛇布鲁斯》。1961年9月,丝柏维在"杰德民谣城"演出时第一次遇到鲍勃。鲍勃热情地拥抱了她,并赞美丝柏维是一位"非常美丽的人",以此来讨好这位55岁的歌手。次年春季,维多利亚因为要与"大块头"乔·威廉姆斯一同录制唱片,故而再次来到纽约的"杰德民谣城"。鲍勃又讲了自己的一段如同梦幻般的经历,说什么他尚是孩童时就与威廉姆斯搭伴儿,一同坐在货车车厢里前往新墨西哥。范·容克和其他人猜想,这段经历与鲍勃的那段苏族印第安人故事如出一辙。但当威廉姆斯来到格林威治村时,他却认可了这段不确实的故事,说他很久之前尚在芝加哥时就已经认识鲍勃,当时威廉姆斯还是一名

---

[1] 种族平等大会(The Congress of Racial Equality),美国人权组织,1942年创立于芝加哥,在人权运动中发挥重要作用。——译注

[2] 维多利亚·丝柏维(Victoria Spivey,1906—1976),美国布鲁斯女歌手,歌曲创作人。——译注

街头歌手,而鲍勃就拿着汤匙为他伴奏。范·容克估计鲍勃可能事先找过威廉姆斯,说服他认可自己所编造的故事,而这一推测几乎可以说是能够确定的了。无论怎样,他们配合得非常好。鲍勃吹着口琴为威廉姆斯伴奏,威廉姆斯弹吉他时常带有随意性,而鲍勃的配合却没有出现丝毫的差错。威廉姆斯这位老者每次提到鲍勃时都会充满感情地称他为"小乔"。1962年3月上旬,当维多利亚·丝柏维和威廉姆斯进入录音棚录制唱片时,鲍勃同样担任口琴伴奏。此前鲍勃已经参与过多次录音工作,他曾经为卡罗琳·赫斯特以及古怪的哈里·贝拉方特①(1961年冬鲍勃曾在纽约协助贝拉方特录制过一首歌)担任过伴奏,已经能娴熟地弹奏竖琴。丝柏维、威廉姆斯与鲍勃组成了一个临时三人合唱组,录制了数首歌曲,其中包括《站在世界之巅》和《维切塔》。鲍勃的竖琴演奏让大乔·威廉姆斯心潮澎湃,只听到他大声地叫喊起来:"给我伴奏,年轻人!"与之前约翰·李·胡克接纳鲍勃一样,这些年长的黑人艺术家已完全接受了鲍勃,而此类现象在鲍勃的职业生涯中比比皆是。与此同时,鲍勃也以非常自然的方式将黑人音乐中的元素融合到自己的作品当中,这也成为鲍勃的强项之一。

当然,鲍勃发行的首张唱片就带有乡村布鲁斯黑人音乐的浓郁元素,这张唱片于1962年发行。"一开始我认为,哦,这张唱片真是糟糕。"阿洛·格斯在离开寄宿学校后听过这张名为"鲍勃·迪伦"的唱片,"还没有人像那样演唱过。过了一段时间后我就喜欢上了这张唱片,但这的确需要花上一段时间。我当时听的都是像西斯科·休斯顿一类歌手的唱片,这类歌手的嗓音美妙而丰

---

① 哈里·贝拉方特(Harry Belafonte 1927—),美国音乐家,演员,社会活动家,史上最成功的流行歌手之一。他最为著名的歌曲是《香蕉船之歌》。他一生都为争取人权和民权而抗争。——译注

富……但他们只是歌手,而鲍勃·迪伦不仅仅是歌手。他完全是另一种类型的音乐人。"

《格林威治村之声》评价《鲍勃·迪伦》是一张"具有爆炸性的首张乡村布鲁斯专辑",而且对鲍勃的独特风格表示赞赏,这一评价要高于阿洛·格斯。J. R. 戈达德在评论文章中写道:"这张唱片已经进入收藏者的视野。"然而不幸的是,这张唱片在第一年的销量只有大约5 000张。按哥伦比亚唱片公司的标准来看,这一数字真的是太可怜了。主管人员站在黑石大楼装有空调的走廊上窃窃私语,说什么约翰·哈蒙德的能力已大不如从前,甚至还给鲍勃取了个众所周知的绰号——"哈蒙德的荒唐事"。但哈蒙德却完全知晓鲍勃已将乡村布鲁斯以及格斯风格歌曲中的元素融入首张唱片之中,形成了自己更为成熟的音乐风格。仅仅在首张唱片发行后一个月,鲍勃便再次走进录音室,录制了原创新歌《流浪赌徒威利》、《埃米特·希尔之死》。随后,鲍勃又以一曲《随风而逝》取得了事业上的突破,这首歌成为战后最为著名的歌曲之一。

鲍勃是在"煤气灯"俱乐部对面街上的咖啡馆闲坐时完成《随风而逝》的。尽管鲍勃自己也认为《随风而逝》这首歌非常特别,但却并未完全了解其中的重要意义。"它只是我创作的又一首歌而已。"歌曲的旋律与非洲裔美国人创作的灵歌《别再贩卖黑人》旋律惊人的相似。然而无论怎样,借用旋律甚至歌词,在民谣歌曲创作中都是司空见惯的事情了,因此这一举动是完全可以接受的[①]。而对《随风而逝》修辞手法的评论则更为中肯。纽约最有鉴赏力的一些民谣音乐人在第一次听《随风而逝》时并没有留下太深刻的印

---

① 所谓迪伦的《随风而逝》有抄袭的说法是不真实的。这种荒诞的说法源于音乐人郎瑞·沃特宣称创作了一首名为"随风而逝的自由"的歌曲。郎瑞后来收回了对这首歌曲的各种言论。——原注

象。歌曲中那些不留情面的问题彼此间毫无关联,而且在第三节的末尾,这些问题无一得到解决,答案只有"随风而逝"几个字,让人觉得这一象征显得很模糊,甚至可以说它不具有任何含义。皮特·西格并不觉得这首歌有多出色。"我并不喜欢《随风而逝》这首歌。"他说,"这首歌有些简单了。"而汤姆·帕克斯顿则觉得这首歌几乎难以理解。"我不喜欢这首歌,它属于那种我称之为杂货店明细表类型的歌曲,每句歌词彼此并不关联。"戴夫·范·容克认为这首歌写得非常愚蠢。但尽管如此,当鲍勃在"杰德民谣城"演唱《随风而逝》的那几个月中,范·容克发现了一件让他感到吃惊的事,游荡在华盛顿广场公园周围的音乐人纷纷模仿演唱这首歌,例如"我的朋友,答案就是,你最终消逝"。正像范·容克所说的那样,"如果这首歌足以打动人心,即便没有灌制唱片,也已经开始出现了模仿的作品,这就说明歌曲要比我所了解的更具影响力"。

在此期间,罗伊·斯尔沃也注意到鲍勃创作出了独树一帜的音乐作品。"'随风而逝'是歌曲的点睛之笔。"他说,"这首歌随即流行开来。"无论斯尔沃对鲍勃表现得多热情,鲍勃都正渐渐离他远去。格罗斯曼在清楚地认识到鲍勃独特的创作能力后愈发地充满兴趣,而鲍勃也更多地与格罗斯曼谈及事业的发展问题,较少与斯尔沃交流意见。但是鲍勃并不会过早地屈从于格罗斯曼的管理。鲍勃先是邀请格斯的朋友,经纪人哈罗德·莱文塞尔管理自己的事务。鲍勃喜欢并且尊敬莱文塞尔,因为后者是一位值得信赖、严谨的人。但尽管鲍勃迈出了第一步,莱文塞尔却无法与他签订协议。鲍勃说:"我联系了他,但他始终没有回音。我搞不清他的想法。"

1962年6月,斯尔沃决定将自己与鲍勃签订的合约卖给格罗斯曼,换取一定数量的现金外加格罗斯曼设在纽约事务所内的现有职位。"眼前所发生的一幕让我感到艾伯特正逐渐成为让人生厌的家伙。而且艾伯特还很有钱。"斯尔沃说,"我却一无所有,因此我以约 10 000 美元的价格卖掉了合约,这就是最终结局。格罗斯曼接管了鲍勃的事务。"这可以说是格罗斯曼人生中最棒的一场交易。他仅用 10 000 美元外加一张办公桌大小的空间,就换来了一个能让他成为千万富翁的客户。

鲍勃与格罗斯曼之间的商务联系成为鲍勃音乐生涯中的关键因素。一些人认为如果没有格罗斯曼,那么鲍勃也就绝不会成为国际巨星。"无论艾伯特有什么过错,他信任鲍勃,他真的是那样的。"范·容克说,"他自始至终都是在帮鲍勃。鲍勃的第一张唱片销售情况并不好,第二张也是如此,但艾伯特坚信鲍勃会飞黄腾达,而且他对鲍勃的信任从未动摇过。"鲍勃拥有惊人的天赋,而格罗斯曼则有着一种冷静得近乎无情的商场判断力以及这个年轻人所没有的俗气。两人的结合,既有艺术家,又有经纪人,就像奥德塔说的那样,是"一个强有力的结合体"。

鲍勃对格罗斯曼心存感激,即便是在两人关系处于最黑暗的时期,鲍勃仍很勉强地承认格罗斯曼"在这些年里为我做了很多好事"。但两人的友情结束时却变得非常不愉快。在两人不再存有商业往来之后的第二十年,也就是 1981 年,格罗斯曼向法庭提交诉状,希望鲍勃能返还版税收益。鲍勃则提出了十八条反诉,控告格罗斯曼在两人合作期间对他进行剥削,而且还存在着处理失当的现象。鲍勃反驳了所谓格罗斯曼"发现"了他这一说法,指出在两人会面之前鲍勃就已经获得了一份经纪人合约以及一张录制唱片的合同。"我很容易受到外界的影响。"鲍勃说,"我的商业知识以及商业敏感性近乎为零。"鲍勃觉得格罗斯曼利用了他的天真,正是这让他感到恼怒,而不仅仅因为他经济上蒙受了损失。同时鲍勃也感到遭受了伤害，因为他一直信赖有加的人却背叛了自己。1981年法庭宣布支持他的反诉，鲍勃当庭所做的发言将这一情感表露无遗。当时他看到自己有超过七百万美元的所得被格罗斯曼蚕食。在被问到与格罗斯曼先生来往多长时间时，鲍勃很谨慎地回答道："哦，我并不认为自己了解这个人，了解格罗斯曼先生。"而在另外一段陈述中鲍勃则显得更为坦白："格罗斯曼先是获取了我的信赖和信任，随后便为了自己的利益而滥用彼此间的关系。"

这段以相互讥讽结束的关系开始于1962年8月30日，当时鲍勃与格罗斯曼签订了一份经纪人合同。合同规定格罗斯曼拥有四年鲍勃唯一的经纪权，同时还有一项可延长合同三年的附加选项。合同的意思其实只有一个，那就是无论怎样，鲍勃都只属于格罗斯曼一个人，而格罗斯曼则还可以从事其他的商业活动。格罗斯曼可以从鲍勃的收入中获取20%的基本利润，但在唱片的总收入中格罗斯曼却可以获取25%的利润，这额外的5%就是一笔不小的财富。鲍勃后来宣称当时他只同意付给格罗斯曼20%的报酬（鲍勃这一次又没有去专心审读合同，合同上很清楚地写明格罗斯曼将获得唱片收益的25%）。但即便鲍勃没有仔细审读，单凭这20%报酬的条款就可以指控格罗斯曼，因为这一数值已是《纽约常用商法》中规定的可指控演艺代理人抽取收益比例的两倍之多。而在80年代鲍勃与格罗斯曼互相指控对方期间，鲍勃的律师发现格罗斯曼甚至都还没有取得在纽约担任演艺经纪人的许可。由此可见，整个事件都是违法的。

值得注意的是，几乎就在与鲍勃签约的同时，格罗斯曼也开始构建起了自己的梦之队。格罗斯曼在试过吉布森和坎普后，最终决定围绕科内尔大学毕业生彼得·亚罗[①]建立起属于他的金斯顿三人演唱组。格罗斯曼还挑选了富有吸引力的女歌手玛丽·特拉弗斯[②],她的金发长及腰际。"煤气灯"咖啡馆的主持人诺埃尔·斯托克成为第三位成员。因为"彼得、诺埃尔和玛丽"听起来不是很顺耳,诺埃尔最终同意改名为保罗,就这样,"彼得、保罗和玛丽"合唱组由此诞生。这一团体具有强烈的吸引力,忧郁的外表,再加上悦耳的嗓音,格罗斯曼毫不费劲就从华纳兄弟公司那里获得了一份划算的合同。成功随即接连不断地降临。1962年6月,"彼得、保罗和玛丽"合唱组的首支单曲《柠檬树》在美国《公告牌》排行榜上位列第35位。9月,华纳公司发行的唱片中收录了他们的歌曲《铁锤》,这首歌升至榜单第10位,并且停留在前40名榜单内达两个月之久。但这还只是一个开始。"'彼得、保罗和玛丽'合唱组如同彗星般升上天空,"汤姆·帕克斯顿说,他曾经是斯托克的室友。"这成功来得如此突然,令你难以置信。"

1962年夏天,格罗斯曼与歌曲发行商马库斯·维特迈克音乐公司[③]达成协议,将由他向公司介绍创作人。当时出版公司的创作人都是在纽约百老汇大街1619号布里尔大楼内办公,他们以流水线的方式为歌手们创作歌曲。用通俗点的语言来说,这里就是流行歌曲作家和出版商的集中地。尽管在这道流水线上也涌现了

[①] 彼得·亚罗(Peter Yarrow,1938—),美国著名歌手,20世纪60年代民谣三人演唱组"彼得、保罗和玛丽"的成员。他创作了多首著名歌曲。同时他也是著名的社会活动家。——译注

[②] 玛丽·特拉弗斯(Mary Travers,1936—2009),民谣三人演唱组"彼得、保罗和玛丽"的成员。——译注

[③] 马库斯·维特迈克音乐公司(M. Witmark&Sons),美国重要的唱片发行公司,1886年由马库斯·维特迈克创建于纽约,之后便由其子伊西多尔、朱丽叶斯、杰伊进行运作。马库斯·维特迈克音乐公司最大的贡献,是扶持了一大批自由音乐人,发行和出版了大量不同类型的音乐作品。——译注

不少的优秀歌曲(格里·格芬①和卡罗尔·金②创作的《攀上屋顶》、多克·柏缪斯③和穆特·舒曼④创作的《为我留下最后一曲舞蹈》都是突出的例子),但鲍勃像很多艺术家一样对流行音乐持轻视的态度。在1962年的一次访谈中,鲍勃对这种类型的音乐进行了激烈的嘲讽,说这些歌曲千篇一律,都是"我为你痴迷,你为我痴迷——如此喋喋不休"。鲍勃和柏缪斯、舍尔曼是两种完全不同类型的歌曲创作人,当然鲍勃并没有去竭力创作那种对青少年充满吸引力、能够闯入流行音乐榜单前四十名的歌曲。事实上,鲍勃是那种本质上会毁灭布里尔大楼创作方式的唱片艺术家,因为鲍勃不但自己创作,而且亲自演唱,作为一个榜样,鲍勃激励整整一代艺术家去完成相同的目标。"流行歌曲作家和出版商的集中地已经消失了,是我终结了它。"1985年鲍勃说过这样一句话,其中多少带着一些自负,"现在人们可以录制自己的歌曲了"。在鲍勃事业的起步阶段,格罗斯曼——包括鲍勃自己——一定程度上意识到鲍勃以后可以为其他的歌手创作歌曲。格罗斯曼获得了马库斯·维特迈克音乐公司的授权,可以用 100 000 美元的现金为公司签下创作人,于是他决定花钱将鲍勃由"女公爵"音乐公司转签至马库斯·维特迈克音乐公司。格罗斯曼并没有告诉鲍勃他有这

---

① 格里·格芬(Gerry Goffin,1939—),美国抒情诗人。1990 年因早期的歌曲创作成就而被推选进入摇滚名人堂。卡罗尔·金是他的妻子。——译注
② 卡罗尔·金(Carole King,1942—),美国歌手,创作人,画家。她曾经四次获得格莱美奖,并被推选进入歌曲创作名人堂和摇滚名人堂。——译注
③ 多克·柏缪斯(Doc Pomus,1925—1991),美国 20 世纪布鲁斯歌手,创作人。1992 年他被推选进入摇滚名人堂和歌曲创作名人堂,并且被推举进入布鲁斯音乐名人堂。——译注
④ 穆特·舒曼(Mort Shuman,1936—1991),美国歌手,创作人和画家,他与人合写的多首摇滚歌曲受到多方好评,同时他也创作了多首法语歌曲。——译注

么一笔财富可以操控,反而只给了鲍勃1 000美元,让他拿着钱去"女公爵"音乐公司偿还该公司预支的款项,而预支金额也正好是1 000美元。鲍勃照着他的话去做了,适时地解除了他与"女公爵"音乐公司之间的合同。随后鲍勃与马库斯·维特迈克音乐公司免费签约,他搬进公司位于麦迪逊大街的办公楼,开始为创作的新歌录制唱片样本。鲍勃录制唱片时,马库斯·维特迈克音乐公司的签约创作人坚持要将正对着鲍勃办公室的门关上,他们声称鲍勃歌声中的鼻音让人感到不适,但实际上是因为他们觉察到这个小伙子将会把他们赶出这个产业。

1962年7月1日,《随风而逝》这首歌曲的版权归马库斯·维特迈克音乐公司所有。这首歌可以说是鲍勃歌唱事业的基石,同时也是这位歌手兼创作人创新的催化剂。就在同一天,格罗斯曼与马库斯·维特迈克音乐公司签订了一份合同,这份合同后来被鲍勃称为"秘密交易"。按照合同的规定,凡是格罗斯曼选入公司的音乐创作人,他们为公司所赚取的版税收益,公司将从其所享有的那部分中抽取50%支付给格罗斯曼。这样一来,格罗斯曼不但除了从鲍勃的版税收益中获取固定数额的金钱,还能获得经纪人费用。20世纪80年代鲍勃与格罗斯曼发生纠纷时,最让鲍勃感到难以接受的便是这一间接交易,尽管公平地说,格罗斯曼只是从马库斯·维特迈克音乐公司的份额中抽取了高额收益,这笔钱并不能理所当然地归到鲍勃的头上。鲍勃愤怒地声称,他对格罗斯曼与马库斯·维特迈克音乐公司之间50%的版税收益约定毫不知情(格罗斯曼坚持说曾告诉过鲍勃)。同时鲍勃宣称,对于格罗斯曼曾为与马库斯·维特迈克音乐公司签约一事而支付给他100 000美元的事毫无印象,他仅获得了100 000美元中的1%。鲍勃的律师断言格罗斯曼"蓄意且含有敌意"地隐瞒了合同文本中的重要信息。这种隐瞒的行为激怒了鲍勃,当然,鲍勃本人也是非常注重私密的人。

无论如何格罗斯曼都没有停止过玩弄手腕。其实在他的计划中最终的步骤才是最为巧妙的。按照合同规定,如果"彼得、保罗和玛丽"合唱组选用了鲍勃与马库斯·维特迈克音乐公司共有的歌曲作为主打歌曲,那么格罗斯曼就将获得四倍的收益。格罗斯曼从两组艺人身上赚取经纪人费,除此之外他还从华纳唱片公司为"彼得、保罗和玛丽"合唱组所发行唱片的收益中抽取25%,再加上马库斯·维特迈克音乐公司发行鲍勃歌曲创作版税收益中的50%。就在"彼得、保罗和玛丽"合唱组因演唱鲍勃所创作的《随风而逝》而大获成功时,格罗斯曼也变得和克里萨斯[1]一样富有了。

突然之间金钱变得至关重要起来。某次当鲍勃与彼得·亚罗正在深谈两人的事业发展状况时,马克·斯波尔斯特拉恰好也在鲍勃的住所。"彼得用数学公式向鲍勃解释,他必须创造多少财富才无需再忙于工作,所有的话题都是关于金钱。金钱,金钱,金钱。"斯波尔斯特拉说,"而在几个月前,我们还没有地方睡觉,没有食物填饱肚子。"

苏希当时正在做饭。"我坐在那里感到有些不合时宜,而苏希也有同感。"斯波尔斯特拉说。他记得苏希看上去是那么的忐忑不安。当苏希将做好的汤端进来时,鲍勃刚好挥舞着手臂,汤汁溅在他的衣服上。"鲍勃立刻就暴怒起来,不停地指责苏希,似乎她是有意要让他在彼得面前出丑一般。"斯波尔斯特拉说,"我从不认为苏希是有意那样做的……但鲍勃的偏执性格或是其他特质,

---

[1] 克里萨斯(Croesus,公元前595—公元前574),公元前6世纪吕底亚王国国王,以富有著称。——译注

使得他当时对苏希表现得异常愤怒,这让苏希痛苦不堪,她跑进卧室哭了起来。"

两人之间的关系并没有向好的方向发展,而此时苏希恰好得到了离开鲍勃的时机。她获得机会与母亲一同前往意大利,进入佩鲁贾大学深造。鲍勃并不希望苏希离开他,但苏希还是于6月8日登上了前往欧洲的飞机。

苏希从纽约幽闭的世界中逃了出来,重新获得了自由,她认为自己将与鲍勃的恋情看得太过认真。当时苏希还只有18岁,意大利阳光明媚,乡村景色宜人,她在享受这种自由生活的同时,也在享受着意大利男孩子们热切的关注,特别是恩佐,他与苏希的关系日渐亲密,并且后来在她的生活中占据着举足轻重的位置。而与此同时,鲍勃身在阴冷潮湿、嘈杂刺耳的纽约,不停地写信、打电话给苏希,当他感觉到苏希已经不愿意与他交谈时,鲍勃变得近乎绝望。有一次他甚至在午夜时分打电话给戴夫·范·容克,一边哭一边哀叹,说自己很希望苏希能够回来。

爱情的烦恼反倒使得鲍勃在歌曲创作上有所飞跃,他创作完成了两首歌曲,这两首歌可以称得上是他描写恋情最为出色的作品。《无需再想,到此为止》的描写非常隐晦,所以大可将其简单地视为一首情歌。歌曲表达了主人公对所爱的人的渴望和怨恨。从内容来看,很难不让人去联想到歌曲所描写的对象正是鲍勃打算迎娶的苏希。他将自己每件心爱的东西都给了她,甚至就连自己的真心也都交付给她,可她却想要得到他的灵魂。这种恋情是在浪费他宝贵的时间,但她却不再重新考虑,只是到此为止。这首歌曲最伟大的地方是在语言的巧妙运用上。"无需再想,一切到此为止"这句歌词既可以以一种放弃的情绪来演唱,也可以以一种掺杂着痛苦和遗憾的含混情绪演唱。很少有人能像这位遭受了挫折的情人那样,将怀有的矛盾情绪充分地表现出来,而这首歌的效果也远远超出了鲍勃最初想宣泄痛苦的初衷。这是一首每个人都会有所感悟、心领神会的歌曲。第二首描写苏希离去所引发感悟的重要歌曲是《明天太遥远》。爱情让歌曲中的主人公感到很不舒服,因为感受不到爱人的心跳他难以入眠,因为难以倾诉心中的痛苦他变得无法言语。自然界的美丽景色对他而言毫无乐趣,在他面前延伸下去的是一条孤独的"没有尽头的路"。

这些歌曲要远胜于鲍勃此前创作的歌曲,而与他此后创作的歌曲相比则同样优秀。吉他演奏家布鲁斯·兰亨[1]说:"鲍勃正开始施展自己的才能",那年秋季鲍勃在录制第二张唱片时曾与他共事。鲍勃已不再是格斯的简单模仿者,也不再是二流的滑稽歌曲、时事歌曲创作人。他变成了一位伟大的歌曲创作人,将富有深意和诗情的语言带入流行音乐中,现在这种转变已经展开,而他自己也已经无法停住前进的脚步了。"鲍勃在任何场所都埋着头创作歌曲。"马克·斯波尔斯特拉说,"他随意地在某个货摊或是在'杰德民谣城'里进行创作,其他人都在闲聊、喝酒,而他就坐在那里不停地在餐巾纸上写歌。可你还不能打断它。有某种东西在驱动着他,显然鲍勃获得了灵感。"

1962年8月,鲍勃从明尼苏达州旅行归来后前往纽约最高法院,将自己的名字由罗伯特·艾伦·齐默尔曼改为了鲍勃·迪伦。

对于大多数成功人士而言,获取意外财富的运气是至关重要的因素,而鲍勃正是在这样一个幸运的时刻,以一个成熟的歌曲创

---

[1] 布鲁斯·兰亨(Bruce Langhorne,1938—),美国民谣音乐家。他在20世纪60年代的格林威治村民谣界活跃一时。——译注

作人的身份出现在世人面前。正当21岁的鲍勃潦草地在十美分记事簿上写歌时,美国进入了一个剧烈动荡、社会变化的历史时期。

1962年夏,马丁·路德·金①博士在佐治亚州奥尔巴尼因争取强化民权而入狱。9月,在共产党控制的古巴群岛发现了苏联部署的导弹,而美国本土正处于导弹的打击范围内。肯尼迪总统宣称,他将运用一切所能采取的措施抗击古巴人的进攻,国会也授权肯尼迪总统可召集预备役士兵。苏联的领导人尼基塔·赫鲁晓夫②则发出警告,声称对古巴发动的攻击将会导致一场核战争。此时鲍勃已到了服兵役的年龄,他的一些朋友也早就在军中服役,然而这一恐怖事件却很快平息了。鲍勃在威维·格雷那架破旧的雷明顿打字机上创作完成了《暴雨将至》,歌曲对核战争所引起的灾难进行了噩梦般的描述。鲍勃称这首歌是"一首绝望的歌曲……一首恐怖的歌曲"。原子雨过后只留下毫无生气的土地,树木流淌着汁液,道路被炸得扭曲变形,海洋死气沉沉,女人身陷火海,孩子被狼群包围着……歌曲创作者将内心的恐惧都浓缩在歌词当中。鲍勃后来曾说,他在创作每首歌时都是不假思索,几乎没有时间记录。"鲍勃敲击着打字机,那首歌倾泻而出。"格雷说,"歌

---

① 马丁·路德·金(Martin Luther King, Jr., 1929—1968),美国著名社会活动家。1948年大学毕业后前往费城深造。1963年晋见肯尼迪总统,要求通过新的民权法以给予黑人平等权利。1968年4月,在前往孟菲斯领导工人罢工时被人谋杀。——译注

② 尼基塔·赫鲁晓夫(1894—1971),苏联重要领导人,曾担任苏联共产党中央委员会总书记,苏联部长会议主席等职务。赫鲁晓夫于1956年的苏联共产党第二十次代表大会中发表了"秘密报告",对约瑟夫·斯大林展开全面批评,震动了社会主义国家阵营,引发东欧的一系列骚乱。任期内,他实施去斯大林化政策,为大清洗中的受害者平反,苏联的文艺领域获得解冻。同时他积极推行农业改革,使苏联的民生得到改善。——译注

曲从他的脑海中喷涌而出，就像梵·高作画时一样。"

歌曲完成后鲍勃抓着歌谱跑出工作间，匆忙地赶往"煤气灯"咖啡馆演唱。《暴雨将至》立刻引起轰动。鲍勃来到后台，汉密尔顿·坎普请他对和弦部分进行调整。"他向我做了演示，我立刻了解了他的意思，随即便开始着手此事。"到了 10 月，导弹所引发的危机已渐渐远去，格林威治村的音乐家们开始演唱新歌，这其中包括里奇·哈文斯和皮特·西格。"《暴雨将至》这首歌可以称得上是我最喜欢的音乐作品。"西格说，"我想，这首歌要比鲍勃其他作品传唱得更久。"

10 月 28 日，赫鲁晓夫宣布苏联位于古巴的导弹基地将被拆除。此举对于西方世界的人们来说，可以说是减轻了他们的痛苦，而美国也赢得了冷战的胜利。即便如此，空气中仍存留着噼啪作响的电流声。鲍勃属于那种把握住时代脉搏的艺术家，而在此后的岁月中他也一如既往。"在鲍勃的歌词中，现实发出了振聋发聩的声音。"阿洛·格斯说，"这并非仅对我一人如此，对整整一代人都是如此。"

民谣音乐界最重要的刊物《引吭高歌!》[①]以鲍勃的照片作为秋季刊的封面。杂志上的鲍勃看上去就像是詹姆斯·迪安，猛地吸了一口香烟。尽管在最近几个月里鲍勃充分展现出了自己的才能，但在采访中谈及他创作的新歌时鲍勃却表现出了让人惊讶的谦逊。"那些歌曲就在那里。它们都各自存在，只静待人们将其记录下来。而我只是将它们记录在纸上而已。"鲍勃说，"如果我不去做这件事，也还是会有其他人做的。"这并非是为了搪塞出版媒体

[①]　《引吭高歌!》(Sing out!)，美国一份民谣音乐与歌曲的季刊，创建于 1950 年。其主旨是保留各种传统民谣音乐的差异性与共存性，鼓励音乐人创作民谣歌曲。——译注

而伪装出的虚假谦逊。这恰恰是鲍勃与朋友交谈时所采用的亲密方式,他一生都始终坚持着这种交流方式,而这种从未改变的信任也就是一种忠诚。鲍勃清楚地感觉到歌曲是从其他地方进入他的脑海,多年后鲍勃趋向于相信这些歌曲是上帝赐予他的。"他觉得自己不是在写歌,而只是将它们记录下来。"汤姆·帕克斯顿说,"它们都静候在那里等着他人去捕获。"

导弹危机发生前不久大卫和格丽塔尔·惠特克来到纽约。9月22日下午他们在格林威治村与鲍勃碰了面。当天天空阴暗,但鲍勃却戴着一副太阳镜。"博比,你为什么要戴上一副太阳镜?"格丽塔尔问道。

"这样的话人们就认不出我来了。"鲍勃解释说。

格丽塔尔心想,鲍勃大概是发疯了。三人买了三明治,随后前往鲍勃的住所。吃东西时鲍勃告诉朋友们,晚上他要在卡内基音乐厅演出。这是《引吭高歌!》杂志举办的年度民谣演唱会,由皮特·西格组织。鲍勃说演唱会门票都已经卖光了,但他有办法将两位朋友带进去。

惠特克夫妇共同出席了这场演唱会,这样就能欣赏到不同风格的音乐家的表演。当皮特·西格宣布有一位特别来宾时,两人都全神贯注地望着舞台。这位特别来宾正是鲍勃,正是惠特克夫妇在狄克町结识的小伙子——尽管他现在已经有所变化。格丽塔尔说:"鲍勃走上舞台,全场欢呼雷动。那绝对是在吼叫。"她惊讶地朝着丈夫转过身,眼中涌动着泪水。对鲍勃·迪伦有如敬神般的顶礼膜拜开始了。

第四章

崇　拜

艾伯特·格罗斯曼成为鲍勃的经纪人之后，与哥伦比亚唱片公司之间发动了一场旷日持久的战争。这场战争持续了整整七年，在此期间鲍勃也成了一位集演唱与创作于一身的艺术家。格罗斯曼先是抱怨哥伦比亚唱片公司没有全力推广他旗下的艺术家。正是出于这一原因，格罗斯曼要求自己的律师大卫·布劳恩草拟一份"废除"信函给哥伦比亚公司，阐明他们之间的合同是不完整的，因为鲍勃签署合同时还未到21岁。格罗斯曼的意思是想要重新展开谈判。约翰·哈蒙德对他的被保护人以这种方式使自己身陷窘境而感到恼火，他把鲍勃喊进办公室，成功地让鲍勃签下一份重申协议——现在鲍勃已经达到了法定的年龄——这就意味着鲍勃同意遵守最初的合同。哈蒙德的这一举动打乱了格罗斯曼与布劳恩的计划。"自从迪伦先生通过律师发出'废除'信函并随即签署重申协议之后，他们就再没有与我联系，我认为这是违背伦理道德的行为。"布劳恩说。当时他刚被介绍给鲍勃（在介绍两人认识之前，格罗斯曼对布劳恩说，即将与他会面的人是"下一个弗兰克·辛纳特拉"，而布劳恩随后也就成为鲍勃最亲密的顾问之一）。无论怎样，与哥伦比亚公司之间发生的小冲突也带来了一些积极成果。布劳恩说："从那一刻开始，哥伦比亚唱片公司的态度开始倾向于鲍勃,他们开始大力推广鲍勃的唱片。"

格罗斯曼随即决定摆脱约翰·哈蒙德的束缚。两人之间的差异很大。哈蒙德是一位美国上流社会的唯美主义者,他在录制唱片的过程中毫不拘束,常常一边跷着腿坐着,一边阅读《纽约人》杂志。格罗斯曼则是有着灰色背景的犹太企业家,他在短时间内就成为百万富翁。但要想将哈蒙德排除在外并不容易。哈蒙德在哥伦比亚唱片公司内部是一个富有传奇色彩的人物,而且他还与董事长的姐姐结了婚。因此格罗斯曼下决心要让这位制作人的人生变得痛苦不堪,以便最终迫使他离开。

鲍勃和约翰·哈蒙德雇佣的录音工作音乐人从 1962 年 4 月起就开始为鲍勃的第二张唱片《放任自流的鲍勃·迪伦》挑选适合的曲目,断断续续的录音工作一直持续到秋季。在翻唱传统歌曲《克瑞娜,克瑞娜》时鲍勃雇了一位鼓手、一位贝斯手以及一位吉他手担任伴奏。而现在格罗斯曼则提出建议,希望能组建乐队为鲍勃的新歌《混乱》配乐。提议本身是合理的,但格罗斯曼却想要这支乐队演奏迪克西兰①风格的音乐。哈蒙德被这一蓄谋的、带有挑衅意味的建议惊呆了,但还是在唱片中的个别部分进行了尝试。然而这些尝试毫无效果,哈蒙德最终在录音棚里冲着格罗斯曼的合伙人约翰·考特大发雷霆。鲍勃心灰意冷地走出了录音室。之后不久哈蒙德便辞去了唱片录制中的职务。"格罗斯曼恨我父亲。"小约翰·哈蒙德说,"而父亲之所以会急流勇退,大概是因为他无法为公司获取重金,而艾伯特则能直接赚来大笔的金钱。"

---

① 迪克西兰(Dixieland),原意为"军队露营之地"。这种音乐带有浓重的进行曲风格,通常在婚礼、节庆、舞会、游行、酒吧甚至严肃的葬礼上表演。它的取材大都来自布鲁斯、进行曲和当时的流行音乐,许多乐队将乐曲的某一小乐段都拿出来做集体的即兴演奏,创造出一种令人振奋的音乐效果。——译注

哥伦比亚唱片公司的主管随即找来了另外一位制作人与格罗斯曼、鲍勃共事，但双方已经存有裂痕。在此期间——也就是1962年12月14日——曲风活泼的《混乱》作为鲍勃的首支单曲发行。《混乱》听起来很像埃尔维斯·普雷斯利早期在太阳唱片公司推出的歌曲，这首单曲彻彻底底地失败了。

鲍勃因为录音棚中的难题而暂时淡忘了自己的女朋友，此时苏希·罗图洛仍待在意大利。圣诞节来临之际，鲍勃受邀离开美国飞往英国，出席英国电视台的一档节目。英国电视台主管菲利普·萨维尔[1]欣赏了鲍勃在格林威治村的演出之后突发奇想，觉得鲍勃适合在《城堡街精神病院》[2]中扮演一名无政府主义学生。根据萨维尔的回忆，格罗斯曼因为希望鲍勃能够"增强演艺方面的技能"，所以同意了这一想法。依照合同条款，格罗斯曼可获得"活动照片或是录像带一类产品"所产生利润的25%，而鲍勃也同意了这一点。因此，如果格罗斯曼的被代理人能作为演员开创出第二事业的话，那么格罗斯曼将获利匪浅。同时，格罗斯曼告知萨维尔，按照此前签署的合同鲍勃将在德国举办一场演出[3]，所以如果想邀请鲍勃参加拍摄，BBC需要在支付前往英国的飞机票钱之外再加一笔费用。

这是鲍勃第一次出国旅行，他发现伦敦是一座让人心潮澎湃

---

[1] 菲利普·萨维尔（Philip Saville，1930—　），英国演员，20世纪50年代开始步入电视编导领域。20世纪60年代执导数个重要的电视节目，例如《城堡街精神病院》、《一夜外出》等。——译注

[2] 《城堡街精神病院》（The Madhouse on Castle Street），英国的一部电视节目，1963年1月13日晚由BBC播出，是"周日晚间剧场"系列中的一部。——译注

[3] 这有可能只是格罗斯曼谈判时的一个话题而已，迪伦在德国的演出并没有录像存留。——原注

的城市,这里正受到兴起于时尚界与音乐节的复兴运动影响,变得充满生气。"鲍勃喜欢这座城市。他非常喜欢伦敦。"萨维尔说,他领着鲍勃在卡尔纳比街①购物,同时邀请鲍勃前往他位于伦敦北部汉普斯特区的家中参加家庭聚会:"鲍勃想去逛街。说起'浏览'伦敦,那么在街头闲逛也应算作其中一项。这是冒险历程的组成部分。"萨维尔觉得鲍勃非常好奇,同时也是一位可爱的客人。鲍勃每天充实地生活着,有时早晨三点就跑出来用餐。萨维尔说:"他就寝的时间、夜间、日间都毫无区别,都是一样的。"一天早晨七点,萨维尔迷迷糊糊、磕磕绊绊地从卧室走出来,竟然看到鲍勃正坐在楼梯上为萨维尔的两名西班牙互惠生演唱《随风而逝》。鲍勃有时还会抽大量的大麻烟。有一次,萨维尔原以为鲍勃走失了,但随即却在距离住所所在地佛恩克罗夫大街两条街远的地方发现了鲍勃,此时鲍勃知觉全无地躺在一辆轿车下。"我猜当时一定是下雨了,所以鲍勃必须找个棚子躲雨,结果就钻进了轿车下面。"后来鲍勃搬到位于伯克利广场豪华的美菲旅馆暂住,住宿费用均由BBC支付,鲍勃常常像是在街头弹唱一样,竟然坐在大厅里弹起吉他,这让旅馆的管理人员惊诧不已。

鲍勃花时间走访伦敦各家民谣俱乐部,像是"行吟诗人"俱乐部、"帝后"俱乐部、"歌手"俱乐部(后面一个俱乐部是在位于格雷旅店路的"威克菲尔德的品达"出版社举行的传统性晚会地点)。12月22日,鲍勃在"歌手"俱乐部演出。俱乐部中地位较高的两位是伊万·麦考②(曾创作歌曲《肮脏的老城》和《想起初见时》)和他的妻子佩姬·西格(皮特·西格的同父异母妹妹)。两人都是死

---

① 卡尔纳比街,伦敦 20 世纪 60 年代的时尚发源地,购物中心。——译注
② 伊万·麦考(Ewan MacColl,1915—1989),英国著名音乐家,被尊称为"英国民歌之父"。——译注

板的传统主义者,所以他们接待鲍勃时显得并不友好。"鲍勃吞吞吐吐,敬畏地低头盯着双脚,像是在为自己贸然来到此地而感到歉疚。"佩姬·西格说,"手中没有麦克风的鲍勃似乎变得手足无措,就和许多美国表演者在我们这里的不插电俱乐部中演出时一样。伊万和我当时都表现得有些冷淡,也许我们的确没有表露出太过欢迎的意思。"鲍勃与民谣歌手马丁·卡西①之间的碰面则显得友好得多,也正是从马丁·卡西那里鲍勃学到了英国传统歌曲《斯卡保罗集市》和《富兰克林爵士》。

萨维尔刚把鲍勃带进电视台摄影棚,他就立刻觉察到这位古怪的年轻民谣歌者并不是天生的演员。鲍勃对需要牢记台词这点感到非常不适应,声称他宁愿通过歌曲来介绍自己;他守时观念很淡薄,彩排时经常迟到;而且他还有溜出去抽大麻烟的习惯。最后菲利普不得不另雇一位演员去分担鲍勃长段的无政府主义演讲台词,鲍勃转而扮演与他本性相近的角色。这个人物名字就叫博比,在剧中演唱了包括《随风而逝》在内的多首歌曲。很难说如此折腾一番是否就一定能制作出好的电视节目,因为《城堡街精神病院》的录影带在BBC播出后不久就被洗掉了。但在萨维尔的印象中这档节目的反响还是很好的。

节目录制完成后,鲍勃前往罗马与格罗斯曼会合,后者此时正与奥德塔结伴旅行,玛丽·特拉弗斯也在旅行团队中。一行人走进夜总会,鲍勃甚至还想一展舞姿,他们还长途跋涉前去参观罗马

---

① 马丁·卡西(Martin Carthy,1941—),英国著名的民谣音乐家,曾在歌曲收集和创作、配乐的编辑等诸多方面做出突出的贡献,推动了英国音乐的发展。——译注

遗迹。就在几个人正在观看马库斯·奥勒琉斯①统治时期留下的遗迹时，一位意大利女子走上前来，大大咧咧地说想让鲍勃做她的情人，这段小插曲使大家的心情变得异常愉快。"我想她们并不知道我们是谁，而她只是走过来，想要得到这个小伙子而已！"奥德塔说，"我相信鲍勃除了有专属的歌迷俱乐部之外，还有追捧他的妇女俱乐部，而这个俱乐部成员人数众多。"虽然鲍勃一直都为偶然结识新的女友而感到愉悦，但与苏希之间的裂痕却仍在困扰着他。苏希在上一年夏季便来到了意大利。身处异国他乡的鲍勃为苏希创作了名为"西班牙皮靴"的重要情歌作品。但具有讽刺意味的是，虽然鲍勃自始至终都纠结于这段感情，但他根本就没有机会在意大利与苏希重逢——因为她已于此前不久返回纽约了。

1963年1月14日鲍勃飞回伦敦，他和朋友埃里克·冯·施密特、理查德·法瑞纳②参加了一场醉醺醺的录音工作。他们在位于查令十字街的杜贝尔唱片店地下室制作完成了一张唱片。鲍勃拎着一大包黑啤酒跑了过去。他喝了很多酒，以至于当晚在"行吟诗人"俱乐部表演时几乎从舞台上跌落下来。鲍勃再次与马丁·卡西相遇，他告诉朋友，自己按照《斯卡保罗集市》的曲调创作了一首新歌。歌曲的名字叫做"来自北国的女孩"，它将作为唱片《放任自流的鲍勃·迪伦》中的主打歌曲推出，这首歌很快便成为鲍勃创作的名曲之一。《来自北国的女孩》带有自传体的色彩。北国靠近边境，河流被冷空气冻结，这很可能指的就是明尼苏达州，而人们最想知道的还是歌曲中所唱的是他的哪一位女友。当然，

---

① 马库斯·奥勒琉斯(Marcus Aurelius, 121—180)，斯多葛学派著名哲学家，古罗马帝国皇帝。——译注
② 理查德·法瑞纳(Richard Farina, 1937—1966)，美国作家，民谣歌手。在20世纪60年代早期及中期的民谣摇滚界声名显赫。——译注

埃克·哈尔斯多姆的确是身处北国的女孩子，而鲍勃后来的一些举动也使得埃克产生了这首《来自北国的女孩》是为她而作的印象。但毫无疑问，每个女人都会为有人为她写歌而感到高兴，鲍勃的另一位来自北国的女友邦妮·比彻也有着相同的想法。邦妮认为歌中"穿得是那么温暖"这句歌词就是暗指她与鲍勃约会时穿着软毛衣领外套。"对于某些人而言，这首歌曲写的是谁似乎非常重要。"邦妮说，"我曾遇到过一个女人，她因为想知道我是否就是那个来自北国的女孩而对我发起攻击。"1963后，当鲍勃应奥斯卡·布兰德的邀请在一档电台节目中唱这首歌时，他明确指出，这首歌描写的只是一位理想化的女性，他说："这首歌曲是献给所有的北国女孩。"这一解释同样令人难以置信，创作这首歌时鲍勃对苏希的牵挂并非只有少许，从前一年夏天开始他就一直苦恼不堪了。

自从鲍勃确信苏希已经离开自己之后，他便开始不知疲倦地与其他的女人调起情来。鲍勃在与女性交往的过程中始终都是一个浪漫的人，因此部分女性会觉得他非常迷人，这最终导致鲍勃在成年早期就成了玩弄女性上了瘾的登徒子，而这一特点也存在于他的整个人生历程之中。像是苏希不在身边时，他和梅维斯·斯坦普利斯①之间便产生了柏拉图式的恋情。梅维斯·斯坦普利斯是由一个家庭组建起来的福音团体"斯坦普歌者"中的成员。1962年两人经由罗伯特·谢尔顿介绍相识。梅维斯是一位漂亮的非洲裔美国人，是流行音乐领域最出色的女低音歌手之一，听众从她这里可以同时获得精神与情色两方面的享受。鲍勃很快便坠入爱河，他甚至还跑去拜访了这个家庭的家长诺巴克·波普斯·斯坦

---

① 梅维斯·斯坦普利斯（Mavis Staples, 1939—   ），美国节奏布鲁斯和福音歌手，民权活动家。——译注

普利斯[1],他问道:"波普斯,我能迎娶梅维斯吗?"

"不要问我,去问梅维斯。"波普斯回答。鲍勃的想法并没有让他感到高兴。很明显,梅维斯也是如此,她并没有接受鲍勃的求婚。虽然遭到拒绝,两人此后仍是朋友。

1963年1月,鲍勃与苏希在纽约重逢。很快苏希就发现自己又被拖回到了那种沉重的关系之中,而这种关系她曾经努力尝试着去摆脱掉。如今的鲍勃已经声名远扬,因此苏希想要保持个人爱好就变得尤为困难。"我从意大利回来后便被陌生人围了起来,这些人就这样走进了我的生活。"苏希说,"一些人因为我在'鲍勃人生最重要的时刻'离他而去感到愤怒。而我就是'那个离他而去的女人'。"一天晚上,当苏希就在俱乐部里时,有个歌手情绪激动地唱起了《无需再想,到此为止》,苏希理所当然地认为这是针对她的。

尽管苏希因鲍勃的声名日隆感到心力交瘁,但当哥伦比亚唱片公司需要为鲍勃的新唱片《放任自流的鲍勃·迪伦》准备封面照片时,她还是同意与鲍勃一同进行拍摄。画面上的苏希假依在鲍勃的臂膀中,冬日午后昏暗的阳光照射着他们,两人在冰雪覆盖的格林威治村褐色砂石建筑物中漫步。这成为20世纪60年代最令人难以忘怀的唱片封面之一。而这也让苏希长期备受关注。"如果不是出现在唱片封面上,大概就没有人知道这些歌曲究竟写的是什么了。"她说,"你看,这故事就隐藏在歌曲中。他写的每一首歌都是关于我的。所有一切表露无遗。"

就在鲍勃与心爱女友相拥的照片出现在唱片封面上时,精彩

---

[1] 诺巴克·波普斯·斯坦普利斯(Roebuck "Pops" Staples,1914—2000),美国灵歌与节奏布鲁斯音乐家,20世纪六七十年代最关键的灵歌歌手。同时他也是一位多才多艺的歌曲创作人,吉他演奏家和歌手。——译注

的歌曲灵感也随之轻而易举地显现在他的头脑中,鲍勃步入了早期事业的黄金阶段,几乎每个月他都有新作成功面世。1963年4月12日,鲍勃第一场重要的个人演唱会在纽约市政厅举行,这次演出是由哈罗德·莱文塞尔运作的。尽管门票并没有销售一空,但演出还是取得了成功。演唱会中的亮点包括情歌《明天太遥远》①以及尖刻的反战歌曲《上帝站在我们一侧》。演唱会以鲍勃的诗朗诵《追思伍迪·格斯》收尾。这段诗朗诵是鲍勃对心目中英雄的颂扬,但同时也象征着格斯在他思想上占主导地位的人生阶段已经结束。鲍勃此前从未在舞台上朗诵过,手中没有了吉他的陪伴,他显得很不适应。在朗诵的开始阶段鲍勃显得很费力,他向听众坦白自己被要求用二十五个词来描述格斯在其音乐生涯中的意义。但他很快便发现这是根本不可能完成的任务,所以最后他写了整整五页纸,而这就是即将念给听众们的五页文字。史诗般的演讲以在日落时分的大峡谷唤来格斯的英魂结束,听众们爆发出热烈的掌声。"鲍勃有着非凡的魅力。"简·特拉姆说,她是鲍勃在格林威治村结识的朋友哈皮·特拉姆的妻子。简与出席演唱会的部分听众有着同样的感受,她觉得这场演唱会对于鲍勃而言是一个转折点,或许从这一时刻开始鲍勃就成为明星。他从高中组建乐队时便显露出来的自信,再加上现在所具有的成熟台风、优秀的原创歌曲,所有的有利条件都在恰当的时刻汇聚在一起,这使得人们在欣赏鲍勃的舞台演出时会突如其来地感到激动人心。正像简所说的那样,即便多年后她再次回想起当时的场景仍是激动得颤抖不已,"这样的情况此前从未有过"。

---

① 该歌曲录制并收录在1971年的双碟唱片《鲍勃·迪伦金曲第二辑》中。——原注

电视台主管们对鲍勃参与电视节目的兴趣日渐强烈。1963年初,鲍勃在回希宾城探家期间曾前往母校,邀请老师伯尼菲斯·J.诺夫森注意收看5月12日的《爱德·沙利文秀》节目,届时鲍勃会出现在节目中。但当诺夫森和希宾城其他人当晚将频道调至哥伦比亚广播公司电视台时却并没有看到鲍勃的身影。在彩排过程中,电视台方面要求鲍勃不得演唱带有讽刺意味的歌曲《谈妄想症患者约翰·伯奇布鲁斯》,因为这首歌的歌词将约翰·伯奇协会描写成同情阿道夫·希特勒政治观点的组织。哥伦比亚广播公司电视台害怕因此而引发诉讼。与其变更自己的演唱曲目,鲍勃宁可不参加这档节目。鲍勃在选择出镜时是有其原则性的,媒体的覆盖率便是他考虑的因素之一,这就使得电视台的行为显得有些愚蠢。后来鲍勃在某次演唱会中对这一事件加以影射。"这就是《谈妄想症患者约翰·伯奇布鲁斯》。"鲍勃在10月26日卡内基音乐厅的演唱会上对听众们说,他的话随即被欢呼声打断,"这首歌并非毫无过错。"

就在鲍勃与《爱德·沙利文秀》发生论战时,唱片《放任自流的鲍勃·迪伦》的三百份拷贝已经被分发至各大音像店。哥伦比亚公司将这些唱片重新召回,并且对歌曲的顺序进行了调整。公司之所以会在销售前做出如此举动,很可能是因为公司内部已经开始有人注意到了唱片的歌曲有可能导致发行方被追究诽谤罪。包括《谈妄想症患者约翰·伯奇布鲁斯》在内的四首歌在鲍勃新的制作人、32岁的爵士乐专家托马斯·威尔逊[①]的指示下被换掉。尽管鲍勃最初对改动唱片曲目的要求感到愤怒,并且不断向哥伦比

[①] 托马斯·威尔逊(Thomas Blanchard Wilson Jr.,1931—1978),美国著名唱片制作人,曾经与鲍勃·迪伦、"地下丝绒"乐队、"西蒙与加芬克尔"演唱组合作录制唱片。——译注

亚广播公司电视台副总裁克莱夫·戴维斯抱怨,但考虑到自身的最终利益,他最后还是做出了调整,将更优秀的作品加进了唱片。这其中包括鲍勃最好的两首新歌——《来自北国的女孩》以及可算作鲍勃最出色的反战歌曲《战争主宰》。

《放任自流的鲍勃·迪伦》的唱片封套说明由鲍勃的记者朋友纳特·亨托夫[①]撰写,他简要地对《战争主宰》这首歌进行了说明。《战争主宰》这首歌大致创作于1962年至1963年的冬季,歌曲灵感来自冷战联盟的建立。但《战争主宰》这首歌曲与鲍勃部分佳作有着相同的特点,那就是超越了创作歌曲时所处的时代。越战时这首歌被赋予了更为丰富的含义,即便是到了三十年后的1991年海湾战争阶段,这首歌曲仍具有现实意义。歌曲发出的呼吁部分体现在歌词所含有的无情和愤怒的情绪中。在歌词最后一节,鲍勃写出了希望好战分子全部灭亡一类的话,到时他就会站在好战分子的墓穴旁,一直待到好战分子消逝后心感满足为止。这种激烈的话语形式成为鲍勃成熟风格的一个特点,同时也是他区别于民谣复兴运动理想主义者的一种特质。朱蒂·柯林斯在录制另一个版本的《战争主宰》时,去掉了结尾处带有攻击性的词语,鲍勃认为此举导致歌曲失去了特点。但不是凭一首歌——即便是像《战争主宰》这样充满力度的歌曲——就能对鲍勃的歌曲创作做出某种限定。他对创作揭示社会热点的歌曲充满兴趣,但同时也对创作情歌和滑稽歌曲情有独钟。如果像媒体那样仅将鲍勃简单地界定为"抗议歌手",那就真的是低估他了。

就在鲍勃以年轻人的视角创作出许多优秀歌曲的同时,他也

[①] 纳特·亨托夫(Nathan Irving "Nat" Hentoff, 1925—),美国历史学家,小说家,爵士乐与乡村音乐评论家。——译注

因在《战争主宰》中采用了其他音乐人的旋律而受到责难。资深民谣歌手吉恩·里奇①认为鲍勃选用了她的改编歌曲《晴朗的诺塔玛恩城》的曲调,她曾在家中演唱过这首歌。"鲍勃创作这首歌时他并没有意识到这一点。"里奇说,"有时人们会做出这样的事……我并不认为他是想从别人那里获取素材。"吉恩只是希望鲍勃能认可自己对改编歌曲的所有权。作为一种补偿,鲍勃的律师付给吉恩5 000美元解决此事,并让她答应不再提出其他的要求。正因此现在全世界的人都认为这首歌是完全属于鲍勃个人所拥有的。

唱片《放任自流的鲍勃·迪伦》发行之前,鲍勃于1963年5月中旬飞往加利福尼亚州参加蒙特雷民谣音乐节,琼·贝兹与他同台演唱了歌曲《上帝站在我们一侧》。此时贝兹正处于事业的巅峰期,她成为1962年11月《时代》杂志的封面人物。音乐节过后,贝兹与鲍勃一同沿海岸旅行,前往她位于卡梅尔城风景独特的住所。两人之间的恋情成为十年中最为著名的情事之一,而此次旅行也就成了这段感情的开端。"琼疯狂地爱着鲍勃。"琼的妹妹米米说,"而且按她通常的行事方式,琼对所迷恋的人会百分之百地予以关注。"5月底,唱片《放任自流的鲍勃·迪伦》公开发行,鲍勃此时正在卡梅尔。之后他飞回家中陪伴苏希。很快,关于鲍勃与贝兹之间恋情的谣言便传进了苏希的耳中。事实上,当鲍勃和苏希两人在纽约时,他们的朋友基诺·福尔曼就曾极为轻率地问过鲍勃,"你现在还和琼做爱吗?"与此同时苏希也可能已经听说了鲍勃向梅维斯·斯坦普利斯求婚的事。这些事动摇了两人的感情,同时也在折磨着苏希。

---

① 吉恩·里奇(Jean Ritchie, 1922—),美国民谣歌手,扬琴演奏家。——译注

《放任自流的鲍勃·迪伦》是鲍勃首张重要唱片,其中收录了五首经典歌曲。单凭第一首歌《随风而逝》即可确保这张唱片在音乐史上的地位。多年后,当鲍勃与艾伯特·格罗斯曼发生纠纷时,鲍勃认为唱片正是因为收录了这首歌才会取得成功:"尽管当时我并不知情,但唱片注定会取得巨大的成功,因为这张唱片收录了歌曲《随风而逝》。"但《放任自流的鲍勃·迪伦》中并非只有这么一首佳作。排在《随风而逝》之后的便是动听的《来自北国的女孩》,再后面则是情绪激昂的《战争主宰》。唱片第一面的最后一首歌是杰作《暴雨将至》。第二面的第一首歌曲是传唱不衰的《无需再想,到此为止》。这五首歌曲成为鲍勃演出时保留曲目的主体。唱片收录的其他歌曲也都有着非常高的水准,其中包括布鲁斯歌曲《沿途》,这首歌曲描写了鲍勃与苏希分离时渴望见到她的心情。除此之外还有听起来让人心情愉悦的歌曲《我将自由》。肯尼迪总统后来曾打电话给鲍勃,问他怎样能促进国家的发展。作为答复,鲍勃给肯尼迪总统列出了一份杰出女性的名单,其中包括碧姬·巴铎、安妮塔·艾克伯格[1]以及索菲亚·罗兰[2],鲍勃叹着气诙谐地说:"这样一来国民就能生养。"在《放任自流的鲍勃·迪伦》中经典歌曲与分量较轻的歌曲保持着良好的平衡,这使得唱片百听不厌,丝毫不会让听者产生厌倦情绪。尽管唱片发行后各方评价不一,但它仍能经受得住时间的考验,成为鲍勃职业生涯中的杰作之一。鲍勃一生经常演唱《放任自流的鲍勃·迪伦》中的歌曲——从这点上可以看出,他对自己的这张唱片深感自豪。

---

[1] 安妮塔·艾克伯格(Anita Ekberg,1931—),瑞典模特,20世纪60年代的性感偶像,代表作为《甜蜜的生活》。——译注

[2] 索菲亚·罗兰(Sophia Loren,1934—),著名影星,代表作为《卡桑德拉大桥》、《血染西西里》、《第二个月亮》等。——译注

人们常将《放任自流的鲍勃·迪伦》中收录的《随风而逝》及其他歌曲与美国改良运动斗争联系起来,但鲍勃既不掌握有关种族隔离的一手资料,也没有形成对当时社会状况的基本观点,更未曾探访过南部地区。但这些并未使鲍勃失去民谣音乐领域中的朋友。此时美国学生非暴力统一行动委员会正在美国南部组织投票人集会,要求给予非洲裔美国人选举权。7月间,在密西西比州格瑞伍德也举行了集会。西奥多·皮凯①、"自由歌手"演唱组②以及皮特·西格都确定将出席集会。皮凯建议艾伯特·格罗斯曼也让鲍勃加入他们的行列。"只有当你身在其中时,所观所感才会是不一样的。"皮凯对格罗斯曼说,"我想鲍勃会去的。"

"他是不会去的。"格罗斯曼反驳道,"因为所需费用太高了。"

"我告诉你应该怎么做。"皮凯签了一张支票,随后提出建议,"拿着这笔钱去给鲍勃买张机票。别告诉他这钱是哪里来的,只告诉他说现在是了解南方的时候了。"

迪伦与皮凯一同由纽约乘坐晚班飞机离开,中途在亚特兰大换机。当飞机降落在密西西比州杰克逊城时,鲍勃正忙着在信封背面写歌词。他们在杰克逊城与两位民权工作者碰面后乘车前往格瑞伍德,当晚就在一所教堂的阁楼上过夜。早晨,当汽车驶往三英里外的集会现场时,两人平躺在车内。"如果警察发现车里混坐着白人和黑人乘客,那就表明所载的是民权工作者。"皮凯说,"他们会找出各种借口甚至不需要理由就让车子靠边停下,随后将你

---

① 西奥多·皮凯(Theodore Meir Bikel,1924—),美国著名演员,民谣歌手。曾荣获托尼奖。——译注
② "自由歌手"演唱组(The Freedom Singers),1962年由卡迪尔·雷吉、博耐斯·约翰逊、查理斯·奈波利特和诺萨·梅·哈里斯组成的演唱团体。——译注

关进监狱。"

集会地点选在了一块棉花地边上的农家庭院内。民谣音乐会原本应该在上午十点开始,但因天气炎热而延至黄昏。日落时分,庭院内已聚集了大约 300 人,其中大部分都是非洲裔美国人雇工。警察坐在警车里监视着他们,而在公路另一侧一群白人也在关注着会场上的动静。迪伦、皮凯与皮特·西格、"自由歌手"演唱组偶遇,演唱组的成员们刚刚结束各自的旅行归来。"我记得当时正有一位黑人在演讲。"西格回忆道,"他咧着嘴笑着,仿佛知道他们获得了胜利,而三 K 党则不知道该如何是好。他知道自己的阵营中有些人会被敌对者杀害,但敌对者却无法杀光所有人。"鲍勃演唱了《只是游戏中的小卒》,这首歌描写了全国有色人种促进协会密西西比州土地秘书麦迪加·埃文斯被杀事件。一个月之前,埃文斯在杰克逊城被人枪杀。当地三 K 党成员拜伦·德·拉·贝克维兹被控犯有谋杀罪。鲍勃在歌中唱道,这个杀人者只是一场愚昧、偏见和仇恨游戏中的替罪羊。在演唱过程中,鲍勃身体前倾,而在电视台、报纸现场拍摄的摄影器材前他也面无笑容。集会是严肃的事情,所以鲍勃也就需要表现出认真的态度。正像西格所说的,"对于鲍勃而言,最重要的事情之一就是在面对摄影师时拒绝露出笑容"。当夜幕降临时,皮凯、迪伦、西格与"自由歌手"演唱组手拉手、肩并肩演唱了歌曲《我们终将战胜》。鲍勃很少以公众人物的姿态参与政治事件,而此次他出席集会的举动产生了巨大的影响。走下舞台后,鲍勃暗中捐给了美国学生非暴力统一行动委员会一笔钱款。

当艾伯特·格罗斯曼给彼得·亚罗播放《随风而逝》这首歌时,亚罗毫不怀疑自己听到的是诗歌作品,而他也并不认为这首歌运用的仅是简单的修辞手法。"歌曲创作把握得恰如其分,这主要因为鲍勃本身就是诗人,他引导人们触及他所提供的讯息的真实内涵。"亚罗说,"就像真正的诗人那样,鲍勃已不再对所传达的讯息进行明确界定。""彼得、保罗和玛丽"演唱组翻唱了这首歌曲,新歌更为甜美。但不幸的是他们在歌词上犯了个错误。"虽然我曾向玛丽指出过,但她直到今天还是唱成'一座山峰应该存在多久'。"诺埃尔·保罗·斯托克说,"正确的应该是'一座山峰能够存在多久'。"但不管怎样,这首单曲唱片在发行后第一周就取得了三万张的惊人成绩。1963年7月13日,单曲在《公告牌》上位居第二,销售超过百万。彼得·亚罗告知鲍勃,他可获得5 000美元的版税收益。鲍勃听到后惊讶得说不出话来,在他看来这是一大笔财富了。

当鲍勃与"彼得、保罗和玛丽"演唱组一同在纽波特民谣音乐节上演出时,他感受到了这首歌所具有的力量。纽波特民谣音乐节每个夏天都会在罗德岛纽波特外的福瑞博德公园举行。围绕在公园周围的是富丽堂皇的夏季公寓,这些公寓属于德比尔特家族以及阿斯特家族一类的社会名流,在海面上停泊着百万富翁们的游艇。总而言之,纽波特的风格与民谣音乐并不协调。的确,这一环境使得民谣音乐的无产阶级根源与大多数表演者、听众的特权生活之间的差异更为突出。7月26日至28日正值周末,共有三万七千人参加了纽波特民谣音乐节,但人们似乎只关注鲍勃·迪伦一人。"彼得、保罗和玛丽"演唱组也全力向听众们推荐介绍鲍勃。"这首歌曲是由今日美国最为重要的民谣艺术家创作完成。"当三人在台上演唱《随风而逝》时彼得·亚罗大声地向听众们宣布。鲍勃随即登上舞台,他受到了热烈欢迎,接着出席民谣音乐节的歌星们与他一同动情地演唱了歌曲《我们终将战胜》。

走进后台,鲍勃戴上太阳镜,甩动着一根粗而长的鞭子,这是琼·贝兹送给他的礼物。这件礼物让两人激动得浑身战抖,而这一半公开的恋情则因苏希的到来变得更为刺激。贝兹隆重地出现在周日晚间举行的演唱会上。在演唱歌曲《无需再想,到此为止》之前,贝兹对台下的听众说,这首歌曲描写的是一段持续了很久的恋情。苏希走出了演唱会现场,脸上禁不住淌满了泪水。迪伦和贝兹一同演唱了歌曲《上帝站在我们一侧》。多米尼克·毕汉①曾选用过这首歌的民谣曲调,但现在它成了鲍勃和贝兹两人的歌曲。"这一音乐节对于鲍勃而言是一场大爆发。"汤姆·帕克斯顿回忆道,"人们的声浪不断加强,就像是鲍勃和琼的加冕典礼。他们就是音乐节上的皇帝和皇后。"

贝兹计划展开一次夏季巡演,鲍勃受邀与她同行。这一举动更让苏希感到悲伤。苏希的处境显然非常窘迫,就在纽波特民谣音乐节后的某天,大概是因为她获悉鲍勃将和贝兹结伴外出演出后,她曾试着以煤气泄漏的方式自杀。"我接到了博比的电话,他让我赶过去帮忙,而苏希却跑来和我待在一起。"苏希的姐姐卡拉·罗图洛说,她认为这件事应该引起足够的重视。事情发生后苏希并没有搬回去,而是留下来与卡拉一起住在曼哈顿下东区。"鲍勃留给苏希的只有伤害。"卡拉说,"那时的博比是一个糟糕透顶的家伙。"卡拉的意思是,对于鲍勃而言最为重要的事是取得事业上的成功,他并没有顾及那些在人生旅途中遇到的人身上究竟发生了什么。我们无从知晓苏希的离去让鲍勃有多么的情绪低落,因为他从未谈及此事,但以鲍勃敏感的天性,他必定会非常苦

---

① 多米尼克·毕汉(Dominic Behan,1928—1989),爱尔兰歌曲创作人,作家,社会主义者。——译注

恼。可是无论怎样,他与贝兹计划好的巡演仍如约进行。

鲍勃与贝兹的恋情除了带给苏希悲伤之外,同时也让民谣音乐界的同仁们感到这其中含有着玩世不恭的成分。似乎两人是在相互利用,以提升各自的事业:贝兹所做的就是将一位重要的、初出茅庐的天才介绍给听众,而鲍勃则通过在公共场合的曝光赚取好处。"人人都互相利用。"奥斯卡·布兰德说,"他想要获取成功就要去做很多事——我发现这让人感到有些惊恐……我一直以为他之所以会与琼一同外出巡演,是因为琼演唱他创作的歌曲。"1963年8月3日,鲍勃和贝兹由新泽西启程展开巡回演出,而此时民谣音乐界闲话不断。当迪伦和贝兹于月底到达马萨诸塞州的雷诺时,他们已经建立起了一套固定的表演模式。贝兹演唱歌曲《随风而逝》,台下的反响热烈。接着她看似随意地询问听众:"你们想要见见歌曲的创作者吗?"人们随即发出欢呼声,他们理所当然想要一睹鲍勃的风采,当鲍勃登上舞台时台下掌声雷动。事实上艾伯特·格罗斯曼兑现了商定的鲍勃的出场费,虽然贝兹已被众人视为明星,但鲍勃昂贵的出场费却要比她的还要高。当然贝兹对金钱一直持随意的态度。"任何人与她谈钱时她都会噤声不语。"贝兹的密友、制作人南希·卡伦说:"她不是那种翘首企盼成功降临的演艺人员,但成功却往往会自动地眷顾她,她所坚持的理念就是万事皆轻而易举。"尽管巧妙地对演出进行了安排,尽管民谣界认为鲍勃与贝兹是在相互利用,但两人却以自然而富有魔力的表现给伊夫·巴尔这些音乐迷留下了深刻印象。伊夫·巴尔在雷诺观看演出,她发现自己被这个谦逊而害羞的男孩深深地打动了。

巡演中部分演唱会是在大型场馆内举行的,例如位于纽约皇后区的森丘网球场。贝兹将鲍勃介绍给现场大约一万五千名听众,这几乎接近于希宾城整座城市的人口数目了。"有一个男孩来到纽约城,他的名字叫做鲍勃·迪伦。"贝兹说,"巧的是今晚鲍勃·迪伦正好和我一同来到这里。"将一位音乐天才介绍给全世界对于贝兹来说是一件愉快的事情,朋友和家人都认为贝兹在鲍勃事业发展的过程中扮演了关键角色,但具有讽刺意味的是鲍勃从没有完全信任过贝兹(事实上他的确几乎什么都没有给过她)。"人们低估了这些演出在鲍勃音乐事业中所发挥的作用。"米米说,"琼真的是在全力推动鲍勃的事业发展。"也许鲍勃认为两人之间的关系中带有着少许施恩的成分,因此他渐渐变得愤怒起来。在米米的记忆中,贝兹所创作的歌曲《以一种嗓音歌唱》大概就带有一种施恩于人的情绪,将"把我的小流浪汉带上舞台"视为一场"重要的尝试"。贝兹的确给予鲍勃大力帮助,但与此同时鲍勃的活力、幽默以及才华也的确迷住了她。

在鲍勃取得事业成功的历程中,贝兹给予的帮助是有限的。1963年夏季,鲍勃开始独立发展。《放任自流的鲍勃·迪伦》的唱片周销售量达到了一万张。某些歌手开始想演唱和录制他所创作的歌曲,这其中有些歌曲翻唱得还不错,但当汉密尔顿·坎普把翻唱的《来自北国的女孩》放给鲍勃听时,他却捂起了耳朵表示不满。坎普说:"鲍勃难以忍受我翻唱的版本。"但无论怎样,每次翻唱都会促进歌曲创作者的事业发展,因为歌手往往会在演唱会上充满热情地对鲍勃表达谢意。"彼得、保罗和玛丽"演唱组在舞台上尤其不会错过介绍鲍勃的机会,尽管诺埃尔·保罗·斯托克坚持说表达谢意都是自然而然的事,但实际上却好像是他们共同的经纪人艾伯特·格罗斯曼鼓励他们这样做的。不过,"彼得、保罗和玛丽"演唱组也的确应该感谢鲍勃,因为他们之所以能取得如此巨大的成功,部分是因为演唱了鲍勃创作的歌曲。9月,演唱组翻唱了鲍勃的歌曲《无需再想,到此为止》,它随即又成为一首打榜歌曲。

作为鲍勃·迪伦和"彼得、保罗和玛丽"三人演唱组的共同经纪人,艾伯特·格罗斯曼逐渐变得富有起来。随着巨额财富的积累,格罗斯曼开始放纵地过起了奢华生活。在他购买的第一批奢侈品中有一辆劳斯莱斯银色黎明轿车,鲍勃与巴里·费恩斯坦恩(格罗斯曼的朋友,一位摄影师,玛丽·特拉弗斯的丈夫)从丹佛前往纽约时开的就是这辆车。某晚,他们以每小时70英里的速度与一列货运列车赛跑,穿越内布拉斯加州草原,轿车与火车并驾齐驱,狂奔了约有100英里。一轮下弦月高悬空中,在劳斯莱斯前灯的照射下田里的玉米就像是铝矿石一样闪动着微光。有时劳斯莱斯银色黎明轿车会冲在火车前面,有时则是火车领头疾驶,在穿越平原的途中火车的汽笛声与汽车的喇叭不断地交替鸣响。

格罗斯曼在贝尔斯威利卡兹奇山谷购置了一处独立的房产,这处石质房屋位于纽约州北部约100英里处。他特别为劳斯莱斯轿车购置了专门的汽车清洗设备,车库上的屋子被改建成单元住宅,提供给常来此地做客的鲍勃暂住。贝尔斯威利的宁静深深吸引住了鲍勃,山间空气洁净,而且没有人会来打扰他。自从1902年英国哲人、工艺美术运动[1]领导人约翰·罗斯金[2]的追随者在此地培养起艺术的萌芽后,这一临近伍德斯托克的城镇就成为创作者们的天堂。多年来,当地居民已经习惯了那些知名和古怪的人

---

[1] 工艺美术运动(Arts and Crafts Movement),亦称手工艺运动。19世纪后期英国出现的设计改革运动,提倡用手工艺生产表现自然材料,以改革传统形式,反对粗制滥造的机器产品。在建筑上主张建造"田园式"住宅来摆脱古典建筑的束缚,因建筑风格打破传统手法,根据功能需要自由设计平面与造型,又得名为"自由建筑运动"。代表人物是罗斯金和莫里斯。代表作品是韦伯设计的"红屋"。——译注

[2] 约翰·罗斯金(John Ruskin,1819—1900),英国艺术评论家,社会思想家,诗人,作家。他的艺术思想在维多利亚时期以及爱德华七世在位期间影响巨大。——译注

物在此居留。

1963年夏，贝兹来到贝尔斯威利与鲍勃会合。他们一同在格罗斯曼住所的游泳池内游泳，用格罗斯曼的放映机欣赏电影，驾驶着鲍勃的胜利摩托车穿越未开垦地。每天鲍勃都会花些时间进行创作：歌词、唱片封套说明、意识流诗歌。有时鲍勃半夜醒来后就四处走动，点上雪茄开始打字。处于创作生涯该阶段中的鲍勃填写起歌词来轻而易举，创作的歌曲要远多于录制唱片所需的数量。鲍勃此时还无需忧心歌曲创作方面的问题，尽管数年后他便发现创作要较此时艰苦了很多。

有时鲍勃和贝兹会驱车前往伍德斯托克，到廷克街的"咖啡浓情"咖啡馆品尝咖啡，这家店是法国人伯纳德·帕图尔和他的妻子玛丽·卢开的。鲍勃和贝兹坐在壁炉前，或是唱歌，或是画画。鲍勃酷爱下棋，他在狄克町时就喜欢在"十点学者"俱乐部或其他场所下棋打发时间，他的棋艺也随之渐长。此时的鲍勃已是一个实力超群的棋手，很少有人能胜过他。当格罗斯曼住所内众多客人来访，而鲍勃却想获得片刻的安静时，帕图尔夫妇便会邀请他去咖啡馆楼上的寓所。咖啡馆楼上的屋子被称为白屋，长30英尺，宽20英尺，屋顶高而有梁，可以俯瞰廷克街。这是一处创作的绝佳地点。帕图尔夫妇观察后发现，鲍勃是以一种与众不同的方式创作歌曲的。鲍勃创作歌曲的过程大致如下：他将照片、明信片和其他图片铺在地板上，绕着它们走动，从中寻找灵感。"鲍勃创作歌曲就像抽象画家构思画面一样。"伯纳德·帕图尔说。有时鲍勃会在傍晚时分带着一首新作下楼。玛丽·卢回忆道："此时的鲍勃非常开心，询问我们是否想听听新歌。"鲍勃为这户人家买了一架二手的直立式钢琴，以便于为他们演奏。他还很喜欢和帕图尔夫妇的孩子们一起玩，即便是孩子杰勒德因为厌烦了鲍勃的嘲笑而将鸡蛋拍在他的脸上时,鲍勃的脸上仍带着开心的笑容。

尽管鲍勃创作的歌曲已成为民权运动中的圣歌,琼·贝兹注意到他仍很少参加集会或者示威活动,而她则经常会出席此类活动。鲍勃依然和在狄克町时一样,对政党政治毫无兴趣。虽然他对当时的很多重大社会问题持同情的态度,但他的精力全部集中在传统民谣音乐、布鲁斯音乐、法国象征主义散文诗以及圣经故事上。像1963年8月鲍勃与贝兹巡演期间所创作的歌曲《船只抵达时》,即可看做是对当时社会变化抗争的一种隐喻,它直接来源于当时的现实生活。但这首歌的歌词显然大部分是由寓言和圣经故事构成的,同时也包含着大量孩子气的奇思妙想,例如"鱼儿会笑起来"这句,使得整首歌充满了丰富的想象力。这首歌也正是因为有了这些特点才会经久不衰,歌曲所描写的1963年已经渐渐沉入历史的海洋,而这首歌听起来仍旧清新动人。

参加华盛顿自由进军①活动是鲍勃屈指可数的在政治场合露面中的一次。1963年8月28日,鲍勃与贝兹现身林肯纪念堂,站在200 000民众面前同台演唱。马丁·路德·金发表演说《我有一个梦想》时,鲍勃与贝兹就站在不远处(按照金的说法,威维·格雷靠近鲍勃窃窃私语,"我希望他能快点说完,玛哈里亚·杰克逊②就排在后面"。)。对于参加大进军活动的人以及那些在电视前关注事态发展的百万关注者而言,鲍勃是以此次争取社会公正

---

① 华盛顿自由进军(The March on Washington),此次游行集会发生在1963年8月28日,目的是为了争取就业与自由。在这次集会上,马丁·路德·金发表了著名的演说《我有一个梦想》。自由进军的参与人数警方公布的数字为200 000人,组织方公布人数为300 000人。其中非洲裔美国人占80%,白人及其他人种占20%。——译注
② 玛哈里亚·杰克逊(Mahalia Jackson,1911—1972),非洲裔美国灵歌歌手。被视为灵歌领域的皇后,共发行35张唱片。——译注

的抗争运动领导者身份出现在众人面前的。但很难说鲍勃是否会对此类事件有所关注。在像皮特·卡尔曼这样抱有政治观点的朋友看来,鲍勃还是具有政治性的。"他似乎是带有政治性的。"卡尔曼说,"他和多位纽约激进分子保持联系。"鲍勃曾告诉贝兹,他之所以要创作《战争主宰》这首歌,只是因为他觉得这样利于销售,贝兹听后感到非常震惊。鲍勃也许是在故意刺激贝兹,他清楚地知道说什么能激怒贝兹,但这也表明他并不会简单地为了迎合当时的反战情绪而进行创作。值得注意的是,鲍勃即使在他最富有社会意识的作品中——例如在歌曲《战争主宰》中——也很少直接涉及当时的社会事件,因为要做到这一点他就必须清楚地知道这些特定政治家的姓名,描述整个事件的准确过程,并且记录下这些素材(歌曲创作人菲尔·奥克斯就担负起了这项任务)。但也正因为没有这些限定,虽然歌曲所反映的时代已经远去,歌曲却仍旧流传了下来。

迪伦和贝兹逗留纽约期间,为了躲避外界的关注,两人藏身于华盛顿广场的耶尔勒旅馆,鲍勃之前在跟随"流浪者"杰克·埃利奥特游荡时也曾在这里待过一段时间。贝兹试着去改变不修边幅的男友,她为鲍勃买了一件细亚麻布内衬、淡紫色袖口的漂亮夹克衫。贝兹后来将这段时期视为两人之间最为美好的一段时光。1963年秋,贝兹虽然因巡演的缘故只身前往加利福尼亚,但这对情侣还是会时不时聚在贝兹位于卡兹奇山谷的居所,共度闲暇时光。此时两人的恋情仍非常美好。贝兹购置了钢琴,这样一来鲍勃就能在家中进行创作。尽管鲍勃此时已开始通过写歌和演出的方式赚取巨额报酬,但贝兹似乎仍很开心地像对待当初那个由明尼苏达州漂泊而来的贫穷小子那样对待鲍勃。鲍勃对此也毫不介意。这一时期鲍勃所有的财政事务均由艾伯特·格罗斯曼打理,一旦鲍勃需要,他就能拿到足够的现金。当然如果贝兹想给予鲍勃更多的帮助,那也是一件好事。鲍勃弹着贝兹为他购置的钢琴,在餐室内架起打字机,从窗口眺望远处绵延的山脉。每天早晨鲍勃都会直接走到打字机前,工作一整天。"除了偶尔离开外,鲍勃喜欢一整天都待在餐室里。"南希·卡伦说,"每天清晨鲍勃都会喝些黑咖啡,午饭时喝些红酒。大多数时间他都喜欢喝红酒。"

鲍勃住在卡兹奇山谷期间创作了多首兰波风格的诗篇,后来都收录在由他自己命名的作品《狼蛛》中。而就在进行诗歌创作的同时,鲍勃至少创作出了一首重要歌曲。《哈蒂·卡罗尔的凄惨离世》描写了当时备受关注的一宗诉讼案件。在宴会上喝醉了酒的24岁地主威廉·扎特齐格因51岁的旅馆服务员哈蒂·卡罗尔未能及时为他提供服务,不断击打她的头部和肩部。哈蒂·卡罗尔——这位十一个孩子的母亲——在遭到攻击后病倒,不久便在医院去世,死因怀疑是脑部出血。宴会中发生的一幕在歌曲第一句中就得以体现,但鲍勃却警告说这还并非人们伤心流泪的时刻。鲍勃在歌曲的中间部分描述了扎特齐格的特权生活和哈蒂·卡罗尔奴隶般的生活之间的差异。而在结尾部分鲍勃揭露最终扎特齐格仅被判六个月(罪名是一般杀人罪,而并非最初被控时的凶杀罪)。在歌曲中鲍勃写道,"现在才是你伤心泪流的时候"。在讲述这一故事时,鲍勃采用了新闻记者般简练的语言以及诗人般的形象化描述,并没有再去对威廉·扎特齐格是个白人、哈蒂·卡罗尔是个黑人的潜在事实多做陈述。鲍勃清楚地知道巧妙手法的威力所在。整个事件的特别之处在于,《哈蒂·卡罗尔的凄惨离世》并不是发生在农奴制时期,也不是发生在南部种植园中。这一罪行就发生在那一年的马里兰州,而该州距华盛顿特区并不远。事件平息后威廉·德佛罗·扎特齐格仍留在马里兰州,他非常痛恨这首歌。"事实上这首歌对我的人生并无太大影响。"威廉·德佛罗·扎特齐格如此评价这首让他声名狼藉的歌曲。他自然不会放过讽刺鲍勃的任何机会。"他是个孬种。"扎特齐格咆哮着,声称这首歌所说的情况并不属实。"他就像是地球上的浮渣……我要控告他,让他蹲监狱。"尽管扎特齐格总说这首歌是"彻头彻尾的谎言",但他从未试着去阻止鲍勃唱这首歌曲。

1963年10月26日,鲍勃由加利福尼亚返回纽约后便在卡内基音乐厅举办了一场个人演唱会。演唱会的门票销售一空,这表明他现在已成为一名新星,演出一晚就能获得8 000美元的收益。亚伯和比蒂·齐默尔曼特地从希宾城赶来参加演唱会,比蒂不停向苏希抱怨鲍勃衣衫不整。事到如今鲍勃仍不断编出各种故事,把自己装扮成孤儿,以此来模糊自己的背景,这一举动深深刺痛了比蒂。就在举办卡内基音乐厅个人演唱会前几天,鲍勃曾对《新闻周刊》的记者发表过一番愚蠢的言论:"我不知道父母的情况,而他们也不了解我的现状。我已经有很多年没和他们联系了。"鲍勃知道神秘感能提升他作为艺术家的形象,所以也就自然喜欢编造故事与人们同乐,类似情况在他的一生中常会出现。但《新闻周刊》的记者很快就发现了真相,事实不但与孤儿的故事相去甚远,而且深感自豪的父母此时就正在纽约出席他在卡内基音乐厅举行的个人演唱会,这让鲍勃感到非常困窘。与此同时,《新闻周刊》还与鲍勃十来岁的弟弟大卫取得了联系。大卫说,就在三个月之前鲍勃还曾回希宾探望家人。大卫·齐默尔曼很少就他那位家喻户晓的哥哥接受媒体的采访,而这就是其中的一次,他向《新闻周刊》记者谈了一些自己对鲍勃性格上的认识。"我们的关系很亲密。"年仅17岁的大卫说,"我们都是胸怀壮志的年轻人。一旦我们下定决心去做某件事,通常就会立刻付诸行动。鲍勃只是在向自己预设的方向前进而已。"同时大卫也做了暗示,那就是即便是他也不能完全理解鲍勃那些难以预料的行为方式:"博比很难理解。"

《新闻周刊》11月第4版适时地刊登了一篇文章,其副标题为"对此君的挖掘",嘲笑鲍勃的照片以及他演说时的做作,所揭露出来的真相表明鲍勃与"民谣乐坛中的哈克贝利·费恩"这一形象相去甚远,希宾城的背景资料显示他出身传统的中产阶级。文章将鲍勃描写成爱慕虚荣的年轻人,通过捏造事实以求对事业发展有所帮助。鲍勃看到这篇文章时气得尖叫起来,要求格罗斯曼再也不准媒体前来采访,同时也禁止家人与媒体进行交流(这件事一定让鲍勃非常气愤,因为此后他的家人很少再与记者们接触,只是偶尔会做出非常谨慎的评论)。事后鲍勃仍然怒气未消,想要了解这篇文章对他的声誉产生了何种程度的持续危害,同时他内心大概也对自己不谨慎的言论感到后悔。

然而这篇文章在人们脑海中留下的痕迹很快就消失了。10月22日,约翰·F.肯尼迪在达拉斯遇刺身亡。鲍勃在电视上看了对整件事的报道。这桩刺杀事件让鲍勃情绪颇为低落,但令人惊讶的是他发现自己竟对所谓的凶手李·哈维·奥斯华德心生同情。如果鲍勃未受邀出席紧急国民自由委员会12月13日在纽约举办的一场募捐宴会的话,那么人们就永远不会知晓鲍勃对这一事件的怪异感受。该委员会决定向鲍勃颁发声望颇高的汤姆·佩恩奖。此奖是以18世纪英国哲学家、政治激进主义者的名字命名的,用来褒奖那些为争取社会正义而伸出援助之手的公众人物。此前一年的汤姆·佩恩奖颁发给了哲学家伯特兰·罗素[①]。晚会

[①] 伯特兰·罗素(Bertrand Russell,1872—1970),20世纪声誉卓著、影响深远的思想家之一。致力于哲学、数学、社会学等多方面的研究,曾于1950年获得诺贝尔文学奖。——译注

上安排的演讲仪式让鲍勃感到心绪不宁,因而在美国旅馆举办的鸡尾酒会以及宴会上喝了很多酒。鲍勃在获奖之后——奖品是一幅镶着画框的汤姆·佩恩的画像——发表了演说,演说就像是由许多突然之间闪现在他脑海中的念头拼凑而成的。

鲍勃开始攻击听众席上那些老派的激进分子,说他希望按"他们头上的头发"来选择听众,这也许是他错误地想试着表现得幽默一些。他这段别出心裁的话语立刻招来了一片哄笑声。随后鲍勃继续发表演讲,说现在的世界不再是老年人的世界了,他更希望是"年轻人的世界"。他还对听众们说,他们不会成为被时间遗弃的人,但在"你们必须休息的时候"就应该休息。会场上立刻传来更多的笑声。"这不是一个老年人的世界。老人们无所作为。"鲍勃继续说道,"当老人们的头发都掉光之后,他们就应该离开了。"在对古巴事件以及种族关系发表了一番含混的评论之后,鲍勃又把矛头转向了最近的肯尼迪遇刺事件。"我开始接受枪杀肯尼迪总统的那个凶手李·奥斯华德,我不知道确切是在哪里……他在实施刺杀时想了些什么,但我开始真诚地认为我……一样……在他身上看到了自己的投影。"这一评论立刻引起了一阵骚动。"我并不认为这一感觉将会消失……我并不认为这一感觉会离我而去。"鲍勃继续犯着错误,"但我开始站出来,向大家述说我内心中对奥斯华德心理活动的感知。"因为嘘声四起,鲍勃随即离开了讲台。

此次公开发表评论之后鲍勃接受了《纽约人》杂志的朋友纳特·亨托夫的采访,在访谈过程中鲍勃说他只是简单地同情一个正身处暴力时期的人,而并非是对暗杀行为表示宽恕。"我是说,我在奥斯华德身上看到了自己的投影,同时我也在他的身上看到我们所处时代的投影。而他们注视着我的眼神就像是在看一头野兽。他们理所当然地认为我是在说肯尼迪总统遇害是一件好事。

他们的想法和我的本意相差太远了。"这可能是鲍勃的天赋中最为独特而重要的一点,他能够与几乎任何人进行精神上的交流,无论是好人还是坏人,同时将这种个人的体验以歌曲的形式加以表现。虽然在这一点上鲍勃毋庸置疑是天才,但在接受采访即兴谈话时他就做不到言语清晰明了了。如果在舞台上没有了吉他,鲍勃就会显得很羞涩,在公众面前发表演讲时他始终都会感到不舒服,而造成的后果却总是让人觉得他身上有着一种奇特的迷人魅力。这是对生命的一种侧面观察。如果一定要说这证明了什么的话,可以确定的就是一位艺术家在某一领域中会拥有巨大的天赋,而在其他领域则表现得较为平庸。这一点同样适用于鲍勃,他每天都会表现出笨拙、孤僻、喜欢支使人、愤世嫉俗、自我中心等多种性格特征。而一旦手中握有吉他,他就立刻变成一位伟人。

1964年1月鲍勃发行了第三张唱片《时代在改变》[①],在唱片中他更为雄辩地表达了自己在紧急国民自由委员会晚宴上对听众宣讲的一些思想。唱片的标题被作为流行口号展现给民众,而白底印着大写字母的封面设计看上去像是一张海报。主打歌曲《时代在改变》是在美国经历重大变革时期对年轻人发出的号召。如果双亲无法提供帮助,那么他们就应该靠边站。鲍勃从《登山宝训》[②]中选取了一句格言以配合自己的语意,他提醒那些年轻的听众,他们将在地球上继续传承下去。《上帝站在我们一侧》、《只是游戏中的小卒》、《哈蒂·卡罗尔的凄惨离世》同样表达了对社会的

---

① 《时代在改变》,原英文名为"The Times They Are A-Changing"。——译注
② 《登山宝训》,指《圣经·马太福音》第五章到第七章中耶稣基督在山上所做的训导,由神学家奥古斯丁首先冠名提出。其中最为著名的是"八种福气",这段话被认为是基督教教徒言行的准则。——译注

不满情绪。然而这张唱片并非只是一张传达抗议情绪的作品。唱片中收录的《无数个清晨》就是一首情歌,《心绪难平的离别》则是对过去自觉或者不自觉所犯过失表达的一种歉意。唱片的封套说明文字是一篇名为"四点梗概墓志铭"的自由体诗文,这段文字强化了唱片的深度。鲍勃因对《新闻周刊》的曝光事件感到懊恼,所以他说自己是出生在希宾城一户既不富裕也不贫穷的家庭中。但这也只是很含混的回忆,就如同北希宾那座鬼城一样迷雾重重。鲍勃希望人们接受他是因为欣赏他的作品,而不是以他过去的生活或是那些编造的过往故事为判定依据。《新闻周刊》的采访经历给鲍勃上了一课。此后鲍勃始终对个人生活守口如瓶,在记者招待会上几乎很难找出任何有关他的私生活的重要线索来。

鲍勃变得越来越出名,为了处理日常事务并确保私人秘密不被泄露出去,鲍勃组建了一支团队。随行团队中的关键人物之一是维克托·梅慕迪斯,他在1964年春成为鲍勃的第一位巡演领队。高个子的梅慕迪斯比鲍勃年长六岁,表情严肃而阴郁,看起来就像是被胁迫的,但实际上他是一个脾气温和而文雅的人。1962年他在纽约经由两人共同的朋友"流浪者"杰克·埃利奥特介绍结识鲍勃。两人合作初期,梅慕迪斯担任的职务包括司机、行李运送员、保镖和有偿同伴。梅慕迪斯有一个便利条件,他在国际象棋、桌球以及中国人酷爱的围棋上的实力与鲍勃旗鼓相当,两人对这些游戏都非常痴迷,而且鲍勃也的确长于此道。梅慕迪斯智力超群,因此也就有足够的能力玩各种游戏项目,他自己也乐于花上数小时沉默不语地沉浸在游戏当中。

1964年2月3日,鲍勃与梅慕迪斯踏上旅途,此次旅行是为了追忆那部经典著作《在路上》,他们将穿越整个美国。同行的还有两位朋友,他们的费用由鲍勃的新制作公司 Ashes&Sand 公司支付。苏希推荐皮特·卡尔曼加入这一团队,因为她知道这些人要驱车前往加利福尼亚,她的情敌琼·贝兹就住在那里。尽管苏希事实上已从鲍勃的住所迁了出来,但鲍勃在纽约时她还是会前往探望。然而一旦鲍勃外出旅行,苏希就无法再去控制鲍勃与其他女子之间的交往了。"苏希建议我参加这次旅行,作为同伴密切关注鲍勃的动向,而并不是作为间谍。"卡尔曼说,"她非常嫉妒贝兹。"同程旅行的另一位伙伴是保罗·克莱顿[①](也叫帕布鲁),他是一位音乐学者,歌曲创作人。《无需再想,到此为止》的旋律就源自他的一首作品。保罗·克莱顿对鲍勃借用旋律的行为并未怀恨在心,他那些不断更换的朋友则认为克莱顿对鲍勃暗藏着不求回报的同性之爱。克莱顿是瘾君子,对安非他明有着特殊的偏好。在他的那堆行李中有一个手提箱,打开后可以看到成排的药丸。卡尔曼开玩笑说:"那简直就是药剂商店。"

迪伦、克莱顿、卡尔曼和梅慕迪斯四人坐上鲍勃的第一辆旅行车,这是一辆浅灰蓝色的福特旅行车,随后便出发前往加利福尼亚,并将于1964年2月22日举办一场演唱会。旅途中还将安排一两场演唱会,但此行的主要目的是在美国各地采风,有可能的话就创作一批新歌。梅慕迪斯开车时鲍勃就会跑到空着的后座上,躬着背在记事本上写东西。鲍勃大多数情况下都是在便携式打字机上进行创作的。他就是以这种方式创作出了歌曲《自由的钟声》。

一行人开着车在美国蜿蜒前行,时常会在各地停歇数日。在北卡罗莱纳州,他们没有事先与之联系,便唐突地拜访了年迈的诗

[①] 保罗·克莱顿(Paul Clayton,1931—1967),美国民谣歌手,民谣歌曲收藏家。从20世纪50年代直至去世,都活跃在格林威治村的民谣舞台上。——译注

人卡尔·桑德伯格①。但这次会面却令人相当失望,因为桑德伯格根本就未曾听说过鲍勃。随后一行人穿过南卡罗莱纳州、佐治亚州和路易斯安那州前往新奥尔良,那里正在举办四月斋前的狂欢节。因为没人预订客房,所以四人只得挤在一个房间里。当卡尔曼带着一个妓女跑回来时,立刻就有人口出怨言。卡尔曼却并不以为然:"有毒品和酒宴,这才是四月斋前的狂欢节!"

就在梅慕迪斯开着旅行车从新奥尔良向东走的途中,鲍勃开始创作歌曲《手鼓先生》。这首著名歌曲的部分灵感来源于他们在参加四月斋前的狂欢节时亲眼看见的狂热景象,部分来源于鲍勃和布鲁斯·兰亨之间的友情。这位吉他演奏艺术家曾在录制唱片《放任自流的鲍勃·迪伦》时担任伴奏。兰亨一直随身带着一面巨大的土耳其手鼓,鲍勃形容它"大得就像是货车轮子"。"我把手鼓存放在大箱子里,就是像那种存放铙钹的箱子。"兰亨说,"我习惯了不时地将手鼓拿出来演奏,可能在华盛顿广场公园,可能在热闹的场所,也可能就在任意某个地方,手鼓的乐声总是有着巨大的冲击力,人们随着旋律尽情舞动,用力地敲打着手鼓。"可以说兰亨就是现实生活中的手鼓先生。但除此之外,这首歌还受到了其他因素的影响。鲍勃曾说过自己借鉴了费德里克·费里尼的影片《大路》。歌词"在叮当作响的圣诞节清晨,我将随你而至"中的用词"叮当作响"也在罗德·巴克利的某张唱片中出现过。鲍勃对所谓毒品激发了歌曲创作灵感的臆断非常抵触。"毒品并没有在这首歌的创作中起到什么作用。"鲍勃说,随即补充说毒品对他而言从来都不重要,"我会吸食毒品,也能远离毒品,我从不会为之上

---

① 卡尔·桑德伯格(Carl Sandburg, 1878—1967),美国作家,编辑,诗人。赢得了三次普利策奖,其中两次是为了表彰他在诗歌方面的成就,而另外一次则是因为他为林肯所撰写的传记。——译注

瘾。"这话似乎略显缺乏诚意,因为在旅途中吸食毒品确实相当流行。这四人大量抽吸大麻烟,而克莱顿对药物尤为感兴趣。事实上,此次旅行的组成部分就是毒品。他们无论何时驱车进城,当地的邮局里总会有一包大麻在等着他们领取。卡尔曼声称在整个旅程中,他们始终都处于飘飘欲仙的状态中。

就像鲍勃反复描述的那样,大多数歌曲在进入鲍勃的脑海中时已经成形,他只需轻松地将歌曲记录下来即可。即便如此,鲍勃有时仍要辛苦地工作很长时间,几小时,几天,甚至是几个星期,为歌词的押韵而苦思冥想。创作《手鼓先生》所花的时间特别长,酝酿过程也非常艰苦。鲍勃在旅途中便开始创作这首歌曲,但直到旅行结束之前数周才最终完成,因此许多人仍都记得鲍勃与他们在一起时埋头忙于创作的情形。

他们继续前行,经过达拉斯抵达科罗拉多州。鲍勃再次走访了中心城,1960年他曾在这座城市中的"镀金吊袜带"俱乐部短期工作过。因"镀金吊袜带"俱乐部冬季歇业,所以鲍勃没办法向老板索菲娅·St. 约翰展示自己的成功。在丹佛城,鲍勃直到最后几分钟才想起此前的约定,随即举办了一场演唱会。"演唱会仓促举行,而且组织不力。"卡尔曼说,"我们几乎漏掉了这场演唱会。"一行人驱车离开丹佛时车载收音机正好开着,鲍勃听到了"甲壳虫"乐队推出的主打新歌《我想要握住你的手》。这支英国演唱团体已于上周来到美国,在肯尼迪机场降落后便引发骚动,随后他们又现身电视节目《爱德·沙利文秀》,通过屏幕被介绍给美国公众。"甲壳虫"乐队在摇滚乐上的革新让鲍勃深受震撼,听着这些音乐他似乎渐渐恢复了活力,看起来就像十来岁的青年。

旅行团队冒着暴风雪穿越了落基山脉,在内华达州里诺城小赌一番后又越过内华达山脉进入加利福尼亚州。梅慕迪斯朝着旧金山的方向笔直驶去,这是小说《在路上》中的主人公迪恩·莫里亚蒂和索尔·帕拉代斯的目的地。凯鲁亚克在小说中将旧金山描写成了"美国最令人兴奋的城市,嗡嗡声和振动声不绝于耳"的一座城市。鲍勃在很多方面都可以称得上是"垮掉派"诗人的精神继承者。鲍勃了解这一流派的作品,而且他也有着类似的敏感性格,因此在与"垮掉派"作家会面时鲍勃显得异常兴奋。卡尔曼说:"我想,这是因为每个人在另一个精神层面上都有着几分似曾相识的《在路上》的感觉。"

鲍勃此前已结识了艾伦·金斯堡,金斯堡创作了重要诗作《嚎叫》,同时他也是《在路上》中的人物卡罗·马克斯的创作原型。鲍勃与金斯堡是在纽约经记者艾·阿罗诺维兹[①]介绍认识的,这位记者突然之间就成为鲍勃事业舞台上的常客。阿罗诺维兹因受指派为《星期六晚邮报》撰写一篇文章而与鲍勃相识。因为着迷于鲍勃的个人魅力,阿罗诺维兹成为鲍勃团队中的一员,就像希腊戏剧合唱团一样为鲍勃高唱赞歌。"我喜欢鲍勃。维克托也喜欢他。我们都喜欢他,我们都崇拜他。"阿罗诺维兹说,"我们认为他就是上帝。事实上我变得非常疯狂,甚至认为鲍勃就是新生的弥赛亚。"1963年冬,阿罗诺维兹将鲍勃介绍给金斯堡。最初金斯堡非常警惕地看待鲍勃的个人魅力,他说:"我最初只认为他是民谣歌手而已,同时我也害怕自己成为他的奴隶或者其他的什么——比如他的福神。"但是当金斯堡出席了鲍勃1963年在新泽西普林斯顿举办的演唱会之后,他就开始迷上了这个年轻人。尽管"垮掉派"诗歌的确对鲍勃的歌曲创作有所影响,但鲍勃却对金斯堡有着

---

① 艾·阿罗诺维兹(Alfred Gibert Aronowitz,1928—2005),美国著名记者,以1964年推介鲍勃·迪伦和"甲壳虫"乐队而闻名。——译注

更为巨大的影响,金斯堡甚至想成为像鲍勃那样的艺术家。"我认为艾伦·金斯堡的诗情受到了一种压迫,这种压迫来自想成为鲍勃·迪伦那样的摇滚巨星的愿望。"同为"垮掉派"诗人的劳伦斯·佛林格迪说,"金斯堡从一开始就意识到,如果在摇滚乐队或其他类型的音乐团体后面登台演出,没有了音乐伴奏要想赢得观众的欢呼那几乎可以说是机会渺茫的。"

佛林格迪对鲍勃是杰出的诗人这一点毫不怀疑。"他早期的歌曲真的是长篇超现实主义诗作。"佛林格迪说,"我认为,鲍勃如果成为一位成功的民谣歌手那倒是一件糟糕的事了。他能成为一位充满趣味的作家。"鲍勃与佛林格迪曾聚在一起,讨论为佛林格迪所在的一家旧金山小规模出版公司——"城市之光"出版社——写本书的可行性。因为这本书将会与其他"垮掉派"作家的作品共同出版,所以也就更具有意义。但鲍勃同时也很注重作品的市场价值,所以最后他与麦克米伦出版公司签约并创作了《狼蛛》一书。

鲍勃邀请佛林格迪出席 2 月 22 日星期六在伯克利公众剧院举办的个人演唱会。琼·贝兹作为嘉宾出现在演唱会舞台上。那些社会地位崇高的听众们被鲍勃迷住了,其中包括《旧金山新闻》的评论家拉尔夫·J. 格里森①,后来他成了《滚石》杂志的创始人之一。在此之前数月,格里森曾在蒙特雷见过迪伦和贝兹,他认为鲍勃只是"又一个模仿伍迪·格斯的纽约犹太人",随后很快便将他遗忘了。但格里森现在却成了鲍勃的又一名信徒,用皈依者充满热情的语言表达着他的忠诚。他在文章中写道,听众们从鲍勃

---

① 拉尔夫·J. 格里森(Ralph J Gleason, 1917—1975),美国著名爵士乐与流行音乐评论家。在《旧金山新闻》任职多年,是《滚石》杂志的创始人之一。——译注

的歌曲中聆听"幻象和预兆",在鲍勃的诗作中聆听他对伪善的抗击和对"生命信仰"的赞颂。"这个身材纤细,头发蓬乱,穿着羚羊皮夹克、蓝色牛仔裤和靴子的年轻人用带鼻音的嗓音演唱,这丝毫没有削弱他的感染力。"格里森将鲍勃描写成天才,并且为自己之前没有意识到这一点给出了答案:"当我第一次在蒙特雷听到鲍勃的演唱时并不喜欢他。当时我是聋了。他的确是伟大的艺术家,按照判定其他艺术家的标准来判定他是一个彻彻底底的错误。"格里森现在为鲍勃与贝兹的合唱迷醉,感动。"二人的演出使得周末的夜晚变得气势恢弘,而鲍勃的独唱则是我们所处时代最响亮、警觉的声音之一。"格里森与鲍勃碰面后带着他开车在旧金山兜风,途中他们抽了大麻烟。格里森突然意识到自己在飘飘欲仙的状态下有可能会酿成车祸,毁掉鲍勃这位天才,于是他立刻就停下不抽了。

如今鲍勃和贝兹已再次聚到一起,而原本在横跨美国的旅途中充当苏希耳目的皮特·卡尔曼则必须离开这个团队了。"我必须这样做。"卡尔曼说,"我和迪伦相处得并不好。"他的位置被博比·纽沃斯所替代,充满孩子气的纽沃斯来自俄亥俄州,他本来是艺术系学生,1961年在印第安耐克民间艺术节上与鲍勃相识。纽沃斯自称是画家,歌手和电影摄制人,但他身上最重要的才能是他的聪明以及能与重要人物结为朋友的能力。此后数年他成了鲍勃最为亲密的伙伴之一。他多年一直对鲍勃保持着忠诚(纽沃斯说:"我认为鲍勃是一位真正的艺术家,同时也是我生活的时代中最伟大、影响最广泛的歌曲创作人")。最初纽沃斯的职责是充当鲍勃的忠实勤杂员,这让他得到了"贴身薄饼"的绰号,当然这一绰号并不完全是褒义的。随着两人关系日渐密切,他们的友情便显现出残酷的一面。既然鲍勃较以往已经更具有能力,纽沃斯便怂恿他去尝试着玩他所钟爱的心理游戏,这些游戏可以算作是"格里森多夫"游戏的一种升级模式,近乎精神虐待。"纽沃斯是脑力游戏的大师。"艾·阿罗诺维兹说,"他就像地狱幽灵一样令人厌恶。"

在伯克利办完演唱会之后鲍勃继续南下,与克莱顿、纽沃斯以及梅慕迪斯同乘一辆福特车,贝兹驾驶着她的那辆银色美洲虎尾随其后。一行人在贝兹位于卡梅尔的住所短暂停留后便转而驶向洛杉矶,按照日程安排鲍勃将在那里举办几场演唱会。同时他还受邀参加好莱坞举办的系列宴会,并将作为嘉宾出现在史蒂夫·艾伦2月25日的电视节目中,但并非每件事都进展顺利。

"在我五十多年的工作历程中,与鲍勃之间的交流毫无疑问可以算作是我所遇到的难事之一了。"史蒂夫·艾伦说,"显然迪伦先生参加电视节目时感到很不自在。"在结束了断断续续的交流之后——在这一过程中鲍勃一直神经质地转着凳子——艾伦请鲍勃对《哈蒂·卡罗尔的凄惨离世》这首歌曲进行讲解。鲍勃却认为讲解比演唱浪费时间,于是他便站起身唱了起来。鲍勃在艾伦主持的节目中的表现具有代表性,说明他在与媒体合作时常会感到不适应。在之后的多年内鲍勃都很少在电视现场节目中露面,即便是在与脱口秀主持人交谈已成为促进唱片销量的常用手法时也仍旧如此。鲍勃偶尔会参加节目并现场唱上一首歌,但他属于那些不会坐下来和主持人交谈的极少数主流明星。原因似乎是他羞涩的性格。"他以前在闲聊时的表现就很糟糕,而他现在仍是如此。"鲍勃参加夏令营时结识的朋友霍华德·儒特曼说,儒特曼此时正担任史蒂夫·艾伦电视秀制作助理一职,"在访谈过程中他表现得很糟糕。不知道该说些什么,而且非常害羞。"鲍勃曾请儒特曼帮他准备一些笑话,以便遇到类似情况时能借助笑话来缓和气氛。"我盯着他说,'鲍勃,你究竟是什么,傻瓜吗?他们想要听你唱歌,先生。他们并不想要听你讲笑话'。"

参加完史蒂夫·艾伦秀节目之后四天,鲍勃在圣莫西卡公众礼堂举办演出。"这地方少有新鲜玩意。"原本就与鲍勃熟识、来自纽约的意大利裔美国歌手玛丽亚·马尔道[1]说,"没有过多的小区住宅,没有太多'杰德民谣城'一类的娱乐场所,也没有在教堂地下室举办的令人心惊胆寒的小型音乐会。我可以确定,数以千计的歌迷拥进了圣莫西卡公众礼堂,整个礼堂座无虚席。"此次鲍勃演唱的歌曲类型与马尔道记忆中早期他在格林威治村时常唱的完全不同。"鲍勃演唱的都是让人冷静思考的歌曲。"她说,"这并非是在谈论熊山野营。"演唱会结束时现场掌声雷动,鲍勃冲进化妆间,梅慕迪斯、马尔道和纽沃斯正等着他。"小伙子,演出如何?"鲍勃问道。鲍勃在化妆间换衣服时歌迷们纷纷拍打房门,有些人则干脆声称是鲍勃的亲属,要求进入房内。"我们想偷偷跑出去看看外面是否安静下来,却发现情况变得更糟了。"马尔道说,"迪伦在屋子里走来走去,就像是笼中困兽。"他甚至想从浴室的窗户爬出去。最后梅慕迪斯和纽沃斯从人群中挤出一条路,鲍勃和马尔道紧随其后。"我觉得肋骨似乎要被压碎了。"马尔道说,"当埃尔维斯举办演唱会时……人们会紧紧抱住他,甚至扯掉他的外套。当时所发生的正和埃尔维斯举办演唱会时的情形相似。"一行人登上旅行车,在路上缓缓行进,随后朝着好莱坞的方向驶去,但途中却不得不停下来将躲在车后防水油布下的女孩们赶出去。歌迷们仍紧紧跟着旅行车。为了甩掉这些尾随者,梅慕迪斯在红灯即将亮起时缓缓而行,随后在变成红灯的瞬间加速冲过。大家都为这场成功

---

[1] 玛丽亚·马尔道(Maria Muldaur,1943—),20世纪60年代民谣复兴运动中的知名民谣布鲁斯歌手。——译注

的演出而兴高采烈,伙伴们打开收音机一边收听沃尔曼·杰克①的歌曲,一边在仪表盘上敲打着歌曲的旋律。他们打算前往住在好莱坞的班尼·夏皮罗家中参加一场聚会,班尼·夏皮罗是艾伯特·格罗斯曼的同事。

"我们就来说说这时髦的公寓!"马尔道大声叫喊道,"当时我们这些来自格林威治村衣衫褴褛的民谣音乐人出现在聚会现场,这套华丽的住所内铺着白色的地毯,安装着玻璃滑门,并且还建有游泳池。我们还从没有见过如此奢华的住所。"来宾的年纪都较大,身穿出席鸡尾酒会的礼服,显得非常老成。然而不知什么原因,鲍勃出现后会场气氛立刻就发生了变化。"人们排着队与鲍勃攀谈。"马尔道说,"那些身穿华丽羊绒外套的美丽女士和年轻女子们不停地说着'鲍勃,无论你到哪里我都会跟着你'。"马尔道很快便察觉自己处于无人理会的处境之下,"我清楚地意识到巨星之旅已正式开始了。"

自从去年夏天参加了纽波特音乐节后,苏希便一直深陷痛苦的泥潭之中。鲍勃与琼·贝兹之间维持着公开的恋情,但他同时也并不想结束与苏希的关系。每次鲍勃因旅行和录音之故来到纽约时都会去探望苏希。在纽约期间,鲍勃与苏希一同出席各种聚会,看上去形同夫妇,但实际上两人的关系却因鲍勃的不忠以及盛名所带来的压力变得异常危险。恋情的最终结果已经显而易见,两人的关系不会维持太久了。苏希在去年夏天自杀未遂后就再也没有搬回鲍勃位于纽约的住所,而是和姐姐卡拉住在一起,但这并

---

① 沃尔曼·杰克(Wolfman Jack,1938—1995),原名罗伯特·韦斯顿·史密斯,音乐主持人,音乐人。——译注

未让苏希感到快乐。苏希与卡拉住在位于下东区B大街一处压抑狭窄的铁路公寓内。厨房兼做门厅,仅有一盏灯泡照明。里面有两间小卧室构造的睡房,但却没有门,因此当鲍勃来访时就无法独处。在此期间,身陷困境的苏希又遭遇了令人绝望的变故,她意外地怀上了鲍勃的孩子。按照卡拉的说法,苏希随后将孩子打掉了。"当时堕胎尚属于犯罪行为。"看护妹妹的卡拉事后说,"他们之间总有不幸的事情发生。"

堕胎带来的最终结果便是两人的恋情不幸破裂了。1964年3月某晚,当卡拉·罗图洛下班回到家中时,发现苏希和鲍勃正在厨房内争吵。卡拉说:"两人之间出现了裂痕,最终只得分手,而鲍勃却不想离开。"鲍勃和苏希都显得有些歇斯底里,冲着对方尖叫,一直闹到凌晨时分。因为卧室没有装门,所以卡拉只得在一旁听着他们争执。"事情变得越来越糟糕,而我也被卷入其中。"

"赶快,博比,你快点离开吧。"卡拉对鲍勃说,"你可以另找个时间来和苏希说这件事。"

但鲍勃却拒绝离开。卡拉冲上前想把他推出去,鲍勃却反过来推她。很快两人便开始打斗起来。

"在我记忆中那是一段非常可怕的经历。"卡拉说。之后朋友们被喊过来,将鲍勃强行带走。

鲍勃因为恋情的终结而心烦意乱,同时也对卡拉充满了愤懑,于是便写下了《D调歌谣》,这首歌是鲍勃最为直白的自传体歌曲之一,而歌词也是他最为袒露的情绪宣泄。在歌中鲍勃写到了罗图洛姐妹。他喜欢年轻、古铜色皮肤的妹妹,但两人间的恋情却以一场在灯泡照明的屋内发生的对抗而终结,年长的姐姐被鲍勃描写成一个寄生虫,她冲着鲍勃叫喊,让他赶快离开。"歌曲描写的就是那段恋情终结时的情形,在这点上的确是真实的。它所描述的就是当晚发生的事。"但卡拉却对鲍勃的用词感到不满,她指出自己一直都忙于工作以便支付房租,而且卡拉也否认自己介入了鲍勃与苏希之间的那种荒谬关系。"很不幸我被卷入其中,但坦白地说,我当时甚至都还未曾与人发生过性关系。"卡拉说,"苏希可以选择她所钟爱的任何人,但我却无法稳坐在没有房门的卧室里听着他们的尖叫和呼喊。"卡拉对鲍勃的印象非常不好,她认为鲍勃自私,带有控制欲,感情也不是很成熟。而且卡拉认为《D调歌谣》是对自己的一种诽谤。她是在鲍勃随后发行的唱片《鲍勃·迪伦的另一面》中听到这首歌的。鲍勃并没有告诉卡拉他会录制这样一首歌,更别说去询问她是否可以了。

鲍勃后来似乎也曾因这首歌的出版而自责过。他在1985年推出的唱片《自传》封套文字中曾有所暗示。"我没有写过自白体的歌曲。"鲍勃说,"哦,实际上我曾写过一首,但这首歌写得并不好,而录制这首歌更是一个错误,我对此感到非常抱歉……我想这首歌大概是收录在我的第三张或第四张唱片里的。"但隐晦的暗示还不是完全表达出鲍勃的心意,他更想对卡拉和苏希做出正式的解释。《自传》发行前后,鲍勃曾打电话给卡拉追忆往事,并且以自己那种笨拙的方式试着想要与她和解。但鲍勃的补救来得太迟了,此时他过的已经是一种远离了旧友的巨星生活,这就使得他像是在和陌生人攀谈。"他的确有可能会为过去对他人的所作所为而感到抱歉。"卡拉说,她与苏希的关系之所以会变得疏远,一定程度上就是苏希与鲍勃那场混乱的恋情所导致的。回顾与鲍勃之间的恋情,苏希很谨慎地发表了看法。"只有听了鲍勃创作的所有歌曲,你才会对整个情况有清楚的了解。"苏希说,"在这些歌曲中清楚地描述了我们之间的恋情以及我们在一起时的生活状态。"回忆是相当复杂的。"它有时是美好的。"苏希说,"而有时它又是恶劣的。"但鲍勃与邦妮·比彻、埃克·哈尔斯多姆分手后彼此间仍保持联系,但与苏希关系破裂后两人却不相往来了。

然而无论个人生活多么糟糕,鲍勃还是很幸运的,他已经有了属于自己的音乐风格,举办了个人演唱会,大可以此来转移遭遇感情危机之后的恶劣情绪。在与苏希结束交往后,鲍勃继续忙于4月的新英格兰之旅,同行的还有维克托·梅慕迪斯以及一群朋友,其中包括后来组建"满匙爱"乐队的音乐人约翰·塞巴斯蒂安①。"这是一段非常非常感人的经历。"塞巴斯蒂安说,他在高校及其他一些小规模的集会场所观看演出,"鲍勃就是这样一个手持吉他、身处聚光灯下的男人。他演出时人们会目不转睛专注于他。有几晚我甚至发现自己是流着眼泪聆听他的演唱。"

鲍勃、梅慕迪斯和格罗斯曼随后乘坐飞机前往伦敦,5月17日鲍勃在皇家节日音乐厅举办了一场重要的演出。当鲍勃正在做演出前的调音准备时,舞台入口处有人冲着他喊叫,说是有个叫巴克林的人前来拜访。"是巴克伦!"舞台后传来纠正的喊声。与此同时,鲍勃一眼便看到了自己的同校好友,他跑上前去亲热地和巴克伦拥抱在一起。此时正在美国空军服役的巴克伦,向位于东英格兰的飞行基地请了三天假。这是两人自从1960年冬季鲍勃前往纽约之后的首次重逢。"鲍勃的变化相当大。"巴克伦说,"他瘦了不少。"但与外形上的变化相比,更为重要的是鲍勃赢得了巨大的声望,因为巴克伦亲眼看见了这一切。

皇家节日音乐厅因为鲍勃的到来而座无虚席,在这场有望成为经典的独唱会中听众们全神贯注地聆听着美妙的歌声。演出间

---

① 约翰·塞巴斯蒂安(John Sebastian,1944—),美国著名歌曲创作人,口琴演奏家。他因创建了"满匙爱"乐队而于2000年被推选入摇滚名人堂。——译注

歌鲍勃收到约翰·列侬发来的电报。在鲍勃首次听到"甲壳虫"乐队的歌曲《我想握住你的手》后的五个月里,这个演唱团体先后四次占据美国排行榜榜首位置。在听了《放任自流的鲍勃·迪伦》后,"甲壳虫"乐队也注意到了鲍勃·迪伦。"我们只是在演唱歌曲,只是将歌曲诠释出来而已。"乔治·哈里森说,"这首歌的歌词内容以及所包含的人生态度才是令人难以置信的新颖和奇妙的。""甲壳虫"乐队未曾与鲍勃碰过面,但列侬还是找时间给鲍勃发来了电报,告诉他乐队原本希望有机会出席此次演唱会,但不幸的是同时有一件电影委托事务需要办理。"哦,先生,这真是非常优雅的行为。"巴克伦说。鲍勃看起来也非常高兴,但并未有所流露。虽然在很多方面鲍勃都很钦佩"甲壳虫"乐队,但在他的心中《我想握住你的手》的分量并不如《无需再想,到此为止》。

音乐会进行到后半阶段,巴克伦努力地想让自己相信舞台上的表演者就是鲍勃·齐默尔曼这一事实。"我无法将眼前的鲍勃与此前的鲍勃联系在一起,无法将这两种形象视为一个人。"他说,"演唱曲目中有一首名为'上帝站在我们一侧'的歌曲,鲍勃每唱完一句人们都会发出欢呼声。这究竟是怎么一回事?都是因为鲍勃的缘故。我记得旁边坐着一个家伙,一个身强体壮的大家伙,他竟然抽泣起来。"演唱会结束后,艾伯特·格罗斯曼将旗下的艺术家从拥挤的歌迷中解救了出来。巴克伦跟在迪伦、格罗斯曼及三个女孩身后钻进一辆黑色出租车,说道:"鲍勃,我要说的是,我非常喜欢你的演出。"整晚他们都奔走出席各种聚会,与民谣歌手马丁·卡西之类老友碰面,一同抽吸大麻烟。"过来。这可是好东西。你想来点吗?"鲍勃一边问着,一边递给约翰·巴克伦大麻烟。这是巴克伦第一次抽吸大麻烟,此前他从未尝过。

鲍勃一直都避免谈到抽吸毒品的细节,只在某次访谈中提及自己不但会抽吸毒品，同时也有能力远离毒品。然而有绝对充分的证据显示鲍勃频繁地抽吸大麻烟。唱片制作人保罗·罗切尔德声称，他曾在1964年4月介绍鲍勃采用迷幻药物LSD。这与鲍勃喜欢尝试的性格相符，同时他还与一些知名的毒品吸食者熟识，这其中就包括海洛因瘾君子霍华德·阿尔克。霍华德·阿尔克来自芝加哥，是格罗斯曼的朋友，由演员转型成为电影制片人，他也是鲍勃·迪伦人际圈中的一员。"我并未沉迷于任何药物。"1984年鲍勃在接受《滚石》杂志采访时谈到了药物的使用，可是随后他又补充道，"但谁知道他人在你的饮品中究竟加了些什么，或是在你抽的烟中掺杂了什么呢？"

鲍勃在等出租车时问了巴克伦一个颇为古怪的问题。"你现在是如何看我的？"鲍勃说，"在你的眼中我现在是怎样的形象？"

"哦，你现在看起来有点瘦弱，而且显得有些纤细。"鲍勃重复了一遍，显然有些不快。在那晚剩余时间里鲍勃的心情变得非常恶劣，当他与一群姑娘返回美菲旅店时这一情绪达到了顶点，于是便上演了让人不快的一幕。鲍勃因想要将女伴带进房间而与旅店管理方发生了激烈的争执。"他们不允许鲍勃那么做，鲍勃则真的生气了。"巴克伦回忆道，"于是我说，'嘿，鲍勃，那我们就去其他地方吧'。他却转过身来冲我说，'管好你自己的事……这事让我来处理。这和你无关'。我接着说，'好，很好'。于是我转身离去……这就是他最后对我说的话。"直到25年后，两人才在1989年威斯康辛州麦迪逊演唱会的后台重逢。当时巴克伦联系鲍勃的巡演公司，希望能获赠门票，以便与孩子一同出席演唱会，同时他也可能是想要将自己的孩子介绍给老友认识。鲍勃则回复说欢迎他们前来参加演唱会。鲍勃与巴克伦重逢后做的第一件事是向他解释25年前在美菲饭店说的那番严厉的话。他说自己当时正处于重压之下。而鲍勃多年来始终将此事牢记在心,这一点再次表现出他那敏感的特质。鲍勃其他的朋友也注意到了这一点,如果他的行动真的显得有些迟钝的话,很有可能是因为他一直在因此责备自己。

在伦敦举办演唱会后,鲍勃开始了横穿欧洲的度假旅行。他同维克托·梅慕迪斯以及另外一个朋友本·卡鲁斯一同飞到法国。在法国,一行人遇到了歌手胡盖·阿福雷[①]。身在兰波生活的国度,鲍勃感到异常兴奋,他渴望能够汲取这一文化的精髓。鲍勃用调羹吃卡米姆博特奶酪的举动让阿福雷感到非常好笑,他们一同品尝佳酿。鲍勃与女歌手尼科共度罗曼蒂克的夜晚,同时还与流亡编剧,小说《糖果》[②]的合著者曼森·哈芬博格碰面。他们租了一辆大众汽车开到德国游览柏林墙。几天后鲍勃游览了希腊,并在那里结束了欧洲之旅。在雅典城外的一处村庄,鲍勃就用从美菲旅店带来的信纸创作完成了数首歌曲,其中部分歌曲收录在他的第四张唱片《鲍勃·迪伦的另一面》中。《妈妈,你在我的脑海中》也是鲍勃此时创作的一首歌曲,尽管并没有收录在《鲍勃·迪伦的另一面》中[③],但却是他创作的最优秀的情歌之一。引人入胜的开篇描绘了一幅偶然显现的景象,主人公站在十字路口,绚丽的阳光倾泻而下,这引得一段旧情涌动而出,很有可能是暗指鲍勃

[①] 胡盖·阿福雷(Hugues Aufray,1929—),法国歌手,最初在西班牙开始自己的演唱生涯,1964年参加欧洲歌曲比赛,荣获第四名。他在对鲍勃·迪伦的作品进行改编后,将鲍勃·迪伦的歌曲介绍到法语国家。——译注

[②] 《糖果》(Candy),是由麦克斯韦尔·肯顿与曼森·哈芬博格于1958年合作创作的小说。2006年,《花花公子》杂志将《糖果》列入"现存25部最性感的小说"之一。——译注

[③] 尽管在1964年便已经录制完成,但《妈妈,你在我的脑海中》这首歌最后被收录在1991年的三碟《私制唱片系列,一至三辑》中。——原注

对自己与苏希之间恋情的破裂感到隐隐的歉疚。在现实生活中，鲍勃的举动使得自己与苏希的关系变得一团糟，但在歌中他却能以微妙而成熟的态度来表现自己的情绪。

鲍勃由欧洲返回纽约后，《鲍勃·迪伦的另一面》只花了难以想象的六个小时便录制完成——从6月9日晚上的7点30分一直录至次日凌晨的1点30分。哥伦比亚公司计划为这张唱片举办推广会，于是鲍勃兴奋地加快了录制速度，以便公司尽快安排此项活动。一群朋友来到"A"录音室支持鲍勃，其中包括"流浪者"杰克·埃利奥特和艾·阿罗诺维兹。来访者带了几瓶薄诺莱葡萄酒①，还有几个孩子在录音室里到处乱跑。舒缓的氛围对鲍勃录制《所有我真实想做的》和《我不相信你》产生了潜移默化的影响，多多少少降低了这两首歌原本的伤感情绪。正当鲍勃忙于录音时，一个四岁的小孩冲了进来，但鲍勃并没有受到干扰。"我要把你扔出去。"鲍勃用幽默的口吻警告这个孩子，"我要抓住你，把你捻成灰。"对制作人汤姆·威尔逊而言，这些来访者更多的是带给录音工作负面的影响。他试图禁止孩子们进入控制室，但却不得不与前来为鲍勃打气、提出建议的朋友们待在一起。当威尔逊态度尖锐地装作对这些人视而不见时，阿罗诺维兹诙谐地在他的脑后画了个正方形。

这些歌曲已经创作完成很长一段时间了。还在意大利旅行时鲍勃便开始创作《这不是我，宝贝》。《自由的钟声》则创作于加利福尼亚旅行期间。其他的歌曲是在希腊"浓咖啡"咖啡馆里创作完成的。歌曲的主题相近，有些作品似乎与苏希有着特别

---

① 薄诺莱葡萄酒(法文：Les Vins du Beaujolais，或常常单纯简称为 Beaujolais，一译"保祖利")是产于法国中部偏东的薄诺莱(Beaujolais)地区的葡萄酒种类。——译注

的关联,这其中包括《前往拉蒙纳》和《D调歌谣》。尽管《D调歌谣》有着淡淡的哀怨和情节剧的形式,但其特点就在于令人难以忘怀地将苏希称为"我生命中的梦中情人"。鲍勃在唱这首歌曲时非常专心,与之形成鲜明对比的是当晚在录制其他歌曲时他则显得有些漫不经心。两首带有喜剧色彩的说唱歌曲《疯狂车手的噩梦》、《我将成为自由的十号》与《鲍勃·迪伦的另一面》中的其他歌曲相比缺乏感染力,总体而言这张唱片要比《时代在改变》显得弱些。《我的封底》这首歌则更具感染力,表明鲍勃已经日渐成熟,褪去了少年时代的青涩。但不幸的是这首歌曲是在凌晨时分录制的,此时鲍勃的声音听起来有些疲倦,这或多或少也降低了这张唱片的质量。

这张唱片中没有可归为抗议歌曲的作品,尽管鲍勃并未简单地将自己视为一名抗议歌手,但唱片的名字"鲍勃·迪伦的另一面"却似乎表现出一种与过去的背离。鲍勃创作出了多种风格的音乐作品。他曾因唱片的名字而责怪过汤姆·威尔逊。威尔逊之所以会取这样一个名字,是希望那些对鲍勃的创作妄加评论和断然否定的评论家手下留情。"我请求他,甚至可以说是在恳求他不要这样做,"1985年鲍勃在接受采访时说,"我知道取这样一个名字唱片便会获得热切的关注,但我觉得在推出《时代在改变》这张唱片后再取这样一个名字并不是好主意⋯⋯这似乎就是在对过去加以否定,过去的鲍勃·迪伦并非是真实的。"鲍勃再次为这张唱片撰写了冗长的、诗歌式的唱片封套说明文字——"一些别样风格的歌曲"——这同时也包含着对他私人生活的隐晦暗指。他除了向帕图尔表达了对其将位于伍德斯托克的客房交由他使用的感激之情外,也毫不掩饰地流露出与苏希分手的痛苦。鲍勃在歌中说"我并不痛恨恩佐",随后又描述了他对恩佐日渐嫉恨,1962年苏希在意大利遇到了这个名为恩佐的年轻人,随后两人结婚,鲍勃甚至幻想着自己谋杀了恩佐。这再次让我们对鲍勃的真情实感有所了解。只有最深的伤害以及嫉恨才能使得鲍勃产生如此极端的想法,尽管有人会认为以鲍勃之前对待苏希的方式,有太多的理由让苏希心怀怨气。

评论界对这张唱片的反响不一,而这一年夏季举办的纽波特音乐节与上一届相比也并不十分成功。菲尔·奥克斯一类的音乐人将他们的创作转变为抗争的武器,这使得他们受到了热情的追捧。尽管鲍勃初次演唱《手鼓先生》时也广受好评,但其他那些亲情主题的新歌在某些人看来却似乎显得有些率性了。艺术节落幕后《引吭高歌!》杂志编辑刊发了一封致鲍勃的公开信,不仅对鲍勃那些自省性的新歌持批评的态度,同时也对他由常人到明星所发生的外表变化加以评说。"在纽波特音乐节上,我所见到的你不知何故已经远离人群。"编辑欧文·斯尔伯写道,同时还补充说鲍勃现在正与一群酒友结伴旅行,而他的歌曲也沾染了感情的脆弱和残忍,这一点说的倒是真的。不论外界对鲍勃的新唱片反应如何,音乐节对于鲍勃而言还是很重要的,因为正是在此次艺术节上他与乡村音乐家约翰尼·卡什具有历史意义地相遇了。鲍勃与约翰尼一直保持通信联系,而且他对约翰尼的音乐也仰慕已久。两人为能够结识而感到异常兴奋,他们与琼·贝兹和琼·卡特·卡什一同在卡什入住旅店的床上跳上跳下,就像卡什描述的那样,一帮人看上去就"像一群孩子"。

鲍勃在艺术节闭幕后不久便飞往加利福尼亚。7月底8月初期间,鲍勃与他曾经的女友邦妮·比彻度过了简短浪漫的几天。"我开车与他一同前往飞机场,随后登机,和他在夏威夷度过了一周。"比彻回忆道。鲍勃在夏威夷的怀基基海滩举办了一场演唱会,随后与比彻道别,乘坐飞机东行至艾伯特位于贝尔斯威利的住所,与琼·贝兹以及贝兹的妹妹、妹夫会合。贝兹的新任妹夫理查德·法里纳与卡罗琳·赫斯特离婚后不久便与米米结婚。米米要比苏希的姐姐更难以控制。当她觉察到鲍勃对贝兹并不十分尊敬时便会揪住鲍勃的头发,用力地把他的头往后拽。在米米看来情况显而易见,鲍勃对琼的爱远不如琼对鲍勃的爱那么深厚。但琼对于这一点却形如盲人,总是那么糊涂。总之,两人的浪漫恋情已过了短暂的蜜月期,距离最终分手没多久了。

鲍勃在贝尔斯威利逗留期间安排与"甲壳虫"乐队见了一次面。"甲壳虫"乐队于1964年夏季第二次访美,行程安排后期准备在纽约的派拉蒙剧院举办一场募捐音乐会。"甲壳虫"乐队认识记者艾·阿罗诺维兹,后者曾被《周末邮报》委派撰写有关"甲壳虫"乐队的报道。就像与鲍勃接触时一样,阿罗诺维兹在采访"甲壳虫"乐队的过程中又变得迷糊起来。约翰·列侬请阿罗诺维兹联系鲍勃,安排在"甲壳虫"乐队下榻的宾馆碰面。于是鲍勃从贝尔斯威利赶过来,他与随行人员按时来到"甲壳虫"乐队位于戴尔蒙尼克旅馆的套房,"甲壳虫"乐队在警察方阵的护卫下方才摆脱歌迷。当鲍勃走进房间时,他们刚刚与经纪人布莱恩·爱泼斯坦吃过饭。阿罗诺维兹为双方做了介绍,他胸中涌动的自豪感几乎要撑破衬衫的纽扣了。这是他一生中最伟大的时刻之一,而这一会面本身也是相当重要的。此次会面不仅对音乐家们,同时也对流行音乐产生了重要的影响,鲍勃综合地将"甲壳虫"乐队的摇滚乐元素运用到他的音乐作品中,"甲壳虫"乐队也开始创作与鲍勃的歌曲具有同样深度和严肃性的歌词。

这些美国本土的访客建议众人一同吸几支大麻烟。"甲壳虫"乐队对于酒的兴趣要远超过毒品(苏格兰酒和可乐是他们最喜欢的饮料），尽管在一些记录这段时期的书中表明他们之前并没有抽过大麻烟，但至少哈里森和列侬吸食过大麻①。可有一点必须加以说明，那就是"甲壳虫"乐队没有一位成员抽过高精度的大麻。对此鲍勃感到非常吃惊，他本以为《我想要握住你的手》中的第八句歌词是"我很兴奋！我很兴奋！"约翰·列侬解释说，歌词是"我无法掩饰"。鲍勃笨拙地卷起第一支大麻烟，一些烟叶末从他的指间漏洒出来。因为门外就站着警察，所以在点大麻烟之前一帮人重新换了个地方，跑进了里间。鲍勃把第一支大麻烟递给列侬，列侬正在劝说林格·斯塔尔也试着抽上一支，他笑称林格是他的品尝师。于是鼓手开始像抽雪茄一样抽起大麻烟来，他并没有将大麻烟传给其他人，于是阿罗诺维兹示意梅慕迪斯另卷一支。不久大家都变得飘飘欲仙。麦卡特尼认定自己已发现了生命的意义，于是想找支铅笔将他的发现记录下来。斯塔尔哈哈地傻笑。布莱恩·爱泼斯坦则说自己感觉就像是漂浮在天花板上。

　　第二天，麦卡特尼在朦胧的灯光下审视着自己用铅笔记录的那张纸，所发现的生命真谛已经浓缩成一句话："有七层。"

　　随后几天鲍勃与"甲壳虫"乐队在旅店和纽约城周围多次会面。鲍勃与列侬、哈里森之间的友情变得非常牢固。"甲壳虫"乐队9月20日在派拉蒙剧院举行演唱会时鲍勃前往探望他的新朋友们。现场一片混乱，十几岁的歌迷大声地尖叫着，以至于几乎都无法听见乐队的歌声了。鲍勃站在舞台侧面的椅子上，这里的视角更好些。他非常满意地注意到这场演唱会的情况正与他的演唱

---

　　①　在为创作《"甲壳虫"乐队文选》时对幸存的乐队成员进行了访问，此书于2000年出版。同时还有其他的资料来源显示乐队成员在会见鲍勃之前就已吸食过大麻。——原注

会相反,在他的演唱会上听众安静地聆听每一个词,只是在最后结束时鼓掌。阿罗诺维兹说:"他为此而感到骄傲。"

鲍勃对琼·贝兹的感情之所以日渐淡漠,部分原因是因为他正将更多的时间花在另一位女友身上,这位女友就是模特萨拉·劳恩茨。贝兹对此一无所知。萨拉·劳恩茨不久便取代了贝兹的位置,她不但是鲍勃生命中重要的女性,而且最后还成为鲍勃第一任妻子,鲍勃子女们的母亲,鲍勃部分伟大作品的灵感源泉。

尽管萨拉有着贵族风范,但实际上却出身卑微。事实上,萨拉接受教育的过程相当艰辛,后来她似乎很想将这些往事都忘却,而这些恰恰也是她拒绝接受采访的内容,这就使得她的人生经历始终都笼罩着神秘色彩。萨拉出生在美国特拉华州的维明顿,最初名叫雪莉·玛里琳·诺兹尼斯克。她的出生年月曾被推算为1940年,但实际上要早出生一年,也就是说她出生于1939年的10月29日。萨拉的父亲伊萨克是白俄罗斯犹太移民,一战爆发前不久定居维明顿,主要在克莱顿大街经营旧金属买卖。伊萨克终其一生都未曾学会阅读或书写。萨拉的母亲贝茜在第八大街和拉姆博德大街的交汇处经营一家干货店,雪莉便是出生在拉姆博德大街的。雪莉还有一个名叫朱利叶斯的哥哥,比她大十六岁。雪莉9岁时母亲患病,年幼的她后来一直由姑妈帮忙照看。1956年雪莉高中毕业时父亲被人恶意枪杀。雪莉的寡母也于五年后去世,将她独自一人留在人世。

雪莉是一个漂亮的年轻女子,皮肤白皙,头发油黑。但最让人感到非同寻常的是她的那双眼睛。那是一双伤感的眼睛,似乎是在向外界传达着她早期生活所经受的苦难。1960年前后,雪莉前往纽约之前曾在特拉华州大学短暂学习过。雪莉住在纽约期间曾在花花公子俱乐部中担任兔女郎。福特中介公司将雪莉包装成为一名模特，而与此同时她遇到了自己的第一任丈夫——摄影师汉斯·朗兹。汉斯是德国犹太人，出生于1914年，出生时的名字叫做海因斯·路德维格·劳文斯泰恩。20世纪30年代他逃到美国，改名为亨利·路易斯·朗兹（汉斯只是一个绰号）。汉斯成为男性时尚界中一名成功的摄影师，以擅长拍摄漂亮的年轻女性而闻名。尽管汉斯比雪莉大25岁，但她还是在1960年年末或是在1961年年初成为他的第三任妻子。"是我父亲将雪莉的名字改为了萨拉。"彼得·朗兹说，他从耶鲁大学回到家中，突然间发现自己有了新继母，而且还是一位仅比他大五岁的继母，当时恰好是萨拉开的门，"我父亲说，'我不能和一个名叫雪莉的女人结婚'，所以他就把雪莉的名字改成了萨拉。"

萨拉和汉斯住在曼哈顿第二和第三大街之间，也就是第六十大街一栋巨大的五层楼内。萨拉继续担任模特，她在《哈珀百货店》①杂志上发表了名为"可爱甜美的萨拉·朗兹"一文，之后不久便怀孕了。萨拉的女儿玛丽亚于1961年10月21日出生。就是在孩子出生的这一年内，萨拉的婚姻生活开始出现裂痕。她时常独自一人外出，开着汉斯送给她的名爵跑车绕着城飞驰，有时也会前往格林威治村观看年轻歌手的演出。按照彼得·朗兹的说法，萨拉也就是在那里遇到了鲍勃。"萨拉之所以会离开汉斯，就是因为鲍勃。"朗兹说，"鲍勃声名显赫，而萨拉美丽动人。"汉斯和萨拉

---

① 《哈珀百货店》(*Harper's Bazaar*)，美国时尚杂志，创刊于1867年，月刊，目前已在多国刊印不同语种版本，主要消费群为女性中的中上层人士。——译注

先是分居,之后不久便离婚了①。离婚后萨拉在时代《生活》杂志照片制作部担任秘书。她与紧邻曼哈顿市中心的咖啡店服务生萨利·安妮·布勒是好友,而当时萨利正与艾伯特·格罗斯曼约会。萨利邀请萨拉一道去贝尔斯威利,这使得萨拉与鲍勃又恢复了联系。1964年11月12日萨利与格罗斯曼结婚,鲍勃和萨拉作为受邀嘉宾出现在婚礼现场。

格罗斯曼婚后不久,鲍勃搬出了位于西四大街的住所,这套房子对于两个人而言的确过于狭小。格罗斯曼和萨利前往欧洲度蜜月期间,鲍勃和萨拉先在格罗斯曼位于曼哈顿的住所短期居住。鲍勃不久便在西二十三大街的切尔西旅店找到了住处。切尔西旅店是建于1884年的古老建筑,因为租金低廉,且房主对待性格古怪的房客宽容大度,故而成了艺术家、音乐家以及作家钟爱的住所。威廉·德·库宁②就曾在这里静心作画。艾伦·科普兰③谱曲所用的钢琴也是由房主提供的。亚瑟·C. 克拉克④就是在这里创作完成了科幻小说《2001》。"垮掉派"也定期在切尔西旅店举办集会、进行创作。切尔西旅店的房客虽然多是波希米亚风格的人士,但大部分住户对居住于此的孩子们来说还是安全的。这对于

---

① 关于鲍勃早期与萨拉之间的关系这一问题以及其他问题可以在1974年发表的歌曲《缠绕忧郁中》的歌词里寻找到一些答案,特别是在第二节中。——原注

② 威廉·德·库宁(Willem De Kooning,1904—1997),抽象表现主义的灵魂人物之一,同时还是"纽约画派"的领军人物。代表画作有《女人与自行车》。——译注

③ 艾伦·科普兰(Aaron Copland,1900—1990),美国作曲家,美国民族乐派的代表人物之一。除了从事作曲外,也从事音乐教育、音乐书籍的写作以及各种音乐社团活动的组织工作,对普及音乐教育,发展美国现代音乐事业做出了贡献。——译注

④ 亚瑟·C. 克拉克(Arthur C Clarke,1917—2008),英国著名科幻作家,同时也是著名科学家,是国际通信卫星的奠基人。——译注

鲍勃和萨拉尤为重要,因为当鲍勃住进有着单间卧室、可俯看街区的211号套房时,家庭中的核心成员萨拉以及三岁大的玛丽亚对他而言已经变得非常重要了。

汉斯·朗兹威胁要通过法院途径获取玛丽亚的单独抚养权。他不想让自己的女儿由鲍勃抚养成人,每次他提到鲍勃都会轻蔑地称之为"齐默尔曼"。然而汉斯的律师告诉他,他获胜的把握很小。汉斯接受了这一意见,决定不再与玛丽亚保持联系。尽管汉斯直到1995年才去世,但他再也没有看望过玛丽亚,毅然决然地让鲍勃承担起了做父亲的责任。

鲍勃与萨拉在切尔西旅店过着恬静的生活。鲍勃在屋内弹奏钢琴、谱曲,但却很少有人知道是鲍勃住在这里。切尔西旅店的工作人员斯坦利·巴德说:"他非常害羞,非常安静。"鲍勃想寻求刺激时就会跑到"乡村野炊"酒吧喝酒。遇到这种情况时萨拉通常都不会陪他一同前往。代替萨拉与鲍勃一同外出的除了包括艾·阿罗诺维兹以及歌手大卫·科恩在内的助手之外,还有博比·纽沃斯,他自始至终都是鲍勃的伙伴。鲍勃和纽沃斯本性上都喜欢挑剔对方的缺点,互相刺激。一天晚上,约翰·赫拉德走进酒吧,鲍勃和纽沃斯两人开始窃笑,"来了一个美国特勤局的家伙"。这只是基于赫拉德有着美国血统而开的玩笑,但赫拉德知道,如果自己争辩那么就会遭到两人的全力讥讽。他能做的只是对此付之一笑,随即受邀同席饮酒。可其他人就没这么幸运了。赫拉德说:"我曾见过他们把别人戏弄得哭了起来。"邦妮·比彻就对纽沃斯心存畏惧,纽沃斯在时邦妮·比彻会躲到鲍勃身后。"我非常害羞,与纽沃斯共处一室对我而言简直如同身处地狱。因为他总是在回避我的提问,而我就像是打出了一记空拳。"邦妮·比彻承认,"我会颤抖着离开房间,眼泪几乎都快要落下来了。"

依靠萨拉的人脉以及外出巡演的机会,鲍勃逐渐融入了纽约的社交圈,在这个交际圈内财富和声望受到尊崇,讥讽他人的才能广获赞美,排挤他人被视为正当行为,这是与民谣复兴运动的价值观相对立的。纽沃斯成为鲍勃在这个浮浅的下流社会中活动的向导。此间他们结识了模特伊迪·塞奇维克[①]。伊迪是一个内心情绪不稳定的金发碧眼女子,出生于上流社会家庭的她1962年被家人安置在一个协会内任职。直到1964年为止伊迪始终都是纽约最广受赞美的人物之一,以生活奢华而闻名。1964年圣诞节前夕,一辆卡迪拉克豪华轿车在茫茫飞雪中停了在"乡村野炊"酒吧门前。伊迪受到了众人的殷勤接待。在纽沃斯的陪同下,伊迪和鲍勃前往观看休斯顿大街一所教堂外的灯火。尽管伊迪只是鲍勃人生历程中的过客,但她还是被普遍认为至少是鲍勃后期创作的部分歌曲的灵感来源,其中包括《就像一个女人》这首歌。

圣诞假期结束后,鲍勃录制了《与其归家》,这是他音乐生涯中最重要的唱片之一。在唱片中鲍勃将"甲壳虫"乐队一类英国乐队的成功经验与他个人那种更富有诗意的歌词融为一体。20世纪50年代,摇滚作为一种音乐形态已经在美国大范围流行开来,不但涌现出了像查克·贝里、埃尔维斯·普雷斯利以及小理查德之类的音乐家,同时他们的作品在本土也进入了原本苛刻呆板的流行乐排行榜前四十位榜单。不管怎样,"甲壳虫"乐队已经怀着对早期美国摇滚乐的热爱成熟起来,他们从利物浦走出来,向世人证明仅需一年的时间,摇滚这一音乐形式就能变得更令人激动,获得更大范围的流行。"美国应该树立起'甲壳虫'乐队的雕塑。回想

[①] 伊迪·塞奇维克(Edie Sedgwick,1943—1971),美国20世纪60年代电影明星,曾经担任过模特。——译注

过去，是他们赋予这个国家荣耀。"鲍勃说。鲍勃意识到"甲壳虫"乐队赋予摇滚乐新的生命力，这一音乐类型与他共同成长，而与此同时鲍勃放弃了民谣音乐，因为民谣音乐看起来无法再为他提供更多的东西。并不是只有"甲壳虫"乐队指明了音乐的发展趋势。1964年夏季，另外一个英国音乐团体——"动物"乐队发表了一首带有节奏布鲁斯风格的《朝阳之屋》，这首歌曲是他们从鲍勃的首张唱片中学来的。演唱者将这首传统歌曲富有力度的歌词、动听的旋律与布鲁斯音乐加以融合。"动物"乐队将音乐形式变得略有不同，使之成为带有传统歌曲严肃主题的流行音乐。

鲍勃通过创作将诗化的歌词与节奏布鲁斯音乐紧密结合，在这种音乐形式的发展进程中迈出了至关重要的和更为深远的一步。通过这些努力，鲍勃创建了民谣摇滚，尽管这一词汇令人费解。鲍勃在很久之前便不再涉足民谣歌曲。从唱片《放任自流的鲍勃·迪伦》开始，鲍勃的作品风格本质上更应归为诗歌，音乐则是民谣的原声乐声。唱片《与其归家》的标题向人们揭示了这样一个事实，那就是美国音乐已经广为英国乐队所借鉴，鲍勃以摇滚乐为基础录制属于自己的音乐，以此向各地的音乐家们示范，他们同样可以在摇滚乐中表达最为深刻的感触。这种看似简单但实际上富有革命精神的思想解放了"甲壳虫"乐队、布鲁斯·斯普林斯廷[1]以及更多的艺术家，促使他们立志于从艺术的层面创作流行歌曲。在这一转变过程中，民谣音乐中最明亮的星辰将他的原声吉他换成了一把新制的电吉他，而这对于某些民谣复兴运动者而言是一种亵渎行为。"他曾在多场狂欢聚会中弹奏电吉他。"曾在

---

[1] 布鲁斯·斯普林斯廷（Bruce Springsteen，1949— ），绰号"老板"，美国著名歌手兼歌曲创作人。——译注

1965年1月为鲍勃担任伴奏的肯尼·兰金说,"对鲍勃而言,最恰当的姿态就是手握一把电吉他。"

尽管所进行的事业极其重要,但当音乐家们为录制唱片《与其归家》而于1965年1月13日齐聚纽约时还是让人感到有些惶恐不安。从高中时开始,鲍勃在与乐队其他成员进行彩排时就经常会流露出厌恶的情绪。他更喜欢独自一人进行演出。然而现在鲍勃需要与由职业音乐人组成的完整电子乐队共同完成录制工作,但他却任由其想象力牵引,其他音乐人只得尽量紧跟他的思路。录制工作并没有进行排练,也没有讨论如何才能达到鲍勃所要获得的效果。"我演奏的曲目没有一首曾经事先确认过。"吉他手肯尼·兰金说,"开始时鲍勃会乱弹一气,我们大约过个两到四小时再参与进去。"按照这种模式创作出来的音乐作品将形式自由的歌词与繁杂的摇滚结合在一起。"没有进行原带配音。没有进行修补。没有进行拼接。"兰金说,"你听到的即是我们现场演绎的音乐。"

唱片收录了节奏欢快的《马吉农场》,歌曲表现出风趣的抗议,根据歌名推断,这里讲的大概是纽约金斯顿附近的马吉尔农场,鲍勃每次前往伍德斯托克时都会经过此地。另外还有一首像机关枪般砰砰作响的歌曲《隐秘的思乡病布鲁斯》,这是为纪念查克·贝里即兴创作的作品。[1]《隐秘的思乡病布鲁斯》的歌词是由形象化的比喻、笑话以及充满智慧的谚语拼凑而成的,这就使得歌曲常常为他人所引用。最为人所熟知的或许是那句"无需气象员即可知

---

[1] 正如伍德斯托克的地方传说认为金斯顿附近的"马吉尔农场"本是"马吉农场",同样一些当地人相信《隐秘的思乡病布鲁斯》里的歌词"水泵不转了(因为破坏者拿走了水泵手柄)"的创作灵感来自哈得孙河畔安嫩代尔市的一只水泵,它一度曾丢失了一枚手柄。——原注

风是向哪个方向吹送"了,这是在暗指1969年成立的无政府恐怖分子组织"气象员"。《爱减至零/毫无限制》这首歌的特点在于令人惊叹的明喻:"她是真实的,就如同冰雪,如同火焰。"尽管这些歌词有可能会让人觉得陈腐,但在演唱时却异常动听。事实上,这正是鲍勃作品的一个特点,通过嗓音对歌曲的绝佳演绎,他能脱离表象简单的对句,进而达到抒情诗体的高度。《鲍勃·迪伦的115号梦》讽刺了美国的建国历程,歌曲开始部分是那么的活泼,以至于将乐队的伴奏远远抛在了后面。"我乘着五月花号轮船。"鲍勃一开始唱道,随后爆发出有如猫头鹰般的笑声,因为乐队的成员们都在盯着他看。"我们都不知道应在何处切入,原本是在他唱'我乘着五月花号轮船……'这句时,我们应在'乘着'处切入,但每个人都只是坐在那里看着他。"布鲁斯·朗格霍恩说。"等一下,小伙子们。"汤姆·威尔逊开心地笑着说,"好的,现在再来一遍。"录音带仍在转动着,他们塞进去重新来过。这就是录音的过程,有着错误的开端,这在整个唱片录制过程中可以说是司空见惯了。

为了满足鲍勃原有民谣歌曲听众的需求,在唱片的第二面录制了四首原声长歌,这四首歌曲分别是:《手鼓先生》、《伊甸园之门》、《一切终结,忧伤宝贝》、《没事儿,妈妈(我不过是在流血)》。作为鲍勃迈出的重要一步,上面列出的最后一首歌堪称杰作。从初始部分所营造出来的正午时分的黑暗起,这首歌就始终跳动着怒火。同时歌曲中也有着鲍勃创造出来的最为令人难忘的画面:在黑暗中发散着光芒的肉身救世主形象;金钱不会说话,但它却会发出诅咒;甚至就连美国总统也裸露全身站立着。这是一首永远不会过时的歌曲,部分原因是鲍勃非常精明,他在歌曲中并没有提及当时那一届美国总统的名字。结果连续几代人都将这首歌曲与各个时期现任总统联系起来。1974年理查德·尼克松水门事件发生时,这首歌曲的影响力达到了顶峰。"我将看到的创作成歌曲,而正是这些让我产生敬畏感。"1997年鲍勃曾说过,"从创作《没事儿,妈妈》这首歌的第一句歌词开始我就思路清晰。"而他在短短三天内录制出这么一张令人难忘的唱片本身就让人惊诧不已。

这张在鲍勃音乐事业中占据重要位置的唱片,其封套设计同样是一件艺术品。唱片封套照片由丹尼尔·克瑞玛拍摄,表现出谨慎的编排态度和技术上的创新,这让人想起文艺复兴时期的肖像画风格。鲍勃在一间设施齐全的房间内摆出造型,房间里放着具有象征意味的物品,构成了形象而可笑的场景。这多少有些像佛兰德画家杨·凡·埃克①1434年创作的著名肖像画《杰奥瓦尼·阿诺菲尼的婚礼》,画中美丽而神秘的女性使得构图趋向平衡。画作让人觉得有趣而成熟。"我想创作出确实与众不同的事物,因为我对鲍勃的作品印象深刻。"克瑞玛说,同时他也拍摄了录音的过程。他为相机配置了一台接合器,这便于克瑞玛在模糊的环境下拍摄鲍勃,例如在移动状态下。"我想让鲍勃成为核心,成为关注的中心,整个音乐世界都围绕他运转。"模糊的物体构成了圆形,鲍勃像是处于旋转的唱片中央。鲍勃非常喜欢这个构思,某个雪夜他驾车带着克瑞玛一同前往格罗斯曼位于贝尔斯威利的住所。第二天他们在客厅搭起背景。萨利·格罗斯曼穿着红裤子套装斜靠在躺椅上,抽着雪茄。鲍勃则站在躺椅的另一边,穿着蓝色条纹白衬衫和黑色夹克。那些浓缩着鲍勃人生和音乐故事的物品

---

① 杨·凡·埃克(Jan Van Eyck),1385年出生于荷兰马塞克城,是佛兰德绘画的奠基者。1425年杨·凡·埃克任菲力蒲·卢·蓬公爵的宫廷画师,曾经担任使节到过葡萄牙等地。他以写实的精细描写和微妙的光影表现,将神圣的内容拉入现实世界中,着力描绘现实生活、现世人生的丰富多彩。——译注

被摆放在座位、地板和壁炉架上。这些物品包括罗德·巴克尔和埃里克·冯·施密特的唱片、鲍勃的唱片《鲍勃·迪伦的另一面》、一份《时代》杂志以及一个防尘罩。萨利的波斯猫蜷缩在鲍勃的膝盖上。在最终的画面上,鲍勃的左袖口处隐约可以看到薰衣草色的袖口链扣,这是琼·贝兹送给鲍勃的一对链扣中的一只。

《与其归家》于1965年3月发行后便成为鲍勃最为成功的作品,在榜单上位列第六。部分民谣正统支持者对这张作品嗤之以鼻,但有些评论家则注意到了鲍勃的成就,他很快便因接受各种采访而忙得不可开交。鲍勃在纽约举办了媒体接待会发布新唱片,但他并未过多介绍这张唱片,反倒利用这一机会讽刺取笑记者。当被问及他是否高中时便组建了摇滚乐队时,鲍勃回答道:"高中时我拥有一支香蕉乐队。"还有记者问起他和琼·贝兹的恋情,鲍勃回答说贝兹是为他算命的巫女。甚至还有人询问谁能拯救世界,鲍勃立刻推荐他的伙伴艾·阿罗诺维兹。尽管鲍勃的回答荒诞而无聊,但他却是在玩着一场精明的游戏。鲍勃拒绝容忍通常记者见面会中存在的那些所谓惯例,不愿以严肃方式来谈论自己的歌曲,而这反倒使得他在记者和公众的眼中更具有魅力。无论怎样,有过《新闻周刊》专访的惨痛经历之后,鲍勃就再也未曾谈论过自己的个人生活。

有证据显示,《与其归家》在英国更受歌迷的欢迎。鲍勃从4月起便在英国展开春季巡演,随着这一波宣传攻势,《与其归家》唱片占据了排行榜榜首的位置。鲍勃在英国接受采访时也并没有表现得和蔼可亲。《旋律制造者》[①]杂志询问《隐秘的思乡病布鲁斯》

---

① 《旋律制造者》(*Melody Maker*),英国发行的全球年代最久远的音乐周报。创建于1926年,主要对象是音乐人。2000年与长期竞争对手《新音乐速递》(*New Music Express*)合并。——译注

这首歌描写了什么时,鲍勃回答道:"这其中并没有什么故事,真的。这首歌没有讲述任何的事情。"当然,对于这样一首由超现实主义的比喻和玩笑混合而成的歌曲,鲍勃怎么可能给予提问者一个严肃的答案呢?琼·贝兹此次与鲍勃一同来到英国(但是却没有人知道萨拉的存在),这让人们激动不已,而媒体和公众也尤为关注。但在镜头背后,两人的恋情已是土崩瓦解。贝兹之所以会随鲍勃来到英国,是因她原本以为鲍勃会将自己介绍给热情的听众,以回报鲍勃当初在美国时所受到的关照——贝兹在美国更受歌迷们的欢迎。这是一种合理的期待,两人在数月前还曾结伴漫游美国,而鲍勃也的确邀请她结伴前往英国。但当他们抵达英国后,鲍勃却似乎并没有带她四处走动的意思。也许是因为鲍勃认为自己在英国广受欢迎,不需要与任何人分享同一个舞台。无论鲍勃内心作何想法,他的确没有邀请琼同台演出。在跟随鲍勃旅英期间,琼在住所和后台练声的次数明显减少了。这些令人颇感尴尬的情形都被拍摄下来并流传后世,因为整个行程都有鲍勃的随行人员艾伯特和萨利夫妇、博比·纽沃斯(被雇为巡演领队,同时也充当巡演团队中的小丑)以及一支摄影队相伴。摄影队由 D. A. 佩尼贝克[①]领队,他是萨拉·朗兹的朋友,在《时代·生活》杂志担任摄影师。佩尼贝克与格罗斯曼达成协议,以鲍勃的英国之旅为素材拍摄一部真实的纪录片,片名定为"无需追忆",而这一标题中并未带有呼语(佩尼贝克解释说:"这是我对语言简捷化的一种尝试")。作为对适量投资以及佩尼贝克获准近乎无限制采访拍摄的回报,鲍勃和格罗斯曼将获得利润分享,而对于这点他们并未期

---

① D. A. 佩尼贝克(D. A. Pennebaker, 1925—),美国著名电影制作人。他与妻子采用手握摄影机所拍摄的一系列纪录片广受关注。——译注

望过高。"鲍勃对从中获得利润毫不知情。"佩尼贝克说,"对他而言这只是一部家庭电影,仅此而已。"协助佩尼贝克拍摄的是格罗斯曼的朋友霍华德·阿尔克及他的妻子琼斯。

纪录片第一组场景中拍摄的是在希思罗机场举办的记者招待会。鲍勃手持硕大的闪光灯,以毫无意义的回答搪塞记者们空洞的提问。当被问及他"真实的寓意"时,鲍勃回答道:"保持一个良好的头脑,同时一直随身携带闪光灯!"记者们成了鲍勃的玩物或是他眼中的不学无术者,正像鲍勃某次在巡演过程中接受采访时解释的那样:"他们总是问一些不恰当的问题,例如你享用早餐时做些什么,你最喜欢什么颜色,都是诸如此类的问题。这些媒体记者,要我说,他们都是些情绪焦虑的写手……他们对我的情况都有各自的猜想,所以我只不过是在给他们制造些麻烦而已。"

考虑到鲍勃现在的身份是明星,格罗斯曼为鲍勃在伦敦最大的旅店萨瓦旅店预订了房间。记者们受邀前往旅店接受鲍勃更进一步的愚弄,而社会名流也随即前来向鲍勃表达敬意,这其中包括"甲壳虫"乐队的四名成员以及"滚石"乐队的成员。"甲壳虫"乐队警惕性很高,所以"眼睛"并没有拍摄到他们太多的镜头——"眼睛"是鲍勃为佩尼贝克及其肩扛式摄像机所取的恰如其分的绰号——但其他人就没有那么机敏了。佩尼贝克拍到格罗斯曼为出场费讨价还价以及威胁旅馆职员的镜头。"你是我这一生中接触的人中最笨的一个。"格罗斯曼在谢菲尔德冲着旅馆服务生咆哮着,"如果是在其他地方,我就把你塞进你那可恶的鼻子里去!"在另一组镜头中,纽沃斯正在偷着乐,贝兹看上去非常痛苦,而多诺万和"动物"乐队的键盘手阿伦·普林斯则显得滑稽可笑。来萨瓦旅馆拜访鲍勃的客人们喝醉了酒,将他的装饰家具——一个玻璃书架从窗口直接扔了出去。"是谁把玻璃书架扔到街上去的?"鲍勃愤怒地问道,"到底是谁干的? 你最好现在就告诉我,如果没有人告诉我是谁做的,那你们就都给我滚出去,再也不要回来了。"汤姆·帕克斯顿将摄影机放在外面。"这真是一场令人感到厌烦的聚会。"他说,"鲍勃的一些伙伴对待旅馆雇员的态度非常恶劣,而这些雇员都是无依无靠的人,只能尽力工作。这是非常丑陋的一幕。"

最喜欢开玩笑的是博比·纽沃斯。每当鲍勃取笑他人时纽沃斯都会掺和进来,他还帮着鲍勃羞辱贝兹。但令人奇怪的是,贝兹却也能算作是纽沃斯的朋友。当贝兹穿着半透明的宽松上衣四处闲逛时,纽沃斯注意到鲍勃的面部神情,显然鲍勃对贝兹已毫无兴趣(至少当两人站在镜头前时鲍勃很少关注贝兹,他也很少和贝兹交谈,而且丝毫看不出他有想和贝兹在一起的意思)。纽沃斯恶毒地描述那件半透明的宽松上衣是"那种你不想看到里面却也能够透视的上衣"。贝兹努力保持着笑容,有些虚假地强作自信,随后说自己有些困倦,要累坏了。"我要去告诉你妹妹,你很早之前就已经累坏了。"纽沃斯嘲笑说,"在你觉察到自己累坏了之前就已是累得要命了。"最后贝兹失声痛哭,拍摄被迫中断。"贝兹对鲍勃的感情非常深厚,她将鲍勃领上舞台,与他共同演出,并向观众介绍鲍勃,深厚的感情就是在这一过程中积累下来的。"贝兹的妹妹米米说,"对鲍勃而言贝兹只是一块垫脚石,我的看法就是他爬上去之后就会走开。也正因为这一缘故让人觉得很不舒服。琼从没有想到事态会发展到这个地步,因为她整个人深陷爱河之中。反倒是她的小妹妹看出了端倪。"佩尼贝克觉察到鲍勃的事业正处于过渡阶段。3月份鲍勃与贝兹一同在美国巡演时还是一个团体,但现在鲍勃已经不需要这样一个团体了。"鲍勃不想再担任贝兹的合作伙伴或合唱者。"

展开英国巡演期间,鲍勃从未邀请贝兹与他同台演出过。事实上他们直到20世纪70年代中期都未曾在公众面前同台演出过。巡演中途鲍勃曾前往葡萄牙的辛特拉,此行他也未曾邀请贝兹。一直到这个时候贝兹还不知道萨拉的存在。最近一段时间贝兹曾在格罗斯曼家中暂住,她穿过萨拉的晚礼服,却根本没想过这件服装是属于何人的。从葡萄牙回到伦敦后鲍勃有段时间生了病,所以对来访者进行限制。当贝兹前去探视时,正巧是萨拉给她开了门。贝兹这才看到了隐藏在鲍勃身后的女子。这一事件最终导致两人恋情的破裂。贝兹之后很快就走出了困境,专注于演艺事业的发展(就在同一时间贝兹也在英国举办了个人演唱会)。尽管贝兹心乱如麻,但个性促使她对感情上的挫折视而不见,反倒仍与鲍勃保持着朋友关系,甚至对此事付之一笑。她的朋友南希·卡伦说:"笑看此类事情是贝兹的特长。"在与鲍勃旧情复燃前的多年里,这种情况还曾反复出现过。

鲍勃永远都像是一个唐·璜①。在伦敦期间他甚至想引诱歌手玛丽安·菲斯弗②,而当后者表示拒绝后鲍勃便将她排除在随行人员名单之外。同时鲍勃还在16岁流行歌手达娜·格林斯潘身上花了不少时间,他是在伦敦的聚会中认识这位歌手的,当时萨

---

① 唐·璜(Don Juan),原本是15世纪的历史人物,西班牙贵族。他诱拐一位少女,并将少女的父亲谋杀。后来成为众多诗人、作家和音乐家的艺术创作源泉。英国诗人拜伦、奥地利音乐家莫扎特和英国剧作家萧伯纳均以他为原型创作出了著名的作品。其形象多样,但主要特征是风流倜傥,富有魅力。——译注

② 玛丽安·菲斯弗(Marianne Faithfull,1946—),英国歌手,演员,18岁开始演出,后因吸食毒品而荒废了事业,20世纪80年代复出。——译注

拉碰巧不在身边。"我猜,他和大多数音乐人一样,很会诱骗女人。"格林斯潘充满哲理地说出这样一句话。格林斯潘保管鲍勃的吉他,当鲍勃休假时她会跑去旅馆的套房。有次鲍勃向格林斯潘借了一条裤子,上面装饰着粉色和橙色的玫瑰花。"因为他借走了我的外裤,所以我就只能穿着内衣裤了。他能穿上我的裤子,而我却不能穿他的。我只好坐在旅馆里等他回来。他原本和我说'只出去几个小时'。可过了十五个钟头后他才回来。"

陪着格林斯潘的鲍勃经常会被喊走,去为佩尼贝克的纪录片拍摄镜头。《无需追忆》令人难忘的开片镜头是佩尼贝克在萨瓦旅馆旁的小巷内拍摄的。镜头中的鲍勃抛掷着写有《隐秘的思乡病布鲁斯》歌词的卡片。这一段电影是流行音乐录影带的先驱之一,而它的拍摄源自鲍勃的灵感。"鲍勃想知道这算不算一个便于拍摄的构思,而我认为这个构思非常了不起。"佩尼贝克说,"我们在萨瓦旅馆的后花园开始拍摄,但却被一个警察打断了,他把我们撵了出去,所以我们随后跑到了小巷内。当时我想应该进行多角度的拍摄。随即我们便拍摄完成了这一组镜头。我不仅成功拍摄了这组镜头,同时也确信这组镜头能够作为纪录片的开头。"

鲍勃在《无需追忆》中的表现给人们留下了深刻印象,他富有同情心,诙谐,充满活力。尽管有时会发脾气,而且对贝兹态度也不好,但鲍勃在大多数情况下对歌迷、记者以及来访者都持容忍的态度。甚至当他追查出是谁将玻璃书架从萨瓦旅馆的窗户抛出去之后——这件事让他非常恼火——他还是很快便恢复平静,最后竟然与犯错者握手言欢。"我只是不想有人被玻璃砸到。"鲍勃通情达理地解释说。佩尼贝克却对鲍勃的这一做法表示难以理解。"我猜他并未表露出自己的真实用意。"佩尼贝克说,"毕竟他的脚没有受到伤害。"

纪录片也拍到了鲍勃大发雷霆的突发事件,当时他正在指责《时代》杂志的一名通讯记者。5月9日至10日鲍勃将在壮丽而高雅的皇家歌剧院举行两场重要演唱会,而这场对峙就发生在首场演唱会举行之前。鲍勃在调试音效时心情非常不好。"纽沃斯的喋喋不休让鲍勃感到愤怒。他大概觉得纽沃斯会一直说个不停。"佩尼贝克说,"我想他是因为即将到来的演唱会而感到紧张。这是一场大型音乐会,鲍勃知道会有很多人出席。"甲壳虫"乐队以及多位有身份的社会人士都会前来捧场。"音效调试结束后鲍勃与随员们一同上楼享用午餐。记者受邀与他们共进午餐,其中包括贺瑞斯·佛瑞兰德·贾德森,他是《时代》杂志派到伦敦的艺术和科技类新闻通讯员,他一直在等待时机与鲍勃面谈。

鲍勃当时正因早晨的事怒火中烧,而且此时他的注意力都集中在即将举办的演唱会上,所以鲍勃开始对《时代》杂志进行言语上的攻击,他变得非常激动,甚至怀疑贾德森的存在价值。"你真该死。"鲍勃冲着这名记者喊道,"我也是如此。我的意思是,我们都应该离开这个世界。这个世界没有我们也仍将继续。现在好了,你以直面这些的态度去完成你的工作,你对自己的态度要认真,你是为自己的未来做出抉择。"总而言之,鲍勃对新闻杂志记者的敌意似乎下意识地不断高涨,因为他的内心始终充满了因1963年《新闻周刊》的曝光所引发的怒火。佩尼贝克不认为鲍勃是事先计划好了要大发牢骚的,同时他也指出鲍勃最终都会有所退让,这似乎是不想让自己显得太过无情。然而无论怎样,贾德森却仍认为这场争执是为了给纪录片增强娱乐性而事先设计好的。"见面会原本很平淡。但突然之间鲍勃就暴跳如雷,开始公开指责我。"贾德森说,"举个例子,大致情况是,他说'你永远理解不了它的意义,它骤然发生,直接就从你面前飞掠而过',还有很多类似的话。

我感到很震惊,是的,但仍自我克制,尽量问些明智、有趣的问题。但对我的攻击仍没有停止。我耸耸肩膀,离席而去。整个事件完全是毫无缘由的……当晚我出席了鲍勃的演唱会。无论是在当时还是现在,我对鲍勃作品的看法都是旋律令人感到不悦,歌词夸张,而迪伦本人则是一个自我放纵、怨言不断、喜欢自我炫耀的家伙。"

然而事实上当进入皇家歌剧院的来宾就座后,鲍勃为众人献上了一场非常出色的演唱会。"甲壳虫"乐队和"滚石"乐队都出现在听众席上,每个人清楚地听到鲍勃演唱的每个词。这是一场充满激情,甚至几乎是带有催眠效果的表演,仅靠鲍勃一个人就将满场的听众都迷住了。"就像是有什么穿透我的全身。"当鲍勃与格罗斯曼、纽沃斯一同离开剧院时说,"我的意思是,一种非常特别的感觉。"当鲍勃还只有 24 岁时,他便已经成为一位伟大的艺术家,在大西洋东西两岸的国家取得了巨大的商业成功。他的确已接近巅峰,但还未达到顶点。鲍勃随后于 6 月初返回美国,他将会作为一个歌曲创作者和现场表演者实现事业上的飞跃,推动自己前行,不断获得成功,并且达到灵与肉的极限。

第五章

全速前进

1965年6月的第一个星期,当鲍勃正由英国返回美国时,所谓的"迪伦歌声"已经席卷整个美国。来自洛杉矶的"伯德兹"乐队主要成员是罗杰·麦吉恩和大卫·克劳斯比①,他们演唱的民谣摇滚经典曲目《手鼓先生》在6月5日的《公告牌》排行榜上占得首席。"伯德兹"乐队删减了歌词,同时加入一段吉他序曲使之与歌词相互应和,从而将歌曲改编成了一首令人惊讶的流行乐热门歌曲。"按节拍来说,歌曲从四分之二拍变成了四分之四拍,这就是最为重要的改变。"麦吉恩说,"歌曲也就改编成了摇滚乐!"《手鼓先生》所取得的成功促使"伯德兹"乐队以及其他艺术家开始翻唱鲍勃的其他作品,翻唱的歌曲在整个夏天的榜单上都位居前列。"伯德兹"乐队和谢尔②演唱的同名歌曲《我的真实所愿》均进入榜单前五十名。"海龟"乐队③演唱的《这不是我,宝贝》位居榜单第

---

① 大卫·克劳斯比(David Crosby,1941—   ),美国吉他演奏家,歌曲创作人。创建了包括"伯德兹"乐队在内的三支乐队。入选摇滚名人堂。——译注
② 谢尔(Cher,1946—   ),美国流行歌手,歌曲创作人,演员,导演,唱片制作人。她曾获得一次奥斯卡奖,一次格莱美奖,一次艾美奖,三次金球奖以及一次大众评选奖。——译注
③ "海龟"乐队(The Turtles),美国流行乐及摇滚乐队,在1965年翻唱了鲍勃·迪伦的歌曲《这不是我,宝贝》之后受到广泛关注。——译注

八名。甚至就连模仿鲍勃的嗓音而推出的作品——例如歌曲《毁灭前夕》——也都进入了榜单。这些歌曲以及"甲壳虫"乐队、"滚石"乐队所创作的作品灵感源泉均来自《与其归家》诗化的歌词和节奏的完美融合,这对后来的艺术家产生了巨大的影响,同时也带给鲍勃迄今为止最大化的商业成功。

旅英期间鲍勃拜访了约翰·列侬和辛西娅·列侬,当时列侬正住在位于伦敦外韦肯伍德富丽堂皇的住所内。返美后鲍勃也为家人购置了一处类似的房产,萨拉此时正满怀期待地静候第一个孩子的降生。他们决定住在伯德克里夫的工艺美术运动公寓区,这里距伍德斯托克中心地带以及艾伯特·格罗斯曼位于贝尔斯威利的居所均只有一英里的路程。鲍勃和萨拉选择了一栋有十一个房间的工艺美术公寓居住,这套公寓位于卡米洛特街,被命名为"嘿咯哈"。这栋房屋隐藏在枝叶浓密的林地内,山泉积成了一座可供游泳戏水的天然水潭,同时还有空地可供打篮球,并配有一座大型保暖车库。有时鲍勃会将保暖车库转做他用,充当桌球室。7月份鲍勃买下了"嘿咯哈",售价在 12 000 美元以下,这处房产归在达瓦茨公司名下,而达瓦茨公司是由律师组建起来的"隐形"公司,因此在办理手续时不会出现鲍勃的名字。三个月之后公寓转至鲍勃名下,它成为鲍勃一生中购买的第一处固定资产,同时也是鲍勃第一次享用成功所带来的财富。但后来他并未在这里住多久。格罗斯曼希望他的客户继续尽可能地努力工作,以创造出更多的财富(当然,两人都不知道鲍勃的事业能延续多久),同时鲍勃的远大雄心也促使他继续奋斗,这也就意味着鲍勃 1965 年大部分时间以及 1966 年都必须或者待在录音室,或者忙于巡演。只有当鲍勃回到伯德克里夫家中休息时才能见到萨拉,而萨拉有时也会与他在巡演的途中会合。

就在鲍勃将"嘿咯哈"这处房产购置下来之时,身在纽约的他创作完成了歌曲《生如滚石》,这首歌曲可算得上是他最为著名的歌曲。鲍勃在谈到这首歌时最常用的词就是"喷涌"。鲍勃说,喷涌而至的灵感就如同"一团自己往外喷涌的东西",他甚至还以凯鲁亚克风格称之为"喷涌而出"。同时鲍勃以他那具有个性的含混方式描述了歌曲的创作过程,"……乐谱上的旋律所描写的都是我根深蒂固的敌意,这些敌意都有所针对,而且是正直的。最后所表达的已经不再是敌意,它只是在告诉某些人他们所不知晓的事情,并且让他们知道自己是多么幸运。复仇,那是个更为准确的词汇"。简而言之,《生如滚石》是一首充满愤怒的歌曲,由愤怒之井喷涌而出,而这构成了鲍勃非同寻常的性格中的重要部分。甚至可以说,《生如滚石》这首歌可以被解释成是对女性表露厌恶之情的作品。歌曲所描写的对象显而易见是女性,有几个人被认为是作品的原型,其中就包括琼·贝兹。这首歌似乎更多的是指向那些鲍勃认为是"骗子"的人们。歌曲之所以会获得长久的成功,其中主要原因应该归结于听众的仇恨移情。事实上这一情况非常具有讽刺意味,民谣摇滚时代的首要理想是和平与融洽,而这一时期中最著名的歌曲之一竟然是以复仇为主题的。

1965年6月16日,《生如滚石》在纽约的一场夏季暴风雨中录制完成。鲍勃与年轻的芝加哥布鲁斯音乐家迈克·布鲁姆菲尔德[1]一同来到哥伦比亚公司录音室,后者在录制过程中担任主音吉他手。作为一位有着惊人才华的音乐家,布鲁姆菲尔德与鲍勃

---

[1] 迈克·布鲁姆菲尔德(Michael Bernard "Mike" Bloomfield,1943—1981),美国著名音乐家,吉他演奏家,作曲家,是20世纪60年代的超级巨星。2003年被《滚石》杂志评为"有史以来百位最伟大吉他演奏家"中的第22位。——译注

相处得非常融洽,而鲍勃并不属于那种易于相处的艺术家,因为他不喜欢排练,也不喜欢去向他人交代些什么。"迈克尔知道迪伦正在进入状态,他开始随之演奏,他希望每个人就像被某种魔力驱动着那样跟在迈克尔后面演奏出他们前所未闻的旋律。"鲍勃与布鲁姆菲尔德共有的朋友尼克·格兰温提斯说,"迈克尔能够立刻辨别出鲍勃演奏的是什么,是怎样的风格,采用何种弦音。"初出茅庐的21岁音乐家艾·库普受汤姆·威尔逊之邀加入录音制作团队。库普放肆地骗取到演奏哈蒙德电子钢琴的机会,尽管他根本就不懂如何演奏这一乐器。而原本被请来在录音制作团队中演奏哈蒙德电子钢琴的保罗·格里芬则改为弹奏钢琴。约瑟夫·马克演奏贝斯,博比·格瑞格担任鼓手。《生如滚石》以格瑞格如同信号枪似的鼓声作为开始,持续大约六分钟,听起来就如同处于倾盆大雨中的一条河流。鲍勃通过四段充满怒火的歌词来庆祝暴雨的降临,乐声与情感都在不断喷涌。鲍勃带着愉悦的心情唱道:"那是怎样的感觉。"

鲍勃在回放听取录音效果时,建议汤姆·威尔逊将库普的电子钢琴演奏加入到混音中去,但威尔逊却告诉他:"嘿,这家伙可不是电子钢琴乐手。"

鲍勃已对威尔逊心生厌烦,于是回答道:"嗨,现在不要告诉我谁是电子钢琴乐手,谁不是电子钢琴乐手。"鲍勃当时身穿一件暗色夹克衫,颈部装饰着衬衫纽扣。当其他人显得没精打采时,鲍勃则笔直地站在录音控制室内,他有着如同将军一般发号施令的威仪,是有着权威力量的明星。鲍勃毫无必要地在录音室内滥用权力,但这也确保了参与录音的音乐人都能准确地如其所愿的去执行指派。如果他们不能达到鲍勃所期待的效果,那么这些人就必须离开,这一点威尔逊最终也将会感受到。鲍勃下达了命令:"将电子钢琴加入到混音中去。"

单曲《生如滚石》于7月20日发行。尽管这首歌曲的长度相当于当时多数单曲长度的两倍,达到了五分五十九秒,并不适合在电台播放,但《生如滚石》在歌榜上却不断地攀升,更为重要的是它对其他音乐家产生了巨大的影响。"我意识到自己听见的是从未有过的最为坚韧的声音。"布鲁斯·斯普林斯廷说,当时他还是新泽西州费里霍尔德的一个十几岁的年轻人。约翰·列侬和保罗·麦卡特尼则是在聚到一起创作歌曲时听到鲍勃的这首歌的。"这首歌似乎一直都在被人们传唱,永远不会终结。歌曲真的非常动听。"麦卡特尼说,"鲍勃让我们所有人都意识到这首歌能传唱得更为久远。"

《生如滚石》发行后四天,鲍勃出席了纽波特民谣音乐节。原本风格稳健、带有预见性的年度音乐盛事,却在1965年因为鲍勃决定演唱他所创作的新歌而转变了倾向。在前往纽波特民谣音乐节的途中鲍勃还没有萌生这个念头。这只是一个相当偶然的想法。

7月24日,星期六下午,鲍勃以独唱艺术家的身份演唱了《我的真实所愿》,他仍像以往那样弹奏原声吉他进行伴奏。下午演出的还有保罗·巴特菲尔德电子布鲁斯乐队,主唱是鲍勃的朋友迈克·布鲁姆菲尔德,他们是作为布鲁斯威利音乐工厂的成员表演的。艾伦·洛马克斯是一位对中产阶级白人男孩玩布鲁斯音乐持轻蔑态度的正统音乐家,在他对乐队进行介绍时言语中明显带有着嘲笑的意味。此时正想要控制"巴特菲尔德"乐队的艾伯特·格罗斯曼感到异常愤怒,立刻与洛马克斯争执起来,随即动起手来。"两人在地上滚来滚去。"萨利·格罗斯曼心情愉悦地说,"这是一场精英与民众之间的冲突。"目睹眼前一切的鲍勃随后做出了重大决定。他将与保罗·巴特菲尔德电子布鲁斯乐队一同演唱新歌，从表面上看，鲍勃似乎是在向洛马克斯以及其他人表明这种音乐是无法被压制住的。尽管此前鲍勃录制的唱片已经收入了部分摇滚曲调的歌曲，但要将这种音乐带上纽波特舞台仍会被视为对传统主义者的侮辱，这些传统主义者认为摇滚是被重商主义所腐蚀的音乐形式。"迪伦当时怒火中烧：好，如果他们认为自己能置身事外，那么就滚他们的，我就要这样做。"格罗斯曼手下负责表演活动的管理员乔纳森·塔普林——后来成为巡演团队的领队——解释道，"鲍勃突发奇想，想亲自来演奏电子乐。"

布鲁姆菲尔德将乐队成员召集起来，在格罗斯曼的朋友乔治·韦恩家中排练到深夜。艾·库普正好也前来参加音乐节，他为自己能再次弹奏电子钢琴而感到高兴。布鲁姆菲尔德的朋友巴里·古德伯格弹奏钢琴。"没有足够的时间让他们挑选合适的乐手，决定哪名乐手更有能力。他们只找来了能参与排练的乐手。"亲眼看见一切的尼克·格兰温提斯说，"杰罗姆·阿诺德担任贝斯手，他就是经过试音后加进来的。"最后加入的成员是保罗·巴特菲尔德的鼓手萨姆·雷。

第二天，也就是 7 月 25 日，鲍勃前往会场调试音效，他穿着伦敦卡纳比街①时尚风格的服饰：紧身黑色裤子，尖角靴，固定的黑色墨镜以及一条带有杯垫大小圆点的衬衫。考虑到几年前他还是穿着褪色的棉制服出现在民谣节上，此次鲍勃的衣着显得格外招摇。彼得·亚罗在调试音效的过程中力图使整支乐队的演奏保持和谐，于是鲍勃从即将演唱的歌曲中选择了几小节进行演奏。"彼

---

① 卡纳比街（Carnaby Street），英国伦敦的商业街，位于苏荷区，临近牛津街和摄政街。此处聚集了众多的时尚品牌销售商。——译注

得没时间完善每个细节。"乔纳森·塔普林说,"整个排练过程相当混乱。"乐队排练的时间并不充足,以至于杰罗姆·阿诺德将和弦的变奏记录下来贴在贝斯上以便演出时备用。

皮特·西格建议将世界现存严重问题确定为晚间演唱会主题。这些问题包括正在进行中的民权斗争以及正处于萌芽状态下的越南战争,部署在越南的美国空降部队最近已开始与北越军队交火。出席音乐节的大多数表演者都是代表自由主义价值观的民谣传统主义者,而大多数听众则并不知道鲍勃与整支乐队的试音过程,他们期待鲍勃能献上一场汇集社会所熟知歌曲的音乐盛宴。没有什么比随后发生的一幕更让人感到震撼的了。鲍勃穿着黑色皮革夹克登上舞台,率领着他的乐队成员演绎了一首嚣叫版本的《马吉农场》。迈克·布鲁姆菲尔德躬着腰弹起电子吉他,跳动的音符汇成了回音。调音器被关闭了。乐队无法听清音效,《马吉农场》演奏至一半时乐曲开始重奏。这次的表演已经明显超出了民谣摇滚的范畴。会场上响起强烈的噪音,像是将扩音器开到了难以置信的音量。

人群中开始传来嘘声。发出质问的人中包括鲍勃的朋友——像马克·斯波尔斯特拉。斯波尔斯特拉说:"你所能听到的就是艾·库普的声音、吉他的声音、贝斯的声音以及令人难以忍受的啸叫声,但你却听不到他唱得到底如何。"没人比皮特·西格更深受震撼的了。"啸叫声使我近乎完全疯狂。"他说,"你没办法搞清楚他们唱的究竟是什么讨厌的词。"西格走向调音台,要求工作人员对声响效果进行调整。但鲍勃的支持者们却控制住了调音台,其中包括格罗斯曼和博比·纽沃斯,他们严词拒绝了西格的请求。"该死!"西格咒骂道,他很少发火,"如果我手上有斧头,就会把电缆全都砍断。"传言说是西格或艾伦·洛马克斯,或者是两人都想要用斧头把电缆砍断。斧头是有可能存在的,西格有一次演唱劳动号子时就曾拿着把斧头作为道具,但这两人都相当坚强,不会试着用斧头去砍断电源。"我永远不会做那样的事。那种事是荒唐可笑的。"洛马克斯说。西格说:"我没有斧头,也没去砍电缆。我说的是,如果我有把斧头我就会砍断电缆。"无论怎样,西格承认传言的确有发生的可能,但甚至就连他的妻子也不相信他的话。

唱完《马吉农场》后,鲍勃和乐队又吼叫着唱完了《生如滚石》,最后以早期版本的《哭笑不得》作为结束曲目,这首歌更为人们所熟知的名字是"幻影机车师"。鲍勃从舞台上走下来后,那些口出怨言和讽刺鲍勃的听众中的一部分人因不同原因而感到不悦。某些人仅是因为鲍勃在民谣节上与电子乐队同台演出的行为侵犯到了他们。"这种行为与民谣节举办的初衷是对立的。"奥斯卡·布兰德说,"电子吉他就代表着资本主义……人们遭受到了背叛。"另一些人之所以感到不悦则是因为音响效果非常糟糕。还有一部分听众觉得受到了鲍勃的欺骗,这个当晚身价最高的巨星仅唱了三首歌后便转身离开了。鲍勃并未告知听众临时拼凑的乐队就只能演唱这么三首歌而已。"就鲍勃自身才能而言,他确实不能算作伟大的沟通者。"诺埃尔·保罗·斯托克说,"所以当他一声不响地离开时,听众们就被孤单地留了下来。这种情况下我们又会作何感想?"

彼得·亚罗走上舞台安抚听众。"如果你们想让鲍勃回到台上来,他就会再唱上一曲。"他冲着台下的听众们喊道,"你们想听鲍勃再唱首歌吗?"

身处后台的鲍勃因为此次演出经历而显得神情茫然,他坐在楼梯上,盯着脚上的靴子。"显然他遭受到了巨大的震撼。"西奥多·皮凯说。这期间西格跑进后台,他看上去异常愤怒,让人觉得他想去砸掉鲍勃的吉他。

"博比,请你能否再唱首其他的歌曲?"亚罗在舞台上问道。

过了一会儿,鲍勃终于缓过神来。他用带子绑住从约翰·卡什那里借来的吉他,顺着台阶登上舞台。当鲍勃出现在聚光灯下时,人们看到他手中握着一把原声吉他,他们为最终的胜利而欢呼。鲍勃问听众中是否有人带着 E 调口琴。随即舞台上响起了口琴的吹奏声。"非常感谢。"鲍勃面带浅浅的微笑说,此举也逗得听众们一起笑了起来。这是鲍勃自从在格林威治村开始演艺生涯起便经常使用的一种迷人的演出手法。鲍勃将口琴固定在架子上,开始演唱歌曲《手鼓先生》。

当晚为答谢出席音乐节的艺术家们,在临近的大厦内举办了一场聚餐,年纪大些的民谣奠基人坐在房间的一侧,而年轻的音乐人则坐在另一侧。民谣传统主义者中弥漫着紧张的气氛,他们对鲍勃以及年轻的音乐人心生愤怒,而这些年轻的音乐人多是鲍勃的朋友。理查德·法里纳用汤匙敲打着盘子,看上去就像是要发动一场监狱骚动。

宴会结束后钱伯斯兄弟作为舞曲乐队进行了现场演出。鲍勃坐在拐角处,两腿交叉着,精神紧张,烦躁不安。经历过演唱会后,晚会中每个看到他的人都对他的行为和外露情绪有着不同的感受。一些人认为鲍勃骄傲自大,之所以会有这样的印象是因为他似乎对人们的嘘声毫不在意;另外一些人则认为他似乎被听众们的反应吓住了,演唱会的结果让他感到情绪低落。但真相却有可能是他在演唱会中经历了多种情感的交替,于是就不愿在此触及演唱会带来的伤害。对鲍勃的混乱情绪最为了解的是法里纳,他建议玛丽亚·马尔道过去邀请鲍勃跳舞,这有助于他摆脱那些不开心的事。

"鲍勃,迪克想让我过来邀请你跳舞。"玛丽亚·马尔道含糊地说,手放在鲍勃的肩膀上。她此前从未邀请鲍勃跳过舞,"你想跳舞吗?"

鲍勃抬起头望着她,身体因亢奋而不停地颤抖。"我想和你一起跳舞,玛丽亚。"他随后又重复道,"但我的手因为激动而不停地颤抖。"

音乐节闭幕后鲍勃返回录音室录制唱片《重游61号公路》。汤姆·威尔逊已经制作完唱片中的主打歌曲《生如滚石》。但如今他已经失去了鲍勃的宠信,鲍勃·约翰斯顿取代了他的位置。

约翰斯顿已与鲍勃共事五年之久,在两人共事的阶段内,他们录制了鲍勃事业中最为重要的一部分唱片。这位性格直率的得克萨斯州人大部分的工作都是在田纳西州的纳什维尔完成的,他为埃利维斯·普雷斯利主演的电影创作歌曲,同时也为佩蒂·佩姬创作了重返事业巅峰的主打歌曲《安静,安静,斯威特·夏洛特》。从一开始,约翰斯顿就对鲍勃表现出近乎卑躬屈膝的尊敬和钟爱。约翰斯顿说:"他让我心生敬畏……我一直都是如此。"事实上约翰斯顿是将鲍勃看做超人。而这种个人崇拜在他的录音工作中也有所体现。两人交谈时约翰斯顿时常会觉得鲍勃已将他整个人都看透了。有时当约翰斯顿走向鲍勃,走向他认为自己应该所处的位置时,就会发现鲍勃已经神奇地移动到房间的另一侧去了。鲍勃很少与约翰斯顿交谈。当他想唱歌时唯一可以觉察到的迹象就是用脚开始打拍子,显然在鲍勃的脑海中有一个随时运动着的节拍器。约翰斯顿丝毫不敢懈怠,紧张地操控着录音设备的运作,以免会有所遗漏。"我确信几百年内人们就会发现鲍勃是一位预言家。"约翰斯顿说,接着又毫无讽刺意味地补充道,"我想他是耶稣离世后我们遇到的唯一一位预言家。"

话虽如此,约翰斯顿也并不总是平和而富有爱心的。他是对录音主管们心怀不满的暴躁反对者,"这些毫无才气的该死的家伙,不合拍,总跑调",而且他还总是紧紧握着缰绳。约翰斯顿出任鲍勃的制作人后便将录音室的时钟全部移走,以便"让每个人都忙碌起来"。这种工作方式很合鲍勃的胃口,因为这也就意味着鲍勃能以按照喜欢的方式录制喜欢的歌曲,而不必等着技术人员和音乐人员就位,或者是录音设备开始运作。当他走进录音室时,每个人都已经做好了准备。这一方面是因为鲍勃的名人效应,另一方面也是与之共事的人所采取的工作套路。尽管鲍勃是天才,但像约翰斯顿这类人还是喜欢尽量以某种方式来约束鲍勃。

《重游61号公路》经过7月29日至8月4日间的四次录音最终制作完成。在包括艾·库普和迈克·布鲁姆菲尔德在内的制作团队协助下,鲍勃在他创作的歌曲中加入了有如冲击钻的鼓声以及鞭炮一般的吉他弹奏,含有着类似于纽波特音乐节演出的那种失去音效平衡的白噪音。鲍勃的嗓音高昂,歌声中带有几分雷·查尔斯[1]的那种迷人韵律,而且在整个录制过程中他的声音听起来都充满了自信。应该说,音乐与嗓音融合得非常完美。尽管歌曲仍显得粗糙,但却是旋律充满热情和力量的布鲁斯音乐,而并非是流行音乐榜单上名次下滑的摇滚乐。特别是《一辆别克6》和《哭笑不得》这两首歌,虽然在歌词上与传统布鲁斯音乐的主旨已经相去甚远,但却仍向听众传达出了布鲁斯音乐的强烈感受。歌词带有超现实主义色彩,流露出无助感。同时歌曲也具有幽默风格。在录制过程中,库普的脖子上用链子挂了一支警笛。"我把它当做提醒人们安静的器具。"库普解释道,"如果有人在某处吸食毒

---

[1] 雷·查尔斯(Ray Charles,1930—2004),美国音乐家。20世纪50年代布鲁斯音乐的领军人物。60年代涉足民谣歌曲以及流行歌曲领域。——译注

品,我就会走到相反方向的角落,大声地吹响警笛。"鲍勃将这个玩具固定在他的口琴架上猛吹个不停,以至于约翰斯顿听得头皮发麻。"全能的上帝!"这个制作人惊叫道。在唱片主打歌曲《重游61号公路》的开头,听众能清晰地听到警笛声。

鲍勃在颇让人费解的《瘦人民谣》中加入了风格庄严的钢琴旋律。在演唱他最伟大的达达主义风格歌词时鲍勃笑个不停(琼·贝兹说鲍勃是故意将歌词创作得带有荒诞的达达主义风格的)。歌中充斥着滑稽演员、侏儒、畸形人以及带有嘲讽意味的副歌,神秘的密斯特·琼斯以带有挑衅的姿态,述说着发生的一切。此后多年间鲍勃不断地被问及究竟谁是密斯特·琼斯,似乎这是有所特指的人物。但鲍勃从未给出过答案,而且可以确信的是密斯特·琼斯并非是单指某个人。匿名与这首歌中怪异的意象形成了非常好的对比效果。史密斯先生让人印象深刻。在歌曲录制完毕后的回放过程中,这些音乐家不断发出笑声。正如艾·库普所说的那样:"从某个角度上来说,这首歌曲有些接近愚蠢的边缘。"但《瘦人民谣》这首歌经得起时间的考验,成为随后数十年中鲍勃演唱会的经典曲目之一。

除了这首粗声粗气的歌曲,唱片第二面中的其他歌曲则显得更为情绪饱满。《简女皇》和《大拇指汤姆布鲁斯》都是曲风高雅、带有惋惜之情的民谣歌曲,《荒凉街道》则是描写英雄传说的超现实主义诗歌。同时,鲍勃还录制了两首以单曲方式推出的作品《能否破窗而出?》和《定在第四街》,前者被搁置一旁,在当年晚些时候录制完成,而后者无论是在音乐效果还是在寓意上都与《生如滚石》相近。录制工作是鲍勃在纽波特音乐节上进行惊世骇俗的表演后开始的,而《定在第四街》则是对音乐节上那些旧友一种愤怒的奚落,因为他所熟知的朋友们都住在纽约第四大街附近。他将这些朋友描写成虚伪的投机分子,他们在背后议论鲍勃,而实际上却为自己的失败而心情沮丧。歌曲的标题暗指这些朋友只属于第四等人,并非二等,甚至连三等都算不上。鲍勃在歌中唱道,当他们祝鲍勃好运时,内心却宁愿看到鲍勃"瘫痪"。经历了与拉里·凯甘之间的友情,鲍勃比大多数人更为了解这个词是多么恶毒。这是他所能用的最为冷酷的词汇。

在8月14日的《公告牌》上《生如滚石》扶摇直上,排名第二,而且在这一名次上停留了两周之久。这是鲍勃职业生涯中单曲的最高排名。其次是《定在第四街》,它排在榜单的第七位。鲍勃从没有一首歌曲能占据《公告牌》的头名位置。事实上,在20世纪60年代,鲍勃的单曲只有四首进入《公告牌》前十,而在随后的数十年中竟无一首入围。他的单曲对于主流听众而言过于尖刻,听众们希望他的歌曲更易于接受。这点从"伯德兹"乐队以及"彼得、保罗和玛丽"演唱组演唱鲍勃的歌曲要比鲍勃更为成功便可以看出。甚至连模仿者也能获得更大的成功。《生如滚石》这首歌升至第二名后不久,由巴里·麦克加里①演唱的拙劣之作《毁灭黄昏》竟也在短期内蹿升至头名。

鲍勃为自己取得的巨大商业成功而感到快乐。这其中也夹杂着幸运的成分,因为就在唱片销售一空的同时,鲍勃在民谣音乐界内仍饱受苛刻的指责。特别是在《引吭高歌!》杂志上,鲍勃受到了严厉的批评。然而鲍勃还是下定决心将未来的工作重点放在更为广泛的音乐上,同时他也开始计划展开巡演。在纽约与艾伯特·格罗斯曼的某次会面中,鲍勃说出了自己的想法,他想为备受瞩目

---

① 巴里·麦克加里(Barry McGuire,1935—),美国歌手,歌曲创作人。——译注

的系列演唱会组建一支摇滚乐队。格罗斯曼答应了他的要求,但同时也提出了折中的建议,要求部分演唱会采用电子乐器,部分演唱会则由鲍勃自己来弹奏原声吉他。这一建议使得鲍勃处于巨大的压力下。事实上,1966年鲍勃必须在同一地点举办两场风格不同的演出,这让他疲惫不堪。

可以由艾·库普来演奏风琴,但迈克·布鲁姆菲尔德却拒绝了鲍勃,因为他想专心地与保罗·巴特菲尔德电子布鲁斯乐队合作。约翰·塞巴斯蒂安则在长岛的一所旅馆为组建"满匙爱"乐队而忙于彩排。鲍勃在电话里对他说:"你想过来在巡回演唱会上担任贝斯手吗?"可是约翰·塞巴斯蒂安也拒绝了邀请,他只想全身心地忙自己的事。后来,塞巴斯蒂安在回忆这件往事时说道:"我还记得当时是怎么想的,我一定是发疯了。"鲍勃最后邀请了哈维·布鲁克斯,这是一位在录制唱片《重游61号公路》时雇用的乐手。除此之外,鲍勃还需要找到一位鼓手与一位主音吉他手。

此时格罗斯曼的秘书玛丽·马丁建议鲍勃考虑选用为山区乡村摇滚乐歌手罗尼·霍金斯伴奏的酒吧乐队成员。嗓音粗哑的罗尼·霍金斯同时还担任演出主持人,他总喜欢斜着眼睛向听众们致意,"现在是周六的夜晚,让我们畅饮美酒"。霍金斯是一位以加拿大多伦多为主要演出地点的美国艺人,他在当地的夜总会表演。也正是在那里,霍金斯培养建立了优秀的伴奏团体——"哈克斯"乐队[①]。"经过三至四年每天不间断的演奏以及每周五天的练习,

---

[①] "哈克斯"乐队(The Hawks),即"邦德"乐队,著名摇滚乐队,1967年至1976年活跃在全球乐坛,1983年至1999年重现歌坛。由列弗·海姆(鼓手,吉他手,贝斯手,曼陀林手,歌手)、罗比·罗伯森(吉他手,钢琴演奏,歌手)、里克·丹柯(小提琴手,长号手,歌手)、加思·哈德森(钢琴演奏,手风琴演奏,萨克斯风吹奏)四人组成。——译注

这些团员真的已经变得非常优秀，成为技艺超群的乐手。"霍金斯说，"每个人都开始注意到他们的表现。"列弗·海姆来自阿肯色州土耳其遗痕城，是一位农场主的儿子，在乐队中担任鼓手兼歌手，在他的带领下，乐队开始走进俱乐部演出，并且还录制了唱片。在为小约翰·哈蒙德的唱片《众多通途》伴奏时，鲍勃也许曾见过乐队成员们，尽管"哈克斯"乐队并不记得鲍勃曾出现在录制棚里。哈蒙德回忆说，当鲍勃走进录音间时，正巧听到主音吉他手罗比·罗伯森的演奏。鲍勃像是被罗伯森的演奏击中了一般大声惊叫起来："哦，我的上帝，听听他的演奏！"罗伯森的母亲属于印第安人中的莫霍克族，父亲是犹太人，他从 15 岁起便开始与霍金斯合作。22 岁时，罗伯森成为一位吉他鉴定专家。

列弗与"哈克斯"乐队在新泽西萨姆斯珀特一家由托尼·马特开办的夜总会演出，一旁是跳得正欢的伴舞女郎。鲍勃通过电话联系到列弗·海姆，邀请"哈克斯"乐队与他同台演出两场。第一场将在纽约森丘网球场举行，第二场设在洛杉矶好莱坞露天剧场。因为对鲍勃的音乐风格并不很熟悉，海姆询问还有谁将会出现在两场大型演唱会的宣传海报上，弗兰克·辛纳特拉之类的参演艺术家是否会在那里现身呢？"只有我们自己。"鲍勃表情自然地回答道。列弗和"哈克斯"乐队的成员共有五人，但最初只有海姆和罗伯森参加到鲍勃的巡演活动中来，再加上原有的艾·库普以及哈维·布鲁克斯。

经过演练后乐队渐渐初具默契，鲍勃也积累了一些同台演出的经验。"他（鲍勃）说了'哦，我从未与人配合……'之类的话，他有好几个不同的名字，像博比·维。"罗伯森说道，"你能觉察到，鲍勃对与他人同台演出的技巧了解得并不是很清楚。"看起来鲍勃并没有为缺乏舞台经验而担忧。即便他正确地预料到听众会因演出中富有争议的电子乐部分而反响低迷,但他还是以一种从容而坚定的态度进行表演。在罗比·罗伯森看来,关于"迪伦专注电子乐"的争论是缺乏理性的,罗伯森本人专注于摇滚乐,他也并未被重要的民谣音乐家及民谣界视为纯正的民谣音乐人。"当时对我而言,某人专注于电子乐似乎就是滑稽的声明。"罗伯森说,"这就像是在说,啊,某人买了一台电视机。"

1965年8月28日夜间,当鲍勃和他的乐队在森丘网球场举办演出时天气异乎寻常的寒冷,狂风呼啸。四万名听众首先欣赏了鲍勃长达四十五分钟的原声吉他演出,当后半段乐队登上舞台加入演出行列时,整个会场嘘声四起。听众之所以会有如此反应,似乎是因为他们认为嘘声是演唱过程中众所期待的举动。当晚的压轴曲目是《生如滚石》。艾·库普注意到听众们一直随着歌曲哼唱,歌曲结束时则发出嘘声。显而易见的对抗表明,鲍勃的听众们并不喜欢他做出的尝试,鲍勃该为做出的方向性改变向听众请求谅解。然而鲍勃随后便与乐队前往好莱坞露天剧场演出,显然他从未想过自己犯了判断上的错误。

一行人抵达洛杉矶后尚有空余时间,鲍勃藏身于好莱坞日落旅店,与包括库普、纽沃斯在内的朋友们休息放松。午餐中,正当鲍勃将鸡蛋三明治塞进嘴里,一个业务电话打断了他的进餐。随后鲍勃将牛奶一饮而尽,告诉通话者:"感谢你与我们一同共进午餐。"

当时全国的电台都在播放《毁灭黄昏》这首歌。在注意到鲍勃的音乐之前,这首歌曲的作者P. F. 斯隆[①]一直在为登喜路唱片公

[①] P. F. 斯隆(P. F. Sloan, 1945—),美国流行摇滚歌手,歌曲创作人。——译注

司创作歌曲,他已经成了打榜歌曲的写作能手。这次经历改变了斯隆的人生。他说:"我听到了我那位神秘的拉比在宣讲。"在确信自己的目标是带着鲍勃的超自然语言去"触摸主流"之后,斯隆开始创作听起来与鲍勃的歌曲风格相近,但却极其缺乏创意、风格或者才智的作品。正是出于这个原因,斯隆开始成为鲍勃"宫廷"中的一员。

"联系 P. F. 斯隆。"鲍勃要求,"让 P. F. 斯隆到这里来。"

斯隆准时来到好莱坞日落旅馆,鲍勃正在播放唱片《重游61号公路》。当斯隆听到《瘦人民谣》这首歌时笑得在地上直滚。鲍勃也笑了起来,他拍着自己的膝盖,似乎这是世界上最大的玩笑。随后鲍勃态度认真地说:"我遇到了一个大麻烦。哥伦比亚唱片公司对这首歌所描写的对象摸不到头脑。他们认为这是在宣传共产主义。"斯隆尚未有足够时间领会这条骇人听闻的消息的含义,"伯德兹"乐队的大卫·克劳斯比就走进套房,与鲍勃一同进了卧室,只留下斯隆一人独处。随即发生的一切似乎是经过鲍勃精心安排后进行的表演,这使得原本就已处于兴奋状态的斯隆近乎崩溃了。"两个半裸的女人只穿着袒胸衣从卧室里走出来,就像书夹一样坐在睡椅上,她们一声不吭,就只是坐在那里。"斯隆说,"一个人从外面抓着绳索飞进窗户,他穿着佐罗的行头,黑色的帽子,黑色的面具,黑色的丝绸宽长裤。"这个佐罗打扮的男人坐在两个裸露的女人中间,直勾勾地盯着斯隆。"我只能认为是鲍勃策划了这一幕,但我却不知道是为什么。他和大卫·克劳斯比待在另一个房间里。大约过了十五到二十分钟,两个女孩起身离开。没有一个人说话。""佐罗"与两个女孩由前门退场,又将斯隆一人留下来。"大卫·克劳斯比走出卧室和我握手,而鲍勃则继续给我播放唱片的剩余部分。"

这段滑稽表演后的9月3日,鲍勃在好莱坞露天剧场举办了一场真正的演出,整场演出平安无事。更具忍耐力的西海岸听众对鲍勃和他的乐队报以热情的回应。鲍勃甚至还被要求再次献唱了一首歌曲。

在洛杉矶举办演出后,鲍勃决定要雇用"哈克斯"乐队的全体成员与他一同参加覆盖全美的系列巡演,因此他飞往加拿大听取乐队其他成员的意见。除了列弗·海姆和罗比·罗伯森之外,鲍勃与另外三名"哈克斯"乐队成员碰了面,这三位都是加拿大国内能演奏多种乐器、富有个性的音乐家。里克·丹柯能熟练演奏贝斯和小提琴,并且拥有美妙的颤音歌声,他是一个性情温和的人,此前做过屠夫。理查德·曼纽尔在钢琴、鼓方面技艺高超,同时也是富有才能的歌手,他个性忧郁,因而染上了酗酒的恶习。加思·哈德森沉闷的性格让他看起来比实际年龄略老些。他是受过正规训练的音乐家,演奏起管风琴来让人觉得像是身处教堂,当他将巴赫的音乐元素融入摇滚乐中时,他的眼睛显得异常迷人。同时哈德森还能熟练吹奏萨克斯风,拉手风琴。丹柯说:"因为列弗和罗比前往森丘网球场与鲍勃同台演出,我们已经数周未曾合演,而这种事情此前从未发生过。所以当鲍勃来多伦多看望我们时,我们的演出效果已不如从前了。"他的意思是乐手们需要进行再次预热之后才能恢复到最佳状态。"你知道,我们的歌声已经有所偏离,所以鲍勃主要是听我们演奏乐器的效果。但他还是当场决定聘用我们。"

鲍勃有一架用于旅行使用的老款洛克希德北极星飞机。这是格罗斯曼租用的两架飞机中的一架,另一架供"彼得、保罗和玛丽"演唱组使用。洛克希德北极星安装有一套时停时续的空调系统,航速缓慢,穿越美国几乎要花上一整天的时间。"哈克斯"乐队称这架飞机为"空中大众汽车"。这架飞机一年中的其他时段都停在机库里。鲍勃派遣"北极星"去加拿大迎接乐队成员，与他们在得克萨斯州碰头，随即展开巡回演出，而萨拉则留在伯德克里夫的家中。萨拉是好学而安静的人，她很少随鲍勃外出巡演，一部分原因是她对音乐并没有太大的兴趣（而鲍勃却觉得音乐能赋予他力量），一部分原因是她要照看玛丽亚——之后则是照看与鲍勃共同生育的孩子们。

1965年9月24日，鲍勃与"哈里斯"乐队的首次巡回演出由得克萨斯州奥斯丁展开，此次巡演不仅是鲍勃人生中最为重要的经历之一，同时也是流行音乐中少数几次具有历史性的巡回演出。一行人先是在美国国内巡演，随后展开环球演出，一直延续到次年夏季。在开唱的那个夜晚，听众们显得充满热情，但很快一切就彻底变了，在以电子音乐为主的演唱会中乐队听到观众们不满的抱怨声和嘘声。"每到一处他们都会发出嘘声。"罗伯森说，"入城、演唱会的布置和演出，这是非常有趣的过程。人们进入会馆，朝着你发出嘘声，随即你整理行装前往下一座城市。你再次进行表演，人们也同样再次朝着你发出嘘声，然后你仍将继续走下去。在环球巡演的过程中，每晚都有嘘声与你相伴。"

人们发出的嘘声对这群音乐家的影响各不相同，这主要取决于每个人的性格。罗伯森确信乐队的演出异常出色，所以对听众的举动毫不在意。"演出后我们有时会去听那些现场录音资料，只是想看看他们是对哪些环节发出嘘声，而且……我们心想，上帝，这并不坏。还不是很糟。而其他人则往往不会以这样的方式去听录音资料。这能让我们有所收获，同时这也正是让我们巡演继续下去的动力所在。"丹柯、哈德森以及曼纽尔显得很冷静。从前在酒吧演出时人们甚至还曾朝着他们扔过酒瓶。眼前所发生的情况的确还没有那么糟糕。"在听过两三场演唱会嘘声后,我们发现听众们似乎不会朝着我们扔什么危险品,而且他们也并没有在会场或是在小巷内威胁我们,所以我们继续演下去。"哈德森很冷淡地说。

然而列弗·海姆却是一个更为情绪化的人,听众的嘘声让他变得非常沮丧。"你已经习惯于人们高声喝彩。"他说,"而现在则变成了嘘声!这是最为糟糕的事情。滚出去!快滚!立刻离开!你知道,都是这样的话。那简直就是充满嘘声的地狱。在那一刻我心如刀绞。我只是……我无法控制。我真的无法控制住自己。而且即便是音乐会结束了,我仍旧难以自持。"11月末海姆结束了巡回演出之旅,去墨西哥海湾的石油钻塔担任水手。海姆带着对鲍勃的敬意而离开,鲍勃本人却对嘘声毫不在意,他建议海姆离开"哈克斯"乐队后自己独自演出。"他大概说过成堆的胡话。"海姆对此不予理会。看起来鲍勃似乎对听众反应并不重视。"上帝作证,他根本就没有对他的想法或者方向进行一丝一毫的改变。"海姆说。他对鲍勃的坚持不懈大加赞扬,这也正是鲍勃的个性特点之一。但从个人生活的层面上来说,这一特质也使得鲍勃难以与他人相处,特别是与他生活中的女性,她们发现鲍勃的重心完全放在音乐上,几乎将其他所有的事都忽略不计,但正是这样的特质使他成为伟大的艺术家。从音乐家的视角来看,这一特质同时也使鲍勃成了伟大的乐队领导者。鲍勃清楚地知道自己想要做些什么,他紧随脑海中的意向,直至为之竭尽全力。从这方面来看,与鲍勃共事可以说是一件幸事。尽管如此,音乐家们还必须做好充分的准备——忍受听众做出的反应,因为听众们尚未懂得鲍勃所做的尝试意味着什么。这将成为贯穿鲍勃音乐生涯的一个特点。"鲍勃就是那么一个有趣的家伙。你知道,他根本就毫不在意。"海姆说,"我喜欢鲍勃的策略:如果你买了演唱会的门票,那你就有权发出嘘声。如果你不喜欢表演,就用声音来发表你的意见。但是,该死的,嘘声真让人难以忍受。"

1965年11月22日,鲍勃与萨拉·劳恩茨在巡演间歇成婚。婚礼只是在长岛婚姻登记处门前的橡树下举行了一场秘密仪式而已,邀请的客人仅有艾伯特·格罗斯曼以及萨拉的女伴。其他人均未参加婚礼,包括萨利·格罗斯曼,甚至就连鲍勃的父母也没有出席。一定有什么事情让亚伯和比蒂感到不满。无论是鲍勃的父母,还是鲍勃本人,都未曾谈论过此事,无法知道他们究竟是出于何种原因没有参加儿子的结婚典礼。鲍勃一直偏执地坚持保守个人秘密,这应该是他婚礼尽可能保持低调的主要原因。尽管鲍勃已经结婚了,但想让他承认这一点却很勉强。数日后,"流浪者"杰克·埃利奥特走进麦克道格大街上的"困境"酒吧,他注意到鲍勃和萨拉坐在一张桌子旁。

"祝贺你,鲍勃!"埃利奥特大声喊道。

"为什么要祝贺我?"鲍勃满面疑虑地反问道。

"听说你结婚了。"

"我并没有结婚。"鲍勃立刻回答。

"哦,真是岂有此理!我发誓,听说你已经结婚了。"埃利奥特的脸色沉了下来,说道,"我从两个人那里听到了你结婚的消息。"

"不,我并没有结婚。"鲍勃向他保证,"如果我结婚了,我会第一个告诉你。"

婚礼只是忙碌的一年中少有的间歇。这一年冬天,鲍勃与"哈克斯"乐队一同返回录音室(其中博比·格瑞格临时代替列弗·海姆担任鼓手)。他们录制了歌曲《能否破窗而出?》作为单曲。歌词有些地方借用了《定在第四街》的第一段,但乐队的演绎却使之如同是一台运作着的落锤破碎机。当两人同乘一辆豪华汽车时,鲍勃颇为自豪地将这首歌曲放给菲尔·奥克斯听。看到奥克斯的反应并不热情,鲍勃立刻示意车子停下来。"奥克斯,出去!"鲍勃说,"你算不上民谣歌手。"为了切中要害,鲍勃又补充道,"你只是新闻记者而已。"尽管这一举动颇为刻毒,但奥克斯还是很崇拜鲍勃,他很快就忘记了鲍勃的所作所为,直到1976年奥克斯自杀,两人之间仍保持着并不稳定的友情。确实,大部分朋友都时刻准备着忍受鲍勃潮水般的辱骂,因为他们认为鲍勃是一个特殊的人。鲍勃不断地对着人们发表尖刻的评论,态度冷淡,甚至最后直接对他们漠然置之,这导致他最终几乎失去了所有的旧友。

鲍勃与"哈克斯"乐队也尝试着录制了一张唱片,这就是《约翰娜的幻象》。但鲍勃对这张唱片并不满意,他开始想与不同类型的音乐家合作创作下一张唱片。鲍勃·约翰斯顿曾力劝鲍勃前往位于田纳西州纳什维尔的哥伦比亚录音室制作唱片,约翰斯顿就住在这座城市。"迪伦的回答很简单,就是'唔。'"约翰斯顿用非常体贴的语气接着说,"你知道,他从没有说过'好,那我们走!',而只是'唔'。他总是在考虑各种事情。之后格罗斯曼跑来和我说:'如果你再向鲍勃提纳什维尔,你就给我离开。'我反问道:'你这话是什么意思?'他说:'你只要听我的就好。我们会有消息的。'"

在此期间,鲍勃日程表上的演唱会场次不断增加。因为博比·格瑞格有录音的事要忙活,所以桑迪·科尼科夫顶替了他,而此前原本就有乐手罗·霍金斯在接受培养以便填补海姆离去后留下的空位。霍金斯因此对鲍勃·迪伦心生不悦(科尼科夫笑着回忆起霍金斯的反应:"他威胁说要打断我的腿。")。此次环球巡演对这些天真的年轻人而言具有难以抵抗的诱惑力,在这之前霍金斯最快乐的事是在俱乐部演出。突然之间,科尼科夫就走进大剧院击鼓,与名声显赫、影响力非凡的人士汇聚一堂了。鲍勃每到一处,名流们都成群地前来拜访,这些都是贝兹、马龙·白兰度以及艾伦·金斯堡之类的大人物。这是一种复杂的、快节奏的生活方式,充斥着大量的毒品,聪明绝顶的人们相互斗智,而对于才智一般的人而言这就会变成一种威胁。"这种生活非常非常的紧张。"科尼科夫说,"这些人都是天才。"

鲍勃于12月2日抵达旧金山海湾,即将在伯克利大剧院演出,他让金斯堡邀请诗人以及作家出席音乐会。金斯堡邀请了《飞越疯人院》的作者肯·凯斯[1]、"垮掉派"诗人与剧作家迈克尔·麦克卢尔[2]、禅宗诗人加里·斯奈德[3]。这些作家各自领着伙伴和朋友前来捧场,其中就有摄影师拉里·柯南。当时地狱天使党的成员紧紧跟随着"垮掉派"诗人,因此该组织的一些人也出现在演唱会上,其中包括萨尼·巴格[4]、"随心所欲的弗兰克"以及"流浪者"特里。"垮掉派"诗人和他们的朋友、地狱天使党的成员将前两排都占满了,而坐在他们中间的则是姿容优美的贝兹。

这场演出怪异得不能再怪异。尽管贝兹最近在伦敦受到了鲍勃的羞辱,但电子音乐伴奏响起后她还是随着鲍勃的歌声而轻声

---

[1] 肯·凯斯(Kenneth Elton "Ken" Kesey,1935—2001),美国作家,被视为介于20世纪50年代"垮掉的一代"与20世纪60年代嬉皮士之间的反文化人物,1999年在接受采访时称自己"作为'垮掉的一代'过于年轻,作为嬉皮士又过于年长"。代表作品为《飞越疯人院》。——译注

[2] 迈克尔·麦克卢尔(Michael McClure,1932—),美国诗人,剧作家,歌曲创作人,小说家。——译注

[3] 加里·斯奈德(Gary Snyder,1930—),美国诗人,杂文家,环境主义者。曾获得普利策诗歌奖。——译注

[4] 萨尼·巴格(Sonny Barger,1938—),是1957年创立于美国加利福尼亚州奥克兰的地狱天使党摩托俱乐部的创始人之一。——译注

哼唱。鲍勃演唱《伊甸园之门》时,金斯堡跟着音乐节奏尖声喊叫着"两轮马车的吉卜赛女王"这句歌词。演唱会进入第二幕,现场气氛变得更为怪异,舞台上不仅有鲍勃和"哈克斯"乐队,而且还多了两个泰迪熊。这两只熊就如同哨兵一样靠在扩音器旁。随后如同风暴般的声响倾泻而出,一位心怀不满的歌迷将鞋子扔了上来。鞋子孤零零地落在舞台上,这使得舞台上的鲍勃和泰迪熊看上去就像是一件荒诞主义艺术品。正像贝兹后来所说的那样,鲍勃成为一位"达达主义之王"。"垮掉派"诗人被眼前出现的一幕迷住了。当麦克卢尔与罗伯逊碰面时,他仍对鲍勃的舞台表现力感到惊愕:"鲍勃与罗比的舞蹈真是非常的特别……舞台表现几乎让人误认为两人是同性恋,但其实根本不是那么一回事。在大胆地运用电子音乐作为伴奏的情况之下,整场演出非常非常精彩,同时也非常大胆。"

在后台,"流浪者"特里、"随心所欲的弗兰克"与麦克卢尔一同抽着大麻烟,鲍勃的表演让他们感到震撼,麦克卢尔觉得他们像是在瞬间被击垮了一样。他要了一杯蜂蜜茶。麦克卢尔说:"我认为他的表演获得了巨大的成功。"鲍勃因为演出而耗费了大量体力,于是诗人们开始与地狱天使们聊天,谈论的话题是鲍勃多么迷人,而这些对贝兹则无需多言。麦克卢尔说:"她对我们照顾鲍勃是否认真非常关心。"演出过程中贝兹在座位上热情地大声呼喊,但让她感到难过的是整场演出鲍勃只笑过三次。她仍全身心地爱着鲍勃,并且挂念着他。演出后贝兹在寄给麦克卢尔的信中写道,她希望上帝能够照看并且保护鲍勃,因为他要比其他大多数人更容易受到伤害。

演唱会结束后鲍勃出席了在伯克利举办的一场聚会。大家都很闲散地围坐在地上。"当鲍勃走进来时,所有人都站了起来。"拉里·柯南说,"他们排着队等着他。"金斯堡挨个向鲍勃介绍参加聚会的人,而鲍勃则精神抖擞地与崇拜者们温柔地握手寒暄。一位来宾想给鲍勃播放"滚石"乐队的唱片。"好,真是酷!"鲍勃说道,听了几段后便不再理会。当介绍到肯·凯斯时,谈论的话题转到了与他关系良好的地狱天使党身上。鲍勃抱怨说,地狱天使党打折了他朋友的手臂。他把胳膊弯曲成颇为怪异的角度示范给凯斯看。当时正好有几位地狱天使党的成员在房内,凯斯介绍完毕时似乎松了口气。下一位是摄影师拉里·柯南,他对鲍勃说,自己很喜欢舞台上的那两只泰迪熊。"熊在呕吐,熊在呕吐……"鲍勃反复地嘟囔着。星期日,在旧金山北海滩劳伦斯·佛林格迪开设的"城市之光"书店里将举办一场诗人聚会,柯南担任摄影。鲍勃允诺届时他也会出席。他想和诗人们拍几张合影以用作新唱片封面。

周日中午,"城市之光"书店门外的哥伦布大街上正在举办一场满是诗人和食客、鱼龙混杂的聚会,现场拍了照片,以此作为"'垮掉派'诗人最后一场聚会"的宣传海报。新闻记者利兰·梅耶佐夫坐着救护车赶到,随后躺在檐槽里。金斯堡在两位男友的陪同下出现在人们面前。佛林格迪披着阿拉伯式样的斗篷,手里拎着雨伞(虽然并未下雨),他冒失地发出了错误的火警警报。当救火车绕过街角时警笛轰鸣,沉闷的诗人们重新活跃起来。"消防队员火急火燎地跑来,但现场的来宾说这里并未发生火灾,因此消防队员随即离开了。"佛林格迪一边说着,一边因为这个恶作剧而吃吃地笑个不停。鲍勃与罗比·罗伯森一同来到会场,刚刚嫁给鲍勃没几天的萨拉·迪伦也出乎意料地来到现场,聚会立刻变得混乱起来。诗人们叫嚷着:"嘿,鲍勃,到这里来,和我们一起照相。"鲍勃和他的随从们快速地钻进书店的地下室。"有着无穷智慧的迪伦不想让现场变成迪伦的专场。他想要使之成为'垮掉派'诗人的演出。"柯南说,在门锁起来之前他一直引导着鲍勃步入地下室,"他喜欢这些'垮掉派'诗人。当我们进入地下室后,人们开始发出巨大的喊声,叫着迪伦的名字。"一行人随即穿过后门逃进小巷,鲍勃在那里与佛林格迪、金斯堡以及麦克卢尔合影。远离这群人的罗伯森相当有自知之明,他并不想到这儿来,同时也知道乐队的其他成员会说些什么。麦克卢尔说:"我并不认为他自认是一个诗人,他认为自己并不属于这一群体。"

十分钟后这群人又换了个聚会的场所,跑到了"维苏威火山"酒吧饮酒作乐。气氛达到顶点时诗人们颇为奢侈地点了鸡尾酒。然而鲍勃却说:"我喝茶就可以了。"听到鲍勃点的是茶后诗人们立刻取消了鸡尾酒,纷纷说他们也喝茶。从这件小事上可以看出鲍勃身上的名人效应,即便是在这群同样声名显赫的人中也依然有效。

旧金山海湾演唱会结束后鲍勃邀请金斯堡、麦克卢尔陪同他前往南加利福尼亚。一行人乘坐艾伦的那辆大众露营车,由艾伦的情人诗人彼得·奥洛夫斯基[①]驾驶。"哈克斯"乐队则乘坐那架"空中大众汽车"。麦克卢尔说:"鲍勃真正关注的是听众们对演出的反响到底如何,而并非只听信人们当他面所说的一切,他想知道人们到底是怎样议论他和他的演出的。"鲍勃交给金斯堡一些钱,请他去买盘录音带,于是金斯堡自告奋勇地混入听众当中,听取他们的评价。金斯堡为鲍勃带回了一些证据,证明至少还有一部分人喜欢他所做的尝试,鲍勃为此感到非常高兴。少许的鼓励与演

---

① 彼得·奥洛夫斯基(Peter Anton Orlovsky,1933—2010),美国诗人,终生公开承认与"垮掉派"诗人金斯堡的同性恋关系。也正是在金斯堡的鼓励下,奥洛夫斯基于1957年开始创作。2010年因肺癌去世。——译注

唱会上时常承受的敌对压力相比，是一种可喜的变化。

在圣何塞音乐会上，当鲍勃和诗人们穿过后台区前往演员休息室的途中，发生了一件令人感到恐怖的事情。一群原本躲藏在后台的歌迷突然从侧门、防水油布甚至是废物箱中一拥而出。麦克卢尔说："歌迷的人数如此众多，而且他们现身的方式是这么的让人匪夷所思，吓得鲍勃立刻就跑掉了。"

如今鲍勃生活中的每件事似乎都显得异常古怪，就如同身处梦境一般。歌迷们从垃圾桶里跳出来。舞台上的泰迪熊。在洛杉矶和旧金山，鲍勃对新闻记者们所提出的问题均予以荒谬的回答。在贝弗利山旅店，一位记者问道："近期你生活中最重要的事情是什么？"

"哦，我收集到了一把活动扳手收藏品，我对此非常感兴趣。"

到了洛杉矶，"哈克斯"乐队住在一栋大房子里，他们称其为"城堡"。这座建筑物看上去就像是电影《罗宾汉》的布景。漂亮的姑娘以及知名演员纷纷跑来拜访鲍勃。而鲍勃自己也计划好要将事情变得更为怪异。桑迪·科尼科夫回忆道："他甚至想从动物园里雇头大象过来。"这一幕原本安排在演唱会的第一部分中，也就是在鲍勃开始电子音乐演出时。"鲍勃会对着大象说，'给我一把C调的竖琴'，大象就会甩出它的长鼻子抓住竖琴送到他的手里。"科尼科夫补充道，"我告诉你，我认为这一想法真是难以置信。"

1966年1月的巡演间歇期中，鲍勃与艾伯特·格罗斯曼达成了一项重要的新协议。他们创立了一家名为"矮人"音乐公司的出版机构，鲍勃发表的新歌所属权将归在这家公司名下。鲍勃后来宣称，他并不知道在"矮人"音乐公司中自己与格罗斯曼结成的是合伙人关系。鲍勃以为"矮人"音乐公司是只属于他一个人的公司。事实上,协议意味着在随后 10 年中鲍勃每创作一首歌,格罗斯曼就可获得收益中的 50%。这在合同上写得很清楚,文书准备好后数月鲍勃就签署了。然而鲍勃这次又没有仔细阅读合同内容。"我之所以会签署这些文书,是基于格罗斯曼那些'照做即可'的话。格罗斯曼劝我完全信赖他,而我也的确非常信赖他,他为我读了合同内容并加以解释,同时告诉我只要签了文书一切就搞定了。"鲍勃说,"在遵循合同条款时我们始终都将友情贯穿其中。"鲍勃只是在结束了与格罗斯曼之间的合作关系后才开始仔细阅读这些文本的,这已略微有些迟了。但这次犯错鲍勃至少还可以心烦意乱为借口。在合同商谈的那一周,萨拉生下了两人的第一个孩子。鲍勃的儿子——拜伦·迪伦于 1 月 6 日在纽约出生。

鲍勃在纽约期间走访了画家安迪·沃霍尔[①]的工作室。两人有着共同的朋友圈,其中包括电影摄影师芭芭拉·鲁宾(她给鲍勃做头部按摩的照片被唱片《与其归家》用为封底)以及模特伊迪·塞奇维克。鲍勃答应为沃霍尔拍摄的一部地下电影试镜。"安迪是一个歌迷。"杰勒德·曼兰达说,"所以当鲍勃·迪伦来到工作室时,他就从艺术家变为了鲍勃的歌迷。"试镜后沃霍尔向鲍勃展示了埃尔维斯·普雷斯利一套名为"双面埃尔维斯"的肖像画。这是选取埃尔维斯的影片画面制作而成的绢印版画,画中的埃尔维斯斜挎着牛仔风格的枪。其中一幅接近真人大小的版画盖在其他作品上面。通常情况下沃霍尔并不愿意出让作品,但他很想给鲍勃留下深刻的印象,而鲍勃则想着能从沃霍尔身上获取快乐。"他们有些像是在以一种滑稽的方式围着对方跳舞,一种充满热切期盼的舞

---

① 安迪·沃霍尔(Andy Warhol,1928—1987),美国画家。波普艺术运动领导者之一,他创作了描述普通形象的绘画和绢印版画留作纪念,如描绘汤罐与名人照片形象的作品。——译注

蹈。"曼兰达说,"胜利者就能获得战利品。"鲍勃最终赢得了胜利,离开工作室时他带走了一幅埃尔维斯的绢印版画。他和纽沃斯一起将绢印版画固定在旅行车顶上,随后便开着它前往伍德斯托克。

尽管在工作室的人们看来鲍勃是很希望沃霍尔能送给他这幅绢印版画留作纪念,而且当沃霍尔提出建议时鲍勃也爽快地接受了这件礼物,可是一旦鲍勃将这件艺术品带回了家,他就清楚地意识到自己其实是厌恶它的。按照数位到鲍勃住所做客的不同身份的来宾的说法,鲍勃以一种高傲的姿态看待这件艺术品,他将版画颠倒着挂起来,并将它放在碗橱里,而这些谣言也传到了沃霍尔耳中。终于有一次鲍勃又在萨拉和艾伯特·格罗斯曼面前展示这幅版画。

"我并不想得到它。"鲍勃对他们说,"但为什么却要把它硬塞给我呢?"

鲍勃说,他和萨拉想要一些对于这栋房子来说更为"实际"的东西,因此他做了一笔交易。格罗斯曼夫妇送给鲍勃一张沙发,换得这张绢印版画。沃霍尔知道这一切后颇为苦恼。但这对于鲍勃而言只是一个玩笑而已。1988年,萨拉·格罗斯曼将这幅版画以720 000美元的价格拍卖。

巡演于1966年的2月继续举办,按照日程安排鲍勃将穿越北美各地,随后展开世界巡演,一直持续到仲夏。演唱会间隙,鲍勃录制了他的新唱片《无数金发女郎》,鲍勃原打算用"垮掉派"诗人的合影相片[1]作为这张唱片的封套。因为与"哈克斯"乐队在纽约

---

[1] 按照拉里·柯南的说法,鲍勃因为与摄影师就"城市之光"的上镜版权产生分歧而改变了主意。取而代之的是杰瑞·施特兹伯格拍摄的一张照片。——原注

合作录制的效果并不令他感到满意,鲍勃同意了鲍勃·约翰斯顿提出的"唱片应在纳什维尔录制"的建议。既然鲍勃已下定决心,格罗斯曼也就没有办法阻止他了。

鲍勃想要录制《无数金发女郎》的现场版,所有的乐手都聚在一个房间里,就像正站在舞台上一样。位于纳什维尔音乐街上的哥伦比亚唱片公司"A"录音棚被分割成单个的录音室,因此约翰斯顿首先要做的是将录音室拆掉。"我递给看门人锯子和大锤,让他敲掉录音室内的每件东西,随后将垃圾搬出去烧掉。"罗比·罗伯森和艾·库普是唯一受邀的两位纽约音乐人。其余的都是以查理·麦考伊[1]为首的纳什维尔当地知名制作人。"鲍勃想要找到一个没有接受过旧式学校严格教育、在布鲁斯音乐以及摇滚乐方面都有所造诣的人。"麦考伊说,他和鲍勃同样都是收听电台的布鲁斯音乐长大的,是优秀的吉他手、出色的口琴吹奏家。"随后我们为他组建了一支节奏乐器组。"肯尼·巴特瑞[2]担任鼓手,哈格斯("猪")·罗宾斯[3]弹奏钢琴,韦恩·莫斯演奏吉他,亨利·斯特兹莱克出任贝斯手。这些音乐家制作完成了无数张优秀唱片,其中包括罗伊·奥比森[4]和埃尔维斯·普雷斯利的主要作品,因为

---

[1] 查理·麦考伊(Charlie McCoy,1941—),美国音乐家。在口琴吹奏方面有着极深的造诣,曾经为鲍勃·迪伦、猫王等多位知名歌手配乐。——译注

[2] 肯尼·巴特瑞(Kenneth Buttrey,1945—2004),美国著名鼓手,被认为是纳什维尔历史上最具影响的录音音乐家之一。——译注

[3] 哈格斯("猪")·罗宾斯(Hargus "Pig" Robbins,1938—),美国著名键盘手、钢琴演奏家。曾经与鲍勃·迪伦、阿伦·杰克逊、乔治·琼斯等多位知名艺术家合作制作唱片。——译注

[4] 罗伊·奥比森(Roy Orbison,1936—1988),美国著名歌曲创作人、歌手、音乐家。以其富有力度的嗓音、悲情的歌曲而闻名。20世纪60年代在"纪念碑"唱片公司时是他事业的巅峰期,共有22首歌曲进入前四十名的排行榜榜单。后期他与鲍勃·迪伦、乔治·哈里森等人组成了演唱团队,引起巨大反响。1988年因心脏病去世。——译注

工作繁忙，他们经常一天要参加数场唱片制作。非同寻常的是，这些音乐家始终积极参与《无数金发女郎》的录制工作，一直忙到唱片完成。制作过程约花了 40 个小时。"这在此地是闻所未闻的事，每个人都自觉地安排好时间。"麦考伊说。

1966 年 2 月中旬，鲍勃带着构思好的新歌抵达纳什维尔。鲍勃白天待在瑞马达旅店进行艺术构思，库普则像录音机一样坐在钢琴旁进行演奏。当他们走进录音室时，罗伯森立刻注意到参与唱片制作的人员似乎对他们知之甚少的年轻音乐家态度颇为慎重。"每个人都显得有些冷淡。他们与鲍勃相处时带着那种可爱的南方城里人的特征，但从另一个角度来看，他们显得非常非常……冷淡。"罗伯森说，"我不知道为什么我们要去那里制作唱片。"

纳什维尔当地人觉得鲍勃和他的朋友们看起来很不顺眼。艾·库普按卡纳比大街时尚人士的着装风格打扮起来，这套装束使得他在街区闲逛时与当地年轻人发生了摩擦。幸运的是埃利维斯·普雷斯利的保镖拉马尔·菲克当时刚好在场，库普才免受皮肉之苦。鲍勃遭遇的情形与之类似。当时鲍勃留着厚重的头发，浓密而蓬乱，几乎可以用作鸟巢。肯尼·巴特瑞说："凑到他耳边私语时，那头乱发像灌木一样戳着你的脸。"尽管大多数吉他手的指甲都会留长，但鲍勃的指甲可以说是特别的长，而且还很脏。除此之外，鲍勃的体味也不好闻。正像韦恩·莫斯回忆的那样："鲍勃身上有某种异味。"

大约下午两点，音乐家们走进了录音室。四个小时后鲍勃方才现身，他仍未完成即将录制歌曲的歌词。于是音乐家们离开录音室，以便鲍勃安心工作。他们待在楼下的办事处里，或是玩牌，或是出去买吃的。其中有些人围在显灵板周围，询问神灵会发生些什么。几小时过去了。午夜时分，正当音乐家们困乏不已时，他们却被叫回录音室,鲍勃完成了歌曲的准备工作——《眼神凄凉的低地女孩》①已创作完成。

红色录音灯亮了起来,音乐家们仅就依照鲍勃的简单描述,便开始试着录制唱片。这是一首节奏缓慢、布鲁斯风格的情歌,鲍勃在歌中加入了一系列捕捉到的意象,勾画出一位女性的形象。这位女性有着"丝绸般的躯体"和"玻璃般的面容"。而鲍勃就像是痴情的恋人,充满感情地咏唱着女子的灿烂笑容。歌曲演唱到三分钟时,鲍勃并无迹象想要停下来。通常情况下按照这一曲调的编排,乐手们会演奏 2 分钟 20 秒,这是最适于在电台播放的歌曲长度。但当《眼神凄凉的低地女孩》接近收尾部分,乐手们也习惯性地进入演奏高潮阶段时,鲍勃却降调转入另一段歌词。"我只得一边看着手表,一边用一只手演奏。"肯尼·巴特瑞说道,"然而歌曲仍在继续,继续……此前我们从未听到过这样的歌曲。"乐手们竭尽全力消除倦意,尽量保持精神集中。大约过了 11 分钟后,鲍勃示意歌曲结束。这是当时最长的一首流行歌曲,达到了 11 分 23 秒,几乎相当于当时五首流行歌曲的长度总和。歌曲占用了《无数金发女郎》整条第四轨,最终这张唱片罕见地被制成了双碟唱片。"这是鲍勃率先采用的形式。"回到家后精疲力竭的查理·麦考伊说,"它让你终生难忘。"

琼·贝兹曾被认为是《眼神凄凉的低地女孩》的灵感源泉。贝兹的朋友南希·卡伦确信最后一段提及的制罐道大街就是源自贝兹、鲍勃经常光顾的一家加利福尼亚咖啡馆。然而这首歌写的并不像是贝兹,更像是写给萨拉·迪伦的赞歌。歌中两次用金属作为隐喻并非偶然,因为萨拉正是废旧五金商人的女儿。正像歌词

---

① 这与《无数金发女郎》歌曲录制的顺序有些冲突。——原注

第五段描述的那样，萨拉的前夫，摄影师汉斯·朗兹就是在杂志社任职。最显而易见的证据是萨拉有着一双哀伤的眼睛。婚后三个月，鲍勃就用一首不朽的情歌来赞美妻子，这表明鲍勃有着根深蒂固的罗曼蒂克天性，虽然在平日生活中鲍勃都会对此加以掩饰，而且在歌中也采用了隐喻的手法。隐喻手法运用得非常巧妙，而他现实中的婚姻也并不引人注意，甚至就连共同录音的部分乐手也都不知道鲍勃已经结婚了，当时只有少数几个人知道这首歌曲是为谁而创作的。

在含有追忆情绪的歌曲《我想念你》中，韦恩·莫斯演奏了一段切特·亚特金斯[①]风格的美妙吉他前奏。《就像个女人》和《雪豹皮药盒帽》似乎是在特指伊迪·塞奇维克。有迹象表明，前一首歌曲的灵感来自塞奇维克的哀伤，后一首歌曲则带有她那种活力四射的风情，而塞奇维克本人也的确喜欢穿着豹纹外套。《在孟菲斯布鲁斯的陪伴下静坐在车内》就像是一部展开的电影。鲍勃一边用铅笔在瑞马达旅馆的记事本上书写着出色的歌词，一边不停地发出咯咯的笑声。他通常会让乐手们先看一下歌曲，但正如巴特瑞回忆的那样，他们从未"从头到尾完整地看过"。随后乐手们便以最自然的方式将歌曲演绎出来。一首歌通常只需要录制一两次便宣告完成。乐手们并不需要对歌曲长度或演奏方式有准确的概念，因为鲍勃在录制过程中会不断加入即兴表演。"你必须时刻准备行动。"贝斯手亨利·斯特兹莱克说，"但我们还是能与鲍勃保持同步的。"

鲍勃很少与乐手们交谈，但后来有一晚他却出人意料地询问

[①] 切特·亚特金斯（Chet Atkins, 1924—2001），原名查斯特·巴登·亚特金斯，美国吉他演奏家，以流畅的乡村音乐风格而著称。——译注

乐手们:"你们都玩些什么?"莫斯和其他人嘟囔说打高尔夫球。"我不是这个意思。我的意思是你们在这里做些什么?"乐手们这才知道鲍勃是在问他们是如何放松的,于是便回答说偶尔会去喝杯啤酒。鲍勃接着说他创作了一首新歌,其中有"每个人都飘飘欲仙"这么一句歌词。他解释说:"我不会同陌生人一起去做这样的事。我们还是出去找点乐子吧。"

录音室管理人 Ed. 葛兹跑到临近的爱尔兰酒吧叫来了"小妖精"鸡尾酒,这是一种烈性、绿色的调和物,通常都是装在威士忌玻璃杯中饮用的。"然而这次葛兹并不是用威士忌玻璃杯带回来的,而是盛在大的泡沫牛奶硬纸盒中。"莫斯说。此时段待在录音室里喝酒显得颇为与众不同,但所有的规矩都被打破了。"没人去顾及这些琐事。"莫斯说,"我们喝了很多酒。"人们传递着大麻烟。"猪"·罗宾斯和亨利·斯特兹莱克也接过去抽了起来。斯特兹莱克回忆道:"我几乎被呛死了,因为我从不吸烟,而大麻烟的劲头很猛。"尽管这群人中还有几个保持着正派诚实的本色——其中包括查理·麦考伊——但罗宾斯却承认麦考伊与其他人一样,"当时都是一团糟"。

鲍勃想在歌曲中获得类似于军乐队演奏的音效,但不要太过呆板老套。于是麦考伊打电话给韦恩("Doc")·巴特勒,后者将高音长号塞进福特车的后备厢直奔录音室而来。麦考伊吹奏小号,其他乐手也随即更换乐器,以求获得鲍勃预期的那种混乱的行军感。莫斯对斯特兹莱克说,他想要演奏贝斯。"我根本就无所谓。"斯特兹莱克一边说着一边将吉他递了过去。而他则弹起库普的风琴。他没办法用脚控制风琴的踏板,于是干脆就把风琴搁在地板上,用手来推动踏板,发出"嘟呜……嘟呜……嘟呜……嘟—嘟—嘟呜"的滑稽声音。巴特瑞则把架子鼓拆散,接着又将低音鼓面对面地搁在两把硬靠背椅子之间。一切准备工作完成时已是午夜,巴特瑞用鼓槌敲击低音鼓的侧面,示意在场的乐手们注意。他右手摆弄着一顶带有斑点的高顶硬礼帽,让人误以为他无法用左手"演奏出奇妙的音乐"。"Doc"·巴特勒则用长号吹出微弱的爆破声:"我甚至就连热身都没有做。"鲍勃开始演唱,其间不断重复着"每个人都飘飘欲仙"这句歌词。

尽管斯特兹莱克是坐在地上的,但他还是昂着头冲着麦克风发出阵阵笑声。"我非常兴奋,整个过程中我都笑个不停。"很快每个人都笑了起来,其中也包括鲍勃本人,他看着这些乐手渐渐变得疯狂起来,结结巴巴地唱出歌词。莫斯说:"我们度过了不可思议的夜晚。"4 分 30 秒过后,乐手们放下乐器,走进控制室听录音回放。他们拍打着彼此的后背,说这首歌录制完成后将会是伟大的作品。巴特瑞搂住鲍勃,滑稽地问他:"嘿,鲍勃,我们现在在正忙着的这首歌名字是什么?"他们反复地听到"每个人都飘飘欲仙"这句歌词,以为毫无疑问这就是歌名。

"'雨天女郎♯12 &35',"鲍勃面无笑容地回答道。这首歌未曾经过前期排练便录制完成。一个月后《雨天女郎♯12 &35》作为单曲发行,并且攀升到了排行榜第二名。

《无数金发女郎》的歌词可归入鲍勃最优秀的作品行列,克里斯多夫·瑞克斯[1]教授将这些歌词视为诗歌,"不同凡响,暗喻真实"。完美的音乐与歌词相得益彰。鲍勃说其中的音乐部分是最为贴近他脑海中涌动的那种"空灵而狂野的声音"。《我想你》和《暂时喜欢阿基琉斯》这两首歌带有着性感的色彩。歌曲《显而易

---

[1] 克里斯多夫·瑞克斯(Christopher Ricks,1933—),英国文学评论家,学者。2004 年—2009 年在牛津大学担任教授。还曾担任学者与评论家协会的主席。——译注

见的五位信徒》内容健康而富有感染力:鲍勃唱完最后一段歌词时发出了一声叹息,罗伯逊的吉他独奏骤然停止,麦考伊吹奏着口琴发出悲鸣声。他们将这首歌演绎得就像是一辆行至终点的货车。《约翰娜的幻象》是充满了丰富意象的丰饶角①。"在这间房子里热浪尖声叫器"完美地勾画出老城旅店清晨时分的景象,就如同他与萨拉在切尔西停留时所住的那些旅店一样。《抵押我的时间》听起来像是某个人起床起晚了。"没有人能比这张唱片更准确地捕捉住清晨三点时的声响,"艾·库普说,"不,没人,即便是辛纳特拉也做不到,没人能做得如此准确。"

女友埃克·哈尔斯多姆认为唱片的标题"无数金发女郎"有可能就是暗指她金色的头发以及雪白的皮肤。其他人则认为指的是伊迪·塞奇维克那种漂白一般的美丽。然而真相却是鲍勃为这张唱片取名的方式与他为歌曲取名的方式是一致的。"这些名字都是在一次转录过程中确定下来的。"库普说,"当他们正忙着转录时,我们围坐在一旁,鲍勃·约翰斯顿走进来说:'你想取个什么样的名字?'鲍勃就一首一首地将名字说了出来,就是在当场。我可以确定,鲍勃是以随意的联想以及含混的意味来取名的。"

《无数金发女郎》在美国排行榜上升至第九位,同时它也成功地改变了纳什维尔的音乐发展轨迹。非乡村音乐人士开始聚集在这座城市,尝试和仿效鲍勃的音乐风格,而与鲍勃共事的乐手们则凭借自身的名气,试图成为影响力略小些的明星,因为他们的名字都被印在了唱片封套上,这在纳什维尔的历史上还是首次。"我要公开向鲍勃表示感谢的一点是:他将我们的名字印在了唱片封套

---

① 感恩节中象征丰收、生育的中空羊角。典故出自古希腊神话。——译注

上。"韦恩·莫斯说,"在他来此之前从未发生过类似的情况。"就鲍勃而言这只是良好的姿态而已,并没有花掉他任何的费用,而且也并未因这些乐手的优秀工作而多支付报酬。肯尼·巴特瑞略带苦涩地回忆道,在唱片发行后,迪伦的办公室甚至都没有免费向他们赠送唱片。

鲍勃仍像与其他人相处时一样与乐手们保持着距离。在随后的岁月中,鲍勃与这些纳什维尔的乐手们共同制作了多张唱片,但他从未与乐手们在社交的层面上交往过。录制唱片的间隙鲍勃不会与乐手们保持联系,当他身在录音室时也很少与他们交谈。他们一同制作音乐,这些音乐可以算作乐手们的代表作品,是他们在录音室内完成的最出色的部分作品。这些音乐对于纳什维尔的商业发展同样至关重要。最终,纳什维尔将超越竞争对手纽约和洛杉矶,成为美国的音乐之都,这部分原因是鲍勃将在这座小城录制非乡村音乐变得合理化。"鲍勃来到纳什维尔,他将这座城市的大门向世人敞开。"鲍勃·约翰斯顿说,"他以歌曲《隐秘的思乡病布鲁斯》、《生如滚石》使得锡盘巷①歌曲消沉下去。他改变了所有的一切,改变了乡村音乐。他使得它更为流行化。"

《无数金发女郎》进入翻录、混音阶段,鲍勃与"哈克斯"乐队一同外出旅行。在加拿大安大略的渥太华,他们一同跑去溜冰。因为当地天气寒冷,他们必须要穿全套的衣服。在由蒙特利尔前往纽约的夜间飞行途中,洛克希德飞机的暖气发生了故障,把这一行

---

① 锡盘巷是一个地名,位于纽约第 28 街(第五大道与百老汇街之间)。19 世纪末起,该地区聚集了众多音乐出版公司,各公司均有歌曲推销员整日弹琴以吸引顾客。由于钢琴使用过度,音色就像敲击洋铁盘子似的,于是便戏称此地为"锡盘巷"。锡盘巷不仅是流行音乐出版中心,也成为流行音乐史上一个时代的象征、一种风格的代表,一直延续到 20 世纪 50 年代末。——译注

人冻得够呛。即便是暖气恢复运转,飞行还是常常让人感到不舒服。"我们乘坐那架飞机时曾受过几次惊吓。"桑迪·科尼科夫说,"有时,当我们正在沉睡时,飞行员会友好地戏耍我们,随后再做上个俯冲动作。"

由于鲍勃缺乏与电子乐队合作的经验,因此在共事期间也出现了一些问题。他常常想要获得比扩音装置可操作范围更大的声效。鲍勃在演唱的过程中总是过于靠近麦克风,而且最糟糕的是他经常无法与乐队的步调保持一致。这一情况对于像加思·哈德森这样的完美主义者来说可以算得上是相当大的挫败了,也就是在这段时期内,鲍勃与"哈克斯"乐队成员之间的关系趋向紧张。

3月13日丹佛演唱会结束后,鲍勃与罗伯逊决定飞往洛杉矶旅行,于是便为乐队安排了十天假期。"你是这架飞机的机长。"鲍勃对里克·丹柯说,后者被委派担任飞行员,驾驶洛克希德飞机前往新墨西哥州的陶斯,在那里丹柯吃了一周半的佩奥特仙人掌。对"哈克斯"乐队而言,享乐是巡演生活的组成部分,鲍勃也是如此。哈德森是一个非常正直的人,罗伯逊生性不羁,曼纽尔则是可怕的酒徒。后来回归团队的海姆染上了抽吸可卡因的习惯。丹柯喜欢尝试,在首次吸食迷幻药后,他告诉鲍勃自己拥有着创出一番事业的雄心,不想仅作为业内头面人物的陪衬而存在。"我想最终结果是自己成为鲍勃·迪伦终生的伴奏者。"他说,"你知道,我第一次品尝迷幻药时与鲍勃进行了友好的交流。我就像是一个傻瓜,声称我们自己已有了新工作。"尽管在鲍勃的音乐生涯中与"哈克斯"乐队的合作要比与其他音乐人的合作更为密切,但他仍与乐队成员们保持着一定的距离,他总是通过罗比·罗伯森来传达他的意思。

萨拉·迪伦有段时间也加入了春季巡演的团队，但乐手们却很少看到她，与音乐界大多数人一样，他们也被排斥在鲍勃的私人生活之外。鲍勃与萨拉在维护个人隐私这点上表现得非常苛刻，婚姻更像是一种隐秘的同居生活。让人感到有趣的是，在两人婚姻生活早期，鲍勃与萨拉从未在公开场合拍过合影，也很少在媒体面前提及彼此之间的关系。两人外出时始终保持一定的距离。在接受访问时鲍勃也从未谈及家庭，而萨拉则根本就没有向记者提过婚姻状况。有时他们在保护个人隐私上表现得有些极端。3月26日，鲍勃与萨拉一同出现在加拿大范库弗演唱会现场。两位DJ受邀来到后台，鲍勃想到他们会看到萨拉。"萨拉。"鲍勃一边说着，一边打开步入式衣帽间的门，"他们进来时我希望你躲到里面去。"萨拉迟疑地望着丈夫，但最终还是按他的要求躲了进去。

桑迪·科尼科夫于1966年3月末退出了巡回演出的行列。"我被神秘的事情与古怪的人所惊扰，他们某种程度上以略带威胁的口吻要求我去抽吸迷幻药、毒品以及类似的东西。"他承认道，"有很多情况让我感到很不适应。"他的位置被米基·琼斯所取代。米基·琼斯是一位经验老到的鼓手，曾参加约翰尼·李维斯[①]的巡回演出。4月9日在夏威夷岛演出之后，鲍勃与"哈克斯"乐队一同飞往澳大利亚，此时琼斯已加入团队。

就在一行人旅澳期间，《雨天女郎♯12&35》这首歌在美国歌榜上升至第二位。同时这首歌也在颇具影响力的加文榜单中获得提名，并被定义为"迷幻音乐"，这一榜单在超过一千家的美国电台播发。这一定义足以令这首歌在美国被禁止排入歌单。歌中所提

---

① 约翰尼·李维斯（Johnny Rivers, 1942—　），美国著名摇滚歌手，词曲作家，吉他手和唱片制作人。——译注

及的药品以及迪伦这些艺术家对药物的使用都成为乐队与媒体间争论的焦点,鲍勃也曾经被多次问及所处的立场。1966年鲍勃在接受《花花公子》杂志采访时说:"我不建议任何人使用药品,当然不是指能导致上瘾的药物,我这里所说的药品就是指内服药。但鸦片、麻醉品以及大麻,现在这些东西并不能算作药品,它们只是让你的精神集中而已。我想每个人的注意力偶尔也应该集中一下。"鲍勃对罗伯特·谢尔顿说,"要用大量的药物保持与时代步调的一致……先生,这很困难。一场如此规模的巡回演出几乎能将我杀死。"1969年鲍勃在接受《滚石》杂志的采访时被问及他的歌曲是否受到了使用药物的影响。"不。"鲍勃回答道,"它对于创作没有任何作用,但它能让我维持状态,并且将创作灵感宣泄出来。"

在巡演过程中近乎公开使用的药物是麻醉品。在澳大利亚时,米基·琼斯亲眼看见巡演团队中的一位成员用刀子切割大块的麻醉品,以便其他人享用。同时让人心生疑虑的是,鲍勃是否使用某种药片来保持状态,这其中也包括迷幻药。巡演团队中公开使用药物的情况引起了警方的注意,他们在墨尔本谢拉顿酒店展开了一场黎明搜查行动。"约有五六名警察让我滚出去,开始盘查我的东西。"琼斯说,"而他们提出的最重要的问题是'你昨晚是否参加了那场吸食大麻的聚会?'"鼓手是清白的,但他回忆说巡演团队中的一位成员因此被驱逐出去了。

1966年4月26日,鲍勃与"哈克斯"乐队离开澳大利亚,途中更改了原定由悉尼到伦敦的行程,转道前往瑞典。令人疲惫不堪的旅程长达36个小时,途中只有加思·哈德森能安然入睡。当一行人抵达斯德哥尔摩机场时,瑞典的新闻界早已在停机坪处等候多时了。一位同行的乘客冲着拥挤的媒体喊道:"这些野蛮的家伙!"记者和摄影师竭尽全力想要靠近鲍勃,而鲍勃则踢他们的小腿。"我也和他一样在踢那些家伙的小腿,直到我突然想到,此举一经报道会产生怎样的效果?"里克·丹柯说,"我试着引起鲍勃的注意,让他别那样做。"

鲍勃并不愿意举办记者招待会,好在罗伯逊始终陪在他身边。罗伯逊与鲍勃的关系如此亲密,以至于"哈克斯"乐队将他称为"难以摆脱之人"。"他一直粘着鲍勃。"琼斯说,"即便鲍勃去洗手间也能看到罗比如影随形。"当被瑞典记者们追问对抗议歌曲的看法时,鲍勃杂乱而仓促地说:"嗯……嗯……上帝……不,我不要坐在这里做那些事。我曾经彻夜难眠。我曾经吞服过一些药丸,我曾经食用过变质的食物……"很快鲍勃便连连获胜,然而即便是在嘲笑这帮记者时,他也仍面带笑容。鲍勃声称《雨天女郎♯12&35》描写的是"跛子、东方人以及他们所生存的世界……这首歌带有墨西哥人的处事风格,坚决地抗争,非常非常坚决地抗争,我作为对诸事均持最坚决反对态度的人之一,在这应予以反抗的年代中我都坚决地持反对态度。"但在这场率性的记者招待会中——鲍勃在全球各地均出席过类似招待会——也仍有着片刻明晰的表白。当被问及他如何定义自己的音乐风格时,鲍勃直截了当回答道:"哦,我从未听到有人像我这样演奏和演唱。"

鲍勃在瑞典斯德哥尔摩城外的一所旅馆暂住时曾与艾伯特·格罗斯曼的律师大卫·布劳恩有过一次重要的会面。布劳恩当时正和马库斯·维特迈克音乐公司的阿蒂·莫盖尔一道在欧洲展开攻势,把鲍勃创作的歌曲使用许可权出售给国外的出版公司。此举并不能说取得了完全的成功。布劳恩事后承认,即便是与英国"B.费尔德曼"音乐公司达成的、被认为是分量最重的协议,也不能被算作最有利的交易,因为无论是布劳恩还是格罗斯曼,在处理相关事务时尚显经验不足。"如果我们对国外出版界能有更深入的了解，那么我们就能将事情处理得更为妥当。"布劳恩说，"我们被迫做出让步，不得不延长版权的使用期限。"

"矮人"音乐公司与鲍勃、格罗斯曼之间于年初口头达成的协议被草拟出来，这份协议可回溯至1月1日，布劳恩将相关文件交给鲍勃签署。这些文件非常重要，关系到随后十年间鲍勃所有新歌的出版合作事宜。后来鲍勃宣称自己对这一协议理解上出现了偏差。随即他开始与布劳恩讨论协议文本，正当布劳恩打算向鲍勃解释文本的细节条款时，格罗斯曼打断了他们的谈话。"当我正在向鲍勃解释条款时，格罗斯曼冲进房间，于是我只得终止讨论。"布劳恩说，"格罗斯曼示意我没必要将协议全文解释给鲍勃听，鲍勃知晓他们之间合作的事情。"鲍勃后来对此事也心怀不满：正像他所宣称的那样，他不仅被误导地错误认为"矮人"音乐公司是他独自拥有的公司，而且格罗斯曼还阻止律师向他解释整个协议内容。布劳恩声称自己坚持要解释这些协议条款，但却未能达成。"格罗斯曼先生阻止了谈话。"就是在这种古怪的情形下，鲍勃签署了与"矮人"音乐公司的协议，这可以说是他一生中最为糟糕的商业性错误。整件事似乎应归咎于缺乏经验。鲍勃当然有能力理解协议条款，但他并不想让这些琐事来干扰他，而且他也认为他人值得自己信赖。但当鲍勃后来有了空闲时间，可以仔细考虑自己的商业事务时，他立刻就意识到这些涉及名誉的交易并不总是能带给他最佳收益的，于是鲍勃开始紧紧抓住自己的财权。

电影摄影师 D. A. 佩尼贝克受聘协助鲍勃为美国电视拍摄一部巡演主题的彩色纪录片。他在斯德哥尔摩加入巡演团队，开始了自己的工作。鲍勃率性而天真地认为自己能在巡演间隙制作完成一部实验性电影，但他需要帮助。"鲍勃说，'你现在来帮我。我协助你制作你的电影,而你也要协助我制作我的电影'。但这从来就不是属于我的电影。"佩尼贝克说,"我只是被假定为摄影师而已。"霍华德和琼斯·阿尔克再一次为鲍勃提供帮助。

鲍勃对于拍摄舞台演出过程,或是拍摄《无需追忆》中所描写的舞台后生活并没有太大的兴趣,相反他更想获得艺术电影风格中的那种即时画面效果。最具代表性的镜头是那组《销毁文件》[①],按佩尼贝克的理解,这一标题有着"一种非纪录片"的寓意。在某一片断中,坐在豪华轿车内的鲍勃和约翰·列侬一边妙语连珠地交谈着,一边穿过伦敦城。列侬后来说,当时他"兴致很高,非常兴奋",镜头中的鲍勃显露出一种病态的瘦弱和苍白,而列侬看起来则显得更为健康。这段充满善意的逗笑非常有趣,像是选自"甲壳虫"乐队某部电影中的场景。列侬突然之间迸发出精妙的评论,而鲍勃则哈哈地笑个不停。"你忍受得了哀伤的眼睛、美妙的前额或者卷曲的头发吗?"列侬用他那具有喜剧效果的声音问道,"Take Zimdon."车子在行驶过程中正好碰到一对情侣在街头亲吻,鲍勃直接将摄影机对准他们。"哦!哦!这里抓拍到两个情侣。"鲍勃欢快地叫喊起来,他的话也因此变得愈加含混和混乱了。到了结尾部分,鲍勃央求司机汤姆·凯洛克赶快返回旅馆,他说自己马上就要吐出来了。

巡演的下一站设在丹麦,纪录片制作团队尾随鲍勃前往科隆博格城堡,也就是莎士比亚剧作《哈姆莱特》所描写的地点。鲍勃饶有兴趣地了解了有关这位虚构的丹麦王子的所有讯息。就在城堡旅行的那一天,鲍勃收到了来自加利福尼亚的消息——理查

[①] 《销毁文件》(*Eat the Document*)所展示的是鲍勃·迪伦与"哈克斯"乐队1966年英国巡演期间所拍摄的少有公开的影像资料,由 D. A. 佩尼贝克执导。——译注

德·法里纳死于一场交通事故。他乘坐的摩托车在防波堤上行驶时滑倒了,随即撞向了护栏。法里纳的灾难还只是鲍勃某些密友的系列死亡事件中的一例而已,这些死亡事件随即便在短时间内骤然爆发。基诺·富曼是鲍勃在格林威治村时结交的一位激进主义朋友,人们发现他染上了毒瘾。鲍勃在欧洲旅行期间富曼曾找过他,想向鲍勃借点儿钱。鲍勃以带有攻击性的态度让他滚开,这让富曼感到非常难堪。不久后富曼就因服药过量而离开人世。1964年曾参加巡演的伙伴保罗·帕布罗·克莱顿因多年滥用毒品于1966年4月去世。"鲍勃无法接受这一切。"利亚姆·克兰西说,"他钻进浴缸,后面还拖着一台电暖气。"也正是在这一时期,格林威治村结识的老友彼得·拉·法格躲在临近利亚姆·克兰西住所的淋浴间内割脉自杀身亡。

随后数年间,鲍勃朋友圈中有多人过早地离开了人世。逝者中大部分都与吸毒或者自杀有关。克兰西意识到克莱顿、拉·法格这些雄心勃勃的歌曲创作人的自杀与鲍勃的成功之间存在着某种关联。很难搞清楚死亡事件究竟对鲍勃产生了怎样的影响,因为他很少甚至从未谈论过这些事。鲍勃很少出席葬礼,而且20世纪60年代的社会发展以及毒品的泛滥夺取了很多人的生命,他应该已经对类似的不幸事件习以为常了。利亚姆·克兰西将这些死亡事件归纳后称为"梦想与幻境的受挫"。他解释说:"迪伦成为天空中闪亮的明星。他原本是我们中的一员,而突然之间便升入天际。鲍勃所享受到的荣耀是我们每一个人都希望获得的,而我们现在意识到光明已经闪现,它不可能再次出现在天空中。"20世纪90年代克兰西曾问过鲍勃,是否对处于他阴影下的旧友悲剧性的死亡负有责任,鲍勃回答道:"先生,这让我如何作答呢?……这些人必须去做他们要做的事。如果我去细想这些事情,对此困惑不已,我就无法继续自己的生活。我就难以创作任何东西。我就写不出一件作品。"这就是鲍勃的坚韧,但似乎他正是在用这种坚韧来保护自己那敏感的天性。

随后展开的爱尔兰之旅弥漫着阴暗的气氛。当乐队登上都柏林艾德菲的舞台时,台下只有低沉的掌声和嘘声。或许文森特·多伊尔在音乐报刊《旋律制造者》中准确地传达出了部分歌迷的感受:"难以置信地望着忧郁、多姿多彩的迪伦努力将自己的形象与声音变得与米克·贾格尔[①]相似,过了数分钟后方才意识到这并不能算作一种飞跃。"

在伦敦期间鲍勃偶然遇到了达纳·吉莱斯皮[②],除此之外还在梅费尔旅馆与"甲壳虫"乐队碰面。鲍勃·约翰斯顿从美国飞抵英国,协助完成本次音乐会的录制工作。在鲍勃与"甲壳虫"乐队碰面的那晚,鲍勃·约翰斯顿已经完成了大部分任务。他相信这次经历会对这一团体产生深远的影响。"'甲壳虫'乐队的四位成员都待在鲍勃的旅店房间内,他与'甲壳虫'乐队畅谈了整整一夜,此前他们从未如此长谈过。"他说,"第二天早晨当他们走出房间时,已不再是'甲壳虫'乐队,他们分别是约翰·列侬、乔治·哈里森、保罗·麦卡特尼了。"正像麦卡特尼曾说的那样,"那时迪伦对我们的影响非常大"。

就在全球巡演伦敦站期间,鲍勃职业生涯中最为著名的私制唱片录制完成,它也可以称得上是所有流行音乐中最为著名的私

[①] 米克·贾格尔(Sir Michael Philip "Mick" Jagger,1943—),"滚石"乐队成员,英国著名音乐人,歌手,创作人,唱片制作人,电影制作人,演员。曾获得金球奖和格莱美奖。——译注

[②] 达纳·吉莱斯皮(Dana Gillespie,1949—),英国女演员,歌手。——译注

（左）
在鲍勃·迪伦这一名字为世人所熟知之前，博比·齐默尔曼只是一个喜爱摇滚乐的希宾少年。在1959年希宾高中年鉴的照片中，他留着小理查德卷发风格的发型。
Hibbing High School Yearbook

（上）
鲍勃的父母亲亚伯和比蒂于1934年结婚，在北迁至煤矿小城希宾之前居住在明尼苏达州的德卢斯。此为亚伯、比蒂和一个外甥女的合影。Courtesy Jack Zimmerman

（左）
在鲍勃·迪伦的人生中，女性是一个主要的组成部分。他的第一位重要女友是希宾高中的同学埃克·哈尔斯多姆。
Hibbing High School Yearbook

（下）
明尼苏达州的煤矿城希宾是一座小城，这里的住户彼此熟识。这张照片——大约是在1948年拍摄——展示的是霍华德大街，它是希宾城两条主干道之一，在这里鲍勃度过了他的青年时代。他的成人仪式就是在左边的安乔伊饭店举行的。而"L&B"咖啡馆则是在街的对面。
MS2.9/HB2/p15, Minnesota Historical Society

（左）
齐默尔曼的住所位于希宾城七大街2425号，鲍勃在这里度过了童年的大部分时光。鲍勃的卧室位于这栋建筑物的后部。
Howard Sounes

(右)

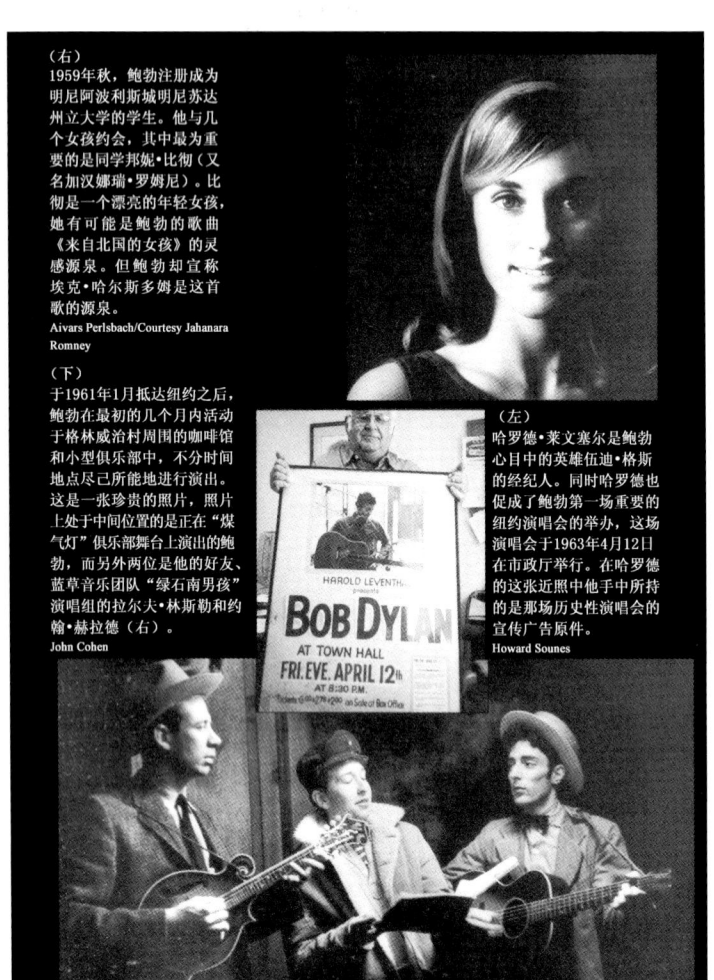

1959年秋，鲍勃注册成为明尼阿波利斯城明尼苏达州立大学的学生。他与几个女孩约会，其中最为重要的是同学邦妮·比彻（又名加汉娜瑞·罗姆尼）。比彻是一个漂亮的年轻女孩，她有可能是鲍勃的歌曲《来自北国的女孩》的灵感源泉。但鲍勃却宣称埃克·哈尔斯多姆是这首歌的源泉。

Aivars Perlsbach/Courtesy Jahanara Romney

（下）

于1961年1月抵达纽约之后，鲍勃在最初的几个月内活动于格林威治村周围的咖啡馆和小型俱乐部中，不分时间地点尽己所能地进行演出。这是一张珍贵的照片，照片上处于中间位置的是正在"煤气灯"俱乐部舞台上演出的鲍勃，而另外两位是他的好友、蓝草音乐团队"绿石南男孩"演唱组的拉尔夫·林斯勒和约翰·赫拉德（右）。

John Cohen

（左）

哈罗德·莱文塞尔是鲍勃心目中的英雄伍迪·格斯的经纪人。同时哈罗德也促成了鲍勃第一场重要的纽约演唱会的举办，这场演唱会于1963年4月12日在市政厅举行。在哈罗德的这张近照中他手中所持的是那场历史性演唱会的宣传广告原件。

Howard Sounes

(左)
1961年夏,鲍勃遇到了苏希·罗图洛,这个女孩成为鲍勃来到纽约后早年最为重要的女友。他为苏希创作了多首歌曲,其中包括《西班牙皮靴》。苏希与鲍勃拍摄了鲍勃第二张唱片《放任自流的鲍勃·迪伦》的封面。歌曲《D调歌谣》则描写了两人1964年的感情破裂。Joe Alper/Courtesy the Alper Family Collection

(下)
1963年7月,鲍勃与艺术家们——其中包括著名的民谣歌手皮特·西格(左)——前往格瑞伍德,出席一场旨在鼓励非洲裔美国人争取选举权的集会。
Danny Lyon/Magnum Photos

（上）
艾伯特·格罗斯曼在纽约州北部伍德斯托克附近的贝尔斯威利购置了一处乡村房产，鲍勃常到这里来放松身心。他的娱乐项目之一就是骑着摩托穿越未开垦的荒地。1966年7月29日周五，鲍勃遭遇了一场摩托车事故，此次事故代表着他非凡人生第一阶段的结束。
© John Launois/Colorific!

（右）
这可能就是鲍勃那一桩著名事故的现场。斯特贝尔公路是一段陡峭的乡村车道，直接通到格罗斯曼贝尔斯威利住所的入口。尽管鲍勃的伤势并不严重，但他事后还是从公路的视线中消失了。 Howard Sounes

制唱片。这一所谓在皇家艾伯特大厅录制的唱片,事实上是5月17日在距离首都184英里的曼彻斯特自由贸易大厅录制完成的。舞台上的鲍勃瘦小虚弱得让人惊讶,穿着一件紧扣的犬牙花纹套装。但他的演唱就如同是在咆哮,像是将整个身心都已投入其中。"哈克斯"乐队自始至终都在为他伴奏,随着音乐的起伏而唱和,这是令人惊讶、美妙强烈、流畅娴熟的音乐。《宝贝,让我跟你走》的歌声如同爵士乐。尽管如此,听众们鼓起掌来仍旧显得不太情愿。

演唱间隙鲍勃发表了简短的讲话,但语气含混,听起来像是一番废话。"这是,嗯……乌鸦的叫声,'嘚嘶嘶嘶……'。"他懒洋洋地介绍了《雪豹皮药盒帽》这首歌。听众笑了起来。他接着又试了一回:"这首歌是……这首歌的名字是'我看到你戴上了你那顶新豹皮药盒帽'。"乐队的伴奏响起,但鲍勃却仍未说清楚。站在舞台上的鲍勃大量运用引人注意的技巧,这与舞台杂耍的作用相等。在进行下一个节目之前,鲍勃又嘟囔了很多胡话。此时听众们都闭上嘴想听清他到底是在说些什么,鲍勃面无表情地说:"……如果你恰好不想鼓掌鼓得那么热烈。"前一晚在谢菲尔德演出时鲍勃也曾运用过相同的技巧。这种打诨赢得一片欢呼声,米基·琼斯注意到鲍勃的暗示,奏响《无数个清晨》的第一个音符。

鲍勃占据了理查德·曼纽尔的位置,坐在钢琴前弹起《瘦人民谣》中的玩具大兵进行曲。加思·哈德森则在风琴上运用和音急速弹奏的方法敲击出旋风般的声响。

在演唱下首歌前有片刻的暂停。

"犹大!"

辱骂声很低,是从大厅后部传来的。

人们都在为情绪激动的质问者基思·巴特勒鼓掌喝彩,这个年轻人是科里大学的学生。他对鲍勃从经典曲目中选唱《无数个清晨》之类的歌曲以及用激进而别样的风格进行演绎感到非常不满。

"我无法相信你。"鲍勃一边反驳,一边弹奏《生如滚石》的开始部分。随后他变得愤怒起来,情绪激动地反驳道:"你是个撒谎的家伙!"鲍勃转身朝着"哈克斯"乐队。当乐队开始演唱这首歌时,鲍勃鼓动他们"发出该死的喧嚣声"。不断增强的乐声演奏至过门部分。鲍勃跷起腿,投入地抖动着,情绪激动地叫喊:"感觉如何?"随后又加上一句:"感觉如何?"琼斯用脚重重地踩踏着贝斯鼓,哈德森的风琴声跃动其间。基思·巴特勒跺着脚冲出剧场,中途停下来对佩尼贝克的摄影团队喊了句"流行团队能制作出比这更好的垃圾。真是太丢脸了。他是想要毒品"。

苏格兰演唱会过后,鲍勃与"哈克斯"乐队飞往巴黎,5月24日他们将在巴黎奥林匹亚剧场一面巨大的星条旗前举办演出。某些法国听众表现得有些心情烦躁,部分原因是美国与法国因殖民地之间的争端所引发的巨大争议让他们感到困扰。与往常一样,鲍勃似乎将政治忘得一干二净,尽管他的全球巡回演出与影响巨大的越南争端几乎处于同一个时期。在美国空军大规模轰炸北越后,数以千计的美国大兵前往支援,他们中的某些人被征召入伍。一场大规模的示威行动正在计划之中。1965年9月25日,也就在鲍勃的美国巡演开始阶段,一场反战演唱会在纽约卡内基音乐厅举行,主要参与者中有些是鲍勃的朋友,其中包括琼·贝兹,她热切地希望年轻人抵制征兵行动。鲍勃受邀参加演唱会以及相关的活动,但他并没有出现在演唱会现场。"除了鲍勃·迪伦以外每个人都出席了反战演唱会。"在卡内基音乐厅演唱会上担任主持人的伊西·杨说,"鲍勃根本就不是特别积极。"

在巴黎举办演唱会时同样出现了混乱的场面,鲍勃在原声吉他演出部分难以准确地进行吉他调音。"鲍勃调试吉他,调了很长很长时间。我记得当时自己对艾伯特·格罗斯曼说,'告诉他把吉他递给我,我很快就能搞定'。听众就是从那时起开始带有敌意的。"当时正站在舞台侧翼的罗伯森·罗伯逊说,"鲍勃的举动使得演唱会现场好像变成了一场游戏。这正是人们心情烦躁的原因所在。听众认为鲍勃是在愚弄他们。"正因为如此,当"哈克斯"乐队登上舞台开始演奏时,人们如释重负。这是少数几次电子乐队赢得喝彩而鲍勃的原声吉他演出反倒嘘声不断的演出之一。

巴黎演唱会举办的那天正好是鲍勃的生日。让人惊叹的是,虽然鲍勃还只有 25 岁,但却改变了流行音乐的发展轨迹,创作出了他那一百年中的部分经典歌曲。

尽管曼彻斯特演唱会被广泛误认为就是皇家艾伯特大厅演唱会,但实际上皇家艾伯特大厅演唱会是在巴黎演唱会之后的两天——也就是在 5 月 26 日和 27 日——举办的。伦敦演唱会给人一种空旷之感,含混的介绍以及引人注意的电子音乐演出,让人听起来好像鲍勃只是在唱给自己听而已。皇家艾伯特大厅是一所巨大而庄严、有着 95 年历史的剧场,它在维多利亚女皇时期开始营业,以她的丈夫艾伯特亲王的名字命名。"哈克斯"乐队对剧院印象深刻,仅仅数月前他们还只能在新泽西的俱乐部演出,然而不久他们便成了那个时代最成功的乐队之一,在各大剧场独立演出。现在可以看出这是一次非同寻常的世界巡演。"我们之所以能偶然地从酒吧乐队变成在皇家艾伯特大厅演出的团体,的确要归功于鲍勃。"加思·哈德森说,"我们从鲍勃·迪伦那里所获得的帮助是难以用言语表达的。"

鲍勃从英国精疲力竭地回到家中。他那曾如同天使般可爱的面容消瘦了,他的眼睛黯淡了,他的皮肤如同纸一样苍白,而那细长的白色手指已经沾满了烟碱的痕迹。他说话的声音显露出疲倦之感，词汇不断宣泄而出，但句子却不完整。事实上鲍勃已经习惯于忍受巡演的劳累之苦，这能减少他心中的阴影。正像佩尼贝克所说的那样，"他（鲍勃）的体力损耗很大"。然而按照艾伯特·格罗斯曼的计划，鲍勃应在8月份左右恢复精力，以便展开六十四天之久的美国系列巡演。鲍勃应该无限期地奔波在巡演途中，直到每一张门票都被换成现金，或者是他的所有能量都消耗殆尽。鲍勃像汉克·威廉姆斯一样情绪低沉地回来做无限期的休整。鲍勃一直以来都按照格罗斯曼的意愿不停地忙碌着，但现在他开始感受到工作所带来的压力，而且他的情绪明显变得日渐暴躁。

即使在短暂的夏季休息期间，鲍勃仍有一大堆的工作需要完成。ABC电视台想要放映名为"销毁文件"的纪录片，这一纪录片是由大段情节荒诞的胶片内容配上并不同步的音轨制作而成。鲍勃希望佩尼贝克对胶片进行剪辑。然而佩尼贝克对这部仅在国内发行的纪录片热情不大，但他还是和博比·纽沃斯一道对胶片进行了粗略的剪辑。鲍勃认为剪辑后的影片风格与《无需追忆》太过近似，于是决定亲手重新进行删改，他利用佩尼贝克在"嘿咯哈"住所架设起来的设备，并且聘请霍华德·阿尔克担任助手。迪伦与阿尔克夜以继日地编辑这部纪录片。尽管鲍勃想成为电影导演，并对《无需追忆》的整个制作过程都严加管理，而且在多年中他一直试着执导拍摄其他作品，但鲍勃并不能算作电影制作人。"仅从停在车库里的汽车身上你不能了解到一些东西。你必须要了解一些规律。"佩尼贝克说，"然而鲍勃不了解任何规则。"鲍勃将最初的胶片做了一个大致的剪辑，但ABC电视台最终拒绝了这一版本，因为它的风格对于一个主流电视台，甚至几乎任何一位观众而言都是难以理解的。在这一过程中，鲍勃毁掉了有价值的初期胶片，其中包括演唱会的录影。佩尼贝克曾经询问鲍勃的事务所，他是否可以复制原始胶片,这样一来原始胶片至少能留存后世,但他的要求从未受到过关注。当时他与格罗斯曼正好因为《无需追忆》的欠款问题发生争执。佩尼贝克说:"整件事变得有点令人厌烦。"

除此之外还有着来自其他方面的压力,麦克米伦出版公司打算出版一本鲍勃已允诺许久的书,书名叫做"狼蛛",该书发行后读者注意到这并非期待中由迪伦所创作的小说。《狼蛛》由小段未加标点的自由体诗歌组成。其中有熟悉的歌词片断,同时还有一张列满名人的表单。书中的比喻有时运用得让人感到惊讶,部分片断读起来生动有趣,但至多让人认为是商业类型的图书而已,137页的迪伦唱片封套毕竟是难以印发销售的。麦克米伦出版公司同时印制了《狼蛛》纽扣徽章以及《狼蛛》购物袋作为促销活动中使用的部分产品。鲍勃看到校样后重新对整个出版流程进行了考虑,随后告知麦克米伦出版公司自己想要进行修改。麦克米伦出版公司答应给鲍勃两周时间完成修改工作。

就像制作那部纪录片一样,这本书以及即将到来的巡回演出都没有进行充分的考虑。格罗斯曼试图重新与哥伦比亚公司就鲍勃的合同问题展开谈判,而哥伦比亚公司则想要鲍勃按照约定再录制一张唱片。整件事情太过繁杂了。

1966年7月29日周五早晨,鲍勃与萨拉离开了格罗斯曼位于贝尔斯威利的住所。鲍勃从车库里找出了一辆旧摩托车,想骑着它前往修理店。萨拉乘车尾随其后。两人离开车道时,萨利·格罗斯曼正在屋内与艾伯特通电话,当时艾伯特身在曼哈顿的办公室。就在萨利·格罗斯曼与艾伯特开始通话没多久,萨拉的汽车再次开进车道。"不要挂断。"萨利对艾伯特说,她看到鲍勃从车里走出来,明显受了伤,"他一边抱怨着,一边不停呻吟着。"

鲍勃走进住所,"躺在走廊上"。萨利走过去,然而萨拉激动地对她说:"离他远点!"萨利认为鲍勃是"从车上摔下来"受了伤,这种情况很少见。然而鲍勃身上并没有伤口或者明显的伤痕。受伤的唯一迹象是他在不停地痛苦地呻吟着。萨利跑回到电话旁,告诉艾伯特发生的一切。

迪伦在骑车离开格罗斯曼的住所后到底发生了什么?整件事充满了神秘色彩。看起来这只是一件从摩托车上跌落的事故,对于鲍勃而言,他那糟糕的视力以及众所周知带有随意性的骑车技巧,使他的确有发生事故的可能性,但这一事故中也许隐藏着阴谋。这一说法有自相矛盾之处,事故发生的确切地点在哪里,而且是否真的是一场"事故"?因为这一事件发生的时间对于鲍勃而言是很有利的。突发事件给了迪伦一个从可能压垮他的众多商业事务中脱身的借口。

这当然是一次事故,或者更准确地说是一个事件。但它并非如当时所报道的那样充满了严肃性。作为那天发生的某些情况的关键目击人,萨利·格罗斯曼以前从未公开谈论过这件事,可以认为这一事故发生在格拉斯克收费公路上。这条路从贝尔斯威利通往鲍勃位于伯德克里夫的居所。鲍勃的一位密友(他希望能以匿名的形式接受采访)声称,事故发生在斯特贝尔公路,公路直接通往格罗斯曼住所所在的一条公路。提供消息的人说鲍勃后来向他承认,当他驶出格罗斯曼家之后,就进入起伏较大、路面光滑的斯特贝尔公路,当时他完全失去平衡,准确地说是毫无应对地从车上摔了出去。摩托车随后压在了他的身上。在另外一个对所发生事件叙述完全不同的版本中,前伍德斯托克治安官查理·沃尔文回忆起与鲍勃相关的一起交通事故。这起交通事故发生在几英里远的地方,也就是在靠近索泽提斯乡村附近的泽纳公路上一段S形的急转弯路段。尽管沃尔文说在发生事故之后他被叫去进行处理,而且他认为这一事故与鲍勃有关,但他并没有看到鲍勃,警方有关泽纳公路事故的报告中也并没有提及鲍勃。所谓这是一场虚构的事故的论调看起来也并不太可信。除了其他因素之外,鲍勃不可能在泽纳公路发生事故后由萨拉将其带回贝尔斯威利,因为间隔的时间很短,而且这段时间萨利还在与艾伯特通话。"我知道那只是很短的一段时间,因为当他们驶出时我正站在走廊上与艾伯特通话,而当他们回来时我也通过电话将情况告诉了他。"通过对所有迹象的全盘考虑,看起来几乎可以确定事故所发生的地点离格罗斯曼的住所非常近,可能就是在斯特贝尔公路或略远些的地方,大概也就是在格拉斯克收费公路那里。

随后召开的记者招待会公开了鲍勃的情况,他失去了知觉,脖颈折断,几乎丧命。但按照萨利的描述,鲍勃身上并没有明显的伤痕,神智清楚。而且如果鲍勃的确受了那么严重的伤害,按常理来说他就会被紧急送进最近的综合医院,位于金斯顿的医院距离事发现场仅有十五分钟远的路程。但萨利确认并没有人叫救护车,也没有警察出现在现场。最重要的一点是,鲍勃的医生 Ed·泰勒日前曝光说,萨拉并未将鲍勃带往医院。她驾车将鲍勃直接从格罗斯曼的住所带到了泰勒医生五十英里远位于中心城的住所兼诊所。从国道前往泰勒医生的诊所需要花上一个小时的时间,这并不是急需医疗救助的病患所应选择的路线。

当鲍勃躺在泰勒医生的诊所里时,全国各地的电台都迅速播出了关于鲍勃·迪伦的新闻,这位有着崇高声望和创作能量的艺术家遭遇了一场摩托车车祸。《纽约时报》称鲍勃所受的伤非常严重,他被迫取消了一场原定于下周六在纽海文举办的演唱会。正是以此次事故为标志,鲍勃非凡职业生涯的第一章宣告落幕。

第六章

乡间小路

鲍勃1961年由明尼苏达州迁居至纽约后的那段时光过得飞快。而随着1966年摩托车事故的发生,有段时间鲍勃的生活节奏明显缓慢下来,得以对日程重新进行安排。从某些方面看,这场事故也算得上是一件幸事。"在事故发生前我就已经遍体鳞伤了。"鲍勃后来说,"如果我仍像以往那样生活下去的话,很可能就会命丧黄泉。"

鲍勃伤情的真实情况仍不是很清楚。按照鲍勃自己的说法,在事故中他的椎骨有几处断裂。朋友们看到他有段时间戴着项圈,自称正在接受超频治疗。他抱怨后背疼得厉害,出于治疗的考虑鲍勃开始重新游泳。从这些迹象来看鲍勃的确受了一些伤,而且伤势持续了一段时间。然而与此同时,鲍勃并未要求获得更为彻底的药物治疗。

在事故发生后的六周里,鲍勃选择与Ed·泰勒医生一起待在中心城。鲍勃并没有回到伍德斯托克那栋属于自己的舒适家园和正在等候他归家的妻儿身边。泰勒医生否认所谓鲍勃利用这段时间来戒掉毒瘾的猜测。"他并未来此接受戒毒之类的相关治疗。"泰勒医生的妻子塞尔玛说,鲍勃很大程度上是将他们的住所视为庇护所——一个能让他躲开媒体的场所。"在这里他有些像隐姓埋名的隐居者。虽然邻近人家中有一个十来岁的女儿认识他,但却没有人来打扰鲍勃,他们都认为鲍勃此时正在伍德斯托克……大概是因为我们比鲍勃年长十岁的缘故,这让鲍勃回想起他的孩童时代。"塞尔玛·泰勒说,"我们的住所很安静,对此他感到非常舒适。而他的朋友也能前来看望他。没有人来探究他的来历……他可以独处。我不知道他是否是在创作、思考或者是做什么,但这的确远离了他以往的日常生活,我想这抚平了他原本烦躁的情绪。"

1966年夏季,奥德塔在经过一次精疲力竭的旅行之后因私人原因拜访了泰勒医生,她说:"我需要泰勒夫妇给我开一剂药。"她发现鲍勃正住在三楼一间备用客房内。"埃迪和塞尔玛将这间房修饰了一番,让人看起来觉得那就是鲍勃的房间。"奥德塔说。奥德塔坐下和鲍勃交谈起来,他非常健康地向她抱怨那些翻录他的歌曲而在歌词上犯错的歌手。"从他的状态来看他已经恢复过来了。"

康复的时间与鲍勃和哥伦比亚唱片公司的合约到期时间基本一致。鲍勃考虑过后决定转签到米高梅公司旗下,因为据称米高梅公司支付了一百万的预付款,而且双方也商定在某一时间签署正式协议。但米高梅公司的执行者们在经过反复考虑后放缓了签约的进程。《狼蛛》的出版则是另外一个问题。鲍勃意识到他错误地投资出版这本书。因为他曾说过,自己之所以同意创作书籍的原因很简单,是因为一位出版商允诺将替他出版该书。然而鲍勃并没有完成这样一本书。"我只是将所有的话都写下来将它们寄给我的出版商,而他们则将校样寄还给我,我对所写下的那些废话感到非常困窘,我不得不做整体的修改。"出版一事因为可预想的前景而被迫延期了。

完全康复后的鲍勃开始静下心来在"嘿咯哈"过起了一种平静的家庭生活。只有少数朋友来探望他,其中包括艾伦·金斯堡,他带了一包书给鲍勃。D. A. 佩尼贝克注意到鲍勃忙于剪辑《销毁文件》这部纪录片。"他的身体似乎并没有什么特别的危险。"佩尼贝克说,"恢复期从某种意义上来说是鲍勃休养和抚平难以忍受的伤痛的一段时期。"部分是出于安全考虑,鲍勃和萨拉要来了两条大狗,养在住所入口处的一座巨大狗舍中。他们的第一只宠物是一条大块头的狮子狗,名叫"哈姆莱特"。第二只则是一条带有攻击性的圣伯纳德犬,他们称之为"巴斯特"。紧靠狗舍的车道旁竖立着一个标识,上面提醒"私人住所,切勿侵入"。

除了剪辑《销毁文件》之外,鲍勃决定另外再拍摄一些镜头,以便用在这部纪录片或其他存在于脑海、尚处于雏形的电影作品中。鲍勃同时还邀请朋友来伍德斯托克与他一同演出。1967年2月,里克·丹柯和理查德·曼纽尔来到了伍德斯托克。"哈克斯"乐队已经成为一支无处可去的巡演乐队,只能在切尔西旅馆空等。鲍勃支付薪水的名单上还留有他们的名字,但是他也不知道能和乐队一同做些什么。当丹柯和曼纽尔来到伍德斯托克时,厚重的积雪覆盖着大地,使得这座城市呈现出影片《枪击钢琴师》中的拍摄景象——这是鲍勃第二喜欢的电影。冰封的河流如同玻璃一般,屋顶覆盖着闪光的白色雪毯。丹柯和曼纽尔每天早晨5点起床,和鲍勃一道在晨曦中工作。"这是我第一次拍摄伍德斯托克城。"丹柯说,"在冬季里展开拍摄活动,摄录雪景。""哈克斯"乐队的其他成员则在远离城市的郊区居无定所,最初只能寄宿在伍德斯托克汽车旅馆。举止古怪的表演者迪尼·提姆[①]也加入这一群人之中。鲍勃简略地称迪尼·提姆为"提姆先生",他萌生了与"提姆先

---

① 迪尼·提姆(Tiny Tim, 1932—1996),真名为赫伯特·B. 华瑞,美国歌手,他以假嗓、颤音演唱的歌曲《踮起脚尖走过郁金香花丛》广受欢迎。——译注

生"合作的想法,佩尼贝克将其形容为"一场马戏团电影"。除此之外提姆还出现在彼得·亚罗的一部名为"人如其食"的影片中。"在拍摄完《无需追忆》之后,人人都认为你能靠电影来赚钱。"佩尼贝克说,"但看样子这种想法非常缺乏条理性,毫无缘由,而且荒诞怪异。"

每当夜幕降临时,丹柯和曼纽尔就会在当地餐馆与朋友们会面。这家餐馆有一栋临近西索泽提斯村的房屋出租。丹柯说:"她(店主)所希望的月租金为275美元。房屋位于百亩空地的中央,非常隐秘。按她的描述就是——这房子美丽非凡。"这栋房屋是一座巨大的、高低起伏的建筑物,涂着草莓奶昔的颜色。丹柯认为住在这里要比住旅店好些。"所以加思、理查德和我移到'巨石竹花'居住。"丹柯一群人还为房屋取了"巨石竹花"这么一个名字。罗比·罗伯森和女友多米尼克租住了一处单独的居所。列弗·海姆仍在南方漂泊,与这群人更为疏远了。

度过了多年的巡演生活,"哈克斯"乐队已习惯于晚间工作、拂晓上床睡觉的夜生活方式了。鲍勃很快便调整过来,恢复了更为传统的生活方式。正在翘首企盼第二个孩子降生的鲍勃和萨拉因为一岁的耶西的缘故,每天很早就会起床。早餐后鲍勃与5岁的玛丽亚步行前往位于上伯德克里夫街的校车停靠站。中午时分,鲍勃开车前往"巨石竹花",现在他不但拥有一辆福特旅行车,同时还有一辆小型蓝色野马汽车。"鲍勃和罗比每天都会来这里,每周五到七天,持续了大约七八个月。"丹柯说,"鲍勃像是有发条控制一样,总会在中午现身。"如果"哈克斯"乐队的成员们还赖在床上,鲍勃就会泡上一壶咖啡,在打字机上咔咔地敲打,发出巨大的声响。"他的创作能力真的让我几乎发疯了。"加思·哈德森说,"他一进来就坐在打字机前开始创作歌曲……同时让人抓狂的是几乎每一首都那么有趣。"

  1967年2月到秋季间,鲍勃创作的歌曲超过了三十首,他与"哈克斯"乐队将这些歌曲以及多首翻唱歌曲全部录了下来,收录在哈德森的双轨开盘式录音磁带上。多数歌曲是在"巨石竹花"的地下室内录制完成的,狮子狗哈姆莱特摊开四肢趴在地板上。这段充满友情的时光对于鲍勃而言是轻松而幸福的,他与"哈克斯"乐队成员们共同享受着快乐,"巨石竹花"的音乐合作显而易见是成果丰硕的,而且对每个参与其中的人而言都是轻松快乐的。

  春夏之交时音乐家们将"巨石竹花"的窗户大敞开来,让轻风吹过。醇香、充满乡土气息的空气似乎对他们创作的音乐产生了影响。这是一种与鲍勃、"哈克斯"乐队1965年至1966年喧嚣风格完全不同的音乐,同时也是与城市晚间电台所播放的音乐产品,例如《无数金发女郎》截然不同的。这些歌曲的风格更接近于哈瑞·史密斯的《美国民间音乐歌曲集》中那种充满韵味的老派音乐,同时也包含着鲍勃与独特的"哈克斯"乐队多样的音乐尝试。鲍勃建议罗伯森转向传统的民谣音乐。"我对他更希望我调整至哪种音乐类型并未多加留意。"罗伯逊说,"但当他开始唱这些歌时我就非常喜欢。我无法说清哪些歌曲是他创作的,哪些歌曲是前人已经创作完成的——比如说,我们在地下室时他演唱的那些歌曲,我不知道他是否创作了《皇家运河》[①]这首歌,也不知道这首歌是否算是一首老派的民谣歌曲。而这也源于与所有伟大音乐相关的非凡教育。很多乡村音乐都是来自不列颠岛以及美国本土山区,随后在山区流传开来并传播至城市。"作为回报,罗伯森也拓展

  [①] 《皇家运河》是爱尔兰剧作家布伦南·贝汉为他的作品《怪家伙》创作的,于1954年首演。——原注

了鲍勃在摇滚乐方面的知识。"我喜欢播放唱片给他听,乐于告诉他关于摇滚的知识。"丹柯与其家人曾在安大略农村演奏过乡村音乐。曼纽尔不但是一位出色的布吉伍吉音乐钢琴家,同时对流行音乐也有着独到的见解。哈德森在英国国教教堂音乐、喇叭演奏领域有所造诣,对前卫作曲家亚历山大·斯克里亚宾[①]也深有研究。"哈克斯"乐队成员有各自所喜欢的音乐家及唱片,而他们创作的作品中也融入了丰富的音乐元素,这还是他们职业生涯中首次有数月闲暇时光围坐在一起。快乐的混乱场景孕育了诸如《你瞧》、《我将获解脱》和《码头上的碰撞》(《落水》)一类风格独特的歌曲。鲍勃撰写歌词,而乐曲则多是与"哈克斯"乐队合作即兴创作完成的。两首主打歌曲的创作权归鲍勃与"哈克斯"乐队成员共有。他与曼纽尔合作完成了歌曲《暴怒之泪》,与丹柯合作完成了歌曲《火轮》。伊恩与西尔维亚等多位艺术家翻唱了《火轮》这首歌,而丹柯也从中得到了丰厚的报酬。他称这笔报酬是"来自上帝的支票"。

尽管并非所有的歌曲都是在"巨石竹花"的地下室录制完成的,但这些歌曲还是被冠以"地下室卡带"的总称。有些歌曲是在"嘿咯哈"——被称为红房——录制完成的,还有些歌曲是在"山中人"克拉伦斯·施密特的住所"早安山"录制完成的。克拉伦斯·施密特是一位性格古怪的退休泥瓦匠,他穿着工装裤,常用的长刷上沾浸着木焦油、涂料和柏油。克拉伦斯·施密特用这种黏性的调和剂搭建起一座巨大的旧品装饰建筑,并用木头、金属、塑料、汽车挡泥板以及破损的厨房用具进行装饰。他将镜子的碎片、圣徒

[①] 亚历山大·斯克里亚宾(Alexander Scriabin, 1871—1915),俄国作曲家,画家。深受神秘主义的影响,被认为是俄国象征主义在音乐领域的代表。——译注

画像以及塑料花粘贴在建筑物内,同时将这里建成知名音乐人聚会的圣地。鲍勃、"哈克斯"乐队与施密特之间的关系日渐融洽,他们就是在这处距住地不远的旧品装饰建筑物内完成了部分唱片的录制工作。从音乐中能感觉出录制人员对设备略有些陌生。乐手们已经记不清在施密特家录制了哪些歌曲,但加思·哈德森认为歌曲《苹果树》听上去似乎就是在施密特家录制完成的。另外几首歌曲也有可能是在克拉伦斯·施密特家中录制的:在演唱过程中"哈克斯"乐队模仿鸭叫狗吠的《你别再踢我的狗》,模仿《再见,鳄鱼》的歌曲《再见,艾伦·金斯堡》。歌中有很多逗乐的地方。"哈克斯"乐队模仿埃尔默·福德①的声音演唱和声。鲍勃在歌曲《再次上路》中发出猥琐的窃笑声。罗伯逊和曼纽尔时不时敲鼓,发出类似孩童摔打长柄锅的声响。在《西班牙之歌》中,鲍勃与"哈克斯"乐队就像醉酒的墨西哥流浪乐队一样发出阵阵的哀嚎声。他们还翻唱了并不太受欢迎的歌曲《临山》和《大黄蜂飞行》。录制过程正像罗伯森说的那样,就像是"大麻烟传来递去",又像是好友欢聚,正在享受着轻松的友情与音乐的自由。

尽管唱片制作团队的氛围宽松而友好,但鲍勃仍全面掌控着整个工作进程。他大声地点出歌曲的重点所在,同时告诉加思·哈德森哪首歌是要录制的。录音工作完成后鲍勃打电话给哈德森,请他帮忙录制更多的歌曲。之所以要做这件事,是因为作品需要被录制成唱片样本,由"矮人"音乐公司提供给忙于寻找合适作品的艺术家挑选。就这样,一部分在伍德斯托克创作完成的美妙而又不可思议的歌曲,经过筛选后通过电台传播给了大众。曼弗

---

① 埃尔默·福德(Elmer Fudd),一个卡通人物,是兔巴哥的主要对手。——译注

雷德·曼恩选唱了"地下室"歌曲中的最具达达主义风格的一首歌《爱斯基摩人奎因(强有力的奎因)》，这首歌成功进入音乐榜榜单前十。"伯德兹"乐队选定了《你并非无处可去》这首歌，"彼得、保罗和玛丽"演唱组则选用了《无关紧要》作为主打歌曲。与多年前翻唱歌曲《随风而逝》一样，"彼得、保罗和玛丽"演唱组在《无关紧要》的歌词部分又犯了错误。这一次演唱组富有创意地将一个人物改为了"马里奥"。"我认为演唱组对《无关紧要》的内容还是有所注意的。"保罗·斯托克说道，他对鲍勃因为这个错误而与演唱组关系日渐疏远感到非常惊讶，"按他的说法，我们成了以赚钱为目的的劣等艺术家。"

在鲍勃与外界隔绝期间，"地下室"歌曲的流行乐翻唱版本始终保证了他在大众的脑海中仍存有印象。鲍勃事实上还是在忙于工作，只是未在公众面前现身而已。有些人一直认为鲍勃是一位天才，而现在他则成为"迷人"的象征，成为隐居的天才。1967年5月，D. A. 佩尼贝克拍摄的纪录片《无需追忆》公演，这也让公众们再次想起了鲍勃的作品。虽然这部影片在美国中部广受批评，但在加利福尼亚和纽约却取得了巨大的成功。确实，这部电影的上映为新闻记者们制造了一个契机，他们得以对迪伦已取得的成就大加称赞。《纽约时报》评论家理查德·戈德斯坦非常想知道一部电影能否概括"定义了一个时代的人"，同时将鲍勃与威廉·莎士比亚进行比较。这仅仅距离《随风而逝》发行五年，《生如滚石》发行两年。但却已经有知识分子将鲍勃提升到了与传奇人物相提并论的地位。3月，《鲍勃·迪伦精选集》发行。尽管合辑仅仅收录了一首未在前一张唱片《定在第四街》中出现的歌曲，但合辑还是在唱片榜单上位列第十，充分证明了鲍勃对公众的吸引力。这也成为鲍勃职业生涯中销量最大的单张唱片，在美国的销售量达到了三百万套之多①。

事业上的成功提升了鲍勃的声誉,同时也让哥伦比亚公司充分觉察到了鲍勃的价值。1967年7月1日,副经理克莱夫·戴维斯为了能让鲍勃留在旗下,提供给他一份非常丰厚的报酬,于是鲍勃与哥伦比亚公司签订了一份为期五年的新合同。按照鲍勃1961年签订的合同条款约定,鲍勃从唱片上获得了一笔数目少得可怜的4%的版权。按照新合同条款的约定,哥伦比亚公司保证向鲍勃支付一笔200 000美元的预付款,这笔钱可在3年内付清;新唱片20%的版权税;在旧录音的收益上提高5%;同时他对自己的作品有着超越常规的掌控权。比如说,如果没有经过鲍勃的允许,哥伦比亚公司就不能重新编辑他的录音作品。戴维斯之所以认为与鲍勃达成的这一协议是值得的,其部分原因是鲍勃带给哥伦比亚唱片公司巨大的声誉。而其他的条款均是更为有利可图的条款,这样鲍勃才有可能因是哥伦比亚唱片公司旗下的歌手而为公司录制唱片。鲍勃同意在五年内录制四张新密纹唱片,第一张唱片拟定在六个月内发行。

1967年夏季,当鲍勃正在远离外界侵扰的伍德斯托克度过被称为"爱之夏"的美好时光时,"甲壳虫"乐队的唱片《军士佩珀孤独心俱乐部乐队》公开发行。迷幻药、科技手段、充满智慧的主张突然之间成为那段时间的规则,从伦敦到旧金山的每支乐队都在事业上稳步前行。"滚石"乐队创作了《魔鬼殿下的要求》。"杰斐逊

---

① 根据美国唱片工业协会的资料,《鲍勃·迪伦精选集 第11辑》(1971年)是鲍勃·迪伦销售最好的唱片,达到了五百万的销售数字。共有250万套销售量,而之所以会出现这一统计数字是因为它是双碟装。——原注

飞机"乐队①录制了《超现实主义枕头》,其中包括那首流行主打歌曲《白兔》。而鲍勃却从流行世界中脱身出来,少数人认为《军士佩珀孤独心俱乐部乐队》并不能算是杰作,鲍勃也是其中一员。鲍勃说,这张唱片"是一张受到溺爱的唱片……尽管其中收录的歌曲确实不错。但我并不认为唱片中每首歌曲都是不可多得的杰作"。鲍勃在伍德斯托克静养期间摆脱了毒品的束缚,开始支撑起一个家庭,与朋友们演奏出充满活力的、自然的音乐,同时每天还会留出一段时间阅读《圣经》和汉克·威廉姆斯的《歌谣集》。这些都对鲍勃后来推出的唱片《约翰·韦斯利·哈丁》有所影响。《约翰·韦斯利·哈丁》是鲍勃在发生事故后推出的首张唱片,同时也是他重新签约后为哥伦比亚唱片公司出版的首张唱片。"世界上的每一位艺术家都在录音室内竭尽全力尽可能地制作出音响效果最佳的唱片。"制作人博比·约翰斯顿回忆道,"那么他又会怎么做?他来到纳什维尔,告诉我他想要与一位贝斯手、一位鼓手以及一位吉他手共同录制唱片。"

在可靠而可信的鼓手肯尼·巴特瑞、贝斯手查理·麦考伊以及初次合作的夏威夷吉他手皮特·德雷克的协助下,鲍勃仅用了三次集中录音便于 1967 年秋季完成了《约翰·韦斯利·哈丁》的录制工作。"这次录音与以往不同。当然,鲍勃的嗓音就是不同的。他看起来是那么的与众不同……鲍勃第一次录制《无数金发女郎》时戴着充满野性、让人惊讶的假发,而这次他回来时却剪了

---

① "杰斐逊飞机"乐队(Jefferson Airplane),20 世纪六七十年代的美国知名摇滚乐队,由马蒂·巴林于 1965 年创立。最初阶段默默无闻,随着 1967 年第二张唱片《超现实主义枕头》的发行而受到欢迎,乐队也因此被誉为嬉皮士时代"旧金山声音"的最主要代表。之后不断经历人员更替,乐队影响力也渐趋低落。——译注

短发。他的嗓音听起来也是不同以往的……我们就在他的歌声中漫游。"录制《约翰·韦斯利·哈丁》总共花了九个小时,这相当于"甲壳虫"乐队录制一首歌的时间长度(《军士佩珀孤独心俱乐部乐队》录制了五个多月)。"我们进入录音室,就像是制作录音样本一样将整张唱片锻造完成了。"巴特瑞说,"这一录制过程似乎显得颇为粗糙。鲍勃听到录音中有错误出现时就会微微一笑,就像是在说'好家伙,真是太棒了!这正是我所期待的'。"按新合同条款规定,雇佣乐手的一半支出是从版税中支付的,所以鲍勃更愿意选用小型乐队,同时尽可能快地完成录制工作。

与录制《无数金发女郎》时不同,这一次当鲍勃抵达纳什维尔时所有新歌的歌词均已创作完成,他可以立即开始着手录音工作。查理·麦考伊将鲍勃对工作的掌控概括为"他通晓每一件事"。这些歌词与《无数金发女郎》中收录的歌曲、鲍勃和"哈克斯"乐队在伍德斯托克所演唱的歌曲完全不同,里面包含的都是一些简洁的比喻。最为非同寻常的是,《约翰·韦斯利·哈丁》中的歌曲没有一首含有合唱部分。唱片的标题以及标题歌曲都影射着得克萨斯州歹徒约翰·韦斯利·哈蒂(鲍勃意外地将他的名字错拼为"哈丁")的人生。另一首歌写的则是圣奥古斯丁。持枪歹徒与圣徒虽然表面看起来似乎风马牛不相及,但在鲍勃设想的画面中两人都是为社会所不容的人,身处生与死、真实与谎言的漩涡当中。歌曲主题以及圣经中古短语、暗喻的运用使得这张专辑带有一种《圣经》的韵味。《约翰·韦斯利·哈丁》是一张跨越时代的唱片,诺埃尔·保罗·斯托克与鲍勃的会面可以作为例证。1967年秋季,有着令人迷醉、旺盛能量的"彼得、保罗和玛丽"演唱组驱车来到伍德斯托克,向鲍勃探求生命的真谛。鲍勃听取了他们略带荒唐但后来却流传甚广的问题。斯托克说:"我谈到'甲壳虫'乐队是如何打动自己的。我喜欢他们关于爱的论调,想知道鲍勃对'甲壳虫'乐队作品风格所持的看法……他对于生命有何感受?"当斯托克停下来喘口气时,鲍勃问道:"你读过《圣经》吗?"还在歌唱事业起步时起,鲍勃便开始从《圣经》中寻找意象,他对斯托克所提问题的回答以及在《约翰·韦斯利·哈丁》收录歌曲中所表现出的特性,都清楚地显示出鲍勃在精神上正逐渐转变为虔诚的宗教信徒。他通向上帝的真理之乡的旅程是一个漫长的过程,但这些新歌则表明他在启程之初便是非常真诚的。

《沿着瞭望塔》取材于《以赛亚书》和《启示录》。6个月之后,吉米·亨德里克斯推出的一首感情灼热的歌曲即为此曲的翻唱版本,而演唱者也调动了更为充沛的热情来发出如同天启般的哭嚎声。歌曲《弗兰克·李和犹大牧师的民谣》和《亲爱的老板》也明显带有《圣经》的痕迹。后者在某些人看来可算作是向鲍勃事业上的老板艾伯特·格罗斯曼传达的讯息,尽管萨利始终坚持认为,"我们中没有人如此猜度这首歌"。

除了沉重的话题之外,唱片中也还有着轻松的内容。乡村音乐混成曲《今晚我是你的宝贝》是一首令人感到愉悦的情歌。《顺着海湾而下》的歌词中有一句"我少许的愉悦",所以很可能是献给某个女孩的歌曲。或许这首歌曲的录制不能简单地归结为巧合,因为1967年7月11日,也就是在录制前三个月,鲍勃又有了一个女儿——萨拉生下了安娜·莉。

然而就在临近唱片录制时,伍迪·格斯于10月8日逝世,这对《约翰·韦斯利·哈丁》产生了一种更趋冷静的影响。55岁的格斯最终屈服于亨廷顿舞蹈病的长期折磨。"傍晚时分,我接到鲍勃的电话询问发生了什么事。"格斯的经理人哈罗德·莱文塞尔说,"他要求如果我计划举办一场纪念音乐会,一定要通知他。"正像鲍勃所承诺的那样，从1966年夏季以来他首次出现在公众面前，参加了1968年1月20日为纪念伍迪·格斯在卡内基音乐厅举行的追悼仪式。鲍勃与其他艺术家的名字共同列在海报上，其中包括朱蒂·柯林斯、"流浪者"杰克·埃利奥特以及凭自身努力而成为民谣艺术家的阿洛·格斯。鲍勃与"哈克斯"乐队一同登上舞台，穿着西部风格的服装以及牛仔皮靴。列弗·海姆站在架子鼓后，注意到尽管格罗斯曼也出席了本场演出，但并没有与鲍勃交谈。的确，自从鲍勃经历了事故并决定终止环球演出之后，两人之间的友情便已淡了下来。鲍勃与"哈克斯"乐队唱了三首歌，这些歌曲收录在伍迪的唱片内，很少有人翻唱。他们感情投入地演唱了歌曲《我并非无家可归》。鲍勃吼叫着唱出副歌部分，似乎他真被逐出了一样。而在正歌部分鲍勃也同样充满激情，这让现场的听众深受震撼，这同时也表现出尽管他已经在田园牧歌般的家园中与世隔绝了许久，但体内仍奔腾着怒火与激情。

在卡内基音乐厅内举办了两场纪念演出，分别为日场和夜场，随后还在达科他举行过一场聚会，鲍勃也出席了。尽管鲍勃的身体已明显康复，也愿意与老友重温旧日情谊，但他仍未打算随后便重新开始巡演。"我暂时不会举办任何演唱会。"鲍勃说，"我现在还未被要求去那样做。我想花些时间到处走走，不会两者兼顾。"鲍勃此时更多的是想表达他现在已经有了一个家庭需要去照顾。然而鲍勃让人难以琢磨的性情反倒对公众产生了影响，使得他们渴望倾听他的音乐作品，《约翰·韦斯利·哈丁》比他此前任何一张唱片销售得都更快。

每天清晨，当鲍勃和玛丽亚一同步行前往位于上伯德克里夫街上的汽车站时，他偶尔会遇到邻居布鲁斯·多夫曼和他的女儿丽萨。多夫曼就住在鲍勃家前面的一栋小房子内。两个小女孩间的关系变得融洽之后,两位父亲也开始攀谈起来。多夫曼是一位画家,每天在附近的画室里忙个不停。过了一段时间,鲍勃牵着巴斯特出现在画室,这只宠物犬令人惊恐地吼叫着。"只是来做一次邻里间的走动而已。"鲍勃对多夫曼说,接着转身警告宠物犬,"闭嘴,该死!"

当时多夫曼正在绘制一幅真人大小、名为"梦中女郎"的油画,鲍勃对这一作品流露出浓厚的兴趣。两人闲聊时鲍勃注意到多夫曼对他的名声并不感兴趣,对流行音乐也知之甚少。多夫曼只是将鲍勃视为一个普通人来交往,这让鲍勃感到非常愉快。正因为这一点,当萨拉为了祝贺鲍勃 27 岁生日给他买了一盒油彩时,鲍勃便顺理成章地向多夫曼请教如何使用油彩作画。多夫曼在画室的一角支起画架,询问鲍勃想要画些什么。鲍勃拿出一本艺术类图书,里面有一张杨·维美尔[①]的《长笛少女》的复制作品。他并不想照着《长笛少女》作画,只是想按照这种风格进行创作。"你确定要由这一作品开始学画吗?"多夫曼问道,他对鲍勃的雄心勃勃感到惊讶,"我们谈论的可是一幅完美的画作!"但多夫曼还是满足了鲍勃的要求,向他演示运用油彩的基本方法。"他非常非常专注,专注得让人感到惊讶,而且被画技所吸引,生怕遗漏掉什么。"当然,鲍勃还无法像维美尔那样作画。第二天,鲍勃带着克劳德·莫奈的复制品来到画室。他收藏着一系列的艺术类书籍。"相同的任务。一个小时,一片混乱。"第三天,鲍勃带着文森特·梵·高

---

① 杨·维美尔(Jan Vermeer,1632—1675),荷兰画家。1632 年 10 月 31 日生于代尔夫特,1675 年 12 月安葬于同地。荷兰最伟大的画家之一。代表作有《花边女工》、《读信的少女》以及幅面较大的《画室》、《代尔夫特风景》等。——译注

的画册跑来了，而他还只是刚刚开始学习风景画并且取得了一定的成绩。很快一天又过去了，鲍勃这次带着马克·夏加尔①的画册出现在多夫曼面前。"这是一幅有所修饰的作品。"多夫曼回忆道，"作品非常完美，因为你能从中发现多重的形象——物体有的飞行，有的行走，时钟转动，绿色面孔的野兔，画面中应有尽有。夏加尔就是这样的绘画风格，他创造了这种结合体。"鲍勃开始尝试着在油布上作画，夏加尔的风格显然让他萌生灵感，但这些形象都源自《沿着瞭望塔》。从技术层面而言，这幅油画很是平常，但鲍勃却自得其乐。

不久，两位邻居便几乎天天都待在画室共同作画，鲍勃第一次与多夫曼建立起了亲密的友谊（鲍勃从未谈及这段友情，而多夫曼最终选择详尽地记录这段友情）。田园牧歌式的生活充分润泽了鲍勃，他得以能与邻居形成一种自然、普通的关系，这些年鲍勃在纽约和巡演期间度过了疯狂的岁月，而现在这种田园生活却治愈了他的伤痛。多夫曼是一个生性快乐、沉着、充满魅力、年龄相近的伙伴，他比鲍勃年长五岁，努力将自己感受到的趣事与鲍勃分享。而多夫曼对演艺事业毫无兴趣这一特点很可能深深地吸引住了鲍勃。此外多夫曼还是一个有头脑的人，这让鲍勃感到与他交往起来很轻松，变得异乎寻常的开朗和健谈。

正如多夫曼所说的那样，这两个朋友会谈论"地球上的每件事物"，但鲍勃特别喜欢谈论孩子们，而这恰恰是两人共有的话题。"他是一个溺爱子女的父亲。"多夫曼说，"他喜欢谈论孩子们……他们是世界上最好的。"鲍勃非常信任多夫曼，1968年春季他想要

---

① 马克·夏加尔（Marc Chagall, 1887—1985），俄国画家，现代绘画史上的伟人。——译注

办理收养玛丽亚的手续时,甚至想请多夫曼帮忙出具一份证明。作为一种回报,鲍勃写信给古德海姆基金会推荐自己的邻居,以便多夫曼能获得一笔补助金(这件事并没有成功,也许是因为鲍勃的信是以一种冷幽默的口吻撰写的,而并非引人注目的赞誉)。

鲍勃和多夫曼之间发生了很多有趣的事情,两人在一起时常常是笑声不断。当时多夫曼正在试验遥控汽车的构思,模型从画室的天花板上垂下。多夫曼与鲍勃深入探讨后,他们最终认为这个世界需要一种能超越城市结构的巨大飞行器,形状与颜色均可改变。"有手工制作的构图。"画家说,"这一概念是我提出的。鲍勃则对它进行部分完善……这些构思很可能在你身处某地时突然在脑海中闪现,但人们往往随即就止步不前了。"多夫曼了解到有位金融家愿出资实现这一计划。鲍勃声称他能找到名人支持。多夫曼笑着说:"他打算与穆罕默德·阿里以及'甲壳虫'乐队进行商谈,我们两人都在设法将这一想法付诸现实。"

他们同时也分享着各自的想法与体验。多夫曼将绘画方面的心得传授给鲍勃,鲍勃则送给邻居一件乐器作为礼物(一种名为乌得琴的中东弦乐器),同时还送给或赠给多夫曼各种书籍。多年奔忙之后,鲍勃有了少许的空闲时间进行阅读,他近乎贪婪地在书海中泛舟。当比蒂·齐默尔曼来到"嘿咯哈"时,她注意到这里已经成了一座地地道道的图书馆。鲍勃寄给多夫曼一本艾萨克·巴什维斯·辛格①创作的、博学而诙谐的民间故事集《傻瓜吉姆佩尔及其他故事》。这部作品鲍勃非常喜欢。巴什维斯·辛格的作品涉

---

① 艾萨克·巴什维斯·辛格(Isaac Bashevis Singer,1902—1991),美国作家。代表作品有《卢布林的魔术师》、《傻瓜吉姆佩尔及其他故事》、《市场街的斯宾诺莎》、《羽毛的王冠》、《短篇小说集》、《意象集》、《梅休塞拉赫之死及其他故事》等。——译注

及上帝的存在、精神的抉择以及难以解释的神秘事物,这些内容都非常贴近鲍勃的内心世界。除此之外鲍勃还阅读威廉·布莱克①的作品,他送给多夫曼装帧精美的《天真之歌》和《经验之歌》作为圣诞礼物。

鲍勃通常不会铺张浪费,但现在他能买得起想要的任何物品。他的孩子们拥有价值不菲的玩具。住所内保存有昂贵的电影编辑设备,车库里摆着台球桌。尽管博比·纽沃斯和维克托·M.梅慕迪斯有时会外出,但其他朋友也会跑来与鲍勃玩这些游戏。"如果他要下棋,我们就会一起下棋。"定期去鲍勃家做客的艾·阿罗诺维兹说,"如果他想打桌球,那么我们就会一起玩。"多夫曼注意到鲍勃的朋友们在院子里打篮球时会心甘情愿地输给他,这种阿谀奉承的做法让他感到吃惊。象征鲍勃财富与地位的还有一辆卡迪拉克豪华轿车,这款设计独特的轿车由专职司机驾驶。轿车内有一块起分割作用的玻璃屏,同时还有最精致的车载音响系统,车门上内置扬声器,在鲍勃的扶手处安装有控制仪表盘。当年"咖啡浓情"咖啡馆的主人伯纳德·帕图尔现在成了鲍勃的司机。鲍勃所拥有的财富意味着他也会做出冲动性或带有特殊性的购物。当鲍勃需要一辆交通工具托运器材时,他立刻购置了一辆格莱曼卡车。"这可不是你通常在住所附近停靠的车。"多夫曼说,"但现在鲍勃家附近就停了这么一辆车!"一段时期内这辆卡车成了鲍勃心爱的玩具。当鲍勃需要套装与萨拉一同出席某场仪式时,他就会和多夫曼一道外出采购。他们并不是驾驶着卡迪拉克豪华轿车或者是野马轿车外出,而是乘坐着这辆格莱曼卡车。从鲍勃的经济条件

---

① 威廉·布莱克(William Blake,1757—1827),19世纪英国浪漫主义诗人。代表作品有诗集《天真之歌》《经验之歌》等。早期作品简洁明快,中后期作品趋向玄妙晦涩,充满神秘色彩。——译注

来看,他完全能在曼哈顿最时尚的商店内购买最高档的服装。但他们还是会去靠近金斯顿的西尔斯·罗巴克①商店。鲍勃从清仓货柜上挑选了一件绿色府绸上装。多夫曼想知道萨拉对此会有怎样的想法,尽管出身卑微,但她的举止却像是杰奎琳·奥纳西斯②。鲍勃无论如何都要买这件衣服,除此之外还有一大包白巧克力,随后他嘴里嚼着巧克力心满意足地开车回家了。

1968年6月5日下午,待在"嘿咯哈"家中的鲍勃接到了从明尼苏达州打来的电话。通话结束后鲍勃转身问伯纳德·帕图尔现在是否能驾驶着卡迪拉克轿车外出。鲍勃拎着小手提箱,提着吉他,随后帕图尔开车将他送到纽约,搭上一架飞往明尼苏达州的飞机。鲍勃并未告诉帕图尔自己赶往明尼苏达州的原因。数日后,当鲍勃返回时帕图尔才知道究竟发生了什么事。"我此时才知道他之所以赶往明尼苏达,是因为他的父亲去世了。鲍勃从未将此事告诉过我。我认为大概除了萨拉外他没有告诉任何人。"6月5日下午鲍勃接到电话,亚伯·齐默尔曼在家中晕倒,因心脏病发作而去世,享年56岁。鲍勃收到这一重要消息后并没有告诉帕图尔,而后者当时就正与他同处一室,随后鲍勃长途驱车紧急赶到纽约,这充分显示出他独特的个性。即使在承受如此沉重的个人压力时,鲍勃仍如石头般冷漠。人们也许会认为他并无烦恼侵扰。然而事实上鲍勃受到了沉重的打击,心烦意乱,但他并不想将自己的情绪表露出来。鲍勃之所以会感到悲伤,是因为他对近年来与父亲的关系不融洽而感到歉疚。鲍勃的父母没有出席他的婚礼,

---

① 西尔斯·罗巴克是美国一家邮购公司,由理查德·西尔斯于1886年创立。——译注
② 杰奎琳·奥纳西斯,即美国前总统肯尼迪的夫人杰奎琳·肯尼迪。——译注

两位老人仅能通过新闻记者来了解那一场汽车事故。鲍勃很少住在希宾,而他的父母兄弟也很少来伍德斯托克。尽管他与家庭之间存在着隔阂,但亚伯和比蒂还是为他们的长子感到自豪。鲍勃与弟弟大卫的关系和睦,1964年他还出席了大卫的高中毕业典礼(随后大卫获得了学位,结婚,并且开始在双子城的音乐界谋生)。比蒂用鲍勃唱片的封面与海报装点地下室的娱乐间,而亚伯则通过各种杂志来了解鲍勃音乐事业的发展状态。父子之间的关系在最后几年已经开始有点好转,但现在想获得最终的和解已经太迟了。鲍勃的朋友拉里·凯甘说:"鲍勃感到心情非常沮丧。"

鲍勃在葬礼仪式中流露出自己的真情。尽管并未按照犹太葬礼的惯例瞻仰遗容,但亚伯敞开的棺椁还是摆在希宾城道赫迪殡葬馆内,以便朋友和邻居能向逝者表达敬意。在城中的犹太教堂里举行出殡仪式后,殡葬行列长途驱车前往德卢斯城,亚伯就葬在当地的犹太人墓地。悲痛的鲍勃几乎完全垮掉了,终其一生,他很少在公众面前流露出真情实感,而这是其中的一次。后来他向哈罗德·莱文塞尔坦言自己并没有真正地了解父亲。哈罗德竭力劝说鲍勃恢复对犹太教义的信仰,广泛阅读宗教图书,并且亲自前往以色列,葬礼仪式之后鲍勃便重新皈依犹太教。父亲的去世也让鲍勃与母亲之间的关系变得更为密切。丈夫去世后比蒂前往伍德斯托克,在"嘿咯哈"住了一段时间。在比蒂的余生,鲍勃始终与她保持着亲密的关系,特别是在他的孩子长大成人之后,而孩子们也与祖母一直保持着联系。

返回伍德斯托克后不久,鲍勃与他音乐界的朋友约翰·科恩、哈皮·特拉姆一同在家中接受了《引吭高歌!》杂志的专访。在专访中鲍勃谈到了一些事情,其中包括被ABC电视台否决的《销毁文件》,但他并没有提及父亲的过世,同时谈话也未曾涉及家庭生活的内容。只是当玛丽亚放学回来抱怨鞋子挤脚时,鲍勃平凡生活中的一些细节才显露出来("在学校里过得怎么样?你学到了些什么东西?哦,那很好。'我的鞋子挤脚。'哦,我们会看看能做些什么。")。在专访的剩余时间里,鲍勃只是在随意应付着记者的提问,他又恢复到那种不善与人交际的状态。鲍勃专门为刊登专访的杂志创作了一幅画作为封面,他与多夫曼在画室里共同勾画出一个坐在房里、手握吉他的男子,而另有一个人物从窗外向屋内窥探。鲍勃并未告诉多夫曼这幅画是因何而作。"当我看到这幅作品出现在《引吭高歌!》杂志上时真的感到非常吃惊。我差不多是感到苦恼……他应该对此做些解释。"

一个月后,也就是7月底,萨拉住进纽约城市医院,他们的第三个孩子即将出生。诗人迈克尔·麦克卢尔当时正陪着鲍勃。当两人坐在乡村大门俱乐部里时,迪兹·吉莱斯皮[①]走了进来。鲍勃随意地将吉莱斯皮介绍给麦克卢尔,这让诗人感到很高兴。还有足够的时间消磨,于是三人又前往古根汉姆博物馆,欣赏马克·夏加尔和奥迪·隆雷东的油画作品。"鲍勃并不喜欢欣赏隆雷东的作品。"麦克卢尔说,"他除了夏加尔的作品外对其他作品都不感兴趣。夏加尔对于他而言意义深刻。"有时鲍勃仍会模仿夏加尔的风格创作油画,虽然他的作品并不是非常成熟,但夏加尔风格中的那种朦胧特质却渗透进了鲍勃后期的歌曲创作中。

鲍勃近期在纽约格拉梅西公园附近设立了一处办公地点,以处理出版及其他商业事务。他手下最主要的雇员是娜奥米·萨尔特曼,她此前曾为"三重唱"演出事务所工作过,这家公司由艾伯

[①] 迪兹·吉莱斯皮(John Birks "Dizzy" Gillespie,1917—1993),美国著名爵士乐手,乐队队长,歌手,作曲家。——译注

特·格罗斯曼操控,而演唱会则由彼得、保罗和玛丽来承担。萨尔特曼小心谨慎地保管着鲍勃新闻剪辑簿记,同时也负责管理鲍勃部分歌曲的版权税。萨尔特曼夫妇与鲍勃夫妇之间的关系变得日渐亲密。萨拉怀孕期间都是娜奥米·萨尔特曼驾车接送鲍勃来往于医院。1968年7月30日,萨拉产下一名男婴。夫妻俩决定给这个男孩取名为塞缪尔·埃布拉姆,中间的名字是为了纪念鲍勃的先父。当萨尔特曼驾车送鲍勃前往医院看望新生儿时,鲍勃向她宣布为了庆祝孩子的出生将改掉"矮人"音乐出版公司的名字。萨尔特曼提醒鲍勃,他不能随意更改公司名称,因为格罗斯曼拥有"矮人"音乐出版公司一半的股权,而且两人之间还有一份十年的合约。显然这番话让鲍勃感到异常震惊。"他无法相信这一事实。"萨尔特曼说,"鲍勃对我说是'我创建了这家公司'。"她非常肯定地告知鲍勃这无法做到,同时也找不到相关文件来支持这一点。到了此时鲍勃才真正愤怒起来。他告诉萨尔特曼最好能找到相关文件。鲍勃早在1966年就已经签署了"矮人"音乐出版公司的各类文件,当时是大卫·布劳恩将这些文件带到了瑞典,但鲍勃却从未详细地审读过,直到现在他才了解到之前同意签署的文件究竟是些什么内容。在车中谈话后不久,鲍勃便在萨尔特曼的住所和律师大卫·布劳恩、会计师马歇尔·M. 盖尔福德进行了一番商谈。此次商谈成为鲍勃自身及其所创作歌曲摆脱格罗斯曼控制的漫长战争的开端。然而鲍勃邀请到的这几个人却表示解决问题的途径并非只有他想的那一条。布劳恩是鲍勃的律师,但他同时也是格罗斯曼的律师。鲍勃事后承认:"他是我认识的唯一一位律师。"同样,盖尔福德也为格罗斯曼工作。这些情况并未让鲍勃感到惊异,正是格罗斯曼在鲍勃需要人手准备他的纳税申报单时将他们介绍过来的。但一直到多年后鲍勃才完全了解盖尔福德与格罗斯曼之间的关系。与格罗斯曼这样一个富有心计的人相比,鲍勃在事务上显得异常天真。

就在鲍勃对两人之间的业务关系渐感忧心时,他与格罗斯曼见面的次数也越来越少。即便两人是邻居时,格罗斯曼也很少拜访"嘿咯哈"公寓。然而鲍勃与萨拉却在这里款待其他的好友。尽管鲍勃作为隐士的名声传播在外,但他有时还是喜欢交际、举办各种宴会——尤其是在感恩节期间。受邀来宾包括同样定居在伍德斯托克的简和哈皮·特拉姆夫妇、多夫曼一家以及"哈克斯"乐队的成员们。布鲁斯·多夫曼认为他在迪伦家度过的某个感恩节应该算得上一次颇为尴尬的经历了。"所有的人都在看着鲍勃。"他说,"如果他打嗝就会有人说句阿门。这真可笑。"

1968年感恩节,当佩蒂和乔治·哈里森驾车向鲍勃家驶来时,鲍勃正在多夫曼的画室里作画。鲍勃放下画笔兴奋地问多夫曼:"你不过去吗?"

"哦,鲍勃,我有工作要做。你先去。"鲍勃离开时,多夫曼似乎觉得自己对如此尊贵的客人毫无兴趣的举动激怒了鲍勃。

这一年的感恩节宴会因为非常滑稽的作家梅森·哈芬博格的到来而变得充满生气。哈芬博格突然醉醺醺地说:"我希望所有的男孩儿站在一边,所有的女孩儿站在另一边。第一对脱掉衣服并做爱的人将获胜。"鲍勃和乔治·哈里森共同创作了歌曲《我曾拥有你》。两人一同演奏歌曲,并摆出造型拍照。之后哈里森夫妇继续旅行,而鲍勃一连数日都没有去画室。最后萨拉打电话对多夫曼说,鲍勃为那天自己突然离开跑去与哈里森夫妇会面的无理举动感到歉疚。她说鲍勃此时正进退两难,不知道该如何去说明。多夫曼说自己会忘掉不愉快的一幕。随后鲍勃又打来了电话。"你来我这里做客好吗?"鲍勃笨拙地问道,就像是小孩子想与友人重聚一样。他不久便再次出现在画室,嘴里嘟囔着"这并不是那么急迫的拜访"。在多夫曼看来,这段插曲表明藏身表象之后的鲍勃真的是非常敏感的人,如果他的举动对他人造成某种程度上的伤害,那么他就会很长一段时间不断地责备自己。"如果鲍勃做某件事时没有经过深思熟虑,他就会感到很糟糕。"

尽管《销毁文件》拍出来后反应平淡,但鲍勃并未丧失对电影的热爱。20世纪60年代末期,鲍勃受邀为电影创作歌曲。奥托·普雷明格①希望鲍勃为情节剧《珍妮·穆恩,对我说你爱我》创作插曲,并且安排在位于曼哈顿的家中放映。这部影片情节低俗,但鲍勃还是答应普雷明格当晚与萨拉一同前往观看。他希望普雷明格的管家能为他们提供正餐,同时更希望这位导演不出现在现场。普雷明格以这是在他家而拒绝了鲍勃的要求。他并不想腾出地方来让鲍勃款待他的妻子萨拉。尽管如此,普雷明格最终还是极不情愿地同意了。鲍勃后来承认,他根本不打算再次观看这部电影。他只是想带着萨拉参观普雷明格的住所,因为这栋建筑物内有一些非常有趣的设计,他们可以加以借鉴,融入自己的居室设计中去。最终皮特·西格取代鲍勃接受了普雷明格的委托,为普雷明格的情节剧创作了插曲。

更引人注意的是鲍勃受邀为《午夜牛仔》创作了一首配乐。鲍勃虽然完成了歌曲《躺下,女士,躺下》的创作,但却并没有按时完成,于是导演约翰·施莱辛格②另外选用了佛瑞德·尼尔的歌曲

---

① 奥托·普雷明格(Otto Ludwig Preminger,1905—1986),奥地利出生的美国电影导演,在五十年的职业生涯中制作了三十五部电影。——译注
② 约翰·施莱辛格(John Richard Schlesinger,1926—2003),英国电影导演,舞台指导。——译注

《每个人的可爱》。但《躺下，女士，躺下》这首歌在鲍勃随后推出的唱片《纳什维尔地平线》中显得非常突出，《纳什维尔地平线》于1969年2月在纳什维尔录制完成。

《躺下，女士，躺下》中之所以会有那段与众不同的音效纯属偶然，当时鼓手肯尼·巴特瑞问鲍勃，在进入鼓声部分时想要获得怎样的效果。"手鼓。"鲍勃眼神恍惚地回答。巴特瑞又问了制作人鲍勃·约翰斯顿，结果得到了同样古怪的回答——建议他敲击牛铃。这些暗示显然是异常荒谬的，于是巴特瑞找来了破旧的牛铃和手鼓，看上去就像是从提华纳带回的纪念品，鼓面上插着图钉（他曾在鼓面下擦着打火机，以便鼓面绷紧，发出特定的音调）。年轻的克瑞斯·克瑞斯托芬当时正担任画室看门人，巴特瑞请克瑞斯托芬拿着手鼓和牛铃站在他的套鼓旁准备。录音讯号亮起时，鼓手仍未想好，于是便即兴用手鼓和牛铃敲击出一种富有特色的音效，敲击声与风琴声、皮特·德雷克的夏威夷吉他乐声完美融合。鲍勃走近麦克风，美妙的歌词随着音乐缓缓唱出。《躺下，女士，躺下》听起来与鲍勃以往录制的歌曲完全不同。他的歌声非常圆润，就像是低声吟唱者发出的。歌词直白，与《啦啦啦》毫无差别。如果按照鲍勃以往行事的风格，这首歌很可能就被埋没掉了。但克莱夫·戴维斯意识到鲍勃录制了一首经典歌曲，坚持将它作为单曲发行。"我向他请求，甚至和他争辩起来，让他别那样做。"鲍勃说，他一直都不喜欢这首歌，或者从未认为这首歌能被视为他的代表作。最终戴维斯获得了胜利，1969年夏季这首歌成为重要的打榜歌曲，飙升至排行榜第七位，同时在前四十名榜单中停留了十一周之久。鲍勃在这段时期完成了对自己音乐风格的超越，歌曲获得了热播。

约翰尼·卡什当时正巧也在纳什维尔同一间音乐室录制唱

片。朋友们一时兴起,决定一同录制唱片。"我把麦克风、凳子、录音带和每件东西都摆放好。"约翰斯顿说,"他们彼此对视……随即拿起吉他开始演奏。"他们大约录制了18首歌,大部分都是亲手弹奏吉他配乐,卡什乐队中的成员也加入其中。鲍勃·约翰斯顿大声地对乐手们提出要求。"过了约两个小时后迪伦说,'全部工作完成了'。"约翰斯顿说。只有一首歌正式发行,那就是《来自北国的女孩》的雷格泰姆版本,这首歌成为《纳什维尔地平线》的首曲。除了雷格泰姆版本的《来自北国的女孩》和《躺下,女士,躺下》之外,唱片中还有两首歌值得人们关注:《弃之而去》和《今夜我将与你同在》。其他的六首歌都是短小、虚幻的片断,包括一段器乐演奏和空灵的《佩姬之日》。《纳什维尔地平线》于1969年4月公开发行,评论家们想当然地认为部分歌词显得有些浅薄,这很大程度上是因为这位激进艺术家转变为乡村艺术家的表象所造成的。事实上,鲍勃此前与音乐家们共同在纳什维尔录制的两张唱片都有着高瞻远瞩的意境。同样,尽管《纳什维尔地平线》在纽约评论家们听来像是来自广大的乡村以及西部地区的音乐,唱片的扉页却会让人得出这样的结论:"它并不是遵循南部风格创作出来的。""按照纳什维尔的衡量标准,我无法将这张唱片称为乡村音乐唱片。"查理·麦考伊说,"但它也不是流行音乐、布鲁斯音乐、摇滚乐或其他什么类型的音乐。唱片听起来有一种民谣的感觉。"这场争论对公众的影响微乎其微。唱片在美国榜单上升至第三位,在英国榜单上名列首位。唱片中的部分歌曲经受住了时间的考验。《弃之而去》在1976年成为一首充满感染力的演唱会保留歌曲,而2000年鲍勃则充满热情地演唱了《乡村派》这首歌。

《纳什维尔地平线》中的新歌由鲍勃组建的公司负责发行,这家公司与艾伯特·格罗斯曼毫无关系,是鲍勃为摆脱格罗斯曼的控制而做出的部分努力。按照大卫·布劳恩对20世纪80年代迪伦与格罗斯曼之间所发生的法律战争的解释,"辽阔天空"音乐公司的创立"带有几分舒缓作用",鲍勃逐渐看清了经纪人的真实面目,创建公司的举动只是让自己感到满足。按照协议条款的规定,"辽阔天空"音乐公司较"矮人"音乐公司拥有更大的优先权,新歌都归在它的名下,鲍勃的事务所将负责相关的经营业务。尽管如此,格罗斯曼仍分享"辽阔天空"音乐公司唱片发行利润的一半,这与"矮人"音乐公司的约定条款相同。从本质上讲,这一交易在给予鲍勃享有权利出具文件证明的同时,也让他的经纪人如往常一样获取版权收益。就像布劳恩后来评论的那样,"这一情况并没有持续太久"。总而言之,只要格罗斯曼尚未完全从鲍勃的生活中消失,那么鲍勃就不会真正感到满意。但格罗斯曼的消失还要等到几年之后。在此期间鲍勃又创立了其他的出版公司,以使自己日渐独立。

《纳什维尔地平线》在商业运作上的成功让鲍勃倍受鼓舞。两个月之后,也就是1969年4月末,当他返回纳什维尔时随身带着成捆的歌集。"他说,'你认为用其他歌曲制作一张唱片如何?'"鲍勃·约翰斯顿回忆道。他对鲍勃说,如果连鲍勃都无法完成这件事,那么更没有其他人有能力完成。录制工作花的时间要比预期的长。《自画像》收录的歌曲分别在纳什维尔和纽约两地录制,众多音乐人参与其中,一共花了十一个月的时间,唱片直到1970年春才最终录制完成。鲍勃的核心创作团队由来自纳什维尔当地的音乐人组成,他们在早期录制工作中协同合作。新增加的音乐人包括小佛瑞德·卡特和查理·丹尼尔斯。录制完成的歌曲包括《但愿是我》和《我所遗忘的要比你所知晓的更多》等,流行的曲调似乎与鲍勃以往的作品毫无关联。鲍勃此前就表现得毫无拘泥,对任何动听的歌曲都流露出十足的兴趣。"可以说他真的很喜欢这些歌曲。"丹尼尔斯说,他不认为录音工作有丝毫"玩笑"的意味,但鲍勃后来却宣称那只是个"玩笑","我想,他是想做些能流传久远的作品吧。"唱片中也收录了一首原创歌曲《布鲁斯经历》,但这首歌听起来油腔滑调,根本就不像是迪伦风格的歌曲。

在十一个月的录制过程中,完成了《自画像》收录歌曲的录音配带工作,将编曲、号角声和背景音乐融入其中。这虽然只是部分的修饰,但对鲍勃的唱片而言却是空前的工作,1970年6月唱片的最终推出震撼了整个评论界。评论家们主要是被当代最伟大的歌曲创作人翻唱乡巴佬歌曲的举动搞蒙了。而在此期间,鲍勃身上还发生了一些较为隐蔽的事。此时鲍勃与格罗斯曼之间的关系已经非常糟糕,以至于后者甚至都没有参与鲍勃的录制工作。"这也无妨。"鲍勃说,"他的出现会让我感到很不舒服。"鲍勃知道格罗斯曼将获得"辽阔天空"音乐公司新歌发行的一半收益。而通过翻唱其他歌手的创作歌曲,例如《我所遗忘的要比你所知晓的更多》,鲍勃就能拒绝支付给格罗斯曼出版收益了。

除此之外还有另外一个原因。唱片中几首歌与鲍勃心目中的音乐英雄之一埃尔维斯·普雷斯利有些关联,这其中包括《蓝月亮》和《无法不爱你》。鲍勃请来录制《自画像》的大多数音乐家都是曾为普雷斯利录音的老手。普雷斯利每次录制唱片,鲍勃·摩尔都会担任贝斯演奏,这一合作超过十年之久。德洛利斯·艾京和米莉·科克汉姆则担任伴唱。然而与鲍勃合作是一件很困难的事。"他带有几分无知。"艾京说,"性情非常古怪,还有几分土气。"通过与这些人的合作,鲍勃获得了一种他所钟爱的音乐传统的气息。

迪伦和普雷斯利对彼此的成就相互尊重。1966年在一场美国无线电公司的节目中,普雷斯利演唱了鲍勃的歌曲《明天太遥远》。而鲍勃也一直很钦佩普雷斯利在太阳音乐公司发行的作品。鲍勃·约翰斯顿认识两位艺术家,所以在发现鲍勃创作了一首可由普雷斯利演唱的歌曲时(约翰斯顿准确地记得这件事发生的时间,应该就在那一段时间内),他试着为这两位艺术家安排了一次会面。"我设法让他们能一同录制唱片。我想迪伦会立刻将这一计划付诸实施。"他说。但普雷斯利的经纪人康罗耐尔·汤姆·帕克却未予同意,反对的原因不明。

鲍勃也曾尝试与另外一位音乐英雄杰瑞·李·刘易斯进行合作。刘易斯在纳什维尔录音时,鲍勃正好也在该城制作唱片,约翰斯顿带着他前往录音室与这位风暴般的摇滚歌手会面。"杰瑞·李,这是鲍勃·迪伦。"鲍勃·约翰斯顿说着为两人做了介绍。

"那又怎么样?"

"伙计,也许我们能在某个时间一起合作做点东西?"鲍勃很有礼貌地提出建议。

"不!"杰瑞·李大声喊道,鲍勃与约翰斯顿离开时他狂怒地敲击着钢琴。

在所有以南方为基地的音乐明星中,与鲍勃关系最亲密的是约翰尼·卡什。鲍勃与卡什之间友情的一个明证,就是他克服了对电视节目的深深反感,在卡什主持的 ABC 电视秀首秀上露面,这一节目是 1969 年的 5 月 1 日在纳什维尔的莱曼礼堂现场录制完成的,此地是知名节目"大奥普里"的主办地。"鲍勃参与此类节目时感到很害羞。"音乐指导比尔·沃克说,"他之所以那么羞涩是因为节目都是现场录制的。"当时的主流明星都普遍轻视电视节目。"电视节目总被认为是土里土气的。"在节目开始之前,鲍勃与同为嘉宾艺术家、移居美国路易斯安那州的法裔小提琴演奏家道格·克肖①闲聊了一会儿。在舞台上,人称"愤怒的法人后裔"的道格·克肖穿着一件爱德华七世风格的天鹅绒外套。鲍勃试穿了一件天鹅绒外套,显然是想穿着这套服装上节目,但最后选了一件简单的暗色夹克,这使得他的脸庞看起来非常苍白。事实上,鲍勃感到非常恐慌。录音室内的听众都是由卡什的崇拜者组成,而且鲍勃不能犯任何错误,因为这场节目就在当晚播出。除此之外,莱曼礼堂是一个小型的剧场,狭小的空间被电视器材、观众以及音乐家们所充斥,有一种沉重的压抑感。这更是让人压力倍增。"我想,鲍勃最初认为自己能应付得过来。但这是(自格斯追悼歌会之后)鲍勃所经历的第一场现场演出。"在后面打鼓的肯尼·巴特瑞说,"他在一定程度上是一个遁世者。"当红灯亮起时,鲍勃转过身用祈求的眼神望着乐队。"我还未曾看过有谁那么的恐慌。"巴特瑞补充说,"他就像是一个在业余歌手演唱会上受到惊吓的小孩,正打算从台上跑下去找妈妈。"他们演唱了三首歌曲,卡什和他一同演唱了鲍勃的《来自北国的女孩》。尽管鲍勃感到很不自在,但这档节目对卡什来说却是一次巨大的成功,成为一档长期受欢迎的节目。而这档节目对《纳什维尔地平线》的销售也起到了推波助澜的效果。

事实上鲍勃隐居伍德斯托克一事受到了新闻界的广泛报道,而他作为一位遁世者的声誉也在公众的想象中固定成形,歌迷们都想将他找寻出来。幸运的是,当地人为鲍勃一家提供了非常多的保护。鲍勃和萨拉并没有对当地人提出过要求,但这些当地人

---

① 道格·克肖(Doug Kershaw, 1936—),美国小提琴家,歌曲创作人。——译注

却对他们的地址守口如瓶。然而,数量众多的铁杆歌迷还是毫无困难地发现,鲍勃就住在距离伍德斯托克市中心步行不远的一栋大型木结构楼房中,他们开始步行前往"嘿咯哈"。这成了一件麻烦事,随后还引发了一系列的问题。歌迷们爬上树,想看到住所内部的情况。一天鲍勃甚至发现有一群嬉皮士兴致勃勃地在他的游泳池里戏水。一些年轻人半夜跑到房子附近尖叫,就像是在向鲍勃发起挑战。鲍勃驾车外出发现歌迷们开着车尾随其后。当鲍勃与歌迷迎面相遇时,他表现得非常有礼貌,但态度却很坚决。"他一直想要让人们知道,他有私人的生活,这并非是在音乐会大厅,这是他的居所,而不是演出场所。"当时在房子附近帮忙解决问题的伯纳德·帕图尔说。

当鲍勃接到友好的电话,提醒他歌迷要闯入"嘿咯哈"时,他就会设法将他们拦截住。有时他会把布鲁斯·多夫曼喊过来做伴。多夫曼说:"我们沿着路走,一直到面对面地遇见闯上这条路的人为止。"通常是鲍勃与之对峙。"他会走到那个人面前说,'你知道,你真的不应该做这件事。你对你正在做的事情是怎么想的?'他说的这些话会让来人消除敌意,变得窘迫不安。"有时候歌迷并不是那么容易阻止的,他们会继续闯进住所,甚至闯进屋内。有一次鲍勃打电话给多夫曼,让他尽快赶来。他们一同检查了"嘿咯哈"里的多个房间。最后他们来到了鲍勃与萨拉的卧室。床上躺着一对嬉皮士,很明显他们刚做完爱。

"你们在做什么?"鲍勃带着难以置信的冷静问道。

"我们这就离开。"他们一边回答,一边穿上外套。

地区警方长官比尔·沃特瑞斯接到电话后火速赶到"嘿咯哈",发现现场还有"另外一个怪人"正坐在鲍勃的卧室内。他正在朗读诗歌。令人感到惊讶的是,鲍勃似乎看到了富有喜剧效果的一面。"他的脸上面带微笑,"沃特瑞斯说。

发生的事件中有些是带有危险性的。有个年轻人一个月内三次闯入鲍勃的住所。前伍德斯托克治安官查理·沃尔文说:"第一次他设法破门而入。"鲍勃并不想控告他,于是沃尔文以侵入罪警告了他。不久之后,还是这个人再次闯入了鲍勃的住所。沃尔文说:"我想,鲍勃没有谨慎小心地把门锁好。"鲍勃这次又没有控告他。沃尔文将入侵者带到了28号公路,向他指明前往纽约的路。第三次,鲍勃和萨拉发觉仍是这个人在窥视他们。"这一次鲍勃签署了控告信,以便我们逮捕他。"沃尔文说,"他并没有恐吓迪伦,但他当时正在卧室。"这一入侵者受到侵入罪名的控告之后,他的律师将两支来复枪交给了警方。"他们将这名入侵者送去做精神测试。"沃尔文说,"之后我所知道的就是他被关进了一家精神病医院。"这些令人恐惧的事件并未向媒体公开。伍德斯托克警局中的一些警员很喜欢鲍勃,想为他保守秘密。同时鲍勃在保护自己方面也有着一定的尺度。他搞来一支来复枪放在前门附近。按多夫曼的说法,鲍勃提到这支枪时总是称之为"了不起的武器"。

鲍勃之所以全家搬离"嘿咯哈",相当程度上就是因为这些入侵者。1969年5月,鲍勃举家迁至一栋有着12个房间的工艺美术运动区公寓,这栋公寓位于城市的另一侧,在高高的噢哈呦山脉大道上。沃尔特·威尔住所是一处占地39英亩的私人领地,临近公路被一块草坪构成的高台隔离开来,从草坪上可以看到哈德森河。住所建有一个游泳池,鲍勃将其扩大了。他还建了一个篮球场,而且就像《躺下,女士,躺下》歌中唱道的那样,主卧室里摆上了一张"巨大的铜床"。这栋房产是以达瓦兹公司的名义购买的,而达瓦兹公司背后的隐秘投资人正是鲍勃。

为了能确保噢哈呦山脉大道居所的隐秘性,鲍勃另外还买下了周边83英亩的林地,这样一来他便拥有了一大片领地。鲍勃还想购买车道末端的一栋小村舍作为门房。但建筑物的主人拒绝将这处房产出售,这位房主叫丹妮亚·比赫,她建起了一所宠物动物园,其中包括一头毛驴。这些宠物会跑进鲍勃的厨房寻觅食物。一天晚上,鲍勃、萨拉与比赫站在露台上商谈,比赫注意到他们的一个孩子正在神情漠然地朝着她的花园撒尿。"他们望着花园说'哦,真不错',突然这个孩子直接就从裤子里往外撒尿,虽然只是撒了一点点,但却没有一个人说话。迪伦一直继续往前走,就像什么事情都没发生一样。"比赫说,这件事把她逗乐了,"这种态度真的很怪异。"除去这件事情,迪伦的孩子们的成长过程都是很健康的。实际上鲍勃和萨拉都是相当严厉的父母,他们成功地将孩子们培养成具有非凡适应能力的人,而通常情况下,家长异乎常人的声名往往很容易成为孩子们的沉重负担。

在伍德斯托克那段化茧的时期内,"哈克斯"乐队凭借自身的能力,从鲍勃的伴唱乐队转变成了一支主流录音团队。多年来他们一直都只是鲍勃的伴奏乐队,但是现在他们拥有了经纪人艾伯特·格罗斯曼,与"国会大厦"唱片公司签订了一份录音合同,成为"邦德"乐队。他们所创作的歌曲由"矮人"音乐公司发行,这意味着鲍勃能从他们的作品中获得一部分分红。这项交易可以说是鲍勃较好的生意之一,此后多年他都从中获利。

乐队的首张唱片《"大石竹花"音乐》是他们在与鲍勃的合作过程中孕育而生的。迪伦创作了唱片中那些突出曲目中的一首,《我将获解脱》就是在唱片的录制过程中完成的。这是鲍勃最为著名的创作歌曲之一,然而乐队所发行的这一版本要比鲍勃后来收录到自己唱片中的那个版本早。鲍勃还合作创作了唱片中另外两首突出的曲目《狂怒之泪》和《火轮》。这张唱片的封面选用了鲍勃的一幅油画作品。很明显,这幅作品受到了夏加尔的影响。鲍勃的另外一项贡献是在唱片中演奏乐曲。而最后的贡献则是他委婉的拒绝。列弗·海姆是乐队中感到不应过分依赖于他们这位著名的朋友的成员之一:"我们不想一直都拽着他的衬衣下摆。"除掉鲍勃的影响之外,《"大石竹花"音乐》这张唱片消除了可能出现的不利后果,同时也避免了乐队成员的个性过于凸显。在非迪伦创作的歌曲中,罗比·罗伯森创作了四首,其中包括《重量》这首注定会成为经典的歌曲(1994年《重量》这首歌被用于健怡可乐的商业推广,鲍勃因与乐队成员分享收益,获得了超过500 000美元的报酬)。音乐家们的才能是出众的,歌曲充满真情实感,他们的歌声营造出了多层的音乐声效,有着超出寻常的独特性。在麻醉剂流行的那个年代里,《"大石竹花"音乐》清新而谦逊,获得了评论家们的高度评价。如果乐队能完成巡演,那么唱片的销售将会更火,但里克·丹柯因为汽车事故撞断了脖子,不得不退出一段时间进行手术治疗。里克·丹柯说:"我必须康复,我想让格罗斯曼告知所有人我遭遇了一场车祸,因此我们才没有展开巡演。"事实上,乐队没有完成巡演的真正原因是此次长途旅行在团体中形成了一种神秘性。"你知道,如果人们没有拥有他们所希望拥有的,那么当他们真正想要拥有时……这就有一些被称之为神秘性的东西了。这就是为什么鲍勃是一个好的、有影响的人的原因,"丹柯说。

随着公众对富有传奇性的"地下室卡带"的兴趣日渐浓厚,乐队的声誉也日渐提高。影响力不断扩大的《滚石》杂志发行人简·温纳①在1968年6月22日头版回顾了这些录音带,大字标题就是"迪伦的地下室卡带应该发行"。当时,哥伦比亚唱片公司并没有进行正式的发行,但一张双碟盗版唱片《伟大的白人天才》很快便被炮制出来。这张唱片由一些迪伦活跃在狄克町时创作的歌曲组成,有些歌曲则是在伍德斯托克与"邦德"乐队一同录制完成的。当时加思·哈德森将唱片拷贝分给多位好友,同时也给鲍勃的事务所送了一批,以便事务所与其他歌手接洽,挑选翻唱的歌曲。某些地方所制作的违法拷贝会被转交给走私贩,这些人加工盗版的唱片制品。不久之前,《伟大的白人天才》就公然在诸如好莱坞幻象超级市场这样的商店内销售。最初的走私贩是几个加利福尼亚嬉皮士,1969年他们对《滚石》杂志坦白了这一点。"鲍勃·迪伦是一位重量级的天才。"其中的一个人(为了区别于他人,暂且称其为帕提克)说,"他创作出了其他人从未听闻过的歌曲。我们想,应该毅然决然地将这些歌曲加以利用。"官方开始意识到公众对这些音乐作品的渴望,数年之后,也就是在1975年,哥伦比亚唱片公司对"大石竹花"(还有一些原带配音)所录制的音乐制品进行了挑选,汇总后发行了一张名为"地下室卡带"的选集。这张唱片从最初策划到最终从正式渠道发行花了很多年,而这也再次引发了迪伦与格罗斯曼之间的不和。《地下室卡带》所收录的歌曲创作时间正处于鲍勃与格罗斯曼的合作行将结束时,格罗斯曼要求获得50%的收益,但因为唱片发行时间延迟,鲍勃剥夺了经纪人格罗斯曼的这笔收益。完整的"地下室卡带"——也就是所谓的《真正的地下室卡带》是一张令人吃惊的盗版制品,其中收录了迪

---

① 简·温纳(Jann Wenner,1946—),半月刊《滚石》杂志的创始人之一,音乐制作人。——译注

伦与乐队的161首歌曲录音。材料多得可以制作完成一箱子的唱片。这一直都是鲍勃职业生涯中的隐秘杰作之一,只有在黑市上才能找到这种完整的唱片。

鲍勃职业生涯中颇为独特的一个方面就是,他是美国遭受盗版数量最多的艺术家(尽管并非是合法音像制品市场上唱片销量最好的艺术家之一)[①]。他那些热情的歌迷如此渴望能获得他的作品,以至于就连录音时未曾收入唱片的歌曲、排演以及他所做的每一次音乐会演出的录音制品歌迷们都希望能获得。《伟大的白人天才》是出现在美国的第一份重要的鲍勃·迪伦盗版制品。这不仅因为《滚石》杂志高调回顾了迪伦的演唱成就,也因为电台播放了这张唱片。托尼·格拉夫当时正在一家电台工作,让他感到惊愕的是,这张唱片包含了他所拥有的鲍勃·迪伦成名之前在狄克町时期的创作作品。"这是我所看到的第一张盗版制品。"他说,"其中所包含的材料包括了乐队的作品以及诸如此类的作品。其中有些原声歌曲及主题曲都很熟悉……我的机器上有一个暂停键,当鲍勃为演奏做准备时我就会按下暂停键,所以在开始部分有'咔咔咔咔'的声响。我注意到了这一声响,于是我说,'这是我制作的录音带。究竟发生了什么事?'"格拉夫发现他制作的录音带的一份配音拷贝(标识为"迪伦/明尼阿波利斯")已经被人从他狄克町的朋友保罗·纳尔逊的家中偷走了。

《伟大的白人天才》的出现引发了非法制作迪伦产品制品的雪崩,而鲍勃和他的律师们却无法制止这一行为,即便他们多年来发出了无数次的诉讼请求。盗版制品的特性使其几乎可以压制住任

[①] 根据美国唱片业协会高级主管于1998年一件迪伦也介入其中的法律诉讼案中的陈述。——原注

何一个有责任感的人,而且即便一种违法音像制品被从一家超市中撤下,那么它总还是会在更换名称后出现在另外一家超市的货架上。这一情况让鲍勃愤怒异常,他在1985年的一场访谈中公开指责盗版是"无耻"的,同时他补充说,在这种剥削行为的作用下,像他这样的艺术家对他们的作品抱有如此偏执的态度也就不足为奇了。

1969年夏季,鲍勃和萨拉在纽约的火岛度假,租住了临近戴维斯公园渡口的月桂沙丘上的一栋海滨住所。邻居包括音乐学者大卫·阿姆拉姆,他大多数时间都和鲍勃待在一起。保罗·西蒙①前来拜访鲍勃,并且与他一同演奏音乐。鲍勃的母亲也来这里小住。鲍勃充分享受到了海滨的乐趣,于是就在长岛的东汉普顿不远处购买了一栋房屋,并且与萨拉和他们的孩子们一起时常在那里度过盛夏。"他喜欢骑自行车,有时他会跑到我们家里来做客。"居住在东汉普顿的汤姆·帕克斯顿说,"我所记得的与之相关的一件事是,他停在我的房前,拿着一张克兰西兄弟的唱片说,'我们来听听这张唱片吧。我已经很久没有听他们的歌了'。"这就是鲍勃1975年创作的歌曲《萨拉》中所提及的那种快乐的家庭假日。

1969年8月,鲍勃返回希宾城参加10周年高中聚会。校友卢克·迪瓦茨说:"我和他信口攀谈着,我想每个人都为他感到高兴。"埃克·哈尔斯多姆站着与鲍勃交谈,递过聚会册请他签名。"他转过身对萨拉说,'这是埃克'。我和她打了声招呼,之所以这

---

① 保罗·西蒙(Paul Simon,1941—),美国著名歌手、歌曲创作人,1965年起作为"西蒙和加芬克尔"演唱组成员而出名。在这一阶段,西蒙创作了大部分的曲目,其中包括三首占据排行榜榜首的单曲。20世纪70年代开始独立演出,且更受听众欢迎。——译注

样是因为人们都在拼命挤过来靠近他,"埃克回忆道,"我听说,后来有人竭力想要挑起与他之间的争斗。"鲍勃带着萨拉去看望位于第七大街2425号的少年时代居所。比蒂12月就已将这栋房产售出,随后迁居明尼阿波利斯。新的房主是一对年轻夫妇——安吉尔和特里·马鲁特,他们同时也购进了比蒂的一些旧家具。正因如此,住所看起来几乎与鲍勃孩童时完全一样。鲍勃还抽出时间与明尼阿波利斯的老朋友们碰面,组成一支名为"图表破坏者"的乐队,并在明尼阿波利斯圣克莱门斯举办的几场晚会中演出。每位成员都有一个假名字,鲍勃的假名是杰克·史密斯。

到20世纪60年代末期,艾伯特·格罗斯曼已成为音乐界多位流行艺术家的经纪人。除迪伦之外,他还管理着"哈克斯"乐队、"电旗"乐队[①]以及甄妮丝·裘普林[②]等著名音乐人。格罗斯曼旗下的一部分乐手就住在伍德斯托克,而其他的乐手则频繁来访。从纽约可乘坐公共汽车方便地抵达伍德斯托克,嬉皮士们开始如潮水般涌进这座城市,他们聚集在村落广场上,或是演奏吉他,或是敲鼓,一直闹到深夜,以这种行为来表达与他们心目中的英雄们的亲近之意。当然,现实世界中的明星是难以捉摸的,而鲍勃·迪伦尤其是这样。甚至就连和萨拉入城时——例如驾车陪她前往维克托·巴兹尔的美发沙龙——鲍勃也是待在车子里等着萨拉回家。

---

① "电旗"乐队(Electric Flag),一支布鲁斯摇滚灵歌乐队,由吉他手迈克·布鲁姆菲尔德于1967年创立。——译注

② 甄妮丝·裘普林(Janis Joplin,1943—1970),美国歌手、创作人,在20世纪60年代末期成为流行音乐界的领军人物。2004年,她被《滚石》杂志评选为百位伟大艺术家中的第四十六名。——译注

与这座城市相关的一件盛事是,一群以伍德斯托克公司的名义开展贸易活动的商人决定依托伍德斯托克的盛名,举办一场音乐节活动。自从 1967 年首次蒙特利尔游行音乐节获得成功之后,举办音乐节逐渐演变成为疯狂的浪潮,更重要的是音乐节还为获取高额利润创造了机会。这种一窝蜂的仓促行为所造成的结果就是组织不力,活动安排草率。伍德斯托克的居民已经读过有关近期加利福尼亚、科罗拉多两大音乐节中出现暴力事件、滥用麻醉品以及破坏艺术品行为等令人担忧的报道。因此通常被称为"伍德斯托克音乐节"("和平与爱的三日盛会")的伍德斯托克音乐与艺术节被挪到沃尔基城举办,随后又迁到更远的、临近贝索尔的马克斯·雅斯格牧场。虽然雅斯格牧场距伍德斯托克有 60 英里远,但该项盛事还是被冠以"伍德斯托克音乐节"之名。音乐节距离伍德斯托克城很远,以至于地区警方长官比尔·沃特瑞斯承认他并不知晓贝索尔的确切位置。尽管如此,他还是对那些途经伍德斯托克前往音乐节的嬉皮士们进行了妥善安排。这座城市的麻醉品销售锐增,从大麻到海洛因都是如此。"每个人都在谈论着海特-阿胥布瑞[①],我们则会习惯地说,他们所说的地狱是怎样的情形?而现在这里则更糟。"沃特瑞斯说,"不久这地方就变得异常野蛮,我们不得不将服用麻醉品的人们关起来。"

一天,正当两人作画时,布鲁斯·多夫曼问鲍勃,他将在音乐节中的哪场活动显身。

"我不会去的,"鲍勃说。

"他们所有人都会排着队等着看你的演出。他们期待着你能

[①] 海特-阿胥布瑞(Haight-Ashbury),加利福尼亚州旧金山的一个地区,以 20 世纪 60 年代嬉皮士运动的中心而闻名。——译注

现身。"

鲍勃回答说，人们的期待与现实并不总是一回事。

想要过正常生活的愿望变得难以达成，鲍勃感到颇为愤懑。他已经被歌迷"赶"出了伯德克里夫。现在在噢哈呦山脉大道也发生了相同的情况，其中还包括一场破坏行动。"伍德斯托克音乐节……整个就是胡说八道，"鲍勃抱怨道，"伍德斯托克城以及整个音乐节似乎都与我存在某种联系。我们几乎被压抑得难以呼吸。我无法为自己以及家庭获得任何的空间。"嬉皮士世界将鲍勃奉为领袖，而这与鲍勃实际的生活方式乃至与他的文化观点并不一致。尽管鲍勃能在他的音乐领域内变得充满野性，甚至是无法无天，但在个人生活的舞台上他却是一个安静、守法的居家男人。在某些方面他相当的传统：他彬彬有礼，谈吐优雅，并且期望他自己的子女也能如此。他显然对萨拉忠贞不渝，而且他没有卷入任何一桩诽谤性的或者无耻的摇滚巨星的劣迹中去。在鲍勃的住所或是狂欢派对中都没有发生突击搜查毒品的现象。他是一位好邻居，与地区警方关系良好。鲍勃的老朋友威维·格雷成为嬉皮士中的标志性人物（他是伍德斯托克音乐节中各项仪式的主持者之一），他说，他从不认为鲍勃属于一个由念珠、扎染T恤和卫生香组成的嬉皮士世界。"在我看来，鲍勃是一座神圣的喷泉。而这正是嬉皮士们与之起反应的原因所在，"威维·格雷评论道，"我从不认为鲍勃曾经是嬉皮士，鲍勃自己也从未说过自己是嬉皮士，而且他一直还颇为厌恶嬉皮士。"

对于鲍勃而言，还有一个更为适合的理由让他不必在伍德斯托克音乐节上演出：他获得了一个更好的演出机会。雷·福尔克和他的兄弟罗恩这两个年轻人想在远离英国南部海岸的怀特岛举办一场音乐节。与众星云集、毫无报酬的伍德斯托克音乐节不同，福尔克兄弟筹划的音乐节是围绕一名巨星筹备的,而他将获得最大份额的出场费。格罗斯曼的合伙人、属于国际磁带协会的伯特·布鲁克为鲍勃办理了预约手续(鲍勃与格罗斯曼两人之间的关系此时已变得非常恶劣,两人之间无法直接处理事务了)。鲍勃作为受邀的头牌音乐人将获得 50 000 美元以上的收益。他想要与即将在全美展开巡演的"邦德"乐队同台演出。7 月 14 日,鲍勃以嘉宾的身份与乐队一同现身伊利诺伊州的艾德华兹维尔。"他已经开始手痒了。"乐队的旅行领队乔纳森·塔普林说。乐队的酬金是额外的一笔 20 000 美元巨款。除此之外还规定格罗斯曼旗下的另外一位艺人也要参加活动,因此参与演出的里奇·海因斯[①]也获得了 8 000 美元的报酬。通过让福尔克接纳三位艺人演出,格罗斯曼从这一活动中获利将近 16 000 美元。这是在 1969 年 8 月 19 日两人的七年经纪人协定终止之前格罗斯曼从鲍勃身上获取的最后一笔巨额收益。雷·尔克同意支付给鲍勃的公司"灰沙"音乐公司 50 000 美元,以回报鲍勃的承诺。而鲍勃答应当年夏天他只会出现在福尔克兄弟所举办的音乐节上。这 50 000 美元将在鲍勃离开美国之前付清。如果音乐节的毛利超过了某个商定的数字,那么鲍勃还将获得额外的报酬[②]。鲍勃的顾问由罗德·古德曼担任,他是伦敦最著名的法律顾问,雇佣他是为了确保这笔钱能尽快支付。

结果尽管有人推测鲍勃将会在伍德斯托克音乐节的关键时刻以戏剧化的形式出场,但实际上他没有萌生一丝一毫出席演唱会的念头。事实上,8 月 15 日伍德斯托克音乐节开幕的第一天,虽

[①] 里奇·海因斯(Richie Havens,1941—),美国民谣歌手,吉他演奏家。以节奏强烈的吉他演奏而闻名。——译注

[②] 音乐节没有足够的收益用于支付奖金。——原注

然吸引到了30万名歌迷前往雅斯格牧场,但鲍勃与家人早已登上伊丽莎白女王二号远洋定期客轮,打算出发前往英国。不幸的是,耶西·迪伦被门把手伤到了头部,他们不得不在客轮即将起航之前几分钟上岸。当他们确定男孩儿的伤势并无大碍后,鲍勃与萨拉登机飞往伦敦。艾·阿罗诺维兹则负责运送他们的行李。

抵达怀特岛郡后,迪伦一家被安置在本布里奇佛兰德兹农庄一栋16世纪的住所内。他们获得了一位女管家以及一位驾驶"汉伯超级鹨"的司机。临近的一座谷仓供给他与乐队彩排使用。鲍勃对即将参加的演出感到紧张,尽管他此前已经参加了格斯的纪念演出、约翰尼·卡什的电视节目以及与"邦德"乐队的一次嘉宾演出,但这毕竟是他多年未开展巡演之后最大规模的演出。音乐节的盛况超出了鲍勃的预想,由于音乐节包含一个周末,所以出席人数达到了15万。有传言说,鲍勃将会在舞台上展开长达三个小时的演出,同时还会和"甲壳虫"乐队以及"滚石"乐队的成员同台献歌,举办一场"超级歌会"。之所以会有"甲壳虫"乐队的谣言传出,是因为乔治·哈里森和帕蒂·哈里森夫妇两人正巧也暂住在佛兰德兹农场。鲍勃知道自己在这种大肆宣传的环境中难以快乐地生活,于是便向设法安抚每个人的雷·福尔克抱怨。在此期间,雷的兄弟也对媒体宣传这一事件做出了反应。鲍勃的情绪渐趋平缓。音乐节开幕之前数日,雷·福尔克特意安排鲍勃和萨拉短暂休假。假期中的娱乐项目之一是驾车前往维多利亚女王曾居住过的奥斯本庄园游览。当夫妻两人已经准备好动身时,女管家朱迪·刘易斯建议鲍勃最好亲自驾驶她的"小凯旋使者"前往。"这真是个好主意,"鲍勃说着从她那里拿来了车钥匙。随后他注意到车子里放满了带有"欢迎鲍勃·迪伦来到怀特岛"字样的广告棒。鲍勃将广告棒扔出去,随即开始大发脾气。"这是什么烂东西?"他一边说着,一边跺脚转身离开。

音乐会举办之前的某天,"甲壳虫"乐队旅行领队梅尔·埃文斯驾驶的戴姆勒豪华轿车停在佛兰德兹,他从车上跳出来,在草坪上勾划出一个十字停机坪轮廓。一架载着林格·斯塔、约翰·列侬以及小野洋子的直升机随后降落下来。"甲壳虫"乐队为鲍勃播放了他们的新唱片《修道士之路》。乔治·哈里森抱怨在这张唱片中只允许加入两首由他创作的歌曲。晚上,鲍勃与"甲壳虫"乐队、"邦德"乐队的成员们欢聚一堂。那晚的场景应该会深深地留在当晚出席者的脑海中。迪伦、哈里森和列侬演唱了几首"甲壳虫"乐队的歌曲,但唱得更多的是一些老旧的摇滚歌曲。

8月31日周日举行的演唱会显得有些虎头蛇尾。演出之所以会延迟,是因为媒体与贵宾区内出现了问题。雷·福尔克说:"就在下午茶时段,形形色色的人突然之间出现在演唱会现场,也就是六点钟左右,媒体区(有围栏圈定)越发拥挤,说实话这场面有些让人发笑。"除了音乐节参与人员和媒体记者之外,组织者还必须找到地方安置像简·芳达之类的名人。"邦德"乐队直到晚上九点才开始就位。鲍勃则是在晚上十一点才上台的。当他一出现在舞台上,有一对夫妇立刻脱去外衣现场做起爱来。"这两个家伙真是可怕!"一位旁观者惊叫起来。

鲍勃穿着一件白色外套和一件橘色、带链扣的衬衣,这套服装与常出席音乐演出的人士所喜爱穿着的拷边丝绒、闪光的裤子、装饰用的有孔小珠完全不同,正像雷·福尔克所说的那样,鲍勃看起来"非常成熟和成人化"。鲍勃的服饰与嗓音让人想起了在"大奥普里"节目中演出的汉克·威廉姆斯,而不是充斥着麻醉药物的60年代。鲍勃采用了《纳什维尔地平线》中柔美的嗓音演唱歌曲,而"邦德"乐队的歌声自由,充满了乡村的气息,甚至就是在演唱

《生如滚石》时也是如此。这一次演出与鲍勃上一次在英国演出时那种令人惊叹的光彩照人完全不同,是超越了所处时代、非同寻常的演出。"我觉得鲍勃的演出略微有些低调,"雷·福尔克说,"迪伦总是让人难以预料……这次他改变了他的素材,改变了他的曲调,改变了表达的方式……而改变的正是他长期以来养成的。这是他的权利,大概也正是鲍勃与其他艺术家的不同之处,因为他并不关心人们是喜欢还是不喜欢,只是做自己想做的事情。"鲍勃严格地履行着自己的约定,演出时间达到了一个小时之久。两年期满后他才再次现身公众面前展开演出。

萨拉·迪伦在怀特岛音乐节期间显然已经怀有身孕。两人返回美国后,萨拉与鲍勃决定另找一处新住所,以安置他们人数不断增多、规模不断扩大的家庭。这几年他们将伍德斯托克视为安全的避难所,而在这个城市度过的那段与世隔绝的时光中,鲍勃在音乐事业上也是硕果累累。他们不久便意识到,鲍勃与萨拉在伍德斯托克度过的岁月从各方面来看都是最为快乐和稳定的。他们成功地应对着鲍勃的声望所带来的压力,而且他们就像一对普通夫妇那样彼此情意绵绵。但20世纪60年代末期发生的那些疯狂事件也使伍德斯托克的城市状况变得恶劣起来,这在一定程度上也波及了他们的生活,他们在这座城市难以再感到舒适或者安全。确实,20世纪60年代末期社会大体上处于一种危险的情形。当时的总统是理查德·尼克松。美国青年有可能会命丧越南战场。冷战的恐怖气氛笼罩在整个世界的上空。布赖恩·琼斯[①]是流行

[①] 布赖恩·琼斯(Brian Jones, 1942—1969),"滚石"乐队成员,曾一度被认为是"滚石"乐队的领导者,后被"滚石"乐队的其他成员所排斥。1969年因不明原因(溺水)而死亡。——译注

文化中那些以肮脏、无意义的死亡为享乐主义生活终结的巨子中的一位。在加利福尼亚,疯狂的查理斯·梅森①因被控残杀女演员莎朗·蒂及其他数人而被逮捕。梅森宣称他是从"甲壳虫"乐队的歌曲中获得讯息指令他实行枪杀行动的。多方面而言,所谓的"和平与爱"的时期所收获到的却只有失望。

考虑到将有一个新的生命降生人世,鲍勃与萨拉决定重新安排两人的生活,他们希望获得的是纽约城那种相对较为稳定的生活环境。秋天来临时鲍勃在格林威治村购买了一栋市内住宅。1969年12月9日,萨拉在纽约产下一名男婴,取名为雅各布·卢克。算上玛丽亚,她与鲍勃现在已经有了五个孩子。他们的家庭成员已经完备,一段新的人生阶段即将开启。

---

① 查理斯·梅森(Charles Manson),歌手,变态杀人狂,1969年残忍杀害波兰导演罗曼·波兰斯基怀有8个月身孕的妻子莎朗·蒂以及宅院中的其他四人。——译注

第七章

再次上路

或者是因为鲍勃已对格林威治村存有记忆，或者是因为他想要唤回年轻时的某些东西，当重返纽约城时，他在格林威治村中心地点的麦克杜格尔大街购置了一处住所。这是一栋美观而宽敞的拼连住宅，是带有平台屋顶的四层建筑物。但这并非声名显赫者理想的隐秘居所。建筑物低矮的楼层分割成多个房间，用来安置老房客，而且每个人几乎都能进入屋子的后半部分，因为那里建有一个公用的花园，不允许任何人在此处竖立栅栏。前门直接开在麦克杜格尔大街上，所以鲍勃外出时不得不每时每刻都面对着公众。很快他便后悔买了这样一栋居所。

从伍德斯托克城迁出的举动，无论从内涵上，还是从文字上理解，都表明了与艾伯特·格罗斯曼的决裂。1970年春季，随着两人之间经纪人合约的终结，鲍勃的纽约事务所开始接管除"辽阔天空"音乐公司之外"矮人"音乐公司的发行业务。格罗斯曼仍能从歌曲的发行中获取部分收益，但鲍勃的团队控制了图书的收益。三个月之后，迪伦与格罗斯曼签订了众所周知的"1970年7月协议"。按照协议条款规定，如果没有格罗斯曼的允许，鲍勃不能销售目录中的任何歌曲，但签订于1966年的十年出版合作协议则被调整为提前三年，也就是1973年结束。格罗斯曼将保留"辽阔天空"音乐公司名下歌曲50%的版权费,直到1971年为止,而在这一期限到来之前,鲍勃也必须将所有的新歌都归至"辽阔天空"音乐公司的名下。鲍勃后来解释道:"我很高兴签订了'1970年7月协议',因为我认为这样就能最终摆脱格罗斯曼。"但他很快就对其中一条条款的设定感到后悔了,这条条款似乎允许格罗斯曼对协议期内所做的任何不道德的事情均可免责。此外,只要鲍勃每获得一美元的利润,那么格罗斯曼仍可继续获得其中五十美分的收益①。这位歌曲创作人的怨恨之情最终导致他采取了法律行动。在此期间,鲍勃难以下定决心与格罗斯曼商谈,或是有什么事情让他不时地想起自己的前一任经纪人。鲍勃保存着一座价格不菲的中世纪诵经台,这是格罗斯曼送给他的礼物,而他已经习惯在上面摆上一本《圣经》。现在鲍勃则将这座诵经台寄到格罗斯曼在贝尔斯威利开设的一家餐馆,请伯纳德·帕图尔将这座诵经台转交给住在附近的格罗斯曼。鲍勃本可轻而易举地直接将诵经台送到格罗斯曼家门口,但他甚至就连这么一点接触也不愿意。

大卫·布劳恩回忆起,大约在签订"1970年7月协议"之前,鲍勃曾要求他做出抉择:他或者继续为格罗斯曼工作,或者为这位创作型歌手工作。布劳恩选择了鲍勃,这让格罗斯曼非常不满。布劳恩后来回忆道:"虽然所有的事情都已经很清楚了,我与介绍鲍勃·迪伦给我的格罗斯曼关系破裂,但我并不认为整件事都已结束了。"布劳恩随后成了鲍勃顾问团队中一个关键性成员,除他之外还有内奥米·萨尔特曼、会计马歇尔·M.盖尔福德以及马蒂·费尔德曼。在随后的岁月中,鲍勃将在这些顾问的协助下管理自己的业务。他再也没有雇用其他经纪人,从某个角度来说格

---

① 这是指迪伦出版费中的50%以及此前协议中的佣金。——原注

罗斯曼可以算作是鲍勃的唯一经纪人。"这大概是一件令人讨厌的事情。"尼克·格瑞温提斯说，他所在的"电旗"乐队就是由格罗斯曼担任经纪人的，"这段关系让他感到恐惧，只要一想到有这么一个经纪人，就会脊背直冒凉气。"

格罗斯曼将自己的能量都转而用在提拔甄妮丝·裘普林上，但后者却不幸于1970年10月因过量吸食海洛因而去世。格罗斯曼遭受的另一个打击则是那年秋天彼得·亚罗因为猥亵一个14岁女童而蒙受三个月的牢狱之灾。这一丑闻导致"彼得、保罗和玛丽"演唱组暂时无法参与商业活动。在这之后格罗斯曼担任其他艺术家的经纪人所取得的成就都相当有限，如果没有"彼得、保罗和玛丽"演唱组、鲍勃·迪伦或是甄妮丝·裘普林，那么他作为音乐产业中最有实力的经纪人的日子也就宣告终结了。在某种程度上格罗斯曼是咎由自取。"你不应比你所代表的人更为强势，"伍迪·格斯的前经纪人哈罗德·莱文塞尔说，"如果你比他们还要强大，那么你就是在偷取他们的成果。"

从伍德斯托克迁出之后，鲍勃于1970年3月重新开始工作，他在纽约哥伦比亚唱片公司的录音室内忙碌着，为唱片《自画像》以及随后的《崭新的清晨》创作歌曲。虽然鲍勃在纳什维尔这座城市制作了一部分他职业生涯中最伟大的唱片，其中包括《无数金发女郎》和《约翰·韦斯利·哈丁》，但他仍决定离开这座城市。他并没有给出太多的解释，但这个突然做出的决定却让他那些身在纳什维尔的合作者大为惊讶。"你一定会认为，如果某人在某地取得了非常巨大的成就，那么他大概就会心甘情愿冒险回到此地再获取更多的成功。"查理·麦考伊说，"我并不认为鲍勃曾考虑过回到此地。"鼓手肯尼·巴特瑞觉得自己和朋友们都被抛弃了，这让他感到受了伤害。"这么多年来没有感谢的信函……没有电话,没有赠送的唱片,我们必须掏钱购买自己制作的唱片,"巴特瑞说,"这让人感到悲哀。"

由于鲍勃此前已经在纳什维尔录制唱片《自画像》,所以有时他会在纽约录制演唱与弹奏吉他的基本部分,随后将音带发往纳什维尔配上背景音乐。这些歌曲包括翻唱保罗·西蒙的《拳手》以及《倦马》,《倦马》这段音乐为女声、弦乐相和的即兴重复段落。基本部分的音轨制作颇为粗糙,最终只得安排比尔·沃克消掉鲍勃大部分的吉他演奏。这做起来相当困难,因为鲍勃在演唱时头部离麦克风很近,而吉他则保持在胸部的高度上。"鲍勃不是塞哥维亚①。"沃克说,言下之意是认为鲍勃的吉他演奏有时还显得相当稚嫩,"我们必须消掉鲍勃大量的演奏内容。"尽管这些歌曲中大部分并不突出,但也有一些重要歌曲被收入《自画像》。最好的歌曲包括翻唱保罗·克莱顿的优美歌曲《踏上旅程》。《它也伤害了我》是一首充满感染力的歌曲,歌中所唱的正是鲍勃对爱人,或也可能是一个孩童的关切之情。《自画像》完成后两个月,鲍勃返回位于纽约的哥伦比亚唱片公司录音室,以便录制更多的翻唱歌曲,其中包括一些并没有把握的歌曲素材,例如由小萨米·戴维斯首唱并流行开来的《西班牙语是可爱的语言》和《邦吉利斯先生》。尽管这些歌曲看似并非适时之选,但鲍勃演唱时仍充满感情,不带丝毫的懈怠。

1970年5月1日,乔治·哈里森加入到录制工作中,他与鲍勃一同演奏,查理·丹尼尔斯担任贝斯手,鼓手则是罗素·卡凯

---

① 安德列斯·塞哥维亚(Andres Segovia, 1893—1987),西班牙著名吉他演奏家,社会活动家。——译注

尔。"这是我永远难以忘怀的一天,"丹尼尔斯说,"这不仅是与鲍勃·迪伦和乔治·哈里森一同工作那么简单,这是四个人一起待在录音室内制作音乐。"音乐家们大声地喊出歌名来让鲍勃演唱。"你只要冲着鲍勃喊出任意一首歌名,他都能唱出来……多么美妙的事情,多么伟大的一天,惊喜接连不断。"这些音轨并没有正式出现在唱片中,至少没有一份含哈里森在内的参与者名单,因为他并没有在美国从事工作的许可证,但这些音轨的拷贝不久便传入了走私者的手中。"我对迪伦的音乐素材如此容易被盗版感到难以理解。"丹尼尔斯说,他每次在录制工作的收尾阶段都将主带亲手交至鲍勃的事务所,"即便如此严密它仍会被盗版!"

哈里森离开之后,鲍勃将他的注意力再次转向新歌创作。有些歌词内容表达了一个心满意足的居家男人的心声。《如果不是为了你》是为萨拉而创作的情歌,后来成为奥利维亚·牛顿-约翰①的主打歌曲。《又一个周末》和《我这样的男人》渗透着一种平静的感觉。在演唱《窗上的记号》时,鲍勃的嗓音因感情充沛而近乎嘶哑,他唱出了自己持家的喜悦。录制过程中这些音乐家被介绍给萨拉,而这对夫妇的快乐情绪也感染了他们。吉他演奏家罗恩·科尼利厄斯说:"当你在鲍勃、萨拉以及孩子们的周围时,你会嫉妒这个家伙有着怎样一种强烈的家的感觉。"

话虽如此,但在鲍勃的精神世界中爱并非唯一。正如科尼利厄斯所说的那样,"鲍勃每天都会爱着一个不同的人"。歌曲《想要看到这个吉卜赛人》按照参与录音工作的艺术家们的理解,所写的是与埃尔维斯·普雷斯利的会面,尽管鲍勃与普雷斯利在何时何

---

① 奥利维亚·牛顿-约翰(Olivia Newton-John,1948—),出生在美国,成名在澳大利亚的歌手,演员。曾经四次获得格莱美奖。——译注

地碰面这一点在歌曲中表达得颇为含混（迪伦自己从未谈及此事）。至少有三首歌，其中包括《崭新的清晨》，是为阿奇博德·麦克利什①的一台话剧创作的，但这些歌曲并未按时交付。《蝗虫之日》是直接反映鲍勃获得普林斯顿大学颁发的荣誉音乐博士学位这件事的。按照普林斯顿大学校长罗伯特·F.格翰的解释，鲍勃之所以能获得这一学位，是因为他的歌曲"雄辩地传达出我们中一些人所感受到的反战情绪"（在此之前两个月，尼克松总统命令军队进入中立的柬埔寨以攻击越共的基地）。1970年6月8日，鲍勃与萨拉、朋友大卫·考斯比一同驾车前往普林斯顿大学。鲍勃显得非常不安，错过了仪式之前穿半正式服装的晚宴，而是在第二天方才抵达校园。身为鲍勃推介人的格翰说，当时鲍勃看起来"异乎寻常的不安"，他甚至害怕鲍勃有可能一走了之。然而他们还是将这位歌手领上领奖台。在仪式进行过程中，有一大群蝗虫停在校园前的古树上，发出嘈杂的嗡嗡声。正是这一声响激发了鲍勃创作歌曲的灵感。歌中所提到的紧邻鲍勃而坐、头疼得仿佛要裂开就是考斯比，他说他们此前刚刚抽过"除草剂"。

鲍勃告诉参与录音工作的音乐人，他在浏览了一处为庆祝圣诞而装饰过的教堂之后创作了一首名为"三天使"的歌曲。歌词描写出了带有纽约特质的生动场景，那是一个"充满了灵魂的有形世界"，人们走过教堂，丝毫没有注意到那里高高矗立着用来装饰的、吹着朝天号角的天使。"唱片发行后，一些家伙长篇累牍地书写鲍勃对人类的洞察力以及'这个充满了灵魂的有形世界'，而我想，你们真是蠢得可以了。"查理·丹尼尔斯说，"你设法对鲍勃的音乐进

---

① 阿奇博德·麦克利什（Archibald Macleish，1892—1982），美国诗人，作家。曾三次获得普利策奖。——译注

行分类,而且你并不知晓这一音乐究竟是什么。这首歌所描述的只是三个用来装饰的天使高挂在教堂上而已。"

鲍勃在录音过程中有绝对的自由做自己喜欢做的事情,他可以大胆地进行音乐尝试,而不会有来自哥伦比亚唱片公司或者经纪人的干涉,因此鲍勃做出了一个惊人的决定。他为《如果狗自由奔跑》——这首歌后来收入唱片《崭新的清晨》——添加了爵士乐元素。当鲍勃吟唱歌词时,鼓手轻柔地敲击,歌手马瑞萨·斯图尔特则以爵士乐的风格演唱背景声部。"这种安排非同寻常,"她说,"这真的是一件很有趣的事情。"艾·库普弹奏鸡尾酒会钢琴,罗恩·科尼利厄斯演奏爵士乐风格的和音,这一独特安排使得歌曲充满魅力。

在此期间,鲍勃于1970年6月发行的唱片《自画像》备受刻薄的批评。评论家们难以相信这位伟大的诗人歌手发行的双碟唱片竟然大部分是翻唱歌曲,同时还有少数几首并不重要的现场录音以及音乐作品。鲍勃·迪伦用颤声演唱的《拳手》、《蓝色月亮》这两首歌听起来似乎颇为可笑。声乐作品《倦马》听起来就像是个"玩笑",就像鲍勃后来宣称这张唱片就是有意为之的那样。假如那样的话,这个玩笑并没有取得相应的效果。格雷尔·马库斯[①]在接受《滚石》杂志的采访时阐述了他那充满才智的评论,"这是什么狗屁东西?"这是迪伦的唱片首次引发媒体的嘲讽,而此前他一直是获得媒体的奉承的,至少艾·库普清楚地知道鲍勃对媒体的这一反应深感困扰。尽管他并非是一个习惯过多谈论自己感受的人,但鲍勃还是通过激烈的行为表达出了自己的内心感受。《自画

---

① 格雷尔·马库斯(Greil Marcus,1945—),美国作家,音乐记者,评论家。他最大的成就是以充满文化气息的散文从文化与政治的角度来评论摇滚乐。——译注

像》发行后饱受严厉批评的当月,鲍勃回到录音室挑选新歌,继续制作已经开始着手的唱片,希望这张新唱片能够部分消除掉那些对他的声望产生影响的危险。

鲍勃·约翰斯顿不再担任鲍勃·迪伦的制作人。歌手并没有解释原因,但似乎是因约翰斯顿想去欧洲参与约翰·科恩巡演的决定导致两人之间产生了裂痕。"我离开他,以为他会打电话给我。我真的不知道究竟发生了什么。"约翰斯顿说,"我想,只是因为我当时并不在他身边,或者是他想要有一个变化。"约翰斯顿与约翰·科恩一同制作了两张唱片,选用了罗恩·科尼利厄斯和查理·丹尼尔斯配乐,科尼利厄斯相信正是此举使得迪伦与科恩之间处于敌对状态。两人均是争取同一类型听众的犹太诗人兼歌曲创作人,均与哥伦比亚唱片公司签订了合作协议。这一敌对状态在那年夏季鲍勃出席科恩在森丘举办的演唱会上得到了验证。当天大雨倾盆,科恩感到非常郁闷,以为户外演唱会难以顺利进行。当被告知鲍勃前来看望他时,科恩很直白地问道:"那又怎么样?"鲍勃进入后台后两人之间开始了一段虚伪的对话。"他们就像两只毛发竖起来的猫。"科尼利厄斯说,"其中一人说'最近在做什么?'而另一个则回答说,'随便走走'。'哦,那你是在哪儿?'"科尼利厄斯意识到鲍勃是想让他的制作人和乐手们在两人之间进行选择。与大卫·布劳恩一样,乐手们不允许同时为两位雇主服务。科尼利厄斯说:"我们必须终止与伦纳德的合作,转而与鲍勃共事。"他和查理·丹尼尔斯商量了一下,最终认为他们应参加科恩的巡演。有可能无论是这些乐手,还是鲍勃·约翰斯顿,都没有就是否再与迪伦合作达成一致(尽管1978年鲍勃在制作一张唱片时曾考虑过约翰斯顿)。鲍勃已经养成了一个惯例,那就是无论他想与谁合作,最终都能够如愿,甚至就连"甲壳虫"乐队的前成员乔治·哈里森也是如此,这一惯例也自然而然让鲍勃颇为自负。因此当科尼利厄斯、丹尼尔斯和约翰斯顿选择与其他人合作时,自尊心就会使得鲍勃无法放下姿态去邀请他们回来。当然,也的确有数之不尽的音乐家渴望能够顶替他们的位置。

艾·库普以制作人的身份协助鲍勃,将自己的乐队成员带来完成《崭新的清晨》的制作,他的加入带给唱片一种轻松的元素,这恰恰与欢快的歌词以及主题曲风格相吻合。《崭新的清晨》于1970年的秋季发行,要比那本鲍勃延误许久、刚刚面世出版的图书《狼蛛》略微早些。拉尔夫·J.格里森在《滚石》杂志上发表了题为"我们重新找回迪伦!"的新唱片评论文章。"上帝,这张唱片真不错。"他写到自己反复播放这张唱片,实在找不出一首不好的歌曲。对于少数更为投入的歌迷来说,《崭新的清晨》听起来略有些自鸣得意。在推出《纳什维尔地平线》及《自画像》之后,似乎可以确定鲍勃已经完全背离了商业主义。这一点可以追溯到民谣时代对鲍勃所产生的误解,那时公众都认为他是一位内心激进主义者,一位抗议歌手,一位"他那一代人的代言人"。那是一种媒体的术语,而此时已经过了很长时间——即便这一术语对鲍勃的描述是确实的。正如我们所看到的那样,此时鲍勃已变得成熟,他与原本形成的大众形象已截然不同:他是一位有着传统观念的居家男人,一位对政治或者社会运动少有兴趣的男人。作为一位艺术家,鲍勃感到自己有权创作所希望创作的任何一种类型的音乐——民谣,摇滚,乡村音乐,甚至是爵士乐。那种他应依附于媒体所创形象的观念,或者是一群歌迷所喜欢的某种风格的音乐,在他看来都是荒唐可笑的,像他自己的弟弟就并不将他视为那一代人的代言人。"我并不喜欢成为代言人,也不喜欢成为任何一种类型的领导人。"鲍勃对记者安东尼·斯卡达图说,后者随后为鲍勃写了第一部传记:"那些杂志到处宣讲迪伦,'滚石'乐队,'甲壳虫'乐队,说我们都是领袖……但我并不想名列其中。"

然而鲍勃那些最为热情的歌迷却仍将他视为领袖。一位特别痴迷的歌迷,二十五岁的辍学学生 A. J. 韦伯曼因鲍勃对激进主义缺乏兴趣而变得异常烦闷,他甚至成立了一个名为"迪伦解放阵线"的抗议组织,并开始在麦克杜格尔街迪伦的居所外领导示威活动。在 1971 年 1 月的一场示威活动中,示威者高呼"自由的鲍勃·迪伦"、"让鲍勃·迪伦的自我得以释放!"除了鲍勃对政治问题表现得很冷漠这点之外,"迪伦解放阵线"的成员们对鲍勃身上发生的很多事都感到难以理解。但大部分情况下他们非常享受自己能成为街上的一道景观。据《滚石》杂志记载,一位示威者曾爬上窗沿,向屋内窥视。"他们已躲进储藏室里去了!"示威者叫喊着,似乎此举显得异乎寻常。就在这片骚乱中,鲍勃从屋后溜出来,就站在街道的另外一侧,瞪眼望着这些示威者。他们一时间并没有看到他。之后韦伯曼注意到了鲍勃:"鲍勃,我们来这里是要和你谈谈的。"

"我也想和你谈谈……你怎么带这么一群人围在这里惊扰我的孩子?"

他领着韦伯曼离开示威人群,来到位于西休斯敦的一间录音室。尽管鲍勃很生气,但还是坐下来想听听韦伯曼说些什么。他已经对即将发生的事情有所预料,韦伯曼在之前的那个夏天就一直折磨着鲍勃,第一次是独自一人跑进鲍勃的住所,随后偷窃鲍勃丢弃的废物,现在更进而纠集起了一场示威。

韦伯曼是一个举止粗野的肥胖年轻人,脑后留着小束的头发,戴着眼镜,他部分靠当街兜售《狼蛛》的盗版书来维系生计。"他看起来就让人觉得厌恶,"保罗·斯垂特说,他是鲍勃的朋友,在布里克街开办了"结局"俱乐部,"他就是那种人——如果你在地铁里看到了他，你就会立刻换个座位。"艾伦·朱尔斯·韦伯曼1945年出生在布鲁克林，16岁时在密歇根州立大学读书期间迷上了鲍勃。一边吸食大麻或迷幻药、一边听鲍勃的唱片似乎成为他的一大发现。"我意识到这些歌曲都是诗歌，并且要加以解读。"韦伯曼说，"我研究出了一种迪伦逻辑解读方法，这一方法是从所出现处的上下文考虑每个词，寻找有着相同主题的词，并将其整合起来。当我无所事事时，我就会投入大量的时间解读迪伦的诗歌。"韦伯曼同时还将时间花在吸毒上。1964年他尚在校园里时就曾因兜售大麻而被捕入狱。几年间他多次被判有罪。在他因涉毒犯罪而被保释出狱期间，韦伯曼编造了一套关于鲍勃的理论，从而轻而易举地推断出鲍勃是一名海洛因吸食者。按照韦伯曼的说法，在鲍勃的歌曲中就能寻找出他吸毒的线索，特别是在《约翰·韦斯利·哈丁》中尤为明显。鲍勃演唱的歌曲《顺着海湾而下》中幼小的"快乐"并非暗指他的女儿安娜。按韦伯曼的推测，鲍勃是有所特指的。韦伯曼在《别样东村》上刊登广告，希望获得鲍勃的尿液样本，这样就能验证自己的结论。在此期间他还跑到麦克杜尔街迪伦的居所附近游荡。1970年8月某个周日清晨，韦伯曼躲过萨拉·迪伦的拦阻闯入大门。大门处设计有一排楼梯，引向另一道门，这道门通向迪伦敞开式的起居室。鲍勃打开楼梯上的门，冲着韦伯曼大喊，问他想要怎样。

"想谈谈你的诗歌，"韦伯曼无力地说。

"哦，多么高雅！"鲍勃话语中带着强烈的讽刺意味反驳道，随后关上了门。

出门时韦伯曼注意到入口处摆着垃圾。"有些隐藏起来的东西现在可要被公之于世了。"他拎起一袋垃圾，拖回位于鲍威利的住所，随后他开始翻查垃圾袋。他抽出来的第一样东西是一块污迹斑斑的尿布。打开一包报纸，韦伯曼发现里面是鲍勃和萨拉养的新宠物萨莎的排泄物。里面还有空的马口铁罐头盒、过期的咖啡渣和其他调味品。垃圾发出的臭气逼得韦伯曼只得打开临街的房门，以便让新鲜空气吹进来。他找到丢弃的乐谱、鲍勃写给约翰尼·卡什的一封仅开了个头的信函、比蒂·齐默尔曼在佛罗里达度假时寄来的一张明信片、一张《自画像》的歌曲单，但里面并没有他预想的注射器。然而通过检查迪伦的垃圾袋，韦伯曼认定他已经摸索出了一门学问。他将自己的这门学问称为"垃圾学"，并且将这些无用之物作为报纸文章的基本素材，最终写成了一本名为"我的垃圾学生活"，这本书让他在一段时间内颇受关注。正如他自己所承认的："我渴望出名。"作为一种回应，鲍勃将更多的狗屎扔进了垃圾袋。

1971年1月，当迪伦与韦伯曼坐在录音间的台阶上谈话时，鲍勃询问韦伯曼散布谣言说鲍勃是个瘾君子这件事是否属实。"哦，先生，你是吗？"韦伯曼问道。他后来称，鲍勃卷起衣袖以证明他的胳膊上并没有针刺的痕迹。但这无法让韦伯曼完全信服，他认为鲍勃有可能是用鼻子来吸食海洛因的。鲍勃则尽量让韦伯曼冷静下来，两人在分手时仍表现得很友好。

韦伯曼随后根据两人会面时的情形写了一篇文章，一周后他设法通过电话联系上了鲍勃，并和他讨论了这篇文章。韦伯曼将谈话内容录了下来，这一内容随后被转录并且刊登在1971年3月的《滚石》杂志上。根据两人的谈话内容，韦伯曼获得了更多疯狂的理论支持，鲍勃的《亲爱的老板》即可算作理论支持的实例。韦伯曼断言，《亲爱的老板》指的就是艾伯特·格罗斯曼、韦伯曼或者他们两人。

鲍勃的回答斩钉截铁："这并不是写某人的，这只是一首抽象的歌曲,它的确不是写你的。"

"不是?"韦伯曼非常惊讶地问道。

"我可以肯定地告诉你,不是写你的。当时我甚至都还不知道你这个人。"

韦伯曼说他的文章中包含了一个证据,这个证据就是《崭新的清晨》中的一个短语"不要泄露我"。

"我从未在《崭新的清晨》中说过'不要泄露我',那究竟是什么东西?"

"向后倒,向后倒,"韦伯曼兴奋地回答道,"你在后面一部分说出了这个短语。"

"说的是'不要泄露我'?"

"是的。"

"哦,他妈的,上帝!"

韦伯曼将播放的唱片再次向后倒,说在《崭新的清晨》的另一处,鲍勃唱了一句"战神侵扰我们"。

"哈哈!哈哈!"

鲍勃对韦伯曼说自己可以为他创作一首歌。

"哦,我可以利用这首歌来进行宣传。"

"是的,好,这就是我为什么不愿意去写这首歌的一个原因,如果我曾有创作这首歌的念头,那么我已经想到了如何恰当地去创作这首歌。"

"歌曲叫做什么?"

"歌曲就叫做'猪'。"

"我是一头猪啊?"

"是的。"

"哦,胡说,我是一头猪?伙计!"

鲍勃意识到韦伯曼已经采取守势，于是便开始继续嘲笑韦伯曼。"你就像一头猪一样翻动垃圾，"他说，"你只有猪的智力水平。"鲍勃说，当韦伯曼"发出猪的哼哼声"时，人们就在街道的另一侧继续前行。事实上，他应该制作一个徽章，徽章上可以画上韦伯曼的脸以及"猪"这个词。

1971年5月23日，也就是在鲍勃30岁生日前一天，韦伯曼又召集一群人站在麦克杜格尔街94号外。为了便于向人群发表演说，韦伯曼站到了一包垃圾上。"迪伦的背叛！"他拿着扩音器大声喊叫着。他的追随者们叫喊着"猪！"随后韦伯曼将他的"主菜"展示在人们眼前，那是一个插着皮下注射针头状蜡烛的生日蛋糕。

韦伯曼上演他那一幕乏味的生日示威活动时鲍勃与萨拉都不在家中。他们正在以色列度假，但即便是在这里他们也仍难以获得安宁。鲍勃在卢德机场遇到了记者，他对记者们知晓他的到来感到非常惊讶。随后哥伦比亚广播公司地区事务所在《耶路撒冷邮报》上刊登广告，祝贺鲍勃生日快乐，并且请他与之保持联系。鲍勃去海滩游泳时遇到了《耶路撒冷邮报》的记者凯瑟琳·罗莎海姆。鲍勃告诉她自己并不想与哥伦比亚广播公司事务所取得联系。"我怀疑他们是否真的想要见我，"他补充说，"无论如何我的下一张唱片都不会通过他们发行。"鲍勃在生日那天参观了哭墙并且拍照留念，此举似乎表明鲍勃重新认识到自己的犹太血统，这一消息很快便在全世界传播开来。《时代新闻周刊》报导说，鲍勃考虑将自己的姓名改回齐默尔曼，同时对犹太复国主义组织犹太抵抗组织①持同情态度。鲍勃以这一报导属"纯粹的新闻文体"加以

---

① 犹太抵抗组织（Jewish Defense League），1968年由拉比·迈尔·卡赫纳创立于纽约，其目标是"尽一切可能保护处于反犹主义下的犹太人"。——译注

驳回。然而鲍勃的确对犹太教有了更深刻的认识。在以色列期间,鲍勃仔细考虑了举家迁至以色列一家集体农场居住的可能性。自从1968年父亲去世后,鲍勃对自己的宗教信仰重新萌发了兴趣。伍迪·格斯的前经纪人哈罗德·莱文塞尔借给他有关以色列的书,这"有助于维系他犹太族的身份"。在布鲁斯·多夫曼的要求下,鲍勃从对以色列的痴迷中回过神来。"他将会变成一个哈希德派教徒。这件事真的非常严重。"多夫曼眼中的鲍勃就像是在寻找生命中的"一支锚",而犹太教当时似乎是一个答案。

在经历了一系列的天灾以及一场血腥的内战之后,1971年孟加拉国这个初建的国家又紧接着面临人道主义方面的灾难。印度音乐家拉维·森卡①将孟加拉国人民的生活状态告知乔治·哈里森以唤起他的注意,并且希望哈里森能做些事情帮助孟加拉国人民。这位前"甲壳虫"乐队成员深受获得唱片和单曲第一名的双重鼓舞,于8月1日在麦迪逊广场花园举办了两场规模宏大的义演晚会,第一场是在下午,第二场是在晚上。演唱会过程被录制下来,以便制作成现场版唱片和演唱会录影,收益捐献给联合国儿童基金会。而这也为鲍勃提供了1969年出席怀特岛音乐节后第一次在演唱会上露面的机会。

哈里森向听众宣布了特别嘉宾的光临:"请上我们所有人的朋友——鲍勃·迪伦先生!"鲍勃快步跑上舞台,身穿工作服,肩膀上挎着一把原音马丁吉他,脖子上则盘着口琴架,看上去就像旧时的民谣歌手。他的出场获得了台下观众的热情欢迎,这部分是因为

---

① 拉维·森卡(Ravi Shankar, 1920—),印度西塔尔琴演奏家,作曲家。——译注

自从1966年起鲍勃仅在美国的舞台上演出过三次。在下午和晚上的演唱会上，鲍勃都只唱了五首歌，经过了如此长时间的休养期之后，鲍勃充分享受到了演出所带来的震撼。《就像一个女人》这首歌曲充满了感染力，鲍勃将曲速降下来，与哈里森、拉塞尔一同演唱和声部分。事实上这是鲍勃首次与一位前"甲壳虫"乐队成员同场演出，这也让鲍勃兴奋得浑身发抖。演唱会上担任音响调度的吉姆·霍恩说："他带给观众的震撼令人难以置信。"

韦伯曼抱怨鲍勃最多的一点是他在最近几年明显放弃了人道主义事业，所以当鲍勃无偿出现在孟加拉国的义演晚会上时，韦伯曼宣称他将不会打搅鲍勃，但是他却无法控制自己的行为。"我应该让他一个人安静地生活，"他说，"但我却渴望惹人注意。"他与一名新闻记者一同前往鲍勃的住所，检查门前摆放的垃圾。萨拉从屋里走出来责备韦伯曼，后者鬼鬼祟祟地逃走了。韦伯曼宣称，当他走在伊丽莎白大街上时鲍勃走过来攻击他。尽管鲍勃体格略显单薄，但实力却远胜过这位体态丰满的"迪伦研究者"。"他制服了我，"韦伯曼说，"他几乎让我窒息。"韦伯曼声称鲍勃抓住他的头，不停地使劲往人行道路面上撞，直到过路人加以制止，大概鲍勃是想能让他的大脑恢复理性。韦伯曼并未受到严重的伤害。他甚至似乎将这一羞辱看做是一场胜利。"没有多少人能有这样的机会让迪伦骑在他们的身上，"他说，"大概能这样做的也就只有鲍勃的妻子了。"

韦伯曼并非麦克杜格尔街上唯一的麻烦制造者。鲍勃竖起一道水泥墙，将属于他产业下的后花园屏蔽了起来，这让邻居们感到非常不快。而此举也违反了承租人管理花园的共同协议。虽然鲍勃已将一小块场地建为公共篮球场，以此向邻居们表明一种亲近的姿态，然还是有部分邻居决定对事态加以控制。当鲍勃离城外出时，他们找来大锤将水泥墙砸倒。"这件事的发生让人感到非常不愉快，"住在鲍勃隔壁的格洛里亚·纳福塔利说。她很喜欢鲍勃一家人，也并不认可邻居们的行为。但她同时觉得这一住所并不适合有如此声望的人居住。"当一位巨星生活在平民百姓中时……生活就变得非常困难。"对身处韦伯曼和邻居的围攻中的鲍勃来说，纽约城的生活就如同北部的生活一样变得难以忍受。他仍旧拥有位于伍德斯托克城噢哈呦山脉街上的宅院，但一家人却很少过去住。他现在已在亚利桑那州买了一栋低矮的平房作为逃亡之所。另外，他还在加利福尼亚州的马利布租了一栋家用房。

1971年秋季鲍勃录制了一首政治题材的单曲《乔治·杰克逊》，歌曲描写的是圣昆丁监狱杀害一名囚犯的事情。同时，他也参与了艾伦·金斯堡的唱片录制工作。金斯堡邀请鲍勃和两人共同的朋友大卫·阿姆瑞姆到他位于东村的住所做客，与金斯堡进行合作的念头也就是在见面后萌生的。迪伦与阿姆瑞姆刚进门，金斯堡便将一把吉他塞进了鲍勃的手里。同时他还按下一台录音机的按钮，要求鲍勃为他创作的一首歌曲伴奏。

"鲍勃，是G调！"他喊道。

鲍勃示意金斯堡立刻关掉录音机。他不愿突如其来地被强制要求录制一首歌。按阿姆瑞姆的描述，金斯堡那种"令人难以置信的肆意"逗乐了鲍勃，他决定参与到这位诗人与音乐朋友们的工作中去，这群朋友包括Ed.桑德斯和哈皮·特拉姆，他们在纽约录音工厂完成了一系列非正式的录音工作。金斯堡的两张唱片最终录制完成。与此同时鲍勃还参加了金斯堡在纽约公共电视台的一场音乐演出。"艾伦想要有所拓展，"桑德斯解释说，"他想要制作音乐。"尽管鲍勃喜欢金斯堡，而且对"垮掉派"诗歌充满兴趣，但至少在阿姆瑞姆看来似乎是金斯堡在追逐鲍勃。"艾伦·金斯堡对迪伦非常着迷,有些紧紧追随着迪伦的意味,而且他迷恋于迪伦所从事的工作、所获得的声誉,在某种意义上迪伦也非常愿意艾伦成为他的信徒。"阿姆瑞姆说,"迪伦对艾伦非常友好,但真的是金斯堡启蒙和提拔了迪伦。"

此次合作后不久,哈皮·特拉姆与鲍勃一同进入录音棚录制自己的唱片。"他非常神秘地对我说,'你知道,你应该了解如何弹奏贝斯'。"特拉姆回忆道,"所以我借来一把贝斯,一把电子贝斯,并且了解了一些演奏贝斯的基础知识。这大概发生在此次录制工作之前一年或者两年。我不知道这是否是事先考虑好的,或者仅仅是个巧合而已。"迪伦与乐队外出闲逛时,他与特拉姆在纽约花了一天的时间演奏在伍德斯托克时创作的歌曲,其中包括《我将获得解脱》和《你无处可去》,特拉姆弹奏电子贝斯、班卓琴并且演唱和声。这是一次非常重要的合作,而这一合作形式也被其他艺术家们加以借用,特别是"邦德"乐队以及"彼得、保罗和玛丽"演唱组,但并未在迪伦任何一张唱片中出现。特拉姆说:"那些都是他创作的非常流行的歌曲,他想要在上面打上自己的印记。"他们俩围坐在餐桌旁,就歌曲进行了随意的交流,这带给录音工作一些新鲜之感。鲍勃在录制过程中对歌词进行了改动,使得《你无处可去》这首歌内涵更为深广。现在有种说法是这首歌影射了加里·格兰特的电影《冈迦·迪恩》,同时也涉及鲍勃的朋友,伯德兹乐队的罗杰·麦吉恩(正像特拉姆指出的那样,麦吉恩是与冈伽·迪恩同韵的)。新录制的歌曲收录进《鲍勃·迪伦经典作品集 II》中,于1971年秋季发行,这张双碟唱片成为鲍勃职业生涯中销售业绩最好的唱片,根据美国唱片工业协会1997年的调查确认,这张唱片在美国本土的销售量即已达到五百万张,属于"白金唱片"。

1972年中期,鲍勃偶尔会待在纽约,在歌手道格拉斯·萨姆①所录制的唱片中担任伴奏。萨姆是鲍勃60年代结识的老友,两人共同出席从埃尔维斯·普雷斯利到"感恩而死"乐队②各类艺术家举办的音乐会,在新泽西一场演唱会的后台他们与"感恩而死"乐队的队长杰里·加西亚③相遇。杰里·加西亚随即便成了鲍勃的好友。鲍勃经常独自出席音乐会,就坐在看台上某个固定的位置。事实上尽管鲍勃声名显赫,引起了像是A.J.韦伯曼这类人让人困扰的注意,但鲍勃似乎还是下定决心尽可能地过普通人的生活。要说鲍勃排斥获取声名可能是错的,如果他想要从公众的视野中完全消失,他毕竟可以立即停止录制唱片。但只要不是在录音室里忙于工作或是外出巡演,鲍勃就会从娱乐圈中退出来,很少接受访谈,也很少单独一人公开露面。当然,问题是歌迷们并不想让他成为一个普通人。例如1972年7月,鲍勃和萨拉出席在加拿大多伦多中央岛举办的马里波萨音乐节。鲍勃试图扮成嬉皮士混在人群中,像普通人一样享受音乐所带来的快乐。他蓄起了下垂的胡子,穿着破旧的牛仔裤,头上扎了一块红色手帕,以充作嬉皮士常见的花色丝巾装束,另外还戴了一顶白帽子。简单的伪装仅仅维持了短短几个小时,很快他就被人们辨认出来。鲍勃参加音乐节的消息在观众中很快传播开来,人们互相推搡着想要看到鲍勃。

---

① 道格拉斯·萨姆(Douglas Wayne Sahm,1941—1999),美国著名歌手。民谣音乐界的神童,但后来却成了布鲁斯音乐、摇滚乐的标牌人物。——译注

② "感恩而死"乐队组建于1964年。它开创了迷幻摇滚的先河。同时还是第一支在吸毒后即兴表演的乐队。1967年夏天乐队参加了雷蒙德音乐节,并被誉为世界上最好的乐队。同年乐队发行了第一张同名专辑,被称为用布鲁斯演唱的迷幻摇滚。1995年乐队宣布解散。"感恩而死"乐队系统地将一种自由自在的音乐形式引入了摇滚乐。——译注

③ 杰里·加西亚(Jerome John Garcia,1942—1995),美国音乐家,"感恩而死"乐队成员,被认为是该乐队的发言人。——译注

"大家都朝着他跑过去，"约翰·科恩说，当时他正在与"新迷失城市漫游者"乐队同台演出，"当天活动临近结束时有人发现了他，这情形就像一位蜂王身边围拢着成千的工蜂。他向左边走两步，那么成千上万的人也会随之向左边走两步。这情形真是可怕。"渐渐的，鲍勃找到了进入演员区的路，首先遇到的人便是科恩。"我们互相热情拥抱，因为当时的情况非常紧张。我们谈到刚才发生的事情。他说，'你不会想要成为这其中的一部分'。他说的很对。突然之间所有媒体的工作人员都跟着他跑。"人们和媒体全都相信鲍勃将会为观众献上一场惊人的演出，而音乐节的气氛也变得近乎歇斯底里了。最后只得靠警察来将鲍勃和萨拉从岛上带离。

自孩童时代起鲍勃就想成为一名电影明星。他此前已尝试着拍摄完成了那部多灾多难的《销毁文件》，而现在他获得了一次在好莱坞影片中大显身手的机会。这部影片就是由萨姆·派金帕指导拍摄的西部片《比利小子》。《比利小子》是根据发生在西部的一个真实惨剧拍摄而成的。又名"比利小子"的威廉·H.邦尼是19世纪80年代游荡在新墨西哥的雇佣枪手。同犯帕特·加内特一直与威廉·H.邦尼相随相伴，直到他成为一名州长，而威廉·H.邦尼就职之后便下令通缉他的同伙，最终却命丧同伙之手。克里斯·克里斯托弗森在这部影片中扮演比利小子，詹姆斯·柯本扮演帕特·加内特。鲍勃非常喜欢派金帕所拍摄的《日落黄沙》一片，于是便签约参与创作音乐，并且在影片中扮演了一个名为"阿里阿斯"的配角，这一人物是比利小子的朋友。影片于1972年11月在墨西哥的杜兰戈开拍，鲍勃和萨拉带着孩子来到此地，但这并不是一次令人愉快的经历。

48岁的派金帕是一个患有妄想症的酒鬼，他经常会与所属的米高梅电影制片公司发生争执,其个性颇为古怪。按传记作者大卫·韦德尔在其作品中所描述的,"如果他们动了……那就杀掉他们!"当迪伦和克里斯托夫森正在放映室观看样片时,派金帕因为画面模糊不清而愤怒地冲着屏幕撒起尿来。克里斯托夫森说:"我记得当时鲍勃反应很强烈,转过身望着我,你知道:我们把自己推进了怎样一个地狱?"派金帕经常会迟到,始终不会忘记的就是暴饮伏特加。他几乎整天都在忙着喝酒,下午很晚才会摇摇晃晃地从他拖车里走出来。有时他会把灯都熄灭。有时他还会将刀具和火焰摆在现场,以便在镜子中获得投影。气候突然变得恶劣起来,演员与剧务们都因流感而停下了手头的工作。到12月中旬,影片的拍摄实际上已落后日程表九天之久。照此进度拍摄工作势必会延续至感恩节、圣诞节,甚至新年假期之后。派金帕主办了一场热闹的聚会以补偿因拍摄工作而带来的不便,演员与剧务们品尝着火鸡,而鲍勃则坐在马背上拍摄他为数不多的几个镜头之一。性情敏感的萨拉·迪伦周围都是些嗜酒、粗野的人,这让她在墨西哥过得颇为痛苦。当她质问鲍勃全家人在这里做什么时,鲍勃也不知该如何回答。1月初,迪伦夫妇在休息间隙前往英国拜访朋友乔治·哈里森与帕蒂·哈里森夫妇,但鲍勃很快就得返回墨西哥拍摄电影、录制歌曲。

鲍勃在墨西哥城开始了歌曲的录制工作,1973年最终在加利福尼亚完成。鲍勃将一群音乐家召集起来,其中包括"Booker T. & the M. G.'s"乐队的布克·T. 琼斯、罗杰·麦吉恩以及另外一位老朋友布鲁斯·兰亨。他们聚在伯班克一个录音棚内,面前是播放着电影初剪带的大屏幕。鲍勃以他独特的方式来为这部影片撰写歌曲。"我想博比对电影评论一无所知,"一生都专注于电影配乐的兰亨说。他知道仔细观看初剪带是一种惯例,音乐的速度要与电影中的动作相匹配。但鲍勃对此一无所知。"随后我意识到这真的不是他们创作的最佳电影配乐,"他补充道,"这只是在捕捉对电影的感觉。"鲍勃在这一点上做得非常成功。尽管鲍勃只写了两首新歌,其中之一就是名曲《敲开天堂之门》,但这些配乐非常好地唤起了人们那种"日落黄沙"之感。

有一部分人认为派金帕的第一版《比利小子》堪称杰作,持此观点者中最引人注意的是马丁·斯科塞斯。米高梅公司希望这部影片的长度能短些,但派金帕做不到这一点。于1973年7月公开发行的版本是一些互不连贯,且令人难以信服的镜头的堆砌。鲍勃的戏份很轻。在电影的这一版本中,鲍勃的表演是如此的脆弱,以至于有些无关痛痒。克里斯托夫森在谈到鲍勃独特的镜头表现力时,将他与查理·卓别林相提并论,但同时也证明了迪伦在镜头前仍显得有些害羞。考虑到鲍勃在影片中几乎没有几句台词,因此将他排在演员表第三位就显得有些可笑了。然而鲍勃在电影制作方面还是受益匪浅的,当他离开剧组时给人留下的印象是仍热衷于自己拍摄一部影片。同时他也创作出了《敲开天堂之门》这首打榜歌曲。这首歌曲在1973年9月的美国榜单上升至第十二位,并且成为鲍勃现场演唱会中的标志性歌曲,同时还被埃里克·克莱普顿、"枪炮玫瑰"等众多艺术家所翻唱。多年以来,《敲开天堂之门》这首歌所取得的成就已经远远超过了电影本身。

企业家大卫·格芬于1970年创立阿斯拉姆唱片公司时还只有27岁。他与"邦德"乐队、琼尼·米歇尔合作,从而第一次享受到了成功的滋味,随后格芬于1972年将阿斯拉姆唱片公司以七百万的价格售出,一年后他又控制了合并的埃雷特拉/阿斯拉姆公司。接着大卫·格芬便开始着手将鲍勃从哥伦比亚公司招至麾下。

格芬了解到鲍勃非常信任吉他手罗比·罗伯森，于是就开始通过与他建立友好关系来展开游说行动。随后格芬被介绍给鲍勃，并且前往加利福尼亚州与鲍勃进行交流——鲍勃一年中总会有部分时间待在那里。两人之间达成了一个较为松散的协议，那就是当鲍勃目前的合同期满之后他不会与哥伦比亚公司续签，而会为阿斯拉姆唱片公司录制一张唱片，由"邦德"乐队担任伴奏。若是此事进展顺利，也许就会有另外一些唱片面世了。格芬将为鲍勃及乐队举办一场重返乐坛的巡演，并且为唱片发行展开推广活动，而鲍勃也将从中获得最大的利益。在举办演唱会的同时阿斯拉姆唱片公司还将制作现场录像制品。当时鲍勃认为哥伦比亚公司低估了他的价值，同时他也仍对艾伯特·格罗斯曼从此前与哥伦比亚公司的交易中获取的巨大收益心存不满，故而与格芬签约，后者在鲍勃看来似乎更像朋友，而并非一个生意人。为了发行新歌，鲍勃的律师创立了"羊角号"音乐公司，这是第一家完全属于鲍勃的音乐公司。

唱片《行星波动》很快便于1973年的11月在洛杉矶录制完成。"我们都很喜欢鲍勃的工作方式，他真的是想要在一天之内就把所有的歌都唱完，一天之内就完成整套演奏，我们以往经常要对歌曲进行二次录制，但这一回却是一次完成，"加思·哈德森说，"这是良好的工作方式。"唱片收录了歌曲《永远年轻》，鲍勃说他在创作这首歌时想到了自己的儿子，但并不想让曲风过度的感伤。这首歌被认为是写给即将度过四岁生日的雅各布·迪伦的。"永远年轻"这个短语当然非常普通，它并不是迪伦第一个想出来的。约翰·济慈在他著名的浪漫诗歌《希腊古瓮咏》的第三诗节中就用到这个短语("永远热情地心跳,永远年轻")。身为歌曲创作人的鲍勃之所以会表现出超常的聪慧,部分是因为他能选用平凡的短语通过上下文的关联赋予其更为广泛的寓意,通过这一方法来表达他的意思。就字面上来看,《永远年轻》的歌词似乎并不足以令人震撼,甚至有些冷淡,但演唱者饱含感情的演绎使之成为他最为流行的一首演唱会歌曲。

唱片中所收录的歌曲还包括《婚礼之歌》,这首歌似乎与鲍勃的个人生活是有所关联的,是写给拯救他生命并给他带来"一个孩子,两个孩子,三个孩子"的妻子的(尽管事实上萨拉给他生了四个孩子);《挽歌》的第一句歌词就是"我恨我爱上了你",这是一首以羞愧的口吻讲述爱情故事的歌曲。在录制过程中鲍勃弹奏钢琴,以自然的情绪营造出一种毁灭之情。他的嗓音去除了乡村的甜蜜之感,重新恢复为以往那种毫不妥协的真实嗓音。尽管《挽歌》这首歌并不能算作流行的歌曲或著名的歌曲,但却可视为鲍勃通往未来的路标。

鲍勃与"邦德"乐队随后展开的巡演是摇滚乐时代最为重要的露天大型运动场巡演,被称为"七四年巡演"。迪伦与乐队一同在全国最大的剧场及运动场内演出了四十场,时间跨度长达六周。他们乘坐私人飞机"星舰一号"穿行于音乐会各举办地之间。大卫·格芬与负责后勤的经理比尔·格雷汉姆合作筹划此次巡演,而艺术家们则对演唱会的音乐风格、舞台设计、巡演时间长度做出决定,同时也获得最大的收益。巡演进程中的一大创新是为此次巡演做了天价的广告宣传。"这一巡演是演出事务历史上最大的盛事,"大卫·格芬向媒体夸耀道。巡演门票定价在1974年属于高价票,平均每张8美元。而表演者所具有的魅力起到了一定的广告宣传效果,有超过7%的美国民众申请购票。事实上,有些场次的门票销售得要比其他场次的门票快速,但即便是在即将开演时也还是能够买到门票。无论怎样,658 000张门票最终销售一空,创造了总额500万的销售收入。

1974年1月3日,巡演在芝加哥拉开序幕。鲍勃改写了一首20世纪60年代早期创作的歌曲《英雄布鲁斯》作为开唱歌曲,在唱至"一只脚在路上,一只脚在坟墓中"时他几乎喊叫起来。尽管已经排练数周,但因为疏忽鲍勃并没有告知乐队他将要演唱这首歌。伴奏出奇得快,而且极其激烈,风格与鲍勃、"邦德"乐队在伍德斯托克所演绎的、充满感情的歌曲完全不同,同时也与《行星波动》的音乐风格不同,倒是与他们在1965年至1966年间举办世界巡演时的音乐风格相近。"无论何时,我们在录音棚中制作音乐时都会像一个群体,而当我们前往现场演出时就会像一个完全不同的音乐群体。"罗比·罗伯森说,"现场演奏音乐会充满了生气、热情和爆发力。而当我们在录音棚中演奏时则根本不是这样……就像我们1966年第一次巡演时那样,都是一样的情形:当我们开始演唱歌曲时,歌声就会充满侵略性、激烈性和粗暴性。"1966年,听众们对鲍勃和"哈克斯"乐队的表演报以吼叫怒骂。而在"七四年巡演"中同一群音乐人发出了几乎相同的歌声,这次他们却受到了英雄般的欢迎。"每个人都在欢呼,好像是在说,'哦,我一直都喜欢这种音乐'。"罗伯逊说,"这其中似乎有几分伪善的味道。"

在原声演唱部分鲍勃的嗓音宽广而充满怒气,用《没事儿,妈妈(我不过是在流血)》的尖锐表演来反击假话与虚伪。描述水门事件的歌曲将演唱会气氛推向高潮,当鲍勃唱到即便是总统也必须坦白面对时,人群发出了吼声。数千人高举着火柴和打火机自发做出了团结的手势。这是首次在演唱会上出现如此景象。"我们知道正身处伟大的演唱会现场。"巴里·范斯坦说,他拍摄下了这光芒摇曳的海洋,并将这张照片作为随后出版的现场唱片《洪水面前》的封面。"七四年巡演"最终于2月中旬在洛杉矶落下帷幕,鲍勃与乐队获取了巨额财富。不仅巡演门票销售一空,而且《行星波动》成为鲍勃第一张在销售榜上升至首位的唱片。尽管哥伦比亚公司发行了与之抗衡的唱片,该唱片被冠以简单的"迪伦"二字,包含《自画像》、《崭新的早晨》录制过程中未曾收入的歌曲。"七四年巡演"的部分收入被用来投入可躲避纳税的复杂的投资项目,而投资的失败却让人深感不幸和失望(务实的列弗·海姆对此最为厌恶,他首先站出来反对这些投资项目)。同时他们也将很多金钱用在高消费上。

鲍勃在"七四年巡演"中很大程度上是扮演了一名摇滚巨星的角色。尽管他喜欢财富,但这并非是一段令人满意的经历。他对音乐领域的尝试抱有更浓厚的兴趣。与阿洛·格斯、哈罗德·莱文塞尔以及皮特·西格在马利布共进午餐时,鲍勃显得对前往中国举办演唱会充满了渴望。理查德·尼克松对中国展开历史性访问之后,有少数几位经过挑选的西方人被允许前往中国访问,而第一批人中就包括莱文塞尔和西格。"他想知道在中国发生了些什么。'中国是怎么样的?我能到那里去吗?你能带我去吗?你能安排这一访问吗?'"莱文塞尔说,"他异常兴奋,甚至对我说,'你为什么不做我的经纪人呢?'"莱文塞尔提醒鲍勃此前自己已经多次提过这事了。鲍勃并没有将前往中国展开巡演的事放在心上,因为他最终没有雇佣莱文塞尔,也没有到中国举办演唱会。

在相当长的一段时间内,《行星波动》的销售业绩都非常好,但并不惊人。考虑到有些人在鲍勃和乐队巡演期间曾现场欣赏过他们的演出,所以鲍勃认为唱片业绩还能做得更好些。他对阿斯拉姆唱片公司的认识变得非常清醒,于是便与哥伦比亚唱片公司于

1974年8月1日重新签订了合同。格芬略带讽刺地说："鲍勃·迪伦以过去的成绩作为赌资做出了这样一个决定。"与阿斯拉姆唱片公司之间的调情使得哥伦比亚唱片公司更为赏识鲍勃，而他也得以获取更为优厚的条件。正像格芬所说的那样："他应该感谢我。"合作的终结并非是一件令人愉快的事，虽然迪伦和格芬最终重归于好。

1973年鲍勃和萨拉将位于伍德斯托克的房子出售，但却保留了位于噢哈呦山脉上的一百英亩未开发土地。他们在纽约仍拥有一处市内住宅，同时还保留着亚利桑那州那栋低矮平房以及汉普顿的海滩住所，但从此时起他们开始主要居住在加利福尼亚州。

鲍勃在杜姆角海滩购买了一处外观朴素的房产，位置就在马利布海滩北面10英里处，从扎马海滩只需短时间步行即可到达。邻居包括了电影人以及著名小说家和剧作家约翰·芬提，但这里并非是有影响力的娱乐产业社区。帕特杜姆是一处安居之所，有着为附近儿童建设的良好的公立中小学。鲍勃最后拥有了附近八块地产，加上几处房屋、附属建筑物以及私人通道，站在这片面积超过12英亩的领地上鲍勃能直接远眺太平洋。但他们最初入住的房屋建在一块单一的空地上，萨拉说这栋房屋需要另设一间卧室。他们找来了专为名人设计居所的建筑师大卫·C.特宾。在特宾改建房屋期间，鲍勃和萨拉全家人移至附近一处出租房内暂住。有一天鲍勃路过改建中的房屋，惊讶地发现除了一面墙壁之外整栋屋子都消失了。他问工人们屋子在哪里。工人们回答说，他们已将屋子砸倒以建造新卧室。鲍勃认定只要他们砸倒了这屋子，也就能建造出真正壮观的建筑物来了。

在与特宾讨论改建房屋的过程中，鲍勃对将新房建成特殊风格的建议不以为然,同时也否定了这片社区中颇为流行的风尚——仿造英国都铎风格公寓、法国式城堡以及战前的农庄住宅等。鲍勃说,如果他想要一栋英式风格的住所,他大可以到英国居住;如果他想要一栋墨西哥风格或者其他风格的住所,他也可以同样移居他国。"我只想要自己的梦幻城堡,"他告知设计师。在随后的三年中,鲍勃、萨拉与特宾合作修建完成了这座最为独特和奢华的梦幻建筑。不过原建筑物的一面墙仍耸立在那里,环绕着这面墙修建的是一个木质结构、犹如神话世界的宫殿,此举从技术层面上保证了建筑习惯,这才是一种改建。改建工作完成后,这栋建筑物内包含大约二十个房间,其中有拱形的客厅、一间石板岩铺地的宽敞厨房及一间面积巨大的卧室侧厅,每间卧室都专门设计有浴室套间。鲍勃与萨拉住在二楼一间独立的主卧室内,带有可远眺大海的独立院落。让人感到吃惊的是,鲍勃原本是一个相当节俭的人,但此次改造工程却不计成本。他告诉特宾自己想让客厅大得能"骑马通过",而在改建细节上进行频繁的修改也相应增加了支出。客厅中修建的厚重石质壁炉多次重新定位安装,壁炉基脚整整建了一周。鲍勃从明尼苏达打电话给特宾,说自己购回了曾拥有的第一批汽车中的一辆。他想将这辆车由天花板直挂下来。

"带不带发动机?"特宾问道。

嬉皮士艺术家们被雇来手工安装、摆放装饰品,其中包括复杂的玻璃制品、木质雕刻品以及浴室和厨房的瓷砖。最后有五十六名艺术家住在架设在地基上的锥形帐篷和吉卜赛帐篷内,支付薪水的时间长达两年多。为了便于瓷砖就地生产,还特意建造了一间烧窑。迪伦要求五个孩子为自己的浴室设计瓷砖样式。雅各布的房间里装饰着一幅绘有飞翔着的海鸥的壁画。形状如鲸鱼一般的巨大蓝色海鸥就飞翔在入口走廊的墙面上。屋内的门均为手工制作，且没有一扇是重样的。游泳池设计得如同自然水体一般，里面竖立着巨大的人造蘑菇。游泳池上建有一座桥，桥梁的支柱被雕刻成女性的腿部形状。虽然屋内的每件物品都是崭新的，鲍勃却想为这栋屋子营造出一种陈旧的氛围，因此外观美丽的木质和石膏作品必须特意加以磨损和老化。因为在改建期间曾经停工两次，承包人弗兰克·内斯尔变得有些心情沮丧，不过最终还是被说服回来继续完成这项工作。最初鲍勃想在楼顶建一座玻璃质地的天文台。这一计划随后又改成了建造一座俄罗斯风格的铜质洋葱形屋顶。有楼梯可以直达屋顶，从那里可以俯视桑塔·莫尼卡码头海岸。鲍勃说，当他回家时便可站在屋顶欣赏整座建筑。

"修建这栋房屋也包含着萨拉的一些傻念头。鲍勃一直很关注房屋的建设，但却未曾考虑到费用支出——房屋的修建进程已经超出了控制。"乔纳森·塔普林说，"我想从鲍勃的角度来看，他对这件事的反应应该是，什么时候才是个尽头？这些家伙什么时候才能离开我的家？"特宾认同房屋改建是鲍勃夫妇之间发生龃龉的原因之一的说法。在迁居至加利福尼亚州之前，鲍勃和萨拉都过得幸福快乐（伯纳德·帕图尔说，在伍德斯托克时从未听到两人争吵过），但现在两人之间却发生了争执。为了便于改建工程的进行，特宾分别让鲍勃和萨拉检查房屋的不同部分。有时他觉得自己更像是外交家而非设计师。但是他也说，鲍勃还是很喜欢参与讨论改建计划的，并且的确想出了不少点子。

鲍勃与萨拉之间的另一场危机发生在1974年春季，当时鲍勃参加了在纽约卡内基音乐厅一间画室内举办的绘画课，由73岁高龄的画家诺曼·儒本传授绘画技艺，他富有表现力，说话尖刻。有一天，他突然问鲍勃："你看到这个花瓶了吗？"他敲打着花瓶，"就画它!"鲍勃开始勾画花瓶,此时他才突然意识到他所谓看到花瓶,并非是真正意义上地看到了它。这一幕对于鲍勃而言是艺术方面的重要一课,而同时他也将这种观察角度应用在日常生活之中。

两人第一次碰面时,诺曼·儒本并不知道鲍勃是何许人。两人共同的朋友雅克·利维说:"儒本认为鲍勃没什么钱,是个穷小伙子。在谈到艺术时鲍勃表现得非常认真,并且全身心地钻研,由此儒本开始有些喜欢他了。"儒本的态度有所变化,开始关心起这位穿着破旧的学生是否有地方暂住,并且通知鲍勃可以暂时住在画室里,条件是他必须清扫画室。这一误解反倒让鲍勃喜欢上了这位老者。利维说:"鲍勃的确很喜欢人们对他一无所知,或者是以一种乐观、敬畏的方式来回应他。"确实,鲍勃在与这位画家相处的过程中逐渐被冲昏了头脑,后来他说,儒本"比任何一位魔术师都更有能力"。而这一冲昏头脑的情形似乎也引发了婚姻上的问题。"绘画课结束之后我回到家,从那时起一直到现在,我的妻子都无法理解我的感受。"鲍勃说,"自此我们的婚姻开始出现裂痕。她从不知道我在说些什么,在想些什么,而我也无法去加以解释。"

在纽约逗留期间,鲍勃出席了5月9日在菲尔特广场举办的一场公益演出。菲尔·奥克斯组织此次公益演出的目的是为了支持智利遭受迫害的人们——奥古斯都·皮诺切克在智利领导的军事政变取得成功后,持不同证见者纷纷被拷问和谋杀。"智利之友"音乐会场面非常混乱,而随着时间的推进演出也变得拖沓起来。等到鲍勃登台时,他似乎已经喝得烂醉,甚至还站在台上接过酒瓶喝了一大口。事实上,有些表演者在后台等候时就已经开始喝酒了。阿洛·格斯说:"我记得当时菲尔和其他人都带着醉意了。"

鲍勃喝得尤其厉害。他在演唱会间隙还抽了雪茄,这也略显得有些不当。他与萨拉多年来一直生活得平稳而和谐。而他生命中最为快乐的时期大概就是在1966年至1974年之间了,当时他支撑着一个家庭,不会外出举办巡演,并且按自己的喜好来制作音乐。同时他似乎也在尽量维持自己对伴侣的忠诚,按照天性这在以往几乎是难以想象的。在他重返乐坛并与乐队一同参加了"七四年巡演"之后,鲍勃的生活发生了变化。他又恢复了原先的那种生活,并且遇到各种各样的诱惑。而萨拉对摇滚巨星的生活方式始终持轻视态度,这对两人关系的维系毫无帮助。"她对此很是轻视,"乔纳森·塔普林说,"一旦有人想要谈论音乐,她就会感到厌烦。"

鲍勃在外出巡演的途中很容易就能找到女人,而萨拉并未陪在他身边以防这种情况的发生。塔普林补充道:"我想,他显然有可能时不时地屈服于来自女性的诱惑。"1974年7月,有报道宣称鲍勃的婚姻已经破裂。他与多位女性有染,其中包括哥伦比亚唱片公司主管,24岁的艾伦·伯恩斯坦。作家克林顿·海林曾报道在"七四年巡演"的2月间,鲍勃途经加利福尼亚州时与伯恩斯坦相识,后者在短期内成为他的女友。女演员鲁斯·泰兰姬尔声称她也曾在"七四年巡演"期的2月间与鲍勃萌生恋情,这一关系维持了十九年之久。鲁斯·泰兰姬尔与鲍勃之间的恋情之所以会曝光,是因为她1995年向洛杉矶高级法庭申请获取一笔赡养费。按照泰兰姬尔的陈述,她成了鲍勃的"护士,知己,同伴,雇佣,管家,厨师,社交顾问"。她说,鲍勃告诉她自己会与萨拉离婚,并娶她为妻。尽管泰兰姬尔的赡养费案件因未能对讼词提供证据而于1995年最终被法院驳回,但有证据表明她的确认识鲍勃,而且当时随员们都认为鲍勃已经有意展开婚外恋情了。鲍勃此举带给萨拉·迪伦难以忍受的压力,最终导致两人分手。

1974年，鲍勃在明尼苏达州度过了大半个夏季，而萨拉并未陪在身边。他最近在明尼阿波利斯东北方，乌鸦河的岸边购买了一块八十英亩的可耕种农场，随后便将这块地租给当地的农民种植农作物，并且将产业内的一间老式农舍改建成家庭活动室，将临近的谷仓改建成艺术室。鲍勃的弟弟大卫带着妻子和三个孩子也住了过来，在鲍勃住处旁边修建了属于自己的房屋。鲍勃邀请弟弟与他共同分享农庄这一事实说明了两人之间的亲密关系，但从鲍勃一年中大部分时间都不在明尼阿波利斯这一点上来看，两人之间的亲密关系还是有限的。这一对兄弟个性不同。与鲍勃相比，大卫更为坦率开朗，而鲍勃在他的个人生活中表现得似乎更为内向些。而且尽管两人都专注于音乐，但大卫始终都是在双子城发展。他并不渴望进入鲍勃活跃其间的纽约或者洛杉矶的音乐界，所以两人的发展道路很少有所交汇。两人的母亲在亚伯去世之后再婚，成为比蒂·儒特曼（她与乔·儒特曼结婚，而后者是鲍勃的朋友霍华德·儒特曼的叔叔），当时就住在明尼阿波利斯，她经常去农场，尤其是当八个孙儿辈的孩子都聚在一起的时候。农庄对于孩子们而言是一片犹如田园牧歌般的乐土。这里可以骑小马、游泳，而且还可以跑进双子城看电影。冬天，孩子们可以一起溜冰。农庄是一处安全的家庭基地，一个快乐的地方，此后多年鲍勃每逢夏冬两季都会回到这里度假。可是萨拉却很少来这里，她与鲍勃之间的裂痕变得日渐明显。

在农庄度过的第一个夏季里，鲍勃忙于为唱片《痕迹上的血》创作歌曲，这是继《约翰·韦斯利·哈丁》之后的首张唱片，也是足以延续此前荣耀的唱片。普遍认为，这些歌曲所描写的是错误的关系，也许就是在描写他与萨拉之间错误的婚姻关系，但事实上这些歌曲表现的是方方面面的爱。正如鲍勃后来在1985年出版的

《传记》的包装说明中提及的那样，绘画导师诺曼·儒本的思想对他的歌曲创作产生了巨大的影响。就像一幅画作可以同时描述一个故事的不同部分一样，鲍勃称自己在《痕迹上的血》中所创作的歌曲也能唤起对过去、现在和未来的联想。这在《缠绕忧郁中》表现得尤为真实，爱人们的相逢、他们的关系、讲述者在这一关系中的影像都交织在一起。《命运简单的纠缠》也是采用了类似的结构。富有浪漫色彩的开头描写"当夜幕渐渐昏暗"时情人们坐在公园内，随后转变为一位聆听者在意识到情人们互相失去对方时所萌生的遗憾。这些歌曲富含隐喻，充满了饶有兴趣的明喻：《你现在是个大孩子了》中写到时间过得飞快，就像是一架飞机掠过。同样是在这首歌中，鲍勃将酸涩的爱情描写成"像是我心上的螺丝锥"。不朽的经典歌曲《愚蠢的风》描写了对失败的愤怒，带有预言灾难的暗示。那句描写从一个女人那里继承了百万美元的歌词——他难以预料地"幸运"起来——是对鲍勃歌集中所表现出的黑色幽默的最佳解释之一。《莉莉，罗斯玛丽和红心杰克》是一首用西部暗喻包裹起来的复杂的爱情故事。《大雨倾盆》唱起来就像是一首童谣。《你的离去使我寂寞》显然受到了女友艾伦·伯恩斯坦的灵感触动，那年夏季她就住在农场内。这一点克林顿·海林已经指出，歌词中一个特别的地点名称阿什塔比拉就是与她在俄亥俄州的住所有关。尽管这是一首浪漫的歌曲，但鲍勃在这一年过去之前便已对伯恩斯坦的恋情感到厌倦了。

　　1974年9月鲍勃开始在纽约哥伦比亚唱片公司的录音室录制这些新歌，但却进展缓慢。他最初与埃里克·维斯伯格以及他的乐队合作。维斯伯格此前录制完成了《决斗的班卓》，这是选自电影《解救》中的配乐主打曲，而他清亮、动感的嗓音在《清晨与我相逢》这首歌中得到了最大限度的表现。音乐几乎相同，但是鲍勃在演唱后一首歌曲时表现得更为悲切,这首歌描写的是孩童们被告知母亲已远行,他们为母亲的离去而哭泣。鲍勃同时暗指歌曲中的男主人公可能从妓女那里获取安慰。尽管这首新歌强烈的、与众不同的音乐是由维斯伯格的乐队配合录制的,但并未收入唱片。在纽约录制唱片的剩余部分时,鲍勃更换了合作的音乐人。9月末他完成了《痕迹上的血》的录制工作,哥伦比亚唱片公司开始为唱片的发行做准备。可是鲍勃对密纹唱片的音效并不是很满意。

12月鲍勃返回农庄欢度圣诞,虽然从出生之日起便开始信奉犹太教义,但他每年仍会庆祝这一节日①。他将《痕迹上的血》的样片放给弟弟大卫听。鲍勃说这张唱片即将发行,唱片封套已经付印,但他仍对在纽约录制的近乎半数的歌曲感到不是很满意,特别是从歌词上很容易便会联想到他与萨拉婚姻的《愚蠢的风》这首歌。大卫建议两人去当地的录音室重新录制那些不太满意的歌曲。

大卫在双子城为电视台和电台广告制作单曲,同时这里也有不少从事录音的专家。大卫将经常合作的音乐家召集起来,其中包括贝斯手比利·彼特森和鼓手比尔·伯格,在明尼阿波利斯的噪音80录音室开始了录音工作,除此之外还有调控师保罗·马丁森。最初鲍勃的态度显得颇为冷淡,当他想发表意见时都是由大卫来充当传声筒。他们制作的第一首歌就是《愚蠢的风》。鲍勃在歌谱架上用铅笔重新填写歌词,随后将一张纸卷起塞入吉他的琴弦中以便能在演奏时看到新的歌词。鲍勃将原歌词中有关自己生活的痕迹抹去,只保留了较少的自传性(鲍勃后来否认《痕迹上的

---

① 犹太教徒并不过圣诞节,其节日完全源于希伯来圣经。——译注

血》根本就是自传体歌曲的说法,即便是他的儿子说这些歌曲"所描写的就是我的父母")。鲍勃对重新创作的《愚蠢的风》很是满意。他平静地对调控师马丁森说:"在这里能有好的方式处理事情。"这是鲍勃进入录音室后除了与弟弟之外对其他人说的最长的一段话。当天他们又录制了另一首歌《你现在是个大孩子了》。随后鲍勃和大卫带着经过初步剪辑的唱片回到农庄。

三天后,鲍勃与大卫带着鲍勃的孩子一同回到录音室。录音的开始阶段充满了家庭的温暖氛围,但当鲍勃唱起他那些破碎的爱情歌曲时录音室内的情绪开始变得黯然起来。"气氛有些低沉,"比利·彼得森说,"情绪有些沉重。"鲍勃一共录制了三首歌,首先试了歌曲《缠绕忧郁中》。随后开始录制的是《莉莉,罗斯玛丽和红心杰克》。这首重新录制的歌曲节拍轻快,且略有乡村滑步舞的味道。而新近加入的吉他演奏家的出色演绎也为这首歌增色不少,赋予这首歌完全不同的效果。鲍勃在原带上配上了风琴的乐声(这张唱片上除此之外仅有很少的原带配音,除了纠正了《愚蠢的风》这首歌的技术瑕疵之外,也采用了初步的混音)。当天晚些时候,鲍勃决定重新对《如果你看到她就说声"嘿"》这首歌进行剪辑。他想让当地音乐家彼得·奥斯特舍克在歌曲中加入曼陀林配乐。当鲍勃喊停并告知奥斯特舍克自己想要获得一种非同一般的音效时,一群人已经试着演奏多次了。由于不知道相关术语,鲍勃只能通过比喻来传达他的意思。"有那么一种我寻找的声响,"他说,"这声音就像是鸟类在空中拍打翅膀。"随后他拿起曼陀林,以令人吃惊的技巧演奏出一段颤音。

1975年1月,也就是录音工作完成三周之后,《痕迹上的血》公开发行并获得广泛的肯定,同时登上了榜单的首位。尽管鲍勃是在几个月之内与不同的音乐人合作并且在两所录音室完成唱片的录制工作，也并没有什么人对这张唱片发出刺耳的批评声。当然，不同乐器旋律的加入使得音效更为丰富。而歌词也可以称得上是鲍勃的最佳作品。对于一些听众而言，《痕迹上的血》是鲍勃最伟大的作品。而在鲍勃自己看来，他却很难理解人们为何如此喜欢唱片中所表现出的痛苦。

唱片制作完成之后是一段休息时间，对于鲍勃而言，他也享受到多年以来首次艺术与商业两方面均取得成功的乐趣。他看望了正在纽约演出的老朋友达纳·吉莱斯皮，并且出席了多场社交会，其中包括与"面孔"乐队的碰面，他与吉他手朗·伍德相遇并成为密友。在加利福尼亚州旧金山停留期间，鲍勃出席了比尔·格雷汉姆为学校举办的募集善款的义演。尽管萨拉·迪伦与鲍勃·迪伦已经分开了一段时间，但她出人意料地陪着丈夫出席了义演。两人试图修复彼此之间的裂痕，尽管旧金山的名流们都很清楚：这对夫妇的关系仍然相当紧张。唯一可以肯定的就是，萨拉对于《痕迹上的血》收录的部分歌曲感到不快，原因是这些歌曲似乎异常清晰地描写出了她的婚姻生活状态。然而，由于萨拉从未谈及任何她与鲍勃的生活细节，同时在与他人交谈时也特别的小心，所以很难知道这种说法的真实性。

感情的修复并没有维持多久，几个月之后鲍勃独自一人与画家大卫·奥本海姆前往法国，后者为《痕迹上的血》制作了封底。旅法期间的假期正逢鲍勃的 34 岁生日，尽管萨拉一度想要前往祝贺，而鲍勃也频繁给她打电话，但她最后并没有前往法国。按照奥本海姆的说法，鲍勃"彻底感到失望、孤独、不知所措"，两人为了寻开心便跑去饮酒狂欢。"我们与女人做爱，大吃大喝，"他说，"在同一时刻享受着悲惨与美好的感受。"鲍勃生日那天他们参加了吉卜赛人的庆典活动，遇到了一个自称是吉卜赛人之王的人。这段经历所触发的灵感造就了一首新歌——《再来一杯咖啡》。与此同时，鲍勃开始构思另外一首歌曲，内容描写他是多么的想念妻子。这首歌的名字就叫做"萨拉"。

1975年潮湿的夏季到来时，鲍勃回到了纽约，大多数夜晚他都待在位于布利克街上的"另一末端"饭店。他一边喝着木桐嘉棣红葡萄酒，一边与俱乐部老板保罗·科尔比聊天，有时也会与老朋友"流浪者"杰克·埃利奥特、博比·纽沃斯应酬。科尔比负责俱乐部的日常营业，他留出一个小隔间，以方便鲍勃欣赏演出，而鲍勃也很快便出现在舞台上，作为嘉宾演出节目。就这样，他遇到了一批更为年轻的音乐家，其中包括原本在大卫·鲍伊[①]乐队中担任吉他手的迈克尔·罗森[②]、领导一个山区乡村摇滚乐团体并且有时为"流浪者"杰克·埃利奥特担任贝斯伴奏的罗布·斯通纳[③]（摄影师亚瑟·罗斯斯坦恩[④]之子）。鲍勃经常整晚待在俱乐部里，如同格林威治村复兴运动期间那般欢乐而令人兴奋的音乐场景展现在人们眼前。

这年夏季的一天，鲍勃步行穿过苏荷街区时遇到了剧院主管兼歌词创作人雅克·利维，他曾与罗杰·麦昆合作写歌，其中包括

[①] 大卫·鲍伊（David Bowie, 1947—　），英国音乐家，演员。在从艺五十年间不断改变形象，成为流行乐坛中的创新者。他独特的嗓音和富有智慧的作品影响了众多的音乐家。——译注

[②] 迈克尔·罗森（Michael "Mick" Ronson, 1946—1993），英国吉他手，作曲家。——译注

[③] 罗布·斯通纳（Rob Stoner, 1948—　），全名为罗伯特·大卫·罗斯斯坦恩，美国乐器演奏家。——译注

[④] 亚瑟·罗斯斯坦恩（Arthur Rothstein, 1915—1985），美国摄影师。被认为是美国一流的新闻摄影记者之一，其作品题材广泛，深受美国读者喜爱。——译注

《栗色母马》。鲍勃和利维原本就认识,鲍勃接受邀请前往利维的阁楼公寓。鲍勃对利维说:"你知道吗,我很喜欢和你合作写歌。"他坐在钢琴旁,开始演奏夏季创作的歌曲。《再来一杯咖啡》已经完成,而《萨拉》的创作也已接近尾声,后者是一首写给妻子的自传体情歌。在这首歌中,鲍勃将萨拉描写成生命中的爱人,并且宣称他所写的《眼神凄凉的低地女孩》就是送给萨拉的。"人们总是认为这首歌是写给琼·贝兹的,"对这种直率感到惊讶的利维说,"他从未真正坦白过,对此他毫不掩饰。他对这样做事略有些犹豫。而当他演唱歌词内容时,我认为这样做非常好。我估计他还会继续下去。"鲍勃同时也获得了创作其他歌曲的灵感,其中包括那首他称之为"伊西斯"的曲调奇异的歌曲。利维与鲍勃坐在钢琴旁的凳子上,开始共同创作这首歌曲,将鲍勃的灵感转变为一首叙述性歌曲,这首歌成为一首含有西部比喻及少量狡猾幽默成分的神秘情歌。歌曲完成后利维将歌词打出来,两人前往"另一末端"饭店。此时已临近饭店歇业的时间,但仍有鲍勃的几个朋友坐在里面。鲍勃问:"你们想听首新歌吗?"随后他拿出《伊西斯》的歌词,像朗诵诗歌一样高声念起来。利维回忆道:"每个人都如同被粘住了一样坐着不动。"

《伊西斯》获得了热情的认可,鲍勃建议利维与他加强合作,而这也是他职业生涯中首次与他人共同创作。鲍勃有一个想法,打算写一首关于前中量级拳击手罗宾("飓风")·卡特的歌曲,这位拳击手虽然宣称自己并未犯罪,但却因一项三人谋杀指控而被判终身关押在纽约的监狱中。

罗宾·卡特早年曾多次被关进感化中心和监狱,是种族主义的受害人,但同时他的火暴脾气以及犯罪倾向也使他频频犯下鲁莽的罪行,其中包括抢劫。20世纪60年代早期,卡特成为一名事业有成的拳击手,同时他也是一位虔诚的穆斯林。1964年他的言论被《周六晚间邮报》所引用,其语义显然是呼吁把白人警察都杀掉,卡特宣称他的意思是被人断章取义了,但他仍受到普遍的谴责,他的批评者甚至包括他的同伴——非裔美国人中的斗士"糖果"雷·罗宾逊。卡特认为警方之所以会将他与1966年6月17日新泽西州帕特森市一家酒吧中发生的三人枪击致死案联系在一起,《周六晚间邮报》的推波助澜应该负有一定的责任。有目击者声称看到两个非裔美国人从犯罪现场离开,而卡特和他的一个朋友约翰·阿提斯则被认定是罪犯。主要的控方证言出自阿尔弗雷德·贝洛和亚瑟·德克斯特,两人是三流的骗子,当时正好就在枪击现场附近想要实施入室行窃。卡特认为贝洛和德克斯特装作认定他和阿提斯是罪犯,以求自己能免于被控。他认为自己是因"痛恨警察,痛恨闯入者"的言论而受到种族主义法庭以及腐败的白人警方处理的。

1974年9月,贝洛和德克斯特承认自己在法庭上说了谎,这一案件重新被翻了出来。卡特写了一份有力的实录,他称之为"第十六轮",一些人确信他是清白无辜的,其中包括麦迪逊大街广告主管乔治·罗伊斯。正是罗伊斯组织了飓风信托基金为复审筹措资金。《第十六轮》的复印件被分发给各界名流,其中也包括鲍勃,而这本书的内容也打动了鲍勃,他前往探望仍在狱中的卡特。两人一见如故,鲍勃提议创作一首关于案件的歌曲。《飓风》这首歌气势恢弘生动,这部分要归功于利维的戏剧敏感性,开始部分就像是一部电影——在夜晚时分枪声响起。同时它也像是一本优秀的杂志,概述了一桩复杂的案件,其中包含几个人物和相互冲突的证词,歌曲长度达八分钟。如果说这首歌曲犯有一个错误的话,那就是卡特并不能算完美的人物。歌中并没有提及他的对抗言论、犯罪历史或火暴的脾气。重复的副歌部分——他会成为"这个世界的冠军"——会让人略微生出一些误解,认为他在最后十五场比赛中丢掉了七场。无论怎样,鲍勃成功地强调指出:卡特是因莫须有的罪行而蹲监狱的。

鲍勃在"另一末端"饭店内住了一段时间,这里嘈杂热闹,很难像在纽约那样创作歌曲,因此鲍勃邀请利维与他一同待在靠近长岛的丽莉池巷的海滨别墅内,鲍勃在这里创作出了歌曲《萨拉》。这是一栋巨大而空旷的房屋,舒适的海风吹得屋内非常凉爽。萨拉和孩子们应该都不在这里,而且也没有管家照顾他们。鲍勃和利维推着购物车在当地超级市场闲逛,利维说当时两人"就像是一对夫妇"。双方的合作进行得非常好,利维在电影方面的知识对鲍勃深入地了解歌曲创作的方法有所裨益。他们都为相同的主题所吸引,例如丧失公民权的人们在社会中的生存状态。两人根据利维所知晓的纽约黑手党琼尼·伽罗的生平为基础一起创作了歌曲《琼尼》。其他的歌曲则都如同魔法一般描绘奇异的场景,而这些都源自两人喜爱的文学作品。鲍勃和利维都很喜欢约瑟夫·康拉德的小说,并由此萌发灵感,创作了歌曲《黑钻海湾》。这首歌的结尾部分向听者传达出一种讯息,那就是讲述者是在晚报上看到这部小说的。"此处所采用的无疑是布莱希特的一种理论,"利维解释说,"要改变身在故事情节之中的状态,因为你始终都认为自己是处于这样一种状态,然而当你突然走出这一状态再次审视时就会有所发现。"而唱片中的其他歌曲也非常奇异,这显然是深受散文化的影响。《莫桑比克》的灵感源于两人之间一场看谁能多找出些"-ique"韵的游戏。《杜兰戈的浪漫史》开始部分所描写的红辣椒源自一张来自墨西哥的明信片,上面拍摄的是屋顶曝晒的红辣椒,题文写着"阳光中火热的红辣椒"。这一主题来自鲍勃拍摄《比利小子》时的经历。"这首歌曲含有一些关于牛仔的故事,"利维说,"被通缉的小伙子和女孩……就像多年前的西部。"

尽管距离他完成《痕迹上的血》仅有七个月的时间,鲍勃却突然发现自己已经创作完成了一系列新歌,于是便想将这些新歌录制成唱片,他打电话给哥伦比亚唱片公司,告知他们自己将前往纽约录音室。此时还没有稳定的乐队与鲍勃合作,但保罗·科尔比那里却有很多的音乐家可供他挑选。与此同时鲍勃还在街上寻获了一位音乐人。当时他正驾车沿纽约的13号大街前行,看到一个吉卜赛打扮的高个子女人拎着小提琴箱。她那一头长达三英尺的秀发就垂在身后。"你会演奏小提琴吗?"鲍勃停下车问。那个女人回答说她的确会。

斯卡莱特·里维拉是一位生性羞涩的年轻女子,她来自中西部,在纽约一支名为"萨尔萨"的乐队中工作。斯卡莱特·里维拉与鲍勃花了一天一夜的时间一同制作音乐,随后她受邀前往哥伦比亚唱片公司位于市中心的"E"录音室开始制作新唱片,这张新唱片鲍勃命名为"渴望"。虽然里维拉此前还从未进入过录音室,但她的小提琴演奏却使得唱片的音效更为清透。里维拉眼中的"E"录音室一片混乱。成群的音乐家被召集来参加始于7月14日的录音工作,因为人数众多,不得不暂时将隔壁的录音室用作演员休息室。房间内摆放着巨大的餐具柜、一些饮料以及大麻烟。参与录音的音乐人从乡村民谣歌手艾瑞克·福瑞德森到巨星埃里克·克莱普顿。同时到场的还有"戴夫·梅森"乐队成员以及英国布鲁斯乐队"可可莫"乐队的全部十位成员,他们刚刚在中央公园举办过一场爵士乐演奏会之后便被召集至此。第一天下午有些人偷偷跑掉了,有些人心生误解,有些人则大发脾气。最终仅《杜兰戈的浪漫史》这首歌得到鲍勃认可,算是录制完成了。

"好的,伙计们,忙完了。"董·德·维托说,"博比的嗓子倒了。"

"什么狗屁的嗓音?""可可莫"乐队的吉他手吉姆·马棱咆哮起来。

在鲍勃最后将这些音乐家打发回去之前,至少有过三次这样的录制过程,最终确定下的录制工作团队成员有:斯卡莱特·里维拉、贝斯手罗布·斯通纳以及斯通纳的鼓手哈维·惠氏,后者是艺术家安德鲁·惠氏的亲戚,希娜·塞登伯格加入了打击乐演奏,艾米罗·哈里斯担任伴唱。这支团队在两天之内便完成了唱片的录制工作,而贯穿歌曲的口哨声则是鲍勃最为满意的亮点。

萨拉·迪伦出人意料地在第二阶段录音夜间,也就是7月31日来到现场。"她赶到纽约,我猜是来看看能否重修旧好。我想,她一直都挂念着这事儿,而鲍勃也有类似的想法。"利维说,他整个夏天都没有看到萨拉(她去墨西哥度假了)。鲍勃与乐队一道回到录音室,拿起一把吉他。他演唱了《萨拉》这首歌给妻子听,而萨拉则在玻璃墙另一侧望着他。这首歌唤起了对沙滩假期的美好回忆,那时孩子们都还小,同时也提到了两人首次在一起度过的那个葡萄牙假日。鲍勃请萨拉原谅他近期犯下的过错,并且动情地唱出结尾:"永远不要离开我,永远不要离去。"

"当时的情形真的很特别。你甚至能听到针落到地上的声音。"利维说,"她完全被打动了。我想这就是一个转折点……鲍勃的歌曲发挥了效果。两人和好如初。"鲍勃首次演唱《萨拉》这首歌,随后便将其收入唱片《渴望》作为末尾歌曲。

9月中旬,鲍勃与乐队一道飞往芝加哥参加一档电视节目,以此答谢前制作人约翰·哈蒙德。他们的演出未经事先演练,但还是与鲍勃合唱了三首长歌,其中包括《飓风》和《命运简单的纠缠》。

这场演出似乎是鲍勃在测试这些音乐家的水平,看他们能否适应他即兴的表演风格。罗布·斯通纳就站在鲍勃身后,因此能从后面看到鲍勃左手在琴弦上的变化,也能看到他用鞋跟打拍子的动作。"当和弦发生变化时可以通过观察手部肌肉的松弛状态来预先加以判断。"斯通纳说,他担负起了乐队指挥的职责,"由此你能看出手是以何种方式移动的,看出将会采用哪种和弦方式。"这是鲍勃手下乐队指挥常用的方法,专心观察他手部及脚部的动作,随即再向其他乐手发出信号告知所做出的变化。

多年来鲍勃经常会和朋友谈起想举办一场巡演滑稽剧,乘坐着火车到处旅行,在小城市举办一场场的演出。那是一种近乎狂欢风格的演出,让他回想起早期在达科他州度过的时光。这年秋季,鲍勃的想法获得了哈蒙德的赞许,于是决心再展开这样的一场演出。他选用以斯通纳为队长的一支核心音乐团队,斯通纳评价这支乐队就像是"一支身处歌舞杂耍演出中的核心乐队",同时还邀请表演嘉宾加入团队。博比·纽沃斯是首批签约人中的一位,按照斯通纳的说法就是,此举是"为了回报他为迪伦提供的所有服务"。他的确不是一个叫座的明星。某天晚上,在"另一末端"俱乐部演出时,杰克·埃利奥特也收到了邀请。"博比和我讨论演出的相关事宜。"迪伦说着递给埃利奥特一杯葡萄酒,"我们将坐着公共汽车展开巡演,还会演奏一些爵士音乐(他在发"爵士"这个词的音时声音有些含混)。""你听懂我的意思了吗?"

"把我也算进去吧,"埃利奥特说。

捷克奎斯·列维[①]也将登台表演。鲍勃在夏令营结识的朋

[①] 捷克奎斯·列维(Jacques Levy,1935—2004),犹太裔美国歌曲创作人,临床心理医生。——译注

友,靠鱼塘赚钱的路易斯·坎普监管后勤。鲍勃邀请罗杰·麦吉恩出任另一位明星嘉宾,后者欣然接受。同时他还邀请了琼·贝兹,尽管1965年的分手让人心情沮丧,但她仍答应下来了。贝兹对鲍勃的爱意从未消失,甚至在近期还创作了一首颇值得人们关注的歌曲《钻石与铁锈般的爱情》。在这首歌曲中她心情郁闷地追忆两人的爱情,说鲍勃眼睛的颜色就如同知更鸟的鸟卵一样湛蓝。有些人认为这是她创作的最好的一首歌曲。

1975年秋季,一场名为"滚雷喜剧"的巡演逐渐成形,越来越多的艺术家接受邀请。"滚雷喜剧"巡演进行得很有组织,朋友之间互相传递着演出的讯息。当时博比·纽沃斯正和抽象派画家拉瑞·彭斯同住在位于百老汇的阁楼里。吉他手迈克尔·罗森和亨利("丁骨牛排")·伯内特[①]也住在这里,后者是来自得克萨斯州的高个子吉他手,长着一双凸眼。某个晚上,这些人在"另一末端"俱乐部喝了酒后跑到阁楼上,举办了一场摇滚乐的即兴演出。在开始演奏之前,音乐家们在阁楼的一端投篮,拉瑞·彭斯则向鲍勃展示他的抽象派画作。他的创作方式是在帆布上抛洒颜料,随即对帆布进行剪切。彭斯问鲍勃这幅画该起个什么样的名字。"他立刻就知晓了我作画的意图。"彭斯说,"他随即便回答道,'南瓜图'。因为帆布上有南瓜色,就像橘色和黑色。"这个名字随即便定了下来。当晚在彭斯阁楼上举行的摇滚即兴演出气氛异常热烈,在演奏《渴望》中的新歌时鲍勃交替弹奏吉他和大钢琴。"那是我一生中最难忘的夜晚之一,""丁骨牛排"·伯内特说,"鲍勃将一沓打印稿放在钢琴上,开始演唱《幼兽》、《杜兰戈的浪漫史》、《再来一

[①] 亨利("丁骨牛排")·伯内特(Joseph Henry "T-Bone" Burnett, 1948—),美国歌曲创作人,音乐家,制作人。——译注

杯咖啡》……所有的那些歌曲。"这似乎是鲍勃身上一种不可思议的特质。"这是我第一次注意到这一点，我不知道他是经历过时空旅行、物转星移还是其他的事情。"伯内特笑着补充，"但当你注视着他时，他看起来就像是一个15岁的小男孩，而当你在另一时刻再看着他时，他却又像个18岁的成人了，而此时他正值三十多岁。"

"丁骨牛排"·伯内特与另一个参加此次即兴演出的年轻吉他手斯蒂芬·索里斯都加入了巡演乐队。"'滚雷喜剧'的团队就是这样形成的。"索里斯说，"它就是在那个夜晚诞生的。"在补充了打击乐手拉瑟·瑞克斯和十几岁的小提琴手，滑棒吉他手，曼陀林手大卫·曼斯菲尔德之后乐队构建完成。曼斯菲尔德经女友介绍到"结局"俱乐部之后便与纽沃斯同台演出。"这一幕带有着戏剧的效果。"他说，"整件事都如同笼罩在药物和龙舌兰酒迷雾中的马戏。"艾伦·金斯堡受邀朗诵诗作。近期在罗伯特·奥特曼执导的电影《纳什维尔》中担任主演的女演员兼歌手罗尼·布莱克利终止了巡演，加入到"滚雷喜剧"巡演中来。她在新版的《飓风》中担任伴唱，这首歌因歌词的合法性问题而必须及早录制。乔治·洛伊斯将这首歌的录音带送给了狱中的罗宾·卡特，告诉他这首歌曲将作为单曲发行。"听完歌后的卡特显得失魂落魄！这首歌真是太美了。"洛伊斯说，"卡特的眼中盈满泪水，失声痛哭了起来。"

乐手们都在靠近鲍勃出版公司的葛莱美西旅店订了房间，而利维则着手准备彩排的相关事务。让很多音乐人感到惊讶的是，鲍勃决定以此次巡演为基础拍摄一部电影。他自费雇用了两支专业工作队伍，分别命名为"A"队和"B"队，由霍华德·阿尔克、迈克·霍华德分别监督其工作。人们逐渐意识到，鲍勃对这部由他命名为"雷纳多和克拉拉"的影片的期待要远超过任何一部音乐会录影带。它是一件带有欧洲电影导演艺术风格的艺术品,而鲍勃和朋友们将付诸行动,拍摄出生动的镜头。鲍勃雇用年轻的剧作家山姆·夏普德撰写剧本。"我们不必建立联系。"当两人会面时鲍勃对山姆·夏普德说,这一会面对山姆·夏普德或者是任何人都毫无意义,但却预示着即将到来的拍摄工作是混乱无序的。夏普德只是点了点头,他似乎已经理解了鲍勃的意图。与迪伦的会面往往充满了感染力,因此人们难免会对这个人有所预想,而且很难打断鲍勃并对他说,"等一等,你在说些什么?"随后鲍勃问夏普德是否看过《枪击钢琴师》这部电影。

"它就是你想要制作的那种类型的电影?"

"有几分相似,"鲍勃仍像以往一样高深莫测地回答。

这位剧作家不久就发现他写的剧本事实上完全多余。"实际我们从未写过一部剧本。"夏普德说,他决定写一部关于巡演的书,最终以"'滚雷喜剧'日志"之名出版,"某种程度上这是一本并不成功的书,因为这只是我的一种尝试,希望能够做些对巡演有益的事情,在书中我能感到自己与此次巡演同行。"

巡演尚未开始,整个团队便已经笼罩在一种爱丽丝梦游奇境的氛围中。艾伦·金斯堡强烈渴望获得关注,急切地希望电影中能尽可能大量地出现他的诗作。斯卡莱特·里维拉表现得异常紧张,她的确不善言谈,只是穿着戏装在脸上进行图案绘画这一点深深地吸引着她。表情疯狂的罗杰·麦吉恩四处闲逛,随身携带的行李箱内装着一部最新款的移动电话。新闻发布会由《滚石》杂志记者拉索·所罗门主持,他表情憔悴而难看,琼·贝兹借用《午夜牛仔》中的人物拉索·瑞佐给他取了个外号叫"拉索"。

10月23日,喝得醉醺醺的团队在摄影机和食客们的簇拥下挤满了"杰德民谣城",20世纪60年代初鲍勃和许多同时代的人就是在这里开始了他们的音乐生涯。"杰德民谣城"的主人,1961年介绍鲍勃加入音乐家协会的迈克·波克当时正在庆祝61岁生日,他非常高兴鲍勃回到俱乐部参加整晚的音乐演出和狂欢。

多年以前,当博比·纽沃斯还是鲍勃的旅行随员和兼做勤杂工的办事员时,他便以"贴身薄饼"而闻名。现在他出现在"杰德民谣城"的舞台上,戴着佐罗的面具和鲍勃的灰色浅顶软呢帽,就像是"戴着面具的玉米粉圆饼",这是他在《雷纳多和克拉拉》中所扮演的角色。为了便于拍摄,纽沃斯朗诵完一首诗歌之后将帽子和麦克风递给了面色苍白、看似病弱的菲尔·奥克斯。因酒精中毒而皮肤浮肿的奥克斯是一个带有悲剧色彩的人物,他饮酒后常醉得不省人事,被禁止进入附近的"结局"俱乐部。奥克斯是鲍勃在筹划"滚雷喜剧"巡演期间通知的那批人中的一位,他非常想加入团队。但不幸的是,说起来这事似乎难以想象,在这一阶段奥克斯时常会产生幻觉,认为自己是一个名叫约翰·特恩的人,而有时奥克斯则又成了一个妄想狂,一个盛气凌人的家伙,一个有着自杀倾向的人。"他是一个患有精神分裂症的病人,"他的朋友戴夫·范·容克说。在某些人看来,奥克斯在"杰德民谣城"的演出是令人伤感的。他戴着鲍勃的浅顶软呢帽直接冲着鲍勃的位置演唱,有时当鲍勃从椅子上站起身来,奥克斯甚至伤心地叫喊起来,似乎担心鲍勃会离开。鲍勃示意他自己只是去吧台而已。

一周之后,也就是1975年的10月30日,"滚雷喜剧"巡演在马萨诸塞州的历史名城普利茅斯正式揭开序幕。普利茅斯战争纪念馆礼堂是一个规模较小的剧场,这正好与鲍勃的初衷相吻合——小剧场能够保证巡演的亲密气氛。礼堂非常狭小,很少有名人来此城演出,所以当地电台宣布一支由鲍勃·迪伦、琼·贝兹带队,"垮掉派"诗人艾伦·金斯堡和影星罗尼·布莱克利①鼎力加盟的剧团将在此地演出时,整座普利茅斯城都沸腾起来。布莱克利说:"那情形就像是一支马戏团进了城。"

巡演初始给人一种举办盛大宴会的感觉,人们疯狂地喝酒(巡演开始之后不久,在戈登·莱特福特②家中举办的一场情绪骚动的聚会上,纽沃斯将他的夹克扔进了炉火)。同时团队中的成员们还大量吸食可卡因,和斯通纳一样,这种药物被当时大多数音乐家称为"休闲活力的源泉"。"你会怀疑还有什么人没有吸食这种药物,"流浪者杰克·埃利奥特说,有人警告他不要从毒贩那里购买可卡因,"他们害怕如果我口袋里藏有毒品,那么就会遭到逮捕。这会让他们和我都非常为难。"然而艺术家们还是能从巡演团队中的某个人那里获得可卡因。"演出前夜我去探望那个家伙,并且带着响亮的鼻息声说'谢谢你!',随后我登上舞台……可卡因真是不错。"

音乐人之所以吸食可卡因,部分原因是为了在普利茅斯演唱会上能表现得更为精力充沛,几位音乐人上了台之后就如同充了电一般。虽然如此,他们对音乐无可争辩的激情却是显而易见的。"我从1966年便开始观看鲍勃的演出,"拉索·所罗门说,"我从未看过他像在'滚雷喜剧'巡演期间那样整晚都表现得非常出色。他的演出让人感到惊讶,活力四射,而且令人难以置信地充满了激

---

① 罗尼·布莱克利(Ronee Blakley,1945—),美国演员、歌手、歌曲创作人、作曲家、音乐制作人、导演。——译注

② 戈登·莱特福特(Gordon Lightfoot,1938—),加拿大歌手、创作人,在民谣、乡村音乐以及流行音乐领域均取得了非常高的成就。——译注

情。他们乐于在人们的面前演出，做些独特的事情，而他们也的确做到了。每晚都充斥着令人惊异的音乐，而这表现出了惊人的信心和精神。"

舞台上音乐人的表演让人生出了一种老派的、近乎杂耍演员的感觉。黄色的舞台帘布印有马戏团风格的字体，卷起后便显出吉卜赛风格打扮的音乐家们，他们站在一张时髦的地毯上演奏着各种乐器，弹奏出与迪斯科时代不协调的音乐，他们所使用的乐器包括曼陀林、小提琴和巨大的老式原声吉他（迈克尔·罗森尝试着让鲍勃来演奏电子吉他，他要求乐队管理员将装置用钩子钩住，以便鲍勃能通过控制脚踏板来获得一种更富有现代气息的音响效果。鲍勃心存疑虑地问："好的，但这会不会把我的声音搞得很像巴迪·盖伊[①]？"），演出给观众留下了深刻印象。"从某种意义上说，我可以让这些所有的元素都非常富有戏剧性，因而听众能从中获得放松。"利维说，"当晚揭幕时我安排整支乐队都登上舞台，每个人都出现在观众的面前。在进入下一个环节之前会进行一段长时间的演出，每首歌的间隔时段我会变换灯光，以使得舞台笼罩在朦胧的青色之中。一部分歌手走下舞台，其他人则留了下来。当整场演出进行到某一时刻时，我就会不经事先介绍，直接让鲍勃现身舞台。一开始人们还不会注意到他，因为按照惯例巨星都是在最后登台的。他戴着帽子，全身隐藏在阴影中，与乐队站在一起，他们开始演唱，灯光逐渐亮起来，鲍勃唱着歌，人们开始变得疯狂起来。"

鲍勃戴着浅顶软呢帽出现在人们的眼前，帽子上别着花，有几

[①] 巴迪·盖伊（George "Buddy" Guy, 1936—　），五次格莱美奖获得者，布鲁斯音乐家，歌手。——译注

晚他把脸涂成了白色。有一天晚上鲍勃甚至戴上了透明的塑胶面具。他的外套是褪色的蓝牛仔裤、白色衬衣和黑色背心。观众们目不转睛地欣赏着他的演出,而他的双眼也注视着观众,歌声就如同泉涌一般倾泻而出。"在演唱第三或第四首歌时,鲍勃掏出口琴,吹了一曲,听众们大声呼喊,除了飞机起飞时的轰鸣声,我还从未听到过如此热烈的喝彩声。""丁骨牛排"·伯内特说。虽然唱片《渴望》尚未公开发行,但鲍勃仍富有激情地演唱了其中的新歌,而人们则狂热地欣赏歌曲,报以雷鸣般的欢呼声。斯卡莱特·里维拉说:"听众们的脸上没有显露出一丝一毫的疑问。"演唱会上另一个让人意想不到的亮点是新版的《伊西斯》,鲍勃以强烈的快节奏演唱了这首歌,而且在过程中也异乎寻常地没有弹奏吉他。他在热情地演唱歌曲时左手神经质地抽动着。随后鲍勃将双手举到脸部,开始像个高手一样吹奏起口琴来。12月4日的演唱会上,鲍勃对魁北克蒙特利尔的听众们说,《伊西斯》是一首"关于婚姻"的歌曲。在倒数第二句结尾处,讲述者与爱人之间有一段交流,询问他是否可以留在她身边。鲍勃给出了欢快的"是的!"的回答,而听众们也完全融入歌曲氛围之中。这就像《生如滚石》中的副歌部分一样充满了喷涌而出的冲动活力,但却没有消极成分。蒙特利尔演唱会被录制下来,后来成为《雷纳多和克拉拉》中的一个片断,同时也收录在《自传》盒带内。"这一特殊的录像带含有……非常强烈的自由,戏耍、疯狂的'滚雷喜剧'巡演,迈克尔·罗森的摇摆以及两名鼓手的哭嚎。"斯通纳说,他在鲍勃唱最后一段歌词时也随之尖声叫喊,"就像考特拉尼[①]。"

---

① 约翰·考特拉尼(John William Coltrane, 1926—1967),美国爵士乐萨克斯演奏家,作曲家。——译注

尽管演唱会的时间非常长,有些晚上能达到四个小时之久,但鲍勃在台上的时间通常都还不足一小时,而他的贡献就是恰如其分地把握住关键时刻,以求产生最佳的戏剧性效果。因此他通常在第一幕演出中以《伊西斯》这首歌作为终结曲目,当听众希望听到更多的歌曲时却走下舞台。第二幕开始时迪伦和贝兹通常会演唱约翰尼·阿克①的情歌《决不让我离你而去》,这是贝兹尚在孩童时代便已学会的一首歌曲。开始时两人都站在幕布后面,听众最初想到的是迪伦与贝兹同台演唱,但很快便意识到从60年代中期开始两人就从未合作过。随后幕布拉起,出现在人们眼前的正是迪伦和贝兹。之所以有此安排,部分是因为两人旧情复燃,同时也是因为彼此之间性别上的化学反应,这一幕成为影片《雷纳多和克拉拉》的核心主题之一。萨拉·迪伦也加入巡演队伍之中,外表脆弱、已经36岁的她看上去要比实际年龄苍老,但她似乎对贝兹的出现出奇的冷静。确如贝兹所说的那样,两人甚至成了朋友。

影片的拍摄工作仍在继续着,巡演的每个细节都被录制下来,但鲍勃最为关心的却是那些即兴的镜头。这些镜头能被处理得非同寻常,而且不会按导演的习惯思路展开,这其中的部分原因是因为没有人单独进行指导(罗尼·布莱克利曾问过恼怒的鲍勃是谁在指导"这部受诅咒的电影",她说迪伦和纽沃斯互相指责)。普利茅斯演唱会举行之前,斯卡莱特·里维拉应邀与鲍勃以及摄制组驱车前往一栋废弃的农舍拍摄一组镜头。显然这组镜头并没有剧本可以依照,鲍勃以及其他人都在纷纷指导里维拉该如

---

① 约翰尼·阿克(Johnny Ace, 1929—1954),美国节奏布鲁斯音乐明星。——译注

何完成拍摄工作。他们只是互相进行简单的交谈。"我想必须在'命运'这一主题上做文章,"她说,"在某一地点某一时间相遇,两个灵魂再次重逢……就是这样展开的。"

秋季"滚雷喜剧"巡演来到了新英格兰,途中不断停下来完成即兴的拍摄工作,其中包括对马萨诸塞州洛厄尔杰克·凯鲁亚克墓地的走访,鲍勃在那里对艾伦·金斯堡说,他想去世后埋在一座没有标记的墓地中。

这一刺激的巡演吸引了众多大名鼎鼎的嘉宾明星,例如琼尼·米契尔,她从加利福尼亚飞过来演唱她新近发行的唱片《夏日草坪上的嘶嘶声》中的歌曲。另外一位前来拜访却未曾表演的巨星是布鲁斯·斯普林斯廷。"这个叫做斯普林斯廷的家伙是谁?"在康涅狄格州的纽黑文举办演唱会之前鲍勃问罗布·斯通纳。很难想象鲍勃竟然不知道性格羞涩、脸上长有麻点的年轻的斯普林斯廷,他最近刚刚被约翰·哈蒙德签至哥伦比亚唱片公司,广告宣传中称他为"新的迪伦"。通过举办大量的宣传活动,斯普林斯廷的唱片《生性善跑》已经达到金唱片的销售量,最终在美国的销售总量为六百万张,这一数字远超过迪伦此前发行的任何一张唱片(《痕迹上的血》和《渴望》是鲍勃职业生涯中销售得最好的两张唱片,尽管如此,到 20 世纪 90 年代这两张唱片也才达到了双白金的数据[①],而两者的总销量仍未接近《生性善跑》的销售数据)。众所周知,斯普林斯廷在音乐领域之所以能够不断获得发展,是依靠哥伦比亚唱片公司无穷尽的资金投入达成的。"大红"——行业内对哥伦比亚唱片公司的称呼——从未以这种方式宣传过鲍勃。他出

[①] 1994 年美国唱片协会确定《痕迹上的血》在美国达到双白金销量。《渴望》在 1999 年达到双白金销量。——原注

生的时期较早,当时的艺术家们都是自己动脑筋推销唱片。罗布·斯通纳问道:"我不知道鲍勃是不是在开玩笑。他怎么可能不知道这个家伙是谁呢?"迪伦与斯普林斯廷之间会面时表现得非常友好,而斯普林斯廷不参加巡演的唯一原因是他想选用自己的"E街"乐队,而鲍勃则希望嘉宾都用巡演乐队伴奏。事实上他们后来成为相当亲密的朋友。

虽然巡演是在一种欢乐的、近乎家庭般的氛围中展开的,中途不断有朋友加入,但鲍勃还是与大多数的音乐人、工作人员隔离开来。他坐着那辆属于自己的豪华房车旅行。音乐人和嘉宾明星们则乘坐另外一辆狭促的巡演车尾随其后,轮流躺在六张狭小的帆布床上休息。尽管音乐人每天晚上都能在舞台上看到鲍勃,但他却很少与亲信圈子之外的人交谈,在他人眼中最大限度地保持着自己的神秘形象。

"鲍勃不是一个令人愉快的人吗?"罗布·布莱克利问迈克尔·罗森。

"我不知道,"他回答道,"他从不和我说话。"

尽管事实上萨拉多数时间都在巡演团队中,但就鲍勃与谁睡在一起这件事却仍传出了不少的闲话。有些人猜想他陷入了与斯卡莱特·里维拉的恋情中。而斯卡莱特·里维拉却对这一猜测不置可否。有人还将迷人的罗尼·布莱克利与鲍勃联系在一起。"哦,我立刻就爱上了他,不过仅仅是爱他而已。"她说,"他的确符合我心中所期待的情人形象,非常值得人迷恋。风趣,神秘,羞涩,可爱且易受伤害。"但她否认与鲍勃有性关系。"我并不是鲍勃的情人。我只是鲍勃的朋友……我因为他婚姻上的破裂而饱受责难。但这并非真相。"

后来对鲍勃提起分居赡养费诉讼的鲁斯·泰兰姬尔此时也加

入了巡演行列。她在一组镜头中扮演歌手罗尼·霍金斯①的"女友",而后者则在《雷纳多和克拉拉》中扮演"鲍勃·迪伦"。霍金斯诱使这个女孩随他参加巡演,他解释说他没时间"如你所愿"地去向一个女孩子"献殷勤或者是制造浪漫气氛"。所选用的背景音乐是贝多芬那首甜美而浪漫的《月光奏鸣曲》,与之形成鲜明对比的是霍金斯显而易见的渴望。"罗尼·霍金斯按照自己对鲍勃与女孩之间恋情关系的印象,假装与鲍勃的旧情人萌生恋情。"合作制作人迈克·霍华德解释说,他也注意到鲍勃的旧情人在巡演期间"突然都冒了出来","其中某些人与鲍勃一同旅行,这几乎就是公开的事情了。"

萨拉·迪伦之所以愿意加入巡演,部分原因是她在影片中属于主要演员,出演一个名为克拉拉的妓女。尽管她在影片中不得不扮演妓女,但鲍勃却似乎相当程度上打算将这部影片作为献给妻子的礼物(鲍勃旗下的制作公司名字为伦巴街电影公司,取自特拉华州威尔明顿市一条街道的名称,萨拉正是出生于此)。鲍勃扮演雷纳多,也就是克拉拉的流浪爱人。镜头中两人重新聚在一起,考虑到双方都非常看重各自的隐私,所以鲍勃、萨拉拥抱接吻时的亲密让周围人感到惊讶。琼·贝兹在鲍勃与萨拉拍摄一组亲密的场景时打断了他们。萨拉(也就是克拉拉)沉着地质问琼·贝兹是否进错了房间。而在拍摄另一组场景中,雷纳多和克拉拉就像歌曲《眼神凄凉的低地女孩》所描写的那样紧紧拥抱在一起。然而琼·贝兹却在另一个场合下询问鲍勃:"鲍勃,如果我们以前结婚了那会怎样?"

---

① 罗尼·霍金斯(Ronnie Hawkins,1935—),美国摇滚音乐人。20世纪60年代在加拿大多伦多的摇滚界名声显赫。——译注

"我与所爱的女人结婚。"鲍勃说道,看上去似乎有些不安。这是鲍勃对自己与萨拉之间的关系做出的最坦白的评论。1975年12月8日,在麦迪逊广场花园举办的义演晚会将"滚雷喜剧"巡演推向最高潮。"飓风之夜"义演晚会是为了罗宾·卡特的法律之争募集钱款而举办的。穆罕默德·阿里在台上通过电话与卡特交谈。场面既让人感到激动却又混乱不堪,以至晚会结束时包括鲍勃在内的一些人错误地以为卡特已被无罪释放了。

经过圣诞节休整之后,为卡特举办的第二场义演于1976年1月在得克萨斯州休斯敦的阿斯托洛圆顶运动场举行。虽然《痕迹上的血》和《渴望》这两张唱片近期都在榜单上升至榜首,但"飓风之夜二"却彻底失败,这预示着"滚雷喜剧"巡演的第二轮将是困难重重。为了增加人气,史蒂夫·旺德也参加了阿斯托洛圆顶运动场的演出,但门票销售却仍很糟糕,当晚的演出效果很不理想,鲍勃发出的倡议也收效甚微。休斯敦义演和纽约义演的总收入超过600 000美元,但扣除演出费用之后却只有六分之一交到了卡特基金会。

虽然如此,在休斯敦演出之后两个月传来了一条好消息,新泽西州最高法院下令对卡特的案件进行复审,随后他被取保候审。卡特的支持者们在一段时期内相互庆祝。可是到了12月,卡特再次被裁定有罪,他重新被押回监狱并一直在那里待到1985年指控被推翻。"他所遭受的迫害要比第一次更恶劣。"运动参加者乔治·劳伊斯说,"我感到非常为难,这倒不是因为我本人,因为我知道自己的行为是正确的,但对于鲍勃和穆罕默德而言,他们的处境就相当艰难了。很多人都说,婊子养的,这家伙总归还是有罪的!"

经过春季约三个月的休息之后——在这期间鲍勃与埃里克·

克莱普顿都忙于制作克莱普顿的新唱片《无理由哭泣》，两人就睡在加利福尼亚香格里拉工作室花园由床单搭成的帐篷内，"滚雷喜剧"巡演于1976年4月在佛罗里达州的清水市再次展开。彩排地点位于比利威尔·比尔特莫，这是一家大型度假饭店，受到退休人士的广泛欢迎。当音乐人抵达饭店开始排练时，他们发现此时的氛围与第一阶段的巡演已完全不同了。鲍勃已经完成了电影《雷纳多和克拉拉》的拍摄工作，所以摄影师们已经不包括在随行人员的行列之中。山姆·夏普德也离开了。虽然"流浪者"杰克·埃利奥特春季休息期间还亲自跑到加利福尼亚州探望鲍勃，要求能继续留在巡演团队中，但他最终却颇为痛苦地终止了演出。"我很想随队再次外出巡演，同时也很想知道自己是否被计划在内。鲍勃被这一问题搞得颇为尴尬，因为他们并没有把我算在内。他说，'我对谁参加巡演一无所知，但我听到一个传言，那就是琼·贝兹和金里·弗里德曼[①]将会参加'。事实上，金里·弗里德曼取代了我的位置，他们从未打电话给我。"被邀请回到团队中的明星们开始要求获得更好的演员表位次以及更多的报酬。尤其是琼·贝兹，她特别想要获得更多的金钱。鲍勃似乎将注意力从政治上转移开了，他的时间都花在陪着不同的女友待在宾馆的客房内，而同时也没有任何迹象表明此时萨拉也在此地。

巡演团队在比利威尔·比尔特莫彩排期间，鲍勃和音乐家们得到消息，疯狂的酒徒菲尔·奥克斯在妹妹索妮位于纽约皇后区的家中上吊自杀。去世时他年仅35岁。最终让他感到失望的事情之一就是他未能接到参加巡演的邀请。鲍勃和菲尔·奥克斯之

[①] 金里·弗里德曼（Kinky Friedman），乡村音乐风格的喜剧艺术家，犹太人，后来成为一名著名的小说家。——原注

间始终保持着一种并不稳定的联系,而过去两人所持的观点也并不一致。奥克斯自杀的消息显然让鲍勃感到心烦意乱。尽管如此,鲍勃并未参加葬礼,也没有对受邀参加5月28日的追悼会给予回应。"如果鲍勃真的在意菲尔,那么他出于礼貌考虑就会打电话或者写信来。"索妮说,她对迪伦的表现感到非常痛苦,这或许是有些理由的。

在这期间鲍勃开始举办第二轮"滚雷喜剧"巡演。巡演团队在附近经常演出的城市内举办了预热演唱会,4月17日又在清水市的"比利威尔·比尔特莫"饭店举办了一场NBC电视特辑演唱会。演唱会进行期间,一队反应迟钝的听众就坐在鲍勃身后高出舞台的平台上。正是因为这帮毫无生气的听众,鲍勃很不喜欢这部演唱会录影,不同意将录影带播放出去。交涉的结果是他必须在巡演结束之前为NBC制作一部演唱会录影作为替代品。不幸的是,随后在美国南部举办的巡演内容却缺少乐趣。在美国南部的演出与在美国东北部的演出相比,鲍勃显得缺乏热情,而且至少有三场演唱会因为门票销售惨淡被迫取消。罗布·斯通纳说:"他们的举动就像是挤过奶之后又想着再挤上一次奶,这种事根本不现实。"

与此同时,鲍勃的婚姻显然也走到了终点。尽管在第一轮巡演时鲍勃与萨拉之间的关系显得很紧张,而且并不正常,但不可否认的是这对夫妇周围仍笼罩着一种浪漫的氛围。鲍勃与多名女人有染,其中包括为了教鲍勃如何走钢丝而加入团队的斯特凡尼·布富顿。萨拉突然跑到巡演现场进行短暂的探访,就只是为鲍勃做些掩护而已。一天,琼·贝兹经过鲍勃的更衣室,看到萨拉笔直地坐在椅子上,而鲍勃跪在她的面前,看上去就像疯了一样。两人的婚姻很快便破裂了,鲍勃和萨拉有几次在公开场合痛苦地互相争辩。最糟糕的一幕出现在5月3日的新奥尔良市,不久之后萨拉离开巡演队伍,而鲍勃将深深的挫折感投入到了当晚演唱的歌曲《愚蠢的风》中。乐队虽然无法帮助鲍勃摆脱痛苦,但却被鲍勃强烈的愤怒所感染。"鲍勃的内心充满了忧郁和怨恨的情感。"大卫·曼斯菲尔德说。台上的鲍勃显得与平时也完全不同。他摘掉了装饰有令人愉快的花枝的帽子,头上裹上了大手帕,看上去就像是受了伤一样。

鲍勃决定拍摄5月23日在科罗拉多州柯林斯堡露天体育场举办的音乐会,以便完成NBC的任务。当日的天气状况非常恶劣。第二天萨拉以一种让人感到畏惧的坚定态度,出乎意料地带着孩子以及鲍勃的母亲跑来庆祝鲍勃的35岁生日。虽然饱受个人问题的困扰,而且不得不在寒冷而潮湿的气候环境下展开拍摄,鲍勃还是为观众们献上了一场精彩的演出,这一幕后来被制成《倾盆大雨》电视特辑和录影带发行。曼斯菲尔德说,当日温度非常低,他只能戴着手套演奏:"鲍勃的精神状态非常糟糕,而最重要的是演唱会的条件对鲍勃而言是相当差的。因为当时不仅下着雨,而且还非常寒冷。"因为天气潮湿,乐器弹奏起来都变了调,乐手们甚至能感受到电击。因为鲍勃坚持要担任主音吉他手,所以音乐效果听起来也非常粗糙。"这是巡演期间的一个新发现。鲍勃首次演奏电子主音吉他,而那时他其实还根本无法演奏好主音吉他。"曼斯菲尔德说,"有几次他在演奏时甚至弹错了调。"柯林斯堡露天体育馆演唱会的高潮部分出现在迪伦和贝兹合唱一首动人的《我怜悯这位移民》时,两人随着哈维·惠氏的钢琴伴奏渐入佳境。他们共用一支麦克风,在副歌的最后部分,两人的嘴靠得那么近,看上去像是他们马上就要接吻了。进行到尾声阶段,在演唱最后一句歌词时鲍勃更是大张着嘴,贴得非常近。贝兹此时突然挣脱开来,跳起了性感的舞蹈,露骨地笑着,胸部也抖动着。《愚蠢的风》是鲍勃愤怒的嚎叫,掺杂着悔恨,而此时萨拉和孩子们也正站在舞台附近。这场演出让现场观看的人极其着迷,对后来欣赏录影带的人而言也是如此,那种感觉就像是看着一栋房屋被烈火夷为平地。

5月24日,鲍勃在盐湖城举办的一场演唱会上演唱了富有感染力的现场版《莉莉,罗斯玛丽和红心杰克》(每一段的第一行都写在鲍勃的袖口上,这样他就能记起歌词了)。歌曲唱毕,巡演也随之落下帷幕。音乐家们重新回归正常的生活,他们要自己洗衣服,自己付账单,无需再在电话上拨打9以接通外线。鲍勃似乎也和其他人一样感到困惑。尽管第二轮的巡演并不能视为一段快乐的经历,但鲍勃却对贝兹说他希望巡演能无限期地继续下去。可以雇佣教师和保姆随队出行,如此一来每个人都可以带上自己的子女。那样他们就真成为吉卜赛行吟歌手了。很明显这只是一个幻想,但却反映出一个事实,那就是鲍勃并不想回到他的日常生活中去,因为他和萨拉之间有太多的问题需要处理,而在轻松的旅途中就无需顾及这些了。

1976年鲍勃并没有再次踏上巡演旅途,但他却在庆祝"邦德"乐队的演唱会上进行了一场尤为重要的现场演出。

"邦德"乐队从20世纪70年代早期开始衰败。他们推出的唱片很少能获得成功,而乐队本身也因各种问题四分五裂,这其中包括理查德·曼纽尔总是酗酒度日,列弗·海姆和罗比·罗伯森直到现在还很少对话。一场规模宏大的告别演唱会进入了筹备期,演出阵容惊人,从罗尼·霍金斯到主流巨星埃里克·克莱普顿、琼尼·米歇尔、范·莫里森、鲍勃·迪伦。华纳兄弟公司拨出了150万美元的后备资金,鲍勃也参与到以此次演唱会为素材的影片拍摄之中,这部影片由马丁·斯科塞斯指导,鲍勃允许将自己的客串镜头充当一张三碟现场唱片的部分特写。《最后的华尔兹》于1976年感恩节在旧金山的"冰封大地"剧场上演,剧场内装饰着《茶花女》的道具。

与"滚雷喜剧"巡演一样,《最后的华尔兹》同样以吸食可卡因来刺激演员的激情。在演唱会中朗诵诗歌的迈克尔·麦克卢尔称当时的情形为"这里深及脚踝"。"当我看到这部影片时,我正因吸食可卡因而情绪高涨。"后台就是一个吸食可卡因的屋子,房间被涂成了白色,装饰着从格劳乔·马克斯的面具上割下来的鼻子。一盘带子中录下了吸食毒品时的嗤鼻声。尼尔·杨走出后台演唱《无助》时,他的鼻子上还挂着白色的结块。制作人只得雇佣了一家好莱坞的光学公司来去掉影片中的那两个结块。

距离鲍勃登台还有几分钟时,他突然告知制作人自己不想被拍进镜头。事实上他是想让人把所有的摄影机都从舞台上搬走。鲍勃之所以做出这一决定,部分原因是他已经完成了自己的影片拍摄。听到这一消息,马丁·斯科塞斯当时几乎要心力衰竭了。如果没有收录鲍勃的镜头,那么所拍摄的素材最终就不能成为一部成功的影片。成队的人走进鲍勃的更衣室劝说他。他关起门来与大卫·布劳恩、霍华德·阿尔克、路易斯·坎普等人密谈。阿尔克最终坚持认定,鲍勃不应因在其他的影片中出镜而损害到《雷克多和克拉拉》的专有权。代表们请求鲍勃能重新考虑,即便不为影片拍摄着想也要为乐队着想。鲍勃最终勉强同意他们可对计划演出的四首歌中的两首进行拍摄,他将派人在舞台上担任监督以便按他的意愿行事。

"路易斯紧挨着我站着,马蒂和比尔·格雷汉姆站在舞台的另一侧,监督他们何时可以拍摄,何时不许拍摄,"《最后的华尔兹》的执行制作乔纳森·塔普林说。鲍勃不允许他们拍摄自己的开场曲目。因此影片中并没有出现鲍勃登上舞台的过程。工作人员是从《永远年轻》这首歌开始拍摄的。随后,鲍勃一时兴起,又演唱了第一首歌曲《宝贝,让我跟你走》。按照塔普林的描述,路易斯·坎普就像是"头灯照射下的鹿"一样呆立着不动,不知道该如何是好。"他开始转过身对着我说,'关掉摄像机!关掉摄像机!'比尔·格雷汉姆抓住他的夹克说,'他妈的闭上嘴从这里滚出去'。马蒂则在喊着,'伙计,继续拍摄!继续拍摄!'"就是在一片混乱之中,最为优秀的音乐纪录片之一拍摄完成。

演唱会结束后,鲍勃返回加利福尼亚的杜姆角海滩,他那梦幻般的宅院已临近收尾。他必须对《雷纳多和克拉拉》这部影片进行修改和审查,而在过去的一年中这项工作一直被搁置一旁,同时他还要和萨拉一同决定两人是否还能以夫妻的名义继续生活下去。

第八章

忠 诚

鲍勃和萨拉梦幻般的豪宅建在加利福尼亚州的杜姆角海滩，共花费了250万美元，而由此也引发了一些婚姻中的问题。每次鲍勃旅行回来都会对房屋设计进行修改，针对一些设计细节的争吵使得夫妻之间的关系日趋恶劣。宅院最终落成后显得风格独特，受到了媒体的广泛关注。豪宅的照片开始出现在杂志上，摄影师们租用直升机在宅院上空飞行拍摄。看到这些照片的歌迷们纷纷跑到住所周围，就像他们此前在伍德斯托克和纽约时那样寻找迪伦的踪迹。一位疯狂的歌迷在窗户上喷洒上黑色的油漆，鲍勃只得雇用安全警卫以获得保护。同时和鲍勃住在纽约时一样，他们与邻居之间也存在着问题。1976年9月，邻居斯坦利和玛丽亚·帕瑞莫将迪伦告上法庭，原因是一条通道的使用问题。该案件一直持续到1978年，迪伦夫妇不得不发表声明，并且与律师们处理诸多相关事宜。虽然这件事微不足道，但却增加了他们的压力。

1976年巡演及"邦德"乐队举办"最后的华尔兹"演唱会之后，迪伦夫妇的婚姻又日趋恶劣。照萨拉的话来说，是鲍勃在"不断地挑起争执"。他有时在住所里用一种威胁的方式注视和命令萨拉。"我非常怕他，最后只得锁上门，以便保护自己不会受到鲍勃因宣泄怒火和发脾气而带来的伤害。"同时她宣称孩子们的生活也被鲍勃"怪异的生活方式"所搅乱。而这种生活方式的一部分就是他与女人调情的行为。萨拉宣称1977年2月13日她下楼用早餐时，发现饭桌旁坐着鲍勃、孩子们以及一个名叫玛尔卡的女人，显然是鲍勃让她搬进这栋住所的。萨拉确信鲍勃是想让玛尔卡住在新建的宅院内。这件事引发了一场争执，据说鲍勃攻击了萨拉，打伤了她的下巴。萨拉还说鲍勃随即让她离开。

萨拉搬进旅店，很快便开始寻找律师处理相关事宜。当时加利福尼亚州最著名的离婚案律师是马文·M. 马切尔森，在具有开创性的"李·马文女友赡养费案"中的出色表现使得他声名鹊起（正是马切尔森创造了"赡养费"这一法律名词）。据马切尔森回忆，当时他和萨拉是经富豪大卫·格芬介绍认识的。"我想介绍一个人给你，我希望你能好好照顾她。"格芬坦率地对马切尔森说，"她叫萨拉·迪伦。"马切尔森一时间尚未意识到格芬所指的是哪一个人。他略带嘲讽地说："后来我才知道他因创作歌曲拿到了大约6 000万美元的报酬。"

马切尔森说，萨拉结识他时情绪"非常活跃"。"她爱鲍勃·迪伦，这是毫无疑问的，但他却总是把时间花在其他地方，并且不断地与其他女人发生恋情，而这些都构成了案件的组成部分。"事实上萨拉在决定采取这一步骤之前已经对婚姻中出现的问题容忍多年，从马切尔森的工作经历来看，这是令人感到伤感的典型案例。"这些事情并非是突然爆发的，而是日积月累形成的。"萨拉从过去的委屈状态中挣脱出来，而让她感到委屈的包括三个孩子中的第一个孩子出生时鲍勃并未出现在现场。随后萨拉于3月1日向洛杉矶高等法院提出离婚请求，并要求获得他们五个孩子的永久养护权、杜姆角住宅的唯一使用权、孩子的赡养费和生活费以及对鲍勃财产的分割。她的律师要求对鲍勃实行限制令,因为萨拉宣称受到了鲍勃的恐吓。高级法院法官约翰·R.亚历山大同意萨拉临时看护孩子们。因为孩子们的年龄尚幼,都在6至15岁之间,法官于3月8日进一步裁定这宗案件被封存。这时,鲍勃和霍华德·阿尔克正忙于《雷纳多和克拉拉》的编辑工作。阿尔克住在客房内,成排的栅栏将客房与主要的居所分割开来。车库里摆放着一套剪辑设备,最初几周鲍勃偶尔还会对影片产生稍纵即逝的兴趣,随后大部分时间都是阿尔克在这里剪辑影片,以便能在1978年发行这部作品("我了解到一旦鲍勃戴上了眼镜,就意味着他的工作态度是严肃的,"阿尔克开玩笑说)。考虑到鲍勃此时正忙于影片的剪辑工作,因此他被允许继续住在杜姆角,而沿马利布海滩修建的其他房屋则划给萨拉和孩子们。

按加利福尼亚州的法律规定,萨拉有权提出获得一半婚姻阶段"共有财产"的要求。这其中包括房屋、五个州的房产、现金和音乐作品版税。"这些音乐作品版税利润巨大,"马切尔森说,"那是现实价值。"在鲍勃的音乐生涯中,他最富有创造力、最为成功的阶段往往也正是他处于婚姻状态下时,他创作完成了从《无数金发女郎》到《渴望》等多张唱片,而且还囊括了他所有的主打单曲。马切尔森将鲍勃在1965年至1977年之间创作和录制的作品进行了汇总。"汇总表一张接着一张。"他说,"我变得有点儿像是一个歌迷,因为我意识到他有多么的优秀。"加上音乐版税之后鲍勃实际的财富总额达到了6 000万美元。同时,鲍勃还想要拥有杜姆角住宅的所有权,因此房产也被折算成现金,而萨拉享有的财富总额也随之升至3 600万美元。如果鲍勃不断地售出音乐作品,那么萨拉还将获得更多的收入;如果鲍勃一直持有音乐作品的所有权,那么萨拉将获得版税。"财富年复一年地收入囊中。"马切尔森说,"我们所说的都是百万巨款。"

孩子们需要从母亲那里获取更多的帮助,因此萨拉经人介绍认识了法瑞迪·麦克弗瑞。法瑞迪·麦克弗瑞是一位精神略微失常、带有中东血统的、对新世纪思想充满激情的女人。她在警察金字塔形社会结构之下苦思冥想,创建了一种名为"艺术康复"的观念,这大体上是一种通过作画来传达思想的治疗方法。萨拉本来就对新世纪思想充满兴趣,于是便雇佣麦克弗瑞帮忙照看孩子们,并采用艺术康复的方法来治疗孩子们受到伤害的心灵。麦克弗瑞每周有一半的时间呆在萨拉拥有产权的车库内,两个女人常会自然而然地谈到鲍勃。"萨拉只说鲍勃是好色之徒,她无法再忍受下去了。"麦克弗瑞说,"鲍勃的这一恶习显然贯穿整个婚姻过程。"

然而麦克弗瑞与萨拉之间的关系很快就变得恶劣起来,部分原因是因为麦克弗瑞感到萨拉对待她就像是对待一名女仆。在两人分道扬镳之前,萨拉请麦克弗瑞在她带着孩子前往夏威夷度假期间照看住所。麦克弗瑞答应了她的请求,6月30日当她独自一人在家时,一条爆炸性新闻传来了,迪伦的离婚案已经最终裁定。麦克弗瑞在萨拉的住址名册中找到了鲍勃的电话号码,虽然两人之间知之甚少,但她还是给住在杜姆角的鲍勃拨打了电话。

"你还好吗?"她问道。

"不,我感觉并不好。"鲍勃回答道,"我想要有个人一起聊聊。你今天晚上有事吗?"麦克弗瑞当晚驱车前往杜姆角。她发现鲍勃就站在车道上,表情看起来就像个疯子。他们走入住所,经过巨大的板岩鲸鱼壁画,进入带有石制壁炉、裸露的混凝土地面的客厅,客厅里还摆着一张供孩子们当蹦床跳上跳下的破旧沙发。鲍勃点着壁炉,随后打开一瓶葡萄酒。窗外的树木沙沙作响,海浪拍击着沙滩。"所有的一切都变得那么的浪漫。"麦克弗瑞说,"一切发生得很突然,我并没有回家。"麦克弗瑞说,当晚她和鲍勃坠入爱河,他请她搬过来住。同时鲍勃也会付给她薪水,她随即成为《雷纳多和克拉拉》的后期制作助理。当她返回马利布整理东西时不得不面对萨拉。"她表情严厉地望着我。"麦克弗瑞说,"她想,我一定是出卖了她,就像很多女人做的那样。"

离婚案审判期间,鲍勃的心情时而沮丧,时而愉悦。他和艾伦·金斯堡在菲尔·斯派克特①的录制工作中为莱纳德·科恩②的歌曲《不要刻薄地回家》加上了沙哑的背景歌声。鲍勃与朋友们在好莱坞闲逛,有时还带着女友,女演员莎莉·柯克兰德,而且他还出人意料地在媒体摄影师面前摆出造型让他们拍照,似乎他想要让萨拉看看自己过得有多么的快乐。麦克弗瑞注意到鲍勃有很多的女友,而且明显有很多发生性关系的机会,其中有一个少女甚至提议他们可以进行三人性交。朋友们就在她面前亲近鲍勃。"和他在一起的是怎样的一个女人,真让人厌恶。"麦克弗瑞同时也注意到,尽管鲍勃非常看重隐私,但有时也喜欢拿自己的名气来取乐。有一天鲍勃就因为确信一个女孩子认识自己,停下来让她搭顺风车。鲍勃对麦克弗瑞说,尽管他对自己的名望感到欣慰,但它在婚姻生活中却是一个问题。"他对我说,萨拉不知道如何去掌控它,但他却能够做到这一点。"麦克弗瑞说,"我也相信他所说的这一点,因为他很容易就能做到。"

这是一段非常让人烦恼的时期。麦克弗瑞说,鲍勃曾告诉过她,有一次在舞台上时鲍勃曾想到过自杀。然而,对于鲍勃这样一

---

① 菲尔·斯派克特(Phil Spector,1939—),美国唱片制作人,歌曲创作人。——译注
② 莱纳德·科恩(Lenard Cohen,1934—2016),加拿大歌手兼创作人,音乐家,诗人,小说家。——译注

个意志坚强的人而言这似乎是不切实的,鲍勃的消极情绪通常表现为愤怒多于失望。在1977年间,鲍勃前去拜访史蒂文·索尔斯,后者与"滚雷喜剧"巡演中的校友"丁骨牛排"·伯内特、大卫·曼斯菲尔德组成了"阿尔法"乐队。鲍勃为他们演唱了多首新歌,传达出婚姻破裂带给他的愤怒。"这都是些非常非常阴郁的歌曲,没有一首能看得到白昼的光芒。我此后再也没有听到过这些歌曲……这些歌曲都被丢弃了,我想这是因为它们的阴暗色彩太浓重了。"索尔斯说,"它们是鲍勃与萨拉传说般爱情故事的延续……并非只有争执的愤怒而已。"一首名为"我心寒冷"的歌曲让索尔斯感到一股寒意。"这首歌太过阴暗……苛刻、粗暴而又恶毒。"他说,"一首歌就能让你寒意刺骨。这就是这首歌曲让我所萌生的感受。当鲍勃离开时,'丁骨牛排'和我都大张着嘴。我们甚至无法相信自己究竟听到了些什么。"

在此期间,离婚案很快便尘埃落定,但为争取监护权而展开的争斗却仍旧延续着。鲍勃与麦克弗瑞之间的关系使得整个事态变得更为复杂,因为萨拉不想让麦克弗瑞这个她认为背叛了自己的女人与孩子们有所关联。鲍勃的律师建议他不要再去看望麦克弗瑞,但他并没有照着去做,同时他也不想直接拒绝律师的提议,所以律师前往杜姆角与鲍勃商讨事宜时他便将女友藏了起来,鲍勃还在未告知他人的情况下暗地里带着麦克弗瑞前往明尼苏达度家庭假期。其间正逢塞缪尔19岁的生日,麦克弗瑞协助组织了一场晚会以便让这个敏感的孩子重新振奋起来。就在鲍勃利用假期创作新歌时,麦克弗瑞还与孩子们一同打网球,一同在鲍勃的艺术工作室里绘画。1977年8月16日,当鲍勃告知她埃利维斯·普雷斯利去世的消息时,麦克弗瑞正躺在农庄的床上休息。麦克弗瑞说她从来都对普雷斯利的音乐毫无兴趣。"我就说了这些,就因为这个原因他一周没和我说话。"鲍勃为普雷斯利的去世哀伤了一段时间。"我几乎崩溃了!"他后来说,"如果不是埃尔维斯、汉克·威廉姆斯,我就不会取得今天的成就。"

等到他们回到加利福尼亚后,鲍勃决定要获得孩子们的永久抚养权。他之所以做出这样的决定,部分原因是因为萨拉打算将孩子们带往夏威夷。他担心萨拉会将家安在那里,而他的律师指控萨拉在事先未获准的情况下将孩子们带离加利福尼亚。10月,鲍勃将孩子们带回家,他们聚在一起快乐地度过了万圣节,自杜姆角短途驾车前往太平洋海岸的洛杉矶郊区,与艾伦·金斯堡一起搞恶作剧或寻欢作乐。"艾伦和鲍勃两个人都戴着面具,所以没人能说出他们究竟是谁。"麦克弗瑞说,"他们自然随意地扮演着他们的角色——疯狂的小丑。"持续整整一个秋天的抚养权争夺变得愈发的痛苦。在律师的建议下,鲍勃穿着从电影制作室服装部借来的西装出现在法庭上。但他既没有刮胡子,也没有剪去长指甲,所以看上去非常古怪。萨拉的律师在法庭上将麦克弗瑞称为是孩子们的替身妈妈,并且指控她并不适合照看他们。鲍勃雇佣了一名精神病医师提供相反的佐证,以此证明自己有适合孩子们的家庭环境。这位精神病医师与麦克弗瑞进行了一番交谈,后者向他阐述了她的新世纪信仰。正是她所说的这些误导人们将她视为"一个疯子"。除了麦克弗瑞非同寻常的信仰这一点之外,精神病医师基本认可鲍勃关于自己是照看孩子们的最佳父亲的看法。这一明显带有偏袒性质的证据在法庭上被提出时并没有给法官留下多深的印象。"他们只是走进法庭以获得一个快速的裁定,并且认为这对身处法庭的他们会有所帮助。"马切尔森说,"法官略有些生气,并且说,'我所判定的就是最为有利的条件,而并非是在行医'。"

听证会进行期间,鲍勃带着孩子们住在杜姆角,他仍不愿与萨拉一同分享抚养权。鲍勃和律师约马切尔森在马利布停车场碰面，试图解决这一问题。当麦克弗瑞被激怒并开始攻击马切尔森时，会面演变成了争执。"马切尔森说鲍勃只是一个好战、傲慢的人，正是这句话让我失去了控制。"麦克弗瑞说，"我掐住了他的喉咙。"

马切尔森随即从法院获得了一项命令，要求鲍勃将孩子们送还给萨拉，并且派了传票送达员前往杜姆角将文件送至鲍勃手中。然而安全警卫并没有让他们进入住所。所以马切尔森向萨拉提出了略欠考虑的建议。"我不得不对萨拉说：看，他们不会将孩子们还给你。还是带着几个侦探到学校设法搞定这件事。向他们出示法院的命令并且将孩子们从学校带走。"此举直接导致抚养权争执中出现了最令人讨厌的一段插曲。

一直到目前为止，迪伦家的孩子们都以一种相对正常的方式成长着。除了最年长的孩子玛丽亚是在佛蒙特州的寄宿学校生活外，其他的孩子们都是在公立学校内接受教育，乘坐规定的校车，带着朋友们回家玩耍。他们用的都是迪伦这个与众不同的姓，他们并不需要享有特殊的安全保护。给予他们保护的就是依照简单而有益的理性所制定的规则，而这些规则正是鲍勃和萨拉从早年起便开始灌输的。如果爹地——这是孩子们在以一种直接方式称呼他们的父亲——正在与歌迷或者媒体接触，孩子们就直接混在人群中穿过街道。家中除了鲍勃之外没有一个成员曾与媒体交谈过或是在摄影机前摆过造型。因此尽管父亲是世界上最为著名的演艺人员之一，报端却并没有出现过孩子们的照片或者是关于他们的文章。当孩子们被提及时，他们的名字和年龄总是错误的，而这甚至成了家庭成员们的娱乐项目。与其他名人的子女形成鲜明的对比，迪伦家的孩子们并没有成为名声的受害者。正如鲍勃曾说过的那样:"婚姻是失败的。丈夫和妻子是错误的,但作为父亲和母亲却并非是失败的。"

在杜姆角所发生的一切让孩子们深受打击,突然之间他们的母亲开始争夺他们。当萨拉面对要求知道她有什么权利带走孩子们的老师们时,丑陋的一幕出现了。"很不幸,一场混战发生了,因为现场的老师多少都受到一定程度的影响,那就是他们是在与鲍勃·迪伦这样的名人打交道,所以异常小心地保护着孩子们。"马切尔森说,"他们不想与我们合作,而我们手上却有一道合法的法院命令。"在这样一场并不庄重的冲突中,雷克斯·布克老师声称胸部受到攻击。警察来到现场,萨拉因为破坏学校秩序而被罚款125美元。"我可以很坦率地说,那一天是我一生中最受伤的一天。"儿子雅各布·迪伦说,"它留给我的印象要比其他日子更为深刻。我从未与任何人讨论过这件事情。如果我谈到了这件事,那么随即就需要一位临床医生花半个小时来消除谈论此事所带来的伤痛。"

尽管在学校发生了这件事情,萨拉最终还是获得了抚养权。她从马利布搬迁至比弗利山,并且重新安排孩子们进入比弗利中学就读。假期中孩子们与父亲或是待在明尼苏达农庄内,或是待在杜姆角公寓中,但条件是法瑞迪·麦克弗瑞不得对孩子做任何事。鲍勃签署了一份协议,从而导致麦克弗瑞彻底从他的生活中消失了。"我不再是鲍勃生活中的组成部分。"麦克弗瑞说,"他只是想要将离婚以及与之相关的所有事都抛在身后,其中也包括我。"

1978年1月25日,《雷纳多和克拉拉》在洛杉矶和纽约进行首映。鲍勃抽出时间来宣传这部影片,并向外界介绍他想要通过影片传达些什么。鲍勃在接受《花花公子》杂志采访时说:"这是描写一个男人本质的影片,这个男人为了能让自己获得自由而被疏远,影片同时也讲述他需要走出自我以获得新生。"外界对影片的评价非常糟糕。一些评论家似乎抓住了一个时机,以此来向众人表明富有传奇色彩的鲍勃·迪伦也并非是一贯正确的。但在这些对影片持否定态度的评论中也有一些真实的东西。宝莲·姬尔在《纽约客》中评论说,鲍勃在这部影片中的表现是"难以压制"的,而观众则"受邀欣赏"这一传奇,"尽管他与我们从未有过直接的联系"。在公众面前炫耀前恋人和前妻就像一部遮遮掩掩的小说一般让人感到好笑,而这部影片之所以并不让人满意,是因为那些即兴拍摄的镜头既非真实描述鲍勃的个人生活,也非令人信服的戏剧安排。由于影片拍成了一部几乎长达四个小时的令人厌烦的传奇,所以这些缺点全部都被放大了。尽管其中有令人兴奋的演唱会片断,但事实上没人能一口气看完这部影片,所以影片很快就从一家特许发行的影院撤下了。这一失败粉碎了鲍勃导演其他影片的雄心,同时也耗尽了他的银行存款,为了拍摄这部影片鲍勃共花费了一百二十五万美元的资金。"我必须要偿还几笔债务。"鲍勃坦率地对《洛杉矶时报》的记者说,"有几年我过得很糟糕。我在这部影片中投入了大量的资金,修建了一栋大宅院……而且还与妻子离婚。在加利福尼亚州离婚花了我很多金钱。"

为了弥补亏损,鲍勃与杰里·温特劳布的"管理III"公司签约,这家公司旗下拥有像尼尔·戴尔蒙德这样的主流艺人,准备筹备一场可以赚大钱的世界巡演。巡演从日本开始,随后扩展至远东、欧洲和美国,1978年鲍勃将举办一百四十场演唱会,观众人数将达到约二百万人,总收入将超过两千万美元。"鲍勃同意了这一合约,可以说,他在一定程度上出卖了自己的灵魂。"杰里·温特劳布的一位合伙人帕特里克·斯坦斯菲尔德说,他担任此次巡演的监制。在可靠而又值得信赖的贝斯手罗布·斯通纳的帮助下,鲍勃按照尼尔·戴尔蒙德的演唱会风格组建了一支八人乐队。"滚雷喜剧"巡演阵容中最富有音乐经验的两位音乐人大卫·曼斯菲尔德和史蒂文·索尔斯均被邀请过来,但1978年巡演风格与1975年至1976年不拘小节的狂欢般巡演风格是完全对立的。在舞台剧《毛发》中演出的比利·克瑞斯从丹麦飞回来担任主音吉他手。鼓手由击鼓力度强劲的英国人伊恩·华莱士担当,他此前是摇滚乐队"克利姆森国王"的成员。演奏打击乐器的是汽车城的老音乐人波比柏·霍尔,鲍勃每周付给她2 500美元以补偿因为参加此项活动而蒙受的损失。同时鲍勃也慷慨地为史蒂夫·道格拉斯支付了费用,他曾在菲尔·斯派克特的多张唱片中演奏萨克斯风。流行爵士乐团"托尼·威廉姆斯的一生"的成员艾伦·帕斯华担任键盘手。伴唱则有三名:迪比·戴-吉布森与乔·安·哈里斯曾在《毛发》等多个舞台剧中同台演唱,海伦娜·斯普林斯是一个引人注意、富有魅力的高中退学学生。乐队演出期间他们都抱怨斯普林斯之所以被选中的原因,是因为外表远胜于能力。"说是歌手,她倒可以算得上是一名糟糕的舞者。"迪比·戴-吉布森说。按照尼尔·戴尔蒙德的舞台演出风格,音乐人均需穿上戏装。这些服装主要采用黑色或白色的布料,由好莱坞的服装供应商"斯布尼"品牌的比尔·惠特恩设计,演员们被打扮得异常艳丽。"我们看上去就像是妓女,"戴-吉布森说,"演唱《随风而逝》时我的乳房几近走光,我感觉当时看起来非常蠢。"男演员们也对他们过于炫目的套装有着相同的感受,他们将其称为"制服"。比利·克瑞斯说:"整个乐队看上去像一大群男妓。"

  1978年的巡演本质上就是一场规模宏大的演唱会。鲍勃收到了日方发起人的电报,上面规定了他们想要他所演唱的曲目。

他让吉他技师约尔·伯恩斯坦去书店购买自己的一本歌词合集《作品与绘画》。"鲍勃随即开始翻看这本书,演奏其中那些近年未曾演唱过的歌曲。"乐队是在圣莫妮卡的2219大街一家旧工厂内进行彩排的,鲍勃将其称之为"迫降工作室"(圣莫妮卡的这一片区已经衰败了)。排练场所的部分空间用于安置巡演团队的工作人员,同时还摆放着床,以便鲍勃能够留宿。工作之后鲍勃经常会在"迫降工作室"内闲逛,与音乐人一起喝酒聊天。克瑞斯曾这样回忆鲍勃哀叹自己的个人生活的情景:"鲍勃说,'你知道,这个律师找我,那个律师也找我,他们只是想赚我的钱,他们这样做时我就说,嗨,等等!你不能这样对我——我是鲍勃·迪伦!'"这段话的大胆之处在于鲍勃似乎确信自己非常重要,一直都会对离婚的法定程序产生影响,这一想法让比利·克瑞斯屏住了呼吸。值得赞赏的是,鲍勃随即就意识到自己所说的话是多么的愚蠢,并且开始自我调侃。"你知道,当然,为什么他会有那样的念头?"克瑞斯说,"他确实为成为鲍勃·迪伦付出了代价,这只有上帝知道。"

彩排期间鲍勃与斯通纳逐步整理出最为著名的歌曲,并且设计了详尽的乐队演出安排,演唱就像是融合了多种不同的方言。《无需再想,到此为止》这首歌成了瑞格舞曲。《沿着瞭望塔》变成了献给吉米·亨德里克斯的疯狂颂词。《没事儿,妈妈(我不过是在流血)》这首原本鲍勃习惯于弹奏原声吉他独唱的歌曲,现在被演绎得就如同是重金属音乐。曲目中也有一些新歌,例如《你的爱白费》。伴唱的歌手们反复排练"你会烹饪和缝补,灌溉花木成长"这句歌词,以至于最后她们开始滑稽地模仿它:"你会烹饪和做爱,并且驾驶卡车吗?"乐队认为这样做很有趣,但鲍勃很少用"做爱"这个词,同时他创作的歌曲很严肃,并不惹人发笑。

这将是一次奢华的巡演,音乐人在最好的旅店内歇息,鲍勃则始终与乐队待在一起。1974 年巡演队伍出发之后没人与鲍勃交谈，而他也是"滚雷喜剧"巡演中一个孤僻的角色。现在鲍勃却很愿意成为巡演中的一员，甚至是在乐队成员取笑他失败的影片，将其称为"雷纳多与布佐"时。2 月 16 日他们乘坐租用的波音 111 型飞机抵达东京。主办方为鲍勃预留了两个套房，一间作为鲍勃的卧室，一间则当做储物室。鲍勃的到来对于日本而言是一件大事。"这就像是'甲壳虫'乐队来到日本一样。"约尔·伯恩斯坦说。门票虽然销售一空，但购买到票的观众却对新的歌曲安排颇为困惑。有时鲍勃甚至会在开唱之前最后一两分钟才清楚地告知演唱曲目。此次巡演的进步之处在于乐队的演出更为出色，东京演唱会被录制成了一张双碟现场录音，名字为"鲍勃·迪伦武道馆演唱会"。之所以最初会出现一些问题，是因为乐手与歌手之间的配合略显紧张的缘故。迪比·戴-吉布森流着泪离开舞台，因为伴唱显得非常不协调。她对鲍勃说，海伦娜·斯普林斯根本就没能力唱得和谐一致。鲍勃的答复则是他喜欢斯普林斯带有"街头"味道的嗓音。

鲍勃与斯普林斯之间的恋情很快就变得公开化了，而她似乎也非常喜欢这种状态。"她非常激动，"比利·克瑞斯说，"整件事情都变得非常美好。"当 3 月巡演队伍来到澳大利亚时，鲍勃与新女友开始一起创作歌曲。此前鲍勃也曾与女性一同创作歌曲（莱沃恩·赫尔姆的女友乔安娜·巴尔 1965 年曾与鲍勃一同写歌，同时交替着写歌词），但鲍勃对创作出的作品却从未认真对待过。他甚至对与斯普林斯共同创作的歌曲的版权归属问题也毫不在意，这其中就包括歌曲《如果清晨我无法抵达》。但斯普林斯所受到的特别爱护却导致乐队内部出现摩擦。

不久乐队便发现除了斯普林斯之外鲍勃还有另外一位女友也

加入了巡演团队。玛丽·萨德身材高大,并不具备传统意义上的美丽,但却个性强烈。整个巡演乐队除了海伦娜·斯普林斯之外每个人都很喜欢她。"这真是糟糕的一幕,"比利·克瑞斯说,"我认为鲍勃幸运地逃脱了,没被打得眼睛乌青……玛丽身形要比他高大一些。"在新西兰,据说鲍勃又与另一个女人泡在了一起,这名毛利女子名叫雷·阿瑞格。此事对于乐队而言并不新鲜,鲍勃的这些女友都是黑人。"鲍勃真的陷入了黑人文化之中。他喜欢黑人女性,他喜欢黑人音乐,他喜欢黑人风格,"克瑞斯说,"当他探寻一种音乐态度时,它们总是黑人的音乐风格。"当博比·霍尔被邀请到鲍勃的住所用餐时,她惊讶地发现这竟然是灵魂食物①的盛宴。"每次演出之后鲍勃都会食用黑人的传统食物。我们已经习惯于走进他的房间时桌上摆满了黑人的传统食物。这对于我而言非常的奇特……与黑人女性的交往似乎冲昏了他的头脑……他被整个黑人文化冲昏了头脑,甚至就连吃的东西都是如此。"大概在鲍勃的困难时期,这种对黑人文化的亲近也成为鲍勃寻找伙伴的一种方式。与妻子离婚,与孩子们别离,而他自己整整一年都漂泊在外,他从这些非洲裔、信奉基督教的女孩子身上那些强大的个性和文化差异中寻求慰藉。

第一轮巡演于4月1日在澳大利亚悉尼结束。尽管罗布·斯通纳竭尽全力地想让巡演获得成功,但他在乐队同僚中却并不受欢迎。"罗布想要成为主管,"史蒂文·索尔斯说。斯通纳在悉尼被解雇,取而代之的是杰瑞·赛弗,他曾担任埃尔维斯·普雷斯利的贝斯手。迪比·戴-吉布森也离开了巡演团队,一方面是因为她

---

① 灵魂食物(soul food),指美国黑人的传统食物。20世纪60年代,随着民权运动的发展,"灵魂"作为一个共同的形容词来描述非洲裔美国人的文化,例如"灵歌"、"灵乐"等。——译注

怀孕了,另一方面是因为她难以再与海伦娜·斯普林斯共处。她的位置被卡罗琳·丹尼斯取代,后者不久便在鲍勃的人生中扮演起了重要的角色。卡罗琳·伊冯·丹尼斯通常又被叫做卡罗尔或者卡罗琳·丹尼斯,她1954年出生在密苏里州。她的母亲是马迪莲·魁北克,马迪莲·魁北克与雷·查尔斯作为"瑞丽提斯"演唱组①成员同台演唱。卡罗琳在浓厚的传统福音音乐氛围中长大,并凭借自身实力成为一位出色的歌手。她身材高大,有着充满冲击力却犹如天使般的嗓音以及一副非常漂亮的面孔。在接到与鲍勃共事的电话时她正与波特·巴查莱特一同巡演。"我必须要说的是,当时的情形真的很让人为难,我并不知道他是谁,因为我年轻时的生活可以说是一直处于隐居和受庇护的状态。"卡罗琳说,"所以我打电话问,'鲍勃·迪伦是谁?'"

鲍勃在继续巡演之路之前尚有三个月的空闲时间。在此期间鲍勃想录制一张新唱片,名字就叫做"街头法则",最初的唱片样本将在与哥伦比亚公司近期重新接洽谈判的情况下制作完成。鲍勃与他的前任哥伦比亚唱片公司制作人鲍勃·约翰斯顿商讨预订录音工厂的场地,但他们并未订到合适的时间,鲍勃因此决定在他自己位于圣莫妮卡的排练工作室展开录制工作,但没有邀请约翰斯顿或其他有名望的制作人加盟。他在楼上一间大房间内工作,这里以前曾是一家枪械工厂。从音效的角度来看工作间的条件很糟糕,地面铺着油布,天花板由聚苯乙烯的砖拼成。为了能够减弱伊恩·华莱士敲鼓的声响,鲍勃的助手亚瑟·罗萨托在鼓的上方挂

---

① "瑞丽提斯"演唱组(The Raelettes)是一支活跃于20世纪50年代至80年代的团队。——译注

了一个降落伞。电源线穿过窗户连接着街上的移动录音车。乐手们常在录音间隙品尝隔壁"拿破仑"咖啡馆的咖啡和面粉糕饼,即便如此,唱片还是在一周内录制完了。鲍勃喜欢依靠敏锐的剪辑来完成工作,但对音质并不是十分注重。他对比利·克瑞斯说,录音仅仅是对当日演唱歌曲所做的操作。他并不追求完美。

大部分的歌曲都是鲍勃去年夏天时在农场完成的,当时鲍勃还与法瑞迪·麦克弗瑞在一起,且正在注册一家新建的出版公司——"特殊骑手"音乐公司。这些歌曲的主题多与爱情的艰辛有关。然而,带有自传性的暗指被众多的比喻所掩盖,其中就有像塔罗牌中"警卫换岗"以及占星术中"无时间思考"一类的比喻。鲍勃对于这类神秘力量的兴趣看起来似乎是与麦克弗瑞之间恋情的遗存物,同时也有可能预示着鲍勃正在寻找某种能够赋予他生活新意义的东西。与过去相比鲍勃似乎缺乏自信,而缺乏重点也直接减弱了《街头法则》中一些歌曲的效果。尽管如此,里面还是有一些情感炙热的歌曲。《新的小型马》是一首迷人的布鲁斯歌曲,部分乐队成员认为这首歌的灵感来自鲍勃与海伦娜·斯普林斯之间的恋情。《先生》可以视为鲍勃转信基督教的一个标志。在这首歌中,鲍勃哀求一位谜一样、类似弥赛亚的"先生"指点迷途,听起来像是他因为发现自己所处的境地而惊恐不已。这首歌包含着富有感染力的形象化描述以及令人感兴趣的圣经内容,与他的很多作品相似,《先生》在某些人听起来同样显得不自然,其中一些比喻来自异常怪异的唱片《渴望》,同时还有一些关于塔罗牌华而不实的废话。《宝贝,别哭》是一首美妙的情歌。而唱片中也许称得上最好的一首歌曲就是《你今夜在哪里(暗红之旅)》,在这首歌中鲍勃似乎接受了婚姻的失败,在发泄着悔恨,同时他也可能希望时间能回到与萨拉两人婚姻幸福的某个时段。歌曲以博比·豪尔的爵士鼓声开始,曲折悠扬地演绎了一段破碎的爱情故事。第一句歌词描绘出了典型的寂寞形象——"一辆长途汽车在雨中颠簸前行"。歌曲在进入比利·克瑞斯的吉他间奏部分时达到了渴望与绝望交织的高潮部分,他的演奏就如同泪水串串滴落一般。

不幸的是,《街头法则》听起来就像是在潮湿的薄纸板下录制成的,鲍勃对这一结果感到不快。"这次录音之后他们解雇了我们所有人,"键盘手阿伦·帕斯奎说,他仍记得经鲍勃手下一名办事员之口带给他们的话,"整支乐队都被解雇了……我猜想他不喜欢这张唱片。"但鲍勃需要自己的乐队来完成世界巡演,于是他们很快又被雇了回来。然而鲍勃对《街头法则》这张唱片的疑虑很快就得到了验证,1978 年夏天唱片发行之后的反响复杂多样。格雷尔·马库斯在《滚石》杂志上撰文说,鲍勃的唱片听起来就像"彻头彻尾的赝品"。

但这张唱片在英国反倒更为成功些,6 月起鲍勃也正是由英国开始了欧洲巡演,在拥有一万八千个座位的伦敦伯爵宫舞台举办的六场演唱会门票均销售一空。这场演唱会吸引了众多社会名流,甚至包括皇室成员——玛格丽特公主出席了演唱会,同时演唱会也受到了媒体的一致喝彩。经过了在远东举办演唱会期间略显拘谨的开始阶段之后,乐队达到了最佳状态。"我认为伯爵宫是鲍勃所举办的最好的演唱会之一,"赞助人哈维·戈德斯密斯说,"这是一场梦幻般的演出。"

在伦敦逗留期间,鲍勃前往观看了一场由山区乡村摇滚乐明星罗伯特·古登①举办的音乐会。作为一名偶像,罗伯特·古登

---

① 罗伯特·古登(Robert Gordon,1947—),美国山区乡村摇滚音乐家。表演时自弹自唱,音乐类型主要属于非主流摇滚、朋克摇滚和摇滚乐。同时也在多部电影中出演次要角色。——译注

在英国新朋克运动中拥有众多追随者。同时鲍勃还与日渐疏远的乐队指挥罗布·斯通纳以及"性手枪"乐队中的成员席德·维舍斯碰面。在参加"滚雷喜剧"巡演之前,斯通纳就是与古登一道演出的,而现在他又回到了古登的团队中。斯通纳在后台与鲍勃礼貌地重聚,随后席德·维舍斯突然拿着一把刀东倒西歪地冲过来,恐吓说要去刺鲍勃,之所以这样做的原因含混不清,大致是因为鲍勃的态度太过冷漠。幸运的是,在维舍斯伤人之前他就被赶了出去。

尽管朋克和新兴的乐队藐视大部分现存的音乐明星——席德·维舍斯明显地对鲍勃表现出敌意——但迪伦还是获得了大多数年轻音乐人的尊敬,而且这种情况后来还变得尤为突出。"他的歌词写得真伟大,""性手枪"乐队的吉他手史蒂夫·琼斯说,"你之所以会有些喜欢鲍勃,是因为他身上带有一些反叛的性格,当他想将原声吉他转为电子吉他时人们都厌恶他。"也正是在这一时期,鲍勃与"冲击"乐队以及艾维斯·克斯提洛、格拉汉姆·帕克等新潮艺术家建立了良好的关系。

继伦敦演唱会之后,鲍勃在荷兰、德国也举办了演唱会。鲍勃与乐队乘坐一列私人火车从柏林前往纽伦堡,随后于7月1日在齐柏林菲尔德举行演出,这一舞台是为了阿道夫·希特勒举办集会修建的。因为是帕特里克·斯坦斯菲尔德进行安排,所以鲍勃未能在福瑞斯坦格演出——希特勒曾站在这个舞台上。"我想我们所有人都因在此地演出而感到有几分激动和兴奋,特别是在当鲍勃演唱了一首绝佳的《战争主宰》时。"大卫·曼斯菲尔德说。

两周之后,也就是7月15日,一场更为感人的演唱会上演,鲍勃返回伦敦并在布莱克布舍机场举办了一场大规模的户外演唱会。三平方英里的废弃飞机场被围了起来,机场内可容纳近167 000名听众,这也使"布莱克布舍野餐演唱会"成为鲍勃曾举办的活动中最大规模的一日收费演唱会。演出阵容宏大,其中包括埃里克·克莱普顿、格拉汉姆·帕克以及颇受鲍勃喜爱的新潮乐队"谣言"乐队。"我真的很喜欢你的那首歌,"当两人在后台碰面时,鲍勃对格拉汉姆·帕克说。正当格拉汉姆忐忑不安地猜度鲍勃所指的是哪首歌时,鲍勃却似乎丢了神。"那首歌……嗯……嗯……嗯……啊……哦,伙计。"正等着听答案的帕克脸上挂着僵住的笑容。"这情形似乎将永远继续下去,有片刻停顿,他努力地想着歌名,而我则头上冒汗。"格拉汉姆·帕克说,"我的嘴唇……翘起贴在牙齿上,我开始紧张它干掉后会粘在牙齿上。"

"《不要问我问题》!"鲍勃最后大声叫喊道,终于想起了歌名。

正在此时,摄影记者为他们拍摄了一张照片以刊登在报纸上。"照片上的我看起来像是正身处一个伟大的时刻,"帕克说,"但实际上我真的是汗流浃背了。"

鲍勃登上布莱克布舍的舞台时戴着一顶大礼帽,此时光线正渐趋黯淡。"因为日落后气温逐渐变冷,观众席上的人们点着了可燃物品,在这三四平方英里的空间内有许多燃烧着的篝火。"帕特里克·斯坦斯菲尔德说,"黑色的烟雾冉冉升起,烟幕漂浮在会场上空。"这是一场令人难以忘怀的演唱会上富有戏剧性的一幕,而这也许算得上是整个世界巡演的亮点所在了。

等到9月份揭开美国阶段巡演序幕时,鲍勃与乐队已在旅途中度过了八个月中的最佳时段,热情已损耗殆尽了。"美国巡演是一段艰辛的路程,"伊恩·华莱士说,"我想我们可能一周有六个晚上在演出……这些演出都是耗时三小时的演唱会,而且即使我们有自己的飞机和其他设备,这样的巡演仍是要求相当高的。"乐队中的紧张状态愈加明显。"你知道,一支乐队就像是一个家庭,"华莱士说,"形势在某一时刻开始难以掌控。你知道,谣言到处飞,都是说谁对谁做了什么。当你身处旅途中时，小事情也会被渲染放大。"

大部分风流韵事自然与鲍勃有关，他现在刚与新伴音歌手卡罗琳·丹尼斯开始了一段恋情。"我从未卷入任何类似的事件中，但很明显，这些唱歌的女孩子们总是会与鲍勃有所瓜葛。"乔·安·哈里斯说。海伦娜·斯普林斯与卡罗琳·丹尼斯之间形成了一种针锋相对的竞争状态，所以当鲍勃请哈里斯登台站在他的两位女友中间时，哈里斯因夹在当中颇感困窘。"某天晚上卡罗琳和海伦娜差不多要登台演出了，"她说，"鲍勃说，'乔·安，你今天晚上就站在中间'。我说，'不，我每次都是站在末尾的，你知道我的位置是在那里'。他继续说，'不，你就站在中间'。而我也继续说，'哦，不！我不想头发被揪掉，知道吗？'"

随后一场流感席卷了整支乐队，因为音乐人起居与工作都在一起，所以病毒很快便在团队中广泛传播开来。伊恩·华莱士感觉自己病得非常严重，登台时甚至必须在身旁摆上一个桶。由于在远东与欧洲巡演时过于铺张，所以在美国举办演唱会时花费略有削减。感恩节前夕乐队正在俄克拉荷马州诺曼市的豪生酒店演出，这里还是当地的保龄球娱乐场所。当鲍勃对巡演丧失热情之后，他开始加快了唱歌的速度。"音乐的节拍越来越快，越来越快，而歌词则越来越含混，越来越含混。"斯坦斯菲尔德说。评论家们不公地将其与拉斯维加斯式的娱乐节目进行对比。鲍勃在新闻记者面前为乐队辩解，但在台上则怒视着他的乐手们，并且召集会议告诉乐手们演唱会已经变得呆板起来。哈里斯说："这不是他所喜欢的声效——既非街头的效果，也非自然的效果。"鲍勃希望女孩子们能唱得更大声些。"你知道，我们都已经是在尖叫了。"博比·豪尔感到非常吃惊，像鲍勃这样害羞的人竟然会变得如此粗暴。"当他对我们说这些时，他看上去可不像诗人。"

然而在巡演最后一个夜晚——也就是 1978 年 12 月 16 日在佛罗里达州的迈阿密时——鲍勃待在宾馆里与乐队一同喝酒,并且谈到将会把巡演继续下去。就像在"滚雷喜剧"巡演结束时一样,重返正常生活以及面对各种问题对鲍勃而言似乎非常勉强,他打电话给温特劳布以预订更多场次的演唱会。从很多方面看起来鲍勃都像是一个不幸和孤独的人。"我们一直坐着谈到离清晨仅有数小时,他对我说的都是有关他在 1979 年所预订的计划以及我们将做些什么之类的事。"华莱士说。然而这是他或其他乐队成员最后一次见到鲍勃。圣诞节间歇期,鲍勃变了主意,解雇了整支乐队,决定在生活和音乐两个领域都选择一条激进的新方向。

1978 年的巡演由延续一年之久的疯狂与快乐的活动构成,迪伦将失败的婚姻与破裂的家庭生活所带来的沮丧都转移到了巡演之中。但在最终阶段,1978 年巡演却不如四年之前的 1974 年巡演那般令人满意。通过巡演鲍勃获取了大笔财富,但他在露天足球场规模的听众面前举办刻板的最大规模演唱会时并没有获得多少快乐。此时鲍勃的情绪低落,需要某人或某事来将他推动起来,他注意到自己周围都是基督徒,特别是那些信奉基督教的女性。他的女友卡罗琳·丹尼斯有着中西部福音派的背景。玛丽·爱丽丝·阿提斯最近已经"获救"。第三位女友海伦娜·斯普林斯建议鲍勃当他遇到困惑和慌乱时就做祈祷。1978 年那支乐队中的一部分人也像鲍勃的其他音乐人朋友一样,在最近一段时期内都成了基督教信徒。的确,当时的音乐界有一股信奉基督教的浪潮,可能是出于对 20 世纪 60 年代和 70 年代毫无节制的生活的纠正,那段放纵时期所导致的后果就是一些音乐人因吸食毒品、滥饮以及其他的问题而遭受到毁灭性的打击。"从 1976 年开始,某些东西偶然在全球流行开来。""丁骨牛排"·伯内特说,与大卫·曼斯菲尔德与史蒂文·索尔斯们的一样,他也是一名皈依基督教的教徒,"在爱尔兰它影响到了'U2'乐队的博诺、刀锋、赖瑞·穆伦。在澳大利亚它影响到了'INXS'乐队的迈克尔·哈切斯。而在洛杉矶它也产生了影响——这是一场精神运动。"

1978年巡演的最后阶段有迹象表明鲍勃已经被耶稣基督所吸引。11月中旬在加利福尼亚的奥克兰举办一场演唱会之后,鲍勃与他的校友戴夫·惠特克重逢,两人谈到了大卫17岁的儿子尤比。"你能送给我一把吉他吗?"这个孩子问道。第二天,一辆卡车将迪伦的礼物送了过来,那是一把崭新的芬达吉他,上面还饰有《保罗之书》中的引言。几天后鲍勃在圣地亚哥举办了一场演唱会。他拾起歌迷抛到舞台上的十字架,随即戴了起来。在这件事发生后不久,鲍勃遇到了他后来描述为"幻想和感觉"的一幕,他相信耶稣基督出现在屋子里。乘车时比利·克瑞斯就坐在鲍勃的邻座,他注意到鲍勃似乎是在创作一首灵歌——《慢车开来》,此时歌词还只是完成了一部分,但却表现出对上帝所持信仰的复苏。12月2日在纳什维尔,乐队在一场试音会上演唱了这首歌。

促使鲍勃最终成功转信基督教的似乎是他与某阶段的女友玛丽·爱丽丝·阿提斯之间的恋情,尽管此时与卡罗琳·丹尼斯之间的恋情在他的心中同样占据着重要位置。阿提斯与葡萄园友人会[1]有联系,这是位于洛杉矶圣费尔南多谷的一所现有规模虽小

---

[1] 葡萄园友人会(The Vineyard Fellowship),葡萄园运动是植根于宗教复兴及福音传教的基础之上的。虽然第一所葡萄园教堂在约翰·韦姆伯于加利福尼亚州耶巴林达市创建耶稣受难礼拜堂之前便已经存在,但他仍被认为是该运动的主要奠基人。肯·加里克森正是在第一所葡萄园教堂内向两位歌手,创作人拉里·诺曼和切克·吉拉德传授圣经教义。随后该项运动影响不断扩大。——译注

但却不断扩大的福音教派教堂。该团体由一位有着路德教派背景的颂歌牧师肯·加里克森于1974年创建。"我制作了一张属于自己的唱片,其中有一首歌在基督教世界中排在首位。"鲍勃说,"歌曲听起来就像是'卡朋特'乐团的歌声,非常乏味。"在葡萄园友人会中,流行音乐通常作为活跃气氛的礼拜仪式配乐,人们受到鼓舞站起身演唱歌曲。有几位知名的音乐人与葡萄园友人会保持着联系,其中就包括"老鹰"乐队的一位成员。教堂举行的聚会是非正式的,肯牧师常会穿着短裤出现在人们面前。由于这一团体并没有专门的教会建筑,所以他们往往租用场地或在海滩上举办集会。葡萄园友人会墨守成规地将《圣经》作为理论基础,对毒品、酗酒以及通奸等行为都持相当强硬的反对态度。

肯牧师回忆说,玛丽·爱丽丝·阿提斯是在1979年1月某个周日参加完一场在瑞赛达租用教会建筑内的活动之后与他攀谈的,她说需要人开导家中的男友。肯牧师的两位同事保罗·埃蒙德和拉瑞·麦厄斯与阿提斯一同前往位于布伦特伍德西洛杉矶郊区的一处住所。他们就是在那里见到了鲍勃。根据肯牧师的回忆,他随即收到了一份报告,鲍勃对两位牧师说,他感到生活空洞乏味。这两位牧师给了鲍勃这样的答案:上帝就是"唯一的最终成功者"。鲍勃表示自己需要那种肯牧师称之为与上帝的"在生活方式上的联系"。"显然,他准备请求上帝饶恕他的罪恶。"肯牧师说。拉瑞·麦厄斯与鲍勃谈到耶稣基督,并且讨论了《圣经》,从起源一直到圣约翰牧师的启示。麦厄斯说:"随后几天的某一时刻,鲍勃隐秘地独自接受了基督教,同时相信耶稣基督是真正的弥赛亚。"

鲍勃后来承认玛丽·爱丽丝·阿提斯在自己转信基督教的过程中有所帮助。但阿提斯却并不认同每个人都可信赖的说法。"我不能将什么人都引向耶稣基督……我只能说上帝只做他想做的。"她说,"我想,有太多的人想要让自己在根本毫无荣耀的境遇之下变得荣耀些。"

鲍勃和玛丽·爱丽丝·阿提斯于1979年初加入葡萄园友人会下属的信徒学校,其后三个多月两人参加了多在周末清晨举行的《圣经》讲习班。最初鲍勃认为自己没有太多的时间参加活动,他觉得自己必定会再次忙于巡演。但不久鲍勃就发现自己上午七点就会醒过来,这使得他早早起床驱车前往瑞赛达,参加在房产事务所举办的《圣经》讲习班。鲍勃说:"我真的无法相信自己能做到这一点。"

教授《登山宝训》的助理牧师比尔·德耶回忆起鲍勃从其少在教堂露面到退出《圣经》讲习班的往事。"他或许只能这样。"比尔牧师说,"有几次鲍勃走进教堂时人们都盯着他看,'哦,这就是鲍勃·迪伦!'"的确,珍藏鲍勃所有唱片的比尔牧师必须采取行动,防止鲍勃再次在教堂内引起类似的混乱。

也就是在1979年晚冬与春季交替的那段时间内,玛丽·爱丽丝·阿提斯在比尔牧师家中的游泳池内接受了洗礼。"进行的是整套的浸礼。因为洗礼是葬礼的一种象征,将罪恶埋葬,随后将一个崭新的人从水中拉出来。"肯牧师说。鲍勃出席了洗礼仪式,不久之后他自己也接受了洗礼,地点有可能是在海中,这是葡萄园友人会经常举行洗礼仪式的地点。按照一般的看法,鲍勃通过浸泡在水中的方式,成为一位重获新生的基督徒,尽管他后来避免谈到这一术语,称自己从未用过这一个词。然而还是可以引用他在1980年接受《洛杉矶时报》一位值得信赖的记者罗伯特·希尔伯恩采访时所说的话:"我真的有着重生的经历,如果你想这样称呼。这是一个使用频率过高的术语,但它的确是人们常会用到的词汇。"

"虔诚"的主题在鲍勃的作品中早已存在，唱片《约翰·韦斯利·哈丁》中表现得尤为强烈。事实上从孩童时代起宗教就已经伴随鲍勃左右了，当时鲍勃的父亲向身为长子的他灌输着严谨的道德准则，同时还让他接受过一位拉比的教诲并完成了受戒仪式。作为一名歌曲创作人，鲍勃早就觉得自己是灵感的传送渠道。在事业开始阶段，他就曾对《引吭高歌!》杂志记者说那些歌词只是灌入他脑海中的："歌曲就在那里，它们自己在那里，只等着某人将它们记录下来。"正是出于这一点，鲍勃每天都与一种神秘的信息源泉维系着强烈的联系，多年之后，他逐渐认识到这些歌曲是来自上帝的。显然正是迈出了这么小小的一步，使得鲍勃从此一头扎进了传统的宗教世界。但是鲍勃从出生之日起便不断强化对犹太教的信仰，而且最根本的相反之处是多数犹太教徒都认为耶稣基督就是弥赛亚。"将某人称为'彻彻底底的犹太教徒'对他们而言是非常无礼的。"肯牧师说，"虽然我、基督徒以及犹太基督徒都看到这一点，并且认为这是事实，但他们却认为这是反语。"当然，鲍勃投入基督教怀抱的举动让他的犹太朋友以及家庭成员感到异常惊愕，同时也让他遭受到了来自各方面的攻击。鲍勃的姑妈埃塞尔·克瑞斯托说："我想，这是为了引人注意才去做的，这就是我的想法。因为他的头脑中都是犹太人的思想，大量的犹太人思想。他就是按照那种方式成长起来的。他是一个受戒的犹太人。"

鲍勃转而信奉基督教也带给他的孩子们巨大的震动，这些孩子都是信奉犹太教义成长起来的。突然之间，成群的记者尾随他们的父亲前往葡萄园友人会，希望能拍到他进入基督教教堂的照片，随后这些记者又跑回到他的家门外站桩守候。孩子们看到记者们采访父亲时的骚乱场景。这情形让人感到窘困，而这也是鲍勃的名气在他们的生活中成为问题的极少数的一次。

信仰激发了鲍勃创作新歌的灵感。而创作出的这些歌曲显然带有宗教色彩，最初鲍勃想让卡罗琳·丹尼斯来录制这些歌曲，随后他又决定自己在阿拉巴马州谢菲尔德的"肌肉沙洲"录音室与布鲁斯音乐制作人杰瑞·维克斯勒一同制作，后者因与雷·查尔斯、阿瑞莎·富兰克林共事过而出名。维克斯勒最初对歌曲的宗教内容感到惊讶，而当鲍勃想要说服他也信奉基督教时维克斯勒几乎呆掉了。"和你打交道的可是一个有着六十二年犹太无神论信仰的人。"他对鲍勃说，"我们还是制作唱片吧。"维克斯勒不久前为英国乐队"恐怖海峡"制作了唱片《公报》，他建议乐队领袖马克·诺夫勒能与他们一同制作这张后来取名为"慢车开来"的唱片。诺夫勒是一位才华横溢的吉他艺术家，同时身为创作人的他也深受鲍勃的影响。他形容自己"从11岁时就已成了鲍勃的超级歌迷"。的确，诺夫勒的歌有时听起来就像是在模仿鲍勃，而鲍勃也意识到了这一点。另外，他们还邀请了"恐怖海峡"乐队的鼓手匹克·威瑟斯。维克斯勒还建议由蒂姆·德鲁蒙德演奏贝斯，而德鲁蒙德也就成为鲍勃新组建的乐队的指挥。维克斯勒的合作人巴里·贝克特出任键盘手。卡罗琳·丹尼斯、海伦娜·斯普林斯以及雷吉纳·哈维斯担任伴唱。卡罗琳和海伦斯设法忘掉彼此之间的分歧以便能一同工作。这一群音乐人、歌手组成了一支愉快的音乐团体，同时为了寻求改变，鲍勃将在一间一流的录音室内与一位伟大的制作人合作录制唱片。"鲍勃说自己想要制作一张专业的唱片，"诺夫勒说，"而他此前制作的唱片都像是家庭作坊制作的唱片。"

主打歌曲《慢车开来》旋律优美，听起来就如歌词所暗示的那样缓慢地行进，而诺夫勒尖利的吉他间奏则强化了这一效果。鲍勃在这张唱片中的歌词可以说是他最好的作品，他通过采用头韵体短语以及聪明的比喻使得语句生动,同时在演唱时他的嗓音也完全忠实于他的信仰。在演唱《当他归来》这首歌时鲍勃热情洋溢,这首歌所谈论的话题直接涉及他和耶稣基督的联系。鲍勃在歌曲《我相信你》中唱到他"离家千里"独自游走。这是流行音乐中常见的形象,通常与这类音乐人的流浪行吟歌手生活相关联,但鲍勃转而描述了一个因抱有对上帝的信仰而不再孤单的形象。《信仰之歌》是另外一首出人意料成为主打的强力歌曲,而《你何时才能清醒?》这首歌却带有警醒的味道,这似乎在预示着鲍勃的下一张不成功的基督教题材唱片《拯救》。《人给所有生物命名》本质上属于儿歌,这是一首新奇的作品,之所以会被收入唱片大概是因为伴唱歌手雷吉纳·哈维斯 3 岁大的儿子很喜欢这首歌。总而言之,肯牧师听到这些歌曲之后感到非常高兴,他认为鲍勃的新歌在当时的社会中有着与查理斯·韦斯利[1]的作品同等的价值。"我认为这些歌曲是鲍勃真诚生活经历的完美体现,都源于他内心的灵感。我想这是他人生中第一次认识到耶稣就是弥赛亚,通过这一途径他真正成为犹太人。"

鲍勃与哥伦比亚唱片公司的艺术总监托尼·朗在推广这张唱片的过程中建立了亲密的关系。哥伦比亚唱片公司的执行主管们长时间讨论基督教教义该如何去展开推广。"大家都心存顾虑,害怕因此而失去鲍勃·迪伦的核心听众。"托尼·朗说,他回忆起鲍勃在准备封面设计、排版和封套说明时以第三人称的口吻谈论自己。最终他们定下一张封面画,描绘的是一名铁路工人挥动着斧头,斧头的形状让人联想到十字架。

---

[1] 查理斯·韦斯利(Charles Wesley,1707—1788),英国著名的卫理公会教派运动领导者,宣扬"人成为神"的精神。——译注

尽管一些评论家对于鲍勃在信仰上的真情流露嗤之以鼻,但简·温纳在《滚石》杂志上撰文称这张唱片是鲍勃最伟大的作品。"信仰是一种启示。"他开始加以评述,"信仰就是要点。信仰就是理解这张唱片的关键所在。"这就是鲍勃反对维克斯勒的建议,坚持要将《信仰之歌》作为主题曲的原因所在。这首歌成为进入前四十名的打榜歌曲,同时也成为鲍勃最后一首挤进前七十名榜单的歌曲[1],而歌曲所取得的成功也推动了唱片的销售。《慢车开来》取得了非凡的成功,在榜单上冲到了第三位,并且在1979年末被确认为金唱片,一年之后成为白金唱片,是鲍勃最畅销的唱片之一。

随后鲍勃将蒂姆·德鲁蒙德和吉姆·凯尔特纳吸收进了巡演团队,前者以旋律部分的精彩演绎而闻名,后者则在鼓技上居全美首位。凯尔特纳1971年就认识了鲍勃,但此前一直拒绝参加巡演的邀请,原因就是他不喜欢旅行。他曾与约翰·列侬之类的艺术家合作,从事他所喜爱的唱片录制工作,但直到1979年为止,凯尔特纳都是依靠吸食毒品来维持从事这种工作所需的灵感的,这几乎要了他的命。"我当时无论是在肉体上还是在精神上都处于非常糟糕的境况之中,"凯尔特纳说,"我坠入了一个真正糟糕的境地。"凯尔特纳确信是好友们的支持将他从早期死亡的境地中解救出来,这其中就包括鲍勃,同时他说与鲍勃的巡演经历就像是一场宗教上的感悟,这改变了他的人生。另外一位巡演乐队成员福瑞德·塔克特担任主音吉他手,"茶匙盘"·奥尔德哈姆(他曾合作创作了几首经典歌曲,其中包括《我是你的傀儡》)演奏B-3电子管

---

[1] 直到2000年,《信仰之歌》还作为鲍勃的最后一首单曲进入《公告牌》排行榜的前40名榜单。它在1979年10月6日达到最佳的第24位。——原注

风琴,特里·杨负责福音钢琴,而特里的妻子蒙娜丽莎与海伦娜·斯普林斯、雷吉纳·哈维斯担任伴唱。在纽约的《周六夜现场》电视秀节目中露面后,1979年11月鲍勃与乐队飞往旧金山老式杂耍式剧场——福克斯沃菲尔德剧场——度过了难忘的两周。

演唱会举办之前鲍勃与乐手们一同祈祷。"每场演出之前所有人都围拢成圈,握着手,由某人来念祷文。这种仪式通常持续大约一分钟或更短些。""茶匙盘"·奥尔德哈姆说,"谢谢你,耶稣,保佑我们的安全和成功……我猜想这是祈祷演唱会精彩出色的祷文。"通常祷告是由拉瑞·麦厄斯牵头的,他是从葡萄园友人会借调来的。有时候蒙娜丽莎·杨也会客串一下,向上帝请求"爱之光在我们之间映射"。某天晚上他们仅因鲍勃感到嗓子疼痛而为他祈祷,后来鲍勃上台后奇迹般的恢复了状态,丝毫没有患病的样子。女孩子们大喊道:"谢谢你,耶稣!"

第一场福克斯沃菲尔德演唱会以歌手雷吉纳·哈维斯带有宗教色彩的独白拉开帷幕。随后海伦娜·斯普林斯、蒙娜丽莎和特里·杨也加入其中。她们合唱了六首福音歌曲,而特里·杨则负责钢琴伴奏。琴声正如吉姆·凯尔特纳所说的那样,就像是"钻石闪耀舞台"。福音歌曲《这列火车》进入结尾部分时,灯光先是黯淡下去,随后又亮起来,此时鲍勃与整支乐队都出现在舞台上。鲍勃穿着黑色皮夹克、白色汗衫,看上去就像是一位摇滚歌手。他走近麦克风唱起了十七首新歌中的第一首——《信仰之歌》,而这十七首歌都是庆祝鲍勃皈依基督耶稣的赞歌。即便是那些知道新唱片内容的人也不太希望整场演唱会就是由这些宗教歌曲组成。"听众不知道演唱会的内容是什么。"凯尔特纳说,"他们成群地吸食大麻,只想看到一场鲍勃·迪伦的演唱会,就像他们经常在摇滚演唱会上所做的那样,因此在演唱完数首赞颂上帝的歌曲之后,空气中便充满了大麻的味道,人群中传来尖叫声和呼喊声,他们并不欣赏歌词。一些人开始呼喊尖叫,要求鲍勃唱些摇滚歌曲。他们表现得非常低俗,而叫喊声异常响亮,甚至还站起来挥舞手臂,希望能引起鲍勃的注意。从我的位置可以看到所有的一切,我相信鲍勃也能看到。随后有少数几次……有人站起身来,他们会高喊,'鲍勃,我们爱你!'以及'我们爱你的新音乐!'。现场就像是听众之间的口头之争一般……这就是我所看到的一切。"鲍勃似乎很容易就会忘掉那些情绪激动的质问者,就像在1965至1966年他几乎每晚都能听到嘘声一样。动听的乐声让鲍勃沉浸其中。歌手们在哭号。特里·杨美妙的钢琴演奏与奥尔德哈姆的B-3琴演奏相辅相成,这就像是挤压出了一股音乐的迷人气体。鲍勃则用力吹着口琴。"在音乐会上,鲍勃的演出有几次让人精神振奋,几乎完全让人……置身于另外一个美好世界。"凯尔特纳说。当他们开始演唱当晚的第二首歌《我相信你》时,凯尔特纳发现自己哭了起来。事实上,在福克斯沃菲尔德举办演唱会期间每晚他都会哭泣,这在以前对他而言几乎是难以想象的事情。"鲍勃总会有一句歌词直击你的内心世界,"他说,"但正因此才是惊人的。"

  这场由鲍勃的宗教音乐会所引发的争论甚至超过了他最疯狂的第一次电子乐巡演。电子乐的使用对于民谣纯化论者而言还只是一种骚扰,但宗教却会影响到每一个人。"我外出参加巡演,演唱的歌曲都是以往现实生活中从未演唱过的。"鲍勃说,"我想,我所做的是一件相当令人惊讶的事。我不知道有哪位艺术家做过这样的事。"他说的是事实,但大多数评论家都在嘲笑他。《旧金山评论报》在第一版刊登了《迪伦·鲍姆博的重生[①]》一文。《旧金山纪

---

  ① 原名为"Born Again Dylan Bombs"。——译注

事报》上乔尔·塞尔文所撰写的文章标题"鲍勃·迪伦的恐怖福音"以醒目的大字刊发。随后一周文摘版还收录了由四位读者所写的最短的评注。评注的内容是"编辑——塞尔文聋了吗?"这只是听众们对鲍勃新身份以及新的音乐风格所抱态度与所持反对意见的例证。"我发现真正让我感到惊讶的是有这么些人猜疑鲍勃。"凯尔特纳说,"有那么多的基督徒对鲍勃持猜疑的态度,他们纷纷说,这并不是真实的,他是一个冒充者。而犹太社团中的人们也不信任他。他们厌恶或者不信任鲍勃是否真的信奉基督教。鲍勃触犯了每一个人。同时我知道,除了鲍勃所遭遇的这些之外,我曾与某些人谈过,许多人的生活都一直在变化。在基督教的世界中,他们称之为'获救'。我知道这在很多人的生活中都发生过。"

一天晚上,鲍勃收到玛丽亚·马尔道寄来的信函,她现在住在马林郡,曾在1974年推出一首名为"午夜绿洲"的通俗主打歌曲。马尔道意识到自己年轻时在格林威治村度过的生活是多么的腐化,她重新开始信仰宗教。此时抽大麻烟已经发展成吸食可卡因。性自由被证实也不能那样毫无控制。"这一切看起来不再是那么美好,并不是非常酷的生活方式。"当马尔道看到否定鲍勃演唱会的评论时,她给鲍勃写了封信,给予他精神上的支持,同时解释说自己已经"被圣灵制服"了。鲍勃在休假期间前去探望了马尔道。马尔道询问有关耶稣基督的问题时,鲍勃暗示她所有的答案都可以在《圣经》中找到。这种暗示让马尔道颇感失望,因为她发现《圣经》非常难以理解。"我希望他能向我开启一本较为简单的《圣经》。"鲍勃似乎特别专注于圣约翰的启示,圣约翰预言在哈密吉多顿山善与恶将展开一场灾难性的战斗。哈密吉多顿是一个真实存在的地方,那就是中东的麦基度,近期发生的国家政治事件似乎表明这场战斗即将到来,这一点为作家哈尔·林赛所证实,他在

1970年所写的《晚期的巨星地球》中详细地进行了论述。鲍勃曾读过林赛的这本书,他告诉马尔道激动人心的事件很快就会展现在眼前。过了几年,伊拉克与伊朗之间爆发了战争,苏军也入侵阿富汗,马尔道认为鲍勃获得了最新的消息。

举办福克斯沃菲尔德演唱会之后,鲍勃又在圣莫妮卡市民礼堂为一个基督教救援组织世界宣明会①义演。鲍勃有一次只演唱了宗教歌曲,其间夹杂点缀着《圣经》人物的布道,范围从摩西到撒旦。沉迷其中的葡萄园友人会成员加入听众的行列中。"这是我观看的第一场演唱会。"肯牧师说,"我激动得浑身战抖。这种力量让我感到惊讶……它是多么的震撼和灿烂。"接着他又补充道,"对我而言,这就像是耶稣站在山坡上向人们宣讲真理。"

巡演下一站设在亚利桑那州的坦普,在这里鲍勃为对其精神财富持强烈怀疑态度的学校听众们举办了两场演唱会。听众们高喊着要听摇滚,并且就像鲍勃说的那样用"污言秽语"嘲笑伴唱的歌手们(鲍勃所发生的转变中颇为古怪的一点是他开始使用诸如此类奇怪的措辞)。鲍勃中途停下来劝诫这些年轻人,第二场演唱会几乎因此而终止。鉴于这些年轻人是"受过高等教育"的人,鲍勃认为他们应该懂道理。鲍勃气愤地对他们说,如果他们想要看摇滚,可以离开去看"kiss"摇滚乐队的演出,这支乐队以涂抹面孔以及伸出舌头而出名。他们能够"一直摇滚到地狱里去!"演唱会之后鲍勃打了一封信寄给马尔道。信中称,年轻人的粗野是他称之为"最终时刻"即将临近所表现出来的又一确切迹象。似乎宗教信仰已临时消除了鲍勃最可爱的特点——幽默感。

---

① 世界宣明会(World Vision),1950年创立,是一个发扬人道与博爱精神的国际慈善团体,其宗旨是以爱心帮助贫穷及有需要的人,与他们一起面对贫穷和灾难,合力克服困难,使其走上康庄之路。——译注

1979年至1980年的冬季,海伦娜·斯普林斯在与鲍勃发生争执后离开了巡演团队,尽管她在此后一段时间内仍保留着鲍勃的音乐巡演公司雇员的身份。她告诉乐队成员们自己想要单飞,但事实是她与鲍勃之间的关系已经走到了尽头。海伦娜·斯普林斯在巡演乐队中的位置被鲍勃的另外一位女友卡罗琳·丹尼斯所取代。

《慢车开来》中的大多数歌曲都带有着同情基督教的色彩。无论怎样,鲍勃在演唱会上都会演唱诸如《拯救》、《你准备好了吗?》之类的新歌,这些歌曲更加验证和反映了他的末世说信仰——末日即将临近,没有信仰的人将接受炼狱的火烧。1980年2月,鲍勃与巡演乐队一同返回阿拉巴马州的"肌肉沙洲"录音室录制这些有关地狱磨难的歌曲,唱片命名为"拯救"。与唱片同名的主打歌是其中最重要的作品,除了歌词对于不信仰上帝的人而言特别难以理解之外,这首歌听起来还是很让人感到愉快的。具有讽刺意味的是,乐队中唯一一位无宗教信仰的成员蒂姆·德鲁蒙德获得了合作的机会,为鲍勃创作贝斯部分的编曲。其他的歌曲只是依靠或多或少的灵光闪现或者是乐手的技巧演奏来获得提升。歌曲《强加》以特殊的允诺为开始,但却蜕化为无情的重击。确实,在录制过程中一些歌曲转向摇滚乐风格时会遇到重重困难,而且大部分的歌词都仅是宗教的套话。艺术家应以严谨的智慧以及不墨守成规而闻名,但鲍勃现在则将基督教的教条强加在音乐上。

完成《拯救》的录制工作一周之后,鲍勃在洛杉矶的格莱美奖庆典中演出。出自最新一张唱片中的歌曲《信仰之歌》被提名为最佳摇滚男歌手的候选歌曲。鲍勃与乐队成员身着礼服出现在舞台上,台下是众星云集的听众席。鲍勃尚未开始演唱,听众们便随着节拍晃动、鼓掌。他冲着发呆的蒂姆·德鲁蒙德喊道:"他们是在支持什么?"他现场演唱了一首让人惊叹的《信仰之歌》,看起来像是即兴改了歌词。尽管《信仰之歌》并不能算作鲍勃最好的作品,但他却是有生以来第一次获得了格莱美奖。"我并不指望能够得奖。"在发表获奖演说时他说,"我只想为此而感谢耶稣基督。"庆典结束后鲍勃出席由华纳兄弟公司在好莱坞查森饭店举办的一场社交聚会,碰到了哈罗德·莱文塞尔,后者是一位直言不讳的犹太人,他对鲍勃知之甚详,能清楚地说出鲍勃究竟在想些什么。"以前他想去游览以色列的时候我曾劝阻过他。我借给他一些书。"莱文塞尔说,"所以我觉得有种被辜负的感觉。"

"这真是荒谬,你在这儿做什么?"莱文塞尔说,"你为什么挂着个十字架?"

鲍勃感到很困惑,于是提议他们共进午餐谈论此事。果然,第二天鲍勃就打电话给莱文塞尔预订一起享用午餐,但莱文塞尔却没时间。

鲍勃曾有过类似的经历,他返回明尼苏达州时遇到了夏令营时的朋友霍华德·儒特曼。当时鲍勃的母亲在未说明身份的情况下打电话给牙医儒特曼的秘书,询问如果她的儿子——她当时所称的是博比·齐默尔曼——是否可以直接前往医院清洁牙齿。"之后就有人轻拍我的肩膀,我回头一看是鲍勃站在那里。"儒特曼说,"很明显,他进来之前在停车场等了一段时间。"

当儒特曼为鲍勃清洁牙齿时,注意到鲍勃戴着一枚粗重的黄金十字架。十字架表层装饰着莱茵水晶石。"鲍勃,这是怎么了?"

"霍华德,我正在探寻真理。"

"鲍勃,你可是犹太人。"儒特曼说。

儒特曼随后邀请鲍勃去他家共进午餐,而这位歌手带着他的一位基督教女友准时到达。"我和妻子待在家里为他准备午餐、陪他闲聊,鲍勃的女友和我的妻子聊起了基督教方面的东西,但我的妻子是一个极其虔诚的犹太教徒。"儒特曼说,"我们保留着一整套犹太教传统。因此他们不停地谈论'证成'这类的东西。你知道,他们在《新约》中探寻'证成'以解释为什么犹太教徒应该钟爱基督徒以及类似的东西。而鲍勃所能做的就是坐在那里手捂着头想我为什么带她来?哦,上帝,究竟是为什么?"朋友在信仰上的转变彻底惊呆了儒特曼:"你知道,他是一个犹太教徒,一个犹太人。他的灵魂也是如此。他是真正的犹太人……我不清楚,他有些依赖于正与之交往的这位女性……她是在宗教上重新选择,而他则被她迷住了。"

有些人相信鲍勃是出于商业考虑才信奉基督教的。例如"滚石"乐队的凯斯·理查兹提到鲍勃时将其称为"利润的倡导者"。1980年4月20日,当鲍勃巡演至多伦多时,罗尼·霍金斯与他碰了头,他也嘲笑鲍勃信奉基督教的举动。"一旦这张唱片销售惨淡,你就会成为一个无神论者,将唱片卖给所有那些什么都不信的爱好者们。"霍金斯板着面孔讥笑鲍勃,可鲍勃并不感到好笑,"他没有笑,只是盯着我看。但我知道他正在做什么,而他也知道我了解他的所作所为——他只是在兜售唱片。这是他的生意。"

霍金斯对鲍勃的宗教信仰所持的愤世嫉俗态度似乎是不公平的。所有的迹象都表明鲍勃是真诚地信仰他所咏唱的宗教的,而且最终他也因将自己的信仰袒露得如此公开而受到责难。尽管《慢车开来》取得了一次商业上的成功,鲍勃转而信奉基督教还是给他长期的职业生涯带来了危害。在那几年间,几乎所有鲍勃的唱片都能进入排行榜前十名。但是《拯救》只达到第二十四位,这是从1964年以来最低的唱片排位,而这张唱片的失败也预示着鲍勃的事业将会遇到一段陡降的低潮期。并不仅仅是《拯救》的销售量很糟糕，巡演门票的销售也开始遇到了困难。

迪伦独特的说教态度使得演唱会在观众看来就如同一场电视福音传道。"现在你们很少听到有人宣讲上帝了。好，我们现在就来彻夜谈论上帝。"1980年5月7日在康涅狄格州的哈特福德鲍勃对一位听众说。几天之后，在俄亥俄州的阿克伦，来自听众的良好回应让鲍勃感到很满足。为了答谢听众的厚爱，鲍勃说，他过去习惯于魔鬼对听众"犯下各种伤害"。然而撒旦在票房上做了手脚——巡演的最后一场演唱会因售票数不足而被迫取消——在随后的几个月中鲍勃遭受到了更多的不幸，无论是在职业上还是在个人生活中，鲍勃都被灾祸所困扰着，最终演变成了悲剧。

经过夏季的休整之后，有迹象表明鲍勃正在度过因新近改变信仰而导致不受注意、经受批判的时期，开始步入平和的精神状态。这在一首名为"每粒细沙"的歌曲中有所显露，而这首歌是鲍勃最好的作品之一。歌词的灵感似乎来自经文中的诗句，《马太福音》(10:30)中的"就是你们的头发也都被一一数过了"。但取代基督教教条的是，鲍勃此次是以谦卑的态度描写他与上帝之间的关系，同时他承认诱惑从未远离他的周围。据他自己后来述说，这首歌也是由约翰·济慈的诗歌引发联想而得来的。

鲍勃打电话给歌手珍妮弗·化恩斯，说他创作了一首新歌，他认为她可能会想与他一同录制这首歌曲。化恩斯是一位基督徒，在20世纪80年代有两首畅销金曲(《冲上云霄》和《我生命中的美好时光》)。当鲍勃转变信仰的事情已经众所周知时，珍妮弗·化恩斯正与莱纳德·科恩约会。"莱纳德习惯绕着屋子散步，绞着他的双手说，'我无法做到这一点。我只是无法做到这一点。为什么他能像这样在这么迟的时候转而信奉耶稣呢?……我连耶稣的衣角都无法触及'。从鲍勃身上莱纳德感受到几分兄弟之情,因为鲍勃是齐默尔曼家的一员,而莱纳德是一个犹太人。"珍妮弗·化恩斯说,"我想莱纳德注意到了鲍勃转而信奉基督教,这对于他而言是整个颠覆了他的世界。"化恩斯接受了鲍勃的邀请前往"纲要"录音室试听新歌。

鲍勃坐在钢琴旁,首先唱了一遍《每粒细沙》,随后转身对化恩斯说,"好了,让我们来试着唱一遍吧"。

"你什么意思,让我们来试着唱一遍?"化恩斯问道,她以为在合唱之前她能拿一盘磁带回家慢慢理解这首歌曲。鲍勃想在当时当地就进行录音,尽管在他们所录制的歌曲背景中有他的狗在狂吠。这支值得注意的歌曲后来收录在盒装《盗录系列》第三辑内。

《每粒细沙》的歌词是鲍勃的信仰日趋成熟的讯号。除此之外还有着更近一步的证据,当鲍勃开始他的秋季巡演,在旧金山的福克斯沃菲尔度过第二个两周时,为了让歌单更具吸引力,他收入了转信基督教之前的歌曲。鲍勃所选择的歌曲中包括《先生》和《随风而逝》,歌词都能用基督教的教义加以解释(出于这一考虑后者含混的歌词特别适合)。但至少他让听众所听到的要超出他认为听众所想要听到的。然而这并不意味着鲍勃会获得略好些的评价,旧金山的媒体仍像此前一样嘲笑他。

在福克斯沃菲尔的某天晚上,迈克·布罗姆菲尔德作为嘉宾加入乐队,在演唱《生如滚石》与出色的新歌《新郎仍在祭坛等候》时担任主音吉他手,后者是一首能让经验老到的听众百听不厌的歌曲。鲍勃对老友的到来很是高兴,并且邀请布罗姆菲尔德加入乐队。"给我两周的时间。我将一切都安排妥当后会在巡演途中与你会合的。"布罗姆菲尔德对鲍勃说。让人感伤的是,布罗姆菲尔德无法达成参加巡演的愿望,三个月之后他就因吸食过量毒品而去世。

另外一位老朋友约翰·列侬则于1980年的12月8日在纽约居所外被一名精神错乱的歌迷枪杀。鲍勃逐渐确信这将会演变成类似的暗杀风潮。"当约翰·列侬被枪杀后鲍勃受到了惊吓,认为那些凶手将会跑出来将所有60年代的摇滚歌星都杀死。"音乐界的朋友特德·帕尔曼说,他当时因为妻子的缘故而常与鲍勃在一起,他的妻子是卡罗琳·丹尼斯的密友,"鲍勃认为他们会将自己和米克·贾格尔除掉。"先遣人员被派去检查演唱会的场地。也就是在同一时间,鲍勃出乎意料地送给了贝斯手蒂姆·德鲁蒙德一件包装精美的礼品。"我想,鲍勃·迪伦送给我一件礼物!"德鲁蒙德说,"也许是一整盒的钻石?"而实际上鲍勃送的只是一件防弹背心。

列侬的遇刺显然给鲍勃敲响了警钟,因为他和"甲壳虫"乐队一样吸引了众多狂热的歌迷。有些人显然就是精神紊乱,就像是在20世纪60年代末期反复闯入"嘿咯哈"的那个人。而在列侬遇刺之时,鲍勃正忍受着刺探隐秘者的关注,这个女人名叫卡梅尔·哈贝尔。最让人感到担心的是,她也用了迪伦这个姓。1979年5月哈贝尔写信给鲍勃,声称两人曾在年初密西根州的卡拉马祖碰过面。她暗示他们之间曾有着一段恋情,她要到加利福尼亚来再续这段感情。鲍勃并未回复她的信函,哈贝尔又打电话到鲍勃位于圣莫妮卡区大街上的音乐巡演公司。鲍勃拒接电话。1980年秋鲍勃在西北部演出的时候,哈贝尔开始在剧场和旅店周围游荡。28岁褐色头发的哈贝尔打扮成小妇人的模样,常戴着一顶白色的高尔夫帽,拎着背包。随后,也就是在1981年的上半年,哈贝尔开始在2219大街附近徘徊,想要与鲍勃、乐队成员或者是其他人攀谈。鲍勃雇佣了一名叫唐·威廉姆斯的警卫人员住在公司用房内。威廉姆斯的工作就是处理哈贝尔的相关事宜,在这一年中她变得更为危险,也更让人感到恐惧,这强化了鲍勃认为他会被暗杀的偏执想法。在解决这一问题前尚有几个星期,而在这期间鲍勃尽己所能做好了准备工作。

鲍勃花了很长一段时间创作歌曲,而这些歌曲最终将组成他的下一张唱片《爱的子弹》。《每粒细沙》是在1980年的秋季首先录制完成的。最终的录制工作则是在1981年5月结束的。在这段时间内,鲍勃创作了多首有影响力的新歌,尽管在唱片完成之前他便对其中一些最出色的歌曲感到厌烦了。

正如鲍勃向制作人解释他这张唱片所做的选择那样,录音并非是他的强项。"我曾经制作过很多唱片,但录音制作并不属于我的专业。"他说,"我在运用录音技术时总是有些不适应。"从本质上讲,《爱的子弹》更像是一个系列,而不仅仅是一张唱片,这一系列的内容如此丰富,以至被剪片断成为分别于1985年和1991年发行的盒装版《自传》以及《盗录系列》一至三辑的亮点。这些录音工作的核心乐队由蒂姆·德鲁蒙德、吉姆·凯尔特纳以及吉他手福瑞德·塔克特组成。其他的音乐人包括来自汤姆·佩蒂的"伤心人"乐队的吉他手史蒂夫·瑞普雷和贝尔门特·泰曲以及吉姆·凯尔特纳演奏吉他的朋友丹尼·克屈玛。

雷吉纳·麦克瑞、卡罗琳·丹尼斯以及卡罗琳的母亲马迪莲·魁北克,加上之前的瑞丽特·克莱蒂·金组成了伴唱四重唱。克莱蒂·金年纪要比鲍勃大很多,但还是非常性感。就如同之前的卡罗琳·丹尼斯以及海伦娜·斯普林斯一样(鲍勃与卡罗琳之间的关系此时已退化成了柏拉图式的友情),她与鲍勃之间也发生了浪漫的情事。一段时间内鲍勃被克莱蒂·金迷住了。"当我听到她的低语时就不禁打起寒战,她的嗓音那么的深沉和热情,同时还是那么的柔韧和敏感。"1985年为《自传》制作封面说明接受采访时鲍勃说。

在早期录制工作进程中,鲍勃和手下的音乐人所制作的歌曲包括《你改变我的人生》等,这是一首更为不朽的《契约女人》。随后在圣卢西亚加勒比海上的小岛外出航海度假期间,鲍勃创作了《加勒比海海风》这首歌。鲍勃说这首歌是在思考自己因错误原因而与某人生活在一起时灵感降临写出来的。歌词并不是很出色,但无论怎样这首歌具有相当大的影响力。与之相同的是富有神秘色彩的歌曲《安吉丽娜》,歌曲开始部分按鲍勃的天性以一段语气和缓的歌词作为尝试,但这首歌却在比喻的迷宫中迷失了方向。《新郎仍在祭坛等候》更像是一首情歌,同时尖锐地发出启示,这些启示是关于火中燃烧的城市以及一个正在到来的新时代的。不幸的是,这些歌曲没有一首被收入《爱的子弹》中。这些歌曲是在鲍勃拥有一位制作人之前所完成的,而鲍勃感到有一位制作人协助他录制唱片会很惬意。1981年3月,鲍勃开始试着与吉米·艾欧文在55号录音棚合作录音,而之前是在好莱坞的"台卡导航仪"录音棚录音的,但进行得并不顺利,蒂姆·德鲁蒙德回忆说:"我们坐在录音棚里,他们走过来说,'我们今天做什么?'我说,'你为什么问我?'"当鲍勃走进来时,助手神经过敏地又问了他相同的问题。"我要录《白色圣诞》这首歌。"鲍勃对他们说,"因为平·克劳斯贝就是在这里录制的这首歌。去给我找到这首歌的乐谱。"助手们赶忙去寻找乐谱,但鲍勃并不是真打算录制这首歌,他只是不喜欢有人向他提问。录音工作很快便放弃了。

大卫·格芬随后建议鲍勃打电话给闲散的前A&R执行经理查克·普罗特金,他当时与布鲁斯·斯普林斯廷合作得非常紧密。

"你知道我的作品吗?"当鲍勃3月末与普罗特金通话时问道。

普罗特金回答道:"知道。"作为鲍勃的长期歌迷,普罗特金抑制住自己心中翻涌的激动之情,他对鲍勃的歌曲烂熟于心,觉得它们捕捉住了人类各方面体验的精髓所在,"充满活力,喧嚣,令人惊讶……因此它与你自己生命的真实本体有所共鸣,而且你周而复始地演唱这些东西就像是在做祷告。"取而代之的,普罗特金只是说他了解鲍勃的歌曲,并且喜欢这些歌曲。

"你认为可以协助我制作一张唱片吗?"

普罗特金变得从容起来。"他已经完全消除了戒心。我不再感到不适。我不再感到恐慌。"他回忆道。普罗特金前往"纲要"录音室试听鲍勃与乐队演唱他们的新歌,而事实上他每天都做这类事。普罗特金发现一位近乎失明的63岁老者在指导鲍勃演唱《爱的子弹》这首歌。当他们接近尾声时,这个人就会喊"停!",而鲍勃则顺从地照他的口令做。这位指挥就是罗伯特·巴姆普斯·布莱克威尔,他曾经担任过小理查德多张最佳唱片的制作人。这次录制的作为《爱的子弹》主打歌曲的同名曲就是由布莱克威尔指导的歌曲之一,鲍勃认为他所完成的是一项艰巨的工作。但布莱克威尔并不会继续协助鲍勃完成这张唱片的录制工作,这不仅是因为健康的原因,还因为顾问们告诉鲍勃,布莱克威尔的录制风格并不能算作紧跟时代。结果1981年4月鲍勃同意进入普罗特金位于好莱坞的"三叶草"录音棚展开工作。

录音的第一天,当普罗特金和音乐人准备就绪,就等鲍勃到来时,普罗特金接到了一个电话。原来是鲍勃询问当天他是否应该来录音室。

"是的,但不要为此担心。"普罗特金耐心地回答,他可以等着鲍勃赶来,于是便问道:"你现在在哪里?"

鲍勃回答说他现在在明尼苏达州。普罗特金尽量让自己保持冷静，告诉鲍勃当他返回洛杉矶时应该做好开工的准备。然而，聚集到一起参加录音工作的音乐人却因时间被浪费而抱怨不已，所以普罗特金只得进行了一番劝说。"我所知道的事就是我们中没有一个人能完成他所做的事情。"他对乐队说，"他可以按他的需要而懒散做事，因为你知道，他可以决定不这样去做，而做出这一决定将会使事态变得很糟糕。这不仅仅对我们而言很糟糕，而且对这个世界上的每一个人而言都会很糟糕，因为我们将无法听到他创作出来的音乐。"当鲍勃在录制过程中经常性地迟到时，普罗特金仍会重复上面一番话，鲍勃曾经有一次迟到了两个小时，因为他走错了下高速的出口，结果在洛杉矶东区迷了路。事实上鲍勃已经在洛杉矶驾车超过十五年而从未出过事。他大概是将自己的心思放在更远大的事情上了。"他之所以迷路是因为他确实不清楚身在何处。他并不是简单地按地图上的指示来做。他并不想按照地图上标志的同一地点日复一日地奔走。"普罗特金说，"鲍勃选择了一条他从未走过的新路线，在他从未停过的地点停下车来……这家伙是歌曲创作人。他必须保持思想上的活跃……这样才是迪伦。他并不是一个随处可见的、满嘴流行腔调的蹩脚艺术家。"普罗特金接着又说："他不需要成为循规蹈矩的家伙。你能坐下来和他谈论一场足球赛吗？你知道，就是喝着啤酒看上一场足球赛？答案显而易见。当其他人谴责某些事情时，他难道也跟着一起加以谴责？从某一时刻到某一时刻，按照确定的方式，到达确定的地点。难道他是一个循规蹈矩的家伙吗？不，不是的。为什么你会认为他是一个循规蹈矩的人呢？"

普罗特金发现要想制作完成一张鲍勃·迪伦的唱片，其过程会存在很多挑战。鲍勃的确喜欢现场录音。然而他与其他任何以这种方式工作的音乐人都不同——其中包括布鲁斯·斯普林斯廷和他的"E街"乐队——鲍勃不戴头戴听筒。这就意味着录音室内必须有监听器，鲍勃才能听到自己演唱的效果。但此举却也产生了声音的反馈问题。而且鲍勃工作时间的安排也很可笑。他们第一次剪辑《我的心》是在凌晨四点。"有两个人已经离开了，而留下的人中有一个睡着了。"普罗特金说，"有谁知道我们在早晨四点做些什么？"鲍勃与乐队合练之前他仅演唱过三四次，一旦对自己的嗓音感到满意，他就认为一首歌已经完成了，而不去管普罗特金是否录制成功。这就要求制作人必须重新进行混音以校正整体音效，但鲍勃不喜欢他的音带有太多的改动，他想要获得自然的声音。除此之外，鲍勃也很不喜欢将录音配到原带上去。当鲍勃走到钢琴旁，在没有告知任何人的情况下开始演唱《每粒细沙》时，普罗特金马上意识到这次演唱并没有配麦克风。他知道这也许是录制《每粒细沙》这首重要歌曲的唯一机会，所以立刻跑过去抓起一个麦克风，当鲍勃演唱时他就将麦克风凑上去。这是唯一的一次录音，《每粒细沙》随即也被收录进唱片。

鲍勃古怪的习惯对于音乐人而言是一种挑战，甚至对于较其他音乐人已多次担当伴奏的朋友吉姆·凯尔特纳而言也是如此。鲍勃演奏吉他时总是和鼓手们对着干，就像是要设法将曲子弹得远离节拍，而他怒视着凯尔特纳时就像是在向他发起挑战。"鲍勃总是——甚至直到最近——都非常在意吉他和鼓的声响。"凯尔特纳说，"鲍勃尝试着在歌曲中表现出一种张力。"鲍勃的尝试再一次赋予音乐以未经加工的力度，而这正是鲍勃喜欢的。

出现在唱片说明上的其他歌曲还包括《夏日时光》，这是一首优美而舒缓的歌曲，可能写的是一位女性，或者是描写鲍勃与耶稣之间的关系。《拉妮·布鲁斯》是鲍勃在向这位已故的喜剧演员致敬,这首歌是鲍勃在录音工作开始前花费一晚的时间完成的。《烦恼》听起来异常喧嚣,但其实却是柔弱的。《死人,死人》和《淡漠的爱意》听起来似乎不合逻辑,却摆脱了此前两张唱片中教条的束缚。而《耶稣的财富》则是与《拯救》中的歌曲一样充满了说教。

当林安·斯塔尔于5月15日进入录音棚时,正巧《爱的子弹》最终录制完成。鲍勃告诉普罗特金,林安也想要做点儿什么,普罗特金抓住朋友来访的时机录制了歌曲《我的心》,这首歌的首次剪辑是在凌晨的四点开始进行的,整个过程进展缓慢,让人昏昏欲睡。几个小时后鲍勃才来参加"林安的录音工作",当他抵达录音室时这里充满了一种聚会的氛围,林安与罗尼·伍德等人都挤在屋内。鲍勃偷偷溜进去,状态松散地演唱了《我的心》这首歌,之后这首歌作为单曲发行。普罗特金感觉敏锐地加快了《新郎仍在祭坛等候》的节拍,随后这首歌曲被放在B面。直到尾声阶段才将《新郎仍在祭坛等候》收入唱片,这就使得它像是特别收录的歌曲。

进入混音阶段时,普罗特金遇到了与鲍勃合作过程中最严重的挫折。他日以继夜尽己所能地使音带达到了最佳音效,通过对歌曲的混音调整使其更为清晰。但这并非鲍勃期待的效果。"查理,我来对你所做的混音作品发表些意见吧。"鲍勃说,"你对这些录音材料加工过多了。我们的歌曲现在听起来有点像是杜比兄弟的作品。"普罗特金提醒鲍勃,《慢车开来》是一张制作出色的唱片。"我不喜欢制作那样的唱片。"尽管从鲍勃的角度来看,这张唱片取得了巨大的成功,但鲍勃仍这样回答。结果《爱的子弹》基本上是由粗制的混音组合而成。在某些人听来这张唱片极其出色,清新而富有活力,但对于20世纪70年代末的普通民众而言,他们已经习惯于高科技的录音标准以及流畅的音响效果,同时唱片制作技术也仍在不断发展着,这就使得鲍勃的唱片风格对普通民众而言缺乏吸引力。

唱片存在的最后一个问题是鲍勃在最近数月内创作和录制的一些最佳歌曲——其中包括《安吉丽娜》和《加勒比海海风》——并没有收录到最终的唱片之中。部分原因是因为有太多符合要求的长歌被收入唱片，除此之外也因为查克·普罗特金想要竭力打造出一张具有凝聚性的作品。他说，"一张唱片应该是一个音乐计划，这并不仅仅是选取你在那一段时期内所创作的十首最佳歌曲，它们也要能够成为一个整体。"普罗特金承认，虽然自己与鲍勃不断抗争，但最终还是没能将像《安吉丽娜》这样的歌曲收入唱片。鲍勃并没有解释为何决定不将这些歌曲选入唱片，也许他是为了不让《爱的子弹》成为完美的唱片作品吧。

1981年6月的第一天，也有可能是临近的某天，鲍勃在"纲要"录音室为即将举行的一场较大规模的巡演做准备，而此时患有强迫症的歌迷卡梅尔·哈贝尔穿过一扇加料门走了进来。首批接待她的人之一是业务经理芭芭拉·莫尔德特。哈贝尔恐吓道："不要再靠近我，婊子，否则你会遗憾终身的。"当莫尔德特打电话报警时，鲍勃的职员们将哈贝尔推了出去。十天之后，鲍勃的职员们发现建筑物的窗户以及外面停泊的车辆上都贴上了字条，其中有一张提到"谋杀计划"。警方将这些纸条视为死亡恐吓，同事们毫无疑义地确定了写这些纸条的人。这天晚上哈贝尔曾在杜姆角露面，仅仅就在几周之内，她在这地方就成了讨人厌的家伙。

哈贝尔是少数几个经常闯入私人领地的歌迷之一。在此地居住的霍华德·阿尔克和他的第二任妻子琼始终注意着那些闯入者，同时鲍勃还雇佣了多名全职安全警卫。安全队的主管罗伯特·科尔比保存着一份进出人员记录。一个男人经常冲进来与警卫们发生争执,自从他送给鲍勃一袋马铃薯后就一直宣称是鲍勃的朋友了。然而哈贝尔却是持续时间最长的入侵者。根据科尔比的统计,在1981年5月20日至6月17日之间,哈贝尔曾经有十九次强行侵入。她在围墙上张贴布告,留下信件,里面装有信纸、生日卡以及她位于太平洋海岸高速公路上的马利布·德芙伍德汽车旅店房间的钥匙。而信函的收信人写的是给她的"甜心"或者是"亲爱的爱人",落款则是"誓约女人"。这些信息有时带有攻击性,有时则带有挑逗性。6月1日留下来的信函上写的是"鲍勃,再来一次燃情约会如何?"6月9日当科尔比试图制止住哈贝尔时,她尖叫着冲着他发出死亡恐吓。6月11日,正当警卫人员报警时霍华德·阿尔克制止住了哈贝尔。四天后哈贝尔又跑了回来,留下坚果作为礼物送给鲍勃。在这件事发生后三天,哈贝尔出现在当地的市场内,威胁琼·阿尔克要"当心!"随后几周哈贝尔继续闯进鲍勃的工作室,而她所留下的短信也变得愈加凶险。其中一张写的是"夺走性命",另外一张则写着"X女士就是曼森女士"。

6月21日周日早晨,待在家里的海伦娜·斯普林斯接到了一个电话。"鲍勃和每个与他有关的人都受到了恐吓。"打电话的人说,"所以你要离家躲几天,因为有人在偷窥你。"

"你是谁?"斯普林斯问道,她的名字仍记录在鲍勃巡演公司的薪水册上,尽管她和鲍勃已有很长一段时间没有约会了。

"我的名字叫做卡梅尔!"

斯普林斯问是谁在偷窥她。

"三K党和纳粹……这存在着连锁反应,因为查普曼周日将接受审判,而曼森将被释放出狱(迈克·大卫·查普曼定于6月22日在纽约上庭,因被控为谋杀约翰·列侬的凶手而接受审判。查理斯·曼森则因1969年的塔特-拉比安卡凶杀案而被安全地监禁起来,尽管他会周期性地提出假释请求)。"

"你说的是认真的吗?你确信有人想要谋杀我?"

"是的,在沃菲尔德剧场已经有人被杀害了。"

"乐队里面的人?"

"不,是个信徒!"

斯普林斯再次问她究竟是谁,打电话的人回答道:"我是卡梅尔·迪伦!"

斯普林斯很认真地看待接听到的电话。她搬到朋友家中,并向洛杉矶警方报了案。

鲍勃此时并不在城里,他决定在欧洲和美洲展开一场大规模巡演,以推动新唱片的发行。他首先在中西部举办了几场热身演唱。在伊利诺伊州白杨湾的白杨湾音乐剧场,鲍勃的第一场演唱会即将开幕之前,剧场工作人员接到了一个自称为杰里·温特劳布工作的女子的电话。她说自己名叫卡梅尔,此次的演唱会被取消了。当地警方也接到了一个电话。这次打电话的人说,鲍勃会遭到他的巡演领队帕特里克·斯坦斯菲尔德的绑架。

卡梅尔·哈贝尔随后租用了一间无家具设施的房间,房间就在杜姆角住所附近,每天的费用为36美元。她自称迪伦,不久便因引起骚动和破坏地基而陷入了与房东的纠纷之中。房东开始采取法律行动以便将其赶出住所。洛杉矶高等法院随后同意了由鲍勃的律师提出的一项诉状,禁止哈贝尔骚扰鲍勃及其工作人员,同时她也被勒令停止使用迪伦这个姓。

就在哈贝尔被法院控制期间,另一个与之完全不同的法律问题浮现出来,而这一问题最终变得非常棘手。鲍勃的前任经纪人艾伯特·格罗斯曼认定最近几年在分享"矮人"音乐公司、"辽阔天空"音乐公司的版税收益过程中受到了蒙骗。鲍勃从他的会计师那里听说格罗斯曼打算控告他,于是打电话质问格罗斯曼。格罗斯曼对鲍勃说他应该先看看两人签订的合同,并且说鲍勃并没有支付"自己应得的那一份"。鲍勃反驳道:"你得到的已经够多了。"这几年鲍勃每年都会支付给格罗斯曼约 250 000 美元。

格罗斯曼及其旗下两家公司(艾伯特·B. 格罗斯曼经纪公司和格罗斯曼-格劳特兹经纪公司)的律师于 1981 年 5 月 18 日在纽约州提起诉讼,声称鲍勃至少欠下了 51 000 美元的版税以及格罗斯曼参股公司名下歌曲的使用费。格罗斯曼不但想获得这笔钱,除此之外还要求鲍勃支付 400 000 的惩罚性赔偿金。鲍勃随后提出了包含十八点条款的反诉,辩称格罗斯曼担任他的经纪人期间管理不善,从他的一个银行账户上拨出大约 15 000 美元用于格罗斯曼其他公司(科里音乐公司和艾伯特音乐公司)的投资,并且向鲍勃索取了至少 7 100 000 美元的高额佣金。由此展开了一场延续多年、庞杂的法律之战,对于不公平事件的追诉一直回溯到两人合作的最初阶段,这场战争充斥着强烈的仇恨、倔强以及支付给律师们的看似无穷无尽的财富。这一案件档案涉及艾伯特·B. 格罗斯曼、鲍勃等多人,成为纽约州最大规模的案卷之一。

1981 年 6 月中旬鲍勃与乐队飞往欧洲。三年前,在这片大陆上的主要演出场所,鲍勃演唱会的门票均销售一空,同时也招致猛烈的评论。鲍勃在任何地方都没有像在英国那样广受欢迎。1978 年鲍勃和他的乐队在巨大的伦敦伯爵宫舞台演出了六晚,受到了热烈的欢迎。"迪伦最后一晚——我所看到的最伟大的演唱会"是雷·康诺利发表在伦敦《每日邮报》上情感灼热的评论文章的标题。但 1981 年鲍勃在伯爵宫舞台举办的六晚演唱会上却出现了大量的空位。听众因有关他转信基督教的宣传而心生厌恶,而事实上这些宗教歌曲也的确在每场演唱会的曲目中占据了相当大的比例。作为流行音乐最伟大的人物，鲍勃的地位受到了布鲁斯·斯普林斯廷的威胁，后者近期在英国举办的巡演获得了成功。鲍勃的演唱会很不幸地被评论界拿去与斯普林斯廷充满活力的演唱会进行比较。这对于鲍勃的伦敦演唱会而言略有些不公平。事实上，伦敦演唱会是一场包含少量经典歌曲的、充满热情的长时间演唱会。但部分歌迷却对演唱会内容涉及耶稣，并配用了一些福音歌手而感到不快，他们并不习惯这种风格的音乐。

7月25日，鲍勃在法国城市阿维尼翁举办了欧洲巡演的最后一场演唱会，这是一场较大规模的露天音乐会。正当鲍勃登上舞台时，现场发生了爆炸，电力供应突然中断。一名荷兰歌迷爬上电缆铁塔，跨过变压器套筒上的两根高压线。人们转过身看到一个轮廓像布娃娃的人在空中翻滚，直到最终掉在地上。帕特里克·斯坦斯菲尔德亲眼目睹了这一幕。"这位歌迷坐起身来，"帕特里克·斯坦斯菲尔德说，"他用英语说，'我很好。我很好。我很好'。随后就倒下来死掉了。他妈的！"

鲍勃仍站在舞台上，与此同时巡演工作人员罗兰·格瑞威利在看台之间穿行着，通过扩音器用法语高喊"一旦供电恢复鲍勃就会继续演出"。但这场演唱会注定弥漫着悲剧的色彩，该晚另一位歌迷从看台三层掉下来摔死了。

这一场困难重重的巡演在8月间终于宣告落下帷幕，鲍勃赶回美国参加唱片《爱的子弹》的发行。这张唱片的销售情况要比《拯救》更糟糕，只达到了榜单的第三十三位。而且唱片中的单曲没有一首上榜。惨痛的失败让鲍勃感到相当失望和惊诧，他竭尽全力地想将他的信仰与一张制作精良、代表时代声音的唱片融合起来，以求唱片能成为听众长久喜爱的作品。然而公众并不购买这张唱片,这似乎也是导致鲍勃下决心两年未再推出唱片的部分原因。

唱片《爱的子弹》推出后数月,鲍勃飞往纽约出席格罗斯曼诉讼案并作证。在派克大街事务所接受格罗斯曼律师团的质询时,鲍勃表现得非常有礼貌,总是称呼质询者为"先生",甚至就是在被他们激怒时也是如此。他陈述了自己为何会认为"矮人"音乐公司的合同根本就是不公平的。他不知道有哪位演艺人员曾经签下过类似的合约,并且坚持说自己从未意识到他在合同上所应允的意味着什么。有时他以第三人称的口吻"鲍勃·迪伦,作者"来进行表述,鲍勃对自己的演艺活动记得非常清晰,但对生意上的事情却只是略知皮毛,所以他很坦率地承认自己几乎从不阅读合同。他忍着不对格罗斯曼采用苛刻的语言,取而代之的是谈论他自己的感受,那就是"某些卑鄙的事情仍在继续"。当被问及他是否认为格罗斯曼具有一个诚实人的信誉时,鲍勃回答道,"我不知道,先生"。最后,当再次谈到鲍勃按合同每年支付给格罗斯曼数以十万计的金钱时,鲍勃说:"这是一大笔钱,对吗?"鲍勃凭直觉感觉到他的前任经济人赚取了足够多的财富,而他不想再多付给格罗斯曼一分一毫。他并没有谈及合同条款所说的内容,这只是一个关于公平的问题而已。

在法庭上作证后10天,也就是1981年10月16日,鲍勃在威斯康辛州的密尔沃基举办演唱会,揭开了美国巡演的序幕。直到11月他都在外面奔波忙碌,在国内举办的演唱会增加了世俗化的成分,这一转变部分要归功于艾·库普,他加入乐队后鼓励鲍勃演唱他们60年代录制的歌曲。"我想,此次的巡演处于需要做出抉择的紧要关头。我认为到了他有所回转的时候了。"库普说,"他当时正喝着咖啡,抽着香烟。他已经准备好转向摇滚乐了。"

巡演队伍里另一张熟悉的面孔是拉里·凯甘。凯甘是一位优秀的歌手，10月19日在印第安纳州迈瑞维利市鲍勃请他登台再次演唱了《无钱买单》。拉里·凯甘演唱时由鲍勃吹奏萨克斯风——他从未在公众面前吹奏过这一乐器——但鲍勃却表现一般，只是做做样子而已。与凯甘的合作非常顺利，于是一对朋友在第二天晚上波士顿剧场的演唱会上再次同场演唱，凯甘每晚登台都坐着轮椅。"鲍勃赋予我生命的灵感，教给我无论处于何种状况下都要坚持不懈的真实内涵。"凯甘说，"我欠他很多，与他在一起的每一分每一秒都让人感到激动。"然而冬季的旅行耗费掉了凯甘的体力，波士顿演唱会之后他就被救护车送进了医院。经过诊断，凯甘患上了肺炎，巡演仍在继续，但他却只能留在医院里恢复体力。这一结果让凯甘颇感沮丧，而鲍勃也觉得自己负有一定的责任。因此在多年之后鲍勃才同意带着朋友再次参加巡演。

尽管这些场次的演唱会非常成功，但就像在伦敦时一样，对此前宗教性质巡演的否定评论以及最近两张虔诚的唱片都让人们望而却步。"他们对基督教感到厌烦，期待有更多的东西，所以他们没来观看演唱会。"鲍勃的助手亚瑟·罗萨托说，"他们错误地认为每晚的演唱会都是在劝服，其实根本不是这样。"惨淡的门票销售使得主办方不得不削减巡演的场次，同时这也表明鲍勃与他的听众缺乏交流的严重性。他历来对自己的演出与歌迷的趣味相背离这一情况表现冷淡，但现在鲍勃却通过在演唱会上加唱名曲的方式尽力取悦歌迷，然而歌迷仍然对演唱会缺乏兴趣。对鲍勃而言，唯一合理的决定就是停下来重新审视他目前事业发展的状况。

鲍勃觉察到自己的事业正在脱离轨道，而好友霍华德·阿尔克的不幸离世更是加重了这种感觉。阿尔克在最近的巡演中作为鲍勃的随从兼朋友相伴而行。自从60年代中期两人合作完成《无需回首》和《销毁文件》之后关系就变得密切起来。最近几年两人又合作录制了《雷纳多和克拉拉》,同时阿尔克也是鲍勃位于杜姆角的邻居。10月25日在宾夕法尼亚州伯利恒的舞台上,鲍勃为这位挚友献唱了一首《生日快乐》,当时正逢阿尔克51岁生日。在此次巡演期间,阿尔克为准备另一部影片而拍摄了部分镜头,仍延续了《雷纳多和克拉拉》的风格,但只是小成本的制作。鲍勃与艾·库普、工作人员罗兰·格瑞威利一同出现在镜头中。原本计划将这些镜头编辑后加工成电影,但鲍勃却没有答应。"鲍勃对于这项计划只说了一些毫无意义的话。"亚瑟·罗萨托说,"因为这并不是一项真实的计划,我们只是在按照自己的想法将这些拼凑起来,霍华德试图让鲍勃对他的工作给予更多的认可……我猜他觉察出鲍勃有点儿想将这项计划沉寂下去。"

这个并不受鲍勃关注的电影计划是1981年末闪现在阿尔克脑海中的几个问题之一。他已与第二任妻子分居,随即从杜姆角的住所中搬了出来,睡在"纲要"录音室内一张轻便小床上。当职员在圣诞节与新年假期的休息时间回去与家人团聚时,阿尔克仍待在那里。"他有一间卧室,一间重新装修的小工作间。"罗萨托说,"显然谁都不愿在生活的舞台中走到这种地步。"阿尔克在假期中注射了海洛因。1982年1月3日他被发现死于服药过量,随后进行了尸体解剖,验尸官所填写的结论为意外死亡。阿尔克的第一任妻子琼斯在他去世前不久曾与他谈过话,她对发生这件事并不感到突然。琼斯说:"阿尔克说会丢掉性命。"她无法说清阿尔克究竟是什么意思,但她确信阿尔克并非死于意外。"霍华德是一个经验老到的吸毒者。"她说,"很可能是出了什么差错而使得自己丧命。就像吸毒者们有时候做的那样。但我想他是故意那样做的。"

霍华德·阿尔克的离世是五年间降临在鲍勃身边系列灾难中

的最后一件。最重要的灾难是他与萨拉的离婚以及让人不快的子女监护权之争。鲍勃转而信奉基督教使得他与家人、朋友之间的关系变得混乱,同时也招致一些最为糟糕的评论和演艺生涯中令人失望的唱片销售记录。阿维尼翁的恐怖死亡投下了阴影。鲍勃失去了迈克·布鲁姆菲尔德和约翰·列侬这些朋友(虽然是关系较远的)。卡梅尔·哈贝尔使鲍勃的生活充满烦恼,让他对自身的安全心怀恐慌。他正面临着与艾伯特·格罗斯曼长达数年花费昂贵、耗费时日、令人不快的法律纠纷。但阿尔克之死却让鲍勃在生活的路途上停滞不前。"也就是在此时,鲍勃决定将巡演暂缓一段时间。"罗萨托说,"他对我说自己直到 1984 年都不会再外出巡演……他有些心烦意乱,而且他说的很少。他想知道我是否会同意……但他当时就关闭了录音棚。"步入 40 岁后鲍勃·迪伦灿烂的音乐生涯开始变得踯躅不前,要经过很长一段时间他才能重新恢复自信,再次获得公众的欢呼喝彩。

第九章

闪　现

在职业生涯早期，鲍勃·迪伦有着非凡的成就，创作了数量众多的歌曲，录制了不同凡响的唱片，同时还经常举办规模宏大的演唱会。在整个20世纪70年代，鲍勃即便缺少连贯性，但却仍不断推出著名作品。而从1982年到1992年，也就是在鲍勃步入中年这段时期内，鲍勃似乎有时会失去天赋，同时与听众也缺乏联系，但即便是在如此艰难的时期仍旧不时可看到鲍勃天赋的闪现。

霍华德·阿尔克去世的那一年鲍勃仅在公共场合露面过两次。1982年3月15日，鲍勃被推选进入歌曲创作者名人堂。庆典在纽约的希尔顿酒店举行，参加庆典的创作巨匠包括哈罗德·阿伦和萨米·克恩。出席庆典让鲍勃感到异常紧张，奥斯卡·布兰德注意到他在吞咽药丸。鲍勃所服用的药物让布兰德心生疑云。"一种可能是会让他变得兴奋的药物，而另一种可能是稳定他情绪的药物。鲍勃正设法找到一个能让自己感到快乐的方式。"就连鲍勃以拥抱和亲吻脸颊的方式向布兰德表达敬意时也流露出了焦虑的情绪，因为这并不符合他一贯的做法。鲍勃在他的获奖感言中说，鉴于他并不能理解或者创作音乐，所以这对他而言是一种特殊的荣耀。喜剧演员托尼·兰德尔随后便开玩笑说要给鲍勃找个老师。在场的多数人都笑起来，但这番言论显然刺痛了鲍勃，这表明他是多么容易受到伤害。

1982年,鲍勃第二次同时也是最后一次在公众面前露面是在6月6日加利福尼亚州帕萨迪纳市举行的一场核裁军集会上,他与琼·贝兹草草合唱了一首歌。尽管两人之间长期存在裂痕,但他们有时还会重温浪漫,在与某位女友的恋情陷入困境后鲍勃便躲进了贝兹的家中。

尽管不再会有一位像艾伯特·格罗斯曼那样操控鲍勃事业的经纪人,但在1982年他还是雇用了罗伯特·埃利奥特的经纪人为自己服务,后者是大卫·格芬的宠儿。在这期间,格罗斯曼继续提起诉讼追讨鲍勃所欠的版税。鲍勃通过停止从这些公司——格罗斯曼在"矮人"音乐公司和"辽阔天空"音乐公司拥有一部分股权——每季支付款项来加以报复。鲍勃的律师们则处理了一起某位男子的人身伤害案,该男子宣称他在迪伦位于杜姆角的住所受到了一只警卫犬的攻击。

就在发生这场骚动期间,1982年最重大的事件莫过于为鲍勃的次子塞缪尔举行受戒仪式。这一仪式是在洛杉矶的一处教堂中举行的,出席的人包括萨拉·迪伦、亲朋好友以及音乐界同仁。仪式结束之后,大卫·格芬将他的随行人员卡罗尔·切尔斯介绍给鲍勃,这个瘦弱的红发女子在格芬唱片公司担任艺人与作品部执行主管。切尔斯回忆说,她随即喜欢上了鲍勃。作为一个在长岛格雷特内克长大的犹太人,38岁的切尔斯自称是泛神论女信徒,而在与她的谈话中却时不时会出现来自基督教手册《每日恒言》[①]的引用语,偶然还会插上几句咒骂的话,同时切尔斯还会发出尖利

[①] 《每日恒言》(*The Daily Word*),由基督教合一派所编录的带有灵感的预言。主题包括内心平和、希望、治疗、指导等。——译注

的笑声。切尔斯是那种性格略有些古怪的女人,但鲍勃却发现了她身上的魅力,于是便邀请她去家中做客。不久,切尔斯发现自己深深地陷入爱河。她说:"我是一个来自格雷特内克的犹太女孩,一直认为鬈发消瘦、骑着摩托的可爱男孩是最帅的了……而这正巧与鲍勃·迪伦的形象吻合。"两人之间的关系持续了有十年之久。在这段时期内,切尔斯与鲍勃一同到处旅行,同时也向鲍勃推荐他可与之合作的音乐人和制作人。尽管如此,切尔斯从未愚笨地自认为她对于鲍勃的幸福而言是至关重要的,他是一个那么独立的人,似乎真的并不需要任何人。鲍勃的音乐——到目前为止是他生命中最为重要的——是他独自一人创作出来的。"如果与金丝雀相伴,他就能写出歌来。"切尔斯说,"他独自一人创作那些歌曲。他独立自主。他傲然挺立。他不需要其他人做什么。他富有天赋,才能超群。"

在鲍勃休整的这段时期内,音乐产业经历了较大的变化,而这一切将在鲍勃重新开始工作时对他的事业产生影响。1982年光碟被引入音乐行业,这项发明最终将改变音乐通过录制和销售的方式进行传播的套路。就眼前情况来说,更具有深远意义的是音乐录影带的出现。1981年投放市场之后仅两年,音乐录影带就拥有了超过1 600万的用户。当鲍勃于1983年重振他的事业,开始着手制作唱片《异教徒》时,他必须考虑到这些值得注意的变化。结果鲍勃录制了一张当代音乐风格的唱片,并且还制作了促销录影带以加强推广力度。

自从鲍勃与马克·诺夫勒二人共同制作唱片《慢车开来》之后,诺夫勒所属乐队"恐怖海峡"成为音乐录影带-光碟时代的主要演出团体之一。为了获得明快、现代的音响效果,鲍勃邀请诺夫勒参与新唱片的制作工作，与诺夫勒一起加入团队的还有"恐怖海峡"的键盘手阿伦·克拉克。尽管诺夫勒是一位多才多艺的吉他手，鲍勃还是雇用了"滚石"乐队的米克·泰勒来演奏吉他。牙买加的节奏艺术家斯莱·邓巴和罗比·莎士比亚击鼓、弹奏贝斯。

在开始录音工作之前，鲍勃便已经创作完成了多首富有感染力的歌曲。在情感的表达方面，歌曲《上帝庇护我的子女》与《永远年轻》有相通之处，但似乎更多的是特指鲍勃那几个正处于青春期的子女。录音过程中，鲍勃在演绎这首歌时倾注了强烈的情绪。鲍勃仍未放弃末世说的观点。《盲人威利·麦克泰尔》是鲍勃创作的名曲之一。大约出生于1901年左右的盲人威利·麦克泰尔是一位布鲁斯歌手和十二弦吉他演奏家，他大部分时间都生活在佐治亚州的亚特兰大，所录制的唱片中那种轻松惬意的音响效果表现出他是对自己的音乐理念坚定不移的艺术家。尽管主流听众并不熟悉他的名字，但在音乐人中这位布鲁斯音乐家却是一个传奇。在这首哀悼1959年悄然逝去的麦克泰尔的歌曲中，鲍勃想象出一幅生动的南部梦境：盛开的木兰花、种植园以及可怕的农奴船。这位讲述者从歌曲末节所描述的场景中全身而出——这就是布莱希特的视角转换手法，在《黑钻海湾》的最后一节也有所采用——从饭店的窗户望出去，默想没有一个人能够像盲人威利·麦克泰尔那样将布鲁斯歌曲唱得那般出色。朴实的歌词——《盲人威利·麦克泰尔》的描述异常清晰，因为鲍勃自己就是一个伟大的布鲁斯歌手——增强了歌曲的感染力，同时也对美国的非洲裔音乐给予高度评价。

《爱开玩笑的人》是一首由《无数金发女郎》、《我和我》引发联想的各种比喻的大杂烩，同时还有一种淡淡的瑞格舞的感觉。"我们极其平静地让歌曲的旋律潺潺而出，而你也毫无觉察地受到了感染。"斯莱·邓巴说，与鲍勃的轻松合作给他留下了深刻的印象，"他带着玻璃口琴和吉他走进录音室，随即开始演唱歌曲，而我们则进入习以为常的录音状态。他会根据歌曲不同的主题进行不同的调整，并匆忙地改动歌词。"《爱开玩笑的人》就在邓巴尚未意识到正处于录音状态之下时顺利录制完成的。"他望着我们说，'这就是录制完成的作品'……我们都无法相信录音会如此顺利。"《你这样的情人》是一首优美的情歌，歌词描述了一个女人在家中所处的位置，这与现代人的情感发生了碰撞。与以往一样，政治上的正确性对于鲍勃而言并不重要，在很多方面他都是一个守旧的盲目爱国者，而这也让他抱有一个模糊的观念——他确信女人不应该外出工作。1987年鲍勃在接受《滚石》杂志采访时说他不喜欢女艺人的演出，"因为她们是在出卖自己。特别是有些人的身上根本不着衣物"。其他几首歌同样带有保守的印记。《工会日落》抨击美国工业因国外经济的兴起而受到削弱。在歌曲《杀人执照》中，鲍勃对人类的未来发出了令人沮丧的预言，歌中唱到登月是人类迈向毁灭的第一步。《邻居巴里》似乎是在支持以色列与其阿拉伯邻国之间的战争。这首歌以及唱片《异教徒》中的插画——鲍勃在耶路撒冷拍摄的照片——似乎是在认可媒体关于他与一个原教旨主义组织哈希德派交往甚密的报道。1983年秋，鲍勃17岁的儿子耶西在耶路撒冷举行了一场迟到的受戒仪式，此前雅各布和塞缪尔已经在加利福尼亚举行过受戒仪式，当时鲍勃在哭墙前戴着一顶圆顶小帽拍照，这更增强了人们对鲍勃重新信奉犹太教的猜测。"在我们看来，他是一个思想困惑的犹太人。"拉比卡斯瑞尔·卡斯泰尔对《今日基督教》的记者说，"我们觉得他正在回归。"事实上，耶西当时正和祖母一起在以色列度假，他们注意到可以在哭墙附近很自然地举行受戒仪式，而鲍勃只是飞来尽自己的本分而已。

他仍相信耶稣基督是弥赛亚,同时保持着一种坦诚的基督教观点,尽管自从他早些时候热情洋溢地转信基督教之后就再未与葡萄园友人会保持经常性的联系。

当马克·诺夫勒飞往德国参加"恐怖海峡"乐队的短期巡演时,录音工作仍旧有条不紊地进行着。他允诺在巡演结束后就回来完成唱片《异教徒》的录音工作。尽管鲍勃已答应投入在这张唱片上的时间要比以往的唱片更多,他仍觉得自己在录音室内待的时间足够长了。他将自己与哥伦比亚唱片公司签订的新合约内容告知诺夫勒,按约定他几乎每年都必须完成一张唱片。诺夫勒说:"他匆匆忙忙地要将这张唱片制作完成,而我根本就不急于完成录音工作……他联系了另外一位调音师以代替尼尔·多斯曼。"鲍勃和新制作人对歌曲重新进行调整和混音编排,进而将录音配到母带上,而最终成品对听众的情感触动有所弱化——如果他等诺夫勒回来也就不会这样了。最让人感到吃惊的是,当鲍勃对唱片所收录的歌曲进行排序时,出于某种原因并未将最好的歌曲排入其中,而是将歌曲《盲人威利·麦克泰尔》剔除了。参加"滚雷喜剧"巡演的记者拉瑞·拉索·所罗门已成为鲍勃的朋友,当鲍勃在录音室里播放这张唱片时,他吃惊不已。"《盲人威利·麦克泰尔》这首歌到哪里去了?"拉索问到。

"没有加进来。"

"什么?为什么你要将自己为这张唱片创作的名曲弃而不用呢?"

"哦,拉索,这没什么。"鲍勃补充说,他已制作了许多唱片,再做一张无关痛痒。但事实上鲍勃忽视这首伟大歌曲的决定是非常古怪的,这几乎令人难以理解。当鲍勃被要求给出一个解释时,他只是简单地说他并不认为"这首歌录得很好"。

既然唱片已经录制完成，最为重要的歌曲《爱开玩笑的人》就被选作单曲优先发行，哥伦比亚唱片公司要求鲍勃制作录影带进行促销。考虑到鲍勃长期以来对电影拍摄都有着浓厚兴趣，他似乎能够自然而然地采用这一新颖的宣传媒介。鲍勃毕竟曾经指导并出演过电影。最初拍摄的值得注意的影片《无需回首》——其中有一组镜头是鲍勃翻动着印有《隐秘的思乡病布鲁斯》歌词的卡片——在一些人看来可以算作是音乐录影带的雏形。然而开始着手制作《爱开玩笑的人》的音乐录影带时，鲍勃却对表演感到很不适应，同时也对这一常见的宣传媒介表现出了轻蔑的态度。"我知道他们认为这是一种艺术形式，但我却并不认同。"鲍勃说，"音乐录影带开始与结束得都太快了。"因为是首次拍录影带，所以鲍勃聘用拉索和乔治·洛伊斯担任《爱开玩笑的人》的制作人和导演。洛伊斯萌生了富有创造性的构思，即对不同艺术时期的鲍勃肖像特写镜头进行切换拍摄，其中包括由希罗尼穆斯·博斯所创作的《音乐家名人堂》，而歌词则覆盖在上面，这样人们就能在屏幕上了解歌曲了。难点是让鲍勃在相机前模仿动作。"他的配音错得很厉害。"洛伊斯说，"于是我说，'鲍勃你要更用心些。你他妈的要配好音。你是要把自己说的话都注入到自己的作品中去。两者必须要匹配。如果不能做到匹配的话，那你看上去就像个笨蛋了'。"尽管歌曲《爱开玩笑的人》未能进入榜单，但这首歌的音乐录影带却广受称赞。每个人似乎都很喜欢这一录影带，然而事实上鲍勃本人却是一个特例。"在欣赏录影带时，我在屏幕上所看到的就是从我的嘴拍到我的前额。"他对《滚石》杂志说，"我认为，'这是什么？我付钱就拍出这样的东西？'"洛伊斯回忆起当他看到这一访谈时说："这真是没教养。"

1983年秋，也就是在《异教徒》发行的那段时间，鲍勃试着与音乐界新崛起的乐队中的那帮年轻音乐人进行合作,例如从 20 世纪 70 年代末朋克运动中脱颖而出的"冲击"乐队。这种音乐是鲍勃的孩子们喜欢的音乐风格,而鲍勃所结识的都是 60 年代的音乐人,尽管年龄段不同,他还是发现这种音乐能让人感到兴奋。"我想,鲍勃经常会听其他风格的音乐素材,他并不是生活在时光隧道中那一群体的一员。"鼓手查理·奎恩特纳说,他是受邀前往杜姆角与鲍勃共事的一群洛杉矶年轻音乐人中的一个。除此之外还包括贝斯手托尼·马瑞思科和吉他手 J.J. 豪力雷。他们驾驶着一辆老款大众汽车前往杜姆角,赶着参加第一次录音,他们并不清楚自己应该期待些什么。部分音乐人太过年轻,连鲍勃是谁也还搞不清楚。

自从鲍勃与萨拉离婚之后,杜姆角的建筑就已变得更为特殊。为了设法能获得更多的私人空间,鲍勃在周边种植了生长快速的松类植物。同时他还在大门口修建了军队风格的岗亭,里面有全职的安全人员值班。大门内的草地上停放着数辆废弃的车辆——老式轿车,有篷货车,甚至还有一辆破旧的救护车,车辆都在慢慢地锈蚀。还有一堆满是铁锈的机动船,这表明鲍勃曾对船只抱有短暂的兴趣,除此之外还有协助修建这座公寓的嬉皮士艺术家们留下的一辆涂装绚丽的吉卜赛大篷车。再加上马匹以及几条让人生畏的狗,这些咯咯叫唤、发出嘈杂声响的牲畜为这所建筑平添了几分农庄氛围。与铜屋顶、高耸石制烟筒的木结构建筑相毗邻的是一处留给鲍勃使用的私家花园以及一个形态多样的巨大池塘。其余十二英亩的宅地上大多覆盖着厚重的树篱以及遮蔽着车库和各式建筑的树木。乐手们常径直坐着大众车沿着车道开到接待宾客的房前,这栋房屋设计了一个可俯瞰大海的房间。

午饭后鲍勃穿着雨衣,套着胶鞋,手里晃动着手杖从大房子里走出来。"在我看来,他就像刚从渔船里出来。"J. J. 豪力雷说。鲍勃牵着一条巨大的狗。"这狗叫什么名字?"他们问。鲍勃说,它叫做宝贝。这话逗得大家笑了起来。鲍勃说,他们可以一直练到六点,但之后就必须停下来。显然他与邻居之间存在着矛盾。的确如此,当他们忘了鲍勃的叮嘱,六点后仍在投入地排练时,邻居就喊来了警察,一辆警车很快便停在了外面。

1983年至1984年的整个冬季,这批乐手经常与鲍勃一道在杜姆角排练,逐渐熟悉了他的创作风格。音乐人随意演奏他们所喜爱的音乐,鲍勃则在一旁给出自己的意见。某一天,鲍勃甚至要求他们像身处脱衣舞秀中的年长布鲁斯音乐家一样演奏。有时鲍勃的女友克莱蒂·金偶尔会过来演唱一些嘟哇风格的老歌。鲍勃也会唱些乐手们此前从未听过的歌曲。他们询问鲍勃这些歌曲的名字,希望能够了解鲍勃的音乐风格,因为他已提议下阶段可能会举办一场南美巡演。"我记得他说,'哦,这应该与鲍勃·迪伦的巡演不同。应该更像是一支乐队演奏爵士乐'。"豪力雷说,"因此我们无需熟悉鲍勃·迪伦的曲风,可以演奏各种类型的音乐。我们演奏了'墨迹斑斑'合唱组的《我们三个》以及《我的兄弟》。"当乐手们询问即将演唱的其他歌曲时,鲍勃回答得很含混。但如果他们将一首歌唱了两次之后,鲍勃往往就会改动歌词,乐手们开始逐渐了解到鲍勃是在按自己的进度来整理这些歌曲的。"我弹上一段脑子里冒出来的即兴演奏,鲍勃随即开始演唱,这就成了一首歌!"豪力雷说,"他将一切都完整地呈现出来了。"

在杜姆角住所演练数月之后,鲍勃决定带着这些年轻的乐手前往纽约出席1984年3月播出的《大卫·里特曼之夜》。鲍勃同意在《大卫·里特曼之夜》节目中演出以促进《异教徒》的销售,条件是他不用和主持人交谈。紧张的乐手们问鲍勃,他们应该穿什么服装,鲍勃会在节目中演唱哪些曲目。鲍勃告诉他们,只要他们"看起来可爱、像朋克就行",但是关于演唱曲目鲍勃仍说得不清不楚。演出时,手中拿着《异教徒》唱片的里特曼首先介绍了特别嘉宾鲍勃。他说,这是"一张非常出色的作品"。几乎每一位参加节目的艺术家都会直接挑选唱片中一首新歌展开宣传,但鲍勃却是以索尼·鲍伊·威廉姆森的一首布鲁斯老歌《不要望着我说》开始的。奎恩特纳说,他们根本就没有排练过这首歌。看起来鲍勃下定决心尽可能地反其道而行之。他走到离嘉宾位置很远的地方,甚至几乎都已经超出了摄像机拍摄的范围。当他演唱第三首歌《爱开玩笑的人》时,鲍勃背转身对着镜头,看起来好像是花了几分钟去翻找口琴。"你会觉得他在参加此类主流电视节目时总像是遇到了很大的麻烦。"豪力雷说,"但他对所发生的一切毫不在意。这就是他的伟大之处。我们继续做里特曼的节目。"这是鲍勃职业生涯中最富有感染力的电视场面之一,但对《异教徒》的销售帮助却很小,尽管好评如潮,这张唱片在美国唱片榜单上只达到了第二十位。

1984年鲍勃重新踏上巡演旅程,但并非是与他所招募参加里特曼脱口秀的乐队前往南美。取而代之的,是他与比尔·格拉汉姆约定前往欧洲举办一场有利可图的巡演。按选定的举办场所座位量来看,此次巡演可算作鲍勃举办的最大规模的巡演之一。巡演场地的空间与伦敦的温布利大球场、巴黎苏市公园一样大,因此鲍勃需要获得大场面的音响效果,他请迈克·泰勒组织一支富有经验的摇滚乐队。"事实上我们组建乐队的方式简单而直接。"泰勒说,"只需要有贝斯手、吉他手、鼓手和键盘手。我和他弹奏吉他。""面孔"乐队成员伊恩·麦克兰根受雇演奏击杆式风琴。鼓手由科林·艾伦担当，他是泰勒的老朋友。贝斯手格雷格·萨顿是乐队中唯一的美国人。

5月28日，巡演首先在意大利维罗纳的罗马圆形剧场开唱，随后穿越整个欧洲一直持续到7月，累计有十万名歌迷观看演出。第一场演出不幸正逢降雨，所以演出显得颇为粗糙。按照麦克兰根的说法，乐队事先未经排练，只是粗浅地了解演唱曲目。泰勒注意到鲍勃在登台之前显得有些忧心忡忡。但随着巡演的进行鲍勃重新获得了自信，并且希望能安排更多的场次。"当我们为此次巡演排练时，我记得鲍勃说：'我喜欢你们独立演唱一些歌曲。'"泰勒说，"但当他演唱了两三首爵士乐之后就难以脱身走下舞台了，他只得站在舞台中央以一首长达25分钟的独唱曲目作为结束演出，而这段独奏曲目是以原声吉他为伴奏的。"

比尔·格拉汉姆约请了艺人友情出演，由卡洛斯·桑塔纳领头，其中也包括了像琼·贝兹这样的艺人。贝兹原本认为她和鲍勃在演员表的排位上会不相上下，而且还能像以前那样与鲍勃同台演唱。此前她曾与鲍勃在汉堡的纽伦堡露天体育场合唱过歌曲《随风而逝》，也曾经在慕尼黑的奥林匹亚露天体育场与鲍勃合唱过两首歌，但从那以后贝兹再也没有受邀与鲍勃同台演出过。鲍勃甚至在与她相处时似乎都显得很不安。贝兹的名字并未如愿出现在鲍勃的宣传材料上，几天后她发现自己的名字排在了名单的末尾，而且还只能在雨中空了一半的露天体育场演唱。贝兹因此觉得受到了伤害，随即退出巡演。告别时鲍勃将贝兹喊进了自己的更衣室。他四肢伸展开躺在沙发上，看起来非常疲倦，但却还没有累到不能调情的程度。

"喔，你的大腿真结实。"鲍勃说着将手伸到她的裙子上，"你在哪里练出这么结实的肌肉？"

贝兹对挑逗视而不见,吻过鲍勃后便离开了。对她而言,这次巡演成了一次伤感的经历,鲍勃就像1965年在英国时一样让她失望至极。回顾两人过去二十年甚至更久远的关系,鲍勃的行为是那么恶劣,以至于每个人都对他是否曾关心过贝兹感到怀疑。

四周后,也就是鲍勃在英国和爱尔兰举办完演唱会之后,系列巡演终告结束,在爱尔兰演唱会上,鲍勃身穿双排扣长礼服站在台上威风凛凛地演出。演唱会的门票销售一空,这就证明尽管鲍勃在1981年受到了冷遇,但却仍对观众具有非凡的吸引力。赞助人哈维·戈德斯密斯说:"在他恢复过来后,我们就举办了迪伦-桑塔纳演唱会,他也展现出了最佳状态。"同时鲍勃即便是站在如此众多的听众面前,也仍不惧怕在音乐领域做出尝试,他还演唱了一首经过改编的原音版《缠绕忧郁中》。鲍勃对《无数金发女郎》中的版本从未感到完全满意过,而现在除了对时态做出变化的同时,也扩延了意象的内涵。很少有主流艺术家敢于对他们最为流行的歌曲进行修改,但鲍勃却改编了《缠绕忧郁中》这首歌,而新改编的版本也成为1984年现场唱片《真实现场》中的亮点。

欧洲巡演因其主流的摇滚音效和众多知名歌曲组成的歌单迎合了广泛的听众需求。《异教徒》也成为鲍勃职业生涯中最为人们所接受的唱片之一。他的下一张唱片仍延续着这一推广方式,将音效尽可能设计得时尚和商业化。1984年7月至1985年3月之间在纽约和洛杉矶录制了后来冠名为"帝国喜剧"发行的基础音轨。有多位音乐人参与到唱片的制作工作中来,其中包括老朋友艾尔·库柏、吉姆·凯尔特纳、特德·帕尔曼和罗尼·伍德。新歌中并没有包含直白的《圣经》引文或显而易见的宗教训词。取而代之的是用电影文化来塑造意象——鲍勃至少在唱片内的三首歌曲中运用了这一手法。《我心相连(人人都可看到我的爱意)》吸收了汉弗莱·博加特[①]在电影《赛洛奇死城》中的对白(其中博加特说:"我随时四处奔走——我不能将你带在身边")以及《马耳他之鹰》中的诗句。其他借用电影素材的歌曲还包括在《清秀男孩》中提及了演员彼得·奥图尔[②],在《最终看清真实的你》中选取了博加特和克林特·伊斯特伍德[③]的影片。

当鲍勃雇用技师兼制作人亚瑟·贝克制作这张唱片时,他已经录制完成了大部分的歌曲。28岁的贝克是波士顿人,他在最近几个月为辛蒂·劳勃尔和布鲁斯·斯普林斯廷所做的重新混音歌曲已取得了巨大的成功,《女孩只想享乐》和《黑暗中跳舞》被改编成了舞曲。贝克被请到鲍勃位于纽约旅店的套房,他发现门大敞着。贝克走进一间凌乱地堆放着餐碟、摆放着三四个录放机及一堆盒式磁带的起居室。"看起来他像是已有段时间没喊人来打扫这间屋子了。"贝克回忆道,"随后他走进屋来,他的出现让我明显感觉到狼狈,因为从小到大我都是迪伦忠诚的歌迷。"鲍勃并没有明确地表现出希望自己的唱片要做得像是舞曲唱片,而贝克本人也更希望能够按照鲍勃习以为常的录音方式进行。虽然如此,贝克还是准确地意识到自己之所以被雇来制作《帝国喜剧》,是为了让这张唱片听起来带有"更多的现代气息"。

鲍勃与贝克一同在录音室内录制了两首新歌。第一首是重新

[①] 汉弗莱·博加特(Humphrey Bogart,1899—1957),美国演员,他被视为一种文化的标志。美国电影学院则将他评选为美国电影史上最伟大的男影星。——译注

[②] 彼得·奥图尔(Peter O'Toole,1932—),爱尔兰演员,1961年以影片《阿拉伯的劳伦斯》登上影坛,之后逐渐成为著名的电影、舞台剧演员。曾获得8次奥斯卡金像奖提名。——译注

[③] 克林特·伊斯特伍德(Clint Eastwood,1930—),美国演员,导演,制片人。曾在多部影片中扮演严肃而充满智慧的探员角色。——译注

录制了启示录风格的歌曲《当夜幕从天而降》。鲍勃此前曾与布鲁斯·斯普林斯廷的"E 街"乐队携手录制过这首歌的一个版本。这首歌律动着生命的脉搏,而鲍勃则以一种出色的、咆哮的嗓音加以表现。但鲍勃觉得这首歌听起来太接近斯普林斯廷的风格,因此贝克适时地制作了带有鼓的回音的新版本。另外一首新歌是《模糊之目》,这首歌是作为整张唱片的终结曲目创作的,单独使用原声吉他伴奏演唱。"我最后意识到第十首歌需要纯净的原声,所以我创作了这首歌曲。"鲍勃说,"我之所以写这首歌是因为其他的歌没有一首适合这一点,适合特殊的定位。"尽管这并非一首伟大的歌曲,但歌词的最后一节——鲍勃演唱"百万张面孔"就在他的脚下(大概意思是当他站在舞台上时听众给他造成的印象)——传达出唱片中最有趣的意象,但他所看到的都是些模糊的眼睛。

重新制作这些歌曲花费了很长时间,鲍勃同意将录音配到原声带上,这种事他在录制《异教徒》时也曾经做过,但通常情况下他并不喜欢这样做。鲍勃与不同的伴唱歌手合作,其中包括卡罗琳·丹尼斯、佩姬·布鲁(特德·帕尔曼的妻子)以及奎恩·耶斯·马罗。这些女歌手们带着孩子来到录音室,而每晚鲍勃都会让位于哈莱姆的西尔维亚餐馆送灵魂食物过来。鲍勃十几岁的儿子耶西在录音时四处闲逛,这使得工作间的每一个夜晚都带有着家的氛围。鲍勃非常放松,开玩笑似的演唱了麦当娜的《宛如贞女》,并且问贝克是否他们也能获得麦当娜唱片中的音效。

1985 年春季贝克花了一个月的时间对《帝国喜剧》进行混音,将录音配到带有电子乐效果的原带上,这在当时的音乐界可算是达到了时尚的高度。吉姆·凯尔特纳对他在《相信自我》中所敲出的节拍被电子鼓的声响所代替感到异常震惊,"我非常非常的失望,"他说。

混音的过程对鲍勃而言似乎显得太过冗长。"我们只花费了两天的时间便完成了整张《无数金发女郎》的录制工作。"鲍勃有一天抱怨道。贝克提醒他,那次只是四轨混音,而现在他是要完成四十八轨混音。鲍勃渐渐感到厌烦,干脆走出录音室看电影去了。

录音工作的最后一天,鲍勃在听过《帝国喜剧》的效果之后感到非常满意,于是邀请贝克协助他制作下一张唱片(尽管最终未能实现)。但《帝国喜剧》并未如预期的那样获得评论界或公众们的热烈追捧。"唱片中有些歌曲非常突出,有些歌曲则不是那样。经过我的处理有些歌曲变得有所不同。"贝克说,"但这都是些好歌。像《情绪化的你》、《我记得你》和《当夜幕从天而降》——所有这些歌曲都被其他艺术家翻唱过。"

哥伦比亚唱片公司希望鲍勃再从这张唱片中挑出一首歌曲制作成影带,而这次他选择与保罗·施拉德合作,后者曾经担任过《出租车司机》的编剧和《三岛》的导演。20世纪70年代鲍勃便与施拉德结识,并且还曾与他谈论过拍摄鲍勃描述成"充斥在我脑海中的这些电影"。在1978年的一场社交宴会上,鲍勃提出了一部电影的构思,这是关于两位西班牙贵族同时爱上一个女子的故事。大约谈了二十分钟后,鲍勃又打起了音乐的拍子。"那是一段像是嘟—得—嘟—得—嘟的旋律,他实际上是在哼唱着。"施拉德说,他告诉鲍勃,鲍勃的想法并不能算作一部电影,而更应该是一首歌曲,"他看上去有些失望。声音变得粗暴起来,随后便走了出去。"鲍勃这一次是想让施拉德制作唱片《帝国喜剧》中最主要的歌曲《我心相连(人人都可以看到我的爱意)》的录影带。鲍勃认为这首歌是自己所创作的歌曲中最富形象化的作品之一。他们决定与《三岛》的全体人员合作,在东京展开拍摄。

当一行人抵达日本后,施拉德意识到拍摄计划被误解了。他说:"所有的一切对我而言都不是快乐的回忆,因为我真的是被搞得一团糟。"他对音乐录影带这一媒质所知不多,更谈不上理解。更糟糕的是,情况变得显而易见,鲍勃并不是真的想去拍这么一部录影带——即使他的脑海中曾经闪现过念头。"他试图找到一种方法,既能拍摄录影带,又能不出现在录影带中,这确实不是一个好兆头。"施拉德为接受委托进行辩解,"如果你听到我再制作其他的音乐录影带,那就把我拉到后院用水管浇我吧。"他对鲍勃说。拍摄工作进行到一半时,他们结束了录影带的拍摄,而在施拉德看来这段经历并非都是负面的。"与他合作的过程总是让人感到非常愉快,因为你就站在这个人的面前,而这个人你不仅非常尊敬,而且他妈的非常有才气。"但在鲍勃看来,这段拍摄只是在浪费时间而已,正如他们所担心的那样,录影带的效果非常糟糕,而鲍勃还曾自觉为歌词加上文字说明。鲍勃与其他导演从唱片《帝国喜剧》中选取歌曲制作了另外两部音乐录影带(《当夜幕从天而降》和《情绪化的你》)。但这两部录影带也没有取得良好的效果。面对鲍勃职业生涯中最缺乏魅力的唱片,没有什么能够刺激人们对其萌生兴趣。然而鲍勃却对可怜的销售量显得漠不关心,对此施拉德印象深刻,因为哥伦比亚唱片公司允诺会支持他。"哥伦比亚唱片公司支持他……他们绝不会,永远不会终止与鲍勃·迪伦的合作。"施拉德说,"他可以接二连三地出现失败,但这些却永远不会降低鲍勃的地位。他是唱片行业中两三位神圣不可侵犯、受到良好保护的艺术家之一。有很多次他的唱片都销售困难,但你知道,他们(唱片公司)仍支持他。"

1984年冬季,就在鲍勃规划《帝国喜剧》期间,爱尔兰歌手鲍勃·吉尔道夫组织了许多其他的演艺界明星录制了一首英国慈善单曲,为埃塞俄比亚人道主义灾难募集善款。善举的成功催生出了一首美国慈善单曲《四海一家》，这首歌曲是在鲍勃制作唱片《帝国喜剧》期间录制完成的。鲍勃也抽出时间参与歌曲的录制工作，与雷·查尔斯和史蒂夫·旺德这些著名艺术家共同完成了歌曲《四海一家》。尽管在录音过程中鲍勃显得非常阴郁，面对摄影师几乎总是愁眉不展，但事实上鲍勃私下里对这项活动非常热心。"我做了一件会大受欢迎的事情。"他对朋友特德·帕尔曼和佩姬·布鲁说，"这首歌将成为排名第一的经典歌曲！"的确，这首歌曲在1985年春季连续四周占据排行榜首位。

1985年7月13日，鲍勃·吉尔道夫与比尔·格拉汉姆、哈维·戈德斯密斯在伦敦的温布利体育馆、费城的约翰·肯尼迪体育馆同时举办了两场演唱会。"四海一家"演唱会是有史以来规模最大的一场慈善演唱会，可以与当时流行音乐界最大规模的流行音乐会伍德斯托克音乐节相提并论。在费城演唱会上，最终曲目是由众多艺术家合唱的歌曲《四海一家》，鲍勃很荣幸地被选作领唱。这也成为他不朽传奇的最佳明证，当然比尔·格拉汉姆也在中间起到了一定的作用。"比尔非常崇拜鲍勃，将鲍勃视为一位诗人。"费城演唱会中担任格拉汉姆高级助理之一的帕特里克·斯坦斯菲尔德说，"他有权决定谁能够参与演出，面对电视观众。"最初的计划是由鲍勃与重组的"彼得、保罗和玛丽"演唱组共同演唱《随风而逝》。他们一同进行了彩排，但鲍勃却在最后时刻不愿按原计划进行了。"玛丽受到了女性歧视，"诺埃尔·保罗·斯托克说，"她确实受到了伤害。"取而代之的是鲍勃选择与凯斯·理查兹、罗尼·伍德一同演出。7月13日漫长而潮湿的午后，鲍勃在女友卡罗尔·切尔斯的陪同下与"滚石"乐队在拖车内闲聊。亚瑟·贝克查看了后台后说，他确信鲍勃和"滚石"乐队因天气炎热而喝了些酒。

当晚演唱会达到高潮时，杰克·尼科尔森走上舞台说："有些作品只是代表艺术家本人的心声，有些作品是代表了时代的呼声。我很高兴地向你们介绍美国最伟大的自由的声音之一。能够受此殊荣的只有一个人。"他突然变得异常兴奋起来，"非凡的鲍勃·迪伦！"场面异常热烈，鲍勃在体育馆听众的呼喊声中走出来，有十亿人通过电视目睹了这一幕。麦克风已经摆在舞台的边沿处，幕布的前方，格拉汉姆的工作人员正在幕布后为鲍勃布置舞台。鲍勃看上去挺不错，穿着白色夹克、黑色长裤，似乎很冷静。而拿着原声吉他登上舞台的"滚石"乐队就不是这样子了，他们看上去就像是刚被人从酒馆里扔出来一样。鲍勃开始演唱《赫里斯·布朗民谣》。由于鲍勃和"滚石"乐队是站在扬声器前表演的，因此声音反馈至巨大的中央广播系统，产生了尖利的啸叫声。这在舞台演出中是一种非常低级的错误，让人感到吃惊的是鲍勃竟然会同意在这种非职业的条件下进行表演。宣传海报上的大多数演员都是以常见的站位在主舞台上演出的，但考虑到最后一曲的舞台站位会有很大变化，同时也因为鲍勃并不需要占用整支乐队的空间，因此他就被哄骗着在这样恶劣的环境下演唱歌曲。这一突发情况对于鲍勃而言是一种考验，他满脸都是汗水，勉勉强强唱完《赫里斯·布朗民谣》。随后，鲍勃在演唱下一首歌之前说："我只想说我希望募捐到的钱款中有一部分能交给生活在非洲的人们，也许他们只能拿到非常少的一部分，也许只有一百或两百万，也许……用这笔钱，假如，支付农场主的抵押……农场主应该感谢银行。"这一发言引起了费城观众的欢呼声。但在伦敦观看电视转播的鲍勃·吉尔道夫却吃惊不小。他认为鲍勃表现出他"完全缺乏对'四海一家'募捐活动的理解"。演唱压轴的《随风而逝》之前，鲍勃挣扎着唱完了《当船只入港》。他扯断了一根琴弦，不得不向罗尼·伍德借了把吉他。好不容易等到了莱昂·里奇登台演唱《四海一家》，这对于鲍勃而言是幸运的时刻。鲍勃离开舞台时从亚瑟·贝克身边走过。"他对我说的第一件事就是,'你认为他们听懂我说的话了吗?'"

鲍勃对演唱会的评论似乎是不当的。美国的农场主的确有可能遭遇艰难时刻,但在非洲的人们却是会因饥饿而死亡。然而鲍勃的言论间接促成了另一宗重要的慈善事件的产生,也就是在"四海一家"活动后不久,威利·尼尔森被授权组织"农业援助义演晚会",以救助负债累累的美国农民。鲍勃自然同意参加这一于9月22日在伊利诺伊州平原市露天体育场举办的演唱会。汤姆·佩蒂与"伤心人"乐队将会为鲍勃伴唱。与马克·诺夫勒一样,佩蒂是来自深受鲍勃影响的年轻一代中的歌手兼歌曲创作人。为了参加"农业援助义演晚会",鲍勃还召集来了身份均为非洲裔美国人的四重唱歌手:佩姬·布鲁、奎恩·耶斯·马罗、鲍勃曾经的女友卡罗琳·丹尼斯以及她母亲马迪莲·魁北克。尽管天气条件并不好,但演出却取得了巨大成功。鲍勃充满表现力地演唱了《帝国喜剧》中的歌曲,甚至让陈旧的《马吉农场》听起来都生机勃勃。

鲍勃对农民的亲近看起来似乎让人觉得有些出乎意料,但其实他就是在中西部地区的小城市长大成人的,而且每年他都会在明尼苏达州属于自己的农场里待上一段时间。鲍勃对中西部感觉很亲切,他很喜欢去那里走访。有一年鲍勃出乎意料地坐着一辆老款旅行车出现在位于希宾第七大街2425号的孩童时代故居。"妈妈,那辆车子里坐的像是鲍勃·迪伦。"从希宾高中回家吃午饭的少年帕特·马洛特说。鲍勃的父亲亚伯去世之后,安琪尔·马洛特从鲍勃的母亲比蒂手中将齐默尔曼家的老宅买了下来,听到这话她走了出去。

"我能帮你做些什么吗?"安琪尔·马洛特问道。

鲍勃说："哦，我正要去德卢斯，我的父亲就埋葬在那里，我只是想应该来看看这所房子。"鲍勃非常害羞，说话的时候眼睛看着下方。但他接受了安琪尔·马洛特的邀请走进住所。鲍勃谈到他的父亲是怎样花了整整一冬的时间将地下室镶上松木嵌板的。随后他又走进自己的卧室，说它现在看起来是多么的狭小。在厨房里鲍勃发现了母亲留下来的盘子。他对家以及成长的城市显然抱着强烈的怀旧之情。

1985年秋，哥伦比亚唱片公司发行了五张一套的唱片《传记》，其中收录有迪伦的53首歌曲，里面有18首是此前从未公开过的歌曲。这是首次对一位健在的流行音乐明星进行如此重要的回顾。随唱片发行的还有两本访谈鲍勃的小册子，它们出自前《滚石》杂志记者卡梅隆·克罗之手。鲍勃在小册子里透露了很多关于自己的作品以及哲学体系的内容，说得就像是来自黑暗时代的行吟诗人，用歌声来换取晚餐。他也承认有时只是靠50%甚至更少的天赋来生活。《传记》的录制费用很低，因为收录的歌曲都是此前已经录制好的，但零售价格却高达30美元。即便是这一定价，唱片仍旧销售得非常好，出人意料地先是达到了金唱片销量，随后又达到了白金销量，在美国的单张销量就超过了25万张[①]。唱片的销售总额达到了750万，同时这也向唱片公司主管们表明，成熟的音乐听众原意为购买他们已拥有的音乐唱片再支付一笔钱——只要唱片包装精美，并且收录有特别的歌曲。因此《传记》的成功引发了其他艺人竞相发行盒装唱片的浪潮。

---

① 由于《传记》是多片唱片的套装，所以美国唱片工业协会是按照每张唱片单独统计的。因此尽管《传记》单张唱片销量只有25万张，仍旧被确定为百万销量的白金唱片。——原注

为了庆祝《传记》套装唱片的发行，哥伦比亚唱片公司于11月13日在纽约的惠特尼艺术馆为鲍勃举办了一场社交宴会。出席社交宴会的都是鲍勃的老友，其中包括哈罗德·莱文塞尔，他压制住对鲍勃转信基督教的怒火，交给哥伦比亚唱片公司一张伍迪·格斯的画像让公司转赠给鲍勃，其他的名人还有大卫·鲍伊和小野洋子。至今已与鲍勃约会三年之久的卡罗尔·切尔斯在晚会上担当他的女伴，但她并未想到去打开《传记》看看自己是否是鲍勃生命中的唯一。与套装共同发行的两本小册子的其中一本配有鲍勃与克莱蒂·金的合影，有一张似乎就是在鲍勃杜姆角住所的吉卜赛帐篷中拍摄的。切尔斯对这段恋情有所了解，并且宣称这并不会让她产生困扰。"克莱蒂与鲍勃在巡演旅途中相伴多年。"她说，"如果你向我炫耀某人是忠诚的，那么我就能让你知道他就是个骗子。"

事实上鲍勃即便是在和切尔斯·金约会时，也没有忘记在晚会上结识其他的女性。苏珊·罗斯是一位金发碧眼、33岁的前巡演领队。受朋友之邀参加惠特妮艺术馆社交会的苏珊·罗斯穿着一件5美元旧货店买来的蓝边外套出现在众人面前。几乎每个女人都穿着别致的晚礼服，这让她显得与周围的一切格格不入，直到她发现自己就站在鲍勃的旁边，而鲍勃很明显对她很感兴趣。鲍勃问她对这一社交宴会作何感想，并且想知道她的电话号码。罗斯说鲍勃三天后来到了她所住的宾馆。"我们四处闲逛，聊了大约四个小时之久，并且拥抱接吻。"因为鲍勃外出，他们在随后的几个月里并没有碰面，但却保持着电话联系。当鲍勃回到美国后他们开始互相探望。罗斯声称她怀上了鲍勃的孩子，尽管她又说自己在知道怀孕后便打掉了，这成了一段漫长但却艰难的恋情的开端。罗斯说两人碰面时鲍勃是一个"暴躁的酒鬼"，在对她做出任何承诺时都显得非常勉强,即使在给她购买礼物时也表现得异常审慎。

罗斯也知道鲍勃在观察其他女人。事实上鲍勃有很多女朋友。两人的关系与鲍勃和其他女性仰慕者的关系并没有什么区别。鲍勃曾让伊丽莎白·泰勒为之怦然心动。1986年1月在华盛顿特区为纪念马丁·路德·金而举办的一场纪念演唱会上,伊丽莎白·泰勒在后台与鲍勃相遇,她清楚地意识到了当时自己的感觉。"我们坐在演员休息室里,一边是莉斯·泰勒,另外一边是鲍勃,伊丽莎白看到了鲍勃,就像是偶然发现了他。"特德·帕尔曼说,"鲍勃让她头脑发晕。鲍勃的法兰绒衬衫露在脏牛仔裤外面,脚上套着工作靴。他的手指甲里藏有污垢。他的头发已经三天没有洗了……他长得清瘦,穿着邋遢,而且他的个人卫生——他并不卫生。这就是他的模样……但女人们根本对此毫不在意。对于她们而言他是有着强大魔力的。"

尽管鲍勃的爱情生活好像迷宫一样复杂,卡罗尔·切尔斯仍发自内心地认为鲍勃是一个"令人愉快的邻家男孩。非常好的,基本上是美国中西部非常有原则的邻家男孩。这些原则是勇往直前,善良,富有洞察力等特点"。这些原则将会被证明已经达到了最大限度。显然即便有切尔斯、金以及罗斯的陪伴,鲍勃仍感到不满意,而且他对所能结识的任何女子都是如此,鲍勃最近又恢复了与伴唱歌手卡罗琳·丹尼斯之间的恋情。

自从1978年世界巡演期间卡罗琳·丹尼斯接手迪比·戴-吉布森的职务,开始为鲍勃工作之日起,鲍勃就断断续续地与她约会。卡罗琳随后与一名鼓手结婚成家。这段婚姻并没有维持多久,她重新又开始与鲍勃约会。玛丽亚·马尔道与鲍勃、卡罗琳以及其他几位共事多年的伴唱歌手关系都很友好。"我想他之所以与其中一些黑人女孩约会,是因为她们并不会视他为偶像。她们更为现实,而且她们并不崇拜他。"她解释说,"她们都是些个性强烈的女孩,她们会说,'少胡说八道'。"鲍勃的音乐在非洲裔美国人群体中并不是非常流行,黑人很少去观看他的演唱会。而当他面对的是来自本阶层的女性时,白人中产阶级的背景常会让她们在看待鲍勃时有种威慑力,但对于非洲裔美国人而言他只是一个男孩子而已,这让他感到精神一振。"这些女孩子全都对我说,她们并不在意他是谁,"马尔道说,"当然另一方面,她们与鲍勃结伴而行,看到了他是一个大人物,我相信尽管每个人都带有纯正的基督教信仰,还是有很多人想占据这一位置,看看作为鲍勃的女友最终会怎样。"

卡罗琳·丹尼斯在31岁时怀上了鲍勃的孩子。1986年1月31日她在加利福尼亚卡诺加公园位于西山的胡曼那医院产下了一名女婴。孩子取名为德西蕾·加里布埃尔·丹尼斯-迪伦,而在出生证明的父亲一栏中写的是罗伯特·迪伦。这个孩子的出生是鲍勃一生中最为保密的事情之一。最初就连密友和鲍勃的家人都不知晓,而整件事的过程直到现在也仍未公开过。

在德西蕾出生后三天,鲍勃飞往新西兰与汤姆·佩蒂的"伤心人"乐队开始了一次重要的巡演活动。在澳大利亚悉尼举办的两场演唱会拍成了一部电影,随后在美国的家庭票房电视台播出,并且以"难以应付"之名制作成录影带发行。在悉尼举办的一场少见的记者招待会上,鲍勃显得百无聊赖——直到被问到女性在他生命中的重要性。"离开她们我难以生存。"鲍勃如同饿狼一般咧着嘴笑答道。一个名叫阿米丽雅·卡瑞纳的女演员后来宣称自己在此次巡演过程中曾是鲍勃的情人。

鲍勃离开澳大利亚之后便赶往日本。当他抵达日本时听到了一个令人伤感的消息,"邦德"乐队的键盘手兼歌手理查德·曼纽尔去世了。1983年"邦德"乐队重组,但其中并不包含罗比·罗伯森,他不想再次回到巡演的旅程中去。他们不久便减少了在俱乐部的演出安排。曼纽尔对乐队地位的下降非常敏感,因此喝酒喝得很厉害,并且吸食可卡因。1986年3月3日,乐队在佛罗里达州冬园的"面对面"酒吧演出两场。第二天凌晨时分,曼纽尔将腰带绕在昆里特汽车旅店浴室的门帘上上吊自杀。当时他年仅42岁。

远东巡演给了鲍勃充分的时间考虑与卡罗琳·丹尼斯之间的状况,这是他在雅各布出生之后十七年再次成为父亲。他做出了一个重大的决定。鲍勃仍坚持迪伦家的第六个孩子的存在应该保密,表面上是因为他厌烦人们了解任何有关他个人的情况,但同时也是为了保护这个孩子,为了确保德西蕾拥有稳定的家庭生活,鲍勃愿意做任何事情。1986年6月4日,鲍勃与卡罗琳·丹尼斯在洛杉矶举行婚礼。洛杉矶登记处的证书上填写的是"秘密婚礼"。媒体对此一无所知。特德·帕尔曼说:"我们都发誓对此保密,永远不提及此事。"

鲍勃并没有告诉卡罗尔·切尔斯自己已经结婚了,两人仍继续约会。显然那些基本的中西部原则并不排斥欺诈,而切尔斯则选择不受欺骗的困扰。"我并不知道他已经和卡罗琳结婚。但我知道她是鲍勃的朋友。"切尔斯说,"你也许会说,'你是一个非常傻的女孩子,卡罗尔……你周围以及鲍勃注意的都是何种类型的女孩?'"当切尔斯听到鲍勃已经结婚的传言时,她决定不理会这些传言,因为鲍勃从未对她提及此事。"而这也并没有产生什么麻烦,因为这对我来说毫无作用。我能处理好自己的事情。"

鲍勃非但没有结束他与切尔斯之间的关系，反倒为她提供了一处比弗利山庄的住所，这处房产的价值为 500 000 美元。产业登记在橡树关信托公司的名下，这家公司是由鲍勃的会计师马歇尔·M. 盖尔福德创立的实体。虽然盖尔福德名义上是"保管人"，但产业还是保留在信托公司的托管财产者——也就是鲍勃的名下。这是一种允许鲍勃将所有房产匿名化的法律手段。"鲍勃是一个非常慷慨的人。"切尔斯说，"我在这里住了很多年。"当难以再将鲍勃和卡罗琳的婚事漠然视之时，切尔斯只得做出了让步，承认鲍勃秘密与另一个女人结婚的事实。"我不知道为什么卡罗琳会成为一个秘密。"她说，"整件事情都非常非常奇怪。我希望鲍勃并不是那么声名显赫。因为他是那么可爱的男孩子。大概如果他没有那么声名显赫的话，我的生活也许就会变得轻松些。"

卡罗琳·丹尼斯拒绝谈论她与鲍勃之间的关系。"迪伦先生是一位非常注重个人隐私的人。"她说，"故而整个世界都竭尽全力地想要了解他生活中的每件事情。"

在秘密结婚之后两天，鲍勃与汤姆·佩蒂、"伤心人"乐队在洛杉矶举办的一场国际特赦组织的义演上进行了表演。鲍勃在舞台上看起来特别快乐，当他翻唱乔·莫里斯的一首曲风欢快的歌曲《挥手》时竟然咧着嘴满舞台地蹦蹦跳跳。也许这是因为与卡罗琳的婚姻生活符合鲍勃的要求。三天后，卡罗琳作为鲍勃伴唱歌手乐队中的一员与鲍勃在圣地亚哥登台演出，鲍勃为伴唱乐队设计了一个"节奏女皇"的名字。从 1986 年 6 月 9 日起，鲍勃与汤姆·佩蒂、"伤心人"乐队、"节奏女皇"伴唱乐队开始了美国巡演。每晚卡罗琳都和鲍勃同台演出，她在与自己的母亲马迪莲·魁北克——现在当然也就成了鲍勃的岳母——演唱和声时，目光大都集中在鲍勃的身上。

演唱会上首先是汤姆·佩蒂和"伤心人"乐队出场，随后女孩子们从幕后走出，穿着光闪闪的舞台服装即兴表演，以此作为鲍勃出场的序曲。当鲍勃登上舞台时，他也穿着非常夸张的服装。大概也就是从和卡罗琳结婚后开始，鲍勃经常套着皮裤、背心，戴着裁去手指部分的皮手套，穿着装饰得五彩缤纷的T恤公开露面。同时鲍勃也有生以来第一次戴上了镶嵌有珠宝的戒指和晃动的耳环。鲍勃的头发被打理成蓬松的样子。他喜欢头发后面贴伏，而前面直立。在演唱会开始之前，鲍勃还会让女孩子们用定型剂帮他把头发进行固定。在舞台上，鲍勃、佩蒂的乐队以及伴唱歌手一共有十个人。演唱会进行期间这一阵容时有变化。乐队成员走下舞台，鲍勃留下来与女孩子们一同演唱。鲍勃在和岳母即兴演唱二重唱时显得特别娴熟，他很少按同样的方式重复演唱一首歌，因此与他同台演出对于合作者而言是一种挑战。

对于鲍勃而言伴唱歌手非常重要，这不仅仅是因为他与卡罗琳之间的关系，而且也因为他喜欢尝试不同的和声。在鲍勃的生活中卡罗琳承担的任务之一就是为人员更迭频繁的"节奏女皇"伴唱乐队选用富有经验的歌手。路易斯·贝休恩是一名新成员，她曾经与谢莉斯和"水晶"演唱组①合作过，并且参加了1986年至1987年的美国及世界巡演。据她回忆，鲍勃常会在午夜召集全体女孩子去他的住所演练合唱，这些非正式的活动对女孩子们来说是在承担着非常巨大的压力。贝休恩说与鲍勃共事的唯一方法就是专注地看着他，盯着"他的嘴"，因为他总是那么的令人难以预料。同时，尽管在他的唱片集中不再有显而易见的宗教成分，而且据媒体报道鲍勃也已经回归犹太教，但贝休恩表示鲍勃每晚还是

---

① 美国20世纪60年代著名的演唱组。——译注

会与这些基督教伴唱歌手一同祈祷。"没有一场演唱会之前不进行祈祷的。"

卡罗琳、卡罗琳的母亲以及长期伴唱歌手们在鲍勃周围组成了一个亲密的支持者团队,鲍勃在与这些富有主见、现实的非洲裔美国女性相处时感到非常惬意,大概他也受到了这些女性的保护。鲍勃似乎暂时恢复了一些当初与萨拉以及孩子们相处时所获得的快乐。他仍与孩子们保持着定期、亲密的联系,但同时新的家庭对他而言也非常重要。

鲍勃不仅与卡罗琳结了婚,与她一同巡演,而且在他进入录音室制作下一张唱片《烂醉如泥》时两人也一同工作。录制工作在1985年和1986年巡演的间歇期分别在伦敦和洛杉矶开始。参与工作的音乐人包括"丁骨牛排"·伯内特、艾尔·库柏、汤姆·佩蒂及"伤心人"乐队。收录的歌曲包括两首翻唱歌曲、两首次要的原创歌曲以及三首合写歌曲。除了唱片《渴望》这一引人注意的特例之外,鲍勃很少与他人合作创作歌词。对于鲍勃而言,编写歌词是轻而易举的事情,根本无需帮助。然而到了20世纪80年代后期,鲍勃发现创作明显变得愈加困难。"他说那些词语都不再喷涌而来。"特德·帕尔曼说,"突然之间他就不再有灵感涌现,就如同井水枯竭一般。"

汤姆·佩蒂与鲍勃合写的作品《我心中得到了》可算是鲍勃职业生涯中最易于被淡忘的歌曲之一。《倾倒在你的魅力之下》则出自一位令人惊讶的合作者之手,她就是卡罗尔·切尔斯的旧友,大众抒情诗人卡罗尔·拜耳·塞杰[①]。"尽管这一幕真的很令人激

[①] 卡罗尔·拜耳·塞杰(Carole Bayer Sager, 1947—),美国歌曲创作人,歌手,画家。——译注

动,但这也许是我与他人合作成分最少的一次经历。"拜耳·塞杰说,当鲍勃弹奏吉他时她就在记事本上记下自己的构思,"这就有几分像是重新回到了小学,当你正在考试时将手掩在你的作品上免得别人抄袭。"

直到拜耳·塞杰收到了一份新歌样本时才发现自己的构思已被鲍勃采用了。除了曲名"倾倒在你的魅力之下"之外,很明显歌词没有一点是她所创作的。尽管鲍勃总是说如果没有她自己就永远创作不出这首歌。

最重要的合作作品是《布朗斯维尔女孩》,这首歌在唱片《烂醉如泥》的第二面歌曲中占据了最重要的位置。这首史诗是与山姆·夏普德一同创作的,后者曾与鲍勃在《雷纳多与克拉拉》的拍摄过程中合作过,后来成了一位家喻户晓的剧作家和演员。这首歌的产生近乎偶然。"我们想到了非常多的构思,但没有一个能真正有所得,于是我们两人开始讲彼此生活中的故事。"山姆·夏普德回忆道,"其中他讲到的一个故事就成了歌曲的第一行。他说,'一天我排队等着看格利高利·派克的电影'。于是我说,'为什么我们不能用这个……反正我们还一无所获'。"鲍勃重新回忆了关于欣赏电影《枪手》的体验,两人以一种移动的视角创作出了一部西部史诗。鲍勃塑造这些形象的方式给夏普德留下了深刻的印象。"他拥有一种令人吃惊的智慧。"他说,"你正沿着一条黑暗的小巷前行,突然,你看到了曙光……这真是非同寻常的联想。"歌词中有一些带有长句的诗节,"我想最令人吃惊的是他的用词。"他补充道,"我曾问鲍勃,'但你如何将这一苦境转化为旋律呢?'他说,'不要为此担心,我会创作出来的'。而他果真创作完成。他采撷词汇并加以延伸的方式让人难以忘怀。"

鲍勃录制完成了一首精彩的歌曲《布朗斯维尔女孩》,随即收录在唱片《烂醉如泥》中，这首歌曲充分表现出了他妻子——最近她更喜欢喊自己卡罗尔，而不是卡罗琳——以及其他的伴唱歌手的非凡嗓音和应变能力。唱片中没有任何一首歌曲能与《布朗斯维尔女孩》相匹敌。事实上，其他的歌曲几乎可以全部舍弃掉了。"如果我制作的唱片只能销售一定数量，那么为什么我要将那些歌曲都放在一起呢？"这就是在一次访谈中鲍勃的回答。这是一种自我实现的能力。《烂醉如泥》是鲍勃自从 1961 年首次在哥伦比亚发行唱片起在歌曲流行榜上排名最差的一张唱片。很少有人注意到在内页冗长的"特别感谢"中偷偷插入了鲍勃新生女儿的名字。

鲍勃一直以来对电影都有着浓厚的兴趣。他曾经拍摄过电影，并且在《比利小子》中扮演角色，灵感枯竭时他转而为电影制作歌曲。如此看来，也就根本无需为鲍勃现在受邀出演主流电影《火之心》而感到惊讶，这部影片由制作惊悚片《血网边缘》的理查德·马昆德执导。这是一个绝佳的机会，因为影片会成为一部票房成功的电影作品，而鲍勃也因扮演这一角色而获得了 100 万美元的片酬。

鲍勃在影片中扮演传奇音乐巨星比利·帕克，他荣身而退，在一家养鸡场度日。这与鲍勃现实生活有着显而易见的联系。帕克与想要成为歌手的莫利·麦谷尼交往，麦谷尼这一角色由 25 岁的菲奥娜扮演，她由流行歌手转型为演员。帕克和麦谷尼前往英国参加一场摇滚复兴演唱会，遇到了由鲁伯特·埃弗雷特扮演的年轻摇滚明星詹姆斯·柯尔特。麦谷尼与柯尔特之间萌生了恋情，而帕克则返回美国的家中，将这个女孩留了下来。麦谷尼逐渐发现摇滚明星的生活并非如她所愿。这部影片于 1986 年秋季在英国和加拿大拍摄完成。在伦敦的一场记者招待会上，理查德·马昆特说《火之心》的重点在于"演员以及演员特质的把握上"。

影片拍摄接近尾声时,鲍勃同意接受 BBC 艺术节目《公车》的访谈,在这一节目中他也探究过明星的本性问题。在接受访问时鲍勃评论道,当艺术家们最初开始职业生涯时经常会说他们想要获取声名与金钱。就鲍勃个人的经验来说,他认为金钱是他们最想获得的。而声名往往会成为一种灾难。他打了个比方,这就如同经过一家旅馆,透过窗户看到一个行为正常的普通人,此时是"彼此之间都非常真实"。然而当像他这样的人走进旅馆并且想要融入其中时,每件事都发生了变化。正像他所说的那样:"当你走进这所房屋的时候,整件事情都结束了。你再也不能真切地看到他们。"这件事在相当程度上揭示出鲍勃自己对成功的矛盾心理:他喜欢录音和表演,但他所获得的声名使得他几乎不可能过上正常人的生活。他在 BBC 节目中异乎寻常地发表评论,正如鲍勃在接受采访时预言的那样,这一简短的纪录片比随后他制作的长片有趣得多。

随着鲍勃步入中年,他变得日渐古怪起来。他的穿着怪异奇特,经常穿着衣服睡觉,而且喜欢一个人在街上游荡。他喜欢探索贫民区,特别是那些他不必了解的种族街区。他也会在洛杉矶临近自己居所的更为富有的街区游荡。一天,特德·帕尔曼回到位于圣费尔南多谷的住所,注意到一个看似游民的人坐在路边。帕尔曼正打算按习惯赶走这个游民,但随即认出了那正是鲍勃。"我想来顺路拜访,探望你和佩姬。"

"你在这里待了多长时间?"帕尔曼问。

"大约一个半小时。我正在附近散步。"鲍勃回答道,随后走进住所,品尝了一顿佩姬·布鲁烹制的餐饭。佩姬·布鲁与卡罗琳·丹尼斯情同姐妹，是知道秘密婚礼的少数几位亲友之一。

鲍勃告诉帕尔曼夫妇，他受邀前往在纽约举办的乔治·格什温纪念音乐会演出。他已经想好演唱格什温的歌曲《斯旺尼》，但随后又发现了《不久》这首歌曲。没人预料到鲍勃会演唱这首优美的歌曲。吃过饭之后，鲍勃与帕尔曼进行了安排，以便鲍勃能以一种更为通俗的风格演绎这首歌。"我的歌声听起来乏味吗？"鲍勃一边练习，一边询问。帕尔曼夫妇向他保证并非如此，于是在1987年3月11日为纪念格什温所举办的音乐会上，身穿燕尾服、小心翼翼演唱《不久》这首歌的鲍勃适时地让听众惊讶了一番。特德·帕尔曼说："鲍勃竟真的用并非自己的嗓音来演绎这首歌。"

在格什温纪念音乐会之后两个月，鲍勃的注意力又转移到了另一片音乐领域，与"性手枪"乐队的前成员史蒂夫·琼斯一同演唱摇滚歌曲。他们录制的便是唱片《得心应手》，这是又一张由翻唱歌曲以及非重要的原创歌曲组成的唱片。每个人都非常奇怪鲍勃为什么会选择与史蒂夫·琼斯合作，这其中也包括琼斯本人，他从未碰到过鲍勃，两人甚至都没有说过话。"他打电话给我，问我是否能召集一支乐队进入录音室做一些录制工作？我说，好。当时来自'冲击'乐队的保罗·西蒙正在城里。因此我就找到了共事的吉他手，鼓手则是来自佩特·班纳塔乐队。"他们在好莱坞的"夕阳之声"录音室碰头。"那真是古怪、奇异的一天。"鲍勃列出了一张长长的歌单，未加说明便示意他们开始工作。乐队尽可能地维持最佳状态，但却难以将每一点都做得让人非常满意，因为鲍勃很快便又转到了下一首曲子。"整个晚上都是如此，基本上就是胡闹，"琼斯说。唯一完成的曲子就是《莎莉·休·布朗》。

虽然鲍勃录制《得心应手》所准备的材料似显单薄，但这张唱片却有着一种凝聚力和自然的声音，有些歌曲正如鲍勃所愿，达到了恰如其分的水准。鲍勃细腻地演绎出一种"谢南多厄"式的优美嗓音,并且赋予歌曲《时速九十英里(路终气绝)》和《于我为陌生人》——鲍勃是从受人尊敬的"蓝草"乐队斯坦利兄弟那里了解到这两首歌曲的——时代冰冷的烙印。就在鲍勃 46 岁时,他的嗓音开始出现某种程度的共鸣,而这也恰好符合歌曲的要求,在这个方面,《得心应手》可以说是他后期职业生涯的序幕,他的歌曲内容变得日益关注异化、衰老和死亡。

《得心应手》中的两首歌——《西尔维奥》以及并不很成功的《世上最丑的女孩》——是与"感恩而死"乐队的词作者罗伯特·亨特合写的。1972 年鲍勃第一次与"感恩而死"乐队相识,随后与乐队领袖杰里·加西亚的关系日渐亲密,并且在 1986 年作为特别嘉宾与他们同台演出。鲍勃同时还出乎意料地在格林威治村旧友威维·格雷的陪同下出现在"感恩而死"乐队于奥克兰举办的一场演唱会上。格雷恰巧与鲍勃学校时的女友邦妮·比彻结婚。此时她名字是加汉娜瑞·罗姆尼。(罗姆尼是格雷的真实姓氏,而加汉娜瑞则是邦妮为自己起的名。当鲍勃得知两人结婚时,他对格雷说:"有些比你更好的男子曾想要与她结婚。")鲍勃和格雷在奥克兰大体育馆游逛,但却没有人注意到他们。"直到鲍勃戴上他的太阳镜之前一切都还很顺利。"格雷说,"随后每个人都发出了'喔!'的呼声,我们必须安全地将他带离人群。"

"感恩而死"乐队喜欢鲍勃的音乐。"他总是能激发我们的灵感。"创立乐队的成员鲍比·维尔说,"鲍勃是我一直关注的人,他是一位活着的智者。"因此当鲍勃同意 1987 年夏季与乐队一同展开一次短期露天体育场巡演时,整支乐队都感到非常高兴。但事情并未如他们所希望的那样顺利。

鲍勃前往加利福尼亚的圣拉菲尔进行排演,因为没有带上吉他,鲍比·维尔就为鲍勃挑选了几把让他试用。一把是维尔称为"铋粉红色"的莫杜拉斯吉他。鲍勃难以抉择,究竟是选择这把吉他还是另外一把标准的芬达斯瑞特卡斯特吉他。

"你是靠运气来选择吉他的吗?"维尔问。

"哦,芬达吉他弹起来真的很好……但这把莫杜拉斯吉他,"鲍勃说着拿起那把醒目的粉红色吉他,"它的色彩真是很地道,不是吗?"

1987年6月间,"感恩而死"乐队排练了近数百首歌曲,为能与鲍勃合作而感到极其兴奋。然而当乐队于7月4日在马萨诸塞州福克斯波罗沙利文体育场举办首场演唱会时却出现了问题。"就像是我们从未进行过演练。"维尔说,"鲍勃拿出一张歌单,都是我们排练甚少的曲目。"鲍勃弹奏时音调是错误的,而且似乎就连自己写的歌词也忘记了。对外解释的原因是他因背痛而感觉不好。自从1966年的摩托车事故之后鲍勃便要时时忍受病痛折磨这件事情是真实的,但他酒喝多了的时候也是嘟嘟囔囔口齿不清的。

"感恩而死"乐队与迪伦之间的合作直到7月12日在新泽西巨人体育场举办演唱会之前应该都不算太糟糕,所以当要将巡演过程汇总成一张现场演唱版唱片时——唱片取名为"迪伦与'感恩而死'"——"感恩而死"乐队想要选用这场演唱会的录音。然而鲍勃否定了这一选择,部分原因是因为他不想选用在之前现场演唱会唱片中出现过的歌曲。取而代之的是从三场较差的演唱会中挑选出来的混杂歌曲。杰里·加西亚前往杜姆角与鲍勃商谈唱片的混音制作,随后他吃惊地发现鲍勃正在用一台廉价的音响聆听一盘磁带。就是根据这种音响效果,鲍勃对加西亚说他的声音在进行混音制作之后显得太高了。"我能做什么,给他一枪?"加西亚愤懑地请同事进行处理。结果唱片中鲍勃的声音变得非常低，歌声都淹没在乐声中，这更强化了鲍勃是在喃喃自语的感觉。

鲍勃与"感恩而死"乐队间的关系在之后数年中处于一种怪异的状态中。1989年2月12日，鲍勃出现在加利福尼亚英格伍德"感恩而死"乐队演唱会的现场，为庆祝演唱会进入第二阶段登台演唱。不幸的是鲍勃并不知道歌词，结果把乐队的五首歌曲都搞混了，最后乐队只得要求他演唱自己的歌曲。当"感恩而死"乐队走下舞台后，一名乐队成员愤怒地质问："他在这里究竟他妈的在做什么？"

不管怎么说，鲍勃度过了一段美好的时期。第二天鲍勃打电话给"感恩而死"乐队的事务所，告知工作人员自己想加入乐队。他清楚地表明自己的态度是严肃的，所以乐队成员决定进行表决。"我肯定会同意，但成员中有个人却并不是非常愿意让他加入。"维尔说，"如果不是因为这个人的原因，我想我们愿意吸收他加入。我们愿意将他视为临时乐队成员。"鲍勃之所以考虑要加入像"感恩而死"这样一个较为稳定的演出团体，是因为作为一个单飞的个人，要想尽力维持事业的成功，所承受的压力对他而言是太过沉重了。之所以渴望加入像"感恩而死"这样一支乐队，是因为鲍勃希望能摆脱所面临的问题，并且暂时能有他人给予支持。当然，这实际上是不可能的，鲍勃声名显赫，而且有着强烈的音乐表现力，他的加入会使得任何一支乐队都变得难以辨别——像"感恩而死"乐队就轻而易举地成了他的伴唱团体。这一怪异的事件表明，鲍勃作为一位艺术家已经迷失了方向，并且难以找到出路。

在演唱会舞台之外，鲍勃继续着与前任经纪人艾伯特·格罗斯曼之间的战争。1985年鲍勃遭遇到一定程度上的挫败——某位法官并不认同他十八条反诉中的部分内容。但是双方仍争论不休,似乎鲍勃也愿意无限期地为他的律师提供资金。就这方面而言,鲍勃要比格罗斯曼更具有优势。在两人的人生舞台上,鲍勃已经赚取了更为巨额的财富。格罗斯曼法律账单上的金额以近乎每小时176美元的速度递增。双方已经争执了五年之久,但仍没有过一次全程的庭审。鲍勃的方法就是"石墙"——这是萨利·格罗斯曼的叫法。萨利声称这一案件让她的丈夫压力倍增,但她坚持认为格罗斯曼对这一案件仍保持着幽默感。

1986年1月25日,格罗斯曼因公事飞往伦敦。就是在此次飞行过程中,也就是第二天凌晨的几个小时内,格罗斯曼因心脏病突发去世,时年59岁。鲍勃并未出席他的葬礼,这场法律纠纷仍围绕着格罗斯曼的产业继续着。萨利·格罗斯曼的律师们抱怨"拖延、蓄意阻挠、拖沓伎俩"带来的痛苦,这使得案件延续多年,而且他们还责备"冷酷无情的迪伦先生"以及他的顾问们。

最终在1987年11月,也就是艾伯特·格罗斯曼埋入位于贝尔斯威利的自家墓地之后近两年,鲍勃支付给萨利大约200万美元平息此事。格罗斯曼自始至终都是正确的,但鲍勃却是最终胜利者。他现在独自一人拥有事实上自己所有歌曲的出版权,歌曲如果卖出能获得数十万甚至数百万美元。

在纠纷解决之前几个月,鲍勃与汤姆·佩蒂以及"伤心人"乐队展开了又一阶段的巡演——在以色列和欧洲演出。在与鲍勃共事的这段时期内,"伤心人"乐队正处于事业的繁盛阶段。"我们认识到你不必为每件事都做到尽善尽美而担忧。"迈克·坎贝尔说,"有时最好加速,期待着魔法发生。"然而所谓的"光辉圣殿"巡演并非是他们最好的一次合作。巡演在特拉维夫开始,这是鲍勃在以色列举办的第一场演唱会,虽然团队期待能成为最具冲击力的演唱会,但却未能让听众兴奋起来。鲍勃对在演唱会上穿插并不为人所熟知的歌曲毫不惊慌。"你不能只想着登上舞台,揣测人们想要听到些什么。"他说,"首先,没有人愿意这样。少数人想听的歌曲对其他所有人来说就是毫无意义的,而且你不能让听众掌控演唱会。"

在巡演期间,鲍勃与女人之间的纠葛引发了一场令人不快的事件,最终导致巡演团领队加里·沙夫纳离开团队。巡演过程中,沙夫纳必须飞回加利福尼亚州处理一些私人事务。他走了之后,鲍勃显然与沙夫纳女友布瑞塔·李之间萌生了恋情,尽管鲍勃的妻子卡罗琳作为伴唱歌手也参加了此次巡演,但这丝毫也没有影响到鲍勃。这一令人颇感困窘和苦恼的结果就是沙夫纳最终选择离开。与鲍勃亲近的人们谈及此事时都将它视为鲍勃对雇员所曾做出的最为糟糕的举动之一。沙夫纳专心地为鲍勃服务,然而鲍勃却以这种残酷的方式回报他。但是沙夫纳并不愿意对前任老板做出评论,只是用外交上的措辞说:"在这一团队任职数年是一种荣幸……作为一位艺术家,我尊敬这个人。"但这成为一对恋人关系的终结,沙夫纳再也没有与布瑞塔·李联系过。

巡演团队抵达伦敦时正逢《火之心》于1987年10月9日周五在奥丁大理石拱门举行世界首演。鲍勃在经常入住的伦敦梅费尔酒店预订了房间,这一酒店靠近伯克利广场,当晚他没有演唱会安排。鲍勃引人注目地出席了《火之心》的首映式。对于那些颇为倒霉地观看这部电影的人来说,个中原因很快便清楚了。鲍勃为《火之心》演唱的歌曲确实算不上最好;鲍勃的表演一般,掩盖了他在舞台上自然流露的超凡魅力;菲奥娜和鲁伯特·埃弗雷的表现平平,但这很难说是他们的过错。主要问题是剧本内容的可怜,而且电影缺乏风格或者是张力。数周后《火之心》便停止放映了，而且从未在美国上映发行过。

《火之心》中的鲍勃看起来瘦削、乌黑而健康。但在舞台上他开始看起来有些超重、苍白，鲍勃所举办的演唱会质量参差不齐，偶尔会有非常充满激情的表演，但有时他却似乎已经丧失了对自己所做事情的兴趣。哈维·戈德斯密斯因10月鲍勃在伦敦温布利体育馆举办的一场演唱会而感到非常失望，他早早地便离开座位回家了。当晚略迟些时候，他接到了鲍勃的保安人员吉姆·卡拉汉打来的电话，邀请他前往梅费尔酒店与鲍勃会面。尽管鲍勃视力糟糕，而且当时体育馆听众席上至少坐有一万人，但他还是注意到了戈德斯密斯的离开。"我看到你站起身，看到你离开。你不喜欢我的演出吗？"当这位赞助人抵达酒店后鲍勃问道。

"是的，我不喜欢。"戈德斯密斯回答说。他提醒鲍勃英国有着鲍勃除美国之外最大的听众群，他必须办出高水准的演唱会。"你今天表现得就像个废物。"鲍勃似乎并未因这一批评而感到不快或愤怒。"鲍勃心情很好。"戈德斯密斯说，"他态度从容，我们下楼到酒吧喝了一顿。"

具有讽刺意味的是，就在鲍勃艺术上的成就日渐衰败时，他却发现自己可以用数量不断增加的荣誉来装点门面。鲍勃在返回纽约后，于1988年1月20日被接纳为摇滚名人堂成员，他出席了在华尔道夫-阿斯特里亚举办的每桌一万美元宴席的铺张典礼。布鲁斯·斯普林斯廷发表演说，说他如果没有鲍勃音乐的灵感触动就不会站在这里。"这里没有一个灵魂可以不对你心存感激。"

这类中产阶级性质的、带有自鸣得意色彩的事件显得有些荒谬和虚伪。在华尔道夫-阿斯特里亚举办的一场每桌一万美金、穿着正式礼服的宴会与鲍勃的表演其实是完全对立的，而且这一音乐也对鲍勃自身产生了影响。阿罗·格斯当晚接受颁给父亲的一项身后荣誉时指出了这一点。在他的演说中阿罗表示，如果伍迪·格斯仍健在的话，没人能说出他会跑到哪里去。"但我可以向你保证，他决不会出席这一典礼。"他断言道。

鲍勃肯定意识到了阿罗·格斯话中表露的真实想法，并且觉察到这些活动是多么空洞。然而在即将来临的几年内，他似乎心情愉悦地出席此类活动，并且很少错过机会去接收其他奖项（几乎就在两年之后鲍勃获得了由法国政府颁发的文学艺术旗手奖）。很可能这些荣誉让职业生涯遭遇严重问题的鲍勃在某些时候会自我感觉好一些。

正当鲍勃的职业生涯跌至谷底时，他却因一次意想不到的巨大成功而地位重新获得提升，这都要感谢他的朋友乔治·哈里森。当时这位前"甲壳虫"乐队成员需要借用位于洛杉矶的录音室录制一首单曲，以便推广新唱片《极乐心境》，这首单曲采用欧洲的12英寸唱片录制，于是他向鲍勃寻求帮助。哈里森和原属"电子管弦"乐队的制作人杰夫·林恩想使用鲍勃位于杜姆角家中的录音室。鲍勃请他们过来。当时林恩正在为罗伊·奥比森制作一张复出唱片，因此奥比森也就像汤姆·佩蒂一样一同赶了过来。鲍勃并未将这些知名的拜访者拒之门外，却抱怨要为他们提供食物。

五位音乐家聚在一起演奏音乐，他们从鲍勃车库大门旁一个箱子上的标签获取了灵感，很快便创作出一首名为"小心轻放"的歌曲。这首歌有着蕴含中年睿智的歌词和强烈的旋律，他们分别担当主唱，最终以奥比森高昂的歌声结束。哈里森为这一团体取了个名字，这就是"维尔贝瑞旅行者"合唱团，每名成员都取了滑稽的绰号。鲍勃的绰号是"幸运的维尔贝瑞"。

《小心轻放》是一首非常优秀的歌曲,作为促销单曲显得有些浪费了。"维尔贝瑞旅行者"合唱团决定将其用作唱片的基础曲目,吉姆·凯尔特纳被选入合唱团担当鼓手。《"维尔贝瑞旅行者"合唱团第一辑》于1988年的四五月间录制完成,在"舞韵"合唱团戴夫·斯图尔特位于洛杉矶的家中大约度过了十天。大部分的工作都是在厨房完成的,凯尔特纳用木钉敲击电冰箱以制造出歌曲《困惑》中单调而快速的音响效果。尽管在歌曲《肮脏世界》中鲍勃幽默的才智得到了特别的显露,但大部分歌曲并不重要。奥比森歌剧风格的嗓音大幅度地提升了音乐的感染力,特别是在歌曲《并非孤独一人》中表现得尤为明显。这张唱片于1988年秋季公开发行后取得了巨大的商业成功,在美国唱片榜单上升至第三位,要比鲍勃这一时期推出的任何一张唱片都要卖得好。《"维尔贝瑞旅行者"合唱团第一辑》所获成功与他近期录制的唱片《得心应手》形成了鲜明对比,后者甚至比《喷涌而出》的市场业绩还要糟糕。之所以会取得成功的部分原因是音乐风格发生了可喜的变化,但同时"维尔贝瑞旅旅行者"合唱团唱片的流行也凸显了鲍勃个人事业的失败,这一失败仍延续着向下的趋势。

多年惨淡的唱片销售,转信基督教所引发的公众否定,这些都相当程度地降低了鲍勃作为一位独立艺术家的高度。没有像桑塔纳、"伤心人"或者"感恩而死"之类知名乐队的支持,鲍勃已经难以让体育馆座无虚席了。在最近一次欧洲巡演的后几场与"伤心人"乐队的合作演出中,鲍勃逐渐意识到自己的光芒被乐队及伴唱歌手们遮蔽住了。"我必须要让这些歌手登台,只有这样我才不会感觉非常糟糕。"鲍勃说。在瑞士洛迦诺的舞台上,这种感觉强烈冲击着他——他已失去了作为一位表演者所应具备的能力。正如后来鲍勃回忆的那样,一段不知从何而来的零散习语出现在他的脑海中：无论上帝是否打击我，我决定要坚强站立。听众们买票入场是来看他的，而并非乐队或者伴唱歌手，他必须要尽已所能地将属于自己的歌曲演绎到最佳水准。这是一种领悟。"所有的事都迎刃而解。破除了任何的障碍。"

鲍勃从欧洲回来之后便停止了与佩蒂及"伤心人"乐队的合作，将包括妻子在内的所有伴唱歌手都打发走了。1988年夏季他开始通过与小型乐队在小剧场中演出的方式重新构建自己的舞台表演，希望由此能重新回到事业发展的通途中去，迈出这一步也是出于财务方面的考虑。鲍勃名义上拥有巨大的财富，因为他的音乐出版权都归自己所有，但这些歌曲只能带给需求极多的鲍勃适量的收益。因为每张新唱片的销售都要比前一张少，所以巡演也就成了财富的重要来源。为了保证初步降低支出，同时也为了迫使自己担负起演出工作的重担，鲍勃与可以称得上最小规模乐队的、由G. E. 史密斯领导的一支三重唱组合进行了合作，G. E. 史密斯以领导《周六夜现场》中的乐队而闻名。演奏贝斯的是留了一缕头发的肯尼·阿荣森。阿荣森的伙伴纽约人克里斯托夫·帕克担任鼓手。1988年6月7日，第一场演唱会在加利福尼亚州克拉德市的大帐篷中举行。这成为"永无止境"巡演活动的开端——"永无止境"是鲍勃偶然想到的。这一名词就像字面含义一样被加以贯彻，在20世纪剩余的岁月中鲍勃就这样坚持不懈地巡回演出，甚至还延续到了21世纪。接连不断的巡演似乎是在表明他渴望从常态生活那种恒久不变的状态中逃脱出来，无论如何此时他的音乐和名望已经在如此广泛的范围内控制住了他的生活，以至于真的没有所谓的"正常生活"来让他逃脱。在旅途中的生活已经成了他的正常生活状态。

"永无止境"巡演的第一阶段充满了强烈的激情。鲍勃从他职业生涯的演出活动中挑选出歌曲，用折中的方式将它们混排起来，其范围从爱尔兰舞曲《艾琳·阿洛恩》到查克·贝里的《娜丁》。与小规模、多才多艺的乐队的合作为鲍勃提供了尝试空间。在"永无止境"的多年巡演过程中，听众喜欢上了鲍勃的演出方式，那就是鲍勃不再像许多其他20世纪60年代地位突出的艺术家那样举办标准的精选演唱会。以这种方式来重新诠释歌曲，并且介绍新歌、珍品以及胎死腹中的创作，鲍勃卓有成效地提高了他对歌迷的感染力。重返舞台的鲍勃需要更为专注，同时还要有一种对舞台加以迅速理解的能力。有一些感应也是有所帮助的。鲍勃很少谈及想要做些什么，如果迫切需要做出指导，他就会以隐喻的方式加以说明。乐队成员肯尼·阿荣森说："我记得当时自己曾想，他说的究竟是什么？"

8月份留有一段短暂的间歇，如此一来鲍勃就能出席26岁的女儿玛丽亚的婚礼，她嫁给了来自明尼阿波利斯一户传统犹太家庭的音乐家彼得·希摩尔曼。随后鲍勃于8月18日在俄勒冈州波特兰举办了一场演唱会，他再次踏上旅途，此次巡演一直持续到10月中旬。

鲍勃重回他的音乐本源之后，再次雇佣了维克托·梅慕迪斯担任巡演领队，这距离梅慕迪斯最后一次承担此项工作已经有二十年之久了。他接下了不幸的格雷·沙夫纳的工作。梅慕迪斯要比其他人更了解鲍勃的怪癖，但现在鲍勃要比年轻时更为古怪，他已经变得非常的诡秘和孤僻。在此次演出露面之后——鲍勃自己说，他有时在舞台上感觉仅仅比男妓略微好些——他便从人们的视野中逃离了。鲍勃的妻子和孩子此次也与他相伴上路，但卡罗琳和德西蕾从未与鲍勃一同现身公共场合。这就是鲍勃在旅途中的独特生活，而他同时也在竭力重建自己的舞台演出风格。

就在鲍勃力图使事业重返正轨,而且他可能再也制作不出一张一流的唱片时,他推出了《噢,悲伤》这张唱片——这张重构的唱片可以与该时期他最好的唱片《异教徒》相匹敌。鲍勃选择与加拿大音乐制作人丹尼斯·拉诺斯合作,后者因为内维尔兄弟制作唱片《黄月亮》而声名鹊起。拉诺斯在音乐制作上有一项创新举措,他架设起一座便于艺术家操控的自动录音设备。内维尔兄弟的唱片是在新奥尔良的公寓内录制完成的。控制面板与音乐家都在同一间房内,之间没有玻璃屏隔离,录制过程中拉诺斯就坐在音乐人当中,一同对音乐效果进行修正以求获得更为丰富、闲适的特点。鲍勃1988年在路易斯安那州巡演期间曾参观过录音过程,原因是内维尔兄弟翻唱了他的两首歌,同时他还邀请拉诺斯采用相同的方法为他也制作一张唱片。

《噢,悲伤》最初的录制工作就是在这一住所录音室内进行的,但最终只完成了一首唱片歌曲《泪落何处》。拉诺斯随后对参与工作的音乐人进行了调整,叫来了录制《黄月亮》时共事的托尼·霍尔演奏贝斯,布莱恩·斯托尔茨弹奏吉他,曼恩·威廉·格林三世击鼓,以获得他所说的"路易斯安那湿地音效"。拉诺斯租用了新奥尔良住宅区索尼亚特街1305号一栋五层建筑,在宽敞的底层空间内架设起共鸣板,安排乐手们成马蹄铁形状围着他坐。他们首先剪辑的是歌曲《政治世界》。当鲍勃走进来时乐手们已经整理编排一个小时之久。"那么应该做些什么呢?"鲍勃问。当他们告诉鲍勃应该怎么做之后,鲍勃拿起一把吉他说:"这事不应该是那样的,而应该是这样的。"他就是以这种态度制作完成了这张唱片。《大部分时光》是唱片中的最佳歌曲之一,歌曲描写的内容是恋情,但却非常微妙,将其归为"情歌"并不完全准确。这是一首来自"伊甸园中生命之树"的歌曲,就像鲍勃曾经如此描述汉克·威廉姆斯的歌曲那样。充满美感的歌曲《身穿黑大衣的男子》是在录音室内快速完成的，但却是唱片中最为迷人的歌曲。正像作家克林顿·海林注释的那样，这首歌被解释为是对传统民谣《豪斯·卡朋特》的一种发展，这首歌鲍勃年轻时曾演唱过，是从妻子随一个险恶陌生人而去的卡朋特的视角来进行创作的。

在为唱片挑选歌曲时，鲍勃隐瞒了包括《尊严》、《上帝知道》和《一连串的梦》在内的优秀歌曲。鲍勃已经到了这样的境地，那就是他不知道何时这些词句才会再次进入他的头脑，他要比以前将好的构思都倾注在一张唱片上时更为谨慎。这种保守的方式让鲍勃的制作人心灰意冷。"《一连串的梦》是一首奇幻的、汹涌的歌曲，我觉得应该收入唱片。"拉诺斯回忆道，"但他最终做出决定不收入这首歌。"《噢，悲伤》在这一年末尾时的发行被视为鲍勃在形式上的回归，其销售情况要比近期的唱片略微好些。

在"永无止境"巡演中，也就是在制作《噢，悲伤》这张唱片期间，鲍勃在处理个人生活时就像是一个逃亡者。最为特殊的一个方面就体现在第二次秘密婚姻上，鲍勃与卡罗琳·丹尼斯在平凡的特扎那郊区圣费尔南多谷置办了一处房产——一个人们难以找到他们的地方。位于雪莉大街5430号的住所是一处规模巨大的现代化平房，周围建有铁栅栏。出门步行不久就能到达一家麦当劳快餐店，而且距离喧闹的本图拉高速公路也非常近。房屋在1989年4月14日购得，这桩交易就像鲍勃与卡罗琳的婚礼一样是严格保密的。他们两人的名字都没有出现在相关文件上。根据文件上的说法，此处产业由第五楼房地产公司购买，该公司是一家由鲍勃的会计师马歇尔·M.盖尔福德运作的匿名公司，在世界城独立设立了一家办事处。特扎那的邻居们从未察觉到一位流行音乐领域的传奇人物就住在沿街的黄色平房内。

鲍勃觉得自己必须要保持这种距离感以维护他的隐私,但这似乎对他的心境产生了有害的损伤。当鲍勃于 1989 年 5 月开始一场欧洲巡演时,他竭尽全力地逃离人们的视野。登上舞台时鲍勃有时戴着一顶棒球帽,穿着运动衫,拉起的兜帽几乎难以看清他的面部。下台后他偷偷摸摸,一点都不快乐。肯尼·阿荣森说:"这是一个完全不同的鲍勃,他总是带有着几分鬼鬼祟祟、偷偷摸摸地从后楼梯爬上去。"

5 月 8 日阿荣森在演唱会结束后离开乐队回家接受一次紧急的皮肤癌手术。在手术期间,鲍勃雇佣了 33 岁的托尼·卡尼尔,他曾经为罗伯特·戈登以及"心不在焉"乐队演奏贝斯。当阿荣森术后要求重新回到乐队时,鲍勃说他不想再做出任何的变化。阿荣森说:"艾略特(罗伯特兹)和鲍勃都对我说,'你知道,我们真的喜欢你。我们喜欢你的演奏,你是一个了不起的小伙子。等你恢复健康,就能重新拿回你的工作'。那件事就到此为止了。"在此期间,托尼·卡尼尔成为鲍勃的新乐队指挥。

秋季,鲍勃在与事实上的经纪人艾略特·罗伯特兹分道扬镳之后又做出了另外一项变动。在音乐产业中盛传的杜撰故事是:有一天鲍勃打电话到罗伯特兹的事务所——是在他被搁置一旁的时间远比他这样身份的艺术家所期待的时间长的情况下——他决定将由其他人来承担罗伯特兹的工作。此人就是罗伯特兹的助理杰夫·卡麦尔。无论这件事是真是假,卡麦尔的的确确接替了罗伯特兹的工作,开始在比弗利山的事务所内处理鲍勃的演唱会预约工作。而杰夫·罗森也已于不久前成为鲍勃在纽约办事处出版事物的管理者和总经理。

1989 年 11 月 7 日,玛丽亚·希摩尔曼产下一名男婴,取名为艾萨克,鲍勃也随即成了祖父。之前几个月,鲍勃在女婿彼得以及演员朋友科林·菲尔什的陪同下参加了在洛杉矶举行的年度犹太人查巴德电视节目,现场吹奏了长笛、竖笛和口琴。三人都戴着圆顶小帽,演唱了一首富有激情的歌曲《哈瓦·内杰拉罕》。此次演出证明鲍勃在文化与音乐领域内的重要性。鲍勃在这一时期特别伤感,因为这十年以整个世界的颠覆——柏林墙倒塌以及革命风潮席卷东欧——而结束。在此期间他重返格林威治村,在老友戴夫·范·容克的住所寻找自己的过去。"他在附近闲逛,一时兴起就按下了门铃。"范·容克回忆道,"你知道,他真的没有太多改变,还是像以前一样情绪不安。"两人谈起歌曲的创作。鲍勃抱怨年轻的演艺人员对传统音乐并不了解,他嘟囔着补充:"魔鬼就是这个世界的上帝。"

一年后的春季,也就是 1990 年,鲍勃与乔治·哈里森、杰夫·林恩、汤姆·佩蒂共同录制了第二张"维尔贝瑞旅行者"合唱团唱片,并开玩笑似的直接命名为"第三辑"。合唱团的第五位"维尔贝瑞"罗伊·奥比森于 1989 年 12 月去世,享年 52 岁。没有了奥比森那与他人形成鲜明对比、甜美流畅的歌声,唱片中的歌曲听起来就显得颇为普通了。"正是因为有了罗伊的存在才使得他们能够应对自如。"再次出任鼓手的吉姆·凯尔特纳说,"第二张唱片的水准真的有所降低……这非常糟糕,而且大家的热情都没有集中在唱片上。因此这一作品的质量受到了损害。"唱片的销售不像第一张那样火爆,尽管"维尔贝瑞旅行者"合唱团已经确定展开巡演,但乐队的生命其实已就此宣告终结。

几乎与此同时,鲍勃与音乐制作人大卫·沃斯、多恩·沃斯兄弟一同制作完成了自己的唱片《红色天空下》,这两位制作人是卡罗尔·切尔斯推荐来的。鲍勃从制作《噢,悲伤》时遗留下来的歌曲中选用了《上帝知道》这首歌作为开始曲。沃斯兄弟将其制成了一个令人激动的新版本,随后召集了一群由著名音乐人组成的录制班底来录制唱片,这其中包括艾·库普、大卫·林德利和斯蒂夫·雷·沃甘,同时乔治·哈里森和埃尔顿·约翰也友情客串。库普将唱片称为"兜帽唱片",这是因为鲍勃每天露面时都穿着他的一件兜帽运动衫,在录音过程中鲍勃始终都将兜帽罩在头上。录音过程中,无论是在何种情况下,鲍勃几乎都是一言不发,别人很难与他进行沟通。"你知道,他本来就有些疲倦,而这一举动就使得我觉得他更加疲倦了。"觉察到鲍勃痛苦状况的大卫说,"很多次在做这类工作时他看起来都像是受到了折磨。这让我想到多年以来不断有重负落在'鲍勃·迪伦'的肩上。"尽管鲍勃竭尽全力,但却并未能隐身于其他乐队成员之后,他无法终止作为鲍勃·迪伦的生活,他知道必须以自己的方式来摆脱消沉。

《红色天空下》收录的歌曲似乎都显得很一般,但唱片作为一个整体而言却并不显得那么赢弱。歌曲《摆动,摆动》除了一个大胆而创新的标题之外的确没什么可值得推荐的。《电视谈话节目之歌》和《红色天空下》只是二流的歌曲——后者可以看做是关于希宾城的传说,而《难以置信》、《猜游戏》和《井中之猫》都是非常优秀的歌曲,充满了感染力。《上帝知道》这首歌也很不错,鲍勃一贯坚持的世界末日论让人感到战栗。他警告说上帝的判决下次将不会以水的形式加以实现,而是以火的形式实现。这一警告来自《彼得后书》[①](3:4—7)中生动的画面,在很多民谣及福音歌曲中都曾出现过。

---

① 《彼得后书》,是新约圣经中的第二|二卷书,圣经全书的第 61 本书,属于普通书信最先写成的第三卷。成书时间大约是公元 64 年,从书卷的名字可得知,这本书是耶稣的门徒西门·彼得所写。——译注

《红色天空下》恶评如潮,而且销售情况也很糟糕,以至于鲍勃七年没有再推出一张新歌唱片。然而与往常一样,鲍勃还是能够选取唱片中那些听起来平淡无奇的歌曲,在演唱会中赋予它们新的生命力。当鲍勃身处演出状态下时,他从《红色天空下》中那些表面看起来可以丢弃的歌曲中发现了新的意义和快乐。处于这一阶段的鲍勃仍有能力做出令人惊愕的表演,在曲终时会场就如同遭遇了火车事故,他在不谐之音的混乱场景中离听众而去,让听众努力回想为何欢呼喝彩。

1990年6月鲍勃在多伦多的奥基弗中心举办演出。他将罗尼·霍金斯喊上舞台一起演唱选自唱片《纳什维尔地平线》中的歌曲《又一夜》。"他从一个错误的音调上开始演唱。"霍金斯笑着说,"我立刻就觉察到我们要有一场犹如猴子般的表演了,于是吉他手按照他的调子继续演奏,但这时鲍勃的声音过于响亮以至于只能听到他的歌声。"

随后霍金斯回到鲍勃的更衣室。"在他的房间里大约呆着约一百五十个应声虫。"霍金斯说,"如果他掏出一支烟来,就立刻会有许多打火机递上去,火焰大得都能激活喷水灭火系统。"

"你怎么想,霍金斯?"鲍勃问道。

"哦,鲍勃,让我和你说点儿事,伙计。"霍金斯说,说出这点对他而言没有任何损失。房间里一片寂静。"在我的长期演艺生涯中,鲍勃,我的乐队中也曾有技巧与你同样糟糕的吉他手。"鲍勃的奉承者们紧张地等着听下面他又会说些什么。"但你是其中唯一一个在现场如此表演的人。"鲍勃露出了笑容,而那些应声虫也随之笑了起来。

罗尼·霍金斯说他对此感到非常惊讶,已经49岁的鲍勃在演唱会结束之后仍能尽情欢愉。"他在奥基弗中心尽享快乐。这对他而言太困难了。现在他的岁数太大,已经难以开怀畅饮和玩所有的把戏了。严格地说,这些活动都应该是 30 岁以下的人做的。"他评论道,"如果你不想在 30 岁之前丧命,就要放弃这些活动。而他仍从中获取乐趣。但我确信他不能一直如此。他不能总是这样。他不会总是如此活跃。"

六天之后,当鲍勃刚刚穿越威斯康辛州便对酒精的危害有了直观的感受。他让司机把车开到密西西比河边,也就是在拉克罗斯城郊,这样他就能在演唱会开始之前透透气。鲍勃站在河边,此时一个身形瘦小、外形憔悴、头发蓬乱的男子走过来喊道:"嘿,鲍勃·迪伦!"来者就是鲍勃上学时的导师戴夫·惠特克,他因为多年的酒精中毒而变得衣衫褴褛。鲍勃打了个手势,示意警卫人员让惠特克过去。两人拥抱后畅谈了几个小时。尽管惠特克的生活是悲惨的,此时居住在旧金山的他已经近乎赤贫,酗酒并且肆意滥用药物,家庭成员都与他疏远,但惠特克并不认为声望和健康给鲍勃带来了多少快乐。"我不知道他有多少真心朋友。"惠特克说,他就像其他的老友一样,都将鲍勃视为孤独的人,"他是那种非常孤独的人。"

现在孤独成了鲍勃生活的主要组成部分,他与卡罗琳的婚姻则派生出了少许温情。因为不需要伴唱歌手,卡罗琳也就没有理由再陪着鲍勃到处巡演,藏身在巡演汽车内,鬼鬼祟祟地来往于旅店之间。因为忙于巡演和录音事务,鲍勃很少看望卡罗琳,卡罗琳最终不堪忍受这种境遇。1990 年 8 月 7 日,卡罗琳提出终止两人四年的婚姻关系。

很难了解鲍勃对于第二次婚姻短时间后便宣告终结作何感想。无论怎样,婚姻的破裂都让鲍勃感到失望和痛苦。在此期间,当他的律师处理相关文书工作时,他选择了继续巡演。

1990年10月,鲍勃在纽约北部的西点军校举办了一场演唱会,为军校生们献上了歌曲《战争主宰》。演出数日之后G. E. 史密斯便离开了乐队,尽管他拒绝谈及自己为何离开,但史密斯显然是对巡演以及鲍勃有了清醒的认识。部分原因有可能是两人共处期间鲍勃从未在录音室内邀请史密斯与他一同录音,尽管实际上史密斯是与鲍勃合作的最佳吉他手之一。史密斯的位置被缺乏经验的约翰·杰克逊取代。同时鲍勃换下了1978年就已经加入乐队的鼓手克里斯多夫·帕克,接替他的是伊恩·华莱士。

华莱士发现此时与1978年盛大的世界巡演相比有了很多变化。他们现在大多数时间都是在小剧场里演出,精疲力竭地整夜坐着汽车赶路。没有了私人飞机。旅馆订房时也不要豪华的客房。"鲍勃有种嗜好,喜欢远离城镇待在小旅馆里。"华莱士说,"我们在一些很偏僻的地方停留。"鲍勃对于旅馆有着一套奇异的标准。他们(旅馆)必须允许狗入内,因为鲍勃喜欢与他的大型犬一同外出旅行。窗户必须要敞开着,因为他不喜欢使用空调。除此之外,鲍勃似乎对身处何地并不关心,首先因为他很少离开所住的房间,而且还有奢华的工作人员为他提供所需的任何东西。

鲍勃入住旅馆时最关心的一点就是自己不要被那些如影随形的痴迷歌迷打搅。鲍勃的工作人员备有一张写满最近几年对鲍勃安全产生威胁的人员名单。名单上列有超过五百人的名字。的确,鲍勃的音乐似乎总会刺激得人精神上不稳定。也许最为狂热的人应该算是澳大利亚霍巴特的理查德·迪克森,1987年迪克森因母亲抱怨他在午夜时分播放《渴望》而变得情绪烦躁,随后他在《再来一杯咖啡》的伴奏声中踩踏母亲直至其死亡(他因精神错乱而未被定为凶杀罪,随即被判为无期)。20世纪80年代有两位妇人始终在美国各地追踪鲍勃,谎称是他的妻子。其中一位用了萨拉·迪伦的名字,站在演唱会的前排,向舞台上抛掷硬币。乐队的成员们经常会看到一张疯狂的面孔在注视着他们。尽管听众人数要比以前的演唱会少了些,但仍有固定的人一晚接着一晚地前来观看演出。当然大多数歌迷都是心智相当健全的,但也还是有一些人难以控制地希望能在舞台之外与鲍勃建立联系,他们会沿着高速公路尾随鲍勃的巡演车,直到找出鲍勃停留的旅馆。对于这些忠实的歌迷而言,鲍勃是一个风度翩翩的人,他的每一个手势和每一句话都充满了魔力。"这些听众真是令人难以置信,都是绝对地崇拜鲍勃。"肯尼·阿荣森说,"他们就像是一群信徒。"

当这些人在鲍勃周围活动时,他有时就会显得举止怪异。大多数情况下鲍勃的古怪举止都只是在随行人员以及前来观看演唱会的人们面前有所表露。但在1991年2月,数百万人通过国家电视台目睹了鲍勃的怪异举动。他出席纽约无线音乐城的格莱美颁奖典礼,接受了一系列荣誉中的最后一个——终身成就奖。就在鲍勃演唱《战争主宰》之前,美军因参与海湾战争一事正饱受争议。站在舞台上的鲍勃看起来不太健康,嗓音听起来也很糟糕。乐队成员回忆说,鲍勃当时正身患流感,但看起来他却像是喝了酒。"我知道人们对这种混乱局面感到惊愕,因为鲍勃一直自顾自地嘟囔着唱完了一首歌,但却没有人知道他在唱些什么。"伊恩·华莱士说,"这一举动非常古怪。"杰克·尼科尔森颁完奖之后,鲍勃发表了一番令人难忘的即兴演说,其内容是关于他的父亲曾赠予他的忠告:双亲如果放弃了自己的孩子,那么这个世界就有可能被"污染"。很多观点都认为这是鲍勃在谈论自己,意思是如果他的父亲能实地亲眼目睹这一切,那么他的父亲就会被这一情景所震撼。这至少表明鲍勃对自己所处的麻烦境地是有自知之明的。

鲍勃的职业生涯似乎随时面临终结，但此时发生的一件事却出人意料地挽救了鲍勃的声誉。整件事发生在1991年的3月，当时索尼音乐公司——1987年这家公司收购了哥伦比亚唱片公司——发行了盒装的四十八首此前未曾公布的录音、样片以及现场表演录音，其内容跨越了鲍勃职业生涯的前三十年。这张唱片被冠以"私制唱片系列，一至三辑"，它唤醒了音乐界以及听众们，让他们意识到鲍勃作为过去存留下来的知名音乐人是不应被遗忘的。其中有很多首歌曲都属于杰作，这更进一步坚定了鲍勃的主张，当《私制唱片》于1985年发行时，鲍勃已经囤积了大量未曾公开的资料。鲍勃说："如果这样做对我有好处，我能将未曾公开的歌曲汇总成十碟一套的唱片。"

最令人激动的发现来自20世纪60年代的光荣岁月——像歌曲《妈妈，你在我心中》和《我将始终保留它》。但就在近期鲍勃也创作出了不少伟大的作品，其中包括《安吉莉娜》和《盲人威利·麦克泰尔》，而且还有最近刚刚创作的一首具有动感旋律的《一连串的梦想》。鲍勃在整理唱片《爱的爆发》、《异教徒》以及《噢，悲伤》时都曾拒绝将这些歌曲收入其中。然而这些歌曲却是非常优秀的作品，远比已发行唱片中收录的部分歌曲更为出色。其中大部分歌曲对于鲍勃的朋友以及那些收集盗版录音碟的乐迷而言是非常熟悉的，但对于评论界以及普通公众来说这却像是打开了法老墓穴一般的新发现。这一套装不会有极高的销售量，但正如埃里克·维斯伯德在《引吭高歌！》中撰文所说，自从推出《痕迹上的血》起，人们便长时间地争论哪一张是鲍勃最出色的唱片作品，答案显而易见，那就是他后期最优秀的唱片作品《传记》和《私制唱片系列，一至三辑》。这是真诚而富有才气的音乐。

1991年5月，也就是在唱片公开发行后数月，年过50的鲍勃发现他必须为第二次错误的婚姻而在情感和金钱两个方面蒙受损失。6月,位于塔扎纳的房屋变更到了卡罗琳·丹尼斯的名下,但这还只是第一步。鲍勃疯狂酗酒,就像灌白开水一样往嘴里倒白兰地及其他类型的酒。与此同时,鲍勃对待乐队的态度也变得暴躁、不通情理。"他正因这样或那样的事经历一段艰难时期。"伊恩·华莱士说,"唱歌唱到一半的时候他会停下来,把手放在臀部上,厌恶地望着每一个人。"夏季他们前往欧洲巡演,在返回美国之前又跑到了南美洲。鲍勃在乘坐巡演车穿越中西部时接受了《洛杉矶时报》记者罗伯特·海博恩的访谈。鲍勃拒绝像以前那样将他作为一个传奇加以宣传的构思,他澄清了一些混乱的东西——再也不谈及他处于何种位置以及他的目的是什么,并且说难以知晓人们为什么会前来观看他的演唱会,或者是"他们想看些什么或是想听到些什么"。尽管谈话内容并没有什么新的观点,但他的说话方式似乎流露出一种厌倦情绪,而这是出现在他身上的新特征。

在此期间鲍勃再次对乐队进行了改组,春季他雇用了另外的一位弦乐演奏者威廉·巴克·巴克特,后者曾参加过史蒂夫·厄尔的乐队。巴克特为鲍勃的乐队带来了乡村风格立式电吉他和手风琴,软化了乐曲风格。"我加入时整个团队的音乐风格看起来太像车库乐队了,"巴克特说。他很快就发现加入迪伦乐队并非是一段令人愉快的经历。"多数情况下都是处于非常严肃的状态下。这是一种挑战,但却也充满乐趣。不过,我回想起来并不认为当时是充满快乐的。当时整支乐队都异常紧张,而鲍勃也精神紧绷,因此并不能算作是处于正常状态下的摇滚乐队。"

就在雇用巴克特的同时,鲍勃又新增了一位备用鼓手查理·奎恩特纳,他曾于1984年在"大卫·里特曼之夜"演出中同鲍勃合作过。原有的鼓手伊恩·华莱士在前往洛杉矶参加一场彩排时发现有两套鼓架了起来,这自然让他感到烦躁。他说:"我感到非常不快。"像往常一样,鲍勃与同行音乐人之间的关系变得更为疏远,华莱士觉得既然自己被排斥在外,也就无法再坐下来与鲍勃谈论所关注的问题。"当时他对我而言是难以亲近的。"华莱士说,"我觉得难以与他敞开心扉地交谈。"实际上没有一位音乐人有机会与鲍勃深谈。他乘坐着专用车辆旅行,单独待在旅馆里,一天中乐手们往往只有在同台演出时才能第一次看到他。演唱会进行期间鲍勃经常会怒视着他们,好像他认为每件事都是那么的糟糕。演出后他就直接与维克特·梅慕迪斯一同乘上巡演车,消失在夜色之中。

就在这段令人不快的时期中,1992年10月16日鲍勃荣幸地收到索尼公司的邀请,参加了在纽约麦迪逊花园广场举行的三十周年纪念庆典。这一规模宏大、具有影响力的演出与鲍勃当时和乐队在巡演中所举办的普通演唱会完全不同,是对鲍勃作为一位重要的歌曲创作人及音乐革新者的褒奖,而并非是对他目前商业地位的反映。事实上,鲍勃作为唱片艺术家还从未经历过如此拮据的时期。根据这一庆典拍摄的双CD及录像——埃里克·克莱普顿和乔治·哈里森这样的巨星都囊括其中——在最初几个月内销售得非常好,随后便一落千丈。收录在CD中的艺术家们都收到了一定数额的版税收入,他们吃惊地发现这笔收入是如此的少。"详细的情况我了解得并不是非常清楚。"利亚姆·克兰西说,"你知道,在丹麦出的可是双拷贝。"

就是在这一阶段,鲍勃与卡罗琳·丹尼斯的婚姻生活宣告结束。尽管付出的金钱并不像1977年与萨拉·迪伦离婚时那么高昂,但据推测鲍勃还是付给了卡罗琳数百万的安置费。显然他手头上并没有足够的现金,因为他签署了一份委托书作为凭证,允许卡罗琳使用杜姆角住所的部分房间,这种状态一直持续到鲍勃付清所有的安置费为止(他与萨拉离婚时也是这样处理的)。依据夫妻共有财产的法律规定,卡罗琳将会获得在两人结婚期间鲍勃所创作的全部歌曲的一半所得,享有未来版税及演出收益,同时还有孩子的抚养费。除此之外卡罗琳还拥有塔扎纳的住所,这栋房产在1994年的价值为661 300美元。为了努力向媒体掩饰这桩离婚案件,法院记录上鲍勃的名字为R. 齐默尔曼,而且依据律师的申请,法官下达命令将案卷封存。

鲍勃再次回到无休止的巡演活动中。到1992年为止他已经完成了105场演唱会。作为一位演艺人士,这可以算作是他职业生涯中第二忙碌的年份(很明显,鲍勃最为忙碌的一年是在1978年,也就是在他第一次离婚之后)。鲍勃之所以要以这种方式忙碌地工作,部分原因是他虽然还想要有所作为,但却已经丧失了录制唱片的灵感,除此之外他还要不断赚钱支付再次离婚的高昂费用。这一离婚案是与一个鲍勃从不愿公开承认是他妻子的女人所发生的——这应归咎于他天生的隐秘以及对隐私近乎绝望的渴求——这一状况当然很悲惨。如今在鲍勃的前五十年人生中,他较以往愈加的孤独和孤立,一个人忧郁地面对着不可预知的未来。

第十章

并非黑暗

与卡罗琳·丹尼斯的婚姻破裂使得鲍勃在随后多年始终身陷数目可观的、高额支出的泥潭中。而这还仅仅是作为一家之长的鲍勃负担庞大且不断扩大的家庭所支付费用的冰山一角,这一个大家庭包含两位前妻、众多的女友、六个孩子和不断增多的孙辈。

萨拉·迪伦仍住在比弗利山,享受着鲍勃数百万离婚安置费和他的版税。离婚后她曾与多位男士约会,其中甚至还包括鲍勃的朋友大卫·蓝(他于1982年在纽约慢跑时因心脏病突发而去世),但她并没有选择再婚。尽管媒体在20世纪80年代一直报道说鲍勃和萨拉的关系很融洽,而且考虑过复婚,但实际上离婚之后两人的关系并不是真的很亲密。孩子们长大成人后萨拉独自生活,忍受着病痛的折磨,并且渐渐有些离群索居。萨拉与娱乐界联系很少,当她去世时人们已经把她遗忘了。

尽管萨拉和鲍勃关系并不亲密,但他们还是为孩子们充分地提供了他们所需要的东西。鲍勃与萨拉积累下来的巨额财富意味着除非孩子们想要工作,否则他们均无需为生计担忧。正是因为有了生活方面的资金保证,迪伦家的孩子们大多年岁尚轻便已安顿下来,结婚并且组建起了自己的家庭。

因为年岁略长,同时与其他孩子的生父不同,玛丽亚·迪伦早已与家庭中的其他成员分开居住。她从未见过汉斯·朗兹,只是在寄宿学校时与他通过一次电话。然而玛丽亚与养父之间也保持着一定的距离。"鲍勃对她而言并不是最好的父亲。"彼得·朗兹说,他是玛丽亚同父异母的兄长,"我想,她感觉有时像是一个局外人,她受到了不同的对待……作为家中最大的孩子以及同父异母的姐姐她并不轻松。"在取得律师资格之后,玛丽亚成为家中第一个结婚的孩子。继1989年生下第一个孩子艾萨克后,她与丈夫彼得·希摩尔曼在1991年至1996年之间又生下了三个孩子。玛丽亚成为一名版权方面的律师,为歌曲创作人的权益而抗争,但她大部分的时间都呆在圣莫妮卡的家中,像一个传统犹太人那样全身心地照看孩子们。

和玛丽亚一样,德西蕾·丹尼斯-迪伦与家族核心显得略有些疏远。从她的角度来看这种疏远很容易理解,她年纪太轻,来自一个非洲裔美国人家庭,并且有着信仰基督教的背景。然而鲍勃还是经常会与其他的孩子们谈论起德西蕾·丹尼斯-迪伦,他们都很清楚显然她也将继承鲍勃的财富。

鲍勃的长子耶西进入纽约大学学习,但并没有毕业。耶西是一个开朗、略有些超重的年轻人,他为洛杉矶制作公司麦秸狗公司设计流行歌曲录影带和电视广告,这家公司后来被天堂音乐与娱乐公司兼并。耶西成为一位主要的投资者,一直与包括莱昂纳多·迪卡普里奥、马特·达蒙在内的名流交往,并且被任命为公司主席和执行总裁。该公司发展迅速,1999年所报交易额为810万,耶西出人意料地成了一位成功的商人。在私人生活方面,耶西与女友苏珊·泰勒结婚。他们的第一个孩子威廉生于1995年,全家幸福地居住在好莱坞。

安娜是一个羞涩的年轻女子,她将多年的时光花在了学业上,

32岁的安娜最终于1999年结束了大学生活。她的副业是画家，在迁居至圣莫尼卡一套公寓之前都与母亲住在一起。安娜结了婚，但却仍旧保留着"迪伦"这个姓。她的小弟弟塞缪尔和雅各布从外貌上看起来就像是双胞胎——两人都是高而消瘦，卷曲的褐色头发，长着与鲍勃一样的、与众不同的蓝眼睛，而他们身上显露出来的忧郁气质则像萨拉。塞缪尔和安娜一样安静和敏感，并且带有一点狂乱情绪。大学毕业之后，塞缪尔在进入麦秸狗公司与兄长耶西共事之前曾做过摄影师。1995年塞缪尔与在伍德斯托克长大的斯塔西·豪切海斯结婚。两年后他们的儿子约拿降生。

鲍勃引导孩子们接触音乐，为了让他们能熟练弹奏，杜姆角的居所内摆满了乐器，当他们长大些时鲍勃还带着他们一同巡演。正是有了这种培养，孩子们长大成人后都分享了鲍勃的爱好，在对美国本土音乐知之甚详的同时，还喜爱更多的像埃尔维斯·科斯特罗、"冲击"乐队、X乐队一类的当代艺术家。鲍勃身上那种坚持不懈的信念让家中的一些孩子备受鼓舞，他们认为每个人只要全身心投入就可以有所作为，于是便尝试着自创歌曲。然而多数孩子年岁尚小时就已经意识到父亲的天赋显然是上帝赐予的，自己无法与之抗衡。他们为从事更为稳定的职业而感到满足。

然而最小的孩子雅各布则显得有些不同，他与父亲有着相同的渴望，希望能成为知名人士。雅各布在辍学组建"壁花"乐队之前暂时栖身在纽约的艺术学院，"壁花"乐队后来与维京唱片公司签约。鲍勃对于雅各布进入他所知晓的这么一个浮躁而残酷的行业抱以自然且充满父爱的关注。鲍勃说："我最初的想法是不想看到雅各布被粗野地对待。"他甚至不喜欢看到耶西和塞缪尔在娱乐界中从事幕后工作。但这是他们与之共同成长的事业，鲍勃不能再告诉他们不要去做些什么事情。然而结果却验证了鲍勃的担忧——"壁花"乐队于 1992 年发行的首张同名专辑彻底失败,销售量只有四万张。其间雅各布于 1992 年在萨拉·迪伦的家中举办典礼,与孩童时期的女友尼科尔·佩格·丹尼结婚,与往常出席其他孩子的婚礼一样,鲍勃也出现在现场。雅各布的第一个孩子利瓦伊于两年后降生。1998 年雅各布的次子出生,2000 年他又有了第三个儿子,一家人就住在好莱坞靠耶西家附近。除了音乐事业之外——在这方面难免有些自我抬高——雅各布与他的兄弟姐妹一样渴望一种默默无闻的、以家庭为主导的个人生活。"你居住的街区对你而言就是一个世界,而我喜欢将这个空间保持得尽可能小些。"雅各布说,"我的朋友都是我在 11 岁时结识的。"

鲍勃与萨拉值得称赞,因为子女的成长并未因财富和声名的缘故而受到溺爱。然而孩子们显然还是受到了一些影响,这些影响因素包括他们的父亲是一位超级巨星、狂热的名人效应以及父母婚姻的破裂。年纪轻轻便结婚成家以及维持自己稳定的家庭生活,表明这些因素确实对他们有所影响。而且,尽管孩子们说到鲍勃时都认为他是一位优秀的父亲——非常聪明,对他们非常支持,对他们生活中的抉择毫无偏见,而且尽管他们一直与鲍勃保持着联系,但鲍勃并非完美的父亲。任何父母都会犯错,即便是在自己的家庭中鲍勃似乎也是一个被动、性格内向、孤立的人,仅仅对他的音乐充满激情。孩子们都爱鲍勃,并且为他所取得的成就而感到自豪,但不可否认的是鲍勃的确难以相处。

除了直系家人,鲍勃在对待他人时并不以慷慨而闻名。声称与鲍勃有着十九年恋情的鲁斯·泰兰姬尔在整个交往过程中仅收到了两件礼物——一束白玫瑰和一个橘子。苏珊·罗斯从未收到鲍勃允诺过送给她的戒指,更别提她曾想得到的纽约公寓了——

尽管这诚然是一个充满野心的要求。然而鲍勃对于一些特别亲密的女友,也就是那些如妻子般亲密的女人则非常慷慨。

媒体曾大肆报道鲍勃在20世纪80年代与黑人歌手克莱蒂·金结婚,而且她可能还为鲍勃生下了一个孩子。这些报道似乎并不属实,因为没有发现任何相关的文献证据,没有结婚证明,没有金与迪伦所生子女的出生证明,也没有任何离婚文件。此外,来自鲍勃亲近的人的消息也表明这并非事实(近年金饱受病痛折磨,拒绝谈论关于鲍勃的任何事)。然而鲍勃的朋友们说,鲍勃在和克莱蒂·金分手之后,曾帮她在洛杉矶购买了一处房产。总而言之,鲍勃对于这种善意的行为总是小心遮掩,特别是那些有可能暴露他混乱的个人生活的细节。一个典型事例是卡罗尔·切尔斯的住所就是鲍勃提供的。当切尔斯住在比弗利山时,鲍勃将卡罗琳·丹尼斯周到地安置在特扎纳,他只需开车半个小时就可赶到那里——卡罗琳很可能也不知道切尔斯的存在。鲍勃跑来跑去,在每处只待上短短的数晚,所以要想说出鲍勃某一时刻是和谁在一起几乎是不可能的。这在鲍勃独特、隐秘的生活中非常具有代表性。几乎就在鲍勃与切尔斯、丹尼斯搅在一起时,还有着像罗斯和泰兰姬尔这样宣称与鲍勃住在一起的女人。她们的话难以证实,但却有证据表明她们的确与鲍勃发生过恋情。"这其间发生过很多风流韵事。"切尔斯笑着承认,"在我看来他是一个卓尔不群的男人,所以他做些什么对我来说都无所谓。这看起来似乎有些孩子气,有些愚蠢。但却很美好。"

1993年1月,切尔斯陪同鲍勃前往华盛顿特区参加比尔·克林顿的就职典礼。鲍勃在林肯纪念堂演唱了《自由之歌》。这只是一次含混的演唱,但第一家庭似乎非常满意。当晚鲍勃在非官方的"蓝色牛仔裤"晚宴上演出,这是一场在美国国家建筑博物馆为

摩托车事故之后，鲍勃在纽约伍德斯托克附近隐居。艾伯特·格罗斯曼和他的妻子萨利住在附近的贝尔斯威利，而萨利也是鲍勃的妻子萨拉的朋友。这张照片由丹尼尔·克瑞玛在事故发生之前拍摄，用做唱片《与其归家》的封面，拍摄地即在格罗斯曼住所的起居室。这张照片充满了视觉上的玩笑以及对鲍勃人生历程的佐证。鲍勃穿着夹克衫，袖口链扣是前一位爱人琼·贝兹赠送的。对鲍勃产生影响的艺术家们的唱片散落在房间内——其中包括罗伯特·约翰逊、埃里克·冯·施密特以及罗德·巴克尔。闲适地躺在躺椅上的是萨利·格林斯曼。猫则是格罗斯曼夫妇的宠物，这只贵族般的波斯猫名为格劳温猫勋爵。

© Daniel Kramer ; original photograph in color

（上）
鲍勃和第一任妻子萨拉、五个孩子一同居住在伍德斯托克地区。萨拉与上一任丈夫生了一个女儿，与鲍勃生了四个孩子：耶西、安娜、塞缪尔、雅各布。这张照片是鲍勃、萨拉以及其中一个孩子在伍德斯托克拍摄的。© Elliott Landy/Redferns

（下）
部分是因为住在伯德克里夫时饱受歌迷的困扰，鲍勃迁居至噢哈呦山脉大街更为隐蔽的居所。迪伦一家居住在此处的时间，大致与鲍勃推出主打单曲为《躺下，女士，躺下》的唱片《纳什维尔地平线》同期。当鲍勃将这处房产出售后，新业主在主卧内发现了一张巨大的铜床。Howard Sounes

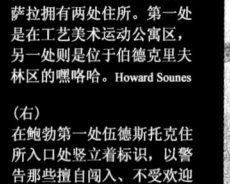

（上右）
在伍德斯托克地区，鲍勃和萨拉拥有两处住所。第一处是在工艺美术运动公寓区，另一处则是位于伯德克里夫林区的噢咯哈。Howard Sounes

（右）
在鲍勃第一处伍德斯托克住所入口处竖立着标识，以警告那些擅自闯入、不受欢迎的来访者。Howard Sounes

（上）
在鲍勃隐居伍德斯托克期间，"哈克斯"乐队更名为"邦德"乐队。1974年，鲍勃和"邦德"乐队再次组队举办了一场备受瞩目的美国巡演，重现1965-1966年间他们那叫嚣的音乐，但这一次赢得的却是狂热的听众以及满是赞美之词的评论。照片中的鲍勃与罗比·罗伯森、列弗·海姆站在纽约麦迪逊广场花园舞台上。© Daniel Kramer

（左）
鲍勃因顾忌狂热的歌迷而逃出伍德斯托克和纽约城，他在加利福尼亚洛杉矶北部的杜姆角半岛购入了几处相邻的地产，花费2500万美元建造完成了被他称为"梦幻城堡"的住所。建造"梦幻城堡"过程中鲍勃与萨拉的观点分歧导致两人婚姻上出现了问题。Associated Press

(上)

与1975—1976年的"滚雷喜剧"巡演紧密联系在一起的,是一场因三人谋杀指控而入狱的前职业拳击手罗宾("飓风")·卡特争取复审机会的活动。这张照片是"滚雷喜剧"巡演团队成员探访卡特时拍摄的。从底部按顺时针方向分别是:多乐器演奏家大卫·曼斯菲尔德(身穿格子衬衫)、打击乐乐手拉瑟·瑞克斯(靠墙站立,留有小胡子)、"流浪者"杰克·埃利奥特(头戴牛仔帽,手放在罗宾·卡特的肩膀上)、贝斯手罗布·斯通纳(身穿黑色夹克衫、站在罗宾·卡特身后)、艾伦·金斯堡的朋友彼得·奥洛夫斯基(戴着眼镜,站在斯通纳身后)、活动发起者乔治·洛伊斯(谢顶,衬衫领口敞开)、琼·贝兹、吉他手斯蒂芬·索里斯(留有小胡子)、鼓手哈维·惠氏(头戴软化帽)、吉他手亨利("丁骨牛排"·伯内特(站在惠氏左边)、博比·纽沃斯(手捂着下巴)、罗杰·麦吉恩(长发,身穿黑色夹克衫,坐着)、艾伦·金斯堡(戴着眼镜)、萨利·格罗斯曼(右边)、米克·罗森(手放在臀部上)、罗尼·布莱克利(在麦吉恩前面)以及小提琴家斯卡莱特·里维拉(中间前面)。
Ken Regan/London Features International

(左)
1975年10月30日,在举办"滚雷喜剧"巡演第一场演出之前,鲍勃与老友、格林威治村俱乐部的老板保罗·科尔比合影。
Courtesy Paul Colby

(左)
1977年鲍勃与萨拉·迪伦离婚时,萨拉雇佣了法瑞迪·麦克弗瑞帮忙照看孩子们。不曾想法瑞迪却与鲍勃发生了恋情,这让萨拉感到非常厌恶。"她想,我一定是出卖了她,就像很多女人做的那样。"
Courtesy Faridi McFree

（右）
1978年，鲍勃为了填补银行账户因与萨拉·迪伦离婚而带来的巨额损失，展开了世界巡演。巡演期间，他与几个女人发生纠葛，其中包括伴唱海伦娜·斯普林斯，照片中的海伦娜·斯普林斯正站在巡演舞台上。
Courtesy Debi Dye-Gibson

（右）
1978年7月15日举办的"布莱克布舍野餐演唱会"共吸引了167 000名听众到场，是最大规模的一日收费演唱会。
©Stephen Morley/Redferns

（下）
伍德斯托克音乐节之后，1985年7月13日，在伦敦和费城同时举办了"四海一家"演唱会，这是迄今以来流行乐坛最大的事件。考虑到鲍勃在流行音乐领域众所周知的巨大影响力——并非他不算巨大的唱片销售量，在费城演唱会上鲍勃被安排在压轴合唱曲目之前最后一个登台演出。因为有了"滚石"乐队的罗尼·伍德和凯斯·理查兹的加入，鲍勃的演出很不幸地显得非常混乱。
Anthony Suau/Black Star/Colorific!

(上右)
正是因为鲍勃在"四海一家"演唱会上的言论，促成了1985年9月22日威利·尼尔森和其他艺术家在伊利诺伊州平原市举办了"农业援助义演晚会"。鲍勃、汤姆·佩蒂与"伤心人"乐队的同台演出充满了感染力。四位伴唱歌手中的卡罗琳·丹尼斯不久便成为了鲍勃的第二任妻子。© Ben Weaver/London Features International

(右)
1986年6月4日，鲍勃秘密与伴唱歌手卡罗琳·丹尼斯结婚。也就在这一年的年初，她为鲍勃生下了他的第六个孩子，他们一直对此事守口如瓶。照片中所拍摄的是1986年7月11日卡罗琳与鲍勃、汤姆·佩蒂及其乐队在康涅狄格州的哈特福德同台演出。左起第二位伴唱歌手就是卡罗琳，她正望着鲍勃。John Hume

(下)
鲍勃和新婚妻子卡罗琳·迪伦想要将两人已婚之事尽可能长久地对新闻界保密。尽管鲍勃在加利福尼亚的杜姆角已经拥有了一处庞大的产业，同时在美国各地也购置了多处产业，但他们还是在洛杉矶特扎那郊区一处不引人注意的别墅安下了家。Howard Sounes

（上）
1992年10月，索尼公司在纽约麦迪逊花园广场为鲍勃举办了从艺三十周年纪念演唱会。众多好友与他同台演出，其中包括乔治·哈里森、罗杰·麦吉恩、约翰尼·卡什、G. E. 史密斯、汤姆·佩蒂以及克兰西兄弟。
© Kevin Mazur/ London Features International

（左）
1997年，鲍勃推出了出色的唱片《很久以前》。这张唱片在艺术与商业上都取得了重大的成功，销售量超过了百万张，同时赢得了三项格莱美奖。照片拍摄的是鲍勃与制作人丹尼尔·拉诺伊斯于1998年2月在纽约无线电城音乐厅一同受奖。
Mark Lennihan/Associated Press

（右）
多年后终身的荣誉对于鲍勃而言已经是过眼云烟。这张照片拍摄的是2000年5月鲍勃在格莱美颁奖晚会上的演出，他的形象憔悴而朴素。作为当代文化真正的巨人之一，鲍勃每年会举办约百场演出，这有着特殊的意义。John Hume

（下）
鲍勃·迪伦在咖啡馆开始了他的演出生涯。四十年过去了，他建造了属于自己的咖啡店，以此来重温旧梦，这就是位于加利福尼亚圣莫妮卡的第18街咖啡屋。与以往一样，鲍勃对自己投资开设咖啡馆一事秘而不宣。Howard Sounes

（下右）
照片中的鲍勃·迪伦的母亲比蒂与她的兄弟弗农·斯通一同待在拉斯维加斯的家中。鲍勃与母亲的感情非常深厚，2000年1月比蒂的离世让他悲痛不已。当鲍勃数周后重新开始巡演时，他身着黑衣，这使得演出新添了一种黯然。Courtesy Lewis Stone

庆祝总统就职而举办的晚会。重组后的"邦德"乐队出现在表演名单中,没有罗比·罗伯森,同时也缺少了理查德·曼纽尔,鲍勃出于旧情与剩下的三位队员同台演出。

就在出席过总统就职典礼之后不久,鲍勃结束了与卡罗尔·切尔斯之间长达十年的恋情。他并没有提出有何改变,切尔斯也继续住在比弗利山的住所内,但鲍勃不再前去探访她。他轻而易举地从切尔斯的生活中全身而退。"对此没有任何解释。没有做任何事。"切尔斯否认自己受到了伤害,"我们只是发展到了这一步。"但这一举动似乎有点特殊。在被问及谁在鲍勃的感情生活中顶替了她的位置时,切尔斯的言语中有点挖苦的意味。"我毫不知晓。他圈养着一些狗,一些很漂亮的狗。它们都是些出色的狗,你知道——大型训练犬。"她补充道,"也许他并没有找到其他人。"

音乐人很快便发现,他们同样被鲍勃以一种冷酷、毫无冲突的方式遣散了。1993年秋季,鲍勃重新在爱尔兰的都柏林展开欧洲巡演。伊恩·华莱士的套鼓也被船运过去,以方便他排练使用。但就在华莱士计划飞往都柏林的前两天,他接到了来自鲍勃所属事务所的电话,说是鲍勃想要对乐队进行一些调整。此前便已取代查理·奎恩特纳担任乐队的鼓手温斯顿·沃森将从现在开始担任乐队的唯一鼓手。"我想,我是鲍勃唯一解雇过两次的乐手。"华莱士说,他在1978年世界巡演的尾声阶段已经被遣散过一次了,"我并没有心生愤恨或其他情绪,但这种处理事情的方式还是让人感到有些苦恼。"

1993年华莱士退出之后乐队共举办了两次欧洲巡演,再加上有利可图的音乐节演出,鲍勃短期内便获取了250 000美元的收益。8月,鲍勃与桑塔纳一同踏上了为期两个月的美国巡演。通过与其他知名巨星的合作,鲍勃得以举办运动场演唱会,而他与合作者可获得门票 90% 的净收入。如果演唱会门票全部销出，那么他们的收益则会更为丰厚。但与这一目标难以协调的是，鲍勃并没有克服他在巡演开始之前不喜欢接受媒体采访的习惯，他只想门票能销售一空。尽管无论按照何种标准来衡量他都算得上富有，但鲍勃的财富都是与版权、信托基金以及房产等紧密捆绑的，他需要通过巡演来获取现金，以便支付给工作人员，同时供养家庭、房产以及支付离婚费用。

20 世纪 90 年代的鲍勃与以往相比更多的是以赚取金钱为目标，但他也做了一些几乎毫无报酬的事情。例如 1993 年 5 月鲍勃在巡演间歇与皮特·西格同父异母的兄弟迈克为唱片《三周年告别重聚》录制了他的老歌《赫里斯·布朗民谣》。"那次录音是我们之间的第一次合作，当时我有一种强烈的感觉，那就是鲍勃演唱传统老歌是如此的富有特点。"迈克·西格说，他 16 岁就认识了鲍勃，"他让你体会到每一个词语的含义，而且非常富有画面感。"

1962 年鲍勃创作《赫里斯·布朗民谣》时歌词就如同流水般经过他的大脑。然而最近数年他的灵感几近枯竭。因为厌烦强迫自己创作歌曲，并且对耗时的现代录制过程不抱幻想，鲍勃重新回到了音乐创作的源头。1992、1993 年间鲍勃录制了两张唱片，他将这两张唱片称为"我真实的音乐"。唱片中大部分都是传统歌曲，是美国音乐的基石。鲍勃很有可能是以最为简单的方式录制完成了这些音乐作品——在他杜姆角的家庭录音室内采用原声吉他和口琴制作完成。

两张唱片中的第一张于 1992 年 11 月发行，名为"如我一般好好待你"。在演唱老歌《低谷》时，鲍勃的歌声听起来带有真挚的伤感情绪，在唱到高音时他有些紧张，这使得歌声略带颤抖。这首歌及鲍勃翻唱的其他歌曲全面地表现出了鲍勃尚是年轻人时所接受的音乐教育。《明天晚上》是埃尔维斯·普雷斯利为孟菲斯的太阳唱片公司录制的,当时普雷斯利尚未如日中天。鲍勃很喜欢这首歌,于是对这首歌进行了充满感情的翻唱,而他那略显粗野和破裂的嗓音为歌曲增色不少,这也使得歌词所表现的忧郁主题得以深化。鲍勃早期尚混迹于格林威治村时便知道了《你得离开我》这首歌,当时经常能在收音机里听到加里·戴维斯牧师的歌声。在演唱过程中,歌词仿佛对鲍勃而言都是具有生命力的,他小心翼翼地演绎着每一个词。唱片中还收录了一首名为"青蛙去求婚"的歌曲,鲍勃就像是在为自己的孩子演唱催眠曲。他为这首新奇的歌曲构思了巧妙的结尾:"如果你想要得到更多/你可以自己来演唱。"

第二张唱片于1993年秋季公开发行,标题取了一个特别有力度的名字——"错误世界"。鲍勃在怪诞的唱片说明中写道,这些歌曲所描写的是"新的黑暗时代"。《我眼中的血》这首歌是战前组合"密西西比大酋长"演唱的。这首歌描写的是带有渴求的眼神,而这在整张专辑中也有可能转变为暴力、恐吓和抑郁。鲍勃曾在狄克町演唱过《迪莉娜》这首歌,当时他的音乐事业还只存有微弱的希望之光。随后他便开始了艰辛的努力。现在鲍勃再次唱起"我所有的朋友都已经离去"时,他那已受损的嗓音以及生活经历将歌曲中的一切都变为了现实。鲍勃是在《美国民谣选》中读到弗兰克·哈切森[①]的歌曲《斯塔克·A.李》的。哈切森是20世纪初期西维吉尼亚的一名矿工。直到大萧条时期哈切森仍致力于音乐录制工作,二战末期他默默无闻地离开了人世。亨利·史密斯在

---

① 弗兰克·哈切森(Frank Hutchison,1897—1945),美国早期乡村音乐和布鲁斯音乐家,被认为是第一位涉足布鲁斯音乐的白人乡村音乐吉他演奏家。——译注

《民谣选》小册子中按大写字母顺序对所收录的歌曲进行了说明，《斯塔克·A.李》描写的是一宗卑劣的犯罪行为，而这引发了一场肮脏的谋杀："偷窃宽边帽引发死亡争执。"鲍勃已经远离了1993年摇滚巨星们的天堂——马利布，然而在新唱片中他的歌声听起来却仿佛又回到了这座位于西弗吉尼亚埃塞尔的矿业城市。的确，鲍勃现在就像弗兰克·哈切森一样，成为美国民谣音乐的组成部分。

《如我一般好好待你》和《错误世界》销售的唱片数量很少。对于漫不经心的评论员而言，这些唱片也许只会让他们对这个正在走下坡路的音乐家的总体印象有所加强。不过这两张唱片都是非常优秀的作品，同时也成为鲍勃酝酿着再创辉煌的伟大唱片的重要参考作品。

在此期间，鲍勃坚持不懈地继续着巡演活动，经常在欧洲、南美、亚洲及澳洲举办演唱会。1994年5月鲍勃在大型音乐体验活动中——即在日本奈良东大寺举办的精心打造的音乐节上——演唱了开场曲目。鲍勃与一支摇滚乐队合作登台，东京爱乐乐团也在此次演出中担任伴奏，但这一次成功尝试的整体效果却因电视摄像机的舞台布置问题受到了影响。鼓手吉姆·凯尔特纳说："因为鼓被摆放在舞台后部，导致整个场面一片混乱。艺人们站在前方的高处，与伴奏团队相隔甚远。"他还补充说，对一名鼓手而言当晚的演出简直就是一场"噩梦"，但鲍勃却获得了一笔可观的收益，也许他对此次演出的感受是完全不同的。

除了这种收益颇丰的舞台演出之外，鲍勃也开始前所未有地利用他的歌曲赚取利润，通过许可认证的方式允许多种商业载体使用他的歌曲，其中也包括电影。1994年取得票房佳绩的《阿甘正传》就选用了迪伦的两首歌曲，在随后数年内通过发行原声碟和录影带的方式鲍勃赚取了丰厚的利润，同时也证明了他的歌曲的受欢迎程度。

鲍勃同时也有着博爱的一面，尽管他竭尽全力对这点加以掩饰。1994年4月12日，鲍勃在伊利诺伊州罗克福德举办了一场演唱会，当时他恰好看到了一份《罗克福德记录之星》报。《罗克福德记录之星》报道当地一所收容智障及残疾年轻人的佩奇·帕克学校需要20 000美元修建操场。文章配了一张照片，上面有一群学生站在陈旧的篮球架下——这是他们唯一的户外运动设备。鲍勃签了一张20 000美元的个人支票，唯一的要求就是不要说出他是捐助人。校长南希·阿德曼尼说："他想以匿名的方式进行捐赠，但这消息还是泄露了出来。"

对学校的捐赠仅仅过去数日，雅各布和佩格·迪伦的第一个孩子利瓦伊出生了。孩子诞生时鲍勃正站在印第安纳州韦恩堡的舞台上演唱《今晚我是你的宝贝》这首歌。尽管巡演合约使得鲍勃这一年大部分时间都远离家庭，但他仍是一位溺爱孙儿的祖父，无论何时回到居住的加利福尼亚州都会去看望儿孙，其他时候则通过电话保持联系。他的母亲比蒂同样与家中的年轻一代保持着亲密的关系，夏季她住在明尼苏达州时孩子们都会前去探望（她在亚利桑那州有一处过冬用的住所），而她也会去加利福尼亚州看望后辈们。

鲍勃因前往欧洲举办夏季巡演而不得不远离家人，但1994年8月他回到了美国，并在94年度伍德斯托克音乐节上演唱了开场曲目。这是在纽约索则提斯举办的一场盛大音乐节，以纪念1969年伍德斯托克音乐节举办二十五周年。当鲍勃身为主导流行文化的领军人物时，他冷落了这一处于初创阶段的音乐节，宁愿在怀特岛音乐节演唱开场曲目。然而现在他已年过半百,据传是受到了600 000美元收益的利诱而决定出席此次音乐节的。鲍勃抵达音乐节后,亲眼看到数以百计的半裸年轻人在泥水中扭动着身躯观看"红辣椒"乐队①夸张而滑稽的演出。年轻的歌迷跑来观看的主要就是这种类型的乐队,而在节目单上鲍勃甚至必须排在这支乐队的后面。只有这次鲍勃似乎失去了拼争的勇气。

鲍勃坚持开着自己的两辆巡演车直接进到北面的舞台后面,这样他走下车就能登上舞台。这里停放着两台装载支架,给随行人员带来了相当大的困难。于是鲍勃在车里待了很长一段时间。"我们站在后面,等着万事俱备。当所有事情处理完毕后鲍勃还是没从巡演车上下来。"担任舞台监督之一的帕特里克·斯坦菲尔德说,自从1974年开始每逢重要的音乐活动他都会与鲍勃合作,而这是他第一次感觉到鲍勃对自己缺乏信心:"我想,他是不知道自己将会受到怎样的接待……这是我唯一一次萌生这种念头,或者说是有了模糊的印象,鲍勃有着一种情绪上的摇摆。"最终鲍勃穿着一件镶着白边的西部风格演出服从巡演车上走了出来。他看到了另外一位老友米切·芬耐尔,随后跟随着芬耐尔登上舞台。

身处舞台灯光照射下的鲍勃尚未开口演唱,听众们便已经开始疯狂起来。"这些人都在等着听他演唱。"斯坦菲尔德说,"鲍勃并不知道听众们喜爱他,也不知道他们希望他出席音乐节。我不知道这是为什么。我不认为他们是会这样想的人,这些泥水中的小鼩鼠。"鲍勃需要这种肯定,而他也的确为听众们献上了一场精彩的演出。斯坦菲尔德说:"这真是震撼的一幕,是异常精彩的一

---

① "红辣椒"乐队(The Red Hot Chili Peppers),1983年创建于洛杉矶的美国乐队。乐队音乐风格融合了朋克音乐、迷幻音乐等多种元素。——译注

幕。"确实,鲍勃在1994年伍德斯托克音乐节上所受到的礼遇是一种强烈的指向,表明鲍勃的音乐已跨越了时代的限制,受到年轻人的喜爱,而这些年轻人正是60年代和70年代早期第一次听他歌曲的那批人的子女。

数月之后,也就是1994年11月,鲍勃参加了另外一个以年轻人为主要受众的音乐活动——在纽约为音乐电视网不插电系列活动举办了两场演唱会。制作人谨慎小心地将鲍勃作为一位标志性人物介绍给听众,鲍勃戴着墨镜,穿着一件圆点花样的衬衫,这与他推出唱片《重游61号公路》时的着装一致。鲍勃身后站着他的巡演乐队,此外还有布兰登·奥布莱恩演奏一台接通电源的击竿式风琴。鲍勃在排练过程中对即将演唱的曲目一直态度隐晦。"我们在索尼公司的录音棚内排练数日,我向上帝祈祷,希望千万别演唱排练的歌曲。"鼓手温斯顿·沃森说,"我们排练了多首乡村布鲁斯歌曲,这些歌曲我之前从未听过,曲风真的很恬静温和……根本就不是摇滚乐的风格。"

鲍勃最终决定将为音乐电视网不插电系列活动演唱民谣古曲,整段演出被录制成CD和录音带发行,但索尼公司的管理层却说这不适合听众的口味。"唱片公司说,'你不能那样做,如果那样的话就太过晦涩了'。"鲍勃说,"我曾经和他们辩论过,但此举毫无意义。好,那么什么歌曲不晦涩?他们回答说,'《敲开天堂之门》'。"结果鲍勃在舞台上演唱了他创作的大部分名曲。他演唱的最新单曲是《尊严》,这首歌创作于唱片《噢,悲伤》的制作阶段。《尊严》有着硬摇滚的旋律——特别是在沃森出色的鼓声配合下——而鲍勃似乎也很喜欢这首歌的歌词。同时也可以看出他对《约翰·布朗》这首歌存有兴趣,这是鲍勃职业生涯初期的一首反战民谣。音乐电视网的此项计划并没有像1992年《埃里克·克莱普顿不插电演唱会》那样取得商业上的成功,《埃里克·克莱普顿不插电演唱会》位列排行榜首位,并且产生了一首主打歌曲《蕾拉》,但《鲍勃·迪伦的音乐电视网不插电演唱会》也位列唱片榜第二十三位,从销售量上来看是多年来最为成功的唱片。

巡演期间鲍勃有时会用铅笔、炭笔和钢笔勾画素描以放松情绪。1994年兰登书屋出版了一本收录1989年至1992年鲍勃画作的图书,冠名为"涂抹空白"。在前言部分鲍勃将绘画描述成一种缓解压力的途径,同时也可以"模糊地触及我们所知晓的世界之外的事物"。画作表现的是旅行者的世界:用餐的人、公路、车轨以及餐厅、游泳池、旅店卧室等。少数几张肖像画中画的是巡演团队人员。有时鲍勃还会画容貌艳丽、穿着裸露的非洲裔美国妇女。但大多数情况下鲍勃似乎是独处一室。他常会以阳台、空荡荡的街道和露天停车场以及昏暗的城市地平线为视角来构图。这是他生活的真实写照,而它似乎是孤独而又支离破碎的。

巡演期间鲍勃主要的伙伴是维克托·梅慕迪斯,他一直跟随着鲍勃。从20世纪60年代开始,两人便相互了解,而梅慕迪斯是鲍勃由音乐人、技术人员、管理人员以及舞台人员所组成的六十人巡演团队中唯一能称作朋友的人。如果鲍勃没有特别要求会见某人,那么就会有各种屏障——可以从文字或者寓意上去加以理解——确保他不受到干扰。一场演唱会也许会有一万名观众,六十名工作人员来回忙碌,但在后台鲍勃却像被抛弃的人一样独处着,静坐着,抽着烟,胡乱弹奏着吉他,翻阅书籍。在很多方面卡罗尔·切尔斯都难以忍受梅慕迪斯,将他称为"傲慢的婊子养的",但却不得不勉强退让,因为鲍勃需要有人以这种方式来确保他的隐私不受侵犯,而在这一点上梅慕迪斯做得很出色。

如果鲍勃身边没有护卫可以阻止外人的接近，那么他就很容易身陷困境，这并不仅仅来自歌迷，同时也来自那些出席演唱会以及探望他的众多好友和业内名人。鲍勃无论在世界何地旅行——尤其是当他身在纽约、洛杉矶和伦敦时——朋友们总是会要求获得免费入场券，同时还会进入后台看望他。然而即便他们能进入后台，也并不意味着可以轻而易举地与鲍勃见面。甚至就连与鲍勃相识多年的人们也发现有时根本不可能接近鲍勃。举个例子，鲍勃每次来到圣弗朗西斯科湾地区举办演唱会时，住在此地的邦妮·比彻与威维·格雷都会去探望他。"我们之间的友情延续多年。"她说，"我们经常互相探望。"有一次她前往演唱会看望鲍勃，但鲍勃却视若无物地从她面前走过。邦妮想要引起他的注意，但却被安全人员挡住了。"我想，我不会再那么做了……这简直太丢脸了。"梅慕迪斯试着让邦妮感觉舒服些，便告诉她这种类似情况同样也曾经发生在乔治·哈里森身上。仅仅是为了舞台上微乎其微的虚荣心，鲍勃拒绝佩戴眼镜，而这一举动使得站在舞台上的他就如同是盲目的蝙蝠。但这位歌手似乎不可能听不出邦妮喊他名字时的哀伤。她仍记得鲍勃从狄克町动身时自己给予他的支持，记得她是如何从女生联谊会住所中偷来食物接济鲍勃的，还记得自己不同意将家中的磁带以少于二百美元的价格卖给美国国家图书馆。难道这些事做得都毫无价值吗？

1995年在伯克利举办的一场演唱会上，杰克·埃利奥特在后台也遇到了相同的尴尬。他说："我们甚至就连说声'嗨'的机会都没有。"此后不久，杰克·埃利奥特的制作人罗伊·罗杰斯写信给鲍勃的事务所询问鲍勃是否能在埃利奥特的新专辑中演唱《我的朋友们》这首歌曲。"此后约有两个月音讯全无，罗伊再次打电话给鲍勃的经纪人说，'你收到我的信函了吗？'而他回答道，'是的，鲍勃已经收到你的来信了'。现在像是轮到鲍勃采取行动了。而这就是回答。"埃利奥特说,"鲍勃处理与朋友之间事务的方式整个就是黑手党的狡猾手段。"这让埃利奥特感到受到了伤害。许多老友都遇到过类似的事。一些已与鲍勃相识三十年甚至更久的朋友发现,他们甚至就连免费赠送的演唱会门票都难以获得。更为严重的是,鲍勃能接触到的人相当有限,只有少数信得过的雇员、女友和家庭成员。

1995年一整年鲍勃都忙于巡演活动。其中有两次是在欧洲,两次是在美国。鲍勃一共举办了九十九场演唱会。当时很多演艺界人士工作起来都非常辛苦,像 B. B. 金几乎每晚都要出现在舞台上,一年约百场演唱会对于鲍勃这种身份的艺术家而言意义非凡。当然这也表明他赚到了很多钱。每年平均举办百场演唱会能获得三千五百万美元的总收入,除去开销和税收之外鲍勃个人能获得大约一千五百万美元的收益。

通过对音乐作品进行缜密而富有条理的管理,鲍勃同样赚取了大量的金钱。1995年春,鲍勃将合作关系从美国作曲家、作家与出版者协会——这一组织收取鲍勃的演出费——变更到竞争对手欧洲戏剧作家与作曲家协会名下。从欧洲戏剧作家与作曲家协会那里他至少获得了一笔金额空前的两百万美元变更预付费。鲍勃同时还获得许可发行了一张官方光盘——《鲍勃·迪伦:61号公路互动》。1996年2月2日,鲍勃在亚利桑那州凤凰城为野村国际证券的职员和顾客举办了一场私人演唱会。据称公司总裁伊桑·佩尼支付给鲍勃 300 000 美元的报酬。

似乎鲍勃有时愿意为了金钱做任何事,当他允许蒙特利尔银行在广告中采用歌曲《时过境迁》时,歌迷中出现了不安情绪。而当这首歌被用在知名企业永道会计师事务所的电视广告中时,更是引起了广泛关注。公司发言人布莱恩·卡迪说:"这首歌创作之初针对的是社会公正和制度变化的问题。今天这首歌仍十分重要,但针对的却是完全不同的事。"如果人们还记得鲍勃与吉尔方德、雷奈特和费尔德曼公司的会计师关系密切——而这一公司正是普华永道会计师事务所的一家子公司——那么就不会对允许事务所使用歌曲这一决定感到惊讶。在多年对金钱的疏于打理之后,鲍勃现在已经成为一个精明的生意人了。

鲍勃在赚取更多金钱的同时,也开始关注自己的健康。尽管在大众看来,鲍勃与吸食药物有所牵连,但事实上他主要的恶习是吸烟和过量饮酒。他喝得要比处于健康状态时多得多,尤其是在最近几年更是不加节制,这就使得他的健康状况直线下降,亲朋好友都害怕他会逐渐发展成酒精中毒。很少有人和鲍勃直接谈到他身上的恶习。但鲍勃却听从了孩子们的建议——这部分是出于他们的关心。20世纪90年代中期鲍勃开始戒酒。这是一个转折点,站在舞台上的鲍勃无论是在外貌上还是在嗓音上都好了很多,演出也更富有激情,更为专注。1995年夏,鲍勃出席"感恩而死"乐队的演出时这种变化显得尤为突出。"1995年他为我们演出三次,显得是那么的灿烂夺目。这真让人惊讶。""感恩而死"乐队中的一位资深人士说,"为什么他在1987年却无法做到这一点呢?"

鲍勃与"感恩而死"乐队之间保持着良好的关系,这部分要归功于他与乐队领导者杰里·加西亚之间的友情,因此当加西亚于1995年8月9日在药物康复中心因心脏病突发去世时鲍勃悲痛不已。加西亚去世时年仅53岁。这位与鲍勃年岁相近、经历相似的密友的突然离世对鲍勃打击很大。鲍勃曾试图出席加西亚的葬礼——他对其他过世的朋友并没有如此举动——并且通过新闻发言人发表了一篇颂词。颂词的内容部分摘录如下:"难以估量他作为一位普通人或者作为一位演员所表现出的伟大或重要……对我而言,他不仅仅是一位音乐家和朋友,他更像是我的一位老大哥。"尽管这一表述无疑是出于真心,但却也有可能是出于这一离别时刻的感触,因为这么多年来两人共处的时间并不多。

加西亚去世一个月后,也就是1995年的9月,鲍勃在俄亥俄州克里夫兰摇滚名人堂开幕典礼上进行了表演,与布鲁斯·斯普林斯廷合唱了《永远年轻》这首歌。当被记者问到对现在修建摇滚乐博物馆这一奇特计划作何感想时,鲍勃说现在已经没有什么事能让他大吃一惊的了。两个月之后,鲍勃参加了为庆祝弗兰克·辛纳特拉80岁生日而举办的庆祝会。他为老人演唱了《不平静的告别》,并且与老人合影。一同前来的宾客喜剧演员堂·里格尔斯[①]拿鲍勃开起了玩笑,夸大的词语让人忍俊不禁:"你知道你的问题出在哪里吗?当你唱歌的时候你不再喃喃自语了。"

之后一年中,一群鲍勃的仰慕者萌生了颁发给鲍勃瑞典诺贝尔文学奖的想法。维吉尼亚军事学院的教授戈登·鲍尔正式推举鲍勃参选该奖项,他富有洞察力地说:"关键是鲍勃不断地在变化风格,而他也具有独立的思想,这正是一位伟大艺术家所应具备的特质之一。"英国的克里斯多夫·瑞克斯教授认为这一提名是恰如其分的。"如果问我是否有人要比他更好地运用词汇,那么在我看来,答案就是没有。"瑞克斯是给予鲍勃高度评价、认为他是诗人的数位大学教授之一。英国桂冠诗人安德鲁·穆辛认为鲍勃是"本世纪最伟大的艺术家之一",并宣称《约翰逊的幻象》是他创作的最为出色的歌词。鲍勃最终并未获得诺贝尔文学奖,但颁发给他的

[①] 堂·里格尔斯(Don Rickles,1926—),美国喜剧表演艺术家。——译注

各种荣誉却逐渐增多,而他终有一日会获得世界上最有声望的文学奖的想法并非遥不可及。事实上,2000年鲍勃便获得了由瑞典颁发的保拉奖。与他一同接受该奖项的是小提琴艺术家艾萨克·斯特恩①,颁奖者则是瑞典国王。

有一段时间,鲍勃因已取得成就而受到的赞誉要比他因当时所创作的作品受到的赞誉高出许多,鲍勃制作了一张名为"很久以前"的新歌唱片,这张唱片是鲍勃在七年内所推出的首张唱片,同时也标志着他作为一位艺术家的复苏。这是一张风格冷峻的严肃作品,内容关注衰老与失落的爱,但却充满了不露痕迹的机智。其创作基石是他在1992年至1993年之间所录制的两张传统歌曲唱片,这些歌曲也是选自《美国民间音乐歌曲集》,如同青年时代一样这些音乐仍对他有着巨大的吸引力。在对这些古老的歌曲冥思苦想之后,鲍勃发现自己重新获得了创作新歌的灵感。最初是歌词常常在夜晚浮现在他的脑海之中。如果有灵感降临的话,鲍勃就会迟些睡觉,在闪电与暴雨中工作。一段座右铭再次重新出现在他的脑海中:"在白昼时分工作,因为在死亡之夜的诱惑下没有人能够再去工作。"鲍勃确信这句话源自《圣经》,但却找不到具体的出处。也许这只是他潜意识的发现而已。到1996年末,鲍勃的创作可以用"丰收"一词来形容。在与罗尼·伍德一起寓居爱尔兰期间,他每天都忙于创作歌曲,常常将香烟盒撕开潦草地写上歌词。

1996至1997年冬季,鲍勃在纽约的一家旅馆里遇到了唱片

---

① 艾萨克·斯特恩(Isaac Stern,1920—2001),乌克兰出生的小提琴演奏家。他所录制的唱片受到众多音乐迷的热爱,而其才华也得到了广泛认同。——译注

《噢,哀伤》的制作人丹尼尔·拉诺伊斯,就像朗读诗歌一样将这些歌词读给他听。"这些词汇猛烈,深刻,令人震撼,充满力度,它们源于丰富的生活经历,而我相信鲍勃就有着这样的经历。"拉诺伊斯说,"因此我想要制作这张唱片。"拉诺伊斯决定将这些表现生活不同方面的新歌配以丰富而细致的音乐伴奏。为了达到这一目标,他们决定邀请一批音乐人。首先是鲍勃的巡演乐队,鲍勃与乐队灌制唱片的次数有限,而这次就是其中之一。他们也召集来了吉姆·凯尔特纳,后者成为这张唱片中的四位鼓手之一。来自"玩忽职守"乐队的辛迪·卡什德勒[1]演奏滑棒吉他和夏威夷吉他。鲍勃的召集名单上还有布鲁斯吉他演奏家杜克·罗比拉德,也就是鲍勃·布瑞特,他是鲍勃在纳什维尔一家俱乐部里偶然遇到的。鲍勃希望由吉姆·迪克森和奥格·梅耶斯出任键盘手,奥格·梅耶斯自从60年代早期在"道格拉斯爵士六重奏"乐队中与道戈·萨汉姆[2]合作时起便出了名。鲍勃对梅耶斯弹奏1963年英国制造的沃克斯琴及强回响电吉他的音效非常喜欢。"在录制下一张唱片时我想让你也参加进来。"鲍勃打电话给身在得克萨斯州的梅耶斯说,"我希望你能带上魔幻般的琴。"

迪伦和拉诺伊斯决定于1997年1月中旬在佛罗里达州迈阿密的"标准"录音室录制唱片。鲍勃在迈阿密海滩租用了一处住所,乐手们则各自住在南部海滩的旅馆里。"标准"录音室是一处年代久远的录音室,位于迈阿密破旧的街区内。录音工作在一间吊顶很高的大房间内进行。鲍勃就坐在鼓手身旁的凳子上,面对

---

[1] 辛迪·卡什德勒(Cindy Cashdollar,1956—),美国吉他演奏家。——译注
[2] 道戈·萨汉姆(Doug Sahm,1941—1999),美国音乐家。他从小便在乡村音乐领域脱颖而出,但却成为布鲁斯音乐、摇滚乐中的标志性人物。他是20世纪60年代摇滚乐中的领军人物和奠基人。——译注

一架斯坦威大钢琴,以备他不时之需。奥格·梅耶斯则坐在钢琴旁,脸朝鲍勃。其余的乐手被安排坐在两边,十二个人形成一个巨大的圆形。鲍勃将歌曲的"概略"谨慎地告知梅耶斯,做出不同的安排,而音乐人都聚在一起现场演奏。鲍勃录制这张唱片时要比以往更为认真。他约在午饭时间由后门进入录音室。"他静静地走进房间,人们根本不知道他已经来了。"梅耶斯说,"而当他离开时,你也不知道他已经走了。"一帮人整个下午都忙于录制工作,黄昏时停下来吃点儿东西,随后便继续工作直到午夜时分,甚至更迟。"鲍勃晚上离开时显得非常疲倦。"杜克·罗比拉德说,"但他的身体似乎还很健康。"

拉诺伊斯向参与工作的音乐人说明他想要获得多种声响混合的效果,吉他演奏家巴克·巴克特称之为"同声同息",而不是录制一张个人演奏突出的唱片。这在乐手中引发了小规模的抵触。这些人中就包括杜克·罗比拉德,他觉得鲍勃是想让他在录制过程中演奏布鲁斯吉他,但拉诺伊斯却告诉他并不想听到布鲁斯吉他的乐声。与之类似的是拉诺伊斯还要求辛迪·卡什德勒在某一段落上以一种截然不同的风格进行演奏,但鲍勃却对拉诺伊斯说让辛迪·卡什德勒自由发挥。

录制每一首新歌时鲍勃都会按照不同的方式进行尝试,甚至完全改变配乐和歌词,他在吉他与钢琴之间走动,按自己的想法变化着音调。

有一天,正当大家在录制歌曲《冰冷的铁箍》时,鲍勃突然说:"我不能这样唱。"鲍勃靠在乐器箱上重新填写歌词。此时这首歌已变成了一首山区乡村摇滚乐,就像是一辆推向地狱的停尸房推车。鲍勃的嗓音带上了一种噩梦般的危险气氛。他唱到在雾气中跋涉,"几乎就像我已不再活在世上一样"。

《相思病》是一首布鲁斯歌曲,歌词带有着厌世的情绪,这首歌从唱片中挑选出来制作成单曲,并很快成了非常流行的演唱会歌曲。《土路布鲁斯》以早些时候弃用的盒式录音带版本为基础录制完成,在音效方面有着猫王在太阳唱片公司推出的早期作品风格——鲍勃尚处于青少年时期就非常喜欢这些作品了。

收录在唱片《很久以前》的歌曲包含了鲍勃从哈瑞·史密斯的《美国民间音乐歌曲集》采集下来的歌曲片断,菲茨·多明诺[①]以及1933年去世的"歌唱制动员"杰米·罗杰斯[②]都曾经演唱过这些歌曲。例如《站在门口》中的歌词"我饥饿时就让我进食,我干渴时就让我畅饮"即借鉴于传统歌曲《烈酒走私者》。类似的短语当然可以算作美国语言中的部分通用短语,但迪伦对这些原始短语的运用已经超越以往。"歌词几乎完全是由修辞格写成。"既是诗人又是鲍勃好友的迈克尔·麦克卢尔说,他注意到了鲍勃在创作上的拓展,"在我所知晓的早期作品中——我说的是《无数金发女郎》——并没有采用修辞格,除非是涉及到多层次、多维的比喻。"

鲍勃寻找到一条途径,可以无需说教就将宗教成分融入新歌。《设法进入天堂》与鲍勃在转为基督徒期间创作的歌曲如出一辙。鲍勃仍抱有宽泛的基督信仰,但现在他却能无需伪装神圣便直接传达这些观点。此外,歌曲的歌词有些部分就是从以前的老歌中借鉴来的。像"孩子们,我的身影无处不在"这句歌词就是模仿了弗兰克·哈切森的一首老歌《忧郁布鲁斯》(歌词是"我穿行在这个

[①] 菲茨·多明诺(Fats Domino,1928—),美国摇滚乐钢琴演奏家,歌手,歌曲创作人。——译注

[②] 杰米·罗杰斯(Jimmy Rogers,1897—1993),20世纪早期美国乡村音乐歌手,被认为是"乡村音乐之父"。——译注

世界/孩子们")。

在描写情爱的歌曲中没有丝毫的夸耀成分,鲍勃的歌声听起来像是对此已经感到厌烦了。《我对你一见倾心》的字里行间充满了听天由命、无助、疲倦的情绪。《夜未央》听起来就像是一个男子关于死亡的内心独白。歌词温柔,并带着哀叹的腔调咏唱出来。鲍勃唱道,他在此地出生,也将会在此地逝去,但这却有违他的意愿。他将短语顺序加以调整,使人听起来心生战栗(例如辛迪·卡什德勒听到这首歌就汗毛直竖)。有时鲍勃的负担已超出自身的承受能力。虽然所写的是"夜未央",但却已经达到了效果。

尽管歌曲中充满了凄凉之感,但鲍勃并未在同行音乐人面前显得意志消沉。有一次午休时,奥格·梅耶斯用柠檬和克里内克斯面纸巾为鲍勃演了个小把戏,他把柠檬滑稽地包成一个"酒吧侍者",逗得鲍勃大笑起来。当梅耶斯敲击出一段《生如滚石》的旋律时,鲍勃的目光立刻直视着他。"我冲着他笑了笑,而他也冲着我笑了笑。"梅耶斯说,"以前就是如此。"

录制歌曲《让你感觉到我的爱》时,鲍勃请梅耶斯在他弹奏吉他时以钢琴伴奏。梅耶斯注意到鲍勃是在钢琴上创作完成这首歌曲的,于是他劝说鲍勃自己弹奏钢琴演唱歌曲。"只要闭上眼睛唱出歌曲就可以了。"梅耶斯极力劝说,他确信这是鲍勃获得意想中效果的唯一途径。鲍勃显得非常勉强,他并不认为自己是一名优秀的钢琴演奏家。"鲍勃,你是一名伟大的钢琴演奏家。"

"你是这么认为的吗?"

"哦,是的。我不明白你为什么会喊我过来。"

这的确是事实。鲍勃不会按照习以为常的方式弹奏钢琴,但他在演奏中会融入美妙的感觉。他们按照梅耶斯建议的方式来演绎歌曲,鲍勃演奏钢琴,而梅耶斯以风琴唱和,这是唱片中首先录制完成的歌曲。

收录在《很久以前》中的一首长歌《高地》是说唱歌曲,开始部分是一段催人入睡的吉他即兴反复演奏,其灵感源自查理·巴顿[1]的一张唱片,歌词带有哲学意味,而在风格上则显露出冗长杂乱故事的顽皮。鲍勃喜欢歌曲以一种充满希望,甚至是带有幽默的氛围结束。在《高地》这首歌中,讲述者与一位波士顿侍者之间的幽默对白明显带有欣喜的成分,侍者吓唬着讲述者让他为自己画一幅画像。两人的谈话提到讲述者认为女侍者责难他没读过女性作家的作品。他愤怒地反驳说她的想法是错误的,他曾读过埃里卡·琼格[2]的作品(鲍勃在提到这位女性主义作家的名字时笑了起来,后来只得再对这段歌词重新进行配音)。侍者离开后,讲述者冲进大街的人群中。这种视角的转换使得歌曲听起来像是讲述者在世上漂泊——这与鲍勃钟爱的画家夏加尔的某一幅画作很相似——他注视着年轻人在公园尽情享乐,希望能够与他们互换位置。忽然之间聆听者灵光突现,意识到了这些描述对鲍勃意味着什么,虽然拥有了赞美与财富,但却发现自己已日渐衰老,而且还会为无法改变而感到懊恼。但是已没有办法拨转岁月的时钟。迪伦的命运是注定了的,就像其他人一样。他抱怨自己失去了方向,必须要扭转错误的趋势。在这首歌曲中混乱和悔恨表现得非常强烈,能引起一些生活未能如愿的聆听者的共鸣。唱片《很久以前》中的歌曲——特别是在这首歌中——鲍勃向他的听众传

---

[1] 查理·巴顿(Charley Patton,1891—1934),美国布鲁斯音乐家,被很多人认为是"美国三角洲布鲁斯之父",同时也是流行音乐领域最早的知名人士之一。——译注

[2] 埃里卡·琼格(Erica Jong,1942—),美国作家,教师。——译注

达出了一种讯息，那就是在他的黄金岁月中，诗化的词语以及真情就像魔鸟一样从他的嘴中飞入聆听者的头脑里。这张唱片在这一年晚些时候公开发行，被认为是鲍勃职业生涯中的又一杰作。

就在鲍勃开始录制唱片《很久以前》的早些时候，也就是在1996年的秋天，他又一次更换了巡演乐队的鼓手。在乐队中担任鼓手四年之久的温斯顿·沃森被大卫·凯普尔所取代，后者此前是与杰瑞·加西亚的乐队合作的。鲍勃想要有所变化，他喜欢对身边的人员进行调整以使乐队有新的音乐风格，而沃森知道这消息时显得很高兴。他知道没有人能永远待在这支乐队里。能在鲍勃摆脱消沉的时期与之共事沃森已经感到非常幸运了。"能注视着这位大师的后脑勺，看着他每晚的特别演出，这始终都是一件幸事。"沃森与迪伦同台演出约五百多场，他估计他们一共演唱了超过三百首不同的歌曲。

1997年结束日本巡演后不久，吉他手约翰·杰克逊也离开了乐队，他的位置被多乐器演奏家拉瑞·坎贝尔取代。1997年4月，新组建的乐队开始在北美展开巡演。鲍勃在加拿大布伦斯维克为艾伦·金斯堡献歌，演唱了歌曲《荒凉街区》。金斯堡于4月5日因癌症去世，享年70岁。

在鲍勃走进录音室，为纪念山地音乐奠基者之一的真假声演唱歌手吉米·罗杰斯录制唱片原声之前，他先是于5月1日在印第安纳州的埃文斯维尔举办了一场演唱会，随后又在该州举办了两场演唱会。鲍勃已经开始着手计划筹建属于自己的"埃及人"唱片公司商标，该品牌将作为索尼公司的补充，这一专项计划已经立项。吉米·罗杰斯朴素而富有真情实感的歌声始终带给鲍勃灵感,同时也对史蒂夫·艾勒①、艾莉森·克劳斯②、威利·尼尔森等歌手产生影响,他们倾情翻唱的歌曲都被收录进了唱片《吉米·罗杰斯的歌曲——颂歌》中。这张唱片从1994年开始酝酿,一直到1997年夏季仍未发行,几乎被人们淡忘了。然而这毕竟是一张一流唱片,同时它也让已为人们淡忘的先驱们重新焕发生命。鲍勃录制的《我那蓝色眼睛的简》是最后录制完成的歌曲,他为此颇费了一番精力。

5月21日鲍勃在比弗利山的比弗利希尔顿酒店演唱了三首歌曲,这是一场援助西蒙·威森塔尔中心③的演出。在与范·莫里森展开巡演之前,鲍勃短暂休息了一段时间,范·莫里森一直在对《很久以前》的歌曲顺序进行调整。鲍勃在休息期间始终待在家里,与家人共处。

5月24日周六是鲍勃的56岁生日,当时鲍勃正在加利福尼亚州,女儿玛丽亚·希摩尔曼在圣莫妮卡的家中为鲍勃举行了一场小型庆生会,孩子们都围坐在祖父的身旁。玛丽亚注意到晚会上鲍勃看起来不太舒服。事实上鲍勃一直忍受着胸部疼痛的折磨,但一位医生肯定地告诉他,这病并不严重。玛丽亚并不认同医生的观点,她劝说鲍勃打个电话给洛杉矶加利福尼亚大学的一位

---

① 史蒂夫·艾勒(Steve Earle,1955—),美国歌手,创作人,主要活跃在摇滚和乡村音乐领域,其歌曲带有政治上的批判性。同时他也是一位作家,政治激进分子。——译注
② 艾莉森·克劳斯(Alison Krauss,1971—),美国蓝草乡村音乐歌手,提琴演奏家。她很小便进入音乐领域,14岁即获得音乐方面的奖项。1987年发行了自己的首张唱片。——译注
③ 西蒙·威森塔尔中心(Simon Wiesenthal Center),国际犹太人权组织,是为了纪念纳粹在二战中所杀害的犹太人而建立的。该组织通过社区参与、教育拓展和社会行动,培养忍耐和谅解。——译注

医生。当鲍勃向医生描述他的症状时,医生立刻意识到鲍勃被误诊了。鲍勃第二天便住进了圣莫妮卡的圣约翰医院。

鲍勃接受了检查,其中包括验血和胸腔 X 光透视。医生说鲍勃不会患上突发的心脏病,他得的是心包炎,这是一种心囊炎症,阻碍心脏正常地舒张和充血。但潜在的严重问题是这种病会造成呼吸困难。之所以会染上此病是因为受到了组织胞浆菌的感染。组织胞浆菌是一种存活于富含鸟粪的土壤中的病菌,这些土壤分布于中西部、东南部各州以及俄亥俄河、密西西比河流域的某些地区。当土地被翻起时,病菌孢子就会飘散在空气中,随即被人们吸入体内。鲍勃在巡演期间曾驾驶汽车穿越南部的沼泽地区。当时正逢暴风雨,也许正是强风将病菌卷起,相信他就是在此时将孢子吸入体内的。如果他当初及时诊治,病情就不会变得严重。因此可以说是玛丽亚救了鲍勃的性命。

关于鲍勃生病的消息由他的新闻发言人艾略特·门特兹公布出来,后者承认这是一种"潜在的致命感染",这一消息占据了 5 月 29 日周四《今日美国》的头版,并且很快传遍世界。尽管仍需要为乐队支付薪水,但即将举行的巡演还是被迫终止,在此期间鲍勃只能躺在医院里忍受着病痛的折磨。

通过一段时间的药物治疗,医生认为鲍勃的病情已经得到控制,随后他于 1997 年 6 月初出院。"我很高兴感觉好了些。"他在声明中说,言语中带有着明显的个人特色,"我真的以为很快就能见到埃尔维斯(猫王)了。"他在家中休养恢复,因为身体极度虚弱以至于无法离开床榻。当鲍勃收到前乐队鼓手温斯顿·沃森祝贺康复的信函时他正在休息。"他后来对我说的话让我眼泪汪汪,他没有收到共事者的任何信函。事实上,一个都没有。"沃森说,"他说我是第一个给他写信的人。"鲍勃一生都致力于音乐事业,多年来老友已经消失殆尽,而他对乐队成员也苛刻严格,最终他发现自己并没有几个真正的朋友。

经过药物治疗,鲍勃的病情已得到控制,他开始偶尔外出。有时他会到圣莫妮卡的一家小咖啡馆休息,这家咖啡馆的椅子并不匹配,点唱机里装着旧唱片。就像鲍勃开始创立事业的50年代,咖啡馆重新成了一种时尚,而这一风格特殊的咖啡馆就属于鲍勃。

1995年传出了一个关于鲍勃的咖啡馆故事,而他的巡演经理维克托·梅慕迪斯也被卷入其中。1995年夏末,大概是在8月17日,梅慕迪斯因所谓的强奸一名17岁女孩的罪名被警方逮捕,这个女孩是他在太平洋西北部巡演时结识的,随后他便邀请女孩前往位于洛杉矶的住所。大卫·布劳恩和马歇尔·M.盖尔福德交付了50 000美元的保释金。梅慕迪斯并没有被提起指控,甚至没有因所谓的罪名而受到询问。他说在交付保释金时自己只是坐在警察局大厅里,对罪名一无所知。然而当鲍勃知道这一情况后,便不再允许梅慕迪斯参与巡演活动了。

梅慕迪斯的工作由马克·拉特利奇接手。尽管梅慕迪斯不再与巡演团队同行,但仍领取薪水,同时他还开始为鲍勃进行资产投资。这些资产包括位于墨西哥州南下加利福尼亚的两处房产,一栋位于圣莫妮卡的建筑物以及建成于1996年、位于圣莫妮卡的一处名为百老汇的多功能商贸中心。与鲍勃其他的财产一样,百老汇也是以通过橡树关信托公司的名义购得的。

百老汇位于内陆1.5英里处,远离圣莫妮卡繁忙的商业区以及沙滩,是一处巨大的多功能建筑物,从中可以看出鲍勃独特的需求、爱好以及品位。前面的零售区被改建成了一座咖啡馆,这一建筑与鲍勃年轻时频繁光顾的场所非常相似。咖啡馆内的木质横梁暴露在外,有着瑙加海德革的摊棚以及不匹配的椅子。与其他名人开设的饭店不同，这里没有拿声名显赫的业主来做广泛的宣传，吸引消费者，鲍勃拥有第18街咖啡馆的事还是一个秘密。对于偶然经过的访者而言，这里是圣莫妮卡一处可供流连的场所。但如果有人想要找到些什么，这里还是有迹可寻的。在服务台上方挂着一幅带有鲍勃那种与众不同的业余艺术家风格的油画，画的是一位非洲裔美国女性。点唱机是一台价格不菲的沃利策牌古董点唱机，装填着鲍勃从年轻时代便非常喜爱的45张唱片，从"和弦"乐队①演唱的《嘶喃(生命如梦)》到查克·贝里的《美宝莲》都收录其中。在服务台后有一面玻璃面板，可以让人进入咖啡馆前看到有谁坐在里面。海滩上已经空无一人时鲍勃就会坐在一张桌子旁，有时还会与他的孩子们共进午餐。咖啡馆后面有一间仓库，鲍勃改建成了私人健身房，完全是按照全尺寸的拳击场地修建的（近年他对拳击萌生兴趣，喜欢到健身房锻炼）。健身房上面是属于鲍勃的一处综合事务所，一些房间被租了出去，而鲍勃也为自己留了一间。荒诞的是，作为一个轰轰烈烈转而信奉基督教的犹太人，鲍勃将临近的会议厅租出去作为犹太教堂。

维克托·梅慕迪斯雇用自己24岁的女儿艾瑞管理咖啡店。不幸的是，咖啡馆的运营情况并不是很好。鲍勃的会计师注意到咖啡馆在最初的9个月亏损达92 992美元，而这直接关系到艾瑞的经营策略问题。刚刚由病痛中恢复过来的鲍勃决定亲手改变这一状况。因此在1997年7月8日，鲍勃约请梅慕迪斯和他的女儿在咖啡店后面的健身房会面。

有些人在经历过死亡的威胁后往往会因此屈服，此后对待生

---

① "和弦"乐队(The Chords)是20世纪70年代英国一支流行音乐演唱团队。——译注

活的态度更为从容。而恢复健康的鲍勃还是像从前一样易怒。按照梅慕迪斯事后对所发生事件做的诉讼声明,他和女儿按约定前往健身房与鲍勃碰面。随后鲍勃愤怒地冲着艾瑞喊道:"你出去!"

"为什么?告诉我为什么要出去?"女孩问道。

"没有这个必要。你出去吧。"

艾瑞的心情变得异常烦躁,梅慕迪斯觉得应该将她送回家。在与鲍勃交流之后,他离开健身房再也没有回去。这件事宣告鲍勃与梅慕迪斯之间35年合作关系的终结。

尽管卡罗尔·切尔斯已不再与鲍勃约会,但两人仍保持着联系,她说当自己听到梅慕迪斯离开巡演团队的消息时高兴得跳了起来。鲍勃和切尔斯在一起时她曾无数次问过鲍勃,何时才能将梅慕迪斯赶走。"我不知道鲍勃为什么要留这样的人在身边。"切尔斯说,"我很高兴鲍勃不必再把辛苦挣来的钱付给梅慕迪斯了。"

1998年梅慕迪斯聘请了一位律师,向鲍勃及其巡演公司东部-西部巡演公司提出诉讼,控告他违反雇用合同,希望能拿到退休收益。同时他也对位于墨西哥州的财产提出要求。梅慕迪斯称鲍勃是在不公正地剥削自己,但鲍勃的律师们称梅慕迪斯已经辞职。

作为辩护词的一部分,鲍勃的律师们提供了鲍勃以及年长雇员杰夫·罗森的材料,公布了大量年近60的鲍勃一直隐藏的个人隐私、财富以及社会地位的讯息。梅慕迪斯案件的关键部分涉及到他所承担的财务经理职务。马里奥·泰斯塔尼曾长期担任鲍勃的会计,他发表声明称梅慕迪斯从未担任过财务经理一职。他说梅慕迪斯实际上对鲍勃的财产状况知之甚少,同时他透露属于鲍勃的十七处财产分散在美国各地以及海外。在需要的情况下,每一处财产都是由一位财务经理打理。例如鲍勃位于新墨西哥的物产是由他的司机汤姆·马斯特斯照管的。十七处财产投资价值达数千万美元。杜姆角的地产价格按税金政策评估大约为六百万美元，而在公开市场上售价则更高。如果其他十六处房产每处平均价格为一百万美元——然而实际情况是像明尼苏达州农场的价格要远高于此——鲍勃的房产投资将超过两千万美元。

梅慕迪斯的律师想让鲍勃针对此案交付一盒录像带证言。为了制止此事的发生，杰夫·罗森在一份声明中辩称，此证言会落入不法分子手中。作为一种手段，大概是为了让法庭对鲍勃的显赫声名以及成就留有印象，杰夫·罗森展示了鲍勃在过去 37 年所取得的成就。全球唱片销售大约为五千六百万美元。二十张唱片被美国唱片协会确认为金唱片——也就是说在美国的销售超过了五十万张，七张唱片成为双白金——也就是说销量超过了百万张。罗森执意将鲍勃所获得的奖项也罗列出来，从 1970 年鲍勃在普林斯顿大学获得的名誉学位一直到近期获得的诺贝尔奖提名。他说鲍勃非常小心，避免自己被毫无节制地拍摄或者摄录。鲍勃与索尼公司达成过一个协议，公司未经许可不得过多地采用他的名字和照片对唱片进行广告宣传。"迪伦先生始终谨慎小心地保护自己的形象和肖像，以避免发生任何未经授权的广告宣传。"罗森说，"这其中包括对自己的肖像的严格控制，这就赋予了肖像以更高的价值。"鲍勃通过授权在录影带、明信片、T 恤以及其他带有索尼商标的产品上使用其肖像来获得"巨大价值"。因此，音乐会的售品陈列柜中向公众出售带有鲍勃图案的钟表、手表、咖啡杯以及"61 号公路"皮夹。

在案件审理期间，美国唱片协会官员弗兰克·克雷顿作证表示，全球盗版产业链每年所产生的产值是五十亿美元，他支持罗森的主张，认为鲍勃即便不是全球也是美国国内受到侵权最为严重的个人艺术家。克雷顿在一份声明中说："我的观点是，鲍勃有可能是音乐工业历史上受盗版侵害最为严重的艺术家。"为了更深层地揭露这一点,罗森委派了一名雇员在纽约购买迪伦的盗版产品。这名雇员仅逛了三家店,就已花了超过 2 500 美元购买到了 64 张非法唱片。陈列销售的不仅有录制唱片剪辑片断和演唱会录音带的被盗版,而且还有鲍勃的录音电话讯息。过去鲍勃的事务所曾经保存过送交美国版权办公室后获得版权许可的录音带。然而还是有一盘录音带被偷了出去,显然这是存档录音带唯一一次被盗。发生这件事之后,罗森对版权资料以及样本唱片采取了特别严密的保护措施。"这些材料的存放地点始终保密,要想通过房门和升降机通道进入需要多把钥匙,安全措施令人放心,而最有价值的材料则存放在地下室内。"他说。只有两个人曾进入地下室。如此严厉的保密措施也就造成了一个结果,梅慕迪斯的律师所要求提供的录音带会轻而易举地在黑市上找到销路。

由此可对鲍勃在中年后期的形象做个简单的勾勒:他在经过事业上的多年打拼之后,成了一个拥有巨大财富的人。鲍勃知道要对自己的版权加以严密保护,将自己的肖像变为一种资本,同时对自己锁在秘密地下室内的成就抱着近乎妄想症般的猜疑。

经过大量的文书工作和法庭辩论之后,鲍勃的律师最终于 1998 年以有利于梅慕迪斯的方式了结此案,付给后者 75 000 美元。

患病并处于恢复阶段的鲍勃在与维克托·梅慕迪斯发生冲突之后三个月——也就是 1997 年 8 月 3 日——重新展开巡演,首演是在新罕布什尔州的林肯举办。在美国和欧洲巡演期间,鲍勃的脸显得暗淡无光,汗水出得很厉害,演出服上留下深色的汗渍。"我每天还需要进行三次药物治疗。有时这种治疗会让我头昏眩晕。"鲍勃在接受《今日美国》采访时说,"我需要大量的睡眠,但我想自己能熬过去。"

一个月之后鲍勃在意大利博洛尼亚举办的世界圣体大会上为教皇约翰·保罗二世演出。看着一个犹太人为一位上了年纪的教皇演唱《敲开天堂之门》似乎有些不太协调,在演唱过程中教皇显得昏昏欲睡。鲍勃对演出非常满意,但唱完两首歌后,鲍勃脱帽登上讲台向教皇问候时却失去了勇气。鲍勃不知道该说些什么,教皇反而显得更有掌控力,他就以鲍勃的部分歌词为基础向200 000名听众展开了一场训诫。"朋友,你说答案在风中。"教皇说,"那么答案就是:风不会将诸事吹散。这风就是圣灵的呼吸和生命,这声音呼唤我们,并且说,'来吧!'"即便是鲍勃本人也都不能给出更好的解答了。

1997年9月30日《很久以前》在美国发行,此时鲍勃正身在欧洲。经过转录之后,丹尼尔·拉诺伊斯设法保留了迈阿密录音过程中那种自然的声音。辛迪·卡什德勒说:"听着这张唱片时就如同又回到了往日。"朋友们都对充满个性的歌词感到惊讶。雅克·莱维说:"你会对鲍勃的情感生活有一个认识。"按照鲍勃自己的说法,这些歌曲描述的是"关于生命可怕的现实要远胜于今日流行的、光明而充满玫瑰色的理想主义"。这一特点使得唱片具有了挑战性,格雷尔·马库斯在《巫术》中写道,他发现这张唱片"以苦难和对舒适、善意的拒绝而震撼人心"。但唱片除此之外还有值得赏识的地方。埃尔维斯·卡斯特罗[①]称赞《很久以前》是鲍勃制作的最好的一张唱片。当然这一说法略有些夸张,但评论家们通常

[①] 埃尔维斯·卡斯特罗(Elvis Costello,1954—),真名为迪克兰·帕特里克·迈克玛纽斯,是有着爱尔兰血统的英国歌手。20世纪70年代是伦敦酒馆摇滚乐中的代表人物。——译注

都承认这张唱片是鲍勃的一项主要成就,而唱片的发行也是鲍勃事业重新引起关注的信号。突然之间,鲍勃再次成为流行人物。此外,他被认为是美国文化的重要人物而获得了巨大的荣誉。10月,鲍勃出现在《新闻周刊》的封面上,这距离他上次荣登封面已有23年之久。回想1974年,当鲍勃第一次出现在封面上时他还只有22岁,当时正与"邦德"乐队一道在美国巡演。1997年他出现在封面上时已是一个面容严肃的老者,这张位于大字标题"迪伦生活"下的照片是由理查德·阿维顿①拍摄的。这似乎表明鲍勃已经复活。"这是一张怪异的唱片,因为我感觉怪异。"他在接受《新闻周刊》的采访时说,"我不觉得与任何事物协调一致。"

鲍勃的复苏同时也有着新闻价值,因为这恰好与雅各布所属的"壁花"乐队取得巨大成功同时。1992年发行首张唱片失败之后,雅各布转到了英特斯科普唱片公司,与父亲的旧日伴奏者,现已转为制作人的"丁骨牛排"·伯内特合作,后者以雅各布朗朗上口的旋律为基础制作出干净而清新的唱片,并利用乐手和尊贵的嘉宾来提升乐队的声名。单曲《前灯》促成了《跳下马背》这张唱片的成功,而随即超过四百万张唱片的销量让每个人都感到吃惊。这一数字是《痕迹上的血》二十多年销量的两倍。"对雅各布,我没有想到他后来会有如此巨大的成就。"伯内特说,"但雅各布的特色很容易定义,而且他对待成功的态度非常优雅,这可以说很大程度上是受到父亲鲍勃的影响。"他同时补充说迪伦家对《跳下马背》的成功并没有太多帮助。"我不认为雅各布的唱片销售得益于他是鲍勃的儿子。我认为唱片之所以能达到惊人的销量是因为《前灯》

---

① 理查德·阿维顿(Richard Avedon,1923—2004),美国著名摄影师。——译注

是一首非常出色的歌曲。我想知道究竟有多少'壁花'乐队的歌迷认识鲍勃·迪伦。"1997年雅各布的照片登上了《滚石》杂志的封面。在勉强谈及他的父亲时,雅各布只是说:"我总是被问及'你的爸爸作为家长是怎样的人?'我则会说,'我已是个27岁的成人,我不是个瘾君子,我不浪费时间去关心午后访谈节目'。我的意思是,你或许可以自己体会到他做得非常好。"他随后补充道:"我的家庭有可能会像任何一个家庭那样被贴上'不良'的标签。但没有人打击我。受到伤害,被他人侵害,这些都是成长过程中存在的现实问题。我并未遇到这些。我有我的家庭——无论它是怎样的家庭。""壁花"乐队为了推广唱片而举办了巡演活动,而鲍勃也在忙于他的"永无止境"巡演,两支巡演团队的巡演线路经常会有所交汇。11月14日,父亲与儿子在加利福尼亚的圣何塞预约合作举办一场演唱会。演唱会以"壁花"乐队的演出揭开序幕,而鲍勃的名字则出现在演出表的显著位置。

在短期内雅克布似乎能够取得与父亲同样巨大的成功——媒体也如此推测。雅各布自然非常关注唱片的成功与父亲一生所创作的杰出艺术品两者之间所形成的差距。"他出类拔萃,而且一直都是如此。我不认为有谁能达到这一高度,而且也没有人去尝试。"雅各布在早期取得非凡的成功之后,经过四年的努力再次推出新唱片《裂口》,这张唱片于2000年发行,取得了良好的口碑,但销量却中等。

鲍勃惊奇地发现,尽管《很久以前》刚刚发行,但他的听众们却很快便听到并且喜欢上了唱片中的歌曲。《相思病》与以往演唱会中的经典歌曲一样受到了热烈的追捧。鲍勃因此受到鼓舞,在演唱会上演唱更多收录在唱片中的歌曲,而且较以往表现出更多的活力和快乐。

12月7日，鲍勃在华盛顿特区逗留两天，接受比尔·克林顿总统颁发的肯尼迪中心奖章。右翼组织嘲笑这位美国生育高峰期出生的总统为他那一代人的领袖颁发了一项荣誉，这位领袖与享乐主义、反抗精神紧密相连。典礼举办时鲍勃穿着一件男士无尾半正式晚礼服在母亲的陪伴下潇洒现身。

鲍勃此前曾被授予肯尼迪奖章，但最终却拒绝领奖。如今鲍勃接受这一奖项似乎让人觉得与他年龄渐长有关。"我想，他之所以接受这一荣誉是与他们的孩子有关。"鲍勃的伯母埃塞尔·克瑞斯丁说，她是受邀前往华盛顿分享这一时刻的明尼苏达亲友之一，"他想让他的孩子们知道自己获得了这一奖项。"站在这一家庭团队之首的是82岁的比蒂。她在典礼中就坐在鲍勃旁边，两人之间惊人的相似：略显骄傲的外表，卷曲的头发——只是比蒂的头发是雪白色，而鲍勃的头发则是灰白色。布鲁斯·斯普林斯廷演唱了鲍勃的歌曲《时代在改变》。克林顿称鲍勃对他这一代人产生的影响可能要高于其他具有创造力的艺术家。明尼苏达州的亲戚们与鲍勃一同分享了这一伟大时刻，他们兴高采烈地与总统、第一夫人会面——按照埃塞尔伯母的说法，克林顿是"一位非常迷人的年轻人"，"他的妻子则是个洋娃娃"——并且与其他领奖人劳伦·巴考尔[①]、查尔顿·赫斯顿[②]并肩庆贺。鲍勃自称在纽约还有演出，早早离开了会场。"他非常谦逊，而且他也非常安静。"埃塞尔伯母

---

① 劳伦·巴考尔(Lauren Bacall, 1924—   )，美国电影女演员，舞台剧女演员，模特。以沙哑的声音和甜美的外貌而著称。拍摄过《完美先生》、《哈珀》、《苦痛》等多部影片。——译注

② 查尔顿·赫斯顿(Charlton Heston, 1923—2008)，美国电影演员，戏剧演员，电视演员。以扮演英雄人物著称，如《十诫》中的摩西，曾获奥斯卡最佳男演员奖。——译注

说,"他一生都是如此。"

两个月之后第四十届格莱美奖于1998年2月25日在纽约的无线电城音乐厅举行。鲍勃的唱片《很久以前》获得三项提名：最佳当代民谣唱片提名、唱片中的《冰冷的铁箍》获得最佳摇滚男歌手歌曲提名以及年度唱片奖提名。

鲍勃在庆典上演唱了让人印象深刻的歌曲《相思病》，一群穿着时髦黑色服装的男演员在他身后伴舞。突然从这群人中冲出一个胸脯赤裸、上面写着"SOY BOMB"的年轻人，他开始在鲍勃左边疯狂地旋转。鲍勃斜眼看着他，当保安跑上前将男子强行带走时他退到了一旁。这个男子是26岁的男演员迈克尔·帕特尼，他希望以此来吸引公众的关注。按照他的解释，"SOY BOMB"意思是"有几分愚笨的、转换的、多变的、根本的、爆炸性的生命"。换句话说，就是毫无意义。

虽然有这一幕插曲，当晚举行的晚会还是可以算作一场圆满的庆典。获得提名的《很久以前》顺利摘得三项奖项，其中包括荣誉最高的年度唱片奖。鲍勃在他的获奖感言中感谢他的乐手们，其中包括吉姆·凯尔特纳和奥格·梅耶斯，感谢"每一位老伙计"，同时他回忆自己十来岁时看到巴迪·霍利在德卢斯国民警卫队军械库演出时的场景。"我离他三英尺远，他注视着我，我觉得似乎他是在注视着我——我不知道为什么会这样想，但我知道在制作这张唱片时他以某种方式一直和我们在一起。"鲍勃的过去和未来都在当晚美妙地呈现在眼前：重新灌制发行的《美国民谣选》获得了两项格莱美奖，而"壁花"乐队也赢得了一项格莱美奖。

《很久以前》因荣获格莱美奖而引起广泛关注，促使唱片在美国的销量超过了百万。这是鲍勃发行《慢车开来》后最为成功的唱片。

就在鲍勃开始再次享受成功时,过往又如同鬼魂般地缠绕着他。1995年女演员鲁斯·泰兰姬尔向洛杉矶高等法院提出同居生活费诉讼案,该案件一直持续到1997年,最终鲁斯·泰兰姬尔的请求被驳回,并且被要求支付诉讼费用。然而鲁斯·泰兰姬尔的案件被媒体挖了出来,在6月份大肆宣扬。

苏珊·罗斯也出现在报纸的显著位置,人们在谈论她写的回忆录。苏珊·罗斯说,《直待你的父亲回家》这本书揭露了她与鲍勃之间所谓的二十年恋情。她接受伦敦《每日邮报》的专访,访谈引用苏珊·罗斯的话称,鲍勃让她怀了孕,但有时他却由于饮酒而阳痿。她说这话的动机似乎是因鲍勃从未让公众知晓两人之间的恋情并且做出错误的承诺而深深地感到受伤。"过去他对我的背叛要远超过我。这一下就毁掉了我。"在接受访谈时她补充道,"我猜想这是件大事,因为他从不会忘掉在报端谈论到他的任何人。"然而现在苏珊·罗斯则宣称态度积极的媒体所持观点是错误的,并且不愿对她散布鲍勃阳痿的流言一事做出评论。"整件事真是荒谬。"她说,"如果没有性行为和亲密的举动,我们就不会在一起长达十四年之久(原文如此)。"不管怎么说,苏珊·罗斯坚持声称1986年她因鲍勃而怀孕,而最终她打掉了孩子,同时她还宣称鲍勃总共结婚三次,还生了几个孩子。正是根据苏珊·罗斯的话,伦敦《星期日镜报》1998年3月报道称,鲍勃"十分喜欢卡罗尔这个姓",与他相关的不仅有卡罗尔·切尔斯,还有卡罗琳·赫斯特、卡罗尔·拜耳·赛杰,同时还称鲍勃曾与克莱蒂·金结婚。赫斯特和拜耳均拒绝承认与鲍勃有恋情关系,虽然鲍勃的爱情关系活跃,但也没有迹象表明他结婚超过两次——与萨拉·劳恩茨结婚以及与卡罗琳·丹尼斯结婚——或者是有超过五个孩子,如果加上继女则有六个孩子。无论苏珊·罗斯与鲍勃的恋情如何——大部分是毫无证据的——她在面对媒体时也在伤害着自己。她没有得到稿酬,她的书没有付印,而且据她自己承认,随后两年鲍勃都没有与她联系过。

《很久以前》的成功激励着鲍勃在1998年完成了103场演出。获得格莱美奖之后,他前往迈阿密举办了两场演唱会,随后又前往南美举办演出,其间"滚石"乐队友情客串。"滚石"乐队在这一时期录制完成了《生如滚石》,鲍勃与迈克·贾格尔两人合唱了这首歌,尽管迈克·贾格尔仅比鲍勃年轻两岁,活跃的样子却像个十几岁的年轻人。鲍勃毫无激情地站在那里,就像是一位有耐心的祖父。两者之间的对比非常可笑,以至于鲍勃也一改面无表情,大声地笑了起来。

回到北美后鲍勃与范·莫里森、琼尼·米歇尔一同出现在演员名单上,在该年结束之前前往欧洲和澳大利亚展开巡演。收录在《很久以前》的新歌受到全球听众的欢迎,同时也获得了其他艺术家的认可。比利·乔[①]和加斯·布鲁克斯[②]都录制了《让你感觉到我的爱》,后者演唱的版本占据了乡村歌曲排行榜榜首的位置。就在鲍勃重新获得声名时,《时代》杂志在封面上刊登了鲍勃的照片,称他是本世纪百位最具影响力的艺术家、演艺人士之一。另一份流行出版物《人物》杂志的编辑们则将鲍勃收入专刊中,称其为

---

① 比利·乔(Billy Joel,1949—),美国音乐家,钢琴家,歌曲创作人。自从1973年推出他的首张歌曲集《钢琴人》之后,按照美国唱片协会的统计,比利·乔在美国为第六位最畅销唱片艺术家,第三位最受欢迎个人艺术家。——译注

② 加斯·布鲁克斯(Garth Brooks,1962—),美国著名乡村音乐家。他的首张唱片于1989年发行,在美国乡村音乐榜上位列第二。他将摇滚元素融入乡村音乐,以出色的现场演唱赢得了广泛的声誉。——译注

"本世纪最迷人的人"。除此之外,鲍勃还获得了另外一项奖励,那就是陶乐斯和莉莉安·吉许奖。在谈到他获得的奖项时,鲍勃对所获得的肯定表示感谢,同时他又冷淡地补充道:"特别是在你尚在人世时。"

1999年鲍勃与保罗·西蒙组队举行了一场美国夏季巡演,两人在圆形运动场和大型露天场所演出。这两位歌手兼创作人从20世纪60年代末期便结识了,尽管两人并不是特别亲近的朋友,但两位主流艺术家组成的演出团队——其中有一部分节目两人共同登台演出——仍旧吸引了众多观众愿意购买昂贵的门票体味一生中难得一遇的音乐盛宴。票价定得很高,纽约麦迪逊广场花园的最佳座位票价达到了每张123美元。

就在迪伦—西蒙巡演即将启程之前巴克·巴克特离开了乐队。与鲍勃·迪伦共事的那段时光成为巴克·巴克特一段滋味多样的经历。对他而言,歌迷们尤其显得陌生。"我总觉得人们并不是在倾听我演奏些什么,"他说。这种情形有些古怪,而且还夜复一夜地反复出现。"什么人会喜欢看重复不断的事呢?我想他们中多数人都有些疯狂……你知道,那是一种怪癖。"鲍勃邀请查理·赛克森来代替巴克特,这是一位来自得克萨斯州奥斯丁的吉他神童,曾经在20世纪80年代中期名噪一时。

1999年6月和10月间,迪伦—西蒙巡演在美国各地展开。7月3日星期六,身处滚滚热浪中的乐队在德卢斯巴福瑞特节日公园举办了一场户外演出,公园的一角伸入苏必利尔湖。这可以算得上是一桩重要事件,是鲍勃职业生涯中第二次在出生地举办演唱会,而这也可以作为巡演收入的例证。德卢斯演唱会的票价为40美元,场地可容纳观众的人数为25 000人。从理论上讲,演唱会能获得总额为一百万的收入。但德卢斯是一座小城,因惧怕当日下雨的缘故仅有 20 000 人入场。除去承办人的佣金、开幕式的支出及支付给保罗·西蒙的费用,"东—西"巡演能获得大约340 000美元的收入。除此之外,鲍勃还需承担乐队、制作人员、巡演的支出以及缴税,如此算下来才能最终获得"东—西"巡演的个人收入。最终他一晚能获得约 200 000 美元的收益。

在德卢斯演唱会举办之前,鲍勃迎来了山姆·夏普德①和他的妻子女演员杰西卡·兰格②,两人走进鲍勃定制的普雷沃斯特巡演车。巡演车面板上漆上了旋转的抽象派黑色、灰白色壁画。从外观上看巡演车非常简朴,安装着不透明的黑色窗户和擦得光亮的昂贵铬合金构件,但里面却非常舒适,装备着带有民间风情的手工制木质设施,宽大的玻璃面板以及早餐隔间、酒吧。夏普德笑着说:"就鲍勃的内心而言他是一个吉卜赛人,而且他喜欢这种生活。我想他更愿意生活在汽车里。"

保罗·西蒙首先登台演出,他的歌声非常优美,但却难以使人兴奋起来。鲍勃与他同台演唱了三首歌曲。看着这两个活跃时代相近的艺人并肩而站,对鲍勃非凡的个人魅力印象深刻的人都会将他与保罗·西蒙进行直接的对比,后者的音乐感人,但舞台表现力却很低。

原本拆掉的舞台又重新为鲍勃的演唱会搭建起来,舞台上两侧摆放着两个燃烧的火盆,当微微的东北风夹带着湖泊雾气吹来

---

① 山姆·夏普德(Sam Shepard,1943—),美国剧作家,演员,电视及电影导演,创作过多部短篇小说集、杂文集和回忆录。1979 年因戏剧成就而获得普利策奖。——译注
② 杰西卡·兰格(Jessica Lange,1949—),美国女演员。其演艺生涯长达 35 年,六次获得奥斯卡提名,两次获得该奖。——译注

时烟雾升腾起来。鲍勃穿着黑色的外套,在黄昏时分开始了原声吉他伴奏演唱。第十五首歌《缠绕忧郁中》在节奏上有所变化。自第一节末尾乐声开始变得强劲起来,公园后部的人们从椅子上站起身随着音乐摇摆。前面的年轻人兴奋地跳着。歌曲演唱完后响起了热烈的欢呼声。鲍勃随后放下了原声吉他,改用芬达吉他充满激情地唱起了《沿着瞭望塔》。

第一次在德卢斯演出时,也就是在之前一年的10月,鲍勃除了介绍乐队之外对听众什么都没有说。而这次他则在演唱中途突然停下来,打着略显羞涩的手势对台下的听众说了起来。"你们知道,我就是在那座小山丘出生并成长起来的。"他一边说着,一边朝着城市北面点着头。黄昏时分,在35号高速公路另一侧——61号高速公路延伸处——可以看到鲍勃出生的圣玛丽医院的轮廓。处在陡峭悬崖的圣玛丽医院上方是第三大街,那里的木结构套楼公寓就是鲍勃小时候在举家迁往希宾城之前的居所。屋内的灯光微弱地闪动着。

"我很高兴看到它仍在那里。"鲍勃说,尽管他无法看清这栋房屋,或者清楚地辨别出圣玛丽医院。也许他的意思只是指那个街区。

随后发生的古怪举动更凸显了鲍勃作为怪人的声名。这个四十五分钟前表情严肃地登上舞台、个性认真的人讲了一个从孙辈那里听来的充满稚气的玩笑。"你知道,我就是在这里认识第一个女朋友的。她非常高傲。"鲍勃说,他无聊地加重了"高傲"一词的语气,仿佛他刚刚发现这点,"我管她叫米米。"

鲍勃笑着后退。大卫·凯普尔重重地敲击着鼓,转而唱起了《再次钻进演奏孟菲斯布鲁斯的车中》。在歌词间歇,鲍勃抬起头带着自豪和愉快的神情注视着台下的听众。"他是一位非常特别的创作人,但同时他也是我所见过的最为疯狂的现场表演艺术家。"山姆·夏普德说,他携妻子和孩子们坐在舞台的一侧,"当你看着他在舞台上的状态和律动的灵魂时,你就会感到惊愕。"随即他又补充道:"他就像是一只情绪高昂的好斗的公鸡。"当鲍勃嘶吼着唱出《重返61号公路》的尖刻歌词时他扭曲着身体。白色的舞台灯光闪动着。构台之间舞动的萤火虫闪动着绿色的光。火盆中的烟雾在舞台上摇曳,烟雾滚滚而至。帆船随着起伏的波浪轻轻地颠簸着,上面晃动的索具撞击着金属的桅杆。鲍勃拖着长音唱出最后一句歌词——"6——1号公路"——最后一个音节就像一颗炸弹一般喷涌而出,嘴唇蜷缩在马一样的大牙上。随即鲍勃蜷缩起身体,和乐队一同拨动吉他,他的眼神与手臂高举、目光恳切、精神旺盛地点着头的歌迷们交汇在一起。演唱完多首歌曲后,观众要求鲍勃加演。在演唱《生如滚石》时,观众们也一同应和"感觉如何?"他们将积蓄的怨恨都宣泄了出来。乐队随后换为原声乐器,开始演奏《随风而逝》,鲍勃四十多年来不断地演唱这首歌,但此次他却赋予歌曲更多的情感,这远远超出他人的意料。随后乐队又换回电子设备,开始翻唱巴迪·霍利的歌曲《永不褪色》。鲍勃在格莱美奖颁奖盛典上曾说过,当他还是孩童时曾在附近的德卢斯国民警卫队军械库看过霍利的演出。注视着58岁、饱经风霜的迪伦和吉他乐手们以三声部的形式演唱一首自幼喜爱的流行歌曲是一件非常震撼、不协调的事。拉瑞·坎贝尔和查理·塞克斯通看上去足够年轻,对尊敬的大人物的关注要远超过对凯迪拉克的关注。鲍勃明显也感受到了这种情绪。他的眼睛闪动着火花。他咧着嘴笑着,弯曲左脚,缩起身体,撑在芬达吉他颈部,做出惊讶的神情。他们的声音逐渐增强,随着鼓点旋律而推进。杰西卡·兰格身体前倾,兴高采烈地鼓掌。曲声渐弱,一个回转——砰噗——白色的灯光闪动,鲍勃将吉他递给一位巡回乐队管理员。当曲终时满场的欢呼声在黑暗的湖面上回荡,鲍勃头发蓬松,鞠躬致意。焰火直射天空。而在公园的另一端,一个弗雷斯大转轮转动起来——黄色的电灯亮了起来——狂欢节的音乐也奏响了。

巡演休息期间,鲍勃在电视情景喜剧《德尔玛和格莱格》中扮演了一个小配角,之后他于10月重新踏上巡演征途,与"感恩而死"乐队的前成员菲尔·莱什同台演出。具有讽刺意味的是,按照鲍勃·韦尔的说法,1989年正是莱什拒绝鲍勃加入"感恩而死"乐队的。

11月,当鲍勃和菲尔·莱什正在巡演途中时,鲍勃的旧友道格·萨姆因心脏病突发而去世。道格·萨姆去世时58岁,与鲍勃同岁。仅仅一个月之后,里克·丹柯在伍德斯托克附近的家中去世。近几年丹柯因健康原因饱受折磨,体重超常。自从罗伯森决定退出巡演之后,"邦德"乐队的运气越来越差。理查德·曼纽尔自杀身亡,之后是列弗·海姆决定单飞。原班人马只剩下了里克·丹柯和加思·哈德森,丹柯亲切地称加思·哈德森为"H.B.",意思是"可爱男孩",因为后者无论是在演唱何种类型的音乐时都能使之变得甜蜜。两个好朋友驾驶着丹柯的房车四处巡演,经常长途跋涉前往俱乐部演出。尽管在20世纪70年代"邦德"乐队既有过朴实低调的生活,也有过取得非凡成功的时刻,丹柯和哈德森仍然很愉快。12月10日在他因心脏病而去世之前,丹柯刚刚结束了一次短期巡演回到家中,这正是他56岁生日后一天。

2000年1月,鲍勃因母亲身患重病而中断巡演。比蒂当时正住在亚利桑那州斯科茨代尔的冬季住所,随后便返回明尼苏达州圣保罗城接受医生检查。她因接受探查手术以确定是否患上癌症而住进医院。一家人都飞到圣保罗城陪在她身边。1月25日周二比蒂在医院病逝,享年84岁。第二天在德卢斯的犹太人公墓举行了比蒂的葬礼,她就葬在亚伯的身边。鲍勃和弟弟大卫又重新站在一起,就像1968年那样站在位于郊区、从湖上吹来阵阵寒风的公墓里。

比蒂是大家庭的女家长,是家中与过往岁月的纽带,同时她还是充满无限爱意的源泉,她无私地将这份爱奉献给了她的兄弟姐妹、她的两个儿子、九个孙辈以及人数众多的曾孙辈。她与萨拉·迪伦之间甚至保留着一份友谊。她的兄弟刘易斯说:"她爱每一个人,同时每个人也都爱着她。"因此她的去世特别让人感到同情。尽管因巡演之故两人每年相聚的次数非常有限,但鲍勃与母亲尤为亲近。"他是一个好儿子。因此他在相聚时一定感到非常愉快。他甘愿付出拥有的一切。对母亲鲍勃总是倾其所有。"卡罗尔·切尔斯说,她在比蒂去世后曾打电话给鲍勃。即便是在这种情况下,鲍勃还是隐藏自己的感受,"你知道,他对此说的并不多,所以你只知道他非常哀伤。"比蒂在人生的最后一年中,曾对《德卢斯新闻论坛》发表过为数不多的、谨慎的评论,谈到她钟爱的、声名显赫的儿子。"他并不是那种贴着名人标签的人。"比蒂说,"他是一个令人愉快的人,一个普通、性情良好的人。"

六周后鲍勃又返回到巡演途中。此次没有大名鼎鼎的演艺人士与他同台演出,鲍勃多数情况都是举办小型剧场规模的演唱会。3月10日,鲍勃在加利福尼亚州阿纳海姆的太阳剧场举行了两场热身演唱会。第二天晚上他又在圣路易斯·奥比斯波一所大学的体育馆举行演唱会。站在舞台上的鲍勃就像是一个沐浴在晨光中的人,穿着黑色西部风光的套装,系着丝绸领带。鲍勃的体重轻了不少。他的面庞凹陷,看上去黯淡无光。演唱会以一组忧郁的原声歌曲开启，从中可广泛领略美国音乐的概貌，这里包括了斯坦利兄弟的《托马斯，我是这个人》。还有体贴入微的歌曲《没事儿，妈妈（我不过是在流血）》，鲍勃将每一个音节都完美地演绎出来，传达至听众的耳中。《今时不同往日》是一首新歌，是为迈克尔·道格拉斯的电影《奇迹男孩》创作的，听起来有种厌世之意。鲍勃仍如往常一般小心地演唱，但情况已经有所改变。他在演唱时吐词轻弱，就像是一个垂死之人喃喃而语。鲍勃外形朴素，瘦骨嶙峋，但当他发出警告时蓝色的眼睛里却跳动着火花，"如果圣经描述正确，那么世界将会爆炸"。灯光穿透舞台上的黑暗，使得背景幕布映射着光芒。其余时候幕布则是碳黑色的，白光将乐手的影子投射在上面，看起来就像是枪手护卫着他们的统帅。

"你就是这个人，鲍勃！"有人大声叫喊道。

鲍勃在国内的巡演经过寒冷的圣华金河谷，大萧条时期伍迪·加思曾经在这一地区开过货车，穿过布满果树和低垂的石油钻机的旷野，经过孤立残丘和沃斯科。锈迹斑斑的小卡车在公路上往来，野狗跟在后面摆动着尾巴保持平衡。进入贝克斯菲尔德城后能看到一个西班牙语电台——灰狼电台的广告牌，上面是一张瞪着黄色眼睛的狼脸。

鲍勃当晚在贝克斯菲尔德城的曲棍球场举办了一场演唱会，这一地点就处于加思踏上旅途的铁路后面。人们大声叫喊着"飓风"。丹泽尔·华盛顿以罗宾·卡特的生活经历为原型的电影《飓风》曾在影院中上映，鲍勃于1975年为其演唱了主题曲。鲍勃的腿瘦弱不堪，这使得站在舞台上的他从一定距离上看起来显得非常年轻。而从近处观察鲍勃则显得苍老了许多。当待在后台的鲍勃准备再次登台演唱时，他仔细地梳理着头发，用手指摸索着哪里比较稀少些。他重新走上舞台，在阴影处稍停了片刻，与一位工作人员短暂交谈,随后步入灯光中。场下欢声雷动。鲍勃拨动电吉他,演唱了《相思病》和《雨天女郎♯12 & 35》,《随风而逝》则是以原声吉他为伴奏进行演唱的。最后他以《永不消失》作为结尾曲目。

此地距维塞利亚有 62 英里远。凌晨时分,鲍勃在拉迪森宾馆客房登记后便带着两个装着私人物品的破旧金属箱直接走进位于八楼的套房。第二天是个休息日,因此他睡得较迟。乐队成员们四处闲逛。电视上播放着拉里·金采访一个电脑合成的、来自《杜尼斯巴瑞》卡通连环画中的杜克大使,试图为 2000 年无趣的总统选举注入一些乐趣。NBC 频道上播放着苹果公司 iMac 电脑的广告,配乐用的正是鲍勃演唱的歌曲《永远年轻》。一些工作人员聚在楼下的"开心果"酒吧里。广播里播放着约翰·丹佛的歌曲《安妮之歌》。

维塞利亚会议中心是一处能容纳三千人的建筑。听众们度过了一个美妙的春季夜晚。他们的年龄层次从十几岁到鲍勃的同一代人。来自迪纽巴的 45 岁桃园农庄主迈克·内勒——他的广告词是"内勒的桃子,世上最美味的桃子"——在听到 17 岁的儿子马特从网上为他下载的音乐后,重新萌发了对鲍勃音乐作品的兴趣。"我开始倾听这些歌曲,我开始喜欢鲍勃·迪伦,"马特说。或许最让人感到吃惊的是《时代在改变》这首歌受到钟爱,歌曲创作于马特出生之前,来自他只能通过历史书和父亲才能了解的时代。住在邻近城市汉福德的拉里·蒙哥马利和波尔·蒙哥马利发现,鲍勃·迪伦的演唱会是他们可以与十来岁的儿子们共同享受的快事。"我喜欢他的歌词。歌词很有趣。"17 岁的杰夫·蒙哥马利说,"我希望演唱会有些喧嚣。"

维塞利亚很少有知名艺人举行演出,通常他们都会途经这一城市前往弗雷斯诺或者贝克斯菲尔德,会议中心的酒吧因为举办这一特殊演出而变得人声鼎沸。当光线暗下来时,一个低沉的声音请女士们和先生们"欢迎哥伦比亚唱片公司的艺术家——鲍勃·迪伦先生"。当鲍勃登上舞台时,一个女人尖叫道:"站起来,跳起来吧,维塞利亚!"人们随即变得疯狂起来。在大厅的后部,十来岁的年轻人随着《缠绕忧郁中》的歌声跳起舞来。当鲍勃开始演唱悲伤的《夜未央》时,数百人自然而然地冲着舞台尖叫,安静地站在那里专注地聆听着歌词。

演唱会后鲍勃驱车向北穿过圣华金河谷,翻过小山进入圣克鲁兹,这是一座位于蒙特雷城与旧金山之间美妙的海滩城市。鲍勃在小型市民会堂内连续两晚举办音乐会。演出门票提前一周便销售一空,但人们还残存着希望,想要获得一张多余的门票。一位脸晒成黑色的、身形魁梧的龅牙女子一整天都坐在会堂对面,询问路过的人是否有多余的门票。她希望能看看鲍勃试音时的样子,还曾打电话到周边的旅馆询问是否有叫做罗伯特·齐默尔曼的人订过房间。

"你知道,这是鲍勃的真名。"

如果她见到了鲍勃会做什么?

"带他游览圣克鲁兹城。"

当晚参加演唱会的听众平均年龄要比此次巡演前几站演唱会听众的年龄略大些。取代十几岁年轻人位置的是一些中年人,他们扎着灰白的马尾辫,穿着"感恩而死"的T恤、短裤和便鞋。剧场建筑为西班牙风格,非常舒适,规模与希宾高中的礼堂大小类似——多年前希宾高中校长肯尼斯·派特森曾在鲍勃进行幼稚的摇滚演出时拉上幕布,禁止他的演出。鲍勃的演出仍让人惊诧不已。第一晚他演唱了威利·迪克逊①的布鲁斯歌曲《呼切卡契人》,查理·塞克斯在其间穿插弹奏出啸叫的吉他声。歌词似乎让鲍勃感到非常高兴。"我是一个呼切卡契人。"他斜着眼睛唱道,"每个人都知道这一点。"当演唱会结束时,汗水顺着他的大鼻子滴落在舞台上。演出时鲍勃缓慢地扭动着身体,有时在做出戏剧性的惊讶表情时灰白色的眉毛快速地抖动着。

随后一晚鲍勃为听众们演唱了《高地》,这首歌他很少演唱。当他讲述波士顿侍者的故事时露齿而笑,这也逗得听众们笑了起来。看起来似乎每个人都知道这首歌。在露天看台上,一个黑头发的女子因为不间断的兴奋而变得失去控制力,发出尖锐而激动的叫声,这叫声直到她重又能听到乐声时才停下来。两个中年人姗姗来迟,其中一个人很快便靠在另一个人的肩膀上睡着了。一个坐在轮椅上的人转着圈跳舞,就像是一只兴奋的蜜蜂。他似乎是一个聪明的听众,鲍勃注意到了这一点。"我希望我们能每晚都在这里尽情欢乐。"他说,"我们有足够的歌曲倾听。"

前排的歌迷喊道:"是的!"

鲍勃停下来,非常大声地作出回应:"是的!"

当听众们在结尾曲《永不消失》的旋律下鼓掌喝彩时,鲍勃走下舞台,穿过装料门,钻进汽车。就在听众离开会堂之前,他已经驱车行驶在 17 号公路上。

这是一段漫长的夜间驾驶路程,一行人要穿过海湾,翻越积雪覆盖的内华达山脉,进入内华达州的赌城——里诺。当鲍勃的汽车驶入这片不毛之地时,里诺市希尔顿剧场的巨幅电子显示屏吸

---

① 威利·迪克逊(Willie Dixon,1915—1992),美国著名布鲁斯音乐家,创作人,唱片制作人。其影响巨大,作品被"滚石"乐队、鲍勃·迪伦和"齐柏林飞艇"、"大门"等乐队的多位知名艺术家翻唱。——译注

引住了他的目光。

让我们去吹风

最佳香槟早午餐回来了！
快乐时间／免费美食
鲍勃·迪伦——两场演唱会门票现在出售

鲍勃举办了早、晚两场演唱会。3月17日下午7点30分前不久，听众穿过希尔顿剧场娱乐楼层的赌桌和嘈杂的投币机进入现场。剧场被装饰成红色。墙壁是红色的，地毯是红色的，再加上红色的瑙加海德售货亭和红色的桌布。而并非红色的物品则被涂成了金色。演唱会开始前，售烟女孩兜售着成包的万宝路香烟和发出光亮的塑料花。女服务生依次送上饮品，饮品都是用塑料的大口杯盛装。听众中一部分人年龄较大，在回到位置上之前都在用赌博打发时间。除此之外还有一些是从周边地区赶过来欣赏演出的年轻人、一些家庭——一些十来岁的孩子因为开始涉足音乐领域而接触到鲍勃的歌曲——以及跟着鲍勃一座城市一座城市巡演的资深歌迷。

鲍勃以一首传统歌曲——《邓肯和布雷迪》揭开了首场演唱会的序幕。对于这座西部赌城而言，选择这首带有"冲人射击看着他死去"歌词的歌曲再恰当不过了。而在晚些时候开始的演唱会上，鲍勃同样以一首恰如其分的《流浪赌徒》为开场歌曲。在结尾时鲍勃腰弯得很低，看起来非常疲倦，但却散发出尊贵的气质，他戴上雪白宽边帽，从舞台上走下去。人们一直想要知道鲍勃·迪伦为什么会选择这种方式的巡演，演出了如此多的场次，而且他的演唱会经常是在小型剧场里举办。对于那些了解他的人而言，答案非常清楚,那就是他想要这样做。"他将会尽其所能地长期举办演唱会。他是在按自己的习惯工作。他只是在做自己的工作而已。"卡罗尔·切尔斯说,"这就是他的职业。这就是他为什么是一个行吟歌手的原因。这是行吟歌手所做的事情。这就是一个杂耍演员所做的事情。这就是一个滑稽演员所做的事情。这就是你做的事情。你带给人们娱乐。"

在这场演唱会之后,闪闪发光的巡演车辆迂回着驶出了里诺市希尔顿剧场的停车场,经过水上高尔夫球场,踏上了前往爱达荷州波卡特洛的高速公路,接着将经过华盛顿州、蒙大拿州、怀俄明州,直达美国的腹地以及世界各地。

图书在版编目(CIP)数据

沿着公路直行:鲍勃·迪伦传/(英)桑恩斯
(Sounes,H.)著;余淼译.——南京:南京大学出版社,
2012.6(2017.5重印)
(20世纪外国文化名人传记)
ISBN 978-7-305-10009-3

Ⅰ.①沿… Ⅱ.①桑…②余… Ⅲ.迪伦,B.—传
记 Ⅳ.①K837.125.76

中国版本图书馆CIP数据核字(2012)第118504号

Down the Highway: The Life of Bob Dylan
Copyright © 2001, 2011 by Howard Sounes
Copyright licensed by Grove/Atlantic, Inc.
Arranged with Andrew Nurnberg Associates International Limited
Simplified Chinese edition copyright © 2006, 2017 Nanjing University Press
Cover photos © 东方 IC
Interior photographs reprinted with the permission of Grove/Atlantic, Inc.
All rights reserved

江苏省版权局著作权合同登记 图字:10-2017-108号

出版发行	南京大学出版社		
社 址	南京市汉口路22号	邮 编	210093

出 版 人 金鑫荣

丛 书 名 20世纪外国文化名人传记
书 名 沿着公路直行:鲍勃·迪伦传
著 者 [英]霍华德·桑恩斯
译 者 余 淼
责任编辑 芮逸敏

照 排 江苏南大印刷厂
印 刷 江苏凤凰通达印刷有限公司
开 本 889×1194 1/32 印张 17.5 插页 8 页 字数 420 千
版 次 2012 年 6 月第 1 版 2017 年 5 月第 3 次印刷
ISBN 978-7-305-10009-3
定 价 50.00元

网 址:http://www.njupco.com
官方微博:http://weibo.com/njupco
官方微信:njupress
销售咨询:(025)83594756

* 版权所有,侵权必究
* 凡购买南大版图书,如有印装质量问题,请与所购
  图书销售部门联系调换